抵当権「代位」の法構造

―担保法学研究, その理論と実務―

斎 藤 和 夫

信 山 社

消滅時効法研究の泰斗

恩師・故 内池慶四郎先生に

本書を謹んでお捧げ申し上げます

御学恩に心より感謝申し上げながら

「慶應内池民法学とその承継」を胸に

2019 年 8 月

斎藤 和夫

目　　次

第1章　共同抵当権の「代位」
——民法 392 条論—— ……………………………………………… 1

第1節　共同抵当権における代位
——「後順位抵当権者と物上保証人」の優劣関係，その類型的検討—— ……………………………………… 1

はじめに………………………………………………………………… 1

〔一〕　問題提起……………………………………………………… 1

〔二〕　問題解決の難解性・困難性………………………………… 1

〔三〕　法立法論への参入…………………………………………… 3

第1項　物上保証人の「債務者所有不動産上の後順位抵当権者」に
　　　　対する優先性，「物上保証人所有不動産上の後順位抵当権者」
　　　　の物上保証人に対する優先性，の承認……………………… 4

〔一〕　判例並びに学説状況の分析………………………………… 4

(1)　判例の立場　　(4)

(2)　学説における多数説　　(4)

(3)　学説における（かつての有力）少数説　　(5)

(4)　問題解決のための鍵点　　(7)

〔二〕　「後順位抵当権者」の法的地位の検討 ……………………… 8

(1)　392 条「1 項」の合理的解釈　　(8)

(2)　「2 項前段」の合理的解釈　　(13)

(3)　「2 項後段」の合理的解釈　　(15)

(4)　「1 項・2 項前段・2 項後段」の各相互関係　　(24)

(5)　「同時配当・異時配当」手続間における後順位抵当権者の処
　　　遇のアンバランス——「物上保証人優先説」に基づくその
　　　克服の試み——　　(26)

(6)　私見結論小括　　(32)

〔三〕　「物上保証人」の法的地位の検討 …………………………… 33

(1)　我妻説における改説　(33)

　　(2)　「債務者と物上保証人」の両者間における共同抵当権的責任
　　　　の分担形態　(34)

　　(3)　私見結論小括　(37)

〔四〕　結論——基本的想定類型における私見の基本的立場の提示——……37

　　(1)　「債務者所有不動産上の後順位抵当権者」と物上保証人の優
　　　　劣関係——結論としての「物上保証人の優先性」の承認
　　　　——　(38)

　　(2)　「物上保証人所有不動産上の後順位抵当権者」と物上保証人
　　　　の優劣関係——結論としての「後順位抵当権者の優先性」
　　　　の承認——　(40)

第2項　具体的類型化に基づく個別的・利益較量的考察………………46

　はじめに………………………………………………………………46

　　(1)　類型化の試み　(46)

　　(2)　類型化の前提基準　(48)

　　(3)　類型化の具体的進行　(50)

〔一〕　共同抵当権の目的不動産の「一部」がLの提供による場合………52

　　(1)　S所有・甲不動産上にBが存在する場合——(イ)Ⅰ類型・
　　　　(ロ)Ⅱ類型——　(53)

　　(2)　L所有・乙不動産上にBが存在する場合——(イ)Ⅲ類型・
　　　　(ロ)Ⅳ類型——　(73)

　　(3)　S所有・L所有の各不動産を後順位共同抵当権の目的物と
　　　　するBが存在する場合——(イ)Ⅴ類型・(ロ)Ⅵ類型——　(87)

〔二〕　共同抵当権の目的不動産の「全部」がそれぞれL₁・L₂の提供に
　　　よる場合………………………………………………………………103

　　(1)　Ⅶ類型・Bの存在する不動産の異時競売　(103)

　　(2)　Ⅷ類型・Bの存在しない不動産の異時競売　(111)

第3項　本節結論総括………………………………………………………118

　　(1)　基本原則としての「2項前段」　(118)

　　(2)　共同抵当権の本質的要件としての,「債権の分割強制」の
　　　　拒否　(118)

　　(3)　実行の本則的型態としての,「異時競売・異時配当」
　　　　手続　(119)

(4) 「1項」の適用要件の限定化　（120）

(5) 「2項前段」の適用要件の確定　（120）

(6) 「2項後段」の適用要件についての私見の態度決定　（121）

(7) 類型的・利益較量的検討の試み　（122）

第2節　共同抵当権の「三つのルール」，その相互関係の解明
──民法392条論──……………………………………………125
第1項　民法392条の「三つのルール」──序・(1)・(2)・(3)・(4)──
………………………………………………………………125

序　「三つのルール」　（125）

(1) 民法392条Ⅰ項のルール内容（→「同時配当」手続における「共同抵当権者」の，各不動産からの按分負担額に応じての，優先弁済受領権能）　（126）

(2) 民法392条Ⅱ項前段のルール内容（→「異時配当」手続における，「共同抵当権者」の競売不動産からの，その不動産の按分負担額とは無関係に，被担保債権全額の優先弁済受領機能　（128）

(3) 民法392条Ⅱ項後段のルール内容（→「次順位抵当権者B」の，按分負担額限度での，「非競売」不動産上のAの抵当権について，その代位行使権限）　（129）

(4) 小　括　（131）

第2項　「三つのルール」の相互関係──序・(1)・(2)・(3)──………133

序　（133）

(1) Ⅰ項ルール（→「同時配当」ルール）　（134）

(2) Ⅱ項前段ルール（→「異時配当」ルール）　（138）

(3) Ⅱ項後段ルール（→「異時配当」後の「次順位抵当権者」の代位権行使権能ルール）　（140）

第3項　結論総括……………………………………………………143

第3節　後順位抵当権者と物上保証人の優劣関係（判例研究）
──最一小判昭和60年5月23日──……………………………146
第1項　事　実……………………………………………………146

第2項　判　　旨……………………………………………………………147

第3項　評　　釈……………………………………………………………149

　〔一〕　本件判決の位置付け……………………………………………149

　〔二〕　本件事実関係の簡易化…………………………………………149

　〔三〕　AL 間の優劣関係（判示事項㈢）——各判示事項の個別的検討，

　　　　その⑴——……………………………………………………………151

　　　⑴　判示内容　（151）

　　　⑵　私見の理論構成　（151）

　〔四〕　BC 間の優劣関係（判示事項㈠）——各判示事項の個別的検討，

　　　　その⑵——……………………………………………………………157

　　　⑴　判示内容　（157）

　　　⑵　私見の理論構成　（157）

　〔五〕　BL 間の優劣関係，AL 間の「代位権不行使の特約」の B への効力

　　　　（判示事項㈡）——各判示事項の個別的検討，その⑶——………161

　　　⑴　判示内容　（161）

　　　⑵　私見の理論構成　（162）

第2章　弁済者「代位」

——民法 502 条論——……………………………………………………165

第1節　弁済者「一部代位」の法構造

——「原債権者と一部代位者」の競合関係，その利益較量的

分析——……………………………………………………………165

序……………………………………………………………………………………165

第1項　民法 502 条 1 項の問題点，その学説・判例の現代的状況……165

　　⑴　「原債権者と一部代位者」の競合関係（優劣関係）　（166）

　　⑵　「二つの小問題」への峻別　（166）

　　⑶　「第一の問題」における想定可能な三見解　（167）

　　⑷　「第二の問題」における想定可能な六見解　（168）

　　⑸　両「問題」の相互関係　（170）

　　⑹　その「組み合わせ」における現存の学説状況　（171）

第2項　我が国における学説史的展開，並びにその前史的状況………172

  (1)　仏民法における「原債権者優先主義」の採用　（173）

  (2)　旧民法における「両者平等主義」の採用　（176）

  (3)　旧民法修正の審議過程での議論　（178）

  (4)　学説史的展開　（180）

  (5)　小括──私見の提示──　（183）

第3項　「原債権者と一部代位者」の競合関係──その利益較量的

分析──………………………………………………185

  (1)　一部額代位弁済「前」の両者の競合関係（A→C）　（187）

  (2)　一部額代位弁済「後」の両者の競合関係（A→C）　（188）

  (3)　小括──私見の提示──　（190）

第4項　弁済者「一部代位」の法構造──その理論構成についての一

試論──………………………………………………194

  (1)　法構造──二つの抵当権の準共有的併存──　（194）

  (2)　小括──私見の理論構成──　（197）

第5項　結論総括………………………………………………199

第2節　抵当権の複数の被担保債権中の一個債権の保証人による代位弁済と抵当不動産売却代金の配当

──平成17年1月27日最高裁判決の「事案分析（利益状況分析）」──………………………………204

第1項　はじめに………………………………………………204

〔一〕　問題提起………………………………………………204

  (1)　民法502条1項論（→「理論的命題」の定立）　（204）

  (2)　最高裁判決（平17/1/27）　（204）

  (3)　問題点　（206）

〔二〕　私見疑念………………………………………………211

  (1)　理論的不当性　（211）

  (2)　具体的妥当性の欠如（事案不適合性）　（211）

〔三〕　方法──具体的な本件「事案分析（利益状況分析）」──………212

第2項　「事実関係」の経緯　（213）

  (1)　平3/8/29：XA間の「貸付基本約定」の締結（→XのA

会社への融資）　（213）

(2)　平 4 / 3 /30〜平 7 / 9 /28：XY 間の個別の「連帯保証契約」　（214）

(3)　平 10/12/ 8 頃：XA 間での債務の「最終返済期限の延長」（債務繰り延べ）の合意　（214）

(4)　同じく平 10/12/ 8 頃：XY 間での「保証期間」の合意　（215）

(5)　同じく平 10/12/ 8 頃：XA 間で第一順位抵当権設定の合意（→同年同月/25：登記完了）　（215）

(6)　平 12/ 2 /15：A 社の会社更生手続開始の申立て（→同年 5 /12：開始決定）　（215）

(7)　平 12/ 2 /18：債権（う）につき Y から X への全額代位弁済（→同年 4 / 5 ：代位弁済を原因とする本件抵当権の一部移転登記の経由）　（216）

(8)　平 12/ 5 /12：東京地裁の A 社に対する会社更生手続開始決定（→平 13/ 7 /30：更生計画の認可決定）（→平 13/ 9 / 1 ：更生計画の確定）　（216）

(9)　平 13/ 4 /25：A 社管財人と X との「弁済に関する合意（覚書）」　（217）

(10)　平 13/ 7 /30：更生計画認可決定　（217）

(11)　平 13/ 9 / 1 ：更生計画の確定（本件確定更生計画には，XY の更生担保権については，本件不動産を売却処分し，販売代金を「登記簿上の順位に従い」弁済する，の定めあり）　（217）

(12)　平 13/10〜平 15/ 4 ：本件不動産の売却，A 社管財人による売却代金からの弁済　（217）

(13)　本件請求（X → Y）　（218）

第 3 項　事案分析……………………………………………218

〔一〕分析進行……………………………………………218

(1)　「事案分析」における配慮　（218）

(2)　五つの「基幹事実」への注目　（219）

(3)　利益状況分析　（219）

〔二〕事案のポイント整理…………………………………219

〔三〕 本件「貸付」時状況（平3/8/29・貸付基本約定の締結）………220

   ⑴ 債務者A会社・「エルカクエイ」とは （221）

   ⑵ 本件貸付（貸付条件や貸付状況等）（X公庫→A社）の特徴
（222）

   ⑶ Y銀行の連帯保証 （223）

   ⑷ 「代位権行使制限条項（不行使条項）」の不存在 （224）

   ⑸ 小括（子会社Aへの融資に際しての親会社Y債務保証，
YA「連帯性」） （226）

〔四〕 本件「リスケジューリング」時状況（平10/12/8頃）……………226

   ⑴ A社「主債務返済期限の繰延べ」のリスケ合意（第一の合
意） （227）

   ⑵ Y銀行「保証期間の短縮」のリスケ合意（第二の合意）
（228）

   ⑶ X公庫への抵当権設定・登記のリスケ合意（第三の合意）
（230）

   ⑷ 小括（AY一体性） （232）

〔五〕 本件会社更生手続「申立」時状況（平12/2/15）………………233

   ⑴ A社の会社更生手続申立てとその背後状況 （233）

   ⑵ A社「手続」開始・進行とY銀行状況 （234）

   ⑶ 小括（破綻連鎖の因果関係） （237）

〔六〕 本件「代位弁済」時状況（平12/2/18）…………………………237

   ⑴ Y銀行の「保証債務の履行」（その意図・状況） （237）

   ⑵ その法律上の意味（更生手続申立てに続くY銀行としての
「実体法上の次なる対応」） （237）

   ⑶ Y銀行による迅速な抵当権一部移転登記の取得 （238）

   ⑷ 更生手続開始決定「前」でのY銀行の代位弁済「実施・登
記取得」 （238）

   ⑸ Y銀行の準備・対応の計画性・用意周到性 （239）

   ⑹ X公庫の意図（なぜ，保証債務履行を受けたのか） （240）

   ⑺ 小括（親銀行Yと子会社Aは同一利益共同体を構成する）
（240）

〔七〕 本件「覚書締結」時状況（平13/4/25）…………………………241

   ⑴ 弁済に関する「覚書」同意（A社更生管財人とX公庫）

viii　　　　　　　目　次

　　　　　　　　（241）

　　　⑵　「覚書」合意締結「時」のもつ意味如何　（242）

　　　⑶　Ａ社更生管財人「対応」に関する評価　（243）

　　　⑷　「覚書」合意に基づくＡ社更生管財人の弁済　（244）

　　　⑸　Ｘ公庫の訴訟手段行使　（244）

　　　⑹　Ｙ銀行の不関与　（245）

　　　⑺　小括（Ｙ銀行とＡ社の一体的利益共同体）　（246）

　第4項　本節結論……………………………………………………246

第3節　続・抵当権の複数の被担保債権中の一個債権の保証人による代位弁済と抵当不動産売却代金の配当
──平成17年1月27日最高裁判決の「論理構造分析」──　249

　第1項　はじめに……………………………………………………249

　第2項　「裁判」経緯………………………………………………250

　〔一〕　原々審（H13年（ワ）第20149号・H15/8/1東京地裁判決・金法
　　　　1709/49）（→原債権者・優先配当・Ｘ勝訴）………………250

　〔二〕　原審（H15年（ネ）第4554号　更生担保権優先関係確認請求控
　　　　訴事件東京高裁 H16/2/24 第21部民事判決　控訴棄却　金法
　　　　1718/69）（→原債権者優先配当・Ｘ控訴）…………………251

　〔三〕　最判平成17年（H16年（受）第1019号　H17/1/27 最一小判
　　　　破棄差戻し　民集59/1/200）（→両者按分弁済・Ｙ勝訴）………252

　第3項　三判決「論理構造」の分析………………………………253

　〔一〕　一審判決（原債権者優先／代位者劣後）…………………253

　　　⑴　「最判S60年ルール」の提示とその内容（原債権者優先配当）
　　　　（253）

　　　⑵　その適用範囲（射程距離）如何（→本件事案ケースにも及
　　　　ぶ）　（254）

　　　⑶　その「根拠」如何　（254）

　　　⑷　判示結論　（255）

　　　⑸　補強論拠の付加（「最判S62年」の明示的援用）　（255）

　　　⑹　一審判決「論旨展開」小括　（255）

　〔二〕　原審判決（原債権者優先／代位者劣後）…………………256

(1)　「一審判断」全面的是認　(256)

　　(2)　Y「控訴理由」要約　(256)

　　(3)　Y 控訴理由についての判示　(256)

　　(4)　判示結論（原債権者優先弁済／代位者劣後）　(258)

　　(5)　原審判決「論旨展開」小括　(258)

〔三〕　本最高裁判決（両者按分弁済）（H16 年（受）第 1019 号　同
　　17/1/27 一小判　破棄差戻し　民集 59/1/200，判時 1887/39)
　　　　………………………………………………………………259

　　(1)　抵当権の「準共有」　(259)

　　(2)　「債権者と保証人」の両者按分共済　(260)

　　(3)　事案が異なるから「最判 S60 年ルール」は妥当しない
　　　　(260)

　　(4)　最判 S62 年への言及（本件とは事案を異にする）　(260)

　　(5)　判示結論　(261)

第 4 項　私見──分析と考察──　………………………………262

〈分析 1〉　本件三判決経緯──整理と小括──………………262

　　(1)　論　点　(262)

　　(2)　最判 S60 年ルール　(262)

　　(3)　本件判示「結論」と「理由」　(262)

　　(4)　最判 S60 年事案との「相違」　(262)

　　(5)　一審・原審・最高裁の「論旨展開」　(263)

〈分析 2〉　学説の反応──賛成評釈と反対評釈──…………263

　　(1)　原審「高裁判決」（「一部代位」の成立・原債権者優先）への
　　　　反応　(264)

　　(2)　本最高裁判決（「全部代位」の成立・按分弁済）への反応
　　　　(265)

〈分析 3〉　本件ではいずれの代位が成立しているのか──「一部代位／
　　全部代位」論(1)──………………………………………266

　　(1)　本最高裁判決の立場（「全部代位」の成立・按分弁済）
　　　　(266)

　　(2)　潮見原審／最判評釈の立場（「全部代位」の成立・按分弁済）
　　　　(267)

　　(3)　その「論理構造」如何──「一部代位／全部代位」の識別基

準如何—— (267)

    (4) その他の本件各評釈の立場如何 (268)

    (5) 学説一般の立場 (270)

〈分析4〉 私見はどう考えるのか（私見疑念と私見）——「一部代位／全部代位」論(2)——………………………………271

    (1) 私見疑念 (271)

    (2) 私見——そもそも「一部代位／全部代位」とは何か——(272)

    (3) 本件における「一部代位」成立 (273)

〈分析5〉 主たる代位対象は何か——「原債権」か，「原抵当権」か——………………………………275

    (1) 「原債権」重視の立場（潮見原審評釈） (275)

    (2) 私見（「原抵当権」重視の立場） (276)

〈分析6〉 「原債権」論——「原債権」と「原抵当権」はどのような関係にあるのか——………………………………279

    (1) 「原債権と原抵当権」の関係如何 (279)

    (2) 「原債権」存続（非消滅）の必要性と理論構成 (279)

    (3) その「理論構成」如何 (280)

    (4) 存続擬制論 (281)

    (5) 非擬制論（相対的消滅論） (281)

    (6) 私　見 (282)

第5項　本節結論（私見）………………………………286

〔一〕　論　点………………………………286

〔二〕　私　見………………………………286

〔三〕　論証，その1………………………………287

    (1) 利益分析 (287)

    (2) 「一部代位」成立の場面（「弁済後」の法律関係如何）(288)

〔四〕　論証，その2——配当問題，X優先／Y劣後，その簡潔論証——…288

    (1) 結　論 (288)

    (2) 「利益」調整・検証 (289)

    (3) X公庫の「残余他債権」 (289)

    (4) Y銀行の「求債権」 (289)

第4節　弁済者「一部代位」論・再論
——平成17年1月27日最高裁判決を機縁として—— ………… 294

第1項　はじめに ……………………………………………… 294

第2項　平成17年・最高裁判決の判示事項（判旨）………………… 296

第3項　私見疑念 ……………………………………………… 298

第4項　私見論証——本件事案の「利益状況」分析—— ……………… 301

 (1)　本件事案の「利益状況」分析を試みる　（301）

 (2)　「三者間合意」（債権者G・保証人B・債務者S）の形成を読み取る（債権者＝X公庫）（連帯保証人＝Y銀行）（主債務者＝A社）　（303）

 (3)　連帯保証人Y銀行（保証人B）と主債務者A会社（S）は「同一の利益共同体」に属していることを読み取る（307）

 (4)　「一部代位」の成立場面におけると同様の利益状況（→競合）が存在することを読み取る　（310）

 (5)　この「利益対立状況」をどのように調整・裁断すべきか（312）

 (6)　『一部代位』と『全部代位』，どのように概念定義（概念画定）すべきか　（315）

第5項　結論総括 ……………………………………………… 317

第5節　弁済者「一部代位」と「全部代位」（民法502条1項論）
——どのように概念画定されるべきか（総括）—— …………… 320

はじめに　（320）

〔一〕　最判平成17年1月17日（→「原債権者／代位者」平等弁済（按分弁済））とはどのような判決なのか ……………………… 323

〔二〕　講演者はなぜ最判平成17年を採り上げたのか …………… 325

〔三〕　考察手法 ………………………………………………… 327

〔四〕　問題点の整理 …………………………………………… 328

〔五〕　私見疑念 ………………………………………………… 330

〔六〕　考察，その1——事案の「利益状況」分析（三者間の「合意構造」

xii 目　次

　　を解明する）───────────────── 331
　〔七〕　考察，その 2 ──判旨の「論理構造」分析（『一部代位』と『全
　　　　部代位』，どのように概念理解すべきか）── ────── 333
　〔八〕　結論総括──────────────────── 335

第 6 節　民法解釈学の方法
　　── 20 世紀・ドイツ民法学における「利益法学」の方法論
　　　　的確立──
　　──事案の「利益状況」分析のために────────── 336
　はじめに──趣旨・目的──────────────── 336
　〔一〕　「法解釈」とは何か──法解釈学の任務内容如何── ──── 337
　〔二〕　ドイツ民法解釈学ではどのような「方法論」が採られているの
　　　　か──支配的方法論としてのドイツ「利益法学」，その方法論と
　　　　しての論理構造如何──────────────── 338
　　　(1)　ドイツ利益法学の方法論へのアプローチはなぜ必要とされ
　　　　　るのか──研究の必要性とその方法──　　　（338）
　　　(2)　ドイツ利益法学の方法論とはどのようなものなのか──そ
　　　　　の方法論的な論理構造如何──　　　（339）
　〔三〕　19 ～ 20 世紀・ドイツ私法学における「法解釈方法論」論争とは
　　　　どのようなものであったのか──ドイツ利益法学の方法論的確
　　　　立の前理論史的状況──────────────── 344
　　　(1)　1847 年：キルヒマンのセンセーショナルな「批判講演」
　　　　　──実定法偏重の既成の法律学に対する批判──
　　　　　（345）
　　　(2)　1861 － 66 年：後期・イエーリングの「目的法学」──「概
　　　　　念法学」としての伝統的法律学に対する批判，新たなる「目
　　　　　的法学」の提立──　　　（348）
　　　(3)　1899 年：フランス科学学派のジェニィの「法解釈方法論」
　　　　　──「後期・イエーリングの目的法学」よりの触発，「フラ
　　　　　ンス自由法論」の嚆矢──　　　（351）
　　　(4)　1903 年：エールリッヒの「自由な法発見」──「ドイツ・
　　　　　オーストリア自由法論」の先駆の中核，「法社会学」の誕生

—— （352）

(5) 1906年：カントロヴィツの「闘争論文」――「ドイツ自由法運動」の旗手，「自由法」概念の提立―― （357）

(6) 1905―31年：ヘックの「利益法学」――「後期・イエーリングの目的法学」よりの触発，法規への思慮ある服従，立法者の利益裁断についての歴史的解釈―― （359）

第3章　抵当権の「物上代位」
――民法304条（372条による準用）論―― ……………… 361

第1節　「抵当権の物上代位」の法構造
――ドイツ法上の「元物型」物上代位における「支払異議」の機能の解明―― ……………… 361

第1項　はじめに ……………………………………………… 361

(1) 先取特権・質権・抵当権の「物上代位」の承認（民法304条・350条・372条） （361）

(2) 「物上代位権の行使」の方法（民執法193条） （361）

(3) 学説・判例の現代的状況 （362）

(4) 本節の目的 （363）

第2項　「民法上の代位」制度中における「抵当権の物上代位」の法体系的位置付け ……………………………… 367

(1) 人の代位――権利「主体者」論，「代位者」論―― （367）

(2) 物の代位――権利「客体（目的物）」論，「代位物」論―― （369）

(3) 小　括 （373）

第3項　抵当権の物上代位――「元物型」物上代位と「収益型」物上代位の二峻別―― ……………………………… 373

(1) 「元物型」物上代位 （374）

(2) 「収益型」物上代位 （376）

(3) 小　括 （377）

第4項　「建物保険金債権」上への抵当権の物上代位――「元物型」物上代位の法構造（「実体法」上の利益裁断）と「手続執行

法」上の「権利実現方法」の解明──────…………………………378

(1)　「保険金債権」の「代位物」適格性の法政策的承認──
BGB1127 条 1 項の立法趣旨の解明──　（378）

(2)　「建物保険金債権」をめぐる三者の法律関係──「実体法」
上の利益裁断（BGB1128 条）（利益構造論）──　（380）

(3)　抵当権者 G の「権利実現方法」──「元物型」物上代位に
おける「手続執行法」上の権利実現方法としての「強制競
売」の執行方法（手続構造論）──　（386）

第 5 項　結論的考察──諸利益対立状況における「利益調整」の鍵語
（キーワード）としての「支払異議」──────…………………391

(1)　抵当権者 G における「支払異議」の機能　（391）

(2)　被保険者 S における「支払異議」の機能　（392）

(3)　保険者 DS における「支払異議」の機能　（393）

(4)　総　括　（395）

第 2 節　「賃料債権」上への抵当権の物上代位

──日本民法上の「収益型」物上代位（民法 372 条・304 条）の特異な「問題性」──────…………………397

第 1 項　はじめに……………………………………………………397

(1)　抵当権の物上代位（民法 372 条による同 304 条の準用）
（397）

(2)　民法 304 条準用の問題点　（397）

(3)　「賃料債権」上への抵当権の物上代位──「収益型」物上代
位の典型例──　（397）

(4)　学説・判例における対立状況　（398）

(5)　本節の目的　（399）

第 2 項　ドイツ民法上の「賃料債権」上への抵当権の物上代位
── BGB1123 条 1 項の法構造の理論的解明──……………401

論述の進行　（401）

(1)　「抵当目的物」への抵当権の効力──その肯定（本来的効力。
BGB1113 条・1114 条）──　（401）

(2)　「未分離の天然果実等」への抵当権の効力──その肯定（本

目　次　　xv

来的効力。BGB94条・93条）——　（401）

 (3)　「分離した天然果実等」への抵当権の効力，その1——原則：その肯定（拡張的効力。BGB1120条本文）——（402）

 (4)　「分離した天然果実等」への抵当権の効力，その2——例外：その否定（BGB1120条但書）——　（403）

 (5)　「賃料債権」（法定果実）への抵当権の効力——「物上代位主義」の妥当（拡張的効力。BGB1123条）——　（404）

第3項　日本民法上の「賃料債権」上への抵当権の物上代位（民法372条・304条）——その物上代位規定における特異な「問題性」——…………………………………………407

　　　論述の進行　（407）

 (1)　「果実」に対する抵当権の効力——その否定（民法371条1項本文）——　（407）

 (2)　民法371条1項本文の「果実」の概念——「天然果実」のみへの同条の適用——　（408）

 (3)　賃料等の「法定果実」についての法的処理——「法定果実」への民法304条の準用——　（408）

 (4)　中間的小括　（409）

 (5)　「天然果実」の法的処理（民法371条1項本文）に対する疑問——その「論拠」の不備，その「合理性」の欠陥——（409）

 (6)　賃料等の「法定果実」の法的処理（民法372条・304条）に対する疑問——その「理由付け」の不当性——　（411）

 (7)　私見の結論——物上代位規定（民法372条・304条）における特異な「問題性」——　（413）

第4項　結論的考察——日本民法上の「収益型」物上代位の特異な「問題性」——………………………………………415

 (1)　ドイツ民法上の法構造　（415）

 (2)　日本民法上の法構造　（415）

 (3)　総　括　（416）

第3節　抵当権の「収益型」物上代位 …………………………… 417

第1項　「収益」価値を把握する抵当権 ……………………… 417

- (1) 問題提起　(417)
- (2) 民法304条の問題性　(417)
- (3) その法構造　(418)
- (4) 結論（肯定）　(418)

第2項　抵当権者による「抵当権不動産の所有者の不法占有者に対する妨害排除請求権」代位行使（判例研究）――最大判平成11年11月24日―― …………………………………… 419

- 〔一〕判決のポイント …………………………………………… 419
- 〔二〕事　案 …………………………………………………… 420
- 〔三〕判　旨 …………………………………………………… 421
- 〔四〕先例・学説 ……………………………………………… 422
  - (1) 本件判決の内容　(422)
  - (2) 従前の平成3年判決の内容　(422)
  - (3) 先例・学説の動向　(423)
- 〔五〕評　釈　(424)
  - (1) 「法原則」と「例外」　(424)
  - (2) 「価値権論」に基づく判旨立論　(425)
  - (3) 判旨立論の個別的検討（私見構想の立論）　(425)
  - (4) 「収益価値」を把握する抵当権（原則化）　(428)

第4節　「二重に弁済をなした第三債務者」の不当利得返還請求権（民法481条2項の類推適用）（「買戻代金債権」上への抵当権の物上代位ケース・民法304条）（判例研究）

――最三小判平成9年2月25日―― ……………………… 430

- 〔一〕判決のポイント …………………………………………… 430
- 〔二〕事　案 …………………………………………………… 430
- 〔三〕判　旨 …………………………………………………… 431
- 〔四〕先例・学説 ……………………………………………… 432
  - (1) 「第一の差押債権者甲」の法的地位――「将来債権たる買戻

代金債権」の被差押適格ないし被転付適格――その「肯否」

如何―― (433)

(2) 「第二の差押債権者丁」の法的地位――「買戻代金債権」上
への買戻権登記後の抵当権者の物上代位――その「可否」

如何―― (435)

(3) 「第三債務者丙」の法的地位，その１――第三債務者は誰に
対して弁済すべきなのか，それとも供託すべきなのか――
その「免責要件」如何―― (437)

(4) 「第三債務者丙」の法的地位，その２――競合する差押債権
者甲・丁に二重弁済をなした第三債務者丙の「不当利得返
還請求権」――その「可否」（民法481条2項の類推適用）

如何―― (439)

〔五〕 評　釈‥‥‥‥‥‥‥‥‥‥‥‥‥‥‥‥‥‥‥‥‥‥‥‥‥‥‥‥‥‥439

(1) 第一の論点（判旨賛成） (439)

(2) 第二の論点（判旨賛成） (439)

(3) 私見疑念 (440)

第5節　債権差押命令に対する「物上代位権の不存在」を理由とする不服申立方法（民執法193条2項）（判例研究）

――大阪高決昭和56年7月7日――‥‥‥‥‥‥‥‥‥‥‥‥‥‥‥443

〔一〕 事　実‥‥‥‥‥‥‥‥‥‥‥‥‥‥‥‥‥‥‥‥‥‥‥‥‥‥‥‥‥‥443

〔二〕 判　旨‥‥‥‥‥‥‥‥‥‥‥‥‥‥‥‥‥‥‥‥‥‥‥‥‥‥‥‥‥‥444

〔三〕 評　釈‥‥‥‥‥‥‥‥‥‥‥‥‥‥‥‥‥‥‥‥‥‥‥‥‥‥‥‥‥‥444

(1) 序 (444)

(2) 本決定に対する批判と私見 (445)

(3) 併用説の私見論証 (448)

(4) 実体異議としての「執行異議」の問題点 (454)

第4章　根抵当権の「代位」

――民法398条ノ7論（代位対象論）――‥‥‥‥‥‥‥‥‥‥‥457

第1節　確定前根抵当権の被担保債権群中の個別債権上の質権

設定・差押えの「処分行為」の効力
——民法 398 条ノ 7 Ⅰ の立法趣旨の解明—— …………… 457

はじめに——問題の所在—— ………………………………………… 457

第 1 項　解決基準の条文上の不存在 ……………………………… 458
- ⑴　民法典中の新根抵当法　（458）
- ⑵　民執法　（458）

第 2 項　法務省公式見解の動揺 …………………………………… 459
- ⑴　昭和 47 年・回答　（459）
- ⑵　昭和 55 年・通達　（459）

第 3 項　学説状況の整理・再構成・概観，その分析，私見の基本的
方向性 …………………………………………………………… 460
- ⑴　「質権設定」の処分行為の場合　（460）
- ⑵　「差押え」の処分行為の場合　（463）
- ⑶　その分析，私見の基本的方向性　（465）

第 4 項　民法 398 条ノ 7 Ⅰ の立法趣旨の解明——私見否定説の論拠，
その 1—— ……………………………………………………… 471
- ⑴　立法趣旨の解明　（471）
- ⑵　確定前根抵当権の本質——確定前根抵当権とその各個別債
権の「相互峻別的関係」——　（474）
- ⑶　小括：個別債権上の「質権設定・差押え」の処分行為の効力
——否定説の論拠，その 1——　（476）

第 5 項　「質権者・差押債権者」の法的地位の解明——私見否定説の
論拠，その 2—— ……………………………………………… 478
- ⑴　「確定前根抵当権者」の法的地位　（478）
- ⑵　「質権者・差押債権者」の法的地位　（479）
- ⑶　肯定説の難点　（479）
- ⑷　小括：個別債権上の「質権設定・差押え」の処分行為の効力
——否定説の論拠，その 2——　（480）

第 6 項　結論総括 ………………………………………………… 480

第 2 節　根抵当取引と民法
——民法 398 条ノ 7 をめぐる根本問題—— …………… 484

はじめに——問題の所在——　（484）

　　(1)　「君臨する担保権」としての地位確立　（484）

　　(2)　問題の所在　（484）

　　(3)　経済状況の激変が問題解決を緊要化した　（485）

　　(4)　本節の意義と目的　（485）

第1項　なぜ「立法的手当て」がなされなかったのか——解決基準として
　　　　の明文規定の不存在——……………………………………486

　　(1)　なぜ「規定」が置かれなかったのか　（486）

　　(2)　「議論して意見の一致をみなかった」わけではない　（486）

　　(3)　債権「譲渡」や「代位弁済」のミニチュア問題として処理す
　　　　れば足りる　（487）

　　(4)　「質権設定」や「差押え」がなされることは，当時，非現実
　　　　的であった　（487）

第2項　法務省公式見解の動揺をどのように評価すべきか——否定説
　　　　（昭和47年）から肯定説（昭和55年）への転回——…………488

　　(1)　法務省公式見解の変更　（488）

　　(2)　実体私法上の問題としての態度決定の変更である（私見評
　　　　価）　（488）

　　(3)　「動揺」の理由は何か（私見推論）　（490）

第3項　問題解決のための「条文上の手がかり」はあるのか——民法
　　　　398条ノ7第1項の存在，そしてその位置付け如何——…………491

　　(1)　私見結論の予めの提示——否定説の主張——　（491）

　　(2)　法務省サイドの立法担当官はどのように考えていたのか
　　　　——債権「移転」のみに妥当する「例外的・特則的」規定と
　　　　しての民法398条ノ7——　（492）

　　(3)　同条同項はどのように位置付けられるべき規定なのか——
　　　　「処分行為」一般に妥当する「原則的・一般的」規定である
　　　　（私見理解）——　（493）

第4項　確定前根抵当権の本質をどのように理解すべきか——原則
　　　　的枠組みとしての「付従性の否認」——……………………494

第5項　私見結論——民法398条ノ7の規定趣旨の解釈論的推及（確定
　　　　前根抵当権の本質）を理由として否定説を主張する——………496

目　次

(1) 個別債権への「質権設定」の処分行為の場合——否定説（私見）——　(496)

(2) 個別債権への「譲渡担保設定」の処分行為の場合——否定説（私見）——　(497)

(3) 個別債権への「差押え」の処分行為の場合——否定説（私見）——　(497)

第6項　結論総括 …………………………………………………… 499

(1) 根抵当法の成立の特徴——「法の発展」のプロセス——　(499)

(2) 制限物権型の「典型担保」としての根抵当権　(500)

(3) 特殊抵当権としての根抵当権——普通抵当権との対比——　(500)

(4) 実務上の普遍的な抵当権としての根抵当権　(500)

(5) 制限物権型の日本型担保モデルとしての根抵当権　(501)

(6) 根抵当法における「法解釈方法論」一試論——「ソフト・プログラミング」の担保法学——　(501)

(7) 根抵当法の「ソフトウェア」としての提言——「セキュリティ・パッケージ」の一構成要素としての利活用——　(503)

(8) 本節テーマの再評価　(504)

第3節　プロジェクト・ファイナンスと担保
——「セキュリティ・パッケージ」としての全体構造——……506

第1項　総　論　(506)

〔一〕ファイナンスと担保——「法と経済」の交錯——………………506

(1) ファイナンスと担保　(506)

(2) ファイナンス取引と担保取引　(507)

(3) 小括：「法と経済」の交錯　(507)

〔二〕プロジェクト・ファイナンスの特徴——在来型のコーポレート・ファイナンスとの対比において——…………………508

(1) 「オフ・バランス・シート」型のファイナンス　(508)

(2) 「ノン・リコース」型のファイナンス——理念型——

（509）

 (3) 「リミテッド・リコース」型のファイナンス——現実型——
（509）

 (4) 「キャッシュ・フロー返済源資」型のファイナンス （510）

 (5) 「プロジェクト資産限定担保」型のファイナンス （511）

 (6) 「自己完結」型のファイナンス （511）

 (7) 「貸手」と「借手・スポンサー」との「リスク共同分担」型
のファイナンス （512）

 (8) 「ハイリスク・ハイリターン」型のファイナンス （512）

 (9) 「英米法系担保型」のファイナンス （513）

 (10) 「国際取引」型のファイナンス （513）

〔三〕 主要な関係プレイヤー——ファイナンス・スキーム——…………514

 (1) 貸手サイド（Lenders）——資金提供者—— （514）

 (2) 借手サイド（Borrower）——資金借入人—— （515）

 (3) 購入者サイド（Customers）——プロダクツ購入者——
（516）

 (4) プラントの工事業者（Contractor）や設備供給者（Suppliers）——プロジェクト建設関係者—— （516）

 (5) ファイナンスの関係者 （517）

 (6) 基本的なスキーム——小括—— （518）

〔四〕 トータル・リスク・マネジメントの手法——リスク・アナリシス，
そしてリスク・ミニマイゼーション——………………………………518

 (1) リスク・アナリシス：リスク析出とその評価——「第1段
階」の作業—— （518）

 (2) リスク・ミニマイゼーション：リスク対策とその方法——
「第2段階」の作業—— （522）

〔五〕 「セキュリティ・パッケージ」としての全体構造——プロジェクト・
ファイナンスにおける「契約法」と「担保法」の交錯——………524

 (1) セキュリティ・パッケージ （524）

 (2) プロジェクト・ファイナンスの法律学的位置付け——「契
約法」と「担保法」の交錯—— （526）

第2項 各論1：どのような「担保（物的担保）」が組み込まれてい
るのか，その法的分析——「担保」の種類，その徴求の方法如

何——……………………………………………………………………527

〔一〕 「物的担保」取得の意義・機能 ………………………………527

   ⑴ プロジェクト「主要資産」への担保取得　(527)

   ⑵ 現地担保法制の調査の必要性　(527)

   ⑶ 担保取得の意味・目的　(528)

〔二〕 モーゲージの設定——プロジェクトの「固定資産」への担保取得
の方法——…………………………………………………………529

   ⑴ モーゲージの内容と法律関係　(529)

   ⑵ トラストの利用　(530)

   ⑶ モーゲージの実行——モーゲージ権者の救済方法——
(530)

〔三〕 フローティング・チャージの設定——プロジェクトの「総資産
(全体資産)」への担保取得の方法——………………………532

   ⑴ フローティング・チャージとは　(532)

   ⑵ 実　行　(534)

   ⑶ モーゲージ等の固定担保（Fixed Charge）との併用
(534)

〔四〕 アサインメントによる債権譲受け——プロジェクトの「流動資
産」への担保取得，その1：プロジェクトの関連諸契約上の権利
（販売代金債権）への担保取得の方法—— ……………………535

   ⑴ 販売契約上の販売「代金債権」（売主としての法的地位）の
譲渡の方法　(536)

   ⑵ 販売契約上の販売「代金受領権」の譲渡の方法　(537)

   ⑶ 販売契約上の販売代金の「払込口座」への担保権設定の方
法　(537)

   ⑷ 3タイプの方法の対比——担保的機能の強弱如何——
(537)

   ⑸ 担保目的での「エスクロウ・トラスト口座」の開設・利用
(538)

   ⑹ 譲渡対象の「債権」の強化・安定化・確定化の必要性——そ
の方策如何——　(540)

〔五〕 担保目的での「株式譲渡」の方法——プロジェクトの「流動資
産」の担保取得，その2——………………………………………541

第3項　各論2；どのような「保証（人的担保）」が組み込まれてい
　　　　るのか，その法的分析──「保証」の種類，その徴求の方法如
　　　　何── ………………………………………………………………542

〔一〕「インベストメント・ギャランティ」徴求の方法──スポンサー
　　　の保証，その1── ……………………………………………………542

〔二〕「コンプリーション・ギャランティ」徴求の方法──スポンサー
　　　の保証，その2── ……………………………………………………543

　　　(1)　ファイナンシャル・ギャランティ　　（543）

　　　(2)　パフォーマンス・ギャランティ　　（543）

　　　(3)　エクィティ・コミットメント　　　（544）

〔三〕「レター・オブ・アウェアネス」徴求の方法──スポンサーの保
　　　証，その3── …………………………………………………………544

〔四〕「アンダーテイキング」の確保の方法──関係第三者の引受け──545

第4項　各論3；どこの国の担保法や契約法が適用されることにな
　　　　るのか──プロジェクト関連契約の「準拠法」如何── …………545

〔一〕契約当事者間の協議による「準拠法」の指定…………………………545

　　　(1)　「融資契約・中長期販売契約・建設契約・工事完成保証契約」
　　　　　の準拠法　　（545）

　　　(2)　中長期販売契約の「譲渡契約」の準拠法　　　（546）

　　　(3)　「裁判管轄」の準拠法　　（547）

〔二〕現地法制の「準拠法」としての必然的な決定…………………………547

　　　(1)　担保（物的担保）「設定契約」並びに「実行手続」の準拠法
　　　　　（547）

　　　(2)　コンセッション・アグリーメント等の準拠法──担保（物
　　　　　的担保）設定契約並びに実行手続の準拠法──　　　（547）

第4節　プロジェクト・ファイナンスの沿革
　　　　──その生成・発展・展望── ……………………………………549

第1項　オイル・ガス埋蔵量担保ローン──プロジェクト・ファイナ
　　　　ンスのプロトタイプ（1930年代アメリカ）── ………………549

　　　(1)　概容と時代背景　　（549）

　　　(2)　スキームの特徴　　（549）

　　　　(3) 小　括　(550)

第2項　プロダクション・ペイメント・ファイナンス──プロジェク
　　　　ト・ファイナンスの基本型（1950年代アメリカ）── ············550

　　　　(1) 概容と時代背景　(550)

　　　　(2) スキームの特徴　(551)

　　　　(3) 小　括　(553)

第3項　北海・フォーティーズ油田開発におけるプロジェクト・ファ
　　　　イナンス──インターナショナル・プロジェクト・ファイナン
　　　　スとしての登場（1970年代における国際化）── ················554

　〔一〕ローカル・ファイナンスからインターナショナル・ファイナン
　　　　スへの発展 ···554

　〔二〕北海での油田発見ラッシュの時代 ·····························554

　〔三〕フォーティーズ油田開発における国際的なプロジェクト・ファ
　　　　イナンスの導入 ···555

　〔四〕その具体的なファイナンス・スキーム ·······················556

　　　　(1) プロジェクトの実施推進者であるスポンサー　(556)

　　　　(2) 貸手としての国際シンジケート銀行団　(556)

　　　　(3) 借手としてのプロジェクト・カンパニー　(556)

　　　　(4) 融資契約の締結──国際シンジケート銀行団（貸手）と
　　　　　　NOREXトレーディング社（借手）──　(557)

　　　　(5) 原油先物供給契約の締結──BP石油開発会社（売主）と
　　　　　　NOREXトレーディング社（買主）──　(557)

　　　　(6) 生産原油の長期販売契約の締結──NOREXトレーディン
　　　　　　グ社（転売主）とBP石油販売会社（転買主）──　(557)

　　　　(7) 「融資金」と「返済金」の流れ　(558)

　　　　(8) BP社（スポンサー）サイドからの「保証」　(558)

第4項　「製造プラント」型，そして「インフラ整備」型のプロジェ
　　　　クト・ファイナンスの登場──プロジェクト・ファイナン
　　　　スの発展（1980年代以降）── ······························559

　〔一〕「資源開発」型より「製造プラント」型や「インフラ整備」型へ
　　　　の発展──対象プロジェクトの拡大── ·······················559

　〔二〕アメリカにおける発展；「製造プラント」型の嚆矢── 1978年・

パーパ法制定以降── ·· 560

〔三〕 1990 年代；さらなる国際的な（「インフラ整備」型）──発展途
上国における BOT 発電プロジェクト，先進諸国における民活
化事業プロジェクト── ··· 560

第5項 結論総括を兼ねて；プロジェクト・ファイナンス，その課
題と展望 ··· 561

〔一〕 発展におけるいくつかの特徴 ·· 561

〔二〕 課題と展望 ··· 563

第5節　根抵当権の譲渡（民法 398 条ノ 12 以下）
──設例ケースに即して── ··· 566

〔一〕 根抵当権の処分形態 ··· 566

　(1) 五つの処分形態が認められている　　(566)

　(2) そのうちの三つは「固有」の処分形態である　　(566)

　(3) 普通抵当権における処分形態（376 条）は禁止される（除・
転抵当）　　(567)

〔二〕 本問の場合 ··· 567

　(1) B 相互銀行は「全部譲渡」処分をなすべし　　(567)

　(2) 「全部譲渡」処分の具体的手続進行　　(567)

　(3) A 銀行におけるもう一つの可能な方法　　(568)

〔三〕 「全部譲渡」の処分形態とは ·· 569

〔四〕 「全部譲渡」の法律要件・効果 ·· 569

　(1) 全部譲渡契約の締結　　(569)

　(2) 設定者の承諾　　(569)

　(3) 登　記　　(570)

　(4) 効　力　　(570)

第6節　根抵当権の不足額の証明（破産法 277 条後段）（判例研究）
──東京地決平成 9 年 6 月 19 日── ······································· 571

〔一〕 事実の概要 ··· 571

〔二〕 決定要旨 ··· 572

〔三〕 解　説 ··· 572

(1) はじめに　（572）

(2) 本件の争点　（572）

(3) 本決定の「消極論」　（573）

(4) 私見（消極論）　（574）

終章　参考資料……………………………………………………577

内池慶四郎教授執筆・斎藤和夫君論文審査要旨（未定稿）
（1987 年/S62 年 12 月）……………………………………577

〔一〕　業績一覧……………………………………………………577

〔二〕　主論文の内容とその評価……………………………………578

〔三〕　概　評………………………………………………………583

付記　その他提出の参考論文について……………………………584

〈初出一覧〉

収録論文リストⅠ （「本書収録」順）

第1章　共同抵当権の「代位」──民法392条論──

第1節　①「共同抵当権における代位 (1) (2) (3 完)──後順位抵当権者と物上保証人の優劣関係，その類型的検討──」・慶應法学研究57巻9号63頁以下・10号57頁以下・11号81頁以下；1984（S 59）年9・10・11月

第2節　②「共同抵当権の3つのルール，その相互関係の解明──民法392条論──」・慶應法学研究84巻2号193頁以下；2011（H 23）年2月

第3節　③判例研究：「1　共同抵当の目的である債務者所有の甲不動産及び物上保証人所有の乙不動産に債権者を異にする後順位抵当権が裁定され，乙不動産が先に競売された場合に，甲不動産から弁済を受けるときにおける甲不動産の後順位抵当権者と乙不動産の後順位抵当権者の優劣，2　物上保証人がその所有の乙不動産及び債務者所有の甲不動産につき共同抵当権を有する債権者との間で代位権不行使の特約をした場合と物上保証人所有の乙不動産の後順位抵当権者の優先弁済を受ける権利，3　債権の一部につき代位弁済がされた場合の競落代金の配当についての債権者と代位弁済者の優劣」（最判 S 60・5・23；民集 39-4-940・判時 1158/192）・判例評論 370/36 以下（判時 1324/198 以下）・1989（S 64/H 元）年12月

第2章　弁済者「代位」──民法502条論──

第1節　④「弁済者一部代位の法構造──原債権者と一部代位者の競合関係，その利益較量的分析──」・慶應法学研究60巻2号159頁以下・1987（S 62）年2月

第2節　⑤「抵当権の複数の被担保債権中の一個債権の保証人による代位弁済と抵当不動産売却代金の配当──H 17/1/27 最高裁判決の『利益状況分析（事実分析）』──」・慶應法学研究81巻12号141頁以下・2008（H 20）年12月

第3節　⑥「続・抵当権の複数の被担保債権中の一個債権の保証人による代位弁済と抵当不動産売却代金の配当──H 17/1/27 最高裁判決の『理論的

分析』──」・慶應法学研究 82 巻 1 号 49 頁以下・2009（H 21）年 1 月

第 4 節　⑦「弁済者一部代位論・再論──H 17/1/27 最高裁判決──」・慶應法学研究 82 巻 12 号 59 頁以下・2009（H 21）年 12 月

第 5 節　⑧講演・「弁済者代位の実務──近時の注目判例（最判 H 17・1・27；民集 59-1-200）に関して──」（講演レジマ/配布）・秋季法律実務研修講座第一弁護士会　総合研修センター・（於）弁護士会館・2009（H 21）年 11 月 24 日実施（←「現代担保法研究会」（椿寿夫代表）研究報告レジマ・2009 年 5 月 23 日実施）

第 6 節　⑨民法学──根本問題の解明をとおして──：第 3 講「民法解釈学の方法── 20 C・ドイツ民法学における「利益法学」の方法論的確立──（1）（2）（3）」・民事研修（法務総合研究所/法務省）474 号 99 頁以下・1996（H 8）年 10 月，476 号 79 頁以下・同年 12 月，478 号 81 頁以下・1997（H 9）年 02 月

第 3 章　抵当権の「物上代位」
──民法 304 条（372 条による準用）論──

第 1 節　⑩「『抵当権の物上代位』の法構造──ドイツ法上の『元物型』物上代位における『支払異議』の機能の解明──」・慶應義塾大学法学部編『慶應義塾大学法学部法律学科開設百年記念論文集』277 頁以下・1990（H 2）年 9 月

第 2 節　⑪「『賃料債権』上への抵当権の物上代位──日本民法上の『収益型』物上代位（民法 372 条・304 条）の特異な『問題性』──」・慶應法学研究 63 巻 12 号 203 頁以下・1990（H 2）年 12 月

第 3 節　⑫巻頭言；「抵当権の『収益型』物上代位──『収益』価値を把握する抵当権──」・債権管理 1991 年 10 月 15 日号・民事法情報センター・1991（H 3）年 10 月

⑬判例研究；「1　抵当権者による抵当不動産の所有者の不法占拠者に対する妨害排除請求権の代位行使」

「2　抵当権者による妨害排除請求権の代位行使における直接の明渡請求」（最大判 H 11・11・24；民集 53-8-1899）・私法判例リマークス 22 号以下・2001（H 13）年 2 月

第 4 節 ⑭判例研究；「債権執行による差押債権者と物上代位による差押債権者が競合し，二重に弁済した第三債務者の不当利得返還請求権（最 3 小判 H 9・2・25）」・私法判例マークス 17 号 38 頁以下・1998（H 10）年 7 月

第 5 節 ⑮判例研究；「物上代位権の行使における債権差押命令に対する物上代位権の不存在を理由とする不服申立方法（大阪高決 S56・7・7）」・判例評論 284 号 48 頁以下・1982（S 57）年 10 月

第 4 章　根抵当権の「代位」――民法 398 条ノ 7 論（代位対象論）――

第 1 節 ⑯「確定前根抵当権の被担保債権群中の個別債権上の質権設定・差押えの『処分行為』の効力――民法 398 条ノ 7 の立法趣旨の解明――」・慶應法学研究 59 巻 12 号 247 頁以下・1986（S 61）年 12 月

第 2 節 ⑰「根抵当取引と民法――民法 398 条ノ 7 をめぐる若干問題――」・椿寿夫教授古稀記念『現代取引法の基礎的課題』433 頁以下・有斐閣・1999（H 11）年 2 月

第 3 節 ⑱「プロジェクト・ファイナンスと担保――『セキュリティ・パッケージ』の全体構造――」・藤原純一郎編『アジア・インフラストラクチャー――21 世紀への展望（慶應義塾大学地域研究センター叢書）』15 頁以下・慶應義塾大学出版会・1999（H 11）年 2 月

第 4 節 ⑲「プロジェクト・ファイナンスの沿革――その生成・発展・展望――」・藤原編『上掲書』31 頁以下・慶應義塾大学出版会・1999（H 11）年 2 月

第 5 節 ⑳「48；根抵当権の譲渡」・清水＝髙木＝南川編『新版　担保・保証の法律相談』170 頁以下・有斐閣・1988（S 63）年 11 月

第 6 節 ㉑判例解説；「68 事件・根抵当権の不足額の証明（東京地決 H 9・6・19）」・青山善充＝伊藤眞＝松下淳一編『倒産判例百選（別冊ジュリスト）』（第 3 版）138 頁以下・有斐閣・2002（H 14）年 9 月

終章　参考資料 ㉒内池慶四郎教授執筆・「斎藤和夫君論文審査報告要旨（未定稿）」・1987（S62）年 12 月

収録論文リストⅡ （「初出時系列」順）

・1
　　：⑮判例研究：「物上代位権の行使における債権差押命令に対する物上代位権の不存在を理由とする不服申立方法（大阪高決 S56・7・7）」・判例評論 284 号 48 頁以下・判例時報社　― 1982（S57）年 10 月―　（⇒第 3 章第 4 節）
↓

・2
　　：①共同抵当権における代位（1）（2）（3 完）――後順位抵当権者と物上保証人の優劣関係，その類型的検討――」・慶應法学研究 57 巻 9 号 63 頁以下・10 号 57 頁以下・11 号 81 頁以下　― 1984（S59）年 9・10・11 月―（⇒第 1 章第 1 節）
↓

・3
　　：⑯「確定前根抵当権の被担保債権群中の個別債権上の質権設定・差押えの『処分行為』の効力――民法 398 条ノ 7 の立法趣旨の解明――」・慶應法学研究 59 巻 12 号 247 頁以下　― 1986（S61）年 12 月―　（⇒第 4 章第 1 節）
↓

・4
　　：④「弁済者一部代位の法構造――原債権者と一部代位者の競合関係，その利益較量的分析――」・慶應法学研究 60 巻 2 号 159 頁以下　― 1987（S62）年 2 月―　（⇒第 2 章第 1 節）
↓

・5
　　：㉒内池慶四郎教授執筆・「斎藤和夫君論文審査報告要旨（未定稿）」　― 1987（S62）年 12 月―　（⇒終章）
↓

・6
　　：⑳「48；根抵当権の譲渡」・清水＝高木＝南川『新版　担保・保証の法律相談』有斐閣 170 頁以下　― 1988（S63）年 11 月―　（⇒第 4 章第 5 節）
↓

・7
　　：③判例研究：「1　共同抵当の目的である債務者所有の甲不動産及び物

上保証人所有の乙不動産に債権者を異にする後順位抵当権が設定され，乙不動産が先に競売された場合に，甲不動産から弁済を受けるときにおける甲不動産の後順位抵当権者と乙不動産の後順位抵当権者の優劣，

2　物上保証人がその所有の乙不動産及び債務者所有の甲不動産につき共同抵当権を有する債権者との間で代位権不行使の特約をした場合と物上保証人所有の乙不動産の後順位抵当権者の優先弁済を受ける権利，

3　債権の一部につき代位弁済がされた場合の競落代金の配当についての債権者と代位弁済者の優劣」（最判 S60・5・23；民集 39-4-940・判時 1158/192）・判例評論 370/36 以下（判時 1324/198 以下）　― 1989（S64/H 元）年 12 月―　（⇒第 1 章第 3 節）

↓

・8

；⑩「『抵当権の物上代位』の法構造――ドイツ法上の『元物型』物上代位における『支払異議』の機能の解明――」・慶應義塾大学法学部編『慶應義塾大学法学部法律学科開設百年記念論文集』277 頁以下　― 1990（H2）年 9 月―　（⇒第 3 章第 1 節）

↓

・9

；⑪「『賃料債権』上への抵当権の物上代位――日本民法上の『収益型』物上代位（民法 372 条・304 条）の特異な『問題性』――」・慶應法学研究 63 巻 12 号 203 頁以下　― 1990（H2）年 12 月―　（⇒第 3 章第 2 節）

↓

・10

；⑫巻頭言；「抵当権の『収益型』物上代位――『収益』価値を把握する抵当権――」・債権管理 1991 年 10 月 15 日号・民事法情報センター　― 1991（H3）年 10 月―　（⇒第 3 章第 3 節第 1 項）

↓

・11

；⑨民法学――根本問題の解明をとおして――：第三講「民法解釈学の方法― 20C・ドイツ民法学における「利益法学」の方法論的確立―（1）（2）（3）」・民事研修（法務総合研究所/法務省）474 号 99 頁以下― 1996（H8）年 10 月―，476 号 79 頁以下―同年 12 月―，478 号 81 頁以下― 1997（H9）年 02 月―　（⇒第 2 章第 6 節）

↓

・12

　　；⑭判例研究；「債権執行による差押債権者と物上代位による差押債権者が競合し，二重に弁済した第三債務者の不当利得返還請求権（最三小判 H9・2・25)」・私法判例リマークス（日本評論社）17 号 38 頁以下　―1998（H10）年 7 月―　（⇒第 3 章第 4 節）

↓

・13

　　；⑱「プロジェクト・ファイナンスと担保――『セキュリティ・パッケージ』の全体構造――」・藤原純一郎編『アジア・インフラストラクチャー――21 世紀への展望（慶應義塾大学地域研究センター叢書)』15 頁以下・慶應義塾大学出版会　―1999（H11）年 2 月―　（⇒第 4 章第 3 節）

↓

・14

　　；⑲「プロジェクト・ファイナンスの沿革――その生成・発展・展望――」・藤原編『上掲書』31 頁以下・慶應義塾大学出版会　―1999（H11）年 2 月―（⇒第 4 章第 4 節）

↓

・15

　　；⑰「根抵当取引と民法――民法 398 条ノ 7 をめぐる若干問題――」・椿寿夫教授古稀記念『現代取引法の基礎的課題』433 頁以下・有斐閣　―1999（H11）年 2 月―　（⇒第 4 章第 2 節）

↓

・16

　　；⑬判例研究；「一　抵当権者による抵当不動産の所有者の不法占拠者に対する妨害排除請求権の代位行使」

　　「二　抵当権者による妨害排除請求権の代位行使における直接の明渡請求」（最大判 H11・11・24；民集 53-8-1899)・私法判例リマークス 22 号 22 頁以下　―2001（H13）年 2 月―　（⇒第 3 章第 3 節第 2 項）

↓

・17

　　；㉑判例解説；「68 事件・根抵当権の不足額の証明（東京地決 H9・6・19)」・青山善充＝伊藤眞＝松下淳一編『倒産判例百選（別冊ジュリスト)』（第

3版）138頁以下・有斐閣 —2002（H14）年9月— （⇒第4章第6節）

↓

・18

　：⑤「抵当権の複数の被担保債権中の一個債権の保証人による代位弁済と抵当不動産売却代金の配当——H17/1/27 最高裁判決の『利益状況分析（事実分析）』——」・慶應法学研究81巻12号141頁以下 —2008（H20）年12月— （⇒第2章第2節）

↓

・19

　：⑥「続・抵当権の複数の被担保債権中の一個債権の保証人による代位弁済と抵当不動産売却代金の配当—— H17/1/27 最高裁判決の『理論的分析』——」・慶應法学研究82巻1号49頁以下 —2009（H21）年1月— （⇒第2章第3節）

↓

・20

　：⑧講演・「弁済者代位の実務——近時の注目判例（最判H17・1・27／民集59-1-200）に関して——」（講演レジメ/配布）・秋季法律実務研修講座第1弁護士会　総合研修センター・（於）弁護士会館 —2009（H21）年11月24日実施— （←「現代担保法研究会」（（椿寿夫代表）研究報告レジメ/配布 —2009年5月23日実施—） （⇒第2章第5節）

↓

・21

　：⑦「弁済者一部代位論・再論—— H17/ 1 /27 最高裁判決——」・慶應法学研究82巻12号59頁以下 —2009（H21）年12月— （⇒第2章第4節）

↓

・22

　：②「共同抵当権の三つのルール，その相互関係の解明——民法392条論——」・慶應法学研究84巻2号193頁以下 —2011（H23）年2月— （⇒第1章第2節）

第1章　共同抵当権の「代位」
──民法 392 条論──

第1節　共同抵当権における代位
──「後順位抵当権者と物上保証人」の優劣関係，その類型的検討──

はじめに

〔一〕　問題提起

　共同抵当権の目的不動産の一部又は全部が物上保証人によって提供されている場合，その異時競売を契機として民法 392 条 2 項後段の後順位抵当権者の代位権と民法 500・501 条の物上保証人の代位権の「代位権競合」の問題が生起する。

　　──＊

　　(イ)　共同抵当権の目的不動産の全部が債務者の所有によるものである場合には，物上保証人がそもそも登場してこない以上，民法 500・501 条の物上保証人の代位権はそもそも生じ得ないし，

　　(ロ)　共同抵当権の目的不動産の一部又は全部が物上保証人によって提供されている場合であっても，どの目的不動産上にも後順位抵当権者が全く存在していないときには，勿論民法 392 条 2 項後段の後順位抵当権者の代位権はそもそも生じ得ない。

　　したがって，これらの諸場合においては上記の意味における「代位権競合」の問題は生起し得ない。

　この問題は，換言すれば，「共同抵当権における代位」をめぐる「後順位抵当権者と物上保証人の優劣関係」如何の問題である。

〔二〕　問題解決の難解性・困難性

　共同抵当権における代位をめぐる多くの諸問題（民法 392 条）につき，その

問題解決の難解性ないし困難性が，諸学説によって，再三再四，強調されてきた[1]。とりわけ，民法392条2項後段における「後順位抵当権者の代位権」の問題は，物上保証として自己所有の不動産を共同抵当権の目的物として提供した「物上保証人の代位権」（民法500・501条）との絡み合いという点において，もっとも錯綜紛糾するところである[2]。

---

(1) その理由は，⑦第一に，共同抵当権理論そのものの極めて精緻な技術性なるが故に，である。

　　我妻＝福島・民法研究Ⅳ(2)・244頁によれば，「抵当制度は不動産に関する諸種の利害を代表する数多の権利の錯綜する間に立って，それぞれの権利に対して整然たる地位を与え，よってもって鞏固なる取引の基礎を形作らんとする趣旨において，それ自身高度に発達を遂げた技術的法律制度を代表するものであるが，共同抵当理論は全抵当制度中においてもとりわけ精緻なる技術の進歩を示すいわばその最高峰の一角を成していると称すとも過言ではないのである」（傍点斎藤），と指摘されている。

　　⑫第二に，直接的な条文が民法典中に僅か2ヶ条（民法392条・393条）のみ存在しているにすぎない，からである。

　　同・研究Ⅳ(2)・244頁によれば，「共同抵当における配当に付いては，後順位抵当権の存する場合において，先順位者のための抵当権不可分の原則と後順位者の利益保護を図る衡平の理想とが錯綜して，極めて複雑困難なる問題を生ぜしめる。而して民法はこれに付いてのみ考慮を加えて392条の規定を設けている。然しこの場合の利害関係の競合錯綜は，あたかも難解なる方程式の問題のようなもので，ただ一個条の規定をもって快刀乱麻を断つことは必ずしも容易なりとしない。したがって，生起する幾多の困難なしかも予想せざりし事例を迎えて，判例はその理論を変遷せしめざるを得なくなり，遂に抵当権判例法中数少ない民事連合判決の一つがここに生ずるに至ったのである」（傍点斎藤），と指摘されている。

(2) 諸学説は異口同音にこの錯綜紛糾性を指摘し，そこに問題解決が未だ不徹底に至らざるを得ないことの理由を求めている。

　　たとえば，⑦我妻＝福島・研究Ⅳ(2)・254―255頁（民法392条2項の次順位抵当権者の「代位権に付いてはその発生要件，性質等に付いて極めて複雑微妙な問題が数多く提供せられ，抵当権に関する規定の中でも特に難解なる一領域を形作ることになった。その権利関係の錯綜紛糾の甚だしきは実に他に類例を求めるに苦しむ位である」）。

　　⑫鈴木旧説・抵当制度の研究・228頁（「共同抵当に関しては種々の問題点があるが，なかんずく民法392条2項の代位に関しては，後順位抵当権者および各抵当不動産の所有者の利害と結びついて，解釈上，立法上，多くのきわめて困難な問題が存する」）。

　　⑧椿・評釈・判評136号・122頁（「代位弁済それ自体もまだ本格的な解明がなされていない（貞家克己『弁済による代位』金融法務事情500号36頁の指摘参照）ほか，それと後順位者代位との関係は『一層困難な問題を提起する』とされている（我妻・新訂債権総論260頁）。したがって，沿革や比較法などをまだ研究していない（もっとも，共同抵当の実態がちがうので，どこまで役に立つかは問題だが）現在の段階では，不十分な議論に終始することであろうことをお断りしておく」）。

〔三〕 法立法論への参入

　この問題に関する諸判例においては，ほぼ一貫した理論傾向，──「物上保証人優先説」──，が提示されてはいるが，学説においては，判例理論の賛否をめぐり見解は大きく二分，──「物上保証人優先説」と「後順位抵当権者優先説」──，される。

　しかも，(イ)上記の両説のどちらに与するかにつき決定的な決め手はなく，微妙な価値感覚ないし価値判断の差に基づいて態度決定をする他はない[3]，あるいは(ロ)この問題についての態度決定それ自体が絶対的な"正誤"の問題ではなく，相対的な"当否"の問題にすぎない[4]，といった指摘が，学説によってなされてきた。端的に，それは,「共同抵当権における代位」をめぐる「後順位抵当権者と物上保証人の優劣関係」如何の問題において，その優劣関係を決定し得る明確な統一的基準が民法典中の諸規定の明文中にはどこにもみられず，したがって問題の解決が結局は法解釈者（ないし裁判官）の微妙な，いわば主観的な価値感覚・法的価値判断に大きく委ねられざるを得ない，からなのである。

　　(ハ)山崎・評釈・法時 42 巻 11 号・239 頁（「民法は，共同抵当に関し，直接には後順位抵当権者との利益調整のみを規定しているにすぎない〈392 条・393 条〉が，この他にも，設定債務者，物上保証人，第三取得者，先順位抵当権者などが関係してくる。このように民法では，これら権利関係者の利害調整が総合的に図られていないため，理論構成の上では無論のこと，利益衡量の点でも，種々難解な問題を生ずるのであり，本件争点の問題もその最たるものの一つである。本研究が不十分な論及で終始せざるをえないのも，不勉強のゆえばかりでなく課題そのものが重荷であったことにもよろう」）。

　　(二)星野・評釈・法協 89 巻 11 号・190 頁（「この点は抵当権法中のもっとも難問の一つであるが，…」），等参照（以上，傍点斎藤）。

　　以上の如き諸学説の指摘をみれば，問題解決の困難性が余りにも明瞭であろう。

(3)　星野・評釈 194 頁。

　　さらに，同・評釈 192 頁によれば，「これは，実に微妙な利益考量の問題であると同時に，隣接の問題についての解決との均衡を考える必要があるために，簡単にはどちらとも決し難い」と指摘されている。

(4)　椿・評釈 123 頁。

　　加えて，同・評釈 121 — 122 頁によれば，「最近の学者がもっている傾向のひとつとして，いわゆる"利益衡量"の視角を躊躇せず前面に出すことが指摘されえようが，本問は性質上そのような考慮なしではとうてい答えられないので，利益衡量ないし法的評価と理論構成ないし法的構成との相互関係を考えるにも有益な素材である」（傍点斎藤），と指摘されている。

ここにおいて，問題解決の難解性のみならず，この問題の検討それ自体が，一部的には通常の法解釈論の枠を踏み越え，必然的に法立法論の領域にまで立ち入らざるを得ない[5]，ことを予め認識せざるを得ないであろう。

第1項 物上保証人の「債務者所有不動産上の後順位抵当権者」に対する優先性，「物上保証人所有不動産上の後順位抵当権者」の物上保証人に対する優先性，の承認

〔一〕 判例並びに学説状況の分析

(1) 判例の立場

判例は，ほぼ一貫して「物上保証人優先説」の立場を，明示する[6]。

すなわち，民法392条2項は共同抵当権の目的不動産の全部が債務者の所有による場合を前提として後順位抵当権者の代位権の成立を定めたものであり，共同抵当権の目的不動産の一部又は全部が物上保証人によって提供されている場合には同条同項は適用され得ず，したがってこの場合には民法500・501条の物上保証人の代位権のみが生じ得るのであり，結論的に「物上保証人優先説」が帰結される[7]，と理論構成するのである。

ここでは，「共同抵当権の目的不動産の全部が債務者の所有に属すること」が後順位抵当権者の代位権の成立を定める民法392条2項の適用要件とされている点に，注目される。

(2) 学説における多数説

学説における多数説は，基本的には判例理論と同様に，「物上保証人優先説」を主張する[8]。すなわち，その理由として，

(5) 鈴木旧説・研究228頁が「叙述中には，立法論なのか解釈論なのかかならずしも明瞭でない箇所が少なくないかもしれぬが，それは，第一次的には解釈論として主張したいが，もしそれが無理なら，立法によってそう改むべきだというほどの気持で書いたものと，御諒承いただきたい」（傍点斎藤）と述べられるのも，本稿におけると同様の趣旨を示すものであろう。

(6) 本稿①②③④判例参照（後述第二項〔はじめに〕(1)における注(1)参照）。

(7) 本稿①判例の「判決理由中の判断」参照。

(8) 柚木＝高木・担保物権法（法律学全集・三版）384頁（なお同一版328頁・二版404頁も同様の立場を採る），我妻・担保物権法（民法講義・新版）457頁，柚木＝高木・

㈠民法 392 条 2 項は共同抵当権の目的不動産の全部が債務者の所有による
場合においてのみ適用され得るものであること，

換言すれば，㈡同条同項が代位弁済者（＝物上保証人）の介入なき場合にお
ける先順位共同抵当権者と後順位抵当権者との間の「均衡維持」の規定であ
ること[9]，

㈢仮に債務者所有の不動産上に存在する後順笹抵当権者に同条同項による
代位権の成立を他方の物上保証人所有の不動産上において承認するとすれば，
当該物上保証人は本来の債務（債務者の共同抵当債権者に対する債務）ではな
く債務者の他の債務（債務者の後順位抵当債権者に対する債務）についても自己
所有の不動産によって担保しなければならない結果となり，それは極めて不
合理であること[10]，といった諸点を指摘して，「物上保証人優先説」を帰結す
る。

(3) 学説における（かつての有力）少数説

これに対して，学説における（かつての有力）少数説は，判例理論並びにそ
れに基本的に準拠する学説の多数説とは全く正反対に，「後順位抵当権者優
先説」を主張する[11]。すなわち，その理由として，

㈠"共同抵当権の目的不動産の全部が債務者所有に属する場合のみ民法

注釈民法(9)＝物権(4)（増補再訂版＝三版）206 頁（なお，同二版 206 頁も同様である）。
鈴木新説・「雑考[10]」38 頁，等。
　さらに，本稿引用の諸判例についての判例評釈——後述第 2 項〔はじめに〕(1)にお
ける注(1)参照——の多数のものも，この立場である。
(9) 柚木＝高木・全集（三版）384 頁。
(10) 星野・評釈 193 頁，平井一雄・「共同抵当に関する若干の問題点」・ジュリスト 715 号
73 頁参照。
　なお，香川・新版担保 544 頁（「後順位抵当権者優先説」）によれば，債務者所有の
不動産上の後順位抵当権者に物上保証人所有の不動産上にその代位権の成立を認めて
も，そのことは右物上保証人が「当該後順位抵当権者のために物上保証をした結果に
なる点は若干問題ではあろうが，物上保証をした共同抵当権の分担額を限度とし，債
権者が変更するだけであるからさして不利益を与えるものではないであろう」）（傍点
斎藤）と述べられ，債務者所有の不動産上の後順位抵当権者の優先性を承認している。
(11) 我妻・講義（旧版）201 — 202 頁，同・評釈・判民昭 11 年度 150 事件 577 頁，香川・
新版担保 543 — 544 頁，鈴木旧説・研究 228 頁以下・とりわけ 236 頁以下。
　さらに，本稿引用の諸判例についての判例評釈の若干のもの（後注[16]参照）がこの
立場を採る。

392条2項が適用され，その目的不動産の一部又は全部が物上保証人により提供されている場合には同条同項の適用を排除する"という「物上保証人優先説」の主張は一つの独断にすぎないこと[12]，

㈥同条1項の「同時配当」の場合とのバランスを考慮すれば，その目的不動産の一部又は全部が物上保証人により提供されている場合にも，後順位抵当権者の代位権の成立を定める同条2項の適用の肯定が必然的に要請されざる得ないこと[13]，

換言すれば，㈧共同抵当権の内部的法律関係においては，共同抵当権者がいかなる形で自己の債権の満足を計ろうとも，後順位抵当権者は同時配当の場合におけるよりも劣悪な地位に置かれてはならず（これが原則である[14]），同原則の貫徹のためには目的不動産の一部が物上保証人の提供による場合にも同条2項を適用しなければならないこと[15]，といった諸点を指摘して，「後順位抵当権者優先説」を帰結する[16]。

---

[12] 我妻・評釈 577 頁。

[13] 鈴木旧説・研究 230 — 231 頁・236 頁。

　　なお,同時配当の場合とのバランス論についての私見による分析は,後述の本項〔二〕⑸㈠—㈡参照。

[14] 鈴木旧説・研究 230 頁

[15] 鈴木旧説・研究 236 頁

[16] その他に「後順位抵当権者優先説」を主張するものとして，

　　㋑小池隆一評釈・民商 5 巻 6 号 108 — 109 頁

：「元来物上保証人は，総括抵当の目的物の提供者なのであるから，仮令他の物上保証人又は債務者の所有物の価格に信頼したにもせよ，自己の提供せる不動産の価格に応じて被担保債権を担保せるものであることは，論を俟たざるところである。果して然らば，物上保証人の右負担部分の範囲内に於て，債務者或いは物上保証人所有の不動産上の後順位抵当権者の地位を一層保護すべきものであることは，不動産の担保価値を完全に利用すると云ふ目的から見て，寧ろ当然の事理ではあるまいか。況んや民法392条2項の法意が，先順位抵当権者の利益を害せざる範囲内に於て後順位抵当権者を公平に保護することを目的とするものなる以上，抵当各不動産が債務者所有に属するものなると第三者の所有に係るものなるとによって区別すべきにあらざることは，真に上告理由の指摘するが如くである」。（傍点斎藤）。

　　㋺梶田年評釈・法学新報 47 巻 6 号 129 — 130 頁

：「民法 392 条は抵当権不可分の原則を維持して，数個の抵当不動産に対して，債権者は其の何れの不動産から債権全額の弁済を受くるも，全く随意であることを認めている。けれども，数個の抵当不動産の個々に付て見れば，之に利害関係を生ぜしめている第三者があることを考慮せねばならぬ。例えば，当該不動産の第三取得者，後順位の抵当権取得者の如きである。故に，抵当債権者の権利の行使に妨げない範囲に於て，

⑷ 問題解決のための鍵点

　上記の見解対立状況の鍵点（キーポイント）は，「共同抵当権の目的不動産の全部が債務者の所有に属すること，換言すればその目的不動産の一部又は全部が決して物上保証人によって提供されたものでないこと」という事項を同条２項の適用要件として構成すべきか否か，ということに在る，と私見は考える⒄。しかし，この点につき明文上民法典中の諸規定は完全に沈黙する。したがって，問題解決の決め手を民法典中の諸規定の明文に求めることは不可能である。

　かくして，ここで，研究アプローチとして，

　㈠第一に，民法392条１項・２項前段・後段の背後に存在すべき立法者意思を法解釈者の立場より合理的に解釈し，これにより共同抵当権の法律関係における「後順位抵当権者の法的地位」を明確化し（本項〔二〕），

　㈡第二に，両説対立状況の背後に存在する，それぞれの実質的な法的価値

　　右の利害関係を有する第三者を保護すると共に，其保護を公平にせんことを企図して居ることは，同条の立法精神に徴して，疑なき所である」。
　　「従て，数個の抵当不動産を同時に競売して代価を配当する場合に於ても，時を異にして一つ一つ競売する場合に於ても，各抵当不動産の負担すべき債権額（換言すれば，其抵当不動産の責任額）を各不動産の価額に按分して定むべきものとなし，同時競売の場合には夫々各不動産に其の負担額を分担せしめ，各不動産を時を異にして一つ一つ競売する場合には，競売不動産の代金に依て先順位の抵当債権者が弁済を受けたときは，末だ競売なき不動産の右負担額に付て，同時競売の場合に先順位抵当権者が行うことを得べき範囲の抵当権を，次順位抵当権者をして先順位抵当権者に当然代位して行うことを得せしめたのである」。
　　「それ故に，民法392条は，数個の抵当不動産が，債務者の所有に属するか，第三者の所有に属するか，其所有者が何人であるということは問題にする必要はない。専ら，抵当不動産其もの其の責任負担額に着眼して，㈠数個の不動産の上に抵当権が設定せられたこと。㈡其抵当不動産の全部又は一部の上に他の抵当権（次順位）が競合して存在していること。此の二要件が具備せられる場合には，総て同条２項の適用あるものと解せねばならぬ」。（傍点斎藤）。
⒄　これに対して，民法392条１項（同時配当における按分負担）については，その目的不動産の全部が債務者所有に属する場合に限定されず，すべての場合の共同抵当権に，同条１項が適用される，というのが，学説における多数説であった（たとえば，我妻・評釈577頁によれば，同条１項は「固より総ての共同抵当に適用すべきである」と述べられている）。
　　但し，私見の基本的立場は上記の見解と異なっている。この点に関する私見については，後述本項〔二〕⑴㈡(e)・⑸㈢参照。

判断・利益較量それ自体に対して，新たな視点より再検討を試み，これにより共同抵当権の目的不動産の一部を提供する「物上保証人の法的地位」を明確化し（本項〔三〕）

(ハ)上記の(イ)(ロ)の検討をふまえて，第三に，結論として「両者の優劣関係」如何につき基本的な想定類型における私見の基本的立場を明示したい（本項〔四〕），と考える。以下，順次検討する。

〔二〕 「後順位抵当権者」の法的地位の検討

民法392条1項・2項前段・2項後段の「合理的解釈」に基づき後順位抵当権者の法的地位を解明し，併せて2項後段がその目的不動産の全部の債務者所有性を適用要件とするものであるかにつき，私見の基本的立場を明らかにする。

(1) 392条「1項」の合理的解釈

(イ) 1項の規制内容

民法392条1項は「債権者カ同一ノ償権ノ担保トシテ数個ノ不動産ノ上ニ抵当権ヲ有スル場合ニ於テ，同時ニ其代価ヲ配当スヘキトキハ，其各不動産ノ価額ニ準シテ，其債権ノ負担ヲ分ツ」と規定する。

すなわち，共同抵当権の目的不動産の全部につき競売手続が進行され，各不動産ごとにその競売代金が確定され。その総額が共同抵当権者Aをはじめとする各配当受領権者に配当される場合（＝同時配当手続），各不動産の価額（＝現実の各競売代金）に応じて共同抵当権による被担保債権の総額を按分し，各不動産の競売代金から各不動産の当該各按分負担額が共同抵当権者に優先的に配当される，という意味である。

したがって，この規定は，同時配当手続における被担保債権額の各不動産上への按分負担を定めたものである，ということができる。[18]

---

[18] 岡松参太郎・注釈民法理由(中)575頁によれば，その立法趣旨として，後順位抵当権者相互間の不衡平の除去のみが，指摘されている。

さらに，香川・「共同抵当に関する諸問題(三)」・金融法務259号16頁によれば，1項の同時競売＝負担按分の制度趣旨は，「各不動産についての後順位担保権者及びその所有者を異にする場合の所有者相互の利害を調整し，公平を図ろうとするためである」。

より具体的には，第一に後順位抵当権者相互間の公平，第二に目的各不動産の「所

㈹　同条１項よりの帰結

上記の同条１項の意味より，次の５点（(a)–(e)）が帰結される。

⒜　同時競売申立権

共同抵当権者はその目的不動産の全部につき同時競売申立権を有している。

すなわち，共同抵当権者はその目的不動産の全部に対して個別的に実体法上の換価権限を有し，その手続法上の行使権限あるいは行使態様の一つとして，同時競売申立権を有している。

⒝　按分負担額優先弁済受領権

同時配当手続において，共同抵当権者は各競売代金からの各不動産上の按分負担額の優先弁済受領権（按文負担額優先弁済受領権）を有している。これは同時競売手続における共同抵当権者に対する配当面での一つの制約であり，それ自体勿論，その「合理性」によって裏付けられている，といわなければならない。

——すなわち，(i)第一に，共同抵当権の目的不動産の全部が競売され，その各競売代金が同時に配当される場合には，各競売代金から万遍なく按分負担額を割りふりその優先的配当を与えるべし，というのはいわば配当手続面における"各競売不動産の実質的な平等的・均等的処遇"を意味している。

(ii)第二に，全部競売された目的各不動産上にそれぞれ各後順位・抵当権者が存在していたとすれば，これらの各後順位抵当権者は相互に衡平に当骸同時配当手続において各不動産の競売代金より先順位共同抵当権者に劣後してその配当を受けることができる。したがって，この意味でここでは，"後順位抵当権者相互間の均衡維持ないし衡平確保"という要請が実現されている（以上の意味では，２項後段の代位権による「後順位抵当権者の保護」の制度は同時競売・同時配当手続では全く無用なのである）。

(iii)第三に，按分負担額の優先的配当という取り扱いは，既に共同抵当権の目的とされた不動産につき，なおさらに各後順位抵当権を設定することによ

有者相互間で求償関係が生ずるような，いたずらに法律関係を煩雑にすること」を回避せんとすること，第三に「目的不動産の所有者を異にする場合に，恣意的に一部の不動産から共同抵当権者が全部の配当を受けることになると，配当要求をしている無担保権者間にも不公平な結果を生ずることにな（り）」，この結果を回避すること，にある，とされる。

りさらなる金融を得ようとする"所有者（＝共同抵当権者をその債権者とする設定債務者）の利益"に，合致している。しかも，それは，共同抵当権の目的不動産の担保価値をその所有者をして完全に利用可能のものとする，という"担保目的物の合目的利用"にも，合致するものでもある——。

(c) 配当手続面に局限された「按分負担」

同時配当手続において共同抵当権者は目的各不動産の各競売代金から被担保債権の按分負担額の優先的配当を受け得る（(b)参照）。しかし，このような目的各不動産上への「按分負担」は，実体法的な法律関係の側面において貫徹されるものではなく，同時配当手続というごく局限された手続法的側面においてのみ，貫徹され得るものである，といわなければならない。

　——すなわち，(i) 第一に，共同抵当権であるということは，その本質上必然的に「債権の分割強制（Teilungszwang der Forderung. 目的各不動産への被担保債権の按分負担ないし割り付け）」を正面から拒否し，その拒否が共同抵当権の本質的メルクマールである。したがって，「債権の分割強制」を許容し，これを貫徹させたところには，もはや共同抵当権は存立し得ず，そこには単に分割された各債権を各被担保債権とする目的不動産の個数と同数の「個別抵当権（Einzelhypothek）」が存在するにすぎない。そして，これらの複数の個別抵当権の総体が共同抵当権を法構成するのでは，無論ない（共同抵当権は一個の債権の担保のために複数の不動産をその目的不動産とするものであり，ここでも目的不動産と同数の個別抵当権が成立する，といわなければならない。いわゆる「一物一権主義」の原則により，複数の目的不動産上に一括して一個の抵当権が成立するという法構成は，我が民法の下では，許容され得ない，からである[19]。但し，共同抵当権の場合には，その被担保債権があくまでその発生原因を同じくする単独一個のものである，ことに注意されなければならない）。

　(ii) 第二に，仮に"債権の分割強制＝按分負担"を，実体法上，貫徹したとすれば，そのことは抵当権の不可分性の原則に対する重大な例外を認めることになるであろう。

　(iii) 第三に，"債権の分割強制＝按分負担"という法構成を我が民法が実体

---

[19] 香川・「諸問題㈠」・金法257号19頁。

法上採っていると仮に前提したとすれば，その対応として登記手続上，分割された債権額（按分負担額）が目的各不動産ごとに登記されなければならない筈である。しかし，我が不動産登記法の下ではそのような取り扱いはなされていない──。

以上を前提とすれば，同時配当における目的各不動産上への被担保債権の「按分負担」は，同時配当というごく局限された配当手続面において，共同抵当権者への各按分負担額のみからの優先的配当を定めたものにすぎないのであり，実体法上，目的各不動産への“債権の分割強制＝按分負担”がなされている，と「誤解」してはならない，と考える。

(d) 同時競売・同時配当手続の異例性

同時競売申立てをするか，異時競売申立てをするかは，共同抵当権者の自由に委ねられている。仮に共同抵当権者が同時競売申立てをなした場合でも，一括競売に付するか個別競売に付するかは，執行裁判所の裁量に委ねられている[20]。そして，一括競売に付する場合には一括競売の諸要件を具備することを必要とし[21]，とりわけこの場合，「超過売却の禁止」（民執法73条）の原則に低触してしまうことが多いであろう。したがって，同時競売・同時配当手続がおこなわれる可能性は実際にはあまり多くはない[22]，と考える。

(e) その適用要件としての，共同抵当権の目的各不動産の“抵当権的責任の平等性”

各競売代金からの被担保債権の“按分負担額の優先的配当”という手続的処理は，それ自体，その「合理性」によって裏付けられている（(b)参照）。しかし，当該「合理性」は，共同抵当権の目的不動産の一部が物上保証人の所有に属する場合には，その正当性を喪失する，といわなければならない。

---

[20] 香川・「共同抵当に関する疑問──後順位担保権者の代位──」・ジュリスト140号9頁。

[21] 一括競売の諸要件につき，中野貞一郎・『判例問題研究──強制執行法──』・164頁以下，林屋礼二・「個別競売と一括競売」・小野木＝斎藤還暦記念・抵当権の実行（上）250頁以下参照。

[22] 我妻・講義（新版）434頁も結論同一である。
なお，谷井辰蔵・抵当権の諸問題273頁によれば，同条1項の規定は「実際の運用に於ては殆んど其の実益のない規定と謂うも決して過言ではない」と述べられるが，これも同様の発想を示すものであろう。

——すなわち，(i)　第一に，債務者Ｓ所有の不動産と物上保証人Ｌ所有の不動産が共同抵当権の目的不動産を構成する場合，その両不動産はその抵当権責任の負担につき軽重があり，共同抵当権による被担保債権の第一次的・究極的責任はあくまでＳ所有不動産上に帰せられ，Ｌ所有不動産はいわば第二次的・副次的責任を負うにすぎない（後述本項〔三〕(2)(ロ)(ハ)参照）。

　したがって，仮に両不動産を同時競売・同時配当手続において１項に基づく各「按分負担」額の共同抵当権者への優先的配当という形で取り扱うとすれば，それはかえって“両不動産の非均等的・非衡平的処遇”を意味することとなってしまうであろう。

　(ii)　第二に，同様にＳ所有不動産とＬ所有不動産が共同抵当権の目的不動産を構成する場合，その両各不動産上の各後順位抵当権者（Ｂ・Ｃ）はそれぞれその設定債務者を異にする債権者である（ＢはＳを設定債務者とする抵当債権者であり，ＣはＬを設定債務者とする抵当債権者である）。したがって，“Ｓ所有不動産上の後順位抵当権者Ｂ”と“Ｌ所有不動産上の後順位抵当権者Ｃ”は，同じく先順位共同抵当権者Ａに劣後する後順位抵当後者ではあるが，その法的地位の性格にそもそも相違がある（後述本項〔四〕(1)(2)参照）。両者の法的地位を同一平面において調整する必要性も可能性もここでは全く存在していない，といわなければならない。

　かくして，同一平面における“後順位抵当権者相互間の衡平確保”という１項の要請は，この場合には，妥当させるべきではない——。

　以上を前提とすれば，同条１項は，Ａ・Ｂ・Ｃのそれぞれが同じく同一債務者Ｓを相手方とする債権者であることをふまえて，

　(i)共同抵当権の目的不動産の全部が同一債務者の所有に属する場合，

　(ii)その目的不動産の全部が同一物上保証人の所有に属する場合（ここでは，目的各不動産はその価格差に基づく按分負担額の具体的差違が存在するだけで，その抵当権的責任につき実質的軽重は存在しない），

　(iii)その目的不動産の全部がそれぞれ異別の物上保証人（L_1・L_2）の各所有に属する場合（ここでは，目的各不動産はその価格差に基づく按分負担額の具体的差違が存在するだけで，同じく各物上保証人提供の目的各不動産としてその抵当権的責任につき実質的軽重は存在しない），に適用され得ることとなろう。

したがって，ここでは，その目的不動産の一部が物上保証人所有の場合（換言すれば，債務者所有の不動産と物上保証人所有の不動産が共同抵当権の目的不動産を構成する場合）には，1項の適用が否定される[23]，ことに注意しなければならない。

(2) 「2項前段」の合理的解釈

(イ) その規制内容

民法392条2項前段は「或不動産ノ代価ノミヲ配当スヘキトキハ，抵当権者ハ，其代価ニ付キ債権ノ全部ノ弁済ヲ，受クルコトヲ得」と規定する。

すなわち，共同抵当権の目的不動産中の或る1個の不動産についてのみ競売手続が進行され，当該不動産の競売代金が現実化され，その競売代金が先順位共同抵当権者をはじめとする各配当受領権者に配当される場合（＝異時配当手続），共同抵当権者は当該競売代金より被担保債権の全額につき優先的配当を受けることができる，と理解できる。

したがって，2項前段は "異時配当手続における被担保債権の全額についての異時競売不動産の全額負担" を定めたものである，ということができる。

(ロ) その帰結

2項前段よりの帰結として，以下の5点（(a)-(e)）が指摘される。

(a) 異時競売申立権

共同抵当権者は同時競売申立権（1項）を有し（(1)(ロ)(a)参照），他方目的不動産の一部の不動産に対する異時競売申立権をも有している。

すなわち，共同抵当権者は共同抵当権の目的各不動産につき個別的に実体

---

[23] 寺田正春・「共同抵当における物上保証人の代位と後順位抵当権者の代位について」同法31巻5・6号287―289頁・321―322頁は，一部的に，結論同一である。

但し，学説の多数説（従前の定説）によれば，同条1項はその目的不動産の全部の債務者所有性を適用要件とせず，その他のすべての共同抵当権に適用され得るのであり，したがってその目的不動産の一部が物上保証人所有に属する場合にも勿論適用され得る，としていた。

同条2項後段の場合，――その目的不動産の全部の債務者所有性を適用要件とするのか否かにつき，厳しい見解対立が存在した――，とは異なり，同条1項の場合には，この点に関しては，学説はほとんど無風状態であったのである。なお，後述本項〔二〕(5)参照。

法上の換価権限を有しており，その手続法上の行使権限ないし行使態様の一つとして，同時競売申立権（目的不動産の全部に対する競売申立）並びに異時競売申立権（目的不動産の一部に対する競売申立権）を二者択一的に有しており，どちらの手段を採るのかは共同抵当権者の任意に委ねられている。

(b) 自由選択権
——異時競売申立権の論理必然的前提——

異時競売申立権の行使に際し，共同抵当権者はまず予め論理必然的に申立てをなすべき不動産を選択特定しなければならない。目的不動産中のどの不動産を選択特定するかは共同抵当権者の自由に委ねられる。この選択特定し得る権限を自由選択権といい，共同抵当権の本質的要件の一つ[24]である。

(c) 全額優先弁済受領権

異時競売・異時配当手続において，共同抵当権者は競売代金からの被担保債権の全額についての優先弁済受領権（全額優先弁済受領権）を有している。

すなわち，"抵当権の不可分性の原則"により共同抵当権の目的各不動産は実体法上それぞれ被担保債権の「全額責任」を負っており，その手続法上への反映として共同抵当権者はその異時競売不動産の競売代金より被担保債権の全額につき「全額優先弁済受領権」を有している。

(d) 実行の本則的型態としての異時競売手続

異時競売・異時配当手続は共同抵当権の実行の本則的型態である，と把握しなければならない。

すなわち，"債権の分割強制"が否定され，目的各不動産のそれぞれが被担保債権につき全額責任を負担し（これは抵当権の不可分性の原則を妥当させた

---

[24] 結論同一のものとして，富井政章・民法原論第二巻物権（下）（3版）594 — 595頁，柚木＝高木・全集（3版）375頁，石田文次郎・「総括抵当論」8頁以下。山田晟・「共同担保と後順位者代位権——民法392条2項削除論——」・金法689号128頁，等。

　　なお，梅謙次郎・民法要義巻之二物権編（訂正増補版・33版）576頁は異時競売申立権，並びにその論理必然的前提である自由選択権につき，その精神を次の如く説明される。すなわち，「Ａガ甲不動産ノ代価ノミニ由リテ全額ノ弁済ヲ受クルコトヲ得ルニ拘ハラズ，必ズ同時ニ乙不動産ヲモ売却セザルコトヲ得ザルモノトセバ，Ａガ初ニ両不動産ヲ抵当トシテ受ケタル趣意ニ反スベク，殊ニ両不動産互ニ遠隔ノ地ニ在ル場合ニ於テハ，若シ同時ニ之ヲ売却セザルコトヲ得ザルモノトセバ，Ａノ損害ヲ受クルコト尠カラザルベシ。是レ豈ニ本条ノ精神ナランヤ」（表記等の修正——斎藤），と説明される。

ことの当然の結果である），共同抵当権者に無制約的に自由選択権が委ねられている（共同抵当権者はどの不動産よりもその債権全額につき優先的配当を受け得る），という共同抵当権の本質（＝基本原則）を前提とすれば，異時競売・異時配当手続がその実行における本則的型態である，といわなければならない，からである[25]。

(e) その適用要件の非限定

抵当権の不可分性の原則の手続法上への反映としての2項前段の規定は，それが基本原則として構成され得る以上，その不動産が共同抵当権（それが有効且つ適法に成立しているものであることを当然の前提とする）の目的不動産を構成する限りは，無限定的にすべての共同抵当権の場合に適用され得る，といわなければならない。

より具体的には，

(ⅰ)共同抵当権の目的不動産の全部が同一債務者の所有に属する場合，

(ⅱ)その一部が物上保証人の所有に属する場合，

(ⅲ)その全部が同一物上保証人の所有に属する場合，

(ⅳ)その全部が異別の各物上保証人の各所有に属する場合，のすべての諸場合に，適用され得る。

(3) 「2項後段」の合理的解釈

(イ) その規制内容

民法392条2項後段は「此場合ニ於テハ次ノ順位ニ在ル抵当権者ハ前項ノ規定ニ従ヒ右ノ抵当権者カ他ノ不動産ニ付キ弁済ヲ受クヘキ金額ニ満ツルマテ之ニ代位シテ抵当権ヲ行フコトヲ得」と規定する。

すなわち，異時配当手続において先順位共同抵当権者に配当上劣後する後順位抵当権者は，仮に同時配当手続においてであれば自己への配当のために留保され得た"競売不動産の被担保債権の按分負担額を前提として，それを

---

[25] 但し，結論反対のものとして，鈴木旧説・研究230・231・236頁は，本稿とは逆に，1項の同時競売・同時配当手続における処理を基本的解釈基準とされる。

このような発想——同時配当並びにそこでの按分負担が「原則」として構成されるべきだ，という発想——は，既に梅・要義574頁（民法392条「ニ於テハ原則トシテAハ甲乙両不動産ニ付キ平等ニ弁済ヲ受クベキモノトセリ」。傍点並びに表記等の修正——斎藤）において，みられた。

控除した残余価値部分（競売不動産の全価値部分より同条１項の算定基準に基づく按分負担額を差引控除した，残余価値部分）"の追及のために，異時競売されなかった他方の目的不動産につき共同抵当権者が仮に同時配当手続においてであるとすれば優先的配当を受け得た金額（＝按分負担額）を限度として，先順位共同抵当権者に代位して抵当権を行使（＝代位行使）することができる。ここで抵当権の代位行使とは，先順位共同抵当権者の先順位抵当権が後順位抵当権者に法律上当然に移転（＝法定移転）する[26]ことを意味している。

――なお付言すれば，ここでは抵当権のみが法定移転するのであり，その被担保債権は法定移転しない。民法500・501条に基づく物上保証人の代位権の場合には，抵当権のみならずその被担保債権もまた物上保証人に法定移転するのであり，この点で両者の代位権制度の相違の一つが明らかである[27]――。

(ロ) その帰結

２項後段よりの帰結として，以下の３点（(a)-(c)）が指摘される。

(a) 後順位抵当権者の代位権の制度趣旨

――(i)後順位抵当権者の利益保護，より本質的には後順位抵当権者相互間の均衡維持ないし衡平確保，

(ii)所有者による目的不動産の担保価値の合理的利用――

(i)第一に，異時配当手続後における「後順位抵当権者の代位権」の制度は，"後順位抵当権者の利益保護，より本質的には後順位抵当権者相互間の均衡維持ないし衡平確保"という視点から，認められたものである[28]。

---

[26] 柚木＝高木・全集（３版）388頁。香川・「諸問題四」15頁。

[27] 香川・「疑問」11頁。

但し，我妻・講義〈新版〉449頁＝〔674〕によれば，「法文は『代位シテ抵当権ヲ行フコトヲ得』と定め（392条２項末尾），弁済者の代位に関する規定が「当然債権者ニ代位ス」（500条）と定めるのとやや異なる。しかし，違った意味に解する必要はあるまい」と述べられる。

なお，香川・「諸問題四」15頁によれば，同条２項後段の場合「抵当権のみが移転するものと解すべきかどうかも相当疑問があろう」と述べられ，「右の抵当権の移転関係については相当複雑な理論構成を要するであろう」と指摘されている。

[28] 岡松・理由(中)576頁によれば，異時競売により不利益が生じ得る次順位抵当権者のためにその不利益を救済する手段として代位権が認められる旨，指摘されている。

すなわち，共同抵当権者Ａは自由選択権の行使に基づき，選択・特定した不動産につき異時競売申立てをなすことができる（(2)(ロ)(a)(b)参照）。この申立てに基づく異時配当手続において，Ａは異時競売不動産の競売代金より被担保債権の「全額優先弁済」を受け得るのであり（(2)(ロ)(c)参照），その結果，当該異時競売不動産上の後順位抵当権者Ｂの法的地位は著しく不利益・不確実なものとなる。Ａへの競売代金からの被担保債権全額についての優先的配当により，Ｂは全く配当を受け得ない（ゼロ配当），という場合も生じ得るからである。とりわけ，異時競売申立てに際しＡにより選択・特定されなかった，他の目的不動産上の後順位抵当権者Ｃの存在を仮に想定したとすれば，Ｃの後順位抵当権は，異時配当手続後にあっては，Ａへの異時配当によるいわば反射的効果として，その抵当権の実質的価値を増大させてしまうことになり，ここでは同じく共同抵当権の目的各不動産上の各後順位抵当権者であった"ＢＣ間の顕著な不均衡ないし不衡平"が極めて明瞭となる。かくして，"Ｂの不利益の除去（換言すれば，Ｂの利益の保護），より本質的にはＢＣ間の均衡維持ないし衡平確保"という視点から，「Ｂの代位権」の成立が許容されたのである[29]。

　したがって，Ａによる共同抵当権者としての正当な権限の行使（自由選択権の行使に基づく異時競売申立て）を契機として，Ａへの被担保債権の全額についての優先的配当により，いわば反射的に"異時競売不動産上の後順位抵当権者Ｂ"において「ひずみ（不利益）」が生じ得るのであり，この「ひずみ」を諸債権者（ＡＢＣ）相互間において事後的に且つ制度的に是正する，というのが「Ｂの代位権」の制度である，といえよう。

　(ⅱ)第二に，異時配当手続後における「後順位抵当権者の代位権」の制度は，"所有者による目的不動産の担保価値の合理的利用"の視点から認められたものである[30]。

　すなわち，異時競売不動産上の後順位抵当権者は他の目的不動産上に代位抵当権を取得し得るという「代位期待権」を有するものとされている[31]以上，

---

[29]　学説の多くも，ほぼ同趣旨の説明をおこなう。たとえば，香川・「疑問」8―9頁，石田(文)・「総括抵当」10・21頁，寺田・「代位」314頁，等。

[30]　香川・「疑問」9頁。

[31]　香川・「諸問題(五)」22―23頁，柚木＝高木・全集（3版）387頁等参照。

その目的不動産の全担保価値より按分負担額を控除した残余担保価値部分を安んじて把握し得るものとなる。かくして，このことを目的不動産の所有者の立場からいえば，その残余担保価値部分を後順位抵当権者のために提供して，さらなる金融を得ることが可能となるのである。

　したがって，「後順位抵当権者の代位権」の制度は，既に共同抵当権の目的不動産とされている不動産につき，所有者をしてさらなる残余担保価値の合理的利用を可能化させよう，とする趣旨において認められたものといえよう。

(b) 2項後段の制限的解釈の必要性
――その比較的考察――

　その比較的考察[32]より2項後段の制限的解釈の必要性が指摘され得よう。

　(i)　第一に，ドイツ民法では，共同抵当権の目的各不動産の所有者の求償関係につきかなり詳細な定めがなされているが[33]，後順位抵当権者相互間の均衡維持ないし衡平確保については，ほとんど何も定めを置いていない。そこでは，我が民法392条2項後段（「後順位抵当権者の代位権」の制度）の如き規定は，そもそも存在していない。このことは，先順位共同抵当権者に異時競売申立てにおける自由選択権が委ねられ，その行使の結果生じ得る後順位抵当権者の不利益は，当初より後順位抵当権者においてその忍受を覚悟すべし[34]，との基本的姿勢が存在していることを，意味するものである。

　――その立法経緯を概観すれば[35]，1855年プロイセン破産法56条は衡平確保の理念から「後順位抵当権者の代位権」の成立を承認したが，その現実的機能はほとんど無に等しく，僅か十数年後に廃止されるに至った。これを教訓として，ドイツ民法は共同抵当権者の無制約的な自由選択権を前提としながらも，あえて「後順位抵当権者の代位権」の制度を認めなかったのであ

---

　(32)　島内・共同抵当論は極めて包括的な比較法的研究であり，詳細にその比較法的状況を提示するものである。

　(33)　共同抵当権に関するドイツ民法の規制を概観するものとして，上記の島内・共同抵当論の他に，鈴木・研究218頁以下，石田（文）・「総括抵当」21頁，山田・「削除論」129頁，等。

　(34)　平井・「問題点」73―74頁。

　(35)　山田・「削除論」129頁，島内・共同抵当論211・583―584・645・710頁，石田（文）・「総括抵当」19―21頁。

る。なお，付言すれば，オーストリー破産法もまた上記の 1855 年プロイセン破産法 56 条に準拠して，異時競売手続における「後順位抵当権者の代位権」の制度を承認している。

したがって，我が民法 392 条 2 項後段は上記のプロイセン破産法並びにオーストリー破産法の規定とほぼ同趣旨である[36]，といえる——

(ii) 第二に，フランス民法では，そもそも共同抵当権に関する明文規定を欠いているが，判例並びに学説により実質上共同抵当権の法型態が許容されている。そして，そこでは異時競売・異時配当の場合における後順位抵当権の保護は全く顧慮されていない[37]。

(iii) 第三に，イタリー民法では，「後順位抵当権者の代位権」の制度が認められている。我が民法 392 条 2 項後段は旧民法債権担保編 242 条をその原型とするが，それはボアソナードにより上記イタリー民法の規定を範として起草されたものである[38]，といわれている。しかし，イタリー民法のその後の新規定は，明文により，物上保証人所有の不動産上への「後順位抵当権者の代位権」の成立を，否定している[39]，という立法経緯に注目すべきである。

(iv) 第四に，ドイツ法の立法経緯においてみられた「後順位抵当権者の代位権」の制度の実務的失敗（(i)参照），それをふまえて我が民法 392 条 2 項後段の「後順位抵当権者の代位権」の制度それ自体の現実的機能の不存在，この二点を理由として，端的に「2 項後段の削除論」を主張されるドイツ法学専攻研究者の鋭い指摘[40]が，なされている。

以上の諸点を総合的に考慮すれば，2 項後段の代位権による「Bの保護」はそもそも制限的解釈に付して然るべきものである，と考える[41]。

---

[36] 石田（文）・「総括抵当」21 頁。
[37] 平井・「問題点」72 頁。
[38] 星野・評釈 195 頁，寺田・「代位」312 — 313 頁，平井・「問題点」72 頁。
[39] 平井・「問題点」74 頁。
[40] 山田・「削除論」128 — 129 頁。
[41] 但し，私見の基本的思考とは逆に，㋑鈴木旧説・研究 215 頁によれば，逆にドイツ民法の規制（Bの代位権の制度を否定する）の立法姿勢を消極的に評価される（「ドイツの共同抵当制度は，共同抵当の目的たる各不動産の所有者相互間の衡平および各不動産上の後順位権利者の地位の安定に対する考慮を欠き，したがって，すでに共同抵当の目的となっている各不動産の担保価値の効率的利用を充分ならしめえないという

(c) 代位権による「後順位抵当権者の保護」の限界

——とりわけその適用要件としての, 共同抵当権の目的不動産の全部の債務者所有性——

(i) 第一に, 代位権の成立という形で保護され得る「次順位抵当権者」(2

欠点をもつ。したがって, ドイツの共同抵当権制度は, むしろ, わが国の現行民法のそれに劣るとさえいうことができ, 直接の立法論上の参考にはあまりならないかも知れない」(傍点斎藤)。

このような発想は次の二著にもみられる。すなわち, ㋺我妻・講義 (新版) 427 — 429 頁によれば, 「民法は, 共同抵当権者が目的たる数個の不動産の中の任意のものから全額の弁済を受けることができるという主義と割付け主義とのいわば一種の中間の主義をとって, 両主義の長所をあわせて実現しようとした」(同書 427 頁)。

「右に述べた民法の規定は, 旧民法 (債担 242 条) を承継したものであり, ドイツ民法第二草案 (1040 条) にも似ている。一応巧妙な立法といいうるであろう」(同書 428 頁)。

しかし, 金融界の事情の複雑化とともに, 「共同抵当をめぐる法律関係の複雑さは限りなく拡大している。その結果, 民法の理想は望ましいものであり, その主義は巧妙なものであることは, 否定しえないとしても, その実現の道は決して簡明なものではなくなっている。わが国の金融界は, 個々の場合の便宜に駆られて, あまりにも複雑な関係を作り, 学者や実務家はその解明のために知能を傾けている有様である。かような状態は, 大局から見れば, 金融法律関係として決して望ましいものではない。立法によって簡明な軌道を作ることに努めるべきである。そしてその際に最も考慮すべき手段は, ある程度まで割付け主義を導くことによって——共同抵当権者の利益を多少犠牲にしながらも——簡明な軌道を作ることであろうと考えられる」(同書 428 — 429 頁)。(傍点斎藤)。

さらに, ㊁石田(文)・「総括抵当」21 頁以下によれば, ドイツ民法は弁済した抵当不動産の所有者の求償関係については詳細な規定を設けているが, 後順位抵当権者の利益配当にはほとんど規定を設けておらず, 後順位抵当権者の利益をほとんど顧慮していない。「わが民法は, ドイツ民法と反対に, 抵当不動産の所有者の求償関係については何等規定を設けずに, 後順位抵当権者の利益のために, プロシヤ破産法並びにオーストリア破産法と同趣旨の配分規定を設けた (民法 392 条, 393 条)。所有者の求償関係については, 特別な規定がなくとも, 債権者代位に関する民法 499 条以下の規定で解決がつくけれども, 後順位抵当権者の保護のためには特別な法規がなくてはならぬ。故にドイツ民法よりも, わが民法の方が遥かに合理的であると云へる」(同論文 21 — 22 頁)。(傍点斎藤)。

しかし, 上記に引用した㋑㋺㊁の諸見解は, "割り付け＝按分負担を前提とする同時競売・同時配当手続は実務的にも理論的にも異例的型態であり, その按分負担は同時配当手続に局限されるものであり, そもそも共同抵当権者の無制約的な自由選択権を尊重し, 異時競売・異時配当手続を実行の本則的型態と把握し, しかも後順位抵当権者の法的地位の劣位化を前提としつつその代位権による保護をより限定化していくべし"とする私見の基本的立場と, 顕著に相違する。

項後段参照）とは，"異時競売不動産上の後順位抵当権者（B）"を意味するものと理解しなければならない[42]。

（ii）　第二に，「Bの保護」は，先順位共同抵当権者Aの固有の権限（自由選択権，異時競売中立権）を侵害するものであってはならず[43]，あくまでAの上記権限の存立を前提とした上で（無制約的な自由選択権を前提とした上で）「Bの保護」が意図されるものでなければならない。かくして，ここで，"代位権によるBの保護は，Aの固有の権限を侵害しない限度においてのみ，許容される"との命題が導出されなければならない。

（iii）　第三に，代位権による「Bの保護」は，Aによる正当な固有の権限の行使に伴う「ひずみ」の先順位・後順位抵当債権者相互間の事後的な（＝異時競売・異時配当手続後の）「制度的調整」，である（(a)参照）。

したがって，その「制度的調整」の論理的前提として，ここでは，"(α) Bは異時競売不動産上のAの先順位共同抵当権に劣後する後順位抵当権者であること，(β) AとBは共に「同一債務者」を相手方とする債権者であること，(γ) AとBは「同一目的不動産」上の（したがって，論理必然的に同一所有者に対する）先順位・後順位抵当権者であること"の3点が，当然に要求されている，といわなければならない。

その理由としては，(α) Bが異時競売されなかった方の不動産上の後順位抵当権者であるとすれば，Bにはそもそも何等の不利益も生じない。そしてまた，(β) AとBがそれぞれ「異別債務者S_1・S_2」を相手方とする債権者であり，(γ) AとBがそれぞれ「異別所有者E_1・E_2」に属する目的各不動産上の抵当権者であるとすれば，AとBの各法的地位はそれぞれ異別平面（A_1とS_1の法律関係↔BとS_2の法律関係，AとE_1の法律関係↔BとE_2の法律関係，という異別平面）において把握されるものにすぎず，ここでは同一平面での把握を前提とする2項後段の「制度的調整」は原則としてそもそも不必要である，からである。

---

[42]　学説は一致する。我妻・講義（新版）443頁＝〔669〕，柚木＝高木・全集（3版）379頁，香川・「疑問」11頁，同・「諸問題(四)」14頁。

[43]　既に，梅・要義576頁によれば，民法392条の「規定ハA（先順位共同抵当権者）ノ権利ヲ害スルコトナクシテ，B（後順位抵当権者）ヲ保護セント欲シタルモノナリ」（表記等の修正―斎藤），と指摘されていた。このような認識はその後の学説によっても承継されてきた（たとえば，柚木＝高木・全集（3版）377頁等）。

(iv) 第四に，代位権による「Bの保護」は，「B（異曜競売不動産上の後順位抵当権者）とC（異時競売不動産とは別の，他の目的不動産上の後順位抵当権者）の均衡維持ないし衡平確保」の視点において，貫徹されている（(a)参照）。

したがって，その「均衡維持ないし衡平確保」の論理的前提として，ここでは，"(α)BとCは「同一債務者」を相手方とする債権者であること，(β)BとCはAによる共同抵当権的負担を——その不動産価額差を度外視すれば——実質的に平等な地位において負担し得る異別目的不動産（これらの不動産は，同一債務者の所有に，あるいは同一物上保証人の所有に，または各異別物上保証人の各所有に，属する）上の各後順位抵当権者であること，の2点が，当然に要求されている"，といわなければならない。なぜなら，上記の(α)(β)の基盤を前提としてはじめて「BとCの均衡維持ないし衡平確保」が必要とされてくる，からである。

——仮に異時競売不動産が債務者S所有に属し，Bはその不動産上の後順位抵当権者であり（抵当債権者B——設定債務者S），Cは物上保証人L所有の不動産上の後順位抵当権者である（抵当債権者C——設定債務者L）という場合（＝共同抵当権の目的不動産の一部がL所有に属する場合）を想定してみる。ここでは，(α)BとCは，それぞれ「異別債務者（S₁・L）」を相手方とする債権者であり，(β)BとCはそれぞれ「異別所有者（S₁・L）」の異別の目的各不動産上の後順位抵当権者である。このような場合，BとCの各法的地位はそれぞれ相異なる異別平面（BとSの法律関係↔CとLの法律関係，という異別平面）において考察されるべきものであり，そもそも上記のようなBC両者の法的地位を「均衡維持ないし衡平確保」することは不必要であり，また不可能でもある——。

かくして，"2項後段の代位権による「Bの保護」は，その目的不動産の一部を提供したL並びにそのL所有不動産上の後順位抵当者Cに対しては，貫徹され得るものではない"，といえよう。

(v) 第五に，2項後段の代位権による「Bの保護」の限界は，結論的に，次の如く総括することができる。

(α)第一に，「代位権による保護」を受け得る後順位抵当権者とは，異時競

売不動産上の後順位抵当権者でなければならない（(ⅰ)参照）。

（β）第二に，代位権によるBの"保護"はAの固有の権利を侵害しない範囲においてのみ許容される（(ⅱ)参照）。

（γ）第三に，AとBは「同一債務者」を相手方とする債権者であり，同時に（必然的に同一所有者の）同一目的不動産上の先順位・後順位抵当権者でなければならない（(ⅲ)参照）。

（δ）第四に，BとCは「同一債務者」を相手方とする債権者であり，同時にBとCはAによる共同抵当権的負担を実質的に平等な地位において負担し得る異別目的不動産（同一債務者，あるいは同一物上保証人，または，異別各物上保証人，の所有に属する）上の各後順位抵当権者でなければならない（(ⅳ)参照）。

以上を前提とすれば，

（α）Bは異時競売不動産上の後順位抵当権者であり（「代位権による保護適格の要件」），

（β）Bの代位権はAの権利を侵害するものであってはならず（先順位抵当権者の権利に対する非侵害の要件），

（γ）AとBCは「同一債務者を相手方とする債権者であり（「同一債務者の要件」），

（δ）BCはAによる共同抵当権的負担を実質的に平等な地位において負担し得る異別目的不動産上の各後順位抵当権者でなければならない（目的不動産の代位権対象の適格要件），という「論理的帰結」が導出される。代位権による「Bの保護」は，上記の「論理的帰結」を前提としてはじめて，意図され得るものなのである。

かくして，2項後段は，Bの保護適格の要件・Aの権利に対する非侵害の要件の具備を前提として，

（α）共同抵当権の目的不動産の全部が同一債務者の所有に属する場合（同一債務者の要件・目的不動産の代位権対象の適格要件具備），

（β）その目的不動産の全部が同一物上保証人の所有に属し（目的不動産の代位権対象の適格要件の具備），しかもAもBCも同一債務者を相手方とする先順位共同・後順位抵当債権者である（同一債務者の要件の具備）場合，

（γ）その目的不動産の全部が異別各物上保証人の各所有に属し（目的不動産の代位権対象の適格要件の具備），しかもAもBCも同一債務者を相手方と

する先順位共同・後順位抵当債権者である（同一債務者の要件の具備）場合，
に適用され得ることとなろう。

なお，ここでは，

（α）その目的不動産の一部が物上保証人の所有（他方はS所有）に属する場合（目的不動産の代位権対象の適格要件の欠缺），

（β）その目的不動産の全部が同一物上保証人Lの所有に属するが，ＢＣがそれぞれ異別債務者（S₁・L）を相手方とする後順位抵当債権者である場合（目的不動産の代位権対象の適格要件を具備するが，同一債務者の要件を欠缺する），

（γ）その目的不動産の全部が異別各物上保証人L₁・L₂の各所有に属するが，Ａ・Ｂ・Ｃがそれぞれ異別債務者（A→S，B→L₁，C→L₂）を相手方とする先順位共同・後順位抵当債権者である場合（目的不動産の代位権対象の適格要件を具備するが，同一債務者の要件を欠缺する）には，２項後段が適用され得ない，ことに注意しなければならない。

（4）「１項・２項前段・２項後段」の各相互関係

（イ）　基本原則としての「２項前段」

抵当権の不可分性の原則により，共同抵当権の目的各不動産は実体法上それぞれその被担保債権の全額の責任を負担している。その手続法上への反映として，異時競売・異時配当手続において共同抵当権者はその競売代金より債権全額につき優先的弁済を受け得るのである。したがって，"共同抵当権者の債権全額についての優先弁済受領権"を定める２項前段は，「実体法」上におけるのみならず，「手続法」上においてもまた，共同抵当権の法律構成の基本原則である，といわなければならない。

そして，"債権の分割強制"が否定され，目的各不動産のそれぞれが被担保債権の全額の責任を負担し，共同抵当権者に無制約的に自由選択権が委ねられる，ということを，その本質的特徴（＝基本原則）とする共同抵当権にあっては，その実行の本則的型態は異時競売・異時配当手続である。

（ロ）　２項前段の基本原則の貫徹より生じ得る後順位抵当権者相互間の不均衡ないし不衡平の，配当手続面における「調整手段」としての「２項後段」

第1節　共同抵当権における代位　　25

　2項前段の基本原則の貫徹により必然的に各後順位抵当権者相互間に不均衡ないし不衡平が生じ得る。この不均衡ないし不衡平を配当手続面において調整する手段を定めたのが，2項後段の代位権による「Bの保護」の制度である。

(ハ)　2項後段の補助原則としての「1項」
──その独自的な存在意義の微少性──

　1項は，それ自体としてはほとんど独自的な存在意義をもたず，2項後段の存在を前提としたとときにはじめて，その補助原則としての意義を発揮し得る，と把握する[44]。

　その理由としては，(i)第一に，1項の各不動産上への「按分負担」が，理論上，配当手続面に局限されたものであること((1)(ロ)(c)参照)，(ii)第二に，1項の同時競売・同時配当手続が，実務上，異例であること((1)(ロ)(d)参照)，(iii)第三に，基本原則たる2項前段((2)(ロ)・(4)(イ)参照)をうけての2項後段が，その明文上，明示的に1項の「按分負担」額を基準として代位権成立の範囲を確定していること(1項は，異時配当手続後における後順位抵当権者の代位権がその代位期待権の対象不動産上のいかなる範囲の価値部分において生じ得るのか，を決定し得る具体的算定基準──按分負担額という基準──とされている)，の諸点を指摘することができる。

　したがって，共同抵当権の法律関係における「基本原則」は，あくまで2項前段(並びにその事後的調整手段としての後段)であり，1項は，2項後段に基づく手続的処理のための具体的算定基準としての「補助原則」である，といわなければならない。

---

[44]　同様の発想は既に谷井・「諸問題」273─274頁にみられるが，その見解は本節における私見の立場をより徹底化したものである(それによれば，「民法392条1項の規定は実際の運用に於ては殆んど其の実益のない規定と謂うも決して過言ではない。同条1項は寧ろ同条2項の規定が働く場合に於てのみ，之が補助的作用を為すに過ぎない。同条1項及び同条2項所定の事実の発生を主眼として設けられた規定である。従って，2項所定の事実の発生せざる限り，1項のみ独り活動すべき場合は絶無であろう」，と述べている)。

⑸　「同時配当・異時配当」手続間における後順位抵当権者の処遇のアンバランス──「物上保証人優先説」に基づくその克服の試み──

㈠　1項の適用要件についての多数説（同時配当手続）

　我が国の従来の学説においては，同条1項は共同抵当権のすべての諸場合（より具体的にはその目的不動産の全部が債務者所有に属する場合のみならず，その一部又は全部が物上保証人（同一の又は異別の物上保証人）所有に属する場合）において適用され得る，とするのが，その多数説であった[45]。

　この多数説に準拠し，それを敷衍し再構成すれば，"S所有の甲不動産とL所有の乙不動産をその目的不動産とする共同抵当権者A，S所有の甲不動産上の後順位抵当権者B，が存在する場合（＝その目的不動産の一部が物上保証人の所有に属する場合）"を仮に想定したとすれば，同時配当手続では同条1項の適用により甲・乙両不動産の各競売代金よりそれぞれの「按分負担額」の優先的配当がAに対してなされることになる。ここではLもまた自己所有の乙不動産の競売代金より按分負担額の代位弁済をなすのである。

　しかし，両不動産の同時競売によりAの共同抵当権は必然的に消滅（実行による消滅）し，代位弁済をなしたにもかかわらずLの代位抵当権（民怯500・501条）は成立し得ない，と構成されることとなる。

　そこで，S所有の甲不動産上の後順位抵当権者Bは甲不動産の競売代金よりAへの「按分負担額」弁済分を控除した残額につきその配当を受け得ることとなる（換言すれば，Bは"甲不動産の全担保価値マイナス按分負担額"の残余価値部分を把握し得る結果となり，Bの法的地位の安定性が確保されている）。

---

[45]　その目的不動産の全部の債務者所有性が適用要件として構成され得るのか否かは，専ら2項後段のみにつき，論争されてきた。そして，1項については，上記の如き"全部の債務者所有性"が適用要件ではないとする点で，従前の学説はほとんど暗黙のうちに一致していたのである。

　そして，1項につきこれを適用要件ではないと明言するものとして，㋑我妻・評釈577頁（「共同抵当権に関する第392条の適用を全部債務者の所有の場合に限るのは独断である。第392条の第1項（同時配当における負担の按分）は固より総ての共同抵当に適用すべきである」。傍点斎藤）。㋺香川・「諸問題㈢」16頁（1項の「負担の按分は，共同抵当権の目的不動産の全部について後順位抵当権者の存する場合に限るのではなく，その一部のみに後順位抵当権の存する場合は勿論，全部に後順位抵当権の存しない場合にもなされるのであり，全部の所有者が同一である場合も，所有者を異にする場合も同様である」。傍点斎藤），等がある。

　なお，平井・「問題点」73頁4段目，星野・評釈194頁，等参照。

以上が，多数説に基づく同時配当手続における処理となる。

㈁　異時配当手続における「物上保証人優先説」に基づく取り扱い

判例理論の「物上保証人優先説」によれば，上記の想定ケース（その目的不動産の一部が物上保証人の所有に属する場合）の下において，その異時競売・異時配当手続では同条２項後段の適用が否定され，Ｂの代位権は成立し得ない[46]，とされている。

したがって，この説（判例理論）によれば，(ⅰ)甲不動産の異時配当手続において，その競売代金よりＡが債権の全額の満足を受けた場合，その残額はＢに配当され，ここではＢは，競売代金より“Ａの債権の全額負担”（按分負担額ではない）を控除した残額についてのみ，その配当を受け得る（換言すれば.Ｂは“甲不動産の全担保価値マイナスＡの債権の全額負担額”の価値部分を把握し得る結果となる）。Ｂの債権が満足するに至らないときにも，同条２項後段の適用が否定される結果，乙不動産上へのＢの代位権は否定されている。

他方，(ⅱ)乙不動産の異時配当手続において，その競売代金よりＡが債権の全額の満足を受けた場合，その競売代金による代位弁済をなしたＬはＳ所有の甲不動産上にその求償債権全額確保のための代位抵当権（Ａの消滅する第一順位抵当権のＬへの法定移転であり，したがってそれは同じく第一順位に位置する）を取得し（民法500・501条），この代位抵当権はＢの第二順位抵当権に優先する。したがって，Ｂは甲不動産の全担保価値より“Ｌの代位抵当権によって把握された価値部分（＝Ｌの求償債権全額＝ここではＡの債権全額）”を控除した残余価値部分を確保し得る，とされている（提言すれば，Ｂは“甲不動産の全担保価値マイナスＡの債権の全額負担”の残余価値部分を把握し得る結果となる。Ｂの取得分は(ⅰ)と同様である）。

以上，小括すれば，(ⅰ)(ⅱ)の異時配当手続において，Ｂの取得分は，同時配当手続の場合におけるそれ（㈼参照）と比較して，より減少したものとなっており，Ｂの法的地位はより劣位化させられている。

---

[46]　本項〔一〕(1)(2)，〔二〕(3)㈁(c)(ⅴ)等参照。
　　　なお，平井・「問題点」73頁3段目―4段目においても，この点についての簡潔・明確な説明がなされている。

(ハ) 「後順位抵当権者優先説」の立場からの批判

同時配当手続の場合におけるＢの手続的処遇（Ｂの取得分如何）につきほぼ見解の一致がみられた（(イ)参照）。しかし，当該結果は異時配当手続の場合における「物上保証人優先説」に基づくＢの手続的処遇の結果と相違し（(ロ)参照），端的にその「アンバランス」が生ずることとなった[47]。かくして，このようなアンバランスの発生は「物上保証人優先説」の理論的欠陥を示すものである，といった「批判」が，「後順位抵当権者優先説」の立場から，なされてきた[48]。その「批判」を筆者の理解に基づいて敷衍し再構成すれば，次の如

---

[47]　同時配当の場合とのアンバランスの指摘は，そもそもあくまで，“Ｂの手続的処遇”の結果をめぐって，なされてきたものであった（後注[48]引用の文献参照。なお，平井・「(問題点」73頁3段目参照）。

　　但し，その後の一部の学説は“Ｌの手続的処遇”の結果について同時配当の場合とのアンバランスを指摘され，これを説明される。

　　たとえば，④星野・評釈194頁（判例理論の物上保証人優先説に対する反対説＝後順位抵当権者優先説は，その論拠として，……「第三に同時配当の場合とで均衡を失することが挙げられる。すなわち，同時配当の場合には物上保証人は第一に述べた損失を負担することになるのに，判旨のようにいうと異時配当の場合にはそうでなくなり，債権者の気持に左右される偶然の結果が生ずるのはおかしい（鈴木），従って，判例のようにいうならば，同時配当の場合にも，判例による異時配当の場合と同様の配当方法をとるべきだ，とする（清水）。傍点斎藤）。

　　さらに，ロ寺田・「代位」287頁（「後順位者優先説では，物上保証人保護説に比べて，物上保証人の立場が悪化（負担の過重）するのはいうまでもないが，異時配当の場合と同時配当の場合とのバランスは――異時配当の場合の損失が同時配当の場合の損失よりも大きくなるものの――それなりに保たれている。これに対して，物上保証人保護説が異時配当の場合にのみ後順位者の代位，すなわち民法392条1項の配分を否定し，同時配当の場合には同項の配分額相当分の負担を物上保証人に課するのであれば，この説においては，異時配当の場合と同時配当の場合とで，物上保証人の負担（損失）は明らかにバランスを失することになる」）。

　　上記の二つの説明――“Ｂの手続的処遇”と“Ｌの手続的処遇”――には，若干のニュアンスの相違が存在することになるのは事実であるが，「ＢとＬの優劣関係」如何の問題が，“Ｂの優先→Ｌの劣後，Ｂの劣後→Ｌの優先”という対応関係の下で生ずるものである以上，その二つの説明には本質的相違は存在しない，と考える。

[48]　この点を鋭く指摘されたのは。清水誠・判例コンメンタールⅢ（担保物権法）486―487頁注(23)である。

　　そこでは本稿①判例（Ⅰ類型）と③判例（Ⅱ類型）――後述第2項参照――における判例理論（Ｂの代位権の不成立，Ｌの代位抵当権の成立，という「物上保証人優先説」の理論）を紹介されつつ，それらの類型において仮に「同時配当が行なわれれば，甲不動産（の競売代金）からＡが150万円，Ｂが150万円の配当を受け，乙不動産（の

き論理構造に基づいている，と考える。

——すなわち，その「批判」にあっては，同時配当手続の場合におけるＢの手続的処遇の結果が本来正当な基準であり，したがってそれと相違する異時配当手続の場合におけるＢの手続的処遇の結果は不当なものなのであり，その不当な結果を導出した「物上保証人優先説」もまた，不当なものといわざるを得ない。したがって，異時配当手続の場合におけるＢの手続的処遇の結果を同時配当手続の場合におけるそれと同一になるように修正が必要であり，そのためには「後順位抵当権者優先説」（この見解は，同条２項後段の適用要件としてその目的不動産の全部の債務者所有性を要求せず，その一部ないし全部が物上保証人所有に属する場合にも同条２項後段の適用を肯定する。したがって，ここでの想定ケースでは異時配当手続におけるＢの手続的処遇の結果は同時配当手続の場合におけるそれと一致してくることになる）の立場を正当としなければならない，と主張していたのである——。

(二)　私　見
(a)　「基本原則」は何か

しかし，同時配当手続の場合におけるＢの手続的処遇の結果を正当な基本的基準として，それとの「バランス維持」のために異時配当手続の場合におけるそれを修正すべし，とする論理自体がまず不当である，と考える。

私見によれば，むしろ逆に異時配当手続の場合における「物上保証人優先

競売代金）からＡが150万円の配当を受け，Ｌは150万円の返還を受けるだけである。このことと本文に述べた（判例理論の）結果との不均衡が問題である。判例の理論は，同時配当の場合にも債務者所有の不動産から先に配当するという原則を立てないと不徹底であろう」（傍点・表記等の修正・括弧内語句挿入—斎藤）と指摘されていた。そして，この「不均衡が問題である」という指摘自体があくまで同時配当の場合における結果を基準＝原則とするものに他ならない，という点に注目しなければならない。

なお，既に清水・コンメに時期的に先行する鈴木旧説・研究236頁では，「共同抵当の内部関係においては，共同抵当権者がいかなる形で自己の債権の満足を計ろうとも，後順位抵当権者は共同抵当につき同時配当がなされた場合より劣悪な地位を与えられてはならない，ということが原則である」（傍点斎藤。なお同研究230頁参照）と指摘されており，そこでは，同時配当の場合における結果があくまで基準＝原則とされていることが，明らかである。

説」に基づくBの手続的処遇の結果（(ロ)参照）が「基本原則」とされるべきであり，それに同時配当手続の場合におけるBの手続的処遇を準拠させていくべきである，と考える。

より具体的には，"Lの優先，Bの劣後"という異時配当手続の場合における処遇（「物上保証人優先説」に基づく処理）は，それ自体として，決して不合理なものではなく，したがって，その結果を，同時配当手続の場合においても実質的に導入し，結論的に「両手続間のバランス」を維持させるべきである，と考える。

(b)　「バランス維持」のための二方法

そのための方法として二つ考えられる。(i)第一に，星野評釈が示唆される方法である。これは，その目的不動産の一部が物上保証人所有に属する場合において同条1項の適用を肯定しつつ（＝割り付けをおこないつつ）（これらは多数説の立場でもある），その同時配当手続の場合においてS所有不動産上へのLの代位抵当権の成立を認めよう，とする方法である[49]。

Lの代位抵当権の成立により，Aの共同抵当権による被担保債権の全額の責任は，最終的には結局S所有不動産が負担することとなり，同時配当手続においても，B（S所有不動産上の後順位抵当権者）は，共同抵当権による被担保債権の全額の責任を前提とした上で，その残余価値部分を把握するにすぎない結果となる。かくして，これは異時配当手続における「物上保証人優先説」に基づくBの処遇の結果と一致するのである。

これは，一理ある見解であり，この方法をより積極的に肯定しよう，とする学説もみられる[50]。

---

[49]　星野・評釈194頁によれば，「しかし，同時配当の場合との不均衡は，どうしても問題がある。これは，判例にとっても残された問題の一つであるが，右に挙げた判例賛成論の根拠からは，一歩進めて，共同抵当の目的中に物上保証人提供の不動産が存在する場合には，同時配当のときに，民法392条1項も適用されず，異時配当につき判例のとっているのと同じ配当方法をとるか，割付を行ないつつ，物上保証不動産の負担した額について債務者所有の不動産に対する抵当権の存続・代位を認めるべきだ，と解せられないだろうか（清水・前掲が示唆する）（傍点斎藤）」，と鋭く指摘されている。

[50]　平井・「問題点」74頁（「ただ，同時配当の場合との不均衡が好ましくないとするならば，判例における異時配当の場合の後順位者の低下している地位と歩調を合せて，同時配当の場合においても，物上保証人が提供した不動産が負担した額について，彼

第1節　共同抵当権における代位　　31

（ii）第二に，本稿における私見の立場である。目的不動産の一部が物上保証人所有の場合には民法392条1項の適用を否定し[51]（したがって，按分負担を否定し），この場合には端的にまさしく異時配当的処理をおこなう，とする方法である。

より具体的には，まずＳ所有不動産の競売代金から配当し，それにより先順位共同抵当権者がその債権の完全な満足を受け得なかった場合にはじめて，次いでＬ所有不動産の競売代金から配当する，という方法である[52]。

私見主張のこの方法は，Ｌの求償権の発生を未然に可能な限り回避し，いわば「求償の循環」を阻止しよう，とする点で，第一の方法と顕著に対比させることができよう。

に債務者所有の不動産上への抵当権の存続と代位を認めることが（星野・評釈194頁）より統一的な結果となるといえよう」。傍点斎藤）。

[51]　同条1項の適用を否定するという点では，寺田・「代位」287 — 289頁・321 — 322頁と，結論的に一致している。

[52]　既にこの方法は，清水・判例コンメ486 — 487頁注(23)が——判例理論の「物上保証人優先説」に対する，「後順位抵当権者優先説」の立場からする批判としてではあったが——示唆する，ところであった。しかも，この方法は，「物上保証人優先説」の立場からする一つの打開策として，星野・評釈194頁により，採り上げられた。さらに，寺田・「代位」287 — 289頁により，同じく「物上保証人優先説」の立場より，次のような積極的な再評価がなされた。

　　——すなわち，寺田論文によれば，民法392条1項は物上保証人の債務者に対する求償（民法351条）あるいは物上保証人相互間の求償のための代位もしくは第三取得者相互間のそれ（民法501条但書4号3号）における求償循環を回避する機能を有しており，かくして求償循環の可能性が存在しないときには同条1項所定の配分は不必要であり，その適用も不必要となる。他方，その目的不動産の一部が物上保証人所有に属する場合，物上保証人は債務者所有の不動産上の後順位抵当権者に対しては同条1項所定の配分を負担しておらず。また物上保証人から債務者に対する求償はあり得てもその逆はありえない。したがって，この場合のような共同抵当にあっては求償循環の回避を目的として同条1項所定の配分を行ないそれに従った配当を行なうことは，異時配当の場合のみならず，同時配当の場合にも不必要である，と解される。かくして，同時配当の場合には，先順位共同抵当権者Ａはまず債務者所有の不動産の競売代金より自己の債権の全額に満つるまで配当を受け，残余が生ずればそれはＳ所有不動産上の後順位抵当権者Ｂに配当される。Ａが債権の完全な満足を受けた場合には，物上保証人Ｌ所有の不動産の競売代金はＬに返還される。次に，Ｓ所有不動産の競売代金のみからではＡが債権の完全な満足を受け得なかった場合には，そのときはじめてＬ所有不動産の競売代金より配当を受け得る。——

　　本稿における私見の立場もまた，上記の星野・評釈，寺田・「代位」の提示する方法の延長線上に，位置している。

⑹　私見結論小括

㈠　**1項**は，

　共同抵当権の目的不動産の一部が物上保証人によって提供されている場合には適用され得ない。したがって，債務者所有の不動産と物上保証人所有の不動産につき同時競売・同時配当がなされるときには，1項に基づく各不動産の競売代金よりの「按分負担額」の配当はなされ得ない（⑴㈩(e)参照）。

㈡　**2項前段**は，

　その不動産が共同抵当権の目的不動産を構成する限りは，共同抵当権のすべての諸場合に適用される。抵当権の不可分性の原則の一つの必然的帰結だからである（⑵㈩(e)参照）。

㈢　**2項後段**は，

　共同抵当権の目的不動産の一部が物上保証人の所有に属する場合には適用され得ない。なぜなら，その適用のためには，先順位共同抵当権者Aも，目的各不動産上の各後順位抵当権者B・Cも，すべて「同一債務者」を相手方とする債権者であり，同時に「同一所有者」に属する目的不動産上の抵当権者でなければならない，からである。

　したがって，(i)債務者S所有の甲不動産上の後順位抵当権者（この者はそもそも甲不動産上の先順位共同抵当権による全債権額の負担を覚悟し，その残余価値部分のみを把握し得るにすぎない）にも，(ii)物上保証人L所有の乙不動産上の後順位抵当権者（但し，この者はそもそもLを設定債務者とする抵当債権者であり。債権者である以上その債権が存続する限り債務者Lに優先する法的地位にあり，その意味においてLの代位抵当権上に優先的地位を取得し得る結果となる。これは2項後段の適用・準用・類推適用等のいずれでもなく，それとは全く無関係に純然たる"BのLに対する抵当債権者としての優先性，その有する抵当権の追及力"の結果に他ならない）にも，共に2項は適用され得ず，その代位権も生じ得ない（⑶㈩(c)(v)参照）。

㈣　**同条1項・2項前段・2項後段の相互関係**として，

　"基本原則としての2項前段，2項前段の貫徹より生じ得る不均衡ないし不

衡平の調整手段としての2項後段，2項後段の補助原則としての1項"，とい
う結論が明示される（(4)(イ)―(ハ)参照）。

(ホ) 異時競売・異時配当手続における「物上保証人優先説」に基づく後順
　　位抵当権者Bの処遇の結果は，

同時競売・同時配当手続におけるBの処遇の結果と比較して，著しく相違
した。端的にBの処遇につき「両手続間のアンバランス」が生じたのである。
しかし，このアンバランスは「物上保証人優先説」の不当性を示すものでは
なく，むしろ逆に異時競売・異時配当手続における「物上保証人優先説」に
基づく結果を基本的基準として，「同時競売・同時配当手続における結果」を
修正していくべきなのである。

かくして，その目的不動産の一部が物上保証人所有の場合，その同時競売・
同時配当手続においても1項の適用が否定され，実質的には異時競売・異時
配当手続的な処理がなされ，Bの処遇の結果は両手続間において同一化され
ることとなる（(5)(イ)―(ニ)参照）。

〔三〕 「物上保証人」の法的地位の検討

見解対立状況の背後に存在する実質的な法的価値判断ないし利益較量を分
析し，それに基づき共同抵当権の目的不動産の一部を提供した物上保証人の
法的地位を解明する。

(1) 我妻説における改説

我妻説においてみられた「改説」が極めて興味ある検討素材を提供する。

(イ) 従前，我妻（旧）説は，

「物上保証人優先説」を明言する判例（本稿⑥判例―後述第2項参照―）を批
判し，「後順位抵当権者優先説」を主張していた[53]。

それによれば，(a)民法392条の適用を共同抵当権の目的不動産の全部が債
務者の所有に属する場合のみに限定するのは一つの独断であり，同条1項の
みならず2項もまた，固よりすべての共同抵当の場合に，適用されるべきで

---

[53] 我妻・評釈577頁。このような基本的立場は，既に同・講義（旧版）201―202頁に
おいて，提示されていたものであった。

あり，(b)物上保証人は保証人とは異なり，後順位抵当権者が生ずれば自己の提供した不動産の価額に応じた負担（＝按分負担）を免れない，とすることが，共同抵当権の目的となる不動産の担保価値の合理的な利用に適する，と主張されていた。

(ロ)　改説後の我妻（新）説は，

一転して判例理論に賛意を示し，「物上保証人優先説」を主張する[54]。

それによれば，(a)物上保証人は債務者所有の不動産が共同担保となっていることによって自己の求償権が確実に効果を収め得ることを期待したのであり，債務者が後日後順位抵当権を設定することによって右期待が空に帰せしめられてはならず，(b)物上保証人所有の不動産の担保価値はあくまで物上保証人自身をしてなさしめる，とすることが一層妥当である，と主張されていた。

(ハ)　以上の如き我妻説の転回をみれば，

新旧両説の基盤の相違は，「共同抵当権における物上保証人の法的地位を如何に理解すべきか」の点に在る，といわなければならない[55]。

(2)　「債務者と物上保証人」の両者間における共同抵当権的責任の分担形態

"共同抵当権の目的不動産の一部を提供した物上保証人の法的地位"如何の問題は，端的に，先順位共同抵当権者（その債権）に対して債務者（その所有の目的不動産）と物上保証人（その所有の目的不動産）は如何なる役割分担で抵当権的責任を負担するのか，という問題である。

---

[54]　我妻・講義（新版）457 頁。

[55]　付言すれば，我妻説においてみられた転回と軌を一にして，近時，鈴木説においても同様の転回（「後順位抵当権者優先説」より「物上保証人優先説」への転回）がみられたことに，注目される（鈴木旧説・研究 236 — 237 頁→鈴木新説・「最近担保法判例雑考(10)」判タ 516 号 38 頁参照）。

　　「後順位抵当権者優先説」を本稿において「(かつての有力) 少数説」（本項〔一〕(3)参照）と表記したのは，上記の事情に依る。

　　いずれにせよ，判例理論を基盤とする「物上保証人優先説」が次第次第に有力化（通説化）してきていることが，明瞭である。

㈶ 「後順位抵当権者優先説」の基盤
——物上保証人の「連帯債務者」類似性——

「後順位抵当権者優先説」にあっては，債務者所有の不動産上における後順位抵当権者の登場を契機として，物上保証人は自己提供の不動産上の第一順位共同抵当権による按分負担額の責任を覚悟しなければならず，その限りにおいて債務者所有の不動産上への物上保証人の求償権は相対的により不確実化させられている。

したがって，「後順位抵当権者優先説」においては，物上保証人は，債務者所有の不動産上における後順位抵当権者の登場を契機として，第一順位共同抵当権者に対していわば「連帯債務者」に類似した法的地位に位置付けられている[56]，といわなければならない。

㈼ 「物上保証人優先説」の基盤
——物上保証人の「保証債務者」類似性——

「物上保証人優先説」にあっては，第一順位共同抵当権者（その債権）に対する責任は第一次的にはあくまで債務者（その所有の目的不動産）に在り，物上保証人（その所有の目的不動産）は第二次的責任を負うにすぎない。換言すれば，共同抵当権に対する全責任は，後順位抵当権者の登場の有無を問わず，

---

[56] 共同抵当権の法律関係を連帯債務の法律関係と相応的に把握せんとする立場を明示的に打ち出すものとして，鈴木旧説・研究228頁以下・229—230頁がある（「連帯債務では人的債務が問題であるに反し，共同抵当では物的責任が問題である点を除けば，両者はその考え方において類似する。とくに。抵当不動産の所有者が異なる場合には，共同抵当は連帯債務とその社会的機能においても類似する。そうはいっても，法的には両者はもとより別物であって，両者についての規定をたがいに準用しえないことは，明らかである。ただ，ここで強調せんとするのは，関係者の利害の衡量については，両者はあい似た考え方をもち，たがいに他を参照しうるということである」。傍点斎藤）。

さらに，連帯債務との類似性を指摘しつつ，その相違性を強調するものとして，石田（文）・担物法論上巻130—131頁がある（「総括抵当に於ける多数の抵当権と一個の被担保債権との関係は連帯債務と酷似しているけれども，両者は全然別異の制度である。連帯債務の場合に於いて共同責任を負担する者は債務者であるが，総括抵当の場合に於ては，債務者でなく，抵当不動産である。抵当不動産の所有者が数人ある場合に於ても，所有者は必ずしも債務者ではない。債務者と所有者との間に法律関係の存することを必要としない。故に連帯債務に関する法規を総括抵当に準用することはできない」。傍点斎藤）。この見解は鈴木説と若干ニュアンスを異にするものである。

あくまで究極的には債務者所有の不動産上に帰せられ，その限りにおいて債務者所有の不動産上への物上保証人の求償権は相対的により確実化させられている。

したがって，「物上保証人優先説」にあっては，物上保証人は先順位共同抵当権者に対していわば「保証債務者」に類似した法的地位に位置付けられている[57]，といわなければならない。

(ハ)　私　見

(a)　共同抵当権における物上保証人は，人的担保としての保証債務関係における「保証債務者」に，類似した法的地位に在る，と私見は把握する。

より具体的には，共同抵当権の目的不動産の一方を提供する債務者は保証債務関係における「主債務者」に，その目的不動産の他方を提供する物上保証人は「保証債務者」に，それぞれ類似した法的地位に在る。この意味で，共同抵当権者に対する抵当権的責任は第一次的・究極的には債務者所有の不動産上に，第二次的・副次的には物上保証人所有の不動産上に帰せられ，これが両者（両不動産）間の共同抵当権の責任の分担形態に他ならない。

したがって，ここでは，共同抵当権の被担保債権についての「債務者所有の不動産の第一次的且つ究極的な全責任」という命題が，確立されなければならない。

(b)　そして，「問題を債務者と物上保証人（いうまでもなく他人の債務につき責任を負う）との関係に移すと，前者が最終的な負担をかぶるべきであるということに，だれも異論はないであろう。この理は，債務者自身も抵当権を設定して共同抵当の形となった場合でも妥当するはずである。そして，債務者の所有不動産につき次順位抵当権を取得しようとする者がある場合，彼にそのような債務者自身の地位に由来するマイナスをかぶらせたところで，筆者は不当だとは評価しない[58]」という学説の指摘に接するとき，私見もまた

---

[57]　共同抵当権の法律関係を保証債務の法律関係と――とりわけ連帯債務の法律関係との対比において――相応的に把握せんとする私見の立場は，後述の椿評釈において示された発想（後注[58]参照）と軌を一にするものであろう。

[58]　椿・評釈・判評 136 号 124 頁（傍点斎藤）。
　　同様の発想を明示する見解として，④荒川・評釈・民商 63 巻 1 号 60 頁（「鈴木教授が強調されるように『共同抵当権者がいかなる形で自己の債権の満足を計ろうとも，

その法的価値判断に限りない共感を覚えるものであった，ことを付言してお
こう。

(3)　私見結論小括

(イ)　我妻改説

　我妻説においてみられた改説（「後順位抵当権者優先説」より「物上保証人優
先説」への転向）は，「物上保証人の法的地位」を如何に把握するかについての
認識の相違に，基づくものであった（(1)参照）。

(ロ)　私　見

　私見によれば，債務者と物上保証人の共同抵当権的責任の分担形態として，
第一次的責任は債務者所有不動産に，第二次的責任は物上保証人所有の不動
産に，在る。この意味で，上記物上保証人は，保証債務関係における保証債
務者に類似した法的地位に，位置付けられなければならない。そしてそれは，
物上保証人との関係においては債務者自身が最終的な負担をかぶるべきだ，
という法的価値判断に，由来するものでもある（(2)参照）。

〔四〕　結　論
———基本的想定類型における私見の基本的立場の提示———

　既述の〔一〕〔二〕〔三〕の検討をふまえて，ここで本節第1項の結論的部
分として，基本的想定類型における私見の基本的立場を提示する[59][60]。

　後順位抵当権者は共同抵当につき同時配当がなれた場合より劣悪な地位を与えられて
はならない』という要請自体は決して無視しえないのであるけれども，他人の債務に
つき物上保証した者の地位を，債務者提供の不動産（柚木教授とともに私も，究極的
に全債務に対する責任を負担せしむべきはこの不動産であると考える）の上の後順位
抵当権者よりもより優先的に保護すべきである，と考える……」)。
　㋺山崎・評釈・法時42巻11号243頁（「柚木説が指摘しているように，同一の共同
抵当の抵当権設定者でも，債務者と物上保証人とでは，対債権者（共同抵当権者）の
責任の点以外では，その物的負担に差異があり，最終的には前者の負担に帰する」)。
　㋩吉原・奥田等編民法学(3)＝担保物権の重要問題・145頁（「物上保証人は本来債務
につき負担部分を持っていないのであるから，債務者所有の担保物件の後順位抵当権
者が先順位全額の負担を考慮しなければならないのは，止むを得ないと思われる
……」)，等が存在する。
(59)　ここでの問題の整理に際し，後順位抵当権者を①債務者所有の不動産上の後順位抵

(1) 「債務者所有不動産上の後順位抵当権者」と物上保証人の優劣関係
——結論としての「物上保証人の優先性」の承認——

"債務者S所有の甲不動産と物上保証人L所有の乙不動産をその目的不動産とする先順位共同抵当権者A，S所有の甲不動産上の後順位抵当権者B，がそれぞれ存在する場合"を想定類型（後述第2項Ⅰ・Ⅱ類型参照）として，「BとLの優劣関係」如何を私見の立場より明らかにする。

(イ) 甲・乙両不動産に対する同時競売申立て

Aにより甲・乙両不動産に対し同時競売申立てがなされた場合，L所有の乙不動産が共同抵当権の目的不働産の一部となっている以上，民法392条1項は適用され得ず，各競売代金からの「按分負担」額の配当という形は採られない。その配当手続ではまずS所有の甲不動産の競売代金よりAの全債権額のための優先的配当がなされ（S所有の甲不動産が全被担保債権額の第一次

当権者と⓹物上保証人所有の不動産上の後順位抵当者の二つに「識別」する。なぜなら，2項後段の後順位抵当権者の代位権の問題を考察するに際して，同じく後順位抵当権者であっても，債務者所有の不動産上の者と物上保証人所有の不動産上の者とは，そもそもその法的地位において顕著に相違する，ということを明確に意識しなければならない，からである。

結論的にこのような「識別」をおこな説う学説として，香川・「諸問題㈢」18—19頁，寺田・「代位」275頁以下，高木・担物法230—231頁，鈴木新説・「雑考⑽」38—39頁，等参照。以上の「識別」を前提として，各後順位抵当権者と物上保証人の優劣関係如何を検討する。

なお，この〔四〕では，基本的想定類型についてのみ，その基本的分析をおこなうものであり，より細密な類型化に基づく個別的・利益較量的検討は次の第2項にておこなう。

⑹⓪ 逆に，「後順位抵当権者優先説」の立場からすると，このような「識別」に対して，次のような批判がなされていた。

すなわち，鈴木旧説・研究235頁によれば，「判例の見解によると，共同抵当の目的たる各個の不動産上に後順位抵当権を取得せんとするものの地位は，きわめて奇妙となる」。すなわち，S所有甲不動産上の後順位抵当権者BはAの先順位共同抵当権をあたかも単独抵当権の如くその負担を計算しなければならないのに対して，L所有乙不動産上の後順位抵当権者Cは自己に優先するAの抵当権はまったく存在しないものとして計算できる。「かかる結果はきわめて不都合である」（傍点斎藤），と指摘されていた。

しかし，鈴木新説・「雑考⑽」38頁以下はかつての上記のような理解を完全に捨て去り，端的に正面から上記の各後順位抵当権者の法的地位の相違を承認しておられること，既述のとおり（本項〔三〕(1)における注（55）参照）である。

的・究極的責任を負う，からである），残余があれば甲不動産上の後順位配当受領権者Bに配当され，なお剰余が生ずれば甲不動産の旧所有者Sに返還される。

S所有の甲不動産の競売代金がAの債権の満足に不足するときには，次いで第二次的責任を負うL所有の乙不動産の競売代金よりAに配当がなされ，その剰余は乙不動産の旧所有者Lに返還され，ここではBにはもはや何等の配当もなされ得ない（同条1項の適用が否定される結果，乙不動産上へのBの代位権は否定。される，からである）。そして，乙不動産の競売代金によって代金弁済をなしたLの求償債権は，その引き当てとなる甲不動産の所有権が既に競落によりSから離脱している以上。無担保債権とならざるを得ない。

—— 以上述べた意味での「Lの優先性」が承認される。

㈹　S所有の甲不動産に対する異時競売申立て

AによりS所有の甲不動産につき異時競売申立てがなされた場合，L所有の乙不動産が共同抵当権の目的不動産の一部となっている以上，同条2項後段は適用され得ない。したがって，甲不動産の競売代金からのAへの異時配当（同条2項前段の適用による被担保債権の全額の優先的配当）後，Bに対してはゼロ配当あるいは債権の一部額の配当しかなされなかったとしても，L所有の乙不動産上へのBの代位権は認められない。

—— 以上述べた意味での「Lの優先性」が承認される。

㈥　L所有の乙不動産に対する異時競売申立て

AによりL所有の乙不動産につき異時競売申立てがなされた場合（自由選択権は共同抵当権者としてのAの固有の権限であり，それが共同抵当権の目的不動産である限り，L所有の不動産をも異時競売のために自由に選択し得る），乙不動産の競売代金はまず優先的にAの全債権額のために異時配当される（同条2項前段の適用）。剰余が生ずればそれは乙不動産の旧所有者Lに返還される。

乙不動産の競売代金による代位弁済をなしたLの求償債権は，消滅するAの抵当権に代わりS所有の甲不動産上に同じく第一順位で成立した代位抵当権（民法500・501条）によって確保され，それは順位上当然にBの第二順位抵当権に優先する。

―― 以上述べた意味での「Lの優先性」が承認される。

(2) 「物上保証人所有不動産上の後順位抵当権者」と物上保証人の優劣関係
――結論としての「後順位抵当権者の優先性」の承認――

"債務者S所有の甲不動産と物上保証人L所有の乙不動産をその目的不動産とする先順位共同抵当権者A，L所有の乙不動産上の後順位抵当権者B"がそれぞれ存在する場合を想定類型（後述第2項Ⅲ・Ⅳ類型参照）として，BとLの優劣関係如何を私見の立場より明らかとする。

㈦　甲・乙両不動産に対する同時競売申立て

Aにより甲・乙両不動産につき同時競売申立てがなされた場合，L所有の乙不動産が共同抵当権の目的不動産の一部となっている以上，同条1項は適用され得ず，各競売代金からの「按分負担」額の配当という形は採られない。その配当手続ではまずS所有の甲不動産の競売代金よりAの全債権額のための優先的配当がなされ（S所有の甲不動産が全被担保債権額の第一次的・究極的責任を負う，からである），残余があれば甲不動産の旧所有者Sに返還される。なお，他方のL所有の乙不動産上においてBはLを設定債務者とする第一順位抵当権者に転化し，それが事後的に競売されたときには優先的配当を受け得る。―― 以上述べた意味での「Bの優先性」が承認される。

S所有の甲不動産の競売代金がAの債権の満足に不足するときには，次いで第二次的責任を負うL所有の乙不動産の競売代金よりAに配当がなされ，残余があれば乙不動産上の第二順位配当受領権者Bに配当され，なお剰余があれば乙不動産の旧所有者Lに返還される。そして，乙不動産の競売代金によって代位弁済をなしたLの求償債権は，そのひきあてとなる甲不動産の所有権が既にSから離脱し，買受人（競落人）の所有に帰せられている以上，無担保債権とならざるを得ない。

―― 以上述べた意味での「Bの優先性」が承認される。

㈢　S所有の甲不動産に対する異時競売申立て

AによりS所有の甲不動産につき異時競売申立てがなされた場合，その手続的経過は上記の㈦におけるとほぼ同様である（甲不動産の競売代金がAの債

権の満足に不足するときには，次いであらためてＡは乙不動産につき競売冲立てを
なさなければならない，という点においてのみ相違する）。

　──　そして，上記の(イ)で述べたと同じ意味での「Ｂの優先性」がここでも
承認される。

(ハ)　Ｌ所有の乙不動産に対する異時競売申立て

　ＡによりＬ所有の乙不動産につき異時競売申立てがなされた場合（これは
Ａの固有の権限としての自由選択権の行使に基づく），Ｌ所有の乙不動産が共同
抵当権の目的不動産の一部となっている以上，同条２項後段は適用され得な
い（ＡがＳを債務者とする債権者であるのに対し，ＢはＬを債務者とする債権者で
あり，ＡとＢは異別債務者を相手方とする債権者である，からである）。したがっ
て，乙不動産の競売代金からのＡへの異時配当（同条２項前段の適用による，
Ａの債権全額の満足のための優先的配当）後，Ｂに対してはゼロ配当あるいは
債権の一部額の配当しかなされなかったときでも，Ｓ所有の甲不動産上への
同条２項後段に基づくＢの代位権は認められない（同条２項後段の適用の否定
の結果である）。

　他方，乙不動産の競売代金により代位弁済をなしたＬの求償債権は，消滅
するＡの抵当権に代わりＳ所有の甲不動産上に同じく第一順位において成立
した代位抵当権（民法500・501条）によって，確保され得る。しかも，Ｂはそ
もそもＬを設定債務者とする抵当債権者であったのであり，その優先的地位
を理由としてＬの代位抵当権上に一種の物上代位権を取得する（なお，この物
上代位権は同条２項後段の適用・準用・類推適用のいずれに基づくものでもなく，
それとは全く無関係に認められるものである[61]）。

---

(61)　これに対して，寺田・「代位」322頁は，私見と異なり，同条２項後段の類推適用と
　　いう法律構成に基づき "ＢのＬに対する優先" を帰結する（それによれば，Ｌ所有不
　　動産上の後順位抵当権者Ｂと物上保証人Ｌの優劣関係如何の「問題処理のための法律
　　構成の複雑化を軽減するために，可能なかぎり問題を民法392条の領域内で処理すべ
　　きである。すなわち，Ｌ所有不動産上のＢの被担保債権はＬに優先してＳ所有不動産
　　上の先順位抵当権によって担保される，との結論は，民法392条２項後段の類推適用
　　という法律構成によって導き出されるべきである」，と述べている）。
　　　なお，物上代位規定の類推によって "ＢのＬに対する優先" を帰結する⑤判例──
　　後述第２項参照──の理論を批判される石田(喜)・評釈・民商80巻6号93頁によれ
　　ば，「しかしながら，そのような処理は，わたくしには仮託にすぎないように思われ，

──→ 以上述べた意味での「Bの優先性」が承認される。

端的にBの代位をLの弁済による代位に優先させることが，わかりやすいと信ずる」
と述べている。

第1節　共同抵当権における代位　　43

〈後註〉　第1節に関する基本文献リスト

ⓐ　**体系書として，**

　①富井政章校閲＝岡松参太郎著・注釈民法理由(中)（9版）・明治32年（明治30年・初版），②梅謙次郎・民法要義巻之二物権編（訂正増補版・33版）・大正3年（明治29年・初版），③富井政章・民法原論第2巻物権下（3版）・大正6年．④我妻栄・担保物権法（民法講義・旧版）・昭11年，⑤同・担保物権法（民法講義・新訂版）・昭和43年，

　⑥石田文次郎・担保物権法論（上巻）・昭和10年，⑦同・担保物権法論（上巻・全訂版）・昭和17年，⑧柚木馨・担保物権法（法律学全集）・昭和33年．⑨柏木馨＝高木多喜男・担保物権法（法律学全集・新版）・昭和48年，⑩柚木＝高木・担保物権法（法律学全集・3版）・昭和57年．

　⑪鈴木禄弥・物権法講義（2訂版）・昭和54年（初版・昭和39年，改訂版・昭和47年），⑫高木・担保物権法・昭和59年，⑬香川・担保（新版・基本金融法務講座〔3〕）・昭和36年，等を主として参照・引用する。

　なお，その他にもすぐれたいくつかの体系書が存在するが，本稿のテーマについては若干の論及がみられるにすぎない。
　──⑭今泉孝太郎・物権法論・昭和42年（旧版＝新物権法論・昭和25年），⑮松坂佐一・物権法（民法提要・4版）・昭和55年（1版・昭和40年，2版・昭和47年，3版・昭和51年），

　⑯川井健・担保物権法（青林法律学全集）・昭和50年，⑰星野英一・民法概論Ⅱ・昭和51年，⑱宮崎俊行・私の物権法講義（第2分冊）・昭和54年，⑲石田喜久夫・物権法（2版）・昭和55年（1版・昭和52年），⑳槇悌次・担保物権法・昭和56年，

　㉑石田(喜)・口述物権法・昭和57年，㉒伊藤進・担保法概説・昭和59年，等の体系書である。

ⓑ　**コンメンタールとして，**

　①柚木馨編・注釈民法(9)＝物権(4)（初版，392条・393条─柚木＝高木）・昭和40年，②同編・注釈民法(9)＝物権(4)（改訂版，392条・393条─柚木＝高木）・昭和47年，③同編・注釈民法(9)＝物権(4)（増補再訂版，392条・393条─柚木＝高木）・昭和57年，④我妻栄編・担保物権法（判例コンメンタールⅢ）・(692条・393条─清水誠)・昭和43年，⑤中川善之助＝遠藤浩編・新版物権（基本法コンメンタール）・(392条・393条─高島平蔵)・昭和52年，⑥我妻栄＝有泉亨・民法Ⅰ（民法総則・物権法）・昭和25年。

ⓒ　**モノグラフィー，論文，解説，総合判例研究（個別的な判例評釈については後述第2項〔はじめに〕⑴における注⑴参照）として，**

①島内龍起・共同抵当論・昭和44年（これは広く比較法的資料を駆使し，共同抵当権の全体的法構造を解明せんとする，極めて詳細な比較法的研究であり，その資料的価値において研究上重要視されるべきであろう），

②石田文次郎・「総括抵当論」・法学1巻9号1頁以下（同・民法研究I所収・昭和11年）・昭和7年，

③我妻栄＝福島正夫・「抵当権判例法㈠㈡」・法時7巻1号・同2号・（昭和10年）（我妻・民法研究Ⅳ—2所収・昭和42年），

④谷井辰蔵・「民法392条に就て」・（同・抵当権の諸問題273頁以下所収）・昭和12年，

⑤鈴木令彦・「共同抵当に関する若干の問題㈠（上）（下）」・金融法務136号14頁以下・同137号16頁以下・昭和32年，

⑥鈴木禄弥・「ドイツにおける共同抵当権制度」・金融法務162号7頁以下（同・抵当制度の研究所収・昭和43年）・昭和33年（所有者抵当権制度の我が国への立法論的導入の議論と関連して，ドイツ法上の共同抵当権制度を概観される），

⑦同・「共同抵当における代位の諸問題」・金融法務232号19頁以下（同・抵当制度の研究所収・昭和43年）・昭和35年（共同抵当権の代位をめぐる諸問題，とりわけその目的不動産が異なる所有者に属する場合を念頭において，判例理論の「物上保証人優先説」に対する疑問を提示し，結論として「後順位抵当権者優先説」を主張される．但し，その後改説がみられたため，いわば鈴木旧説である），

⑧同・「最近担保法判例雑考⑽——異所有者に属する不動産上の共同抵当——」・判タ516号36頁以下・昭和59年（改説後のいわば鈴木新説＝「物上保証人優先説」である），

⑨香川保一・「共同抵当に関する疑問——後順位担保権者の代位——」・ジュリスト140号8頁以下・昭和32年，

⑩同・「共同抵当に関する諸問題㈠—㈐」・金融法務257—260号・263号・265号・266号・昭和35—36年（実務家の手に成る体系的且つ詳細な体系的論稿である），

⑪加藤一郎・「抵当権の処分と共同抵当」・民法演習Ⅱ（物権）・（谷口＝加藤編）・昭和33年，

⑫同・「抵当権の処分と共同抵当」・民法例題解説Ⅰ（総則・物権）・（谷口＝加藤編）・昭和34年，

⑬山田晟・「共同担保と後順位者代位権——民法392条2項削除論——」・金融法務689号128—129頁（金融法務100講）・昭和48年，

⑭吉原省三・「共同抵当物件の所有者が異なる場合と民法392条2項」・民法学⑶担保物権の重要問題（奥田＝玉田＝米倉＝中井＝川井＝西原＝有地編）・昭和51年，

⑮寺田正春・「共同抵当における物上保証人の代位と後順位抵当権者の代位について」・同志社法学31巻5・6号275頁以下・昭和55年3月（両者の代位権の優劣を諸判例の分析をとおして検討される），

⑯平井一雄・「共同抵当に関する若干の問題点」・ジュリスト715号71頁以下・昭和55年5月（共同抵当権に関する問題点のいくつかを簡潔に指摘され，その分析整理を試みられる），

⑰中井美雄・「共同抵当における物上保証人と後順位抵当権者」・法学セミナー昭和58年4月号150頁以下。

ⓓ　なお，一括競売手続（手続執行法）との関連において，「共同抵当権の実行」につき論及するものとして，

①中野貞一郎・「特殊判例研究・強制執行法判例雑考⑶—不動産の一括競売」・民商50巻5号157頁以下（同・判例問題研究——強制執行法——・160頁以下所収・昭和50年）・昭和39年8月，

②林屋礼二・「個別競売と一括競売」・（小野木＝斎藤還暦記念・抵当権の実行（上）247頁以下所収）・昭和47年，

③竹下守夫・「不動産競売と共同抵当権——ドイツ法の紹介を中心として——」・小野木＝斎藤還暦記念——抵当権の実行（下）・75頁以下・昭和47年（この論文は，同・不動産執行法の研究181頁以下・昭和52年において「不動産競売における共同抵当権の取扱い——ドイツ法の紹介を中心として——」と題して，若干修正の上，収録されている），がある。

第 2 項　具体的類型化に基づく個別的・利益較量的考察

はじめに

(1)　類型化の試み

(i)　代位をめぐる両者の優劣関係如何の問題に関する諸判例中，大審院並びに最高裁の諸判決については，それぞれ個別的に多くの有益な判例研究が積み重ねられてきた。併せて，下級審判決を含めて，その諸判例をトータルに把握しつつ，その統一的な解決基準を模索せん，とする試みもなされてきた[1]。そこで注目すべきことは，既に一部の学説により，この問題の考察に

---

[1]　**本節第 2 項に関する基本判例・判例評釈リスト**

「後順位抵当権者と物上保証人の優劣関係」如何につき判示する諸判例を以下に列記する。これらの諸判例は第 2 項の類型的考察の基礎となったものである。なお，各判例についての諸判例評釈は発表年月日順に列記してある。

①判例：広島地裁尾道支部判昭 8・5・18　新聞 3575・12 頁 **(Ⅰ類型)**

②札幌高決昭 45・10・28　下民 21・9・10 合併・1422 頁 **(Ⅰ類型)**

③判例：大判昭 4・1・30　新聞 2945・12 頁 **(Ⅱ類型)**

④ⓐ判例：大阪地裁堺支部判昭 38・11・15（民集 23・8・1304 頁参照）（第 1 審）。

④ⓑ判例：大阪高判昭 41・6・28（民集 23・8・1316 頁参照）（第 2 審）。

④ⓒ判例：最高昭 44・7・3　民集 23・8・1297 頁 **(Ⅱ類型)**。

──判例評釈として，①村松俊夫・金融法務 566 号 14 頁，②椿寿夫・判評 136 号 121 頁，③山崎寛・法時 42 巻 11 号 238 頁，④荒川重勝・民商 63 巻 1 号 54 頁，⑤星野英一・法協 89 巻 11 号 186 頁。

裁判所サイドからの判例解説として，⑥杉田洋一・法曹 22 巻 6 号 1165 頁（詳細な解説がなされており，研究上重視すべきである）。──

⑤ⓐ判例：大阪地判昭 46・12・21（民集 32・5・797 頁参照）（第 1 審）。

⑤ⓑ判例：大阪高判昭 49・10・24（民集 32・5・804 頁参照）（第 2 審）。

⑤ⓒ判例：最高昭 53・7・4 民集 32・5・785 頁 **(Ⅵ類型)**。

──判例評釈として，①鈴木正和・手形研究 229 号 10 頁（⑤ⓑ判例・評釈），②宇佐美大司・愛学大法研 22 巻 4 号 133 頁，③平井一雄・金商判 568 号 48 頁，④石田喜久夫・判評 246 号 25 頁，⑤高木多喜男・判タ 390 号 67 頁，⑥石田喜久夫・民商 80 巻 6 号 82 頁，⑦石田穣・法協 96 巻 11 号 144 頁，⑧内田貴・別冊ジュリ民法百Ⅰ（2 版）196 頁以下。

裁判所サイドからの判例解説として，⑨時岡泰・ジュリスト 682 号 90 頁，⑩同・法曹 31 巻 7 号 136 頁（詳細な解説がなされており，研究上重視すべきである）。──

⑥ⓐ判例：大阪控民 2 判昭 11・6・18　新聞 4025 号 7 頁（第 2 審）。

おける諸ケースの「類型化」の必要性が，指摘されてきたことである[2]。

　　　⑥ⓑ判例：大判昭 11・12・9　民集 15・24・2172 頁（**Ⅶ類型**）。
　　　――判例評釈として，①小池隆一・民商 5 巻 6 号 104 頁，②梶田年・法学新報 47 巻
6 号 126 頁，③我妻栄・判民昭 11 年度 150 事件 574 頁。――

⑵　**このような類型化志向を明示するものとして，**
　　　㋑　山崎・評釈 243 頁
　　　：「次順位抵当権者の代位と物上保証人の代位との優劣が問題となる場合，換言すれ
ば，代位せんとする後順位抵当権の目的物件代位せられるべき共同抵当権の目的物件
の提供者が同一債務者でなければ 392 条 2 項の代位は生じないのかということが問題
となる場合一般を総合的に検討した上で，本件及び右判例の問題の解決を位置づけよ
うと志すならば，代位せんとする後順位抵当権の目的物件・代位せられるべき共同抵
当権の目的物件が債務者の所有物か物上保証人のそれか，また，いずれの物件が競売
されたか，右両抵当権の設定登記の先後はどうか，などにより種々場合を分けて考察
してみなければならないのだが，その余裕はないのでさしあたり……」。
　　　㋺　荒川・評釈 60―61 頁。
　　　：「ただし，従来のこの問題に対する――常に物上保証人が優先するのか常に後順位
抵当栫者が優先するのかといった――議論のたてかたには疑問があり，むしろ，問題と
なりうる個々のケースにつき，ある場合には物上保証人を優先せしめ，他の場合には
後順位抵当権者を優先せしめる構成を考えないものであろうか，と思う（このような
方向を志向するものとしては，香川・改訂担保 542 頁以下がある。ただし，氏の個々
の点については疑問なしとしない）」。
　　　㋩　石田（喜）・判評評釈 157―158 頁。
　　　：「椿教授の指摘にみえるように，学説の対立が『絶対的な"正誤"の問題というより
相対的な"当否"のそれで』あり，『いずれの価値判断・法的評価にもそれぞれ一理あり
といわざるをえない』（椿・評釈 17 頁）のだとすれば，さらに場合をわけて考えるこ
とが，必要・有益となるのではあるまいか。判例は，つねに物上保証人の優位を認め
る理論のもたらす硬直な帰結を回避するため，物上代位の考えを接続させているので
あるが，本件では，端的に後順位者の銀行の一番抵当権への代位を承認すべきではな
かったか，と考える。このようにいえば，『その理論の根拠をみいだすのに苦しむ』（柚
木＝髙木・新版 404 頁）と批判されるのであるが，つねに物上保証人に優位を認める
のが，また，つねに後順位者に優位を認めるのが，理論らしき理論に裏打ちされた結
論というわけでもあるまい。むしろ，そのような画一的取り扱いは悪しき概念的思考
の産物のように思われる。弁済による代位と民法 392 条 2 項による代位とが，衝突な
いし競合する場合には，物上保証人，第三取得者，後順位抵当権者などにつき，それ
ぞれの有した意思ないし期待を基軸として，肌目細かくいずれが優先するかを，判断
するべきであろう」。
　　　㋥　石田（喜）・民商評釈 748―749 頁。
　　　：「『従来のこの問題に対する――常に物上保証人が優先するのか常に後順位抵当者
が優先するのかといった――議論のたてかたには疑問があ（荒川・評釈 60 頁）』るの
ではなかろうか。ある場合には物上保証人を優先させ，あるときには後順位抵当権者

(ⅱ)　すなわち，判例理論を含めて多数の学説にあっては，代位をめぐる両者の優劣関係如何の問題は，民法392条2項後段の適用要件，──共同抵当権の目的不動産の全部の債務者所有性をその適用要件とするのか否か──，をめぐり，いずれにせよ，①まず画一的に「常にどちらか一方の者の他者に対する優先」という形で態度決定がなされ，②次いでその態度決定を大前提とした基本命題が導出され，③それを両者の優劣関係をめぐるすべての諸ケースに基本的に妥当させていた。

　しかし，この問題に関する諸判例の事実関係を個別的且つ仔細に分析すれば，両者の優劣関係如何の問題は，諸利益対立状況の異なる様々な諸ケースにおいて，登場してくるのが，実情である。かくして，既に一部の学説により，このような「画一的処理」に対する疑問が必然的に提起され，様々な諸ケースの「類型化」を前提とし，各類型毎の「個別的処理」の必要性が指摘されるに至っていたのである。

　(ⅲ)　本節第2項は，基本的に，この「類型化思考」を正当としつつ，「具体的」類型化が従来十分にはなされてはこなかったことに鑑み，そのさらなる具体的展開を企図して，私見に基づく「具体的」類型化を試み，各類型毎の"個別的な問題解決"のための「理論構成」と「具体的指針」を提示しよう，とするものである。

(2)　類型化の前提基準
類型化の前提基準を個別的に以下に列記する。

(イ)　「不動産」の二個限定（甲不動産・乙不動産）

　に優位を与えるという解決をなすべきであろう。もとより，このように言ったからとて，問題はつねにケース・バイ・ケースに決せられてよいわけではない。ある程度の類型化が無ければ，抵当権を介する取引の安定を害すること，いうまでもないからである。いま，わたくしは類型化のための基準をもちあわせているわけではないが，とりあえず，両者の代位が衝突する場合には物上保証人に，競合する場合には後順位抵当権者に，優先権を認めてはと考える」。（以上，傍点斎藤）。

(3)　体系書レヴェルにおいて現実に若干の類型化に基づき論述するものとして，
　(イ)香川・担保（新版）541頁以下，(ロ)我妻・講義（新版）456頁以下，(ハ)柚木＝高木・全集（3版）381頁以下，(ニ)高木・担物法230頁以下（ここでは本稿Ⅰ・Ⅱ・Ⅲ・Ⅳの四つの類型が採り上げられている）。Ⅰ—Ⅳ類型につき，第1項〔四〕参照。

共同抵当権の目的不動産を 2 個に限定し，それぞれそれを「甲不動産・乙不動産」と表記する。

㈡　関係当事者の表記（A・B・S・L）

「共同抵当権における代位」をめぐる法律関係において登場する諸当事者，すなわちに「第一順位共同抵当権者・後順位抵当権者・債務者（第一順位共同抵当権者に対する債務者）・物上保証人（第一順位共同抵当権者に対する関係での物上保証人）を，それぞれ順次「A・B・S・L」と表記する。

㈢　「甲不動産／S 所有」と「乙不動産／L 所有」

共同抵当権の目的不動産として S 所有のものと L 所有のものとが混在する類型においては，「甲不動産を S 所有のもの・乙不動産を L 所有のもの」と構成する。

㈣　類型化の主たる素材

類型化の主たる素材は「諸判例における具体的事実関係」である。これらの具体的事実関係を分析・整理し，「共同抵当権における代位」をめぐる法律問題として変容を生じ得ない限度で，それを簡易化し，その類型化を試みる。

より具体的には，(a)共同抵当権の目的不動産の個数並びにその表記を修正する（たとえば，3 個ないし 4 個等の目的不動産の個数を基準㈠に基づき 2 個に，イ号土地ないしロ号土地といった表記を基準㈠に基づきその表記を，S 所有ないし L 所有の不動産の表記を基準㈢に基づきその表記を，修正する），

(b)原告・被告の両訴訟当事者を含めた諸利害関係人の表記を修正する（たとえば，原告 X・被告 Y，訴外 a b c……，との表記を，「共同抵当権における代位」をめぐる実体法的法律関係に引き直した上で，基準㈡に基づき修正する），

(c)異時競売手続が先順位共同抵当権者 A によりなされた場合に統一化する（判例の具体的事案では後順位抵当権者 B により異時競売手続がなされたケースも存在するが，異時競売申立てが A 又は B のいずれの者によりなされたかによって，実体法的法律関係・配当順位・諸利益対立状況等は何等変容しない，からである），

(d)当該判決の「判決理由中の判断」を純然たる実体法的法律関係のレヴェルに転換する（現実の判例の「判決理由中の判断」は，訴えを提起した原告の法的

主張を軸として,「原告・被告間の法的紛争の法的解決」という視点の下でなされている,からである),という形で簡易化し,その類型化を試みる。

㈆ 類型化の従たる素材

類型化の従たる素材は,第一に,判例における事例の「対偶的事例」である（たとえば,判例における具体的事案が甲不動産の異時競売である場合には,その対偶的事例として乙不動産の異時競売を想定する）。

第二に,学説において論及されている,諸判例の具体的事案以外の「諸事例」である。これらの「諸事例」も基準㈡におけると同様の形で簡易化し,その類型化を試みる。

㈄ 「図解」提示

説明の明解化の一助として,各類型毎に簡易な図解を提示する。その際,各不動産を意味する図示における「細斜線」は,それが先行して異時競売された方の不動産であることを示している。

㈅ 私見と他学説の「対比」のために

なお,本稿の私見における理論構成を従来からの諸学説と対比させるために,以下においては,(注)にてそれらの諸見解を詳しく引用する。そこでは本稿におけるが如き個別的・具体的類型化が十分には意識されていなかった,からである。

その際,その「対比」を明瞭化させるため,「類型化の前提」としての基準「㈠─㈡」に基づき,原文の表記等を修正した上で,引用する。

⑶ 類型化の具体的進行

本稿における類型化の具体的進行は次の如くである。

㈠ 「2 場合」(〔一〕・〔二〕) に区分する

共同抵当権の目的不動産の一部が物上保証人Ｌの提供による場合（〔一〕），その目的不動産の全部が異別各物上保証人L_1・L_2の提供による場合（〔二〕），の2場合に区分する。

前者の場合には,Ｓ所有の不動産（甲不動産）とＬ所有の不動産（乙不動産）

とが混在して，共同抵当権の目的不動産を構成する。

　これに対して，後者の場合には，S所有の不動産は一切共同抵当権の目的とはなっておらず，それぞれ異なった物上保証人L₁・L₂によって提供された各不動産が，その目的不動産を構成する。

　なお，本節は，そのタイトルよりも明らかな如く，「共同抵当権における代位」をめぐる「後順位抵当権者と物上保証人の優劣関係」如何を検討しようとするものであり，したがって物上保証人が一切介在してこない場合，すなわち「共同抵当権の目的不動産の全部がS所有に属する場合」は，本稿の検討対象より除外している（はじめに〔一〕参照）。

　⑵　〔一〕場合を「3　場合」に細区分する（〔一〕(1)・〔一〕(2)・〔一〕(3)）
　共同抵当権の目的不動産の一部がLの提供による場合（〔一〕）において，後順位抵当権者BがS所有の甲不動産上に存在する場合（〔一〕(1)），BがL所有の乙不動産上に存在する場合（〔一〕(2)），BがS所有甲不動産とL所有乙不動産を共同抵当権の目的とする後順位共同抵当権者である場合（〔一〕(3)），の3場合に区分する。

　Bの元来の法的地位についてみれば，〔一〕(1)の場合には，Bは「Sを設定債務者とする甲不動産上の第二順位抵当債権者」（債権者B─債務者S）である。

　〔一〕(2)の場合には，Bは『Lを設定債務者とする乙不動産上の第二順位抵当債権者』（債権者B─債務者L）である。

　〔一〕(3)の場合には，Bは「Sを設定債務者とし，Lを物上保証人とする乙甲・乙両不動産上の第二順位共同抵当権者」（債権者B，設定債務者S，物上保証人L）である。

　以上の如く，Bはそれぞれ異なった法的地位に在る。

　⑶　上記の「各場合」をさらに細区分する
　〔一〕(1)・〔一〕(2)・〔一〕(3)の各場合において，S所有の甲不動産が先行して異時競売された場合（〔一〕(1)(イ)，〔一〕(2)(イ)，〔一〕(3)(イ)），L所有の乙不動産が先行して異時競売された場合（〔一〕(1)(ロ)，〔一〕(2)(ロ)，〔一〕(3)(ロ)），の6場合に区分する。

㈡ 〔一〕場合における「6類型」（Ⅰ-Ⅵ）の作出

かくして，上記の(ロ)ないし(ハ)の進行基準に基づき創出された各類型（〔一〕(1)(イ)，〔一〕(1)(ロ)，〔一〕(2)(イ)，〔一〕(2)(ロ)，〔一〕(3)(イ)，〔一〕(3)(ロ)）を，順次「Ⅰ類型・Ⅱ類型・Ⅲ類型・Ⅳ類型・Ⅴ類型・Ⅵ類型」と名称づける。

㈧ 〔二〕場合における関係当事者と先行異時競売不動産（Ⅶ・Ⅷ類型）

共同抵当権の目的不動産の全部が異別各物上保証人L_1・L_2の提供による場合（〔二〕）において，「L_1提供の甲不動産・L_2提供の乙不動産・乙不動産上における第二順位抵当権者Bの存在（債権者B―設定債務者L_2）」という前提に立つ。

次いで，この〔二〕の場合において，Bが存在する方の不動産（乙不動産）が先行して異時競売された場合（〔二〕(1)），Bが存在しない方の不動産（甲不動産）が先行して異時競売された場合（〔二〕(2)），の2場合に区分する。かくして，〔二〕(1)・〔二〕(2)を，それぞれ順次「Ⅶ類型・Ⅷ類型」と名称づける。

㈥ 「全額」弁済と「一部額」弁済とに区分

「Ⅰ類型からⅧ類型」に至るまでの各類型において，異時競売手続における第一順位配当受領権者（共同抵当権者）Aが競売代金より債権の「全額」弁済（又は全額代位弁済）を受けた場合（(a)），Aが競売代金より債権の「一部額」弁済（又は一部額代位弁済）を受けた場合（(b)），の2ケースに区分して説明する。

㈦ 「関係当事者の法的地位」を基軸として分析する

「共同抵当権における代位」をめぐる「後順位抵当権者と物上保証人の優劣関係」如何の問題において登場する各利害関係人（第一順位共同抵当権者A・第二順位抵当権者B・物上保証人L）の「法的地位」を基軸として，個別的に検討し，説明する（債務者Sの法的地位については，特に項目化せずに，必要に応じて論及する）。

〔一〕 共同抵当権の目的不動産の「一部」がLの提供による場合

第1節　共同抵当権における代位　　53

⑴　Ｓ所有・甲不動産上にＢが存在する場合──(イ)Ⅰ類型・(ロ)Ⅱ類型──

(イ)　**Ⅰ類型・Ｓ所有の・甲不動産の異時競売**

共同抵当権の目的不動産の一部（乙不動産）がＬの提供により，Ｓ所有・甲不動産上にＢ（ＢはＳを設定債務者とする第二順位抵当債権者である）が存在し，ＡによりＳ所有・甲不動産が先行して異時競売された，という類型である[1]。

──＊二つに細区分

Ⅰ(a)ケースとⅠ(b)ケース

(a)　**甲不動産の競売代金よりＡが債権の「全額」弁済を受けた場合**[2]

(i)　**Ａの法的地位**

──**異時競売後のＡの先順位共同抵当権の消長**──

(α)　甲不動産上における実行による消滅

甲不動産の異時競売後，甲不動産上のＡの抵当権は，──その債権の全額の満足を得たと否とを問わず──，その実行により競売目的物たる甲不動産上において消滅する。

(β)　乙不動産上における付従性による消滅

その全額弁済によりＡの債権は消滅し，それに伴い乙不動産上のＡの抵当権は付従性により消滅する。ＡはＳとの債権債務関係より離脱する。

(ii)　**Ｂの法的地位**

──**異時競売後のＢの後順位抵当権の消長**──

(α)　ＢとＳの元来の法的関係

Ｂは元来Ｓを設定債務者とする甲不動産上の第二順位抵当債権者であり，ＢとＳは甲不動産上の「第二順位抵当債権者と設定債務者」の関係に在った。

(β)　甲不動産上における「消除主義」による消除

甲不動産の異時競売後，甲不動産上のＢの抵当権は，──その債権の全額の満足を得たと否とを問わず──，「消除主義」により競売目的物たる甲不動産上から消除される。

(γ)　第二順位配当受領権者としてのＢ

甲不動産の異時競売手続において，ＢはＡに次ぐ第二順位の配当受領権者

⑴　「①判例・②判例」がⅠ類型に該当する。第1項〔四〕⑴(ロ)参照。

⑵　「①判例・②判例」の事案では，共にＡが債権の全額弁済を受けている。

である。したがって，甲不動産の
競売代金よりAが債権の全額の弁
済を受けなお剰余を生じたときに
は，それはBに配当される。

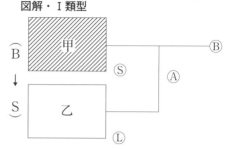
図解・I類型

　——①Bへの「全額」弁済の場
　　合
：配当によりBが債権の全額弁
済を受けた場合，それによりBの債権は消滅する．他方，甲不動産上のBの
抵当権は，——その債権の完全な満足を得たと否とを問わず——，いずれに
せよ「消除主義」により競売目的物たる甲不動産上から消除された（(β)参照)．
BはSとの債権債務関係より離脱する．したがって，Bの債権並びに抵当権
が消滅した以上，ここではBの代位権は生ずる余地がない．なお，Bへの配
当後，なお剰余が生ずるときには，それは甲不動産の旧所有者Sに返還され
る．

　——②Bへの「一部額」弁済の場合
：配当によりBが債権の一部額弁済を受けた場合，一部額弁済しかなされ
なかった以上，Bの債権は残額債権としてなお存続する．他方，甲不動産の
異時競売後，甲不動産上のBの抵当権は，——その債権の完全な満足を得
たと否とを問わず——「消除主義」により競売目的物たる甲不動産上から消除
された（(β)参照)．その限りにおいて，Bの残額債権は単なる無担保債権と
なる．
　しかも，この場合，乙不動産上へのBの代位権は生じない，と解する(3)(4)(5)

---

(3)　私見におけると，その理由付けは異なるも，「①判例・②判例」は共に同一の結論を
　判示する．
　㋑　「①判例」
　：「民法392条2項ハ同一ノ債権ノ担保トシテS所有ノ数個ノ不動産上ニ抵当権設定
　アリタル場合ニ於テ，債権者ガ先ヅ其ノ内ノ或不動産ノ代価ニ付其ノ債権ノ弁済ヲ得
　タルトキハ該不動産ノ後順位抵当権者ハ右先順位抵当権者カ同条1項ノ規定ニ従ヒ他
　ノ不動産ニ付弁済ヲ受クヘキ金額ニ満ツル迄，之ニ代位シ其ノ抵当権ヲ行使シ得ヘキ
　コトヲ定メタルニ止マリ，本件ノ如ク第三者所有ノ不動産カ債務者所有ノ不動産ト共
　ニ同一債権ノ担保トシテ抵当権ノ目的タルヲ定メタルモノニアラザルヲ以テ（大審院

昭和 2 年（オ）第 933 号，同 4 年 1 月 30 日民事第 4 部判決，評論 18 巻民法 304 頁参照）（本稿③判例—筆者注），後順位抵当権者 B（原告）ハ該規定ニ基キ物上保証人 L（被告仙松，佐一，好治）ノ乙不動産（本件不動産）ニ付先順位抵当権者 A（被告国）ノ有セル抵当権ヲ代位行使スルニ由ナキモノト謂ハサルヘカラス」（傍点並びに表記等の修正—斎藤）。

　　㋺　「②判例」

　：「民法 392 条 2 項は，同一債権の担保として債務者所有の数個の不動産の上に抵当権が設定されている場合において，債権者がまずそのうちのある不動産の競売代価によりその債権の弁済を得たときは，その不動産上の後順位抵当権者は右先順位抵当権者が同条第 1 項の規定に従い他の不動産につき弁済を受くべき金額に満つるまでこれに代位し，その抵当権を行使しうることを定めたにとどまり，第三者所有の不動産が債務者所有の不動産とともに同一債権の担保として抵当権の目的となっている場合の関係をも定めたものではないと解するのを相当とする（大審院昭和 2 年㋔第 93 号，同 4 年 1 月 30 日判決参照）（本稿③判例—筆者注）。もしそうでないと解するならば，抵当権を実行されその不動産の代価で代位弁済をした第三者 L の代位権は，常に債務者所有の不動産に対する後順位抵当権の設定により不当に害されることになるからである。したがって，S 所有の甲不動産と L 所有の乙不動産とを共同抵当権の目的とした A（相手方）が S 所有の甲不動産だけを競売した本件においては，S 所有の甲不動産の後順位抵当権者たる B（抗告人）は民法 392 条 2 項により L 所有の乙不動産につき A の有する抵当権を代位行使するに由なきものといわざるを得ない」。（傍点並びに表記等の修正—斎藤）。

　　㋩　傍論としてではあるが，Ⅰ類型に言及する「④c 判例」も結論同一である。

　：「……，第二順位抵当権者 B のする代位と物上保証人 L のする代位とが衝突する場合には後者が保護されるのであって，S 所有の甲不動産について競売されたときはもともと B は L 所有の乙不動産について代位することができないものであり，……」。（傍点並びに表記等の修正—斎藤）。

⑷　学説は「①判例・②判例」の判例理論につき賛否両論に分岐した。たとえば，賛成意見として，㋑　我妻・講義（新版）459 頁＝〔691〕は，理由を特に述べられるものではないが，判例と結論同一である。

　：「……S と L のそれぞれに属する 2 個の不動産の上に共同抵当権が設定された場合に，S 所有に属する甲不動産についてまず競売・配当が行なわれたときは，競売代金を A に弁済して，残額があれば二番抵当権者 B に配当されるが，B の債権が満足しなくとも，L 所有の乙不動産上の A の共同抵当権は消滅し，B はこれに代位しえない。従って，A が乙不動産上の共同抵当権を放棄して甲不動産のみから弁済を受けても，B は何らの保護を受けえない（最高判昭和 44・7・3 民 1297 頁）」。（傍点並びに表記等の修正—斎藤。但し，ここに引用されている最高裁昭和 44 年判決——本稿④ⓒ判例——は，私見によれば，Ⅰ類型ではなくⅡ類型に位置づけられる）。

　　㋺　吉原・「392 条 2 項」147 頁は，結論同一である。

　：S 所有の甲不動産（価額 1500 万円）と L 所有の乙不動産（価額 1000 万円）とを共同抵当権の目的不動産とする第一順位共同抵当権者 A（債権額 1000 万円）が，甲不動産上に後順位抵当権者 B〈債権額 900 万円〉が存在する場合，「先に甲不動産が競売

されると，A 1000万円，B 500万円の配当を受け，Bは乙不動産に代位しない（広島
地尾道支部昭8・5・16新聞3575号12頁——本稿①判例一の例）。乙不動産のAの抵
当権は消滅」する。（傍点並びに表記等の修正—斎藤）。

　　(八)　鈴木新説・「雑考(10)」38頁は，判例理論に賛成され（改説），I類型につき「L
のB（S所有の甲不動産上の後順位抵当権者）に対する優先」を承認される。

　　　：「所有者自身を債務者とする債務の担保のために先順位共同抵当権が設定されて
いる不動産上に後順位抵当権の設定を受けようとするBは，他の共同担保物件を債務
者自身に属するのでないかぎり，先順位にその額の単独抵当が存するものと考えて，
行動すべきだ，ということになる」。

　　　「以上は同時競売の場合についてであるが，異時競売の場合にも，すべての関係者
に結局は同時競売の場合と同じ利益が保障されるべきである。それゆえ，まず甲不動
産のみが異時競売され，Bがその競売代金から十分な弁済が得られなくとも，その後
の乙不動産の競売代金の配当に際し，BがAに代位してLに優先して配当を得ること
はできない」。（傍点並びに表記等の修正—斎藤）。

　　(㊁)　槙・担物法179—180頁は，判例理論に賛成される。

　　　：「S所有の甲不動産とL所有の乙不動産とが存在し，甲不動産から配当がなされる
場合，甲不動産上の後順位抵当権者Bは乙不動産上の先順位抵当権に代位することが
できない（最判昭44・7・3—本稿「④ⓒ判例」——）。392条による後順位者の代位は
設定者における担保価値の効率的利用を可能にさせようとするものであるが，債務者
Sには，物上保証人L所有の乙不動産への負担の按分を計算上の基礎として自己の不
動産の残余価値を利用する権能をもたせる必要がないからであり，甲不動産上の後順
位権者Bの地位はこの債務者Sの地位を前提にしているといえるからである」。（傍点
並びに表記等の修正—斎藤）。

(5)　これに対して，「①判例」の判旨に反対して，結論反対を主張されるものとして，(イ)
鈴木旧説・研究232頁以下，とりわけ233・235・236頁は，「①判例」の見解に明示的
に反対される。

　　　：S所有の甲不動産（価額200万円）とL所有の乙不動産（価額200万円）の上に
Aが第一順位共同抵当権（債権額200万円）を有し，甲不動産上にBが第二順位抵当
権（債権額100万円）を有する場合，S所有の甲不動産が先行して異時競売されたと
きには，「①判例」の見解によれば，「AがS所有の甲不動産（の競売代金）より債権
全額の弁済をえたとき，……Bは甲不動産上の抵当権を失なうが——甲不動産と乙不
動産と所有者を異にするゆえ——乙不動産に代位することはできず，したがってBの
取分はゼロとなる」。

　　　「しかし，判例のこの見解は理論上も実際上も種々の不都合を生ずるのではないか，
と思われる。すなわち，（①判例）の見解によると，共同抵当の目的たる各個の不動産
上に後順位抵当権を取得せんとするものの地位は，きわめて奇妙となる。すなわち，
（こ）の例において，Aの債務者Sの所有甲不動産上に二番抵当権を取得せんとする
Bは，自己に優先するものとしてAの単独抵当権200万円があるかの如く計算して，
自己の態度をきめなければなら（ない）。……。かかる結果は極めて不都合である」。

　　　「仮に以上の結果を忍ぶとしても，判例理論にしたがうと，共同抵当の各目的不動産
がそれぞれ第三者の手に移ったときは，各不動産上に既に存する後順位抵当権の実質

第1節　共同抵当権における代位　　　　57

的価値がいちじるしく変動するという不都合な現象を生ずる」。

「共同抵当の内部関係においては，共同抵当権者Aがいかなる形で自己の債権の満足を計ろうとも，後順位抵当権者Bは共同抵当につき同時配当がなされた場合より劣悪な地位を与えられてはならない，ということが原則である。つまり，S所有の甲不動産の〈残余〉価値部分（＝Aの共同抵当権による甲不動産の按分負担部分を控除したその残余価値部分—斎藤注）はBに……—内部関係においては—確定的に与えられているとせねばならず，この要請を実現するには民法392条2項後段の規定は抵当不動産の所有者が異なる場合にも適用するものと考えなければならない」。

したがって，Ⅰ類型の場合には「S所有の甲不動産の競売代金によりAの債権が弁済されたのは，Sが自己の債権を弁済したのだから，Sにはもとより求償権の発生する余地はなく，Bは民法392条2項後段の規定によってL所有の乙不動産上のAの抵当権に代位し，（Aの共同抵当権による乙不動産の按分負担価値部分—斎藤注）を取得」する。（傍点並びに表記等の修正—斎藤）。

　㋺　清水・判例コンメ486頁・487頁注⑳は，「①判例」の見解に批判的である。

　：S所有の甲不動産（価額300万円）とL所有の乙不動産（価額300万円）の上にAが第一順位共同抵当権（債権額300万円）を有し，甲不動産上にBが第二順位抵当権（債権額150万円）を有する場合，大判昭和4年1月30日—本稿③判例—の理論を「甲不動産につき先行して配当が行われた場合に通用すれば，Bは乙不動産上のAの抵当権に全く代位できない—Lの乙不動産に全く解放される—ことになる（広島地尾道支判昭8・5・16—本稿①判例—はまさしくこの例である）」。

上記に述べた結果と同時配当における結果との「不均衡が問題である」。（傍点並びに表記等の修正—斎藤）。

　㈧　香川・担保（新版）544—545頁は，「①判例」と結論反対である。

　：甲不動産が異時競売された場合，「乙不動産の所有者Lは本来ならば共同抵当権の被担保債権のうち甲・乙両不動産の価格に応じた分担額の負担を覚悟していたにもかかわらず，その負担の全部（又は一部）を免れる結果になるのであるから，甲不動産上のBの代位を認めてもさして不都合ではないようにも思われる。もし甲・乙両不動産が同時に競売されたときは，不動産の価格に応じてAが甲・乙両不動産の代価から弁済を受けるのであって，この場合，乙不動産の所有者Lは甲不動産上の共同抵当権に民法501条の規定による代位をすることができないであろう（すなわち，競売により甲不動産上の共同抵当権は絶対的に消滅し，Lは共同抵当権の債権の一部を弁済したことにはなるが，民法501条の規定による代位を排除するものと解すべきであろう）。従って，甲不動産のみが競売された場合，乙不動産の負担額を限度として，Bの代位を認めても乙不動産の所有者Lに特に不利益を与えるものではない」。

「もっとも乙不動産の共同抵当権について甲不動産上のBの代位を認めると，乙不動産の所有者Lが当該Bのために物上保証をした結果になる点は若干問題ではあろうが，物上保証をした共同抵当権の分担額を限度とし，債権者が変更するだけであるから，さして不利益を与えるものではないであろう」。

「また乙不動産の所有者Lは，物上保証人として共同抵当権を設定した後において，自己のあずかり知らぬ抵当権が甲不動産上に設定されることによって，その抵当権者Bに代位されることになる点は，甲不動産上に後順位抵当権が設定されない場合に比

（民法392条2項後段の適用要件の欠缺，第1項〔二〕(3)(ロ)(c)参照）。その理由は次の3点に在る。

第一に，元来「Aに対するSの全債務」はS所有の甲不動産上にすべて負担されるべきものである（したがって，Ⅰ類型の如く，AによるS所有の甲不動産の先行した異時競売は，本来望まれるあるべき形でAの債権の全部的実現が図られたことを意味する）。

第二に，上記の第一点の内容を予め前提とした上で，Bは甲不動産上に後順位（第二順位）抵当権を取得したものである。

第三に，したがって，Bの第二順位抵当権は元来甲不動産上の「先順位抵当権者Aの把握した価値部分（その債権の全額に相応する）を控除した残余価値部分」を把握するものにすぎない，からである。

(iii) **Ｌの法的地位**
　　──異時競売後の物上保証人としての地位の消長──
(α)　物上保証人としての地位からの開放

甲不動産の異時競売後，Ｌ所有・乙不動産はAによる抵当権的拘束より解放される（(i)(β)参照）。さらに，乙不動産上へのBの代位権も生ずる余地はない（(ii)(γ)─①②参照）。したがって，乙不動産は完全に無負担のものとなる。ＬはS並びにAとの物上保証関係より離脱する。

(β)　代位抵当権の不成立

Ｌによる代位弁済がなされなかった以上，Ｌの求償債権も生じ得ないし，その求償債権の確保のための代位抵当権も成立し得ない。

　　してたしかに不利益ではあるが（甲不動産に後順位抵当権が設定されなければ，甲不動産の競売により共同抵当権の債権が全部弁済されたときは，全く負担を免れることになる），もともと乙不動産の所有者Ｌはその分担額を覚悟していたものと考えれば，さして不利益を与えたことにもならないであろう。判例理論のごとく，乙不動産の共同抵当権に対し甲不動産上のBの代位を認めない理由は，おそらく乙不動産の所有者ＬがS所有の甲不動産の担保能力，すなわち共同抵当権の債権の全部を弁済する価値があるものとして，物上保証をしたことの期待を裏切る結果になるからであろうが，物上保証人の期待をすべて右のごとく解する必要はないであろうし，むしろ物上保証人は不動産の価格に応じた分担を覚悟すべきものと考えるのがより妥当であろう」。（傍点並びに表記等の修正─斎藤）。

(6)　「①判例・②判例」・結論同一。前注(3)参照。

第1節　共同抵当権における代位　　59

(iv)　「代位権競合」の不成立

甲不動産の異時競売後，乙不動産上へのＢの代位権は成立しない（(ii)(γ)参照）[6]。Ｌの代位抵当権も成立しない（(iii)(β)参照）。したがって，「代位権競合」は生じない。

(v)　補論
——次なる競売——

甲不動産の異時競売後，乙不動産は完全に無負担の所有権となり（(iii)(α)参照），担保権実行としての乙不動産の次なる競売はもはやなされる余地はない。

(b)　甲不動産の競売代金よりＡが債権の「一部額」弁済を受けた場合
(i)　Ａの法的地位
——異時競売後のＡの先順位共同抵当権の消長——

(α)　甲不動産上における実行による消滅

甲不動産の異時競売後，甲不動産上のＡの抵当権は，——その債権の完全な満足を得たと否とを問わず——，その実行により競売目的物たる甲不動産上において消滅する。

(β)　乙不動産上における不可分性による個別抵当権としての存続

その競売代金より一部額弁済しかなされなかった以上，Ａの債権は残額債権として存続する。したがって，乙不動産上のＡの抵当権も不可分性により残額債権を被担保債権とする乙不動産上の個別抵当権として存続する。

(ii)　Ｂの法的地位
——異時競売後のＢの後順位抵当権の消長——

(α)　ＢとＳの元来の法的関係

ＢとＳは元来甲不動産上の「第二順位抵当権者と設定債務者」の関係に在った。

(β)　甲不動産上における「消除主義」による消除

甲不動産の異時競売後，甲不動産上のＢの抵当権は，——その債権の完全な満足を得たと否とを問わず——，「消除主義」により競売目的物たる甲不動

---

(6)　「①判例・②判例」・結論同一。前注(3)参照。

産上から消除される。

（γ）　第二順位配当受領権者としてのB（ゼロ配当）

甲不動産の異時競売手続において，BはAに次ぐ第二順位配当受領権者である。しかし，その競売代金がAの債権の一部額弁済を招来するものにすぎなかった以上，Bには何等の配当もなされ得ない。Bの債権はそのまま存続する。

（δ）　代位権の不成立

甲不動産の異時競売後，甲不動産上のBの抵当権は「消除主義」により消除された（（β）参照）。他方，Bの債権はそのまま存続した（（γ）参照）。したがって，その限りにおいて，Bの債権は単なる無担保債権となる。しかも，この場合，乙不動産上へのBの代位権は生じない，と解する。

その理由は(a)(ii)(γ)―②において述べたと同様である（なお，AによるS所有・甲不動産の先行した異時競売が本来望まれるあるべき形でAの債権の一部的実現を図ったものであること，Bの後順位抵当権が元来把握していた甲不動産上の残余価値部分が結果として実質的にはゼロであったこと，を付言しておく）。

(iii)　**Lの法的地位**
　　——**異時競売後の物上保証人としての地位の消長**——

（α）　物上保証人としての地位の存続

甲不動産の異時競売後，甲不動産上のAの抵当権は実行により消滅する（(i)（α）参照）も，乙不動産上のAの抵当権は個別抵当権として存続した（(i)（β）参照）。したがって，AはSを債務者とする乙不動産上の抵当債権者であり，LはSの債務のために乙不動産を提供する物上保証人であり，AとLは乙不動産上の「抵当債権者と物上保証人」の関係に在る。

（β）　代位抵当権の不成立

Lによる代位弁済がなされなかった以上，Lの求償債権も成立せず，求償債権の確保のための代位抵当権も成立し得ない。

(iv)　**「代位権競合」の不成立**

甲不動産の異時競売後，乙不動産上へのBの代位権は成立しない（(ii)（δ）参照）。Lの代位抵当権も成立しない（(iii)（β）参照）。したがって，「代位権競合」

は生じない。

(ⅴ) 補論
──次なる競売──

(α)　Aによる乙不動産の次なる競売

甲不動産の異時競売後，L所有・乙不動産上にAの抵当権のみが存在する結果となった（(ⅰ)(β)，(ⅲ)(α)参照）。次いで，Aによる乙不動産の競売がなされたときには，その競売代金はAの残額債権の弁済に充てられる。

(β)　実行による消滅

乙不動産の競売後，乙不動産上のAの抵当権は，──その債権の完全な満足を得たと否とを問わず──，その実行により消滅する。

──①Aの残額債権への「全額」代位弁済の場合

：その競売代金よりAが残額債権の全額代位弁済を受けた場合，それによりAの残額債権は消滅する。他方，乙不動産上のAの・抵当権は実行により消滅した。Aへの配当後なお剰余を生ずるときには，それは乙不動産の旧所有者Lに返還される。

──②Aの残額債権への「一部額」代位弁済の場合

：その競売代金よりAが残額債権の一部額代位弁済を受けた場合，一部額代位弁済しかなされなかった以上，Aの債権はなお存続する。他方，乙不動産上のAの抵当権はその実行により消滅した。したがって，なお存続するAの債権は単なる無担保債権となる。

(γ)　Lの代位抵当権の不成立

上記の(β)─①②のいずれの場合にも，乙不動産の競売代金によるAへの全額又は一部額代位弁済がなされ，それに伴ないSに対するLの求償債権が成立する。しかし，Lの求償債権は代位によっては確保され得ない[7]。代位期待権の目的物たる甲不動産は既に先行の競売によって，──その本来望まれるべき形で──，Aの債権のために充足されてしまっている，からである。

---

[7]　我妻・講義459頁＝〔691〕・理由は特に述べられてはいないが，結論同一：「甲不動産の競売代金だけではAの被担保債権に満たないときは，Aは残額について乙不動産を競売してその代金から弁済を受けることになり，Lの求償債権は代位によって確保されないことになる」。(傍点・表記等修正─斎藤)。

㈡　Ⅱ類型・L所有の乙不動産の異時競売

共同抵当権の目的不動産の一部（乙不動産）がLの提供により，S所有・甲不動産上にB（BはSを設定債務者とする第二順位抵当債権者である）が存在し，AによりL所有・乙不動産が先行して異時競売された，という類型である[1]。

──＊二つに細区分

Ⅱ(a)ケースとⅡ(b)ケース

(a)　乙不動産の競売代金よりAが債権の「全額」代位弁済を受けた場合[2]

(ⅰ)　Aの法的地位

──異時競売後のAの先順位共同抵当権の消長──

(α)　乙不動産上における実行による消滅

乙不動産の異時競売後，乙不動産上のAの抵当権は，──その債権の全額の満足を得たと否とを問わず──，その実行により競売目的物たる乙不動産上において消滅する。

(β)　甲不動産上における付従性による消滅

その全額代位弁済によりAの債権は消滅し，それに伴い甲不動産上のAの抵当権は付従性により消滅する。AはSとの債権債務関係より離脱する。

(γ)　消滅するAの抵当権に代わる甲不動産上へのLの代位抵当権の成立

消滅するAの抵当権（(β)参照）に代わり，甲不動産上にLの代位抵当権が

---

[1]　「③判例・④判例」がⅡ類型に該当する。

　　但し，「④判例」につき以下の点を指摘しておく。すなわち，「④判例」は一般に学説により，「共同抵当権者AがS所有の甲不動産とL所有の乙不動産上にそれぞれ第一順位抵当権を，Bが甲不動産上に第二順位抵当権を有し，Aが甲不動産を異時競売した場合に，Bは乙不動産上にAの第一順位抵当権に代位し得るか」柚木＝高木・全集381─382頁。傍点・表記並びにその他の修正─斎藤）という類型（本稿Ⅰ類型）に，位置付けられている。

　　しかし，「④判例」の事案によれば，まずAがL所有の乙不動産上の先順位抵当権を放棄し，そのみかえりとしてLはSに代わりAに債務の代位弁済をなしているとみられ，代位弁済後の甲不動産上における「BととLの優劣関係如何」が本判決事例で問われるべき事項となっている。

　　したがって，その事実状況は，「L所有の乙不動産が先行して異時競売され，その競売代金よりAが代位弁済を受けた」，という場合と実質的に同様であり，その限りにおいて「④判例」はⅡ類型に位置付けられるべきである，と私見は考える。なお，第1項〔四〕(1)㈬参照。

[2]　「④判例」の事案では，Aが債権の全額代位弁済を受けている。

成立する（決定移転の擬制）（Ⅲ(γ)参照）。

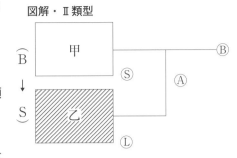

図解・Ⅱ類型

(ii) Ｂの法的地位
　　――異時競売後のＢの後順位抵当権の消長――

(α) ＢとＳの元来の法的関係

Ｂは元来Ｓを債務者とする甲不動産上の第二順位抵当債権者であり，ＢとＳは甲不動産上の「第二順位抵当債権者と設定債務者」の関係に在った。

(β) 甲不動産上のＢの抵当権順位の滞留

乙不動産の異時競売後，甲不動産上においてＡの先順位抵当権が消滅する）(i)(β)参照）も，Ｂの後順位抵当権はその順位を上昇せず，従前と同様に第二順位に留まる。なぜなら，甲不動産上において，消滅するＡの抵当権に代わり求償権確保のためのＬの代位抵当権が第一順位において成立する（(iii)(γ)参照），からである。

(γ) 代位権の不成立

本Ⅱ類型は乙不動産が先行して異時競売された場合であり，他方の甲不動産上のＢの抵当権・債権はそのまま存続しており，したがって（乙不動産上への）Ｂの代位権はそもそも生ずる余地がない。

(δ) 物上代位権の不成立

「甲不動産上に成立したＬの代位抵当権」上へのＢの物上代位権も生じ得ない。

(iii) Ｌの法的地位
　　――異時競売後の物上保証人としての地位の消長――

(α) 乙不動産の所有権の喪失

乙不動産の異時競売により，Ｌは乙不動産の所有権を喪失する。競落人（買受人）が新有者となる。

(β) 競売剰余金の返還

その競売代金よりＡが債権の全額代位弁済を受け，なお剰余を生ずるとき

には，それは乙不動産の旧所有者Lに返還される。

(γ) 甲不動産上への代位抵当権の成立

Lは乙不動産の競売代金によりAに対して全額代位弁済をなした者である。したがって，Lは甲不動産上にその求償債権確保のための代位抵当権を取得する（民法500・501条）。

換言すれば，乙不動産の異時競売後，甲不動産上においてAの抵当権が消滅し（(i)(β)参照），それに代わりLの代位抵当権が同じく第一順位において成立する（法定移転の擬制）。この代位抵当権は求償債権全額を被担保債権とする[3]。

(δ) 甲不動産上の順位関係としての「LのBに対する優先（L→B）」

甲不動産上のLの第一順位代位抵当権はBの第二順位抵当権に順位上当然に優先する。

(iv) 「代位権競合」の不成立と「LのBに対する優先（L→B）」

(α) 「代位権競合」の不成立

乙不動産の異時競売後，甲不動産上にLの代位抵当権が成立し，それは第一順位に位置する（(iii)(γ)参照）。しかし，乙不動産上へのBの代位権も，Lの代位抵当権上へのBの物上代位権も，生じ得ない（(ii)(γ)(δ)参照）。したがって，「代位権競合」は生じない。

(β) 「LのBに対する優先（L→B）」

乙不動産の異時競売後，甲不動産上に第一順位・Lの代位抵当権，第二順位・Bの抵当権，が存立する。したがって，甲不動産上における「LのBに対する優先（L→B）」が承認される[4][5][6]。

---

(3) 後注(4)(5)参照

(4) 「④ⓒ判例」・結論同一
:「BとLとの関係についてみるに，……，AがL所有の乙不動産のみについて抵当権を実行し，債権の満足を得たときは，Lは民法500条によりAがS所有の甲不動産上に有した抵当権の全額について代位するものと解するのが相当である。けだし，この場合，Lとしては他の共同抵当物件である甲不動産から自己の求償権の満足を得ることを期待していたものというべく，その後に甲不動産に第二順位の抵当権が設定されたことにより右期待を失わしめるべきではないからである（大審院昭和2年(オ)第933号，同4年1月30日判決——本稿③判例——参照）。」
「これを要するに，第二順位の抵当権者Bのする代位と物上保証人Lのする代位と

が衝突する場合には後者が保護されるのであって，甲不動産について競売がされたときは，もともとBは乙不動産について代位することができないものであり，Aが乙不動産の抵当権を放棄しても，なんら不利益を被る地位にはないのである。したがって，かような場合には，Aは乙不動産の抵当権を放棄した後に甲不動産の抵当権を実行したときであっても，その代価から自己の債権の全額について満足を受けることができるというべきであり，このことは保証人などのように弁済により当然甲不動産の抵当権に代位できる者が右抵当権を実行した場合でも同様である」（傍点並びに表記等の修正―斎藤）。

(5) 学説の多くは「④ⓒ判例」の判旨に賛成するか，又はこれと結論同一である。

　　ⓐ　体系書論文として，㋑　我妻・講義新版 457―458 頁。

　　　：S所有の甲不動産（価額 300 万）とL所有の乙不動産（価額 300 万）の上にAが第一順位共同抵当権（債権額 300 万）を有し，甲不動産上にBが第二順位抵当権（債権額 150 万）を有する場合，L所有の乙不動産が先行して異時競売されたときには，「Lが民法 500 条によって（300 万について）甲不動産に代位すれば，Bは配当を受けえない。これに反し，Lの代位権を民法 392 条 2 項によって（150 万円に）限定すれば，Bは保護されるが，Lの求償権の保護に欠けることになる。いかに調整すべきかという問題である」。

　　　「判例はLの立場を優先させる。LはS所有の甲不動産（300 万円）が共同担保となっていることによって求償権は確実に効果を収めうると期待したのだから，Sが後に後順位抵当権を設定することによってその期待を空に帰せしめるべきではないとし，最高裁も同調する。私はこれに反対の見解をとった（旧版〔90〕五 3 参照）。物上保証人Lは提供する不動産の価額に準じた負担額は自分の損失に帰するもやむをえずと覚悟すべきものとして，共同抵当の目的となる不動産の担保価値を充分に利用するのが適当だと考えたからである。しかし，今は改めて判例を支持する。けだし，物上保証人Lの期待を保護し，乙不動産の担保価値の利用はLをしてなさしめることが一層妥当だと考えるようになったからである」。

　　　L所有の乙不動産が先行して異時競売された場合，「Aは 300 万円の弁済（金額代位弁済―斎藤注）を受け，Lは 300 万円について甲不動産の上のAの抵当権の全額について代位する……。……中略。……Lは甲不動産上の二番抵当権者Bに優先する〈大判昭和 4・1・30 新聞 2945 号 12 頁――本稿③判例――。一部代位における後順位抵当権者との争いである〉」。（傍点並びに表記等の修正―斎藤）

　　　㋺　柚木＝高木・全集 381・384 頁は，「④ⓒ判例」の判旨結論に明示的に賛成される。但し，そこでの「④ⓒ判例」の類型的位置付けに私見は疑問である。同書は「④ⓒ判例」をⅠ類型の事例と把握している，からである。前注(1)参照。

　　　：「AがS所有の甲不動産とL所有の乙不動産上にそれぞれ一番抵当権を，甲不動産上にBが二番抵当権を有し，Aが甲不動産を競売した場合にBが乙不動産についてAの一番抵当権に代位しうるか，という問題である。」

　　　「判例はBの代位を否定している。最高裁――④ⓒ判例――は右のごとき類型の事案でAが乙不動産上の一番抵当権を放棄すると共に，LがSに代わってAに弁済し，Aに代位して甲不動産について競売したという場合について，甲不動産が競売されても，甲不動産上の第二順位抵当権者は乙不動産に代位し得ないということを前提とし，

Aが乙不動産上の一番抵当権を放棄しても，Bに何らの不利益もなく（Aの上述の如き放棄の場合には，Bは乙不動産上に代位しえた範囲では甲不動産上に優先権を有する）とするのが判例である。…)，したがってLがAに弁済することによって取得した求償権全額について甲不動産より弁済をうけうるとしている。

「要するに，物上保証人の代位の利益を後順位抵当権者の代位の利益に優先せしめるという考え方に依拠するものであるが，これは判例の一貫した方針であり（③判例・⑥判例)，最高裁は，この理由として，Lは，他の共同抵当物件である甲不動産（SがAのために抵当権を設定した）から，自己の求償権の満足をえることを期待していたものであり，その後に甲不動産上にBのために第二順位抵当権が設定されたことにより右期待を失わしめるべきではないからである，としている」。

「私は判例の態度が正しいと思う」。（傍点並びに表記等の修正—斎藤)。

㈥　川井・担物法 150 頁は判旨に賛成される。

：「共同抵当物件で，しかもその一部が物上保証人の所有の場合には，物上保証人の求償権のあることを計算に入れて後順位抵当権の設定を受けるほかはない。またこのような警戒が可能である以上，判例は正当であると考えられる」。

㈢　槇・担物法 179 — 180 頁は「④ⓒ判例」の判旨に賛成される。㈠I 類型・前注⑷の㈢参照。

㈲　吉原・「392 条 2 項」147 頁は結論同一である。

：S所有の甲不動産〈価額 1500 万円〉とL所有の乙不動産（価額 1000 万）とを共同抵当権の目的不動産とする第一順位共同抵当権者A（債権額 1000 万）が，甲不動産上に後順位抵当権者B（債権額 900 万）が，存在する場合，「乙不動産が先に競売されると，（このAに）1000 万が配当される（Aの債権の全額代位弁済の場合—斎藤)。その結果，Lは甲不動産上のAの抵当権に全額代位でき，しかもBに優先する。（前掲大判昭 4・1・30 —③判例，但し，③判例は，斎藤によれば，Aが債権の一部額代位弁済を受けたケースである—)。

「仮に乙不動産が 900 万にしかならなかったとすれば（Aの債権の一部額代位弁済の場合—斎藤)，Lは 900 万円について甲不動産上のAの抵当権に代位し，Aの残存債権 100 万円があるので，A 100 万円，L 900 万円の割合でAの抵当権を準共有することとなる」。（傍点並びに表記等の修正—斎藤)。

㈩　鈴木新説・雑考⑽ 38 — 39 頁は「④ⓒ判例」の判旨に賛成され，II 類型につき「LのBに対する優先」を承認される。

：「所有者自身を債務者とする債務の担保のために先順位共同抵当権が設定されている不動産上に後順位抵当権の設定を受けようとするBは，他の共同担保物件も債務者自身に属するのでないかぎり，先順位にその額の単独抵当が存するものと考えて，行動すべきだ，ということになる」。

「以上は同時競売の場合についてであるが，異時競売の場合にも，すべての関係者に結局同時競売の場合と同じ利益が保障されるべきである」。

「まず乙不動産の競売代金が異時配当されたときは，Aがそこで配当を得た限度で，Lは，民放 500 条によりAに代位し甲不動産上の先順位抵当権を取得し，それに基づき，後の甲不動産の競売代金配当に際しては，Bに優先することになるのである」。（傍点並びに表記等の修正—斎藤)。

第1節　共同抵当権における代位　　　67

　　ⓑ　本判決（④ⓒ判例）の判例評釈もすべて判旨結論に賛成する。

　　㋑　村松・評釈 17 頁は判旨結論に賛成される。

　　：「本判決についての研究はまだ公明されていないようであるから正確にはいえないが，少なくとも本判決の結論を動かすほど強い反対説は出ないのではないかと思うから，本判決は今後の実務を指導することになろう」。

　　㋺　椿・評釈 124 頁は判旨結論に賛成される。

　　：「判旨後段は，なにかくどくど説示していて，もっとはっきりいえないかという感じがしないでもないが，第一物件（甲不動産）の次順位抵当権者に対して物上保証人 L を勝たせた結論には，筆者も賛成しておきたい」。（傍点並びに表記等の修正―斎藤）。

　　㋩　荒川・評釈 60 頁は判旨結論に賛成される。

　　：「判例（及びこれを支持する学説）に対して加えられている種々の批判にどのように応えるかは今後の研究をまつほかないのであるけれども，しかし基本的には判例およびこれを支持する学説の立場を支持しておきたいと思う」。

　　㊁　山崎・評釈 243 頁は判旨結論に賛成される。

　　：「柚木説が指摘しているように，同一の共同抵当の抵当権設定者でも，債務者 S と物上保証人 L とでは，対債権者（共同抵当権者 A）の責任の点以外では，その物的負担に差異があり，最終的には前者の負担に帰する。したがって，代位弁済によって共同抵当債権者 A の権利を承継した（500 条）物上保証人 L は，一見後順位抵当権者 B に対する A の制約（392 条 2 項）をも承継するようであるが，債務者 S 所有の第一物件（甲不動産）上に後順位抵当権を取得した別口債権者 B は，共同抵当債務者 S の右のごとき最終的負担という法的状態を受けとめてみずからの抵当権を取得しているのであるから，392 条 2 項による代位を主張しえない，と解するのが妥当ではなかろうか（椿・評釈 124 頁参照）」。（傍点並びに表記等の修正―斎藤）。

　　㋭　星野・評釈 194 頁は判旨結論に賛成される。

　　：「どの説をとるかは，決め手はなく，ほんの僅かの差であって，価値感覚によるほかはない。評釈者としては，判例の考え方でよいのではないかと感じている」。

(6)　これに対して，鈴木旧説・研究 236 ― 237 頁は本稿 II 類型につき結論反対

　　：S 所有の甲不動産（価額 200 万）と L 所有の乙不動産（価額 200 万）の上に A が第一順位共同抵当権（債権額 200 万）を有し，甲不動産上に B が第二順位抵当権（債権額 200 万）を有する場合，L 所有の乙不動産が先行して異時競売されたときには，「乙不動産の競売代金より A が債権全額の弁済をえたことは，物上保証人 L が S の債務を代位弁済したことを意味し，L は S に対し 200 万円の求償権を取得する」。

　　しかし，この求償権の担保としては，かつて A が甲不動産上に有していた抵当権，すなわち，（A の共同抵当権によって把握された甲不動産上の按分負担額 = 100 万円相当部分―斎藤注）があるのみであって，L の取得した求償権 200 万円中の残額 100 万円は無担保となる。けだし，A がかつて有していた抵当権中乙不動産上のもの，すなわち価値部分（A の共同抵当権によって把握された乙不動産上の按分負担額 = 100 万円相当部分―斎藤注）に対する権利は，乙不動産の競落によって絶対的に消滅してしまっているからである。かくして，甲不動産の価格中，（A の共同抵当権によって把握された甲不動産上の按分負担額の―斎藤注）部分 100 万円は L に帰し，残額 100 万円は B に帰する」。

甲不動産上の上記の順位関係の実質的根拠は，次の４点に在る。

第一に，元来「Ａに対するＳの全債務」はＳ所有・甲不動産上にすべて負担されるべきものである（第１項〔三〕(2)(ハ)参照）。

第二に，上記第一点の内容を予め前提とした上で，Ｂは甲不動産上に後順位（第二順位）抵当権を取得したものである。

第三に，したがって，Ｂの第二順位抵当権は元来甲不動産上の「先順位抵当権者Ａの把握した価値部分を控除した残余価値部分」を把握するものにすぎない（以上は，基本的に〔一〕(1)(イ)(a)(ii)(γ)─②において述べたと同様である）。

第四に，Ｓ所有の甲不動産が共に共同抵当権の目的不動産とされており，Ｌはその求償債権の確保のために甲不動産上に代位抵当権を確実に取得し得るという代位期待権を有し，Ｌのこの代位期待権は甲不動産上に後日Ｓが後順位抵当権を設定したことによって害されてはならない，からである。

⒱　**補論**
　　　──次なる競売──

(α)　甲不動産上の順位関係

乙不動産の異時競売後，甲不動産上に第一順位・Ｌの代位抵当権，第二順位・Ｂの抵当権が存在した（(iii)(δ)，(iv)(β)参照）。

(β)　Ｌ又はＢによる甲不動産の次なる競売

次いで，Ｌ又はＢによる甲不動産の競売がなされたときには，その競売代金は「Ｌ→Ｂ」の順に配当される。Ｌの代位抵当権は，その求償債権全額を被担保債権とし，競売代金よりＬが債権の全額の弁済を受け，なお剰余を生ずるときのみ，Ｂに配当される。Ｂへの配当後，なお剰余を生ずるときには，それは甲不動産の旧所有者Ｓに返還される。

　「かかる解釈は判例理論に比し物上保証人Ｌにとってははなはだ苛酷のようであるが，『共同抵当の目的物を提供して物上保証人となれる者（Ｌ）は不動産の価格に応じた被担保債権額（100万円）だけはこれを負担することを甘受せるものとして，（といっても，彼はこの部分をも債権的に債務者に求償することは可能である─鈴木）債務者所有の（甲）不動産上の後順位抵当権者（Ｂ）の地位を保護するをもって，不動産の担保価値を充分に利用する目的に適する』（我妻・講義旧版・201頁以下）というであろう」。（傍点並びに表記等の修正─斎藤）。

第1節　共同抵当権における代位

(b)　乙不動産の競売代金よりＡが債権の「一部額」代位弁済を受けた場合[7]

(i)　Ａの法的地位
——異時競売後のＡの先順位共同抵当権の消長——

(α)　乙不動産上における実行による消滅

乙不動産の異時競売後，乙不動産上のＡの抵当権は，——その債権の全額の満足を得たと否とを問わず——，その実行により競売目的物たる乙不動産上において消滅する。

(β)　甲不動産上における不可分性による個別抵当権としての存続

その競売代金より一部代位弁済しかなされなかった以上，Ａの債権は残額債権として存続する。したがって，甲不動産上のＡの抵当権も不可分性により甲不動産上の個別抵当権として従前と同様に第一順位において存続する。

(γ)　Ｌの代位抵当権との準共有的併存

存続した甲不動産上のＡの抵当権は甲不動産上に新たに成立したＬの代位抵当権と同じく第一順位において併存する（(iii)(γ)参照）。両者はそれぞれ単独・別個の個別抵当権として把握されるべきものではなく，あくまでも単独・一個の第一順位抵当権がＡとＬの両者に共同的に帰属し[8][9][10]，その法的性質

---

(7)　「③判例」の事案では，Ａが債権の一部額代位弁済を受けている。

(8)　「③判例」・結論同一

：(イ)民法392条2項ハ，同一債権ノ担保トシテ債務者Ｓ所有ノ数個ノ不動産上ニ抵当権ノ設定アリタル場合ニ於テ，債権者Ａカ先ツ其ノ内ノ或不動産ノ代価ニ付其ノ債権ノ弁済ヲ得タルトキハ，該不動産上ノ後順位抵当権者Ｂハ右先順位抵当権者Ａガ同条1項ノ規定ニ従ヒ他ノ不動産ニ付弁済ヲ受ク可キ金額ニ満ツル迄之ニ代位シ其ノ抵当権ヲ行使シ得ヘキコト，ヲ定メタルニ止マリ，本件ノ如ク第三者Ｌ所有ノ不動産ガＳ所有ノ不動産ト共ニ同一債権ノ担保トシテ抵当権ノ目的タル場合ノ関係ヲ定メタルモノニフラズ。蓋若之ヲ然ラズトセンカ，抵当権ノ実行ニ遇ヒ其ノ不動産ノ代価ヲ以テ代位弁済ヲ為シタルＬノ代位権ハ常ニＳ所有ノ不動産ニ対スル後順位抵当権ノ設定ニ依リ不当ニ害セラルルニ至ル結果ヲ生ズ可ケレバナリ。

(ロ)然ラバ即チ，原判示ノ如ク，訴外Ｓニ対スル当該債権ニ付，Ｌ及ビＳ所有ニ係ル各不動産上ニ夫々第一順位抵当権ヲ有シタルＡニ於テ，先ツＬ所有ノ乙不動産ノミニ対シ抵当権ヲ実行シ，其ノ代価ニ依リ債権ノ一部弁済ヲ得タル為，Ｌハ此ノ範囲ニ於テＳニ対シ求償権ヲ有シ，従ヒテ又代位権ヲモ有スルニ至リタル以上，Ｌハ他ノ抵当不動産，即チＳ所有ノ甲不動産ニ対シ第一順位ノ抵当権ヲＡト共ニ共同シテ行使スルヲ得ベク（Ａハ，本件不動産ニ付，第一及ビ第二順位ノ抵当権ヲ有ス），其ノ第二順位抵当権者Ｂ（本件では，Ａは同時に第二順位抵当権を有している——斎藤注）ニ優先ス

ルハ言ヲ俟タズ」。(傍点・表記等修正—斎藤)。

(9) 我妻新説・講義 458 頁 =〔699〕は結論同一である。

　　：本稿のⅡ類型において，「乙不動産の競売代金が 200 万円だとすると(その競売代金よりＡが債権の一部額代位弁済を受けた場合—斎藤)，Ａはその全額を取得し，Ｌは 200 万円について一部代位をし，甲不動産の上の 300 万円の一番抵当権はＡ 100 万．Ｌ 200 万円の割合でＡＬに共同的に帰属することになる(債総(369)参照)。……Ｌは甲不動産の上の二番抵当権者Ｂに優先する」。なお，前注(5)ⓐⓘ参照。

(10) これに対して，「③判例」の判旨結論に反対するものとして，ⓘ我妻旧説・講義旧版 201 — 202 頁。

　　：Ｓ所有の甲不動産(価額 3000 円)とＬ所有の乙不動産(価額 3000 円)とを共同抵当権の目的不動産とする第一順位共同抵当権者Ａ(債権額 4000 円)が，甲不動産上に後順位抵当権者Ｂ(債権額 1000 円)が存在する場合，「第 500 条による抵当権の代位と第 392 条第 2 項による代位との優劣如何」。

　　「判例は第 392 条第 2 項は債務者所有の数個の不動産の上に抵当権の存する場合に限るとなし，物上保証人を優先せしめる(昭和 4・1・30 新聞 2945 号 12 頁——本稿③判例 = Ⅱ類型——は，右の設例で，先ず乙不動産につき異時競売あるときは，Ｌは 3000 円全額につき甲不動産上に代位する—— 502 条参照——。Ｂのために残る所なしとする。広島地尾道支部昭 8・5・16 新聞 3575 号 12 頁——本稿①判例 = Ⅰ類型——は，これを援用して，先ず甲不動産につき競売あるも，Ｂは乙不動産上に代位することなしという。なお大阪控昭和 11・6・18 新聞 4025 号 7 頁——本稿⑥ⓐ判決——参照)」。

　　「共同抵当の目的物を提供せる物上保証人は債務者の所有物の担保力に信頼するものにして(Ｌは，甲不動産が 3000 円の価格あることを考えて，物上保証人となる)，第 500 条の規定は正にこの信頼を保護するものなるが故に，これについて後順位抵当権者生ずるもこれによって物上保証人の右の保護を廃すべきはないとすることが判例の根拠であろう。一理ある見解である」。

　　「然し，共同抵当の目的物を提供して物上保証人となれる者は不動産の価格に応じた被担保債権の按分額だけはこれを負担することを甘受せるものとして，債務者所有の不動産上の後順位抵当権者の地位を保護する(乙不動産が先ず異時競売されるときは，Ｌは 1000 円のみ甲不動産上に代位し，甲不動産が先ず異時競売せられるときは，Ｂは 1000 円だけ乙不動産上に代位する。前述一所掲のドイツの規定参照)をもって，不動産の担保価値を充分に利用する目的からみてより平明なる理論となすのではなかろうか」。(傍点並びに表記等の修正—斎藤)。

　　ⓡ 清水・判例コンメ 486 頁・同頁注(23)は「③判例」の見解に対して批判的である。

　　：Ｓ所有の甲不動産(価額 300 万円)とＬ所有の乙不動産(価額 300 万円)の上にＡが第一順位共同抵当権(債権額 300 万円)を有し，甲不動産上にＢが第二順位抵当権(債権額 150 万円)を有する場合，「Ｌが代位弁済した場合又は乙不動産に対して異時競売が行なわれた場合における，Ｌの甲不動産上のＡの抵当権に対する代位権との衝突が問題になる。判例(本稿③判例—斎藤)は……民法 392 条の後順位抵当権者の代位権は共同抵当不動産がいずれもＳの所有に属している場合にのみ認められるものであるという理論を示して，本条の適用を認めず，Ｌの甲不動産上の抵当権に対する

は準共有である[11]（第一順位抵当権の内部関係として「A→L」の順位関係が認められる。(iii)(γ)参照）。

(ii) Bの法的地位
——異時競売後のBの後順位抵当権の消長——

(α)　BとSの元来の法的関係

Bは元来Sを債務者とする甲不動産上の第二順位抵当債権者であり，BとSは甲不動産上の「第二順位抵当債権者と設定債務者」の関係に在った。

(β)　不動産上のBの抵当権順位の滞留

乙不動産の異時競売後，甲不動産上においてAの抵当権とLの代位抵当権が同じく第一順位において併存し，したがってBの後順位抵当権は従前と同様に第二順位に位置する。ここでは，「A→L→B」の順位関係が認められる。

(γ)　代位権の不成立

乙不動産上へのBの代位権はそもそも生ずる余地がない。

(δ)　物上代位権の不成立

代位を承認した。すなわち，BとしてはAの債権が代位弁済されたこと，あるいは乙不動産実行により配当を受けたことによる順位上昇を——負担額を差引いた剰余分についてさえも——期待しえないということになる。この理論を……甲不動産につき先行して異時配当が行なわれた場合（I類型—斎藤）に適用すれば，Bは乙不動産上のAの抵当権に全く代位することができない——Lの乙不動産は全く解放される——ことになる（広島地尾道支部判昭和8・5・16，新聞3575号12頁—①判例・斎藤—は，この例である）。学説のなかには，このような判例の理論に対する批判も見受けられる」。

　「本文の例において同時配当が行なわれれば，甲不動産からAが150万円，Bが150万円の配当を受け，乙不動産からAが150万円の配当を受け，Lは150万円の返還を受けるだけである。このことと本文に述べた結果との不均衡が問題である。判例理論は，同時配当の場合にもS所有の不動産から先に配当するという原則を立てないと不徹底であろう。判例に反対する見解としては，Bの後順位抵当権取得後の乙不動産の第三取得者に対してはBが優先するという見解と常にBが優先するという見解があり得る。なお，判例の理論に従うと，当初は甲・乙不動産ともにS所有のものであったものが，そのいずれかが第三取得者に譲渡されたときにも本条の適用は排除されるか，という厄介な問題を生ずることになろう」。（傍点並びに表記等の修正—斎藤）。

(11)　高木・解説67頁
　　：「理論的には，甲不働産上の一番抵当権は，物上保証人と後順位抵当権者が準共有しており……」。（傍点斎藤）。

甲不動産上に成立したＬの代位抵当権上へのＢの物上代位権も生じ得ない。

(iii)　Ｌの法的地位
——異時競売後の物上保証人としての地位の消長——
(α)　乙不動産の所有権の喪失

乙不動産の異時競売により，Ｌは乙不動産の所有権を喪失する。競落人（買受人）が新所有者となる。

(β)　競売剰余金の返還ゼロ

その競売代金より一部額代位弁済しかなされなかった以上，乙不動産の旧所有者Ｌに返還されるべき剰余金も何等生じ得ない。

(γ)　甲不動産上への代位抵当権の成立

Ｌは乙不動産の競売代金によりＡに対して一部額代位弁済をなしたものである。したがって，Ｌは甲不動産上においてその求償債権確保のための代位抵当権を取得する（民法500・501条）。

すなわち，一部額代位弁済により甲不動産上のＡの抵当権はいわば一部的に消滅し，それに代わりＬの代位抵当権が成立する（法定移転の擬制）。ここでは，甲不動産上においていわば残部的に存続するＡの抵当権（(i)(β)参照）とＬの代位抵当権が同じく第一順位において併存し，その内部関係として「ＡのＬに対する優先（Ａ→Ｌ）」が認められる。その理由は，そもそもＬは「Ａに対するＳの全債務」につきＳと共に共同責任的地位に在り（但し，両者はその責任の分担形態において相違する。第１項〔三〕(2)(ハ)参照），このようなＬのＡに対する劣後的地位は甲不動産上においても貫徹されるべきものだ，からである。なお，Ｌの代位抵当権はその求償債権全額を被担保債権とするものである。

(iv)　「代位権競合」の不成立と「(Ａ→)　ＬのＢに対する優先」
(α)　「代位権競合」の不成立

乙不動産の異時競売後，甲不動産上にＬの代位抵当権が成立し，それは同じく第一順位においてＡの抵当権と併存する（(i)(γ)，(iii)(γ)参照）。しかし，（乙不動産上への）Ｂの代位権も，Ｌの代位抵当権上へのＢの物上代位権も，生じる余地がない（(ii)(γ)(δ)参照）。したがって，「代位権の競合」は生じない。

第1節　共同抵当権における代位　　73

(β)　「(A→) LのBに対する優先（L→B）」

　乙不動産の異時競売後，甲不動産上に同じく第一順位としてAの抵当権と
Lの代位抵当権が併存し，第二順位としてBの抵当権が存在する。したがっ
て，甲不動産上における「(A→)) LのBに対する優先（L→B）」が承認され
る[12]（その実質的理由は(a)(iv)(β)に述べたと同様である）。

(v)　補論
　　──次なる競売──

　次いでA・L・Bのいずれかの者により甲不動産の競売がなされたときに
は，その競売代金は甲不動産上の順位関係（(iv)(β)参照）に基づき「A→L→
B」の順に配当される。

(2)　L所有・乙不動産上にBが存在する場合──(イ)Ⅲ類型・(ロ)Ⅳ類型──

(イ)　Ⅲ類型・S所有の甲不動産の異時競売

　共同抵当権の目的不動産の一部（乙不動産）がLの提供により，L所有・乙
不動産上にB（BはLを設定債務者とする第二順位抵当権者である）が存在し，
AによりS所有・甲不動産が先行して異時競売された，という類型である[1]。

　──＊二つに細区分

　　Ⅲ(a)ケースとⅢ(b)ケース

(a)　甲不動産の競売代金よりAが債権の「全額」弁済を受けた場合[2]

─────────────

[12]　「③ⓒ判例」・結論同一，我妻・講義新版458頁・結論同一。なお前注(8)(9)参照。

[1]　Ⅲ類型に該当する判例は存在しない。第1項〔四〕(2)(ロ)参照。
[2]　この事例につき，ⓘ我妻・講義新版459頁以下，とりわけ460─461頁が論及する。
　　　：「Lが乙不動産上に自分の債権者Bのために200万円の二番抵当権を設定したと
　　すると，この者はいかなる地位を有するであろうか……。S所有の甲不動産が先に競
　　売・配当されてAが全額の弁済を受ければ，前記のように乙不動産上の共同抵当権は
　　消滅するから，Bの抵当権は昇格して一番抵当権となり，完全に弁済を受けうること
　　になる」。（表記等修正─斎藤）。（本稿と結論同一）。
　　　(ロ)鈴木新説・「雑考(10)」39頁は結論同一である。
　　　：S所有の甲不動産（1億円）とL所有の乙不動産（価額1億円）とを共同抵当権の
　　目的不動産とする第一順位共同抵当権者A（債権額1億円）が，乙不動産上に後順位
　　抵当権者Bが，存在する場合，「甲不動産の競売代金がまず異時配当される場合には，
　　その全額1億円がAのみに与えられ，甲不動産の所有者Sにも，後順位抵当権者Bに

図解・Ⅲ類型

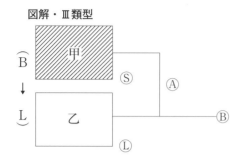

(i) **Aの法的地位**
　——異時競売後のAの先順位共同抵当権の消長——

(α) 甲不動産上における実行による消滅

甲不動産の異時競売後，甲不動産上のAの抵当権は，——その債権の全額の満足を得たと否とを問わず——，その実行により競売目的物たる甲不動産上において消滅する。

(β) 乙不動産上における付従性による消滅

その競売代金による全額弁済によりAの債権は消滅し。それに伴い乙不動産上のAの抵当権は付従性により消滅する[3]。AはSとの債権債務関係より離脱する。

(γ) 競売剰余金の返還

競売代金よりAに配当され，なお剰余を生ずるときには，それは甲不動産の旧所有者Sに返還される。なお，BはLを設定債務者とする乙不動産上の第二順位抵当債権者にすぎず，したがって甲不動産の異時競売手続ではBは何等の配当受領権者でもない。

(ii) **Bの法的地位**
　——異時競売後のBの後順位抵当権の消長——

(α) BとLの元来の法的関係

も，何も与えられないが，Aの債権が満足を得て消滅したことの結果，乙不動産上のAの一番抵当権も消滅し，後の乙不動産の競売代金の配当に当っては，代金は，まず，いまや第一順位抵当権者となっているBに配当され，その剰余は乙不動産の所有者Lに与えられることになるのである」。

「すなわち，S所有の甲不動産とL所有の乙不動産との上にAの先順位共同抵当権がある場合に，Bが乙不動上に後順位抵当権の設定を受けようとするときは，甲不動産の競売代金が先に配当されるとすれば，そこからAが弁済を得られるはずの額を先順位抵当権の額から控除し，残額の先順位抵当権のみが存在するものとして，計算を立てればよいことになるのである」。（傍点並びに表記等の修正—斎藤）。（本稿と結論同一）

(3) 我妻・講義新版459—460頁・結論同一。なお，前注(2)⑦参照。

Bは元来Lを設定債務者とする乙不動産上の第二順位抵当債権者であり，BとLは乙不動産上の「第二順位抵当債権者と設定債務者」の関係に在った。

(β) 乙不動産上のBの抵当権順位の上昇

甲不動産の異時競売後，Aの債権は全額弁済により消滅し，それに伴い乙不動産上のAの先順位抵当権も付従性により消滅し，((i)(β)参照)，Bの後順位抵当権は順位上昇して第一順位となる[4]。BとLは乙不動産上の「第一順位抵当債権者と設定債務者」の関係に転化する ((α)参照)。

(γ) 代位権の不成立

本類型は甲不動産が先行して異時競売された場合であり，他方の乙不動産上のBの抵当権・債権はそのまま存続し ((1)(γ)参照)，しかも第一順位に上昇し ((β)参照)，したがって (甲不動産上への) Bの代位権はそもそも生じる余地がない。

(δ) 物上代位権の不成立

(甲不動産上への) Lの代位抵当権は生ずる余地がなく ((iii)(γ)参照)，したがって代位抵当権上へのBの物上代位権も生ずる余地がない。

(iii) **Lの法的地位**
　　──異時競売後の物上保証人としての地位の消長──

(α) BとLの元来の法的関係

BとLは元来乙不動産上の「第二順位抵当債権者と設定債務者」の関係に在った ((ii)(α)参照)。

(β) 異時競売後のBとLの法的関係

甲不動産の異時競売後，BとLの法的関係は乙不動産上の「第一順位抵当債権者と設定債務者」の関係に転化した ((ii)(β)参照)。

(γ) 代位抵当権の不成立

本類型はS所有・甲不動産が異時競売された場合であり，Lの代位弁済はなされず，したがってその求償債権確保のためのLの代位抵当権も生ずる余地がない。

(iv) **「代位権競合」の不成立**

---

[4] 我妻・講義新版459―460頁・結論同一。なお，前注(2)⑦参照。

Bの代位権も物上代位権も生ずる余地がない（(ii)(γ)(δ)参照）。Lの代位抵当権も生ずる余地がない（(iii)(γ)参照）。BとLは乙不動産上の「第一順位抵当債権者と設定債務者」の関係に在るにすぎない（(ii)(β)，(iii)(β)参照）。したがって，「代位権の競合」は生じない。

(v) 補論
——次なる競売——

次いで，Bによる乙不動産の競売がなされたときには，その競売代金はBの債権の弁済に充てられる。LはBに対する債務者であり，したがってこの弁済は代位弁済ではなく，Lの代位権は生じない。

(b) **甲不動産の競売代金よりAが債権の「一部額」弁済を受けた場合**[5]
(i) **Aの法的地位**
——異時競売後のAの先順位共同抵当権の消長——
(α) 甲不動産上における実行による消滅

甲不動産の異時競売後，甲不動産上のAの抵当権は，——その債権の全額の満足を得たと否とを問わず——，その実行により競売目的物たる甲不動産上において消滅する。

(β) 乙不動産上における不可分性による個別抵当権としての存続

その競売代金より一部額弁済しかなされなかった以上，Aの債権は残額債権として存続し，乙不動産上のAの抵当権は不可分性により乙不動産上の個別抵当権として存続する[6]。その順位は従前と同様に第一順位である。

(γ) 競売剰余金の返還ゼロ

---

[5] この事例につき，➀我妻・講義新版 459 — 460 頁＝〔693〕が論及する。
　：先行して異時競売された「甲不動産の競売代金だけではAの被担保債権に満たないために，Aが残額について乙不動産の上の一番抵当権を保留するときは，Bの抵当権は二番に止まるけれども，一番抵当権の被担保債権額が甲不動産によって弁済された額だけは価値を増すことになる」。（傍点並びに表記等の修正—斎藤）。（本稿と結論同一）。
　さらに，➁清水・判例コンメ 487 頁は「この場合には，Lの代位弁済による代位権は特に問題を生じない。Bはその弁済の利益を受けるだけの立場になるからである」とのみ論及する。

[6] 我妻・講義新版 460 頁・結論同一。前注[5]➀参照。

第1節　共同抵当権における代位　　　77

甲不動産の競売代金がＡの債権の一部額弁済を招来するにすぎなかった以上，甲不動産の旧所有者Ｓに返還されるべき剰余金は何等存在しない。

(ii)　Ｂの法的地位
——異時競売後のＢの後順位抵当権の消長——

(α)　ＢとＬの元来の法的関係

Ｂは元来Ｌを設定債務者とする乙不動産上の第二順位抵当債権者であり，ＢとＬは乙不動産上の「第二順位抵当債権者と設定債務者」の関係に在った。

(β)　乙不動産上のＢの抵当権順位の滞留

甲不動産の異時競売後，Ａの債権は存続し，乙不動産上のＡの先順位抵当権は乙不動産上の個別抵当権として存続し ((i)(β)参照)。Ｂの後順位抵当権は従前と同様に第二順位に位置する[7]。

(γ)　配当受領権限の不存在

その競売代金よりＡの債権の一部額弁済しかなされなかった以上，甲不動産の旧所有者Ｓに返還されるべき剰余金も何等存在しない ((i)(γ)参照)。しかも，甲不動産の異時競売手続においては，Ｂは何等の配当受領権者でもない。

(δ)　代位権の不成立

Ⅲ類型は甲不動産が先行して異時競売された場合であり，他方の乙不動産上のＢの抵当権・債権はそのまま存続し ((γ)参照)，しかも乙不動産上のＡの先順位抵当権が個別抵当権として存続する ((i)(β)参照) 以上，Ｂの抵当権は従前と同様に第二順位に留まる ((β)参照)。したがって，(甲不動産上への) Ｂの代位権はそもそも生ずる余地がない。

(ε)　物上代位権の不成立

甲不動産上へのＬの代位抵当権は生ずる余地がなく ((iii)(γ)参照)，したがって代位抵当無上へのＢの物上代位権も生ずる余地がない。

(iii)　Ｌの法的地位
——異時競売後の物上保証人としての地位の消長——

(α)　ＢとＬの元来の法的関係

---

(7)　我妻・講義新版460頁・結論同一。前注(5)⑦参照。

BとLは元来乙不動産上の「第二順位抵当債権者と設定債務者」の関係に在った（（ⅱ）（α）参照）。

　（β）　異時競売後のA・BとLの法的関係

甲不動産の異時競売後，L所有・乙不動産上において第一順位Aの抵当権，第二順位Bの抵当権，が存在する（（ⅱ）（β）参照）。AはSを債務者とする抵当債権者であり，BはLを債務者とする抵当債権者である。したがって，AとLはSを債務者とする「第一順位抵当債権者と物上保証人」の関係に在り，BとLは従前と同様に「第二順位抵当債権者と設定債務者」の関係に在る。

　（γ）　代位抵当権の不成立

Ⅲ類型はS所有・甲不動産が異時競売された場合であり，Lの代位弁済はなされず，したがってその求償債権確保のためのLの代位抵当権も生ずる余地がない。

⑷　「代位権競合」の不成立

Bの代位権も物上代位権も生ずる余地がない（（ⅱ）（δ）（ε）参照）。Lの代位抵当権も生ずる余地がない（（ⅲ）（γ）参照）。BとLは乙不動産上の「第二順位抵当債権者と設定債務者」の関係に在るにすぎない（（ⅱ）（β），（ⅲ）（α）（β）参照）。したがって，「代位権競合」は生じない。

⑸　補論
——次なる競売——

　（α）　A又はBによる乙不動産の次なる競売

次いで，A又はBにより乙不動産の競売がなされたときには，その競売代金は乙不動産上の順位関係（（ⅱ）（β），（ⅲ）（α）（β）参照）に基づき，「A→B」の順に配当される。Aへの配当は物上保証人Lによる代位弁済であり，Bへの配当は債務者Lによる弁済である。

　（β）　実行による消滅，「消除主義」による消除

A並びにBの抵当権は，——その債権の全額の弁済を受けたと否とを問わず——，その実行によりあるいは「消除主義」により，競売目的物たる乙不動産上において消滅ないし消除される。

　（γ）　競売剰余金の返還

A並びにBへの配当後，なお剰余を生ずるときには，それは乙不動産の旧所有者Lに返還される。

（δ）　Lの代位抵当権の不成立

乙不動産の競売代金によるAへの代位弁済がなされ，それに伴いSに対するLの求償債権が成立する（これに対して，Bへの弁済は債務者Lによる債務弁済であり，代位弁済ではない。（α）参照）。

しかし，この求償債権は代位によっては確保され得ない。なぜなら，Lの代位期待権の目的物たるS所有・甲不動産は，既に先行の異時競売によってAの抵当権的拘束より離脱し，第三者たる競落人（買受人）の所有に帰せられてしまっている，からである。したがって，Lの求償債権は単に無担保債権となる。

㋺　Ⅳ類型・L所有の乙不動産の異時競売

共同抵当権の目的不動産里部（乙不動産）がLの提供により，L所有・乙不動産上にB（BはLを設定債務者とする第二順位抵当債権者である）が存在し，AによりL所有・乙不動産が先行して異時競売された，という類型である[1]。

── ＊二つに細区分

Ⅳ(a)ケースとⅣ(b)ケース

（a）　乙不動産の競売代金よりAが債権の「全額」代位弁済を受けた場合[2]

---

(1)　Ⅳ類型に該当する判例は存在しない。第1項〔四〕(2)㋩参照。

(2)　㋑　我妻・講義新版460－461頁＝〔694〕・Aが債権の全額代位弁済を受けた場合とその一部額代位弁済を受けた場合との二場合を特に識別していないが，この事例につき論及する。

　　：L所有の乙不動産が先行して異時競売された場合（本稿Ⅳ類型）は「いささか複雑である。前記のように，LはAが乙不動産から弁済を受けた全額について甲不動産の上の抵当権に代位するとすると，Bはどうなるであろうか」。

　　「元来，Lの所有に属する乙不動産における債権者Aの一番抵当権と債権者Bの二番抵当権の実質を考察すると，Aの一番抵当権は共同抵当権でありかつ物上保証人の所有に属する不動産の上に存するものであることから，共同抵当の目的たる他の不動産で債務者の所有に属するものがあれば，全部その負担となるべき建前のものである。これに対し，Bの二番抵当権は，乙不動産の上の共同抵当権が債務者所有の他の不動産の負担によって消滅する前提の下に，乙不動産の担保価値を最優先的に把握するものである。甲不動産が先に競売・配当されれば，それによってAの取得する額がそのまま乙不動産におけるBの抵当権の価値を増大するのはそのためである」。

「そうだとすると，乙不動産が先に競売・配当されて，Lが求償権に基づいて甲不動産に代位して甲不動産から取得するものは，Bが乙不動産において把握している担保価値に代るものということができる。のみならず，さらに進んで，BはLが甲不動産の上に代位する抵当権についてさらにその上に優先的に代位すると考えてよいことになるであろう」。

「判例は，次に述べる物上保証人相互の間についてではあるが，右の趣旨を判示した」。（大判昭和11・12・9民2172頁，判民150事件我妻，民法判例評釈Ⅱ所収）（本稿「⑥ b判例」）」。（傍点並びに表記等の修正―斎藤）。（本稿と結論同一）。

　㋺　香川・担保新版543―544頁・Aが債権の全額代位弁済を受けた場合とその一部額代位弁済を受けた場合との2場合を特に識別していないが，この事例につき論及する。

　：L所有の乙不動産が先行して異時競売された場合，「Lは……法律上当然に民法501条の規定により求償し得べき範囲内において甲不動産の共同抵当権及びその被担保債権に代位し，これを取得することになるわけである。しかし，このLの代位（債権及び抵当権の移転）と，乙不動産上の後順位抵当権者Bの民法392条2項後段の規定による代位とを，併列的に認めるとすることは到底できない。けだし，両者の代位はその観念を異にするし，共同抵当権が債権とともに法律上当然にLに移転し，したがって共同抵当権がなお債権とともに存続している状態において，Bの代位を併列的に認めると法律関係が混乱する，からである（もっとも，両者の代位を併列的に認め，その優劣を登記によって決する考え方も，あり得よう。すなわち，Lが代位の登記を先にした場合には，Bの代位が効力を失い，逆にBがその代位の登記を先にしたときには，Lの代位権が失効するものとする考え方もあり得よう。しかし，民法501条1号の規定の解釈から右の如き考え方を採ることはできないであろう）」。

　「そこで両者の代位のいずれか一方を否定せざるを得ないのであるが，Lは民法501条の規定による代位権を期待しているとしても，みずから自己所有の乙不動産に後順位の抵当権を設定したのであるから，右の期待が失われ，Bの代位を認めても，必ずしもLの利益ないし権利を害するともいえないかもしれない。しかし，Bの代位を認めるとすると，必然的にLの代位を否定せざるを得ず，しかもBの代位は甲不動産上の共同抵当権の一部（民法392条2項後段に規定する範囲）についてのみであり，Lの代位の範囲より狭くなることはいうまでもないのであって，このことはLの代位の期待を喪失せしめるにしても，必要以上の不利益を与えるものといえよう」。

　「Lの利益ないし権利と，Bの利益ないし権利を衡平妥当に調整する見地からいえば，判例理論のごとく，技術的には相当複雑ではあるけれども，Lの代位を優先して認め，物上代位の理論に則りそのLの取得した抵当権にBの物上代位を認めるのが，もっとも妥当と思われる」。（傍点並びに表記等の修正―斎藤）。（本稿と結論同一）。

　㋩　清水・判例コンメ487頁・Aが債権の全額代位弁済を受けた事例につき論及する。

　：S所有の甲不動産（価額300万円）とL所有の乙不動産（価額300万円）の上にAが第一順位共同抵当権（債権額300万円）を有し，乙不動産上にBが第二順位抵当権（債権額150万円）を有している場合，「乙不動産について先行して配当が行なわれ，その価額からAに300万円配当された場合に生ずる。この場合，Lが甲不動産上のA

の抵当権に代位する権利（上例では，300万円全額について。もし甲不動産も物上保証人の所有であれば，501条4号の計算による150万円について）とBが同じく甲不動産上のAの抵当権に代位する権利（甲不動産上の負担額である150万円について）とが衝突をきたす。この場合の優劣については，常に後順位抵当権の存在を覚悟してその不動産を取得したものといってよいであろう。なぜなら，その後順位抵当権は物上保証人L自身が設定したものであるし，かりにLがBの後順位抵当権取得後の第三者であるとしても，Lはその後順位抵当権の存在を覚悟してその不動産を取得したものといってよい，からである。

「そうすると，Aが甲不動産に対して有した抵当権（300万円）については，Bがまず甲不動産の負担額である150万円を限度として代位し，次いでLがその代位可能額（300万円）がBによって優先された150万円を上まわる額だけ——上例では150万円になる——代位するということになる」。（傍点並びに表記等の修正—斎藤）。（本稿と結論同一）。

　㊁　鈴木旧説・研究233—234頁，237頁は，Aが債権の全額代位弁済を受けた事例につき，論及する。

：「Lによって担保に入れられた方の土地からAが債権全額の満足をえた場合，S所有の抵当不動産との関係は，やや複雑である」（同書233頁）。

S所有の甲不動産（価額200万円）とL所有の乙不動産（価額200万円）の上にAが第一順位共同抵当権（債権額200万円）を有し，乙不動産上にBが第二順位抵当権（債権額100万円）を有する場合，L所有の乙不動産が先行して異時競売されたときには，判例理論によれば，「乙不動産の競売代金によるAの債権の満足はLの代位弁済を意味し，したがってLはSに対する求償請求権200万円を取得し，かつその担保としてかつてAが有していた共同抵当権200万円を甲不動産上に代位取得する（民500条・501条）。Lの取得したこの抵当権は，Aのそれに代るもので（ある）……。他面，乙不動産の（異時）競売によりその上の抵当権を失なったBは——甲不勧産と乙不動産は所有者をことにするゆえ——直接に甲不動産に対する民法392条2項にもとづいての代位権は取得しえない。しかし，Lが前述のごとく民法500条・501条によって取得した抵当権を実行して甲不動産から弁済をうけるべき金額200万円に対し，Bは一種の物上代位権を行使し，そのうちから100万円を自己の債権の弁済に充てることができる，とするのである」。（大判昭11・12・9民集15・24・2172）（同書233—234頁）（但し，ここに引用されている大審院昭和11年判決—本論「⑥ⓑ判例」—は，私見によれば，Ⅳ類型ではなく，Ⅶ類型に位置付けられる）。

「しかし，判例のこの見解は，理論上も実際上も種々の不都合を生ずるのではないか，と思われる」（同書235頁）。

「もしこのBの抵当権がなければLが民法500条にもとづき（Aの共同抵当権による甲不動産の按分負担部分—斎藤注）を代位取得するのだが，このLの代位取得の根拠は，Lが（Aの共同抵当権による乙不動産の按分負担部分を，控除したその残余価値部分）の価値を把握していたのに，Aによる乙不動産の異時競売により（右残余価値部分—斎藤注）を失なったことにある。しかるに，乙不動産にBの二番抵当権が存在するということは，LがBへの抵当権設定によって（右残余価値部分—斎藤注）をBに把握せしめていたことを意味し，したがって乙不動の競売があってもLに甲不動

82　　　　　　　　第1章　共同抵当権の「代位」

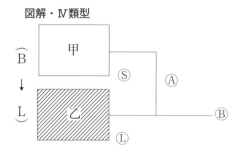

図解・Ⅳ類型

(i)　Aの法的地位
　　──異時競売後のAの先順位共同抵当権の消長──
　(α)　乙不動産上における実行による消滅
　乙不動産の異時競売後，乙不動産上のAの抵当権は，──その債権の全額の満足を得たと否とを問わず──，その実行により競売目的物たる乙不動産上において消滅する。
　(β)　甲不動産上における付従性による消滅
　その競売代金による全額代位弁済によりAの債権は消滅し，それに伴い甲不動産上のAの抵当権は付従性により消滅する。AはSとの債権債務関係より離脱する。
　(γ)　消滅するAの抵当権に代わる甲不動産上へのLの代位抵当権の成立
　消滅するAの抵当権（(β)参照）に代わり，甲不動産上へLの代位抵当権が成立する（(ⅲ)(β)参照）。

(ii)　Bの法的地位
　　──異時競売後のBの後順位抵当権の消長──
　(α)　BとLの元来の法的関係
　Bは元来Lを設定債務者とする乙不動産上の第二順位抵当債権者であり，BとLは乙不動産上の「第二順位抵当債権者と設定債務者」の関係に在った。
　(β)　乙不動産上における消除主義による消除
　乙不動産の異時競売後，乙不動産上のBの抵当権は，──その債権の全額の満足を得たと否とを問わず──，「消除主義」により競売目的物たる乙不動産上から消除される。
　(γ)　第二順位配当受領権者としてのB

産上に代位権を行使せしめる根拠がない。かえって，従来（右残余価値──斎藤注）部分を把握していたBが乙不動産の競売によりこれを失なったので，その代償として（Aの共同抵当権による甲不動産の按分負担部分──斎藤注）を民法392条2項の代位により把握する，と考えるべきであろう」（同書237頁）。（傍点並びに表記等の修正──斎藤）。
（Lの代位抵当権の成立を否定するという点で，本稿と結論反対）。

乙不動産の異時競売手続において、ＢはＡに次ぐ第二順位の配当受領権者である。したがって、その競売代金よりＡが全額代位弁済を受け、なお剰余を生ずるときには、Ｂに配当される。なお、ＢはＬを債務者とする抵当債権者であり、したがってＢへの配当は代位弁済ではない。

——①Ｂへの「全額」弁済の場合

：配当によりＢが債権の全額弁済を得た場合、全額弁済によりＢの債権は消滅し、もはや（甲不動産上への）Ｂの代位権も物上代位権も生ずる余地がない。Ｂへの配当後、なお剰余を生ずるときには、それは乙不動産の旧所有者Ｌに返還される。

——②Ｂへの「一部額」弁済の場合

：配当によりＢが債権の一部額弁済を受けた場合、一部額弁済しかなされなかった以上、Ｂの債権はなお残額債権として存続するも、他方乙不動産上のＢの抵当権は「消除主義」により競売目的物たる乙不動産上から消除されている（(β)参照）。

しかし、この場合、Ｂの残額債権は単に無担保債権になるのではない。Ｂは「甲不動産上に成立したＬの代位抵当権（(iii)(β)参照）」上に物上代位権を取得し[3]、したがって「ＢのＬに対する優先（Ｂ→Ｌ）」が認められる。その理由は次の３点にある。

第一に、そもそも「Ａに対するＳの全債務」はＳ所有・甲不動産上にすべて負担されるべきものである。そして、それ故にこそ、Ｌ所有・乙不動産の先行した異時競売により全額代位弁済がなされた以上、ＬはＳに対する求償債権（それは全額代位弁済額のすべてである）確保のために甲不動産上に代位抵当権を取得したのである。

第二に、「Ａに対するＳの全債務の甲不動産上の全負担」を前提として、Ｂは乙不動産上に第二順位抵当権を取得したのである（したがって、Ｂの第二順位抵当権は実質的には第一順位抵当権としての力を有する）。

第三に、甲不動産上のＬの代位抵当権（が把握した価値部分）は既に異時競

---

(3) 我妻・講義新版460頁、香川・担保新版544頁、清水・判例コンメ487頁は、結論同一。前注(2)参照。

売により競落人の所有に帰した乙不動産のいわば価値変容物であり，元来Ｌを債務者とする乙不動産上の第二順位抵当債権者であったＢは，自己の抵当権の追及効の一つとして代位抵当権上に物上代位権を取得し得る，と解すべきだからである。

(iii) Ｌの法的地位
——異時競売後の物上保証人としての地位の消長——

(α) 乙不動産の所有権の喪失

乙不動産の異時競売により，Ｌは乙不動産の所有権を喪失する。競落人（買受人）が新所有者となる。

(β) 甲不動産上への代位抵当権の成立

Ｌは乙不動産の競売代金によるＡへの全額代位弁済をなしたものである。したがって，全額代位弁済によりＡの債権は消滅し，それに伴い甲不動産上のＡの抵当権は付従性により消滅し（(i)(β)参照），それに代わり求償債権確保のためのＬの代位抵当権が成立する[4]（法定移転の擬制。民法 500・501 条。(i)(γ)参照）。

(γ) Ｂの物上代位権の対象としてのＬの代位抵当権（Ｂ→Ｌ）

既述の(ii)(γ)—①の場合には，Ｂの代位権は生ずる余地がない。これに対して，(ii)(γ)—②の場合には，甲不動産上に成立したＬの代位抵当権はＢの残額債権担保のための物上代位権の対象となる[5]。

(iv) 「代位権競合」における「ＢのＬに対する優先」

(α) 「代位権競合」の不成立

既述の(ii)(γ)—①の場合には，Ｂの代位権も物上代位権も生ずる余地がない。他方，甲不動産上にＬの代位抵当権が成立する（(iii)(β)参照）。したがって，「代位権競合」は生じない。

(β) 「代位権競合」の成立

既述の(ii)(γ)—②の場合には，甲不動産上にＬの代位抵当権が成立し，((iii)(β)参照)，代位抵当権上にＢの物上代位権が成立する（(ii)(γ)—②参照）。した

---

(4) 我妻・講義（新版）460 頁等・結論同一。前注(2)の⑦⑪⑪参照。

(5) 前注(3)参照。

がって，この場合には「代位権競合」が生じ，「BのLに対する優先（B→L）」が認められる[6]。

(v) 補論
——次なる競売——

次いで，B又はLによる甲不動産の競売がなされた場合，その競売代金は甲不動産上の順位関係（(iv)(β)参照）に基づき「B→L」の順に配当される。

(b) 乙不動産の競売代金よりＡが債権の「一部額」代位弁済を受けた場合[7]

(i) Ａの法的地位
——異時競売後のＡの先順位共同抵当権の消長——

(α) 不動産上における実行による消滅

乙不動産の異時競売後，乙不動産上のＡの抵当権は，——その債権の全額の満足を得たと否とを問わず——，その実行により競売目的物たる乙不動産上において消滅する。

(β) 甲不動産上における不可分性による個別抵当権としての存続

その競売代金より一部額代位弁済しかなされなかった以上，Ａの債権は残額債権として存続し，甲不動産上のＡの抵当権は不可分性により甲不動産上の個別抵当権として存続する。その順位は従前と同様に第一順位である。

(γ) 甲不動産上におけるＬの代位抵当権との準共有的併存

甲不動産上の同じく第一順位において，Ａの抵当権は新たに成立したＬの代位抵当権（(iii)(β)参照）と併存する。甲不動産上の第一順位抵当権のＡとＬの両名による準共有であり，そこでは「ＡのＬに対する優先（A→L）」が認められる（(iii)(γ)参照）。

なぜなら，元来Ｌは「Ａに対するＳの債務」につきＳと共に共同責任的地位に在り（但し，両者はその責任の分担形態において相違する。第1項〔三〕(2)(ハ)参照），そのＡに対するＬの劣後的地位は甲不動産上においても貫徹されな

---

(6) 前注(2)(3)(4)参照。
(7) 前注(2)参照。ここでの基本的構成は，Ａが債権の全額代位弁済を受けた場合（(a)）におけると，ほぼ同様である。

ければならないものだからである。

(ii) Bの法的地位
——異時競売後のBに後順位抵当権の消長——

(α) BとLの元来の法的関係

Bは元来Lを設定債務者とする乙不動産上の第二順位抵当債権者であり，BとLは乙不動産上の「第二順位抵当債権者と設定債務者」の関係に在った。

(β) 乙不動産上における消除主義による消除

乙不動産の異時競売後，乙不動産上のBの抵当権は，——その債権の全額の満足を得たと否とを問わず——，「消除主義」により競売目的物たる乙不動産上から消除される。

(γ) 第二順位配当受領権者としてのB（ゼロ配当）

乙不動産の異時競売手続において，BはAに次ぐ第二順位の配当受領権者である。しかし，この場合，その競売代金がAの債権の一部額代位弁済しか招来するものにすぎなかった以上，Bには何等の配当もなされ得ない。

(δ) Lの代位抵当権上へのBの物上代位権の成立

乙不動産の異時競売後，Bの債権は単なる無担保債権となるのではない。「甲不動産上に成立したLの代位抵当権」（(iii)(β)参照）上にその債権の担保のためにBの物上代位権が成立する。したがって，甲不動産上の「BのLに対する優先（B→L）」が認められる。その理由は(a)(ii)(γ)—②において述べたと同様である。

(iii) Lの法的地位
——異時競売後の物上保証人としての地位の消長——

(α) 乙不動産の所有権の喪失

乙不動産の異時競売後，Lは乙不動産の所有権を喪失する。競落人（買受人）が新所有者となる。

(β) 甲不動産上への代位抵当権の成立

Lは乙不動産の競売代金によるAへの一部額代位弁済をなした者である。Aへの一部額代位弁済によりAの債権は一部的に消滅し，それに伴い甲不動産上のAの抵当権はいわば一部的に消滅し（(i)(β)参照），それに代わり求償

債権確保のためのLの代位原当権が成立する（法定移転の擬制。民法500・501条）。

（γ）　甲不動産上におけるAの抵当権との準共有的併存

甲不動産上の同じく第一順位において，Lの代位抵当権はいわば残部的に存続するAの抵当権（(i)(β)参照）と準共有的に併存する。同じく第一順位抵当権の内部関係として「AのLに対する優先（A→L）」が認められる（(i)(γ)参照）。

（δ）　Bの物上代位権の対象としてのLの代位抵当権（B→L）

甲不動産上のLの代位抵当権はBの物上代位権の対象となり，「BのLに対する優先（B→L）」が認められる（(ii)(δ)参照）。

⒤　「代位権競合」における「BのLに対する優先（B→L）」

乙不動産の競売代金によるAの債権の一部代位弁済を契機として，甲不動産上にLの代位抵当権が成立し（(iii)(β)参照），それは同じく第一順位においてAの抵当権と併存する（(i)(γ)，(iii)(γ)参照）。他方，Lの代位抵当権上にBの物上代位権が成立する（(ii)(δ)，(iii)(δ)参照）。

かくして，甲不動産上の「（A→）BのLに対する優先（B→L）」が承認される。

⒱　補論
　　　　──次なる競売──

（α）　A又はLによる甲不動産の次なる競売

次いで，A又はLによる甲不動産の競売がなされた場合，競売代金は甲不動産の順位関係（(iv)参照）に基づき「A→B→L」の順に配当される。

（β）　競売剰余金の返還

競売代金が「A→B→L」の順に配当され，なお剰余を生ずるときには，それは甲不動産の旧所有者Sに返還される。

⑶　S所有・L所有の各不動産を後順位共同抵当権の目的物とするBが存在する場合──⑷Ｖ類型・⒭Ⅵ類型──

⑷　Ⅴ類型・S所有の甲不動産の異時競売

共同抵当権の目的不動産の一部（乙不動産）がＬの提供により，Ｓ所有・Ｌ所有の各不動産を後順位共同抵当権の目的物とするＢ（ＢはＳを債務者とする債権者である）が存在し，ＡによりＳ所有・甲不動産が先行して異時競売された，という類型である[1]。

──＊二つに細区分

Ｖ(a)ケースとＶ(b)ケース

(a) 甲不動産の競売代金よりＡが債権の「全額」弁済を受けた場合

(i) Ａの法的地位

──異時競売後のＡの先順位共同抵当権の消長──

(α) 甲不動産上における実行による消滅

甲不動産の異時競売後，甲不動産上のＡの抵当権は，──その債権の全額の満足を得たと否とを問わず──，その実行により競売目的物たる甲不動産上において消滅する。

(β) 乙不動産上における付従性による消滅

その競売代金による全額弁済によりＡの債権は消滅し，それに伴い乙不動産上のＡの抵当権も付従性により消滅する。ＡはＳとの債権債務関係より離脱する。

(ii) Ｂの法的地位

──異時競売後のＢの後順位抵当権の消長──

(α) ＢとＳ・Ｌの元来の法的関係

Ｂは元来Ｓを債務者とする甲・乙両不動産上の第二順位抵当債権者であり，ＢとＳは甲不動産上の「第二順位抵当債権者と設定債務者」の関係に在った。さらに，ＢとＬは乙不動産上の「第二順位抵当債権者と物上保証人」の関係に在った。

(β) 甲不動産上における消除主義による消除

甲不動産の異時競売後，甲不動産上のＢの抵当権は，──その債権の全額の満足を受けたと否とを問わず──，消除主義により競売目的物たる甲不動

---

(1) 体系書レヴェルでは，この類型につき論ずるものはない。この類型は，後述の「⑤─ⓐⓑⓒ判例」の事例との対比において，想定したものである。

産上から消除される。

(γ) 第二順位配当受領権者としてのB

甲不動産の異時競売手続において，BはAに次ぐ第二順位の配当受領権者である。したがって，その競売代金よりAが債権の全額弁済を受け，なお剰余を生ずるときには，それはBに配当される。

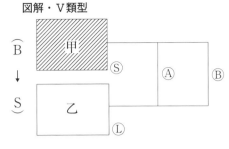

図解・V類型

——①Bへの「全額」弁済の場合

：その競売代金によりBが債権の全額弁済を受けた場合，債権の全額弁済によりBの債権は消滅し，乙不動産上のBの抵当権も付従性により消滅する。BはSとの債権債務関係より離脱する。Bの債権並びに抵当権はその完全な満足により消滅した以上，ここではBの代位権はそもそも生ずる余地がない。

なお，Bへの配当後，なお剰余あるときには，それは甲不動産の旧所有者Sに返還される。

甲不動産の，異時競売後，乙不動産上のAの抵当権並びに乙不動産上のBの抵当権は付従性により共に消滅することとなる。したがって，L所有・乙不動産は甲不動産の異時競売を契機としてA並びにBの抵当権的拘束より解放され，無負担の所有権となる。Lは「A並びにBに付するSの全債務」についての「A並びにBとの物上保証関係」より離脱する。

——②Bへの「一部額」弁済の場合

：その競売代金よりBが債権の一部額弁済を受けた場合，一部額弁済しかなされなかった以上，Bの債権は残額債権として存続し，乙不動産上のBの抵当権は乙不動産上の個別抵当権として存続する。(甲不動産の異時競売後，甲不動産上のBの抵当権は消除主義により競売目的物たる甲不動産から既に消除されている(β)参照)。他方，乙不動産上のAの先順位抵当権は既に付従性により消滅しており，((i)(β)参照)それに伴いBの抵当権は順位を上昇させて第一順位に位置する。

したがって，Bは乙不動産上の第一順位抵当権者であり，Lは「Bに対するSの債務」のために物上保証の目的物として自己所有の乙不動産を提供したものであり，BとLは乙不動産上の「第一順位抵当権者と物上保証人」の関係に在る。

(iii)　Lの法的地位
──異時競売後の物上保証人としての地位の消長──
(α)　LとA・B・Sの元来の法的関係

Lは，「A並びにBに対するSの債務」のために自己所有の乙不動産を物上保証の目的物として提供し，A並びにBのために物上保証人としてそれぞれ第一順位，第二順位の抵当権を設定したものであった。

(β)　(ii)(γ)─①の場合における物上保証人としての地位からの解放

その競売代金より「Aの債権の全額弁済→Bの債権の全額弁済」がなされた場合には，((ii)(γ)─①参照)，L所有・乙不動産は一切の抵当権的負担より解放され，無負担のものとなる。Lは「A並びにBに対するSの債務」のための物上保証関係より離脱し，物上保証人としての地位より解放される。

(γ)　(ii)(γ)─②の場合におけるBとLの法的関係の転化

その競売代金より「Aの債権の全額弁済→Bの債権の一部額弁済」がなされた場合には，((ii)(γ)─②参照)，L所有・乙不動産は順位上昇して第一順位となったBの抵当権による負担を受ける。

かくして，BはSを債務者とするL所有・乙不動産上の第一順位抵当権者となり，Lは「Bに対するSの債務」のため自己所有の乙不動産を提供した物上保証人であり，BとLは乙不動産上の「第一順位抵当権者と物上保証人」の関係に在る。

(δ)　代位抵当権の不成立

本類型はS所有・甲不動産が先行して異時競売された場合であり，Lによる代位弁済は何等なされず，したがって，その求償債権確保のためのLの代位抵当権もそもそも生ずる余地がない。

(iv)　「代位権競合」の不成立
(α)　記述の(ii)(γ)─①の場合，Bの代位権はそもそも生ずる余地がない。

（β） 記述の(ii)(γ)─②の場合，BはL所有・乙不動産上の第一順位抵当権者となり，Bの代位権もそもそも生ずる余地がない。

（γ） Lの代位抵当権もそもそも生じ得ない（(iii)(δ)参照）。

以上，（α）（β）（γ）より「代位権競合」は生じない。

(v) 補論
──次なる競売──

（α） (ii)(γ)─①の場合における次なる競売の可能性

既述の(ii)(γ)─①の場合，L所有・乙不動産は完全に無負担の所有権となり，次なる競売はあり得ない（なお，(iii)(β)参照）。

（β） (ii)(γ)─②の場合におけるBによる乙不動産の次なる競売

既述の(ii)(γ)─②の場合，次いで，Bにより乙不動産の競売がなされたとする（なお，(iii)(γ)参照）。

──①Bへの「全額」代位弁済の場合

：乙不動産の競売代金よりBが残額債権の全額代位弁済を受けた場合，全額代位弁済によりBの残額債権は消滅し，いずれにせよ乙不動産上のBの抵当権はその実行により，──付従性によるまでもなく──，消滅する。BはSとの債権債務関係より離脱する。なお，Bへの配当後なお剰余あるときには，それは乙不動産の旧所有者Lに返還される。

──②Bへの「一部額」代位弁済の場合

：乙不動産の競売代金よりBが残額債権の一部額代位弁済を受けた場合，一部額代位弁済しかなされなかった以上，Bの残額債権は存続するも，乙不動産上のBの抵当権はその実行により競売目的物たる乙不動産上において消滅し，Bの残余の債権は単なる無担保債権となる。ここではBの代位権は生ずる余地がない。

（γ） 次なる競売後のLの法的地位
──①乙不動産の所有権の喪失
：乙不動産の競売後，Lは乙不動産の所有権を喪失する。競落人（買受人）

が新所有者となる。

——②代位抵当権の不成立

：Ｌは「Ｂに対するＳの債務」のため自己所有の乙不動産の競売代金によりＢに対して代位弁済をなしたものである。したがって，上記の全額又は一部額代位弁済に伴い「Ｓに対するＬの求償債権」が成立する。

しかし，この求償債権は代位抵当権によっては確保され得ない。代位期待権の対象たるＳ所有・甲不動産は既に先行した異時競売によってＡの抵当権的拘束より離脱し，競落人（買受人）の所有となっている，からである。

(b)　甲不動産の競売代金よりＡが債権の「一部額」弁済を受けた場合

(i)　Ａの一法的地位
——異時競売後のＡの先順位共同抵当権の消長——

(α)　甲不動産上における実行による消滅

甲不動産の異時競売後，甲不動産上のＡの抵当権は，——その債権の全額の満足を得たと否とを問わず——，その実行により競売目的物たる甲不動産上において消滅する。

(β)　乙不動産上における不可分性による個別抵当権としての存続

その競売代金より一部額弁済しかなされなかった以上，Ａの債権は残額債権として存続し，乙不動産上のＡの抵当権は不可分性により乙不動産上の個別抵当権として存続する。この順位は従前と同様に第一順位である。

(ii)　Ｂの法的地位
——異時競売後のＢの後順位抵当権の消長——

(α)　ＢとＳ・Ｌの元来の法的関係

Ｂは元来Ｓを債務者とするＳ所有・甲不動産上並びにＬ所有・乙不動産上の第二順位共同抵当権者であり，ＢとＳは甲不動産上の「第二順位抵当債権者と設定債務者」の関係に在った。さらに，ＢとＬは乙不動産上の「第二順位抵当権者と物上保証人」の関係に在った。

(β)　甲不動産上における消除主義による消除

甲不動産の異時競売後，甲不動産上のＢの抵当権は，——その債権の完全な満足を得たと否とを問わず——，「消除主義」により競売目的物たる甲不動

産上から消除される。

（γ）　第二順位配当受領権者としてのB（ゼロ配当）

甲不動産の異時競売手続において，BはAに次ぐ第二順位の配当受領権者である。しかし，この場合，その競売代金がAの債権の一部額弁済しか招来するものにすぎなかった以上，Bには何等の配当もなされ得ない。

（δ）　乙不動産上における不可分性による個別抵当権としての存続，抵当権順位の滞留，代位権の不成立

Bの債権は存続し，乙不動産上のBの抵当権は乙不動産上の個別抵当権としてなお存続する。その順位は従前と同様に第二順位である。ここではBの代位権は生ずる余地がない。

(iii)　Lの法的地位
　　——異時競売後の物上保証人としての地位の消長——

（α）　LとA・B・Sの元来の法的関係

Lは「A並びにBに対するSの債務」のため自己所有の乙不動産を提供した物上保証人であった。

（β）　異時競売後の乙不動産上の権利状態

甲不動産の異時競売後，L所有・乙不動産上において第一順位・Aの抵当権，第二順位・Bの抵当権が存続する。

（γ）　代位抵当権の不成立

本類型はS所有・甲不動産が先行して異時競売された場合であり，Lによる代位弁済は何等なされず，したがってその求償債権確保のためのLの代位抵当権もそもそも生ずる余地がない。

(iv)　「代位権競合」の不成立

甲不動産の異時競売後，乙不動産上に第一順位Aの抵当権，第二順位Bの抵当権が存立する結果となった（(i)(β)，(ii)(δ)，(iii)(β)参照）。ここでは「代位権競合」は生じない（(ii)(δ)，(iii)(γ)参照）。BとLは乙不動産上の単なる「第二順位抵当権者と物上保証人」の関係に立つにすぎない。

(v)　補論

──次なる競売──

(α)　A又はBによる乙不動産の次なる競売に基づく配当

次いで，A又はBによる乙不動産の競売がなされた場合，その競売代金は乙不動産上の順位関係（(iii)(β)，(iv)参照）に基づき「A→B」の順に配当される。

(β)　実行による消滅，「消除主義」による消除

乙不動産の次なる競売後，A並びにBの抵当権は，──その債権の完全な満足を得たと否とを問わず──，その実行により又は「消除主義」により競売目的物たる乙不動産上において消滅し，又は消除される。

(γ)　競売剰余金の返還

「A→B」への配当後，なお剰余を生ずるときには，それは乙不動産の旧所有者Lに返還される。

(δ)　代位抵当権の不成立

Lは乙不動産の競売代金によりA並びにBに対して全額あるいは一部額代位弁済をなしたものであり，それに伴いSに対するLの求償債権が成立する。しかし，この求償債権は代位抵当権によっては確保され得ない。代位期待権の対象たるS所有・甲不動産は既に先行して異時競売されており，A並びにBの抵当権的拘束より離脱し，競落人（買受人）の所有に帰せられている，からである。

㋺　Ⅵ類型・L所有の乙不動産の異時競売

共同抵当権の目的不動産の一部（乙不動産）がLの提供により，S所有・L所有の各不動産を後順位共同抵当権の目的とするB（BはSを債務者とする債権者である）が存在し，AによりL所有・乙不動産が先行して異時競売された，という類型である[1]。

──＊二つに細区分

Ⅵ(a)ケースとⅥ(b)ケース

(a)　乙不動産の競売代金よりAが債権の「全額」代位弁済を受けた場合[2]

---

[1] 「⑤─ⓐⓑⓒ判例」がⅥ類型に該当する。但し，次の点を付言しておく。すなわち，「⑤─ⓐⓑⓒ判例」の事案では，S所有の2個の不動産とL所有の1個の不動産との計3個の不動産が共同抵当権の目的物となっている。そこでS所有の2個の不動産を甲不動産として1個の不動産に置換し（この変更は「⑤─ⓐⓑⓒ判例」の法的問題の検討に何等の変容をも生じさせない），「⑤─ⓐⓑⓒ判例」を本稿Ⅵ類型に位置付ける。

(i) Aの法的地位
　　——異時競売後のAの先順
　　位共同抵当権の消長——

図解・Ⅵ類型

（α）乙不動産上における実行による消滅

乙不動産の異時競売後、乙不動産上のAの抵当権は、——その債権の完全な満足を得たと否とを問わず——、その実行により競売目的物たる乙不動産上において消滅する。

（β）甲不動産上における付従性による消滅

全額代位弁済によりAの債権は消滅し、甲不動産上のAの抵当権も付従性により消滅する。AはSとの債権債務関係より離脱する。

（γ）消滅するAの抵当権に代わる甲不動産上へのLの代位抵当権の成立

消滅するAの抵当権（（β）参照）に代わり、甲不動産上へLの代位抵当権が成立する（(iii)(γ)参照）。

(ii) Bの法的地位
　　——異時競売後のBの後順位抵当権の消長——

（α）BとS・Lの元来の法的関係

Bは元来Sを債務者とするS所有・甲不動産並びにL所有・乙不動産上の第二順位共同抵当権者であり、BとSは甲不動産上の「第二順位抵当債権者と設定債務者」の関係に在った。さらに、BとLは乙不動産上の「第二順位抵当権者と物上保証人」の関係に在った。

（β）乙不動産上における消除主義による消除

乙不動産の異時競売後、乙不動産上のBの抵当権は、——その債権の完全な満足を得たと否とを問わず——、「消除主義」により競売目的物たる乙不動産上から消除される。

（γ）第二順位配当受領権者としてのB

乙不動産の異時競売手続において、BはAに次ぐ第二順位の配当受領権者である。乙不動産の競売代金よりAが債権の全額代位弁済を受け、なお剰余

---

(2)「⑤—ⓐⓑⓒ判例」の事案では、Aが債権の全額代位弁済を受けている。

を生ずるときには，それはBに配当される。

――①Bへの「全額」代位弁済の場合

：その競売代金よりBが債権の全額代位弁済を受けた場合，その全額代位弁済によりBの債権は消滅し，それに伴い甲不動産上のBの抵当権も付従性により消滅する。BはSとの債権債務関係より離脱する。したがって，Bの債権並びに抵当権が完全な満足により消滅した以上，ここではBの代位権はそもそも生ずる余地がない。

他方，Bへの配当後，なお剰余を生ずるときには，それは乙不動産の旧所有者Lに返還される。

――②Bへの「一部額」代位弁済の場合

：その競売代金よりBが債権の一部額代位弁済を受けた場合，一部額代位弁済しかなされなかった以上，Bの債権は残額債権として存続し，甲不動産上のBの抵当権は甲不動産上の個別抵当権として存続する。その順位は，――甲不動産上に新たにLの代位抵当権が第一順位において成立したが故に（(ⅲ)(γ)参照）――，従前と同様に第二順位である。

但し，Lの代位抵当権上にBの物上代位権が成立する結果，抵当権の上記の順位関係は実質上逆転させられることに注目される[3][4]。すなわち，Lは

---

(3) 「⑤ⓒ判例」は，その理由づけは異なるも，結論同一である。
　　：「S所有の甲不動産とL所有の乙不動産とを共同抵当の目的として順位を異にする数個の抵当権が設定されている場合において，L所有の乙不動産について先に競売がなされ，その競落代金の交付により一番抵当権者Aが弁済を受けたときは，LはSに対して求償権を取得すると共に代位によりS所有の甲不動産に対する一番抵当権を取得するが，後順位抵当権者BはLに移転した右抵当権から優先して弁済を受けることができるものと解するのが，相当である」。
　　「けだし，Bは共同抵当の目的物のうちS所有の甲不動産の担保価値ばかりでなく，L所有の乙不動産の担保価値をも把握しうるものとして抵当権の設定を受けているのであり，一方，Lは自己の所有乙不動産に設定した後順位抵当権による負担を右後順位抵当権の設定の当初からこれを甘受しているものというべきであって，共同抵当の目的物のうちS所有の甲不動産が先に競売された場合，又は共同抵当の目的物の全部が一括競売された場合との均衡上，L所有の乙不動産について先に競売がされたという偶然の事情により，Lがその求償権につきS所有の乙不動産からBよりも優先して弁済を受けることができ，本来予定していた後順位抵当権による負担を免れうるとい

うのは不合理であるから，L所有の乙不動産が先に競売された場合においては，民法392条2項後段が後順位抵当権者Bの保護を図っている趣旨にかんがみ，Lに移転した一番抵当権はBの被担保債権を担保するものとなり，Bはあたかも右一番抵当権の上に民法372条・304条1項本文の規定により物上代位をするのと同様に，その順位に従いLの取得した一番抵当権から優先して弁済を受けることができるものと解すべきであるからである（大審院昭和11年（オ）第1590号，同年12月9日判決——本稿「⑥ⓒ判例」・斎藤——，民集15巻24号2172頁参照）」。（傍点並びに表記等の修正—斎藤）。

⑷ 学説もまた「⑤ⓒ判例」の結論に賛成される。たとえば，㋑ 柚木＝高木・全集（三版）381頁以下，とりわけ383—384頁。

：大審院昭和11年判決——本稿「⑥ⓒ判例」——の立場によれば，「民法392条2項の規定は共同抵当の目的物がすべて債務者の所有に属する場合にのみ適用あることを前提とすると共に，それ以外の場合には代位抵当権に対する物上代位（民372条・304条1項）の理をかりて後順位抵当権者を保護せんとするものである」とする。

「その理は，S所有の甲不動産とL所有の乙不動産がA（一番抵当権者）・B（二番抵当権者）のために共同抵当の目的となり，乙不動産が先に競売された事案——本稿「⑤ⓒ判例」——にも延長されることとなった。これによると，Lに移転（弁済者代位）した甲不動産上の一番抵当権から，Bは物上代位（民372条・304条1項本文）するのと同様に，優先して弁済を受けうるとした」。

「私は判例の態度が正しいと思う」。（傍点並びに表記等の修正—斎藤）。

㋺ 鈴木（正）・評釈14頁は判旨結論に賛成される。

：「……，自己がたとえ債務者所有物件と共同担保にして第一順位の抵当権を設定したからといって，第二順位以下の抵当権を自ら設定しておきながら，その第二順位以下の抵当権者に優先して配当を受ける権利が認められてよいはずのものでもない。その意味から，妥当性を求める限り，本判決の結論は正しいものといわざるをえないであろう」。

㋩ 平井(一)・評釈51頁は判旨結論に賛成される。

：「本判決が，債務者所有の不動産が先に競売された場合，および，同時配当の場合との均衡上，物上保証人が代位により取得した抵当権の上に後順位抵当権者の一種の物上代位権を認めたことは，結果的に妥当であるとともに，先例との調和を求めたものとして支持してよいと考える」。

㊀ 石田(喜)・判評評釈27頁は判旨結論に賛成される。

：「みずから後順位の抵当権を設定しておきながら，この後順位抵当権者に優先して求償権の満足をうけうるなどとすることの不当性は，いわずして明らかだからである」。

㋭ 高木・評釈67頁は判旨結論に賛成される。

：「共同抵当の目的物に順位を異にする数個の抵当権がつけられている場合の後順位抵当権者と物上保証人の間の優先関係についての判例の利益較量は正しいと思われる。ただ，甲・乙不動産上の後順位抵当権も共同抵当権である故，ただ，法律構成としては，甲不動産上の後順位抵当権を単純に順位上昇させ，物上保証人の代位抵当権はこれに劣後するとするのが単純であると思われる」。

㋬ 石田（喜）・民商評釈93頁は判旨結論に賛成される。

：「だから，本判決も『物上代位をするのと同様に』といい，物上代位規定の類推に

Ｓの全債務につき「Ａ並びにＢ」に対してＳと共に共同責任的地位に在り（ただし、両者はその責任の分担形態において相違する。第1項〔三〕(2)(ハ)参照）、このようなＢに対するＬの劣後的地位は甲不動産上においても貫徹されなければならない、からである。したがって、甲不動産上の「ＢのＬに対する優先」（Ｂ→Ｌ）」が認められる。

(iii)　Ｌの法的地位

――異時競売後の物上保証人としての地位の消長――

(α)　元来の法的地位

Ｌは元来Ｓの債務のために自己所有の乙不動産上に第一順位・Ａの抵当権、第二順位・Ｂの抵当権を設定した物上保証人であった。

(β)　乙不動産の所有権の喪失

乙不動産の異時競売後、Ｌは乙不動産の所有権を喪失する。競落人（買受人）が新所有者となる。

(γ)　代位抵当権の成立

よって、後順位抵当権者Ｂ₁らにＬ₁（物上保証人Ｌの特定承継人）に対する優先権を認めるべき旨を、説いたのであろう。しかしながら、そのような処理は、わたくしには仮託にすぎないように思われ、端的に、Ｂ₁らの代位をＬの弁済による代位に優先させることが、わかりやすいと信ずる」。

(ト)　石田（穣）・評釈146頁は判旨結論に賛成される。

：「……本件の場合において、物上保証人Ｌに対する後順位抵当権者であるＢ₁・Ｂ₂・Ｂ₃がＬ及びその特定承継人であるＬ₁に優先すべきことに異論はないであろう。なぜなら、物上保証人Ｌは、同人所有の本件山林につきＢ₁・Ｂ₂・Ｂ₃のために抵当権を設定しており、これはＬが本件法律関係において自己の利益をＢ₁・Ｂ₂・Ｂ₃に劣後させることを意味することに他ならない、からである」。（表記等の修正―斎藤）。

(チ)　槇・担物法180―181頁は判旨結論に賛成される。

：「⑤ⓒ判例」によれば、「乙不動産上の後順位共同抵当権者ＢはＬの取得した甲不動産上の代位抵当権に物上代位をなすと同様、その順位において、それより優先弁済を受けることができるとされており、学説の大勢も結論的にこれを支持している。もっとも、ここでは物上保証人における392条による担保価値の効率的利用の権能を否定すべきでなく、むしろ後順位権者に392条による代位を認めるのが一般理論に整合する（石田（喜）・民商評釈93頁）。そして、それは、理論上、物上保証人の求償関係以前の問題として、求償権による代位に優先すると解されよう。もちろん、その上で事後的に物上代位的保護を考慮することは差支えない」。（傍点並びに表記等の修正―斎藤）。

Lは自己所有の乙不動産の競売代金によりA並びにBに対して全額又は一部額代位弁済をなしたものである。したがって，その求償債権確保のためにS所有・甲不動産上にLの代位抵当権が成立する（民法500・501条）。

——①，(ii)(γ)—①（「Aの債権の全額代位弁済→Bの債権の「全額」代位弁済」）の場合

：甲不動産上の第一順位・Aの抵当権，第二順位・Bの抵当権は付従性により消滅し（(i)(β)，(ii)(γ)—①参照），甲不動産上においてAの抵当権に代わりLの代位抵当権が同じく第一順位において成立する。

——②，(ii)(γ)—②（「Aの債権の全額代位弁済→Bの債権の「一部額」代位弁済」）の場合

：甲不動産上の第一順位・Aの抵当権は付従性により消滅し（(i)(β)参照），それに代わりLの代位抵当権が同じく第一順位において成立する。他方，甲不動産上の第二順位・Bの抵当権は甲不動産上の個別抵当権として存続し（(ii)(γ)—②参照），先順位・Aの抵当権が消滅するもそれに代わりLの代位抵当権が成立するが故に，従前と同様に第二順位に留まらざるを得ない。

したがって，甲不動産上に第一順位・Lの代位抵当権，第二順位・Bの抵当権が存立する結果となる。

但し，Lの代位抵当権はBの物上代位権の対象とされる結果，順位関係は実質的に逆転させられる（(ii)(γ)—②参照[5]）。

(iv) 「代位権競合」における「BのLに対する優先（B→L）」

(α) (ii)(γ)—①（(iii)(γ)—①）の場合における「代位権競合」の不成立

この場合，Bの代位権も物上代位権も生ずる余地がなく，甲不動産上にLの代位抵当権が成立するにすぎない。したがって，「代位権競合」は生じない。

(β) (ii)(γ)—②（(iii)(γ)—②）の場合における「代位権競合」の成立

甲不動産上においてLの代位抵当権とBの物上代位権が「競合」し，「BのLに対する優先（B→L）」が認められる[6]。

---

(5) 前注(3)(4)参照。

(6) 前注(3)(4)(5)参照。

(v) 補論
――次なる競売――

(α) (ii)(γ)―① ((iii)(γ)―①, (iv)(α)) の場合における L による甲不動産の次なる競売

競売により，その競売代金は L に配当される。L の代位抵当権は，――その債権の全額弁済がなされたと否とを問わず――，その実行により競売目的物たる甲不動産上において消滅する。

L への配当後，なお剰余を生ずるときには，それは甲不動産の旧所有者 S に返還される。

(β) (ii)(γ)―② ((iii)(γ)―②, (iv)(β)) の場合における B 又は L による甲不動産の次なる競売 (B による物上代位権の行使。民執法 193 条)

競売により，その競売代金は「B→L」の順に配当される。L の代位抵当権並びに B の物上代位権は，――その債権の全額の満足を得たと否とを問わず，――その実行により又は「消除主義」により競売目的物たる甲不動産上において消滅し，又は消除される。

B 並びに L への配当後，なお剰余を生ずるときには，それは甲不動産の旧所有者 S に返還される。

(b) 乙不動産の競売代金より A が債権の「一部額」代位弁済を受けた場合[7]
(i) A の法的地位
――異時競売後の A の先順位共同抵当権の消長――

(α) 乙不動産上における実行による消滅

乙不動産の異時競売後，乙不動産上の A の抵当権は，――その債権の完全な満足を得たと否とを問わず――，その実行により競売目的物たる乙不動産上において消滅する。

(β) 甲不動産上における不可分性による個別抵当権としての存続

その競売代金より一部額代位弁済しかなされなかった以上，A の債権は残額債権として存続し，甲不動産上の A の抵当権は不可分性により甲不動産上の個別抵当権として存続する。その順位は従前と同様に第一順位である。

---

(7) この事例に直接該当する判例は存在しない。ここでの基本的構成は，A が債権の全額代位弁済を受けた場合 ((a)) におけると，ほぼ同様である。

（γ）　甲不動産上へ成立したＬの代位抵当権との準共有的併存

　甲不動産上のＡの抵当権（（β）参照）は甲不動産上に成立したＬの代位抵当権（(iii)（γ）参照）と準共有的に併存する。

(ii)　Ｂの法的地位
——異時競売後のＢの後順位抵当権の消長——

（α）　ＢとＳ・Ｌの元来の法的関係

　Ｂは元来Ｓを債務者とするＳ所有・甲不動産，Ｌ所有・乙不動産上の第二順位共同抵当権者であり，ＢとＳは甲不動産上の「第二順位抵当債権者と設定債務者」の関係に在った。さらに，ＢとＬは乙不動産上の「第二順位抵当権者と物上保証人」の関係に在った。

（β）　乙不動産上における消除主義による消除

　乙不動産の異時競売後，乙不動産上のＢの抵当権は，——その債権の完全な満足を得たと否とを問わず——，「消除主義」により競売目的物たる乙不動産上から消除される。

（γ）　第二順位配当受領権者としてのＢ（ゼロ配当）

　乙不動産の異時競売手続において，ＢはＡに次ぐ第二順位の配当受領権者である。しかし，この場合，その競売代金がＡの債権の一部額代位弁済しか招来するものにすぎなかった以上，Ｂには何等の配当もなされ得ない。したがって，Ｂの債権はそのまま存続し，甲不動産上のＢの抵当権は甲不動産上の個別抵当権として存続する。かくして，甲不動産上に第一順位・Ａの抵当権（(i)（β）参照），第二順位・Ｂの抵当権が存在する。

（δ）　甲不動産上のＬの代位抵当権上へのＢの物上代位権の成立

　「甲不動産上に成立したＬの代位抵当権」（(iii)（γ）参照）上にＢの物上代位権が成立する結果，抵当権の順位関係は実質上逆転させられる（その理由は，(a)(ii)（γ）—②において述べたと同様である）。したがって，甲不動産上の「ＢのＬに対する優先（Ｂ→Ｌ）」が認められる。

(iii)　Ｌの法的地位
——異時競売後の物上保証人としての地位の消長——

（α）　元来の法的地位

Lは元来Sの債務のために自己所有の乙不動産上に第一順位・Aの抵当権，第二順位・Bの抵当権を設定した物上保証人であった。

(β)　乙不動産の所有権の喪失

乙不動産の異時競売後，Lは乙不動産の所有権を喪失する。競落人（買受人）が新所有者となる。

(γ)　代位抵当権の成立，Aの抵当権との準共有的併存

Lは自己所有の乙不動産の競売代金によりAに対して一部額代位弁済をなしたものである。したがって，その求償債権確保のためにS所有・甲不動産上にLの代位抵当権が成立する。

すなわち，一部額代位弁済により甲不動産上においてAの抵当権はいわば一部的に消滅し，それに代わり求償債権確保のためのLの代位抵当権が成立する。そして，いわば残部的に存続する甲不動産上のAの抵当権（(i)(β)参照）とLの代位抵当権は同じく第一順位において併存する。それは第一順位抵当権のAとLの両者による共同的帰属であり，その法的性格は準共有である。しかも，その内部関係として「AのLに対する優先（A→L）」が認められる。その理由としては，そもそもLは「Aに対するSの全債務」につきSと共に共同責任的地位に在り（但し，両者はその責任の分担形態において相違する。第1項〔三〕(2)(ハ)参照），このようなLのAに対する劣後的地位は甲不動産上においても貫徹されなければならない，からである。

(δ)　Bの物上代位権の対象としての代位抵当権

甲不動産上のLの代位抵当権はBの物上代位権の対象となる（(ii)(δ)参照）。その理由としては，Lは「Bに対するSの全債務」につきSと共に共同責任的地位に在り（但し，両者はその責任の分担形態において相違する。第1項〔三〕(2)(ハ)参照），このようなLのBに対する劣後的地位は甲不動産上においても貫徹されなければならないものだ，からである。したがって，甲不動産上の「BのLに対する優先（B→L）」が認められる。

(iv)　「代位権競合」における「BのLに対する優先（B→L）」

甲不動産上において「AのBに対する優先（A→B）」（(ii)(γ)参照）・「AのLに対する優先（A→L）」（(iii)(γ)参照）・「BのLに対する優先（B→L）」（(ii)(δ)，(iii)(δ)参照）が認められ，結局「A→B→L」の順位関係が認められる結果と

なる。

(v) 補論
——次なる競売——

乙不動産の異時競売手続の終結後，甲不動産上に「A→B→L」の順位関係が存在した（(iv)参照）。次いで，A・B・Lのいずれかの者により甲不動産の競売がなされた場合，その競売代金は当該順位関係に基づき「A→B→L」の順に配当される。甲不動産の次なる競売後，すべての担保権は，——その債権の全額の満足を受けたと否とを問わず——，その実行により又は「消除主義」により競売目的物たる甲不動産上において消滅し又は消除される。

なお，A・B・Lへの配当後，なお剰余あるときには，それは甲不動産の旧所有者Sに返還される。

〔二〕 共同抵当権の目的不動産の「全部」がそれぞれL_1・L_2の提供 による場合

(1) Ⅶ類型・Bの存在する不動産の異時競売

共同抵当権の目的不動産の全部「甲不動産・乙不動）がそれぞれL_1・L_2の提供により，B（BはL_2を設定債務者とする第二順位抵当債権者である）の存在する方の不動産（乙不動産）がAにより行して異時競売された，という類型である[1]。

——＊二つに細区分
Ⅶ(a)ケースとⅦ(b)ケース

(a) 乙不動産の競売代金よりAが債権の「全額」代位弁済を受けた場合[2]

(i) Aの法的地位
——異時競売後のAの先順位共同抵当権の消長——

(α) 乙不動産上における実行による消滅

乙不動産の異時競売後，乙不動産上のAの抵当権は，——その債権の全額の満足を得たと否とを問わず——，その実行により競売目的物たる乙不動産

---

(1) 「⑥—ⓐⓑ判例」がⅦ類型に該当する。
(2) 「⑥—ⓐⓑ判例の事案」では，Aが債権の全額代位弁済を受けている。

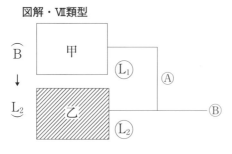

図解・Ⅶ類型

上において消滅する。

　(β)　甲不動産上における付従性による消滅

　その競売代金によるAへの全額代位弁済により，Aの債権は消滅し，それに伴い甲不動産のAの抵当権も付従性により消滅する。AはSとの債権債務関係より離脱する。

　(γ)　消滅するAの抵当権に代わる甲不動産上へのL_2の代位抵当権の成立

　甲不動産上において消滅するAの抵当権((β)参照)に代わり，L_2の代位抵当権が同じく第一順位において成立する((ⅲ)(β)参照)。

(ⅱ)　Bの法的地位
　　──異時競売後のBの後順位抵当権の消長──

(α)　BとL₂の元来の法的関係

　Bは元来L_2を設定債務者とするL_2所有の乙不動産上の第二順位抵当債権者であり，BとL_2は乙不動産上の「第二順位抵当債権者と設定債務者」の関係に在った。

(β)　乙不動産上における消除主義による消除

　乙不動産の異時競売後，乙不動産上のBの抵当権は，──その債権の完全な満足を得たと否とを問わず──，「消除主義」により競売目的物たる乙不動産上から消除される。

(γ)　第二順位配当受領権者としてのB

　乙不動産の異時競売手続きにおいて，BはAに次ぐ第二順位の配当受領権者である。したがって，その競売代金よりAが債権の全額代位弁済を受けた後，なお剰余を生ずるときには，それはBに配当される。なお，Bへの配当は債務者L_2による債権者Bへの債務弁済であり，代位弁済ではない。

　──①Bへの「全額」弁済の場合

　：その競売代金よりBが債権の全額弁済を受けた場合，全額弁済によりB

の債権は消滅し，乙不動産上のBの抵当権は，──「消除主義」の適用を待つまでもなく──，付従性により消滅する（(β)参照）。BはL₂との債権債務関係より離脱する。Bの債権並びに抵当権が債権の完全な満足により消滅した以上，ここではBの代位権はそもそも生ずる余地がない。

なお，Bへの配当後なお剰余を生ずるときには，それは乙不動産の旧所有者L₂に返還される。

──②Bへの「一部額」弁済の場合

：その競売代金よりBが債権の一部額弁済を受けた場合，一部額弁済しかなされなかった以上，Bの債権はそのまま存続する。しかも，乙不動産上のBの抵当権は消除主義により競売目的物たる乙不動産上から消除されてしまっている（(β)参照）。

しかし，L₂に対するBの残額債権は単なる無担保債権となるのではない。甲不動産上において消滅するAの抵当権（(i)(β)参照）に代わり，L₂の代位抵当権が成立し（(iii)(β)参照），Bは残額債権の担保のためL₂の代位抵当権上に物上代位権を取得する。その理由としては，そもそもBはL₂を設定債務者とするL₂所有・乙不動産上の抵当債権者であったのであり（(α)参照）（L₂のBに対する劣後的地位の承認），いわば乙不動産の価値変容物たる「甲不動産上に成立したL₂の代位抵当権」上に抵当権の追及効の一つとして物上代位権を取得する，と解されるからである（民法392条2項後段の適用・準用・類推適用のいずれも否定される。第1項〔二〕(3)(e)参照）。

(iii)　L₁・L₂の法的地位
　　──異時競売後の各物上保証人としての地位の消長──

(α)　L₁・L₂の元来の法的地位（按分負担）

L₁・L₂は，元来共に物上保証人として，債権者Aに対して平等的・共同責任的地位に在り，L₁・L₂の各人によりSの債務のため物上保証として提供された甲・乙両不動産の各価額に応じて，その債務を按分負担する[3]（民法

---

(3)　我妻・講義（新版）461頁＝〔693〕・結論同一
　　：「L₁とL₂との関係をみれば，両者は300万円を各自の提供した不動産の価格に応じて代位する」。（傍点並びに表記等の修正─斎藤）。

392条1項の適用。第1項〔二〕(1)(α)(e)参照)。

(β) 甲不動産上へのL_2の代位抵当権の成立

L_2は乙不動産の競売代金によりAに対して全額代位弁済をなしたものである。したがって，L_2は自己所有の乙不動産の「按分負担額」を超過する金額部分につき，L_1所有・甲不動産上に代位する。より具体的には，甲不動産上において消滅するAの抵当権（(i)(β)参照）に代わり，L_2の代位抵当権が同じく第一順位において成立する。

(γ)　Bの物上代位権の対象としてのL_2の代位抵当権

(ii)(γ)―②の場合（「Aの債権の全額代位弁済→Bの債権の一部額弁済」），甲不動産上に成立したL_2の代位抵当権はBの物上代位権の対象となる。

(iv) 「代位権競合」における「BのL_2に対する優先（B→L_2）」

(α) 「代位権競合」の不成立

(ii)(γ)―①の場合，甲不動産上にBの代位権は生じず（(ii)(γ)―①参照），L_2の代位抵当権のみが成立する（(iii)(β)参照）。「代位権の競合」は生じない。

(β) 「代位権競合」の成立

(ii)(γ)―②の場合，甲不動産上にL_2の代位抵当権が成立し（(iii)(β)参照），このL_2の代位抵当権上にさらにBの物上代位権が成立する（(ii)(γ)―②，(iii)(γ)参照）。したがって，甲不動産において「BのL_2に対する優先（B→L_2」が認められる[4][5]。

---

(4) 「⑥ⓑ判例」は結論同一（Bの物上代位権によるL_2に対する優先を認める）である。
　　：その判決要旨によれば，「AノSニ対スル債権ニ付，L_1ハ其ノ所有ノ甲不動産ニ，L_2ハ其ノ所有ノ乙不動産ニ，夫々一番抵当権ヲ設定シタル後，L_2ハBニ対スル債務ニ付，乙不動産ニ二番抵当権ヲ設定シ，Aカ先ツ乙不動産ノ競売代金ヨリ全部ノ弁済ヲ受ケタルトキハ，L_2ハ民法501条4号3号規定ニ従ヒ甲不動産ニ対スルAノ右抵当権ニ付代位シ，Bハ該抵当権ヲ自己ノ債権ノ為ニ行使スルコトヲ得ルモノトス」と述べる。（傍点並びに表記等の修正―斎藤）。

(5) 学説も「⑥ⓑ判例」の判旨に賛成する。たとえば，㋑　我妻・講義（新版）461頁＝〔695〕。
　　：「Aの共同抵当権（債権額300万円）が甲乙2個の不動産（いずれも価額300万円）を目的とする場合に，甲乙共にそれぞれ物上保証人L_1・L_2の所有に属し，乙不動産上にL_2がBのために200万円の二番抵当権を設定したとする。Bの地位はどのようなものであろうか。まずL_1とL_2との関係をみれば，両者は300万円を各自の提供した不動産の価格に応じて代位する。……乙不動産がまず競売・配当されれば，Lは甲不

動産に 150 万円だけ代位する。かような前提の下に，乙不動産の上の B の二番抵当権
の地位を考えれば，……前記の昭和 11 年判決——本稿⑥ⓑ判例——は，そこに述べた
ような理論で，B は L が甲不動産上に代位する抵当権について優先的に弁済を受ける
と判示した。私はこれに反対した。しかし，今は改めて判例を支持する」。(傍点並び
に表記等の修正——斎藤)。

　ⓛ　柚木＝高木・全集 (三版) 381 — 383 頁・384 頁は「⑥ⓒ判例」の結論に賛成さ
れる。但し，同書は「⑥ⓒ判例」を本稿Ⅳ類型に該当するものとして位置付けられて
いるようである (同書 381 — 382 頁参照) が，いずれにせよ共同抵当権の目的不動産
の一部 (本稿Ⅳ類型) 又は全部 (本稿Ⅶ類型) が債務者以外の者 (物上保証人・第三
取得者) の所有に属する場合を包括的に把握されており，同一の理論を妥当させてお
られる (同書 382 — 383 頁参照)。

　：S 所有の甲不動産と L 所有の乙不動産上に A が第一順位共同抵当権を有し，「B が
乙不動産上に二番抵当権を有し，乙不動産が競売されると，B が甲不動産について一
番抵当権に代位しうるかという問題である。……この類型については，昭和 11 年 12
月 9 日の大審院判決——本稿⑥ⓒ判決——が取り扱っている」。

　この『類型については，昭和 11 年 12 月 9 日大審院判決は，例を示しながら，次の
ように述べている。……。……と説かれるのである。これは，392 条 2 項の規定は共
同抵当の目的物がすべて債務者の所有に属する場合にのみ適用することを前提とする
と共に，それ以外の場合には代位抵当権に対する物上代位 (民 372 条・304 条 1 項) の
理をかりて後順位抵当権者を保護せんとするものである」。

　「私は判例の態度が正しいと思う」。(傍点並びに表記等の修正——斎藤)。

　ⓗ　川井・担物法 151 頁は判旨に賛成される。：「⑥ⓑ判例」の判旨は「妥当である」。

　ⓓ　槇・担物法 181 頁は判旨結論に賛成される。

　：「物上保証人が数人ある場合も，それぞれ目的不動産の価額に応じた負担額を超え
る担保価値につき，その効率的利用の権能を否定すべきでなく，後順位権者の代位を
肯定してよいであろう (大判昭和 11 年 12 月 9 日民集 15 巻 2172 頁——本稿「⑥ⓑ判
例」——。物上代位をなすと同様の結果になるとして，間接的に同様の結論を導いて
いる)」。(傍点並びに表記等の修正——斎藤)。

　ⓗ　小池・評釈 109 頁は，本件の如く物上保証人提供の不動産が共同抵当権の目的
不動産を構成する場合にも民法 392 条 2 項を適用すべしとする点で，判旨に反対され
るも，結論的に「B の L に対する優先」を承認すべしとされる点で，判旨結論と一致
する。

　：本件の如き場合にも民法 392 条 2 項が適用され，「殊に本事案に於ては，物上保証
人 L_2 は上告人 B に対する債務者であるのみならず，その担保乙不動産上に後順位抵
当権を設定したる本人なのである。従って本件に於ける両当事者の関係は，単に物上
保証人対次順位抵当権者たるのみに止まらず，尚お抵当権設定者と抵当権者たる関係
にも在るのである。この故に右両者の利害の優劣は，一般の場合に比して一層明白で
あると思う。即ち後順位抵当権者たる B の地位を優先的に保護するを正当とするので
ある」。(傍点並びに表記等の修正——斎藤)。

　ⓗ　梶田・評釈 129 頁以下，とりわけ 133 頁・134 頁は，本件の如く物上保証人提供
の不動産が共同抵当権の目的不動産を構成する場合にも，民法 392 条 2 項を適用すべ

(ⅴ) 補論

――次なる競売――

(α) L₂による甲不動産の次なる競売

(ⅱ)(γ)―①，(ⅳ)(α)の場合，次いでL₂により甲不動産の競売がなされたときには，その競売代金はL₂に配当される。甲不動産の競売によりL₂の代位抵当権は，――その債権の完全な満足を得たと否とを問わず――，その実行により競売目的物たる甲不動産上において消滅する。

L₂への配当後，なお剰余を生ずるときには，それは甲不動産の旧所有者L₁に返還される。

(β) B又はL₂による甲不動産の次なる競売

(ⅱ)(γ)―②，(ⅳ)(β)の場合，次いでB又はL₂により甲不動産の競売がなされたときには，その競売代金はその順位関係に基づき「B→L₂」の順に配当さ

しとする点で，判旨に反対されるが，結論的に「BのLに対する優先」を承認すべしとされる点で，判旨結論と一致する。

　：本件の如き場合にも民法392条2項が適用され，民法392条2項と民法500・501条の「代位権が相競合して存在」し，後順位抵当権者Bの代位権は物上保証人L₂が「乙不動産を競売せられた為に等しく甲不動産の上に取得した代位権より優先すべきは当然である」。(傍点並びに表記等の修正―斎藤)。

　ⓑ　我妻・評釈577頁は，本件の如く物上保証人提供の不動産が共同抵当権の目的不動産を構成している場合にも，民法392条2項を適用すべしとされる点で，判旨に反対されるも，結論的に「BのLに対する優先」を承認すべしとされる点で，判旨結論と一致する。

　：本件の如き場合にも民法392条2項が適用され，「然るときは第500条と第392条2項の代位とは共に同一範囲に於て競合する。そこで両者の順位を定むべきことになる。而して私はこれを次順位抵当権者Bは物上保証人Lに優先すると解すべきものと思う」。(傍点並びに表記等の修正―斎藤)。

　上記にみた学説の多数説とは異なり，ⓒ　清水・判例コンメ487―488頁は，明示的な態度決定をなされておられるわけではないが，「⑥ⓑ判例」の立場に対してやや消極的見解に立たれるようである。

　：「この場合，乙不動産について先に競売が行なわれると，Bの後順位抵当権者としての代位権はどうなるか。……B不動産の所有者L₂に対する関係で劣後することはおかしい。そこで，ある判決――本稿「⑥ⓑ判例」――は，このような事例において，傍論においてではあるが，BはL₂がL₁所有の甲不動産上のAの抵当権に代位する権利(その額は民法501条4号により150万円である)の上に物上代位的な関係によって優先権をもつことができる，ということを述べている。(a)と(b)とを両立するための苦心の理論構成と思われ，これを支持する学説もある」。(傍点並びに表記等の修正―斎藤)。

れる。甲不動産の競売によりすべての担保権は，——その債権の完全な満足を得たと否とを問わず——，その実行又は「消除主義」により競売目的物たる甲不動産において消滅し，又は消除される。

Ｂ並びにL₂への配当後，なお剰余を生ずるときには，それは甲不動産の旧所有者L₁に返還される。

(b) 甲不動産の競売代金よりＡが債権の「一部額」代位弁済を受けた場合(6)

(i) Ａの法的地位
——異時競売後のＡの先順位共同抵当権の消長——

(α) 甲不動産上における実行による消滅

甲不動産の異時競売後，甲不動産上のＡの抵当権は，——その債権の完全な満足を得たと否とを問わず——，その実行により競売目的物たる甲不動産上において消滅する。

(β) 乙不動産上における不可分性による個別抵当権としての存続

上のＡの抵当権は不可分性により乙不動産上の個別抵当権として存続する。その順位は従前と同様に第一順位である。

(γ) 乙不動産上に成立したL₁の代位抵当権との準共有的併存

乙不動産上においていわば一部的に消滅するＡの抵当権に代わり，L₁の代位抵当権が成立し，それはいわば残部的に存続するＡの抵当権と同じく第一順位において準共有的に併存する（(iii)(β)参照）。

(ii) Ｂの法的地位
——異時競売後のＢの後順位抵当権の消長——

(α) ＢとL₂の元来の法的関係

Ｂは元来L₂を設定債務者とするL₂所有・乙不動産上の第二順位抵当債権者であり，ＢとL₂は乙不動産上の「第二順位抵当債権者と設定債務者」の関係に在った。

(β) 乙不動産上のＢの抵当権順位の滞留，「Ａ・L₁のＢに対する優先（Ａ・

---

(6) この事例につき直接に該当する判例は存在しない。その基本的構成は，Ａが債権の全額代位弁済を受けた場合（(a)参照）におけると，同様である。

$L_1 \rightarrow B$）」

　甲不動産の異時競売後，乙不動産上のＡの先順位抵当権は，従前と同様に第一順位においていわば残部的に存続し（(i)(β)参照），しかも同じく第一順位内においてＬ₁の代位抵当権と併存する（(iii)参照）。したがって，乙不動産上のＢの抵当権は従前と同様に第二順位に留まる。ここでは「Ａ・Ｌ₁のＢに対する優先（A・$L_1 \rightarrow B$）」が認められる。

　　（γ）　物上代位権の不成立

　「乙不動産上に成立したＬ₁の代位抵当権」上へのＢの物上代位権は生じない（その理由は(a)(ii)(δ)と同様）。

(iii)　Ｌ₁・Ｌ₂の法的地位
——異時競売後の各物上保証人としての地位の消長——

　　（α）　Ｌ₁・Ｌ₂の元来の法的地位（按分負担）

　Ｌ₁・Ｌ₂は，共に物上保証人として，債権者Ａに対して平等的・共同責任的地位に在り，Ｌ₁・Ｌ₂の各人によりＳの債務のため物上保証として提供された甲・乙両不動産の各価額に応じて，その債務を按分負担する（民法392条1項の適用。第1項〔二〕(1)(ロ)(e)参照）。

　　（β）　乙不動産上へのＬ₁の代位抵当権の成立，Ａの抵当権との準共有的併存

　Ｌ₁は甲不動産の競売代金によりＡに対して一部額代位弁済をなしたものである。したがって，Ｌ₁は，自己所有の甲不動産の「按分負担額」を越える金額部分につき，Ｌ₂所有・乙不動産上に代位する。

　より具体的には，一部額代位弁済により乙不動産上においていわば一部的に消滅するＡの抵当権に代わり，Ｌ₁の代位抵当権が成立し，それはいわば残部的に存続するＡの抵当権（(i)(β)参照）と同じく第一順位において準共有的に併存する。

　　（γ）　「ＡのＬ₁に対する優先（$A \rightarrow L_1$）」

　乙不動産上の第一順位抵当権の内部関係として，「ＡのＬ₁に対する優先（A$\rightarrow L_1$）」が認められる。その理由としては，Ｌ₁・Ｌ₂は「Ａに対するＳの全債務」につきＡに対して物上保証人として共同責任的地位に在り（(α)参照），「Ｌ₁のＡに対する上記劣後的地位」は，乙不動産上においても，貫徹されな

ければならないものだ，からである。

（δ）　L_1の代位抵当権上への B の物上代位権の不成立

「乙不動産上の L_1 の代位抵当権」は B の物上代位権の対象たり得ない（(ii)（γ）参照）。

(iv)　「代位権競合」の不成立と「L_1 の B に対する優先」（$L_1 \rightarrow$ B）

（α）　甲不動産の異時競売後，乙不動産上に L_1 の代位抵当権が成立する（(iii)（β）参照）が，B の物上代位権は生じ得ない（(ii)（γ）参照）。したがって，「代位権競合」は生じない。

（β）　乙不動産上に「A の L_1 に対する優先（A $\rightarrow L_1$）（(iii)（γ）参照），「A・L_1 の B に対する優先（A。$L_1 \rightarrow$ B）」（(ii)（β）参照），が認められ，したがって「A $\rightarrow L_1 \rightarrow$ B」の順位関係が存在する。

(v)　補論

——次なる競売——

次いで，A・L_1・B のいずれかの者により乙不動産の次なる競売がなされた場合，その競売代金は乙不動産上の順位関係に基づき「A $\rightarrow L_{21} \rightarrow$ B」の順に配当される。乙不動産の次なる競売後，すべての担保権は，——その債権の完全な満足を得たと否とを問わず——，その実行又は「消除主義」により競売目的物たる乙不動産上において消滅し，又は消除される。

(2)　Ⅷ類型・B の存在しない不動産の異時競売

共同抵当権の目的不動産の全部（甲不動産・乙不動産）がそれぞれ L_1・L_2 により提供され，B（B は L_2 を設定債務者とする第二順位抵当債権者である）の存在しない方の不動産（甲不動産）が A により先行して異時競売された，という類型である[1]。

——＊二つに細区分

Ⅷ(a)ケースと Ⅷ(b)ケース

(a)　甲不動産の競売代金より A が債権の「全額」代位弁済を受けた場合[2]

---

[1]　Ⅷ類型に該当する判例は存在しない。Ⅷ類型は，Ⅶ類型との対応において，想定したものである。

図解・Ⅷ類型

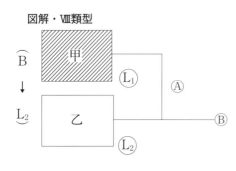

(ⅰ) Aの法的地位
――異時競売後のAの先順位共同抵当権の消長――

(α) 甲不動産上における実行による消滅

甲不動産の異時競売後, 甲不動産上のAの抵当権は, ――その債権の全額の満足を得たと否とを問わず――, その実行により競売目的物たる甲不動産上において消滅する。

(β) 乙不動産上における付従性による消滅

その競売代金によるAに対する全額代位弁済により, Aの債権は消滅し, それに伴い乙不動産上のAの抵当権は付従性により消滅する。AはSとの債権債務関係より離脱する。

(γ) 消滅するAの抵当権に代わる乙不動産上へのL_1の代位抵当権の成立

乙不動産上において消滅するAの抵当権((β)参照)に代わり, L_1の代位抵当権が同じく第一順位において成立する((ⅲ)(γ)参照)。

(ⅱ) Bの法的地位
――異時競売後のBの後順位抵当権の消長――

(α) BとL_2の元来の法的関係

Bは元来L_2を設定債務者とするL_2所有・乙不動産上の第二順位抵当債権者であり, BとL_2は乙不動産上の「第二順位抵当債権者と設定債務者」の関係に在った。

(β) 甲不動産の異時競売手続におけるBの法的地位

甲不動産の異時競売手続においてBは何等の配当受領権者でもない。甲不動産の競売代金よりAの債権への全額代位弁済がなされ, なお剰余を生ずるときには, それは甲不動産の旧所有者L_1に返還され, Bへは何等の配当もなされ得ない。

---

(2) 我妻・講義(新版)・461頁＝〔695〕では, その表現からみて, Aが債権の全額代位弁済を受けた場合を想定している, と考えられる。後注(3)参照。

（γ）　乙不動産上のＢの抵当権順位の滞留，「L_1のＢに対する優先（$L_1 \to$ Ｂ)」

甲不動産の異時競売後，乙不動産上において消滅するＡの抵当権（(i)(β)参照）に代わり，L_1の代位抵当権が同じく第一順位において成立する（(iii)(γ)参照）。したがって，乙不動産上のＢの抵当権は，従前と同様に，第二順位に位置する。したがって，「L_1のＢに対する優先（$L_1 \to$ Ｂ)」が認められる。

（δ）　物上代位権の不成立

「乙不動産上に成立した」L_1の代位抵当権」上へのＢの物上代位権は生じない。その理由は次の二点にある。

第一に，ＢはＬ$_2$を設定債務者とするＬ$_2$所有・乙不動産上の第二順位抵当債権者であった（(α)参照）のであり，したがってＢの上記後順位抵当権は，Ａの先順位抵当権により掌握された「乙不動産上の按分負担額」（(iii)(α)参照）を前提として，そもそもその「残余価値部分」を把握したものにすぎない，からである。

第二に，「Ａに対するＳの債務」についての「乙不動産上の按分負担額」がそもそも存在し（(iii)(α)参照），L_1の代位抵当権は上記の「乙不動産上の按分負担額」の部分の上に成立したものである，からである。

(iii)　L_1・L_2の法的地位
——異時競売後の各物上保証人としての地位の消長——

（α）　L_1・L_2の元来の法的地位（按分負担）

L_1・L_2は，共に物上保証人として，債権者Ａに対して平等的・共同責任的地位に在り，L_1・L_2の各人によりＳの債務のため物上保証として提供された甲・乙両不動産の各価額に応じて，その債務を按分負担する（民法392条1項の適用。第1項〔二〕(1)(ロ)(e)参照）。

（β）　L_1への競売剰余金の返還

甲不動産の競売代金よりＡの債権への全額代位弁済がなされ，なお剰余を生ずるときには，それは甲不動産の旧所有者L_1に返還される。

（γ）　乙不動産上へのL_1の代位抵当権の成立，「L_1のＢに対する優先（$L_1 \to$ Ｂ)」

L_1は甲不動産の競売代金によりＡに対して全額代位弁済をなした者であ

る。したがって，L_1 は，自己所有の甲不動産の「按分負担額」を超過する金額部分につき，L_2 所有・乙不動産上に代位する。より具体的には，乙不動産上において消滅する A の抵当権（(i)(β)参照）に代わり，L_1 の代位抵当権が同じく第一順位において成立する。

したがって，乙不動産上において第一順位・L_1 の代位抵当権，第二順位・B の抵当権が存立し，「L_1 の B に対する優先（$L_1 \rightarrow$ B）」が認められる[3]。

(δ)　L_1 の代位抵当権上への B の物上代位権の不成立

乙不動産上に成立した L_1 の代位抵当権（(β)参照）は B の物上代位権の対象たり得ない（(ii)(δ)参照）。

(iv)　「代位権競合」の不成立と「L_1 の B に対する優先（$L_1 \rightarrow$ B）」

(α)　甲不動産の異時競売後，乙不動産上に L_1 の代位抵当権が成立する（(iii)(γ)参照）も，B の（物上）代位権は生じない（(ii)(δ)参照）。したがって，「代位権競合」は生じない。

(β)　乙不動産上において第一順位・L_1 の代位抵当権，第二順位・B の抵当権が存在し，「L_1 の B に対する優先（$L_1 \rightarrow$ B）」（(iii)(γ)参照）が認められる[4]。

(v)　補論

——次なる競売——

次いで，L_1 又は B により乙不動産の次なる競売がなされた場合，その競売代金は乙不動産上の順位関係に基づき「$L_1 \rightarrow$ B」の順に配当される。乙不動

---

(3)　我妻・講義（新版）・461 頁＝〔659〕・結論同一。

：「A の共同抵当権（債権額 300 万円）が甲乙 2 個の不動産（いずれも価額 300 万円）を目的とする場合に，甲乙両不動産共にそれぞれ物上保証人 L_1・L_2 の所有に属し，乙不動産上に L_2 が B のために 200 万円の二番抵当権を設定したとする。B の地位はどのようなものであろうか。

まず L_1 と L_2 との関係をみれば，両者は 300 万円を各自の提供した不動産の価格に応じて代位する（民法 501 条 4 号）。すなわち，甲不動産がまず競売・配当されれば，L_1 が乙不動産に 150 万円だけ代位する。……かような前提の下に，不動産の上の B の二番抵当権の地位を考えれば，この場合には，150 万円だけ代位する L_1 に優先されて，B は 150 万円だけ配当を受けることは疑問の余地はない」。（傍点並びに表記等の修正—斎藤）。

(4)　前注(3)参照。

産の次なる競売後，L_1並びに B の抵当権は，――その債権の完全な満足を得
たと否とを問わず――，その実行又は「消除主義」により競売目的物たる乙
不動産上において消滅し，又は消除される。

「L_1→ B」への配当後，なお剰余を生じたときには，それは乙不動産の旧所
有者 L_2 に返還される。

(b) 甲不動産のへ競売代金より A が債権の「一部額」代位弁済を受けた場
合[5]。

(i) A の法的地位
――異時競売後の A の先順位共同抵当権の消長――

(α) 甲不動産上における実行による消滅

甲不動産の異時競売後，甲不動産上の A の抵当権は，――その債権の完全
な満足を得たと否とを問わず――，その実行により競売目的物たる甲不動産
上において消滅する。

(β) 乙不動産上における不可分性による個別抵当権としての存続

その競売代金より一部額代位弁済しかなされなかった以上，A の債権は残
額債権として存続し，乙不動産上の A の抵当権は不可分性により乙不動産
上の個別抵当権として存続する。その順位は従前と同様に第一順位である。

(γ) 乙不動産上に成立した L_1 の代位抵当権との準共有的併

乙不動産上においていわば一部的に消滅する A の抵当権に代わり，L_1 の
代位抵当権が成立し，それはいわば残部的に存続する A の抵当権と同じく
第一順位において準共有的に併存する（(iii)(β)参照）。

(ii) B の法的地位
――異時競売後の B の後順位抵当権の消長――

(α) B と L_2 の元来の法的関係

B は元来 L_2 を設定債務者とする L_2 所有・乙不動産上の第二順位抵当債権
者であり，B と L_2 は乙不動産上の「第二順位抵当債権者と設定債務者」の関
係に在った。

---

[5] この事例につき該当する判例は存在しない。その基本的構成は。A が債権の全額
代位弁済を受けた場合（(a)）におけると，同様である。

(β)　乙不動産上のBの抵当権順位の滞留，「A・L_1のBに対する優先（A・$L_1 \to$ B）」

甲不動産の異時競売後，乙不動産上のAの先順位抵当権は，従前と同様に第一順位においていわば残部的に存続し（(i)(β)参照），しかも同じく第一順位内においてL_1の代位抵当権と併存する（(iii)(β)参照）。したがって，乙不動産上のBの抵当権は従前と同様に第二順位に留まる。ここでは「A・L_1のBに対する優先（A・$L_1 \to$ B）」が認められる。

(γ)　物上代位権の不成立

「乙不動産上に成立したL_1の代位抵当権」上へのBの物上代位権は生じない（その理由は(a)(ii)(δ)と同様）。

(iii)　L_1・L_2の法的地位
——異時競売後の各物上保証人としての地位の消長——

(α)　L_1・L_2の元来の法的地位（按分負担）

L_1・L_2は，共に物上保証人として，債権者Aに対して平等的・共同責任的地位に在り，L_1・L_2の各人によりSの債務のため物上保証として提供された甲・乙両不動産の各価額に応じて，その債務を按分負担する（民法392条1項の適用。第1項〔二〕(1)(ロ)(e)参照）。

(β)　乙不動産上へのL_1の代位抵当権の成立，Aの抵当権との準共有的併存

L_1は甲不動産の競売代金によりAに対して一部額代位弁済をなしたものである。したがって，L_1は，自己所有の甲不動産の「按分負担額」を越える金額部分につき，L_2所有・乙不動産上に代位する。

より具体的には，一部額代位弁済により乙不動産上においていわば一部的に消滅するAの抵当権に代わり，L_1の代位抵当権が成立し，それはいわば残部的に存続するAの抵当権（(i)(β)参照）と同じく第一順位において準共有的に併存する。

(γ)　「AのL_1に対する優先（A $\to L_1$）

乙不動産上の第一順位抵当権の内部関係として，「AのL_1に対する優先（A $\to L_1$）」が認められる。なぜなら，L_1・L_2は「Aに対するSの全債務」につきAに対して物上保証人として共同責任的地位に在り（(α)参照），「L_1のAに

対する上記劣後的地位」は，乙不動産上においても，貫徹されなければならないものだ，からである。

（δ）　L_1の代位抵当権上への B の物上代位権の不成立

「乙不動産上の L_1 の代位抵当権」は B の物上代位権の対象たり得ない（(ii)(γ)参照）。

(iv)　「代位権競合」の不成立と「L_1の B に対する優先」（$L_1 \rightarrow$ B）

（α）　甲不動産の異時競売後，乙不動産上に L_1 の代位抵当権が成立する（(iii)(β)参照）が，B の物上代位権は生じ得ない（(ii)(γ)参照）。したがって，「代位権競合」は生じない。

（β）　乙不動産上に「A の L_1 に対する優先（A $\rightarrow L_2$）」（(iii)(γ)参照），「A・L_1 の B に対する優先（A・$L_1 \rightarrow$ B）」（(ii)(β)参照），が認められ，したがって「A $\rightarrow L_1 \rightarrow$ B」の順位関係が存在する。

(v)　補論
——次なる競売——

次いで，A・L_1・B のいずれかの者により乙不動産の次なる競売がなされた場合，その競売代金は乙不動産上の順位関係に基づき「A $\rightarrow L_2 \rightarrow$ B」の順に配当される。乙不動産の次なる競売後，すべての担保権は，——その債権の完全な満足を得たと否とを問わず——，その実行又は「消除主義」により競売目的物たる乙不動産上において消滅し，又は消除される。「A $\rightarrow L_1 \rightarrow$ B」への配当後，なお剰余を生じたときには，乙不動産の旧所有者 L_2 に返還される。

第3項　本節結論総括

　本節は，多くの諸点において，従来の学説の一般的理解とは，かなり顕著
に相違した立場を，打ち出している。それらは，「本文中の私見」と「個別の
(注)に引用の諸学説」との対比において，明示している。ここでは，それら
の諸相違点のより一層の明確化のために，総括的に私見の要約をおこない，
以て本節における結語とする。

⑴　基本原則としての「2項前段」

　(イ)　従来の有力説は，

　"民法392条1項(同時配当手続における按分負担)は共同抵当権の法構成に
おける基本原則である"。といわば暗黙裡に把握してきた(第1項章〔一〕⑶・
〔二〕⑸，第1項〔二〕における注⑴⑻㉔㉛等)。

　(ロ)　しかし，私見は，

　"同条2項前段(異時配当手続における全額負担)がその法構成における基
本原則である"，と把握した(第1項〔二〕⑵)。

⑵　共同抵当権の本質的要件としての，「債権の分割強制」の拒否

　(イ)　従来の学説は，

　1項の基本原則化と対応しつつ，"目的不動産上への「債権の割付け」をあ
る程度まで徹底させ簡明な軌道をつくることが，共同抵当権における後順位
抵当権者を含めた諸関係当事者間の法律関係を衡平且つ合理的に処理するこ
とに奉仕する"，と理解してきた(第1項〔二〕における注㉔)。

　(ロ)　しかし，私見は，

　"上記のような理解はそもそも共同抵当権の本質的要件と矛盾し，普通の
「個別抵当権」に対する特殊抵当権としての「共同抵当権」の担保類型的識別
を，抹殺させてしまうものである"，と理解した。なぜなら，共同抵当権は目
的不動産上への「債権の分割強制」の拒否を本質的メルクマールとし，「債権
の分割強制」を拒否したところに，はじめて一つの担保類型としての「共同

抵当権」が存立し，逆に「債権の分割強制」が妥当させられるところには，単なる普通の「個別抵当権」が存立するにすぎない，からである（第1項〔二〕(1)(ロ)(c)）。

(3)　実行の本則的型態としての，「異時競売・異時配当」手続

(イ)　従来の学説は，

1項の基本原則化に対応しつつ，"共同抵当権の実行の本則的型態は同時競売・同時配当手続である"，と理解してきた（第1項〔二〕における注(8)(24)(31)）。

──なお付言すれば，

(i)　我が国の法制度においては，「土地」と「その地上建物」は同一1個の不動産ではなく，それぞれ別個独立の不動産として構成されている（民法86条）。したがって，このような法制度の建前より必然的に生じ得る「法律関係の錯雑化」（とりわけ，抵当権の実行に伴う法定地上権の成否等に関する法律関係の錯雑化）を予め阻止しようとするために，我が国では「土地」と「その地上建物」の両不動産を一括して抵当権の目的物とすることが，しばしばおこなわれてきている。「土地」と「その地上建物」との上に成立する共同抵当権，という極めて特殊・日本的状況が普遍的にみられるのである。そして，「法律関係の錯雑化の予めの阻止」という共同抵当権の成立「目的」よりすれば，その実行は論理必然的に同時競売・同時配当手続の方法によりおこなわれることとなろう。異時競売・異時配当手続の方法によるとすれば，成立時における当初の「目的」が無に帰してしまう，からである。

(ii)　他方，「分筆による矮小的な土地細分化の横行」という特殊・日本的状況の下では，複数の土地上に成立した共同抵当権は，自ずといわゆる「価値集積型・共同抵当権」（その債権額を十分に担保し得る形で，担保目的物として複数の土地を担保債権者の利益において集積する）としての性格を帯有する，という傾向が顕著である。このような「価値集積型・共同抵当権」としての成立よりすれば，我が国における共同抵当権にあっては，その実行は論理必然的に同時競売・同時配当手続の方法によりおこなわれることとなろう。

(iii)　以上のような共同抵当権の成立をめぐる特殊・日本的な実務状況の存在が，"同時競売・同時配当手続の原則性ないし基準性"という従来の我が国

の学説における理解を導出させた契機の一つであった，と推断できる。――

(ロ)　しかし，私見は，

2項前段の基本原則化に対応しつつ，理念的・法制度論的にはあくまでも，"共同抵当権の実行の本則的型態は異時競売・異時配当手続である"，と理解した（第1項〔二〕(2)(ロ)(d)）。

(4)　「1項」の適用要件の限定化

(イ)　従来の学説は，

1項の基本原則化と対応しつつ，"それが共同抵当権の目的不動産を構成する限りではすべての不動産に一項が適用される"，と理解してきた。ここでは，一項の適用要件はいわば無限定的に理解されており，これがほぼ一致した学説の理解であった（第1項〔一〕における注(6)(28)）。

(ロ)　しかし，私見は，

2項前段の基本原則化と対応しつつ，"その目的不動産の一部が物上保証人所有の場合には，1項の適用が否定される"，と理解した。1項の適用要件を上記のような形で限定化したのである（第1項〔一〕(1)(ロ)(e)）。

(5)　「2項前段」の適用要件の確定

(イ)　従来の学説は，

2項前段の適用要件を必ずしも明確には確定化していなかった。

(ロ)　他方，私見は，

2項前段の基本原則化と対応しつつ，"それが共同抵当権の目的不動産を構成する限りでは，2項前段は共同抵当権のすべての諸場合に適用される"，と理解した。

したがって，(i)その目的不動産の全部が債務者所有に属する場合は勿論のこと，(ii)その一部又は全部が同一又は異別物上保証人の所有に属する場合にも，2項前段が適用される。このように，2項前段の適用要件をいわば無限定的に理解したのである。

その理由としては，目的各不動産上への被担保債権の「全額負担」という法構成は，実体法上の原則たる「抵当権の不可分性」の一つの現れであり，当該原則の手続法上への反映が２項前段（異時配当手続における全額優先弁済受領権）の規定に他ならない，からである（第１項〔一〕(2)(ロ)(e)）。

⑹　「２項後段」の適用要件についての私見の態度決定

⑷　２項後段の適用要件として，

目的不動産の「全部の債務者所有性」を必要とするのか，につき見解が対立していた。

（i)判例並びに多数説（物上保証人優先説）は，"その目的不動産の全部が同一債務者の所有に属する場合のみ，二項後段が適用される"，と理解してきた（第１項〔一〕における注(1)—(5)）。

これに対して，(ii)有力少数説（後順位抵当権者優先説）は，１項の同時配当手続における後順位抵当権者Bの手続的処遇の結果を基本的解決基準として，それとのバランス論（"共同抵当権者Aがいかなる形で自己の債権の満足を計ろうとも，Bは共同抵当につき同時配当がなされた場合より劣悪な地位を与えられてはならない"）を考慮し，"その目的不動産の一部が物上保証人の提供による場合にも，２項後段が適用される"，と理解してきた（第１項〔一〕における注(6)—(11)）。

⑤　しかし，私見は，

上記の見解対立状況とは異なった視点より，「第三の途」を歩んだ。

すなわち，(i)２項後段の適用要件の構成のためには，「A（先順位抵当権者）・B（後順位抵当権者）・C（他方の目的不動産上の後順位抵当権者）・S（Aを債権者とする債務者）・L（物上保証人）」といった「諸関係当事者の各法的地位・各相互関係」のトータルな把握，その上での「Bの代位権制度の趣旨」の解明，が必要である。「代位権によるBの保護」が関係諸当事者の諸利益較量の下で合理化ないし正当化され得る範囲において，２項後段の適用要件が具体化される（第１項〔二〕(3)）。

(ii)その目的不動産の一部がLの提供による場合には，２項後段の適用（並びに準用・類推適用）を否定した（この認識の点で，上記の「判例並びに多数説」

の立場と接近している）（第1項〔二〕(3)(ロ)(c)）。そして，その目的不動産の全部がL$_1$・L$_2$の提供による場合には，1項（按分負担）の適用を端的に承認した。

(iii)この場合，Bの法的地位を考察するに際し，「S所有不動産上のB」と「L所有不動産上のB」の二つを識別し，両Bの各法的地位の「相違」に注目した（第1項〔四〕における注(1)）。

(iv)この「相違」は，「SL間」における共同抵当権的責任の分担形態の相違を前提とするものである（第1項〔三〕(2)(ハ)）。

(v)「S所有不動産上のB」のLに対する劣後（＝Lの優先。Ⅰ・Ⅱ類型）（第1項〔四〕(1)(ロ)(ハ)），「L所有不動産上のB」のLに対する優先（＝Bの優先。Ⅲ・Ⅳ類型）（第1項〔四〕(2)(ロ)(ハ)），を結論づけた（第2項〔はじめに〕における注(3)）。

(7) 類型的・利益較量検討の試み

第1項では，基礎理論的検討（(1)—(6)）をおこない，第2項では，諸判例の事案分析を前提として「類型化」を試み，「関係諸当事者の法的地位」を柱として，各類型毎の個別的検討をおこなった（諸判例の事案についての類型的位置付けは，従来の諸学説のそれとは，細目，異なるものとなっている）。そこでの私見結論は，多くは結果的に諸判決の判旨結論と一致するものであった。したがって，第1項において提示した私見の基礎理論的検討は，諸判決における個別的解決の結論を集積・整理・体系化し，これをいわば「判例法」として構築提示したものであり，民法392条論（法解釈論）に理論的支柱を与えるものといえよう。

〈補注〉

(1) 本稿における文献引用（はじめに・第1項における後注（基本文献リスト），第2項〔序〕，注(1)（基本判例・判例評釈リスト），本文中の各（注）は，原則として，昭和59年4月第1週でもって，打ち切っている（編集委員会への原稿提出時点）。

　　但し，共同抵当権における諸問題に論及されてはいても，本稿テーマに関しては単に一般的・概略的に簡易な記述にすぎないものにつき，その引用を省略した。

(2) 本稿テーマに関する引用打切時点以降の重要文献として，加藤一郎＝林良平編集代表（編集委員・浦野雄幸＝清水誠＝高木多喜男＝吉原省三）・担保法大系（第1巻）・昭和59年7月，が存在する。

同書中における共同抵当権に関する論稿として，イ清水誠・「共同抵当序説」・同書598頁以下，ロ竹下守夫・「共同抵当の構成——共同抵当権と競売手続——」・同書614頁以下，ハ富越和厚・「共同抵当をめぐる判例上の問題点」・同書651頁以下，ニ松本崇・「共同抵当の実務」・同書698頁以下，の四つが存在する。これらの諸論稿は，「実体民法学・手続民執法学・裁判司法実務・金融法実務」の各サイドから，共同抵当権制度の諸問題を検討される。いずれも極めて有益な論稿である。

しかし，本稿テーマに関しては本格的に検討を試みたものはなく，本稿における私見のようなアプローチはまったくみられず，若干の論及をおこなうにすぎない。それらを私見と対比させれば，以下の如くである。

イ　清水・「序説」
　：(i)民法392条2項後段の立法論としての適否は大いに疑問であり，極力縮小的な解釈をすべし（609頁），とされる点で，私見と同一方向である。(ii)民法392条の解釈の基本的方針としての同時配当的な解決の道をできるだけ拡大すべし（609頁），とされる点で，私見の把握と視点を異にされる。
ロ　竹下・「構成」
　：本稿テーマにつき「それらは実体法上の問題であ（る）」（625頁）とされ，検討を留保する。
ハ　富越・「問題点」
　：「このように，共同抵当の後順位抵当権者の代位は，債権者間の利益（担保価値）調整を目的とするものであり，弁済による代位のように被担保債権の移転を含むものではなく，また，物上代位のように価値権の基本的要請として，価値代位物に担保権の効力を及ぼすというものでもない（先順位共同抵当権者が他の不動産の代価から得べかりし配当額は，競売された不動産の価値代位物ではない）」。「しかし，後順位抵当権者の代位が債権者間の利益調整のための技術的要請に基づくとして，その適用を制限的に解する場合には，代位を予定して後順位抵当権を取得した者に不測の損害を与えることにもなりかねない。そこで，後順位者の代位という制度がある以上は，少なくとも同時配当の場合と同様の配当を受けうるという後順位者の期待を保護するという観点を各個の論者の中で，いかに実現してゆくかが問題となる」（652—653頁，傍点斎藤），と述べられる（このような理解は鈴木旧説に準拠されるものである）点で，私見とは全く正反対の方向を志向する。
　なお，本稿「②判例」（674頁），「③判例」（674頁，681—682頁），「④(c)判例」（674—675頁，683—684頁），「⑤ⓒ判例」（684—685頁）。「⑥ⓑ判例」（675—676頁，682—683頁），につき，それぞれ若干論及するに留まる。
ニ　松本・「実務」
　：椿評釈に準拠されて，ＳとＬとの関係ではＳが最終的負担をかぶるべきであり，Ｓ所有不動産上のＢはＳ自身の地位に由来する右の如きマイナスをかぶらせ

て然るべきである（713 — 714 頁），とする点で，私見と同様である。なお，本稿
Ⅶ・Ⅷ類型に若干論及するにすぎない（716 — 717 頁）。

——初出・斎藤①論文・1984 年/S59 年 9・10・11 月——

第2節　共同抵当権の「三つのルール」，その相互関係の解明
——民法 392 条論——

第1項　民法 392 条の「三つのルール」
——序・(1)・(2)・(3)・(4)——

序　「三つのルール」

(i)　本節の課題

(α)　民法 392 条^(＊)では，「三つのルール」が定められている。Ⅰ項のルール，Ⅱ項前段のルール，Ⅱ項後段のルール，の三つである。

(β)　では，これらのルールはどのようなものなのか。そして，これらの「三つのルール」はどのような相互関係にあるのか。

(γ)　これが本稿の解明の課題である。

(ii)　論述の進行

(α)　まず，その各ルールの「意味内容」を，私見の基本的立場から，ルール別に，明らかにする（→本節第1項）。

(β)　次いで，解明された「ルール別内容」を踏まえて，「三つのルール」の相互関係如何を解明する（→本節第2項）。その際，各ルールの「理論的位置付け」に注目し，これを小括する^(＊＊)（→本節第2項(1)(ホ)・(2)(ハ)・(3)(ホ)）。

(＊)　——民法 392 条

　　Ⅰ項　債権者が同一の債権の担保として数個の不動産につき抵当権を有する場合において，同時にその代価を配当すべきときは，その各不動産の価額に応じて，その債権の負担を按分する。

　　Ⅱ項　債権者が同一の債権の担保として数個の不動産につき抵当権を有する場合において，ある不動産の代価のみを配当すべきときは，抵当権者は，その代価から債権の全部の弁済を受けることができる。この場合において，次順位の抵当権者は，その弁済を受ける抵当権者が前項の規定に従い他の不動産の代価から弁済を受けるべき金額を限度として，その抵当権者に代位して抵当権を行使することができる。

(＊＊)　——既公表の拙稿研究

（γ） 最後に，結論を総括する（→本節第3項）。

⑴ 民法392条I項のルール内容

（→「同時配当」手続における「共同抵当権者」の，各不動産からの按分負担額に応じての，優先弁済受領権能[*]）（（イ）—㈡）

（イ） 「同時配当」手続の配当ルール（→被担保債権額の各不動産上への按分負

（i） 既に「共同抵当権論」（民法392条論）については，以下の拙稿を公表してきている。

① 拙稿・「共同抵当権における代位 (1) (2) (3完)——後順位抵当権者と物上保証人の優劣関係，その類型的検討——」・慶應法研57/9・10・11/・(1984年/S59年9月・10月・11月)（→類型化に基づく「総合的判例研究」を含む）（→本稿では，「拙稿研究 (1) (2) (3完)」1984年として引用する）（斎藤①論文）（→なお，「拙稿研究」は二部構成であり，「拙稿研究 (1)」（第1節第1項）は各ルールの適用要件論解明を目的とした理論的考察であり，「拙稿研究 (2) (3完)」（第1節第2項）は，それまでの判例事例を網羅しながら，その他のさまざまな想定事例を加えて，事例類型化をおこない，その類型的・利益較量的考察を統一的・体系的に試みたものである）。

② 拙稿・判例研究（最判S60/5/23）・判時1158/192頁・1989年（⇒斎藤③論文・第3節）

（ii） 本節は，従前の拙稿研究の論述範囲（→「拙稿研究 (1) (2) (3完)」は，そのサブタイトルからも明らかなように，「後順位抵当権者の代位権」（民法392条）と「物上保証人の代位権」（民法500条−501条）の競合問題をトータルに論じたものであり，その分析に際しての前提として，392条の「三つのルール」の相互関係如何につき，私見の基本的立場を明らかにしている）中での，392条の「三つのルール」の相互関係如何の論点に焦点を絞って，そのさらなる分析と私見総括を試みたものである。

（iii） ①拙稿（「共同抵当権における代位 (1) (2) (3完)」論文）では，拙稿以前の「邦語文献」をほぼ洩れなく引用し，「文献リスト」（→拙稿研究 (1) 法研57/9/95—97参照）としてまとめて掲記しているし，①拙稿公表以降，拙稿論旨（→公表段階では，通説的見解に対して，かなりの異論を主張するものであったが，その後，主要部分において，一般化・通説化した）（→拙稿研究 (3) 法研57/11/104—107参照）に対する正面からの批判研究や特段の反論も存在せず，体系書・教科書等の多くは基本的には拙稿論旨を踏襲する結果となっているので，「文献詳細」については，従前の「拙稿研究 (1)」に譲りたい。

なお，拙稿公表以後の文献としては，金融実務家（第一勧業銀行調査部）・佐久間弘道・「共同抵当における代価の配当」（「金法」連載・1985年/S60年10月15日号〜）が金融実務上の代価配当処理如何について論じている。

（＊）——拙稿研究 (1) 法研57/9/70—73（第1節第1項）参照。

担)

(ｉ) 民法 392 条Ⅰ項は,『債権者が同一の債権の担保として数個の不動産につき抵当権を有する場合において,同時にその代価を配当すべきときは,その各不動産の価額に応じて,その債権の負担を按分する』,と定めている。

(ⅱ) これは,共同抵当権の「同時配当」手続における「被担保債権額の各不動産上への按分負担」を定めたものである,と理解できる。

(ロ) 共同抵当権者 A の「法的地位／権限」如何 (→ A の各不動産からの按分負担額に応じた優先弁済受領権能)

(ｉ) では,このⅠ項ルールは,共同抵当権者 A の「法的地位／権限」如何という視点からは,どのような意味内容として理解すべきなのか。

(ⅱ) まず確認すべきは,本条Ⅰ項ルールの登場主体は共同抵当権者 A のみであり,この「A の法的地位／権限」を定めたものである,ということである。

(ⅲ) さらに,その意味内容は,共同抵当権とは,複数の不動産 (→たとえば,甲不動産と乙不動産) を担保対象として設定／成立した抵当権であるが,このような共同抵当権の場合,その実行において,同時に甲不動産と乙不動産の代価を配当すべきときは,その甲不動産の価額と乙不動産の価額に応じて,被担保債権の負担を按分し,共同抵当権者 A は各不動産から按分負担額に応じた優先弁済受領権能を有する,というものである。

(ハ) 具体例

(ｉ) たとえば,共同抵当権者 A,その被担保債権額 3 億円,甲不動産の価額 3 億円相当,乙不動産の価額 2 億円相当,という事例を想定し,甲乙両不動産共に債務者 S 所有であり,共にその価額で競売売却された,とする。

(ⅱ) この場合,A の被担保債権額 3 億円は,甲不動産の価額と乙不動産の価額の「割合比」,すなわち「3 対 2」で按分 (→甲不動産は 1 億 8000 万円の按分負担,乙不動産は 1 億 2000 万円の按分負担) されるので,結局のところ,共同抵当権者 A は,甲不動産売却代金 3 億円から 1 億 8000 万円の配当を,乙不動産売却代金 2 億円から 1 億 2000 万円の配当を,それぞれ受領できる (→ A は計 3 億円の全額弁済を受け,残債権はゼロとなり,A の共同抵当権は消滅する)

ことになる。

(ⅲ) なお，甲不動産売却代金の残余金1億2000万円，乙不動産売却代金の残余金8000万円，計2億円は，甲乙両不動産の所有者Sに返還され，Sにはもはや残債務はない。

(2) 民法392条Ⅱ項前段のルール内容

（→「異時配当」手続における，「共同抵当権者」の競売不動産からの，その不動産の按分負担額とは無関係に，被担保債権全額の優先弁済受領機能[**]）

((イ)—(ハ))

(イ) 「異時配当」手続の配当ルール，その一（→被担保債権額の異時競売不動産上への全額負担）

(ⅰ) 民法392条Ⅱ項前段は，『債権者が同一の債権の担保として数個の不動産につき抵当権を有する場合において，ある不動産の代価のみを配当すべきときは，抵当権者は，その代価から債権の全部の弁済を受けることができる』，と定めている。

(ⅱ) これは，共同抵当権の「異時配当」手続における「被担保債権額の異時競売不動産上への全額負担」を定めたものである，と理解できる。

(ロ) 共同抵当権者Aの「法的地位／権限」如何（→異時競売不動産の代価からの，その不動産の按分負担額とは無関係に，被担保債権全部の優先弁済受領権限）

(ⅰ) このⅡ項前段ルールは，共同抵当権者Aの「法的地位／権限」如何という視点からは，どのような意味内容として理解すべきなのか。

(ⅱ) まず確認すべきは，本条Ⅱ項前段ルールの登場主体は共同抵当権者Aのみであり，この「Aの法的地位／権限」を定めたものである，ということである。

(ⅲ) その意味内容は，甲乙両不動産を目的物とする共同抵当権の場合，その実行において，甲不動産と乙不動産のいずれか一方のみの代価を配当すべきときは，その異時競売不動産の代価から，その不動産の按分負担額とは無関係に，被担保債権の全部の弁済を受けることができる，というのである。

[**] ——拙稿研究 (1) 法研57/9/73 — 74（第1節第1項）参照。

第2節　共同抵当権の「三つのルール」，その相互関係の解明　　129

（ハ）　具体例

（i）　たとえば，上述の例で，共同抵当権者A，その被担保債権額3億円，甲不動産の価額3億円相当，乙不動産の価額2億円相当，という事例を想定し，甲乙両不動産共に債務者S所有であるところ，甲不動産のみがその価額で競売売却された，とする。

（ii）　この場合，Aの被担保債権額3億円は異時競売された甲不動産上に全額負担されるので，結局のところ，共同抵当権者Aは，甲不動産売却代金3億円から債権全額3億円の配当を，受領できる（→Aは計3億円の全額弁済を受け，残債権はゼロとなり，Aの共同抵当権は消滅する）ことになる。

（iii）　競売されなかった乙不動産上においてもAの共同抵当権は消滅し，乙不動産は抵当権拘束から解放され，無負担のものとなる。

(3)　民法392条Ⅱ項後段のルール内容

　　　（→「次順位抵当権者B」の，按分負担額限度での，「非競売」不動産上のAの抵当権について，その代位行使権限[***]）（(イ)—(ハ)）

（イ）　「異時配当」手続の配当ルール，その二（→次順位抵当権者Bの，按分負担額限度での，「非競売」不動産上のAの抵当権について，その代位行使権限）

（i）　民法392条Ⅱ項後段は，『この場合において，次順位の抵当権者は，その弁済を受ける抵当権者が前項の規定に従い他の不動産の代価から弁済を受けるべき金額を限度として，その抵当権者に代位して抵当権を行使することができる』，と定めている。

（ii）　これは，共同抵当権の「異時配当」手続の場合において，一定限度での（→先順位共同抵当権者Aが仮に同時配当手続であれば受け得た按分負担額，それを限度とした），「次順位抵当権者Bによる，先順位共同抵当権者Aの非競売不動産上への抵当権についての，代位行使権限」を定めたものである，と理解できる。

（ロ）　次順位抵当権者Bの「法的地位／権限」如何（→Bの，按分負担額限度での，「非競売」不動産上のAの抵当権について，その代位行使権限）

[***]　──拙稿研究（1）法研57/9/74—79（第1節第1項）参照。

（i）　では，このⅡ項後段ルールは，異時競売不動産上の次順位抵当権者B
の「法的地位／権限」如何という視点からは，どのような意味内容として理
解すべきなのか。

（ii）　まず確認すべきは，上述のⅡ項前段ルールの登場主体が共同抵当権者
Aであり，この「Aの法的地位／権限」を定めたものであるところ，これを
受けて，Ⅱ項後段ルールは，共同抵当権者Aに加えて，異時競売不動産上の
次順位抵当権者Bも，登場している場合の，ルールであり，この「Bの法的
地位／権限」を定めたものである，ということである。

（iii）　その意味内容は，甲乙両不動産を目的物とする共同抵当権の場合，そ
の実行において，甲不動産の一方のみの代価を配当すべきときに，先順位共
同抵当権者Aはその「異時競売」甲不動産の代価から債権の全部の弁済を受
けることができるが，この場合，「異時競売」甲不動産上の次順位抵当権者B
は，按分負担額（→非競売乙不動産は1億2000万円の按分負担額）限度で，「非
競売」乙不動産上のAの抵当権について，その代位行使権限を有する，とい
うものである。

　（ハ）　具体例
（i）　競売不動産上の後順位抵当権者Bの存在事例

　たとえば，上述と同様例（→先順位共同抵当権者A，その被担保債権額3億円，
甲不動産の価額3億円相当，乙不動産の価額2億円相当，甲乙両不動産共に債務者
S所有）で，さらに甲不動産上に後順位抵当権者Bが存在し，その被担保債権
額1億円であり，甲不動産のみがその価額で競売売却された，という事例（→
競売不動産上の後順位抵当権者Bの存在事例）を想定する。

（ii）　先順位共同抵当権者Aの全額優先弁済受領

　この場合，後順位抵当権者Bが存在していても，先順位共同抵当権者Aの
法的地位（権限）は，その先順位なるが故に，いささかも変化はないから，上
述のように，Aは競売された甲不動産の売却代金3億円から債権全額3億円
の配当を受領し，その結果，競売甲不動産上で共同抵当権は消滅し，それは
競売されなかった乙不動産上においても同様であり，共同抵当権は消滅する。

（iii）　「Bの利益」は保護されないのではないか，という疑問

（α）　では，競売された甲不動産上の後順位抵当権者Bの立場はどうなる

のか。甲不動産競売により，Bにはもはや何も配当されるもの（原資）はなくなってしまうのか。そうであるとすれば，Bの本来の利益（→同時配当であれば，共同抵当権者Aは，甲不動産売却代金3億円から1億8000万円の配当を受領し，その残余は本来Bへの配当原資となるものである）は何も護られないことになってしまうのではないか，という「疑問」が生じてくる。

（β）　なぜなら，Bは，自らは甲不動産上の後順位抵当権者として，先順位共同抵当権者Aの担保価値把握（甲不動産価値の把握）に引き続いて，その甲不動産価値の「剰余（残余）価値部分」を担保価値把握していたにもかかわらず，甲不動産競売により，その売却代金3億円はすべて先順位共同抵当権者Aに配当されてしまい，Bには何も配当されるべき原資はなくなってしまった，からである。

(ⅳ)　「Bの利益」保護の手段（→「非競売」不動産上のAの抵当権についての，Bの代位行使権限）

そこで，民法392条Ⅱ項後段のルールの登場場面である。これは，競売甲不動産上の後順位抵当権者Bの利益保護のために，Bは，競売されなかった乙不動産上のAの抵当権を代位行使して，非競売乙不動産の1億2000万円の按分負担額を限度として，乙不動産の競売売却代金2億円からその自己の債権額（→1億円）を確保できる，というルールであり，競売甲不動産上の後順位抵当権者「Bの利益」保護の手段である。

(4)　小　括（(イ)―(ハ)）

(イ)　民法392条Ⅰ項ルール（→「同時配当」手続における共同抵当権者Aの配当受領権能）

(ⅰ)　「共同抵当権者Aの法的権能」の視点から

民法392条Ⅰ項ルールは，「同時配当」手続において，共同抵当権者Aは，甲乙各不動産の「按分負担額」に応じた優先弁済受領権能を有する旨，定めたものである。

(ⅱ)　「共同抵当権の目的不動産」の視点から

なお，このルールを共同抵当権の目的たる「甲乙両不動産」の視点から表現すれば，「同時配当」手続において，共同抵当権の目的たる甲乙両不動産は，

共同抵当権者Aの被担保債権額を，その各不動産の競売売却価額に応じて，「按分負担」して，配当原資として提供しなければならない，ということができる。

　㈥　同条Ⅱ項前段ルール（→「異時配当」手続における共同抵当権者Aの配当受領権能）
　（ⅰ）「共同抵当権者Aの法的権能」の視点から
　同条Ⅱ項前段ルールは，「異時配当」手続において，共同抵当権者Aは，競売甲不動産から，甲不動産の本来「按分負担額」とは無関係に，被担保債権全額の優先弁済受領権能を有する旨，定めたものである。
　（ⅱ）「共同抵当権の目的不動産」の視点から
　なお，このルールを共同抵当権の目的たる「甲乙両不動産」の視点から表現すれば，「異時配当」手続において，競売甲不動産は，甲不動産の本来「按分負担額」とは無関係に，その競売売却価額全額を被担保債権全額のために配当原資として提供しなければならない，ということができる。

　㈧　同条Ⅱ項後段ルール（→「異時配当」手続において共同抵当権者Aが配当受領した場合における，競売甲不動産上の次順位抵当権者Bの，「非競売」乙不動産上のAの抵当権について，その代位行使権能）
　（ⅰ）「次順位抵当権者Bの法的権能」の視点から
　同条Ⅱ項後段ルールは，そのⅡ項前段ルール（共同抵当権者が競売甲不動産から，甲不動産の本来「按分負担額」とは無関係に，被担保債権全額の優先弁済受領した場合）を受けて，この場合において，競売甲不動産上の次順位抵当権者Bは，「非競売」乙不動産上のAの抵当権について，「非競売」乙不動産の本来「按分負担額」限度で，代位行使権能を有する旨，定めたものである。
　（ⅱ）「共同抵当権の目的不動産」の視点から
　なお，このルールを共同抵当権の目的たる「甲乙両不動産」の視点から表現すれば，そのⅡ項前段ルール（競売甲不動産が，甲不動産の本来「按分負担額」とは無関係に，その競売売却価額全額を被担保債権弁済のために配当原資として提供した場合）を受けて，この場合において，「非競売」乙不動産は，競売甲不動産上の次順位抵当権者Bの債権のために，乙不動産の本来「按分負担額」

限度で，その競売売却価額から配当原資として提供しなければならない，ということができる。

第2項　「三つのルール」の相互関係
——序・(1)・(2)・(3)——

　ルールの本筋は「AとB」の利益調整規定であり，「BC間調整・衡平」は条文文言「読み取り（読解）」の結果である。

序

　(i)　上述してきたように，392条には，「Ⅰ項ルール，Ⅱ項前段ルール，Ⅱ項後段ルール」という，「三つのルール」が置かれており，そのルール内容を個別的に明らかにした。

　(ii)　では，これらの「三つのルール」はどのような相互関係にあるのか。

　この問題提起の理由としては，共同抵当権がこれらの「三つのルール」の総体であり，共同抵当権の「法構造」の解明のためには，その各ルール内容の解明のみならず，「三つルール」の相互関係の解明もまた，必須のものとなる，からである。しかも，後者の「三つのルール」の相互関係如何の問題は，共同抵当権の「法構造」が三ルールの「トリアーデ構造」であるのだから，共同抵当権の「法構造」の解明にとっての，まさしく枢要キーとなっている，からである。

　(iii)　しかし，この点につき，392条は，別段，何も述べていない。しかも，日本民法上，共同抵当権規定は，本条規定を含めて，僅か「2カ条」（392条・393条）のみであり，しかも393条は単なる登記手続規定にすぎない。条文規定上の手掛かりは，ほとんど，何もない，のである。

　(iv)　では，どうすればよいのか。私見によれば，392条の「Ⅰ項ルール，Ⅱ項前段ルール，Ⅱ項後段ルール」，これを基本前提として，その「理論的帰結」を探求（条文解読）するという，このような「方法アプローチ」が，極めて肝要である，と考える。換言すれば，従前の拙稿研究が意図し，実践したように，ドイツ法上の理解・趣旨を踏まえながら，あるべき「共同抵当権の法構造」を基軸として，その「理論的分析（考察）」並びに「理論構成化作業」が

必須不可欠である，ということである。

⑴　Ⅰ項ルール
（→「同時配当」ルール(*)）

　既述のように，Ⅰ項ルールは，「同時配当」手続における共同抵当権者Ａの各不動産からの「按分負担額」相当の競売売却代金の優先的配当受領権能を，定めたものである。その内容解明は次の如くである（（イ）─（ホ））。

㈠　「同時配当」手続とは（→「同時競売申立て」を必須前提としない）

　「同時配当」手続とは，どのような場合なのか。

　⑴　共同抵当権の目的不動産の全部について競売が行われ，各競売代金の総額が共同抵当権者Ａをはじめとして関係債権者に配当される場合である（我妻434頁）。必ずしも全部の目的不動産につき同時に競売申立てがなされる必要はなく，別々の時点で競売申立てがなされた場合でも，その後，手続が併合して進行させられ，すべての目的不動産の競売代金が同時に配当される場合も，ここでの「同時配当」手続に該当する（我妻434頁）。

　⑵　「同時配当」手続は，一般的には，「同時競売申立て」により生じるが，必ずしも「同時競売申立て」あることに限定されず，別々の時点で競売申立てがなされた場合でも，手続併合により，「同時配当」手続が実施されることもある，ということである。

㈡　実務上，どのような場合に行われるのか（→稀である）

　「同時配当」手続は，実務上，どのような場合に行われるのか。

　⑴　結論を先述すれば，「同時配当」手続それ自体が実施される場合は，実務上，稀であり，その限りで，Ⅰ項ルールが現実に適用される場合もほとんどない，といえる。

　⑵　その理由は，二つある。

　（α）　第一に，共同抵当権者Ａは，その目的不動産の「全部」について競売申立てをすることも，その「一部」（目的不動産の一個又は数個）について競売申立てをすることも，その権能上，いずれも自由であり，したがって，その

─────────────

（*）　──拙稿研究（1）法研 57/9/70─73（第1節第1項）参照。

「一部」について競売申立てがなされた場合には，「同時配当」手続に至り得ない，から・複雑な制約がある。

　しかも，後日，残り全部の目的不動産について競売申立てがなされた場合でも，先行の競売手続との手続併合がなされなかったときには，やはり「同時配当」手続に至り得ない，からである。

　(β)　第二に，仮に同時競売が申立てられた場合にも，これらの目的不動産を「一括売却」（一括競売）に付するか，それとも「個別売却」（個別競売）に付するか，については，たとえ「一括売却」の諸要件具備のときにも，最終的には執行裁判所の「裁量」に委ねられており，その結果，「一括売却」（一括競売）に付せられないときには，「同時配当」手続に至り得ない，からである。なお，「一括売却」の諸要件のクリヤーのためには，実務上，様々なハードルもあり，煩瑣・複雑な制約がある。

　しかも，「一括売却」（一括競売）に付せられたとき（→「一括売却」の諸要件具備を前提とする）でも，目的不動産中の一部の不動産の競売売却代金で共同抵当権者Aの債権が充足するときには，民執法73条の明文規定（「超過売却禁止」の原則）により，それ以上の売却はストップするので，やはり「同時配当」手続に至り得ない，からである。

　(ハ)　実務上，どのような実益があるのか（→単独では，ほとんどない）（→Ⅱ項前段／後段ルールの適用場面での「副次的・補助的ルール」）

　Ⅰ項ルールは，実務上，どのような実益があるのか。

　(i)　上述したように，「同時配当」手続それ自体の実施が稀であり，したがってⅠ項ルール（→「同時配当」ルール）適用の場面も稀であるのだから，Ⅰ項ルールの実務上の実益も，自ずと消極的判断とならざるを得ない。端的に，実益はほとんどない，といえる。

　(ii)　では，Ⅰ項ルールは，実務上，ほとんど無意味である，と単純に片付けてしまってよいのか。否，である。Ⅰ項ルールは，それ自体単独では，実益はほとんどないが，Ⅱ項前段／後段ルールの適用場面では，その「予備前提」（→次順位抵当権者の代位権行使の「範囲確定基準」）として，重要な意味をもってくる。

　(iii)　端的に，Ⅰ項ルールは，Ⅱ項前段／後段ルールの適用場面で，その「副

次的・補助的ルール」として，機能している。

　　⑵　目的各不動産上への被担保債権額の価格比「按分負担」責任を定めた
ものではない

　　(i)　既述のように，Ⅰ項ルールは，「同時配当」手続における共同抵当権者
Ａの各不動産からの按分負担額相当の競売売却代金の優先的配当受領権能
を，定めたものである。

　　(ii)　しかし，これは，「同時配当」手続において，共同抵当権の目的たる甲
乙両不動産が，共同抵当権者Ａの被担保債権額を，その各不動産の競売売却
価額に応じて，実体法上，「按分負担」責任を負っている，ということを意味
していない。換言すれば，Ⅰ項ルールは，実体法上，目的各不動産の価格比
での，各不動産における被担保債権額の「按分負担」責任を，定めたもので
はない，ということである。では，その理由は何か。次の「三つの理由」が
ある（(iii)─(v)）。

　　(iii)　その第一の理由は，

　　仮に，Ⅰ項ルールにつき，実体法上，目的各不動産の価格比での，各不動
産における被担保債権額の「按分負担」責任を，定めたものだ，と理解する
のであれば，

　　(α)　「共同抵当権の法構造／本質」を基軸として考察すれば，ドイツ法上
の理解によれば，共同抵当権であるということは，その本質上，必然的に「債
権の分割強制（Theilungszwang der Forderung）」（→各不動産上への被担保債権
の「按分負担」責任化／「割付」責任化）を正面から「拒否」し，その「拒否」
したところに，まさしく共同抵当権の「本質的メルクマール」が存在する，
からである。

　　(β)　換言すれば，「債権の分割強制」を許容し，これを貫徹・妥当させた
ところには，もはや「共同抵当権」は成立も存立もせず，そこには単に「分
割された各債権」を被担保債権とする複数の「個別抵当権（Einzelhypothek）」
が成立／存立するにすぎない，からである。そして，これらの複数の「個別
抵当権」の総体が「共同抵当権」を組成／構成するものではないこと，無論，
言うまでもない。

　　(γ)　上述の点について，付言すれば，

① 共同抵当権とは、「1個の債権」を被担保債権として、「複数の不動産」を担保目的物として、成立するものである。ここでは、「複数の」目的不動産と「同数の」共同抵当権が、成立している、と理解しなければならない。たとえば、目的不動産が「2個」であれば、「2個」の共同抵当権が成立している、と理解するのである。

② なぜなら、「一物一権主義」の原則が妥当する、からである。換言すれば、「一物一権主義」の原則の妥当の下では、「複数の」目的不動産上に、これらを一括して「1個の抵当権」が成立する、という法構成は、日本民法上、そもそも採り得ない、からである。

③ 端的に、「共同抵当権」という特殊抵当権（⇔普通抵当権）が、その目的不動産の個数ごとに、成立するが、その被担保債権はあくまで発生原因を同じくする単独一個のものである、ということを確認しておかなければならない。

(iv) その第二の理由は、

仮に、Ⅰ項ルールにつき、実体法上、目的各不動産の価格比での、各不動産における被担保債権額の「按分負担」責任を、定めたものだ、と理解するのであれば、

(α) 「抵当権の不可分性」の原則に背反する、からである。

(β) 換言すれば、共同抵当権も抵当権の一種であり、「抵当権の不可分性」の原則に基づけば、その目的各不動産はそれぞれ債権全額の責任を負担する（→目的各不動産の「全額責任化」）（→本則としてのⅡ項前段ルール）、からである。

(γ) ここでは、「抵当権の不可分性」の原則に反する重要な例外を許容しなければならない、必要性・必然性・理由も、まったく見られない。

(v) その第三の理由は、

仮に、Ⅰ項ルールにつき、実体法上、目的各不動産の価格比での、各不動産における被担保債権額の「按分負担」責任を、定めたものだ、と理解するのであれば、

(α) その対応上、登記手続法は、分割された債権額（→按分債権額／割付債権額）を目的各不動産上に登記すべき旨、定めていなければならないが、我が国の不動産登記法上、そのような定めはまったく存在していない、からである。

㈭　小括　Ⅰ項の「同時配当」ルールの理論的位置付け

Ⅰ項の「同時配当」ルールは，理論上，どのような意味をもつのか。

Ⅰ項ルールが共同抵当権者Aへの「同時配当」ルールであるところから，Ⅰ項ルールから次の理論的帰結を導出できる。結論を4点に小括する（(ⅰ)—(ⅳ)）。

(ⅰ)「同時競売申立権能」を論理的前提とする

第一に，Ⅰ項の「同時配当」ルールは，共同抵当権者Aの「同時競売申立権能」を論理的前提とする。

(ⅱ)「手続法上のルール」である（→実体法上の「按分負担責任化」規定ではない）

第二に，Ⅰ項の「同時配当」ルールは，「同時配当」手続という，ごく極限された手続法上の側面においてのみ，妥当するルールであり，実体民法上の明文規定ルールとして存在しているのにもかかわらず，端的に「手続法上のルール」であり，実体法上の「按分負担責任化」規定ではない。

(ⅲ)「特則」ルールである（→特則的実行形態）

第三に，「Ⅰ項」ルールという，その条文中の冒頭としての位置付けにもかかわらず，これは共同抵当権の配当における「特則」規定であり，その「本則」規定は後に続く「Ⅱ項前段」ルールである，と理解すべきである。換言すれば，「同時競売／同時配当手続」は共同抵当権の「特則的実行形態」である。

(ⅳ)「副次的・補助的」ルールである

第四に，「Ⅱ項前段」ルールと「Ⅱ項後段」ルール，この両ルールの機能する場面を離れては，「Ⅰ項」ルールは，独自の存在意義をもたない，いわば「副次的・補助的」ルールである（拙稿研究（1）85頁注(27)参照）（第1節第1項）。

⑵　Ⅱ項前段ルール

（→「異時配当」ルール(＊＊)）

既述のように，Ⅱ項前段ルールは，「異時配当」手続において，共同抵当権者Aは，競売甲不動産から，甲不動産の本来「按分負担額」とは無関係に，「被担保債権全額」の優先弁済受領権能を有する旨，定めたものである。その

（＊＊）　——拙稿研究（1）法研57/9/73—74（第1節第1項）参照。

内容解明は次の如くである（(イ)―(ハ)）。

(イ)　「異時配当」手続とは
（i）　「異時配当」手続とは，どのような場合なのか。
（ii）　共同抵当権の複数の目的不動産中の「1個の不動産」につき，その競売売却代金が配当される場合が，これである。

(ロ)　実務上，どのような場合に行われるのか
（i）　「異時配当」手続とは，実務上，どのような場合なのか。
（ii）　共同抵当権者Ａは，その複数の目的不動産中のいずれの不動産についても，競売権を有しており，複数の目的不動産中から任意に「一個の不動産」を選択し（→自由選択権能），これにつき競売申立てをおこない（→異時競売申立権能），その競売売却代金が配当される場合に，実施される手続である。

(ハ)　小括――Ⅱ項前段の「異時配当」ルールの理論的位置付け――
　Ⅱ項前段の「異時配当」ルールは，理論上，どのような意味をもつのか。
　Ⅱ項前段ルールが共同抵当権者Ａへの「異時配当」ルールであるところから，Ⅱ項前段ルールから次の理論的帰結を導出できる。結論を四点に小括する（(i)―(iv)）。
（i）　「異時競売申立権能」と「自由選択権能」を論理的前提とする
　第一に，Ⅱ項前段の「異時配当」ルールは，共同抵当権者Ａの「異時競売申立権能」と，その論理必然的前提としての「自由選択権能」を，論理的前提とする。
（ii）　「手続法上のルール」であると同時に，「実体法上のルール」でもある
　第二に，Ⅱ項前段の「異時配当」ルールは，「異時配当」手続という，一般的・通例的な手続法上の側面において妥当する「手続法上のルール」であると同時に，その前提としての「実体法上のルール」でもある。すなわち，「異時配当」手続では，共同抵当権者Ａは競売甲不動産の競売売却代金から「債権全額優先弁済受領権能」を有しており，実体法上，共同抵当権の目的甲乙各不動産はそれぞれ被担保債権額の「全額負担」責任を負っている旨，定めたものである。

(iii) 「本則」ルールである (→本則的実行形態)

第三に,「Ⅱ項前段」ルールという,その条文中の第二次的な位置付けにもかかわらず,これは共同抵当権の配当における「本則」規定であり,392条におけるもっとも根幹たる,独立したルールである (→その「特則」規定は,既述のように,「Ⅰ項」ルールである)。換言すれば,「異時競売／異時配当手続」は共同抵当権の「本則的実行形態」である。

(iv) 共同抵当権者 A の権能規定である (→単独で意味ある枢要ルール)

第四に,「Ⅱ項前段」ルールは,共同抵当権者 A の権能規定であり,単独独立した,共同抵当権におけるもっとも枢要なルールである。

(3) Ⅱ項後段ルール

(→「異時配当」後の「次順位抵当権者」の代位権行使権能ルール[***])

既述のように,Ⅱ項後段ルールは,そのⅡ項前段ルール (共同抵当権者 A が競売甲不動産から,甲不動産の本来「按分負担額」とは無関係に,被担保債権全額の優先弁済受領した場合) を受けて,この場合において,競売甲不動産上の次順位抵当権者 B は,「非競売」乙不動産上の A の抵当権について,「非競売」乙不動産の本来「按分負担額」限度で,代位行使権能を有する旨,定めたものである。その内容解明は次の如くである ((イ)—(ホ))。

(イ) 「抵当権の代位行使」とは

(i) ここで抵当権の代位行使とは,先順位共同抵当権者 A の先順位抵当権が後順位抵当権者 B に法律上当然に移転 (→法定移転) すること,を意味している。

(ii) より具体的には,甲不動産の競売により,その競売売却代金から先順位共同抵当権者 A は債権全額の弁済を受けたのだから,A の共同抵当権は,①競売甲不動産上において (→抵当権実行による消滅) のみならず,②非競売乙不動産上において (→付従性による消滅) もまた,消滅する。本来的には,

---

(***) ——拙稿研究 (1) 法研 57/9/74 — 79 (第1節第1項) 参照。
・BC 間の衡平,所有者による目的不動産の担保価値の合理的利用
・制限的解釈の必要性 (比較法的考察)
・保護の限界 (目的不動産の全部の債務者所有性)

このような「抵当権消滅」という結果となる。

(iii) しかし，本来，消滅すべきはずの非競売乙不動産上の抵当権，これを法律上「存続擬制」し，競売甲不動産上の後順位抵当権者Bに法律上「権利移転」させ，Bの権利行使（→「Aの抵当権」のBによる代位行使）を可能とする，これが本ルールの「抵当権の代位行使」の構造である。

(iv) なお，「Aの抵当権」のBへの移転では，「抵当権」のみの法定移転であり，その「被担保債権」は移転しない。この点で，民法500条・501条に基づく物上保証人の代位権の場合（→「抵当権」のみならず，「被担保債権」もまた，移転する）と，相違している。

(ロ) 「抵当権の代位行使」には「按分負担額」限度がある

(i) 「Aの抵当権」のBによる代位行使は，その価額上，無限定的に認められるわけではない。「価額限界」（→「按分負担額」限度）が設けられている。端的に，「Aの抵当権」のBによる代位行使は，「非競売」乙不動産の本来「按分負担額」限度で，認められる。

(ii) より具体的には，既述の基準例では，「Aの抵当権」のBによる代位行使により，Bは，非競売乙不動産の1億2000万円の按分負担額を限度として，乙不動産の競売売却代金2億円からその自己の債権額（→1億円）を確保できる。

(ハ) その「ルール趣旨」は何か（→共同抵当権者Aと次順位抵当権者B，この両者間調整である）

(i) 共同抵当権者Aの，共同抵当権者としての，正当な権能の行使（→自由選択権に基づく甲不動産についての異時競売申立権の行使，→異時競売甲不動産の競売売却代金からの債権全額の優先弁済受領）により，異時競売甲不動産上の次順位抵当権者Bには，ある種の「歪み（ひずみ）」（→不利益）が生じる結果となり，この「歪み」をAB間で事後的・制度的に調整／是正する，これがⅡ項後段の「ルール趣旨」である。

(ii) ここで，Bに生じるある種の「歪み」（→不利益）とは，具体的に何か。そこで，Ⅰ項ルールが意味をもってくる。

(α) 既述のように，このルールを共同抵当権の目的たる「甲乙両不動産」

の視点から表現すれば、「同時配当」手続において、共同抵当権の目的たる甲乙両不動産は、共同抵当権者Aの被担保債権額を、その各不動産の競売売却価額に応じて、「按分負担」して、配当原資として提供しなければならない、ということができる。

(β) したがって、「同時配当」手続であれば、甲不動産上の次順位抵当権者Bには、甲不動産の「按分負担額」部分（→Aへの配当）を前提として、その「残余価値」部分（→Bへの配当）が留保されているはずだったのであり、Bにはこの「残余価値」部分の追及が許容されなければならない。

(γ) 換言すれば、甲不動産が存在し、その全体価値のうち、まずAが甲不動産の「按分負担額」部分を把握し、次いでBがその「残余価値」部分を把握していたところ、甲不動産の異時競売により、その競売売却代金（→甲不動産の全体価値）からAが債権全額の配当を受け、もはやBにはその「残余価値」部分の把握が失われる（→「歪み」（→不利益））結果となったので、その利益回復が確保されなければならない、ということである。

㈁　ドイツ民法の立場
　ドイツ民法には、そもそもわが国の民法329条Ⅱ項後段（→後順位抵当権者Bの代位行使権能）のような規定（→B保護規定）は、存置されていない。先順位共同抵当権者Aの自由選択権能に基づく異時競売申立／異時配当手続が実施され、その結果生じ得る後順位抵当権者Bの「不利益」は、当初より後順位抵当権者Bにおいて、その忍受を覚悟すべし（後順位抵当権者Bの「そもそもの劣後的地位」が、当然の前提とされている）、という基本的立場が貫かれている。

㈭　小括　Ⅱ項後段の「異時配当」後の次順位抵当権者の代位権行使権能ルールの理論的位置付け
　Ⅱ項後段の「異時配当」後の次順位抵当権者Bの代位行使権能ルールは、理論上、どのような意味をもつのか。Ⅱ項後段ルールが、共同抵当権者Aへの「異時配当」実施後の、次順位抵当権者Bにおいて生じた不利益救済のための、Bの代位行使権能ルールであるところから、Ⅱ項後段ルールから次の理論的帰結を導出できる。結論を四点に小括する（(ⅰ)—(ⅳ)）。

第2節　共同抵当権の「三つのルール」，その相互関係の解明　　143

(i)　「Aの抵当権」のBへの法定移転

　第一に，Ⅱ項後段ルールは，本来，消滅すべき筈の非競売乙不動産上の抵当権，これを法律上「存続擬制」し，競売甲不動産上の後順位抵当権者Bに法律上「権利移転」させ，Bの権利行使（→「Aの抵当権」のBによる代位行使）を可能とする，ものである。

(ii)　「実体法上のルール」であると同時に，「手続法上のルール」でもある

　第二に，Ⅱ項後段ルールは，「実体法上のルール」であると同時に，「手続法上のルール」でもある。「異時配当」後に次順位抵当権者Bに「Aの抵当権」を法定移転させるという限りで，「実体法上のルール」であり，その抵当権を「代位行使」できるという限りで，「手続法上のルール」である。

(iii)　「ルール趣旨」は何か（→「AB間」利益調整）

　第三に，Ⅱ項後段のルール趣旨は，共同抵当権者Aの正当な権能行使により甲不動産異時競売／異時配当手続が実施された場合，Aがその競売売却代金から債権全額優先弁済受領できるが，この場合，次順位抵当権者Bにおいて不利益が生じるところから，その不利益救済のためにBに付与された手段，これがBの代位行使権能である。端的に，Bの不利益救済がⅡ項後段のルール趣旨である。

　なお，学説一般は，後順位抵当権者相互間の衡平（BC間衡平）を強調するが，これは，「不動産所有者の残余価値利用」と同様に，あくまでもサブの副次的趣旨にすぎない。

(iv)　Ⅱ項前段のルールとの関係（→その「事後的調整ルール」）

　第四に，Ⅱ項後段のルールは，Ⅱ項前段のルールの適用／貫徹より生じた結果の，次順位抵当権者Bの利益回復において，その「事後的調整ルール」である。

第3項　結論総括[*]

(i)　392条には，①「Ⅰ項ルール」，②「Ⅱ項前段ルール」，③「Ⅱ項後段ルール」，の三つのルールがある。これらの「三つのルール」の相互関係は次の

---

[*]　──拙稿研究（1）法研57/9/79─80（第1節第1項）参照

ように総括できる。

(ⅱ) すなわち,

②「Ⅱ項前段ルール」があるところ, その貫徹／適用 (→Ａの甲不動産異時競売／異時配当) により, ①「Ⅰ項ルール」の按分負担額 (→甲乙各不動産の価格比按分負担) を基準として, Ｂには不利益 (→甲不動産の「残余価値」部分の把握, それが失われる) が生じる結果となるので, その利益回復のための手段として, ③「Ⅱ項後段ルール」は「Ａの抵当権」のＢによる代位行使権能を認めたものである。

(ⅲ) 従前学説との対比において, 私見[**]の立場[***]を整理[****]すれば,

(**) ——「拙稿研究 (1) (2) (3完)」1984年 (⇒斎藤①論文・第1節) (→拙稿以前と以後), その一

(ⅰ) それ以前の学説一般にあっては, ①「Ⅰ項ルール」を基本原則と意識し,『ある程度まで割付け主義を導くことによって——共同抵当権者の利益を多少犠牲にしながらも——簡明な軌道を作ることであろうと考えられる』(我妻・担物法428—429) としてきた。このような認識は, 鈴木・抵当制度研究230・231・236にも見られる (→「Ⅰ項ルール」を基本的解釈基準とする) し, またこのような発想 (→同時配当並びにそこでの按分負担が「原則」として構成されるべし, という発想) は, 既に梅・要義574にも見られた (拙稿研究 (1) 法研57/9/84—86参照)。

(ⅱ) それ以前の学説一般にあっては,「債権の分割強制」を拒否したところに共同抵当権の本質的メルクマールが存在する, というドイツ法の理解が, まったく意識されていなかった (→それ故に, 割付主義を導入,「Ⅰ項ルール」の基本的解釈基準化, が主張されていたのであろう)。この点についての詳細は, ドイツ強制抵当権の拙著／拙稿研究 (→強制抵当権の場合にも, 共同抵当権の負担化が許容されるか否か, については, 歴史的な立法編纂過程で, 再三再四, 論議されてきた) (斎藤和夫・『ドイツ強制抵当権の法構造——債務者保護のプロイセン法理の確立——』・2003年/H10年, 同・『ドイツ強制抵当権とBGB編纂——ドイツ不動産強制執行法の理論的・歴史的・体系的構造——』・2011年/H23年所収) に示してある。

(ⅲ) 「拙稿研究 (1) (2) (3完)」1984年「以後」にあっては, わが国の学説上, 当然の如く, ②「Ⅱ項前段ルール」の基本原則化が示され, ①「Ⅰ項ルール」の比重は矮小化・形骸化されている。

(***) ——「拙稿研究 (1) (2) (3完)」1984年 (⇒斎藤①論文・第1節) (→以前と以後), その二

(ⅰ) ドイツ法上,「後順位抵当権者の代位権制度」(→③「Ⅱ項後段ルール」) は存在していない。この点をとらえて,『後順位抵当権者の保護のためには特別の法規がなくてはならぬ故に, ドイツ民法よりも, わが民法の方が遥かに合理的であるといえる』(石田文次郎・総括抵当論21—22) (S7年), という学説の指摘も見られた。

(ⅱ) これは, ドイツ民法が『後順位抵当権者の利益をほとんど顧慮していない』(石

第2節　共同抵当権の「三つのルール」，その相互関係の解明　145

（α）　基本ルールは，②「Ⅱ項前段ルール」であり，

⇒これは共同抵当権者 A の権能規定（→共同抵当権の「権利規定」）である。

（β）　③「Ⅱ項後段ルール」は，

⇒②「Ⅱ項前段ルール」適用後の，次順位抵当権者 B の利益回復規定（→代位権付与）である。

（γ）　①「Ⅰ項ルール」は，

⇒③「Ⅱ項後段ルール」適用に際しての，「価額限界」規定（→代位権行使の価額限界）である。

──初出・斎藤②論文・2011 年/H23 年 2 月──

────────────

田文次郎既出）ことを批判しながら，『共同抵当権者の利益を多少犠牲にしながらも』（我妻既出），『後順位抵当権者の保護』をより一層貫徹すべし，という立場の表明であった。

　（ⅲ）　しかし，私見は，共同抵当権の本質的構造から，異時競売／異時配当手続を実行の本則的形態とし，しかもその結果としての後順位抵当権者の法的地位の劣位化を前提認識としながらも，代位権によるその保護をより限定化すべし，と論じた（拙稿研究（1）法研 57/9/86 参照）。

　（ⅳ）　このような私見の基本認識は，その後の最高裁判決（→拙稿・判例研究（最判 S60/5/23）・判時 1158/192 頁・1989 年参照）（第 3 節）にも，踏襲された。これは，拙稿研究における類型的・利益較量的考察での「想定事例」についての，はじめての最高裁判決事例（→「拙稿研究（2）（3 完）」1984 年）の登場となった。

（＊＊＊＊）──「拙稿研究（1）（2）（3 完）」1984 年（⇒斎藤①論文・第 1 節）（→以前と以後），その三

　（ⅰ）　それ以前の学説一般にあっては，共同抵当権の解説具体例としては，通例，「3 個」の目的不動産を想定し，それが一般化されてきていた（我妻・担物法のいう『基準例』）。

　（ⅱ）　しかし，共同抵当権のルール（392 条）を説明・解明するに際して，なぜ「3 個」の目的不動産を想定するのか，それではかえって事態・問題を複雑化してしまい，難解化・解決困難化するのではないのか。このような疑問から，当時の学説一般の説明事例（基準例）とは異なるが，「拙稿研究（2）（3 完）」の類型的考察にあって，あえて「2 個」の目的不動産を想定し，共同抵当権事例の「基準例」とした。

　（ⅲ）　現在では，「2 個」の目的不動産を基準例とする説明は，珍しくはなく，その後の最高裁判決の判旨説明（判決文）を含めて，むしろ普通・一般化・普遍化している（但し，石田穣・担物法（民法体系）・2010 年参照）。

第3節 後順位抵当権者と物上保証人の優劣関係（判例研究）

——最一小判昭和 60 年 5 月 23 日——

［配当異議事件，最高裁昭 56 (オ) 1175 号，昭和 60・5・23 一小法廷判決，上告棄却，判例時報 1158 号 192 頁，民集 39 巻 4 号 940 頁］

第1項 事 実

事案の具体的内容は次の如くである。

(1) 上告人 A は，訴外新栄観光開発株式会社への債権（以下，「上告人の被担保債権」という）を担保すべく，その所有建物及び第三者所有の不動産（以下，「本件建物等」という。S 所有甲不動産），並びに訴外大塚所有の本件土地及び訴外大一商産所有建物（以下，「本件土地等」という。L 所有乙不動産）を共同抵当の目的として，その各所有者から，極度額を 1 億 5500 万円とする第一順位の根抵当権の設定を受け，次いで極度額を 2 億 7000 万円とする本件建物等について順位 2 番，本件土地等について順位 3 番の根抵当権を，さらにその後極度額を 3 億 2500 万円とする本件建物等について順位 3 番，本件土地等について順位 4 番の根抵当権の各設定を受けた。

(2) 被上告人 B は，大塚ほか 2 名を連帯債務者として 779 万円を貸し付け，これに基づく債権（利息及び遅延損害金を含む。以下，「被上告人の被担保債権」という。）を担保するため，大塚及び大一商産からその各所有の本件土地等（L 所有乙不動産）について第二順位の抵当権設定を受けた。

(3) 大塚は，上告人 A と，前記各根抵当権設定契約を締結する際，物上保証人が弁済等によって上告人から代位によって取得する権利は，上告人と新栄観光の取引が継続している限り，上告人の同意がなければ行使しない旨，合意した。

(4) 上告人 A は，第一順位の根抵当権に基づき，本件各不動産の競売申立をしたところ，物上保証人大塚及び同大一商産所有の本件土地等が競売され，その競落代金から，上告人は，上告人の被担保債権の元本 7 億 1986 万 0828 円及び損害金 4 億 1503 万 0871 円のうち，元本につき 1470 万 3380 円，損害

金につき 311 万 6000 円，合計 1781 万 9380 円の弁済を受け，次いで新栄観光ら所有の本件建物等について競売され，代金 6 億円が納付された。

(5) 仙台地方裁判所は，本件建物等につき上告人の有する第二，第三順位の根低当権が，本件土地等について被上告人の有する第二順位の抵当権に劣後するものとして，上告人に対して上告人の被担保債権の元金につき 1 億 2627 万 4620 円を，次いで被上告人に対して被上告人の被担保債権の元金につき 779 万円，損害金につき 311 万 6000 円，合計 1090 万 6000 円を，第三順位として上告人の被担保債権の元金につき 4 億 5759 万 0850 円を交付する旨の交付表を作成した。

(6) 上告人 A は，本件建物等につき上告人の有する根抵当権は被上告人の本件土地等についての抵当権に優先するものとして異議を述べた，というのである。

第2項　判　　旨

本件上告を棄却する。

一　共同抵当の目的である債務者 S 所有の甲不動産及び物上保証人 L 所有の乙不動産にそれぞれ債権者を異にする後順位抵当権が設定されている場合において，乙不動産が先に競売されて一番抵当権者 A が弁済を受けたときは，乙不動産の後順位抵当権者 B は，物上保証人 L に移転した甲不動産に対する一番抵当権から甲不動産の後順位抵当権者 C に優先して弁済を受けることができる。

ところで共同根抵当の目的である債務者所有の不動産と物上保証人所有の不動産にそれぞれ債権者を異にする後順位抵当権が設定されている場合において，物上保証人所有の不動産について先に競売され，その競落代金の交付により一番抵当権者が弁済を受けたときは，物上保証人は債務者に対して求償権を取得するとともに，代位により債務者所有の不動産に対する一番抵当権を取得するが，物上保証人所有の不動産についての後順位抵当権者（以下，「後順位抵当権者」という）は物上保証人に移転した右抵当権から債務者所有の不動産についての後順位抵当権者に優先して弁済を受けることができるものと解するのが相当である（最高裁昭和 50 年(ｵ)第 196 号昭和 53 年 7 月 4 日第三小法廷判決・民集 32 巻 5 号 785 頁参照）（Ⅵ類型・5ⓒ判例・第 1 節第 2 項〔一〕(3)

(ロ)) ―斎藤注)。

二　物上保証人Ｌが，その所有の乙不動産及び債務者Ｓ所有の甲不動産につき共同抵当権を有する債権者Ａとの間で，債権者Ａの同意がない限り弁済等により取得する権利を行使しない旨の特約をしても，物上保証人Ｌ所有の乙不動産の後順位抵当権者Ｂは，物上保証人Ｌが弁済等により代位取得する抵当権から優先弁済を受ける権利を失わない。

右の場合において，債務者所有の不動産と物上保証人所有の不動産について共同根抵当権を有する債権者が物上保証人と根抵当権設定契約を締結するにあたり，物上保証人が弁済等によって取得する権利は，債権者と債務者との取引が継続している限り債権者の同意がなければ行使しない旨の特約をしても，かかる特約は，後順位抵当権者が物上保証人の取得した抵当権から優先弁済を受ける権利を左右するものではないといわなければならない。けだし，後順位抵当権者が物上保証人の取得した一番抵当権から優先して弁済を受けることができるのは，債権者が物上保証人所有の不動産に対する抵当権を実行して当該債権の弁済を受けたことにより，物上保証人が当然に債権者に代位し，それに伴い，後順位抵当権者が物上保証人の取得した一番抵当権にあたかも物上代位するようにこれを行使しうることによるものであるが，右特約は，物上保証人が弁済等をしたときに債権者の意思に反して独自に抵当権等の実行をすることを禁止するにとどまり，すでに債権者の申立によって競売手続が行われている場合において後順位抵当権者の右のような権利を消滅させる効力を有するものとは解されないからである。

三　債権の一部につき代位弁済がされた場合，右債権を被担保債権とする抵当権の実行による競落代金の配当については，代位弁済者Ｌは債権者Ａに劣後する。

債権者が物上保証人の設定にかかる抵当権の実行によって債権の一部の満足を得た場合，物上保証人は，民法502条1項の規定により，債権者と共に債権者の有する抵当権を行使することができるが，この抵当権が実行されたときには，その代金の配当については債権者に優先されると解するのが相当である。けだし，弁済による代位は代位弁済者が債務者に対して取得する求償権を確保するための制度であり，そのために債権者が不利益を被ることを予定するものではなく，この担保権が実行された場合における競落代金の配

当について債権者の利益を害するいわれはないからである。

第3項　評　釈

〔一〕　本件判決の位置付け

本件判決は，共同抵当権の目的不動産が債務者所有のものと物上保証人所有のものとにより構成されている場合に，共同抵当権の実行方法の形態との関連において，「後順位抵当権者と物上保証人の優劣関係」如何の問題について，最高裁としての「新たな事案」につき，その判示を付加したものである。

なお，「後順位抵当権者と物上保証人の優劣関係」如何については，既に拙稿・「共同抵当権における代位(1)(2)(3)——後順位抵当権者と物上保証人の優劣関係，その類型的検討——」（慶應法研 57 巻 9・10・11 号，昭和 59 年 9・10・11 月）（⇒斎藤①論文・1984 年/S59 年，第 1 節）において既に「本件事案」を想定し，その解決指針を提示し，詳細に検討しているところであり，過去の判決例・学説状況を含めて，より詳しくはそれに譲りたい（Ⅳ類型・該当判例ナシ・第 1 節第 2 項〔一〕(2)(ロ)—斎藤注）。

〔二〕　本件事実関係の簡易化

本判決についての分析を明確化するために，各「関係当事者の法的地位」を基軸として，本件事実関係を次の如く簡易化しておく（(a)—(h)）。

(a)　先順位共同抵当権者 A

債務者 S 所有の甲動産，物上保証人 L 所有の乙不動産，との二つの不動産が存在する。この両不動産上に第一順位共同抵当権者 A が存在する。A は S を債務者とする「抵当債権者」である（債権者 A，債務者 S）。

(b)　後順位抵当権者 C

債務者 S 所有の甲不動産上に，第二順位抵当権者 C が存在する。C は S を債務者とする「抵当債権者」である（債権者 C，債務者 S）。なお，本件事実関係では，C は第一順位共同抵当権者 A と同一人であり，したがって C は順位を異にする複数の抵当権を有する者に他ならない（C = A）。

(c)　後順位抵当権者 B

L 所有の乙不動産上に，第二順位抵当権者 B が存在する。B は L を債務者とする「抵当債権者」である（債権者 B，債務者 L）。

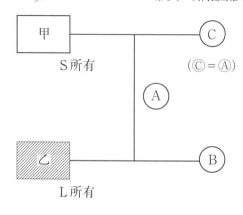

(d) AによるL所有・乙不動産の異時競売・配当手続

Aにより抵当権実行の申立てがなされ，先行してL所有・乙不動産につき異時競売・配当手続が開始・進行されている。

(e) Aへの一部額代位弁済，Bへのゼロ配当

L所有・乙不動産の異時競売・配当手続において，その競売売却代金よりA（第一順位配当受領権者）に一部額代位弁済（物上保証人Lから債権者Aに対する一部額代位弁済）がなされている。この異時競売・配当手続では，B（第二順位配当受領権者）には何等の配当もなされ得ていない。

(f) S所有の甲不動産の競売

乙不動産の競売後，引き続いてS所有の甲不動産の競売がなされた。その売却代金につき配当手続が実施され，その配当表について異議が申し立てられたのが，本件である。

(g) 図　解

以上の(a)—(f)における事実関係を図解すれば，上記の如くである。なお，乙不動産上の斜線の表示は，それが先行してなされた異時競売不動産である旨を，意味している。

(h) 論述の進行

以上の如き簡易化に基づき，本件判決の各判示事項につき，次項目以降，個別的に検討を進める。但し，その問題点の分析上，判示事項「(三)→(一)→(二)」の順に，論述していくこととする。

なお，判示事項(一)(二)(三)のすべてにつき，私見は判旨結論に賛成するものである。しかし，判旨「理由付け」は，理論構成として，簡潔であり，したがって本稿は，私見の立場からのその「理由付け」の詳細理論化と明確化を主「目的」とするものである。

〔三〕 AL 間の優劣関係 （判示事項㈢）

——各判示事項の個別的検討，その⑴——

⑴ 判示内容

判示事項㈢は，「先順位共同抵当権者 A と物上保証人 L の優劣関係」如何の問題について，「先順位抵当権者 A は物上保証人 L に優先する（A→L）」旨，判示するものである。

すなわち，その論旨を敷衍し，明確化すれば，㈠債務者 S 所有の甲不動産と物上保証人 L 所有の乙不動産との両不動産上に，先順位共同抵当権者 A が存在し，㈡A の実行申立てにより先行して L 所有の乙不動産について，異時競売手続が開始，進行され，それが終結した場合，㈢他方の非競売不動産，すなわち S 所有の甲不動産上において，「原債権者 A は一部代位者 L に優先し（A→L）」，㈣S 所有の甲不動産に対する抵当権の実行手続において，その競落代金の配当について，「代位弁済者 L は債権者 A に劣後する」旨，判示している。

したがって，以上を前提とすれば，判示事項㈢は，「原債権者 A と一部代位者 L の優劣関係」如何の問題につき，「原債権者 A は一部代位者 L に優先する（A→L）」旨，判示するものである，といえよう。

⑵ 私見の理論構成

私見は，判旨結論に賛成する。以下，「A・L の各法的地位」を基軸として，私見の理論構成を提示しておく（（イ）—（ニ））。

なお，「原債権者と一部代位者の優劣関係」如何の問題については，既に拙稿・「弁済者一部代位の法構造——原債権者と一部代位者の競合関係，その利益較量的分析——」（慶應法研 60 巻 2 号，1987 年/S62 年 2 月）（斎藤④論文，⇒第 2 章第 1 節）において，過去の学説・判例の分析を含めて，詳細に検討しているところであり，網羅的な文献引用を含めて，より詳しくはそれに譲りたい。

また，拙稿の公表「以降」，本テーマについては，いくつかの後続論稿が公表されている（たとえば，寺田・「一部代位における債権者優先主義」・金融法研究資料編⑶85 頁以下・S62 年 9 月等）が，拙稿見解に対する特段の反論も批判も見られず，むしろ類似の方向性も示されている。

（イ） 先順位共同抵当権者 A の法的地位

先順位共同抵当権者Aの法的地位は，L所有の乙不動産の異時競売手続を契機として，次の如く転化する（(a)—(d)）。

(a) 残額債権者A

先行したL所有の乙不動産の異時競売手続において，Aはその競売売却代金より自己の債権の一部額弁済しか受け得なかった以上，その手続終結後においても，AはなおSに対して残額債権を有する「残額債権者」である。

すなわち，Aは，自己のSに対する債権の担保のため，S所有・甲不動産とL所有・乙不動産の両不動産上に，共同抵当権を取得している。その実行要件の具備の下で，Aは抵当権実行の申立てをなし，L所有・乙不動産につき先行して異時競売・配当手続が開始，進行される。その異時競売・配当手続において，Aは競売売却代金より一部額弁済を受ける（競売売却代金は，Aの債権の完全な満足のためには，不足していたわけである）。したがって，乙不動産の異時競売・配当手続が終結した後においても，AはSに対して残額債権を有し続けている，といえよう。

(b) 異時競売乙不動産上でのAの抵当権の「実行による消滅」

L所有の乙不動産の異時競売手続が終結した後には，当該異時競売乙不動産上において，Aの抵当権はその実行により消滅するに至る。

すなわち，抵当権のもつ優先弁済受領権の現実的発動として，抵当権が実行されるに至り，その実行を契機として，価値権として目的不動産の価値を把握していた乙不動産上の抵当権は，乙不動産の価値代表物たる「競売売却代金」にズロガートし，その配当受領により消滅するに至る。換言すれば，異時競売を契機として，乙不動産それ自体の価値は「競売売却代金」という価値に代替し，乙不動産上の抵当権は，その「物上代位効」の一発現として，その「競売売却代金」という価値を把握するものと化し，しかも配当受領によりその自己目的を達成し消滅するに至る，と解される。

なお，以上の限りで，異時競売乙不動産は，無負担の形で，競売買受人の所有権に帰する，ものとなる。

(c) 非競売甲不動産上でのAの抵当権の存続（「存続」における抵当権の付従性）

L所有の乙不動産の異時競売手続が終結した後においても，他方の非競売甲不動産上においては，Aの抵当権は個別抵当権としてなお存続している。

すなわち，乙不動産の異時競売手続において，Aはその競売売却代金より債権の一部額弁済しか受け得ず，なお残額債権を有し続けている。したがって，「存続」における抵当権の付従性の原則の妥当により，残額債権を担保すべく，他方の非競売甲不動産上ではAの抵当権はなお存続している，と解される。

なお，本件事実関係におけるとは異なり，仮にAがその競売売却代金より債権の全額弁済を受けたときには，Aの債権は消滅し，したがって「消滅」における抵当権の付従性の原則の妥当により，他方の非競売不動産上でもAの抵当権は消滅するに至る，といえよう。

(d) 小 括

以上の(a)—(c)を前提として，「Aの法的地位」の転化を小括すれば，

L所有の乙不動産の異時競売手続が終結した後において，その競売売却代金より一部額弁済を受けたAは，今なお残額債権を有し，その残額債権を担保すべく，他方の非競売甲不動産上に個別抵当権を有している。甲・乙両不動産上のAの共同抵当権は，乙不動産の異時競売手続の実施・終結を契機として，非競売甲不動産上の個別抵当権に転化する，わけである。なお，その順位は，従前と同様に，第一順位である，といえよう。

(ロ) 物上保証人Lの法的地位

物上保証人Lの法的地位は，L所有の乙不動産の異時競売手続を契機として，次の如く転化する（(a)—(d)）。

(a) 第三者弁済者L

L所有・乙不動産の異時競売手続において，Lはその所有の乙不動産の競売売却代金よりAに一部額弁済をなしたものであり，それが他人（S）の債務の弁済であり，債務者以外の者（L）の弁済である以上，Lは「第三者弁済者」である。

すなわち，Lは，SのAに対する債務の担保のために，自己所有の乙不動産をAの抵当権に供している。他人の債務のために自己所有の不動産を担保に供している者，すなわちLは物上保証人である。そしてAの実行申立てにより，L所有・乙不動産が先行して異時競売・配当され，その競売売却代金よりAは一部額弁済を受けている。その一部額弁済は，債務者ではない

第三者たるＬの所有不動産の価値代表物よりなされたものであるが故に，Ａへの「第三者弁済」に他ならない。したがって，乙不動産の異時競売・配当手続において，Ｌは「第三者弁済者」である，と解される。

(b) 求償債権確保のための一部代位者Ｌ

Ｌ所有・乙不動産の異時競売手続が終結した後，他方の非競売甲不動産上において，Ｌは求償債権「確保」のための一部代位者となる。

すなわち，Ｌ所有・乙不動産の異時配当手続において，Ｌは第三者弁済者であり，その第三者弁済に伴ない債務者Ｓに対して求償債権を取得し，しかも当該求償債権を確保すべく，ここでは他方の非競売甲不動産上において，法律上当然にＬの「弁済者代位（法定代位）」が成立する。しかも，この第三者弁済が債権者Ａの債権への一部額弁済にすぎなかったが故に，より正確にはＬの「弁済者一部代位（法定一部代位）」が成立する。換言すれば，一部額弁済を受けて一部的に消滅するに至るＡの「権利（原債権，原抵当権）」上に，求償債権「確保」のためのＬの「一部代位」が法律上当然に成立する。したがって，Ｌは求償債権「確保」のための一部代位者である，と解される。

なお，Ｌの第三者弁済は法律上当然に弁済者代位を招来させるものであり，この意味よりすれば「代位弁済」（弁済者代位を生ぜしめる弁済）と称され，本件事実関係の下では，Ｌは「一部額代位弁済者」に他ならない，といえよう。

(c) 強制弁済者Ｌ

Ｌ所有・乙不動産の異時競売手続において，その所有乙不動産の競売売却代金より債権者Ａに弁済をなしたＬは，抵当権実行手続がその本質上「強制的契機」を包含するものと判断される以上（拙稿・「ドイツ不動産強制執行法体系における強制抵当権制度」・民事研修321号30―31頁参照・昭和58年12月）（斎藤和夫・『ドイツ強制抵当権とBGB編纂――ドイツ不動産強制執行法の理論的・歴史的・体系的構造――』・2011年/H23年9月・785頁以下所収），いわば手続法上の「強制弁済者」である（これに対して，抵当権実行手続によらない，実体法上の通常の第三者弁済者は，いわば「任意弁済者」である），と解される。

(d) 小 括

以上(a)―(c)を前提として，「Ｌの法的地位」の転化を小括すれば，

Ｌ所有の乙不動産の異時競売手続が終結した後において，その競売売却代金より一部額代位弁済をなしたＬは，自ら第三者弁済者としてその求償債権

「確保」のために，他方の非競売甲不動産上のＡの「権利（原債権・原抵当権）」上に，法律上当然に「弁済者一部代位」する，といえよう。

(ハ) 非競売甲不動産上におけるＡ・Ｌの法的地位（Ａ・Ｌの各両「抵当権」の準共有的併存）

Ｌ所有の乙不動産の異時競売手続を契機として，非競売甲不動産上において，「Ａ・Ｌの法的地位」は次の如き状況に在る ((a)—(c))。

(a) Ａの「残額抵当権」の存続

Ｌ所有の乙不動産の異時競売手続が終結した後，他方の非競売甲不動産上に，その残額債権「担保」のためにＡの「残額抵当権」が存続している。すなわち，乙不動産の競売売却代金よりＡがその債権につき一部額弁済を受けるにすぎなかった以上，Ａの原債権は「残額債権」として存続し，それに伴ないＡの原抵当権も「残額抵当権」として存続している，といわなければならない，からである。

(b) Ｌの「一部代位抵当権」の成立

Ｌ所有の乙不動産の異時競売手続が終結した後，他方の非競売甲不動産上に，その求償債権「確保」のためのＬの「一部代位抵当権」が成立している。すなわち，自己所有の乙不動産の競売売却代金によりＬは一部額代位弁済をなしたものである以上，Ａの「原債権・原抵当権」の本来消滅すべき部分の「権利」上に，Ｌは法律上当然に「弁済者一部代位」した，からである。

(c) Ａ・Ｌの各両「抵当権」の競合

元来，甲不動産上には，乙不動産をもその担保目的物とするところの，Ａの共同抵当権が存在していたところ，Ｌ所有の乙不動産の異時競売手続が終結した後，他方の非競売甲不動産上のＡの「原債権，原抵当権」を基本的基盤としつつ，且つそれが分化した形で，(i)残額債権「担保」のためのＡの「残額抵当権」，(ii)求償債権「確保」のためのＬの「一部代位抵当権」の二つが，非競売甲不動産上において準共有的に併存する，という結果が招来されている。端的に，ここでは，Ａ・Ｌの各「抵当権」が競合的に併存している。

(二) ＡＬ間の優劣関係（Ａ→Ｌ）──結論の小括──

以上(イ)—(ハ)の考察をふまえて，「ＡＬ間の優劣関係」如何につき，以下にそ

の結論を小括する。

　L所有の乙不動産が異時競売手続が終結した後，他方の非競売甲不動産上に，AとLの各両「抵当権」が併存する結果となる。(i)Aの「残額抵当権」は従前のAの「原債権，原抵当権」の残存部分であり，(ii)Lの「一部代位抵当権」は従前のAの「原債権，原抵当権」の本来消滅すべき部分であり，その部分が法定的に存続を擬制され，しかもAに代位して新たにLがその部分上に「権利帰属者・行使権限者」となっているところのものである。

　AとLの各「抵当権」は共に従前のAの「原抵当権」の各「部分」であり，したがって「原抵当権」それ自体の順位関係をそのまま踏襲するものであり，本件では甲不動産上において第一順位に位置することになる。しかし，問題は，当該第一順位におけるAとLの各「抵当権」の「内部的順位関係」如何，にある。

　この点につき，私見によれば，元来の「AとLの法的関係」を考慮すれば，Aは，Sを債務者とする債権者として，S所有の甲不動産とL所有の乙不動産とを担保目的物とする共同抵当権を取得したものであり，その限りにおいて物上保証人LはSの債務につき自ら物的責任者としてそもそもAに対して劣後的地位に在る。換言すれば，LはAに対して自ら債務を負うものではない（Lは人的債務者ではない）が，他人Sの債務のために自己所有の乙不動産を担保に供したものであり，Aの債権が存続ないし残存する限りでは（Aの債権が残額債権として存続する限りでは），自らの求償債権の確保・実現は自ずとAに劣後せざるを得ない，と考える。

　したがって，非競売甲不動産上において，AとLの各「抵当権」は，従前のAの「原抵当権」と同様に，共に第一順位に位置するが，その内部的順位関係として，「Aの残額抵当権はLの一部代位抵当権に優先する」という関係が，承認されよう。

　以上，「先順位共同抵当権者Aは物上保証人Lに優先する」旨，判示する判示事項(三)は，その結論として極めて正当である，と考えるものである。

第3節　後順位抵当権者と物上保証人の優劣関係（判例研究）　　　157

〔四〕　BC 間の優劣関係（判示事項㈠）

——各判示事項の個別的検討，その⑵——

⑴　判示内容

　判示事項㈠は，「各異別不動産上における後順位抵当権者 B・C 相互間の優劣関係」如何の問題について，「物上保証人所有の不動産上の後順位抵当権者 B は債務者所有の不動産上の後順位抵当権者 C に優先する（B→C）」旨，判示するものである。

　すなわち，その論旨を敷衍し，明確化すれば，(i)債務者 S 所有の甲不動産と物上保証人 L 所有の乙不動産との両不動産上に，先順位共同抵当権者 A が存在し，(ii)S 所有の甲不動産上には後順位抵当権者 C が，L 所有の乙不動産上には後順位抵当権者 B が，それぞれ存在し，(iii)A の実行申立てにより先行して L 所有の乙不動産について，異時競売手続が開始・進行され，それが終結した場合，(iv)他方の非競売不動産，すなわち S 所有の甲不動産上において，「物上代位者 B は後順位抵当権者 C に優先し（B→C）」，(v)S 所有の甲不動産に対する抵当権の実行手続において，その競落代金の配当について，「乙不動産上の後順位抵当権者 B は，物上保証人 L に移転した甲不動産に対する一番抵当権から，甲不動産上の後順位抵当権者 C に優先して弁済を受けることができる」旨，判示している。

　したがって，以上を前提とすれば，判示事項㈠は，「債務者 S 所有の甲不動産上の後順位抵当権者 C と物上保証人 L 所有の乙不動産上の後順位抵当権者 B の優劣関係」如何の問題につき，他方の非競売甲不動産上において「L 所有の乙不動産上の後順位抵当権者 B は，L に移転した A の第一順位抵当権上の物上代位者として，S 所有の甲不動産上の後順位抵当権者 C に優先する（B→C）」旨判示するものである，と理解することができよう。

⑵　私見の理論構成

　私見は，判旨結論に賛成する。以下，「B・C の各法的地位」を基軸として，私見の理論構成を提示しておく（(イ)—(ハ)）。

(イ)　物上保証人所有の不動産上の後順位抵当権者 B の法的地位

　物上保証人 L 所有の乙不動産上の後順位抵当権者 B の法的地位は，L 所有

の乙不動産の異時競売手続を契機として，次の如く転化する（(a)─(d)）。

(a) 「物上保証人」所有の不動産上の後順位抵当権者 B

S所有の甲不動産とL所有の乙不動産との両不動産上には，先順位共同抵当権者Aが存在し，加えてL所有の乙不動産上には，後順位抵当権者Bも存在している。したがって，L所有の乙不動産上には，先順位共同抵当権者Aと後順位抵当権者Bとの両抵当権者が，存在している，といえる。

なお，ここで次の点が注意されなければならない。すなわち，本件事実関係の下では，Lは先順位共同抵当権者Aとの関係において「物上保証人」の法的地位にあるのであり，後順位抵当権者Bとの関係においては「債務者」の法的地位にある。したがって，Lは，他人Sの債務を担保すべく自己所有の乙不動産上にAの先順位共同抵当権を設定し，また自己の債務を担保すべく自己所有の乙不動産上にBの後順位抵当権を設定したものである。

以上を前提として，先順位共同抵当権者Aとの関係において，Bは「物上保証人」所有の不動産上の後順位抵当権者である，ということが確認されなければならない。

(b) 競売乙不動産上でのBの抵当権の消除（消除主義の妥当）

Aの実行申立てによる乙不動産の異時競売手続において，競売乙不動産上のBの後順位抵当権は，競売手続の実施・完結というフィルターをとおることによって，消除されるに至る。これは，競売手続法上の「消除主義」の妥当の結果である。──したがって，競売買受人は抵当権の負担の消えた，無負担の形で乙不動産の所有権を取得する──。

なお，しかも，本件事実関係の下では，その競売売却代金が先順位配当受領権者Aの債権の全額弁済にも不足するものであった以上，無論，後順位配当受領権者Bにはゼロ配当であった。したがって，乙不動産の異時競売手続が終結した後，消除主義の妥当の下，ゼロ配当のままBの後順位抵当権が消除されるに至っている，という点に注目される。

(c) Bの「物上代位」の成立

元来BはL所有の乙不動産上の後順位抵当権者であったところ，乙不動産の異時競売手続の終結を契機として，Lが他方の非競売甲不動産上にその求償債権「確保」のための「一部代位抵当権」を取得し，それに伴ないBの利益においてLの「一部代位抵当権」上に，Bの「物上代位」が成立する，

と解される。

　私見によれば，その理由は次の点に求められよう。すなわち，(i)元来Bは Lを債務者とする債権者であり，(ii)その債権を担保すべくL所有の乙不動産 上に後順位抵当権を取得した者であり，(iii)先順位共同抵当権者Aが乙不動 産の価値を把握した後の結果として，その残余価値部分を後順位担保権者と して把握する者であり，(iv)乙不動産の異時競売手続の実施・終結に伴ない， そもそもLが保持していた乙不動産の「所有権」の価値は，Lの「一部代位 抵当権」という価値に転化されており，(v)かくして，後順位抵当権者として 乙不動産の残余価値部分を把握していたBの元来の法的地位は，自らの後順 位抵当権が「消除主義」の妥当の下で消除されたことの代償として，乙不動 産の残余価値部分の「価値代償物」たる「一部代位抵当権」上に，自ずと転 移されなければならない，からである。

　――換言すれば，乙不動産の残余価値部分が一部代位抵当権という価値に 転化したことに伴ない，前者の価値を把握するものであったBの後順位抵当 権は自ずと後者の価値を把握するものとなる，のである。――

　以上を前提として，Lの「一部代位抵当権」上に，異時競売手続を契機と して消除されざるを得なかったBの抵当権が，法律上当然にその価値把握的な 効力を及ぼしていくこと，それはまさしくBの抵当権のもつ「物上代位」的 効力の一発現に他ならない，と解される。

(d)　小　括

　以上(a)―(c)を小括すれば，

　先順位共同抵当権者Aとの関係において，L所有の乙不動産上の後順位抵 当権者Bは，乙不動産の異時競売手続の実施，終結を契機として，他方の非 競売甲不動産上に新たに成立したLの「一部代位抵当権」上に，自らの抵当 権の効力の一発現として「物上代位」する，といえよう。

㈣　債務者所有の不動産上の後順位抵当権者Cの法的地位

　債務者S所有の甲不動産上の後順位抵当権者Cの法的地位は，L所有の乙 不動産の異時競売手続を契機として，次の如く転化する ((a)―(c))。

(a)　「債務者」所有の不動産上の後順位抵当権者C

　S所有の甲不動産とL所有の乙不動産との両不動産上には先順位共同抵当

権者 A が存在し，加えて S 所有の甲不動産上には後順位抵当権者 C も存在
している。したがって，S 所有の甲不動産に注目すれば，その甲不動産上に
は，先順位共同抵当権者 A と後順位抵当権者 C との両抵当権者が，存在して
いる，といえる（但し，本件では A＝C であり，両者は同一人でありながら，それ
ぞれ異別の法的地位に立つ）。

　なお，ここで次の点が注意されなければならない。すなわち，本件事実関
係の下では，S は，先順位共同抵当権者 A との関係において「債務者」の法
的地位にあり，同様に後順位抵当権者 C との関係においても「債務者」の法
的地位にある。したがって，S は自己の債務を担保すべく自己所有の甲不動
産上に A の先順位共同抵当権を設定し，また同様に自己の債務を担保すべ
く自己所有の甲不動産上に C の後順位抵当権を設定したものである。

　以上を前提として，先順位共同抵当権者 A との関係においてのみならず，
後順位抵当権者 C との関係においても，S は設定債務者であり，かくして C
は「債務者」所有の不動産上の後順位抵当権者である，ということを確認し
ておかなければならない。

(b) 非競売甲不動産上の C の抵当権順位の不変

　A の実行申立てによる乙不動産の異時競売手続の終結後においても，他方
の非競売甲不動産上にはなお A の残額抵当権が第一順位として存続してい
る以上，非競売甲不動産上の C の後順位抵当権は，なお従前と同様，第二順
位に位置し続けている。

(c) 小　括

　以上(a)—(b)を小括すれば，

　先順位共同抵当権者 A との関係において，S 所有の非競売甲不動産上の後
順位抵当権者 C は，乙不動産の異時競売手続の終結後においても，従前と同
様に，第二順位に位置し続けている，といえよう。

(ハ) BC 間の優劣関係（B → C）——結論の小括——

　以上(イ)(ロ)の考察をふまえて，「BC 間の優劣関係」如何につき，以下にその
結論を小括する。

　A の実行申立てによる乙不動産の異時競売手続の終結後，他方の非競売甲
不動産上において，「物上保証人」所有の不動産上の後順位抵当権者 B は，

「債務者」所有の不動産上の後順位抵当権者Cに，優先する，との優劣関係が存在する，と解される。

私見によれば，その理由は次の点に求められよう。すなわち，乙不動産の異時競売手続の終結後，他方の非競売甲不動産上においては，(i)まず，同じく第一順位として，Aの残額抵当権とLの一部代位抵当権とが準共有的に併存し，しかもLの一部代位抵当権上にBが物上代位している。(ii)次いで，従前と同様に，第二順位において，Cの後順位抵当権がそのまま存続している。(iii)したがって，「物上保証人」所有不動産上の後順位抵当権者BはLの一部代位抵当権上に物上代位する以上，Bの物上代位権は第一順位内に位置することになり，第二順位に位置するC（「債務者」所有不動産上の後順位抵当権者）に優先する結果となる，といえるからである。

以上，「『物上保証人』所有不動産上の後順位抵当権者Bは『債務者』所有不動産上の後順位抵当権者Cに優先する」旨，判示する判示事項㈠は，その結論として極めて正当である，と考えるものである。

〔五〕　BL間の優劣関係，AL間の「代位権不行使の特約」のBへの効力（判示事項㈡）
──各判示事項の個別的検討，その⑶──

⑴　判示内容
判示事項㈡は，その内容上，「二つの点」（(a)(b)）について判示するものである。

(a)　まず第一に，「判示事項㈡」は，「物上保証人L所有の不動産上の後順位抵当権者Bと物上保証人Lの優劣関係」如何の問題について，「後順位抵当権者Bは物上保証人Lに優先する（B→L）」旨，判示する。

すなわち，その論旨を敷衍し，明確化すれば，(i)S所有の甲不動産とL所有の乙不動産の両不動産上に，先順位共同抵当権者Aが存在し，(ii)S所有の甲不動産上には後順位抵当権者Cが，L所有の乙不動産上には後順位抵当権者Bが，それぞれ存在し，(iii)Aの実行申立てにより先行してL所有の乙不動産について，異時競売手続が開始・進行され，それが終結した場合，(iv)他方の非競売不動産，すなわちS所有の甲不動産上において，「L所有の乙不動産上の後順位抵当権者Bは，自らは物上代位者として，Aの第一順位抵当権

を一部的に代位取得した物上保証人Ｌに，優先し（B→L）」，(v)Ｓ所有の甲不動産に対する抵当権の実行手続において，「Ｌ所有の乙不動産上の後順位抵当権者Ｂは，物上保証人Ｌが弁済等により代位取得する抵当権から優先弁済を受ける権利を失わない」旨，判示している。

したがって，以上を前提とすれば，判示事項㈡は，「Ｌ所有の乙不動産上の後順位抵当権者Ｂと物上保証人Ｌの優劣関係」如何の問題につき，他方の非競売甲不動産上において「Ｌ所有の乙不動産上の後順位抵当権者Ｂは，Ｌの一部代位抵当権上に物上代位し，その結果物上保証人Ｌに優先する（B→L）」旨，判示するものである，と理解することができよう。

(b) 次いで第二に，判示事項㈡は，「先順位共同抵当権者Ａと物上保証人Ｌとの間の『代位権不行使の特約』の後順位抵当権者Ｂに対する効力」如何の問題につき，「右の如き特約が存在しても，後順位抵当権者ＢがＬの一部代位抵当権上に物上代位し得る地位に，いかなる影響をも与え得ない」旨，判示する。

⑵ 私見の理論構成

私見は，判旨結論２点共に，賛成する。以下，「Ｂ・Ｌの各法的地位」を基軸として，私見の理論構成を提示しておく（(イ)—(ニ)）。

(イ) 物上保証人Ｌの法的地位

物上保証人Ｌの法的地位については，既に論及したところであり（既述〔三〕⑵ロ），ここではそのポイントのみを示しておく。

すなわち，Ａの実行申立てによる乙不動産の異時競売手続において，Ｌは第三者弁済者であり，当該異時競売手続の終結後には，他方の非競売甲不動産上のＡの「権利（原債権，原抵当権）」上に法律上当然に「弁済者一部代位」する。かくして，このような弁済者一部代位の成立した結果，非競売甲不動産上にはＬの「一部代位抵当権」が成立する。

(ロ) 後順位抵当権者Ｂの法的地位

後順位抵当権者Ｂの法的地位については，既に論及したところであり（既述〔四〕⑵(イ)），ここではそのポイントのみを示しておく。

すなわち，Aの実行申立てによる乙不動産の異時競売手続において，「消除主義」の妥当の下，ゼロ配当のまま，Bの後順位抵当権は競売乙不動産上から消除されるに至る。他方，乙不動産の異時競売手続の終結後，他方の非競売甲不動産上にLの一部代位抵当権が成立したところ，このLの一部代位抵当権上に，Bは自己の抵当権の効力として「物上代位」することとなる。

(ハ)　BL間の優劣関係（B→L）──結論の小括，その一──

以上(イ)(ロ)を前提とすれば，乙不動産の異時競売手続の終結後，他方の非競売甲不動産上において，BがLの一部代位抵当権上に抵当権の効力として「物上代位」する結果，"物上保証人所有の不動産上の後順位抵当権者Bは，物上保証人Lに優先する（B→L）"，といえよう。

(ニ)　AL間の「代位権不行使の特約」のBへの効力
──結論の小括，その二──

AL間の「代位権不行使の特約」は，L所有の乙不動産の異時競売手続の終結後，他方の非競売甲不動産上において成立する，AL間の新たな法律関係（Aの残額抵当権とLの一部代位抵当権との準共有的併存）について，妥当するものであり，特約の第三者である後順位抵当権者Bの利益（物上代位の成立）をいかなる形でも侵害し得るものではない，と解される。その理由として，私見によれば，Bは後順位抵当権者という物権的効力者であり，その抵当権の効力としてLの一部代位抵当権上に「物上代位」し得る法的地位にあり，このようなBL間の必然的・物権的関係はAL間の特約によっては何等の影響を受け得るものではない，といえるからである。

なお，判決理由によれば，「右特約は，物上保証人が弁済等をしたときに債権者の意思に反して独自に抵当権等の実行をすることを禁止する……」ものである，とされている。この点について，私見の立場より付言すれば，「AL間の法律関係」如何につき見解分岐が従前より存し（この点については後述の拙稿において，詳細に論及しているところである），物上保証人が独自に抵当権実行をなし得るとする見解が存在するが故に，かかる特約が実務上締結されていたのである（このよう特約のもつ我が国での実務上の意味については，拙稿・「弁済者一部代位の法構造」・法研60巻2号159頁以下，とりわけ170頁参照）（斎

藤④論文・1987年／S62年2月）（⇒第2章第1節）。

　以上，「後順位抵当権者Bは物上保証人Lに優先し，先順位共同抵当権者Aと物上保証人Lとの間に『代位権不行使の特約』が存在しても，それは，BがLの一部代位抵当権上に物上代位し得る地位に，いかなる影響をも与え得ない」旨，判示する判示事項㈡は，その結論として極めて正当である，と考えるものである。

　　　──初出・斎藤③論文・1989年／S64年／H元年12月──

第2章 弁済者「代位」
——民法 502 条論——

第1節 弁済者「一部代位」の法構造
——「原債権者と一部代位者」の競合関係, その利益較量的分析——

序

民法 502 条 1 項は, 一部額代位弁済による弁済者一部代位の法効果につき, 定めている。同条同項によれば,「債権ノ一部ニ付キ代位弁済アリタルトキハ, 代位者ハ其弁済シタル価額ニ応シテ, 債権者ト共ニ其権利ヲ行フ」, とされている。しかし, この同条同項の規定の理解につき, 学説は紛糾し, 未だ定説は存在せず, 学説状況は未だ極めて流動的である。したがって, 本節は, 新たな視点からその学説状況を整理・分析し, 問題点を明らかにし, 併せて私見構想を提示せん, とするものである。

第1項 民法 502 条 1 項の問題点, その学説・判例の現代的状況

民法 502 条 1 項の問題点は, 原債権者と一部代位者の競合関係（優劣関係）を如何に把握すべきか, に在る（(1)）。

この問題は, さらに二つの小問題に峻別される（(2)）。

形式論理的には, 第一の問題については 3 見解が, 第二の問題には 6 見解が, 想定可能である（(3)(4)）。

この両「問題」においては, 論理必然的接合関係は存在せず, その組み合わせにより, 多様な見解が生じ得る。しかし, 態度決定の決め手は両者の利益対立状況の中でどこに調和点を求めるかに在り, 自ずと主張可能な組み合

わせは限定されてこざるを得ない ((5))。

　その組み合わせにおいて，現実の学説・判例中には，5説が存在する。これ
が我が国における学説・判例の現代的状況といえよう ((6))。以下，個別的に
順次検討する。

⑴　「原債権者と一部代位者」の競合関係（優劣関係）

　民法502条1項の問題点は，原債権者と一部代位者の競合関係（優劣関係）
を如何に把握すべきか，に在る。より具体的に説明してみよう。

　すなわち，一部額代位弁済を契機として，一部額代位弁済者は原債権者の
「権利（原債権，原抵当権）」上に一部代位する。一部代位が成立する結果，一
部額代位弁済者＝一部代位者はその「権利」上の「帰属主体者，行使権限者」
となる（民法502条1項）。しかし，他方，ここで成立したのが――全部代位
（民法501条）ではなく――一部代位であるが故に，その「権利」上には従前
からの「帰属主体者，行使権限者」としての原債権者が存在している。

　かくして，一部額代位弁済による一部代位の成立の結果，原債権者の「権
利」上において，共にその「帰属主体者，行使権限者」として，原債権者と
一部代位者が競合的に存立することになる。では，この両者の競合関係（優
劣関係）を如何に把握すべきなのか。

　私見によれば，この問題の解決は，我が国における学説史的展開，そして
その前史的状況を解明・整理し（第2項），その「権利」上の両者の競合関係
（優劣関係）を両者の諸利益較量の下で合理的に把握し（第3項），その把握に
基づき両者の競合関係（優劣関係）を理論的・体系的に理論構成する（第4項），
というアプローチによって，はじめて実現され得るであろう，と考える。

⑵　「二つの小問題」への峻別

　上記のような同条同項の問題点は，その分析上明確に，さらに次の二つの
小問題に峻別して，考察されなければならない。

㈠　「第一の小問題」

　これは，権利の「帰属主体者」としての原債権者と一部代位者の「実体上
の競合関係（優劣関係）」如何，の問題である。より具体的に説明すれば，原
債権者も一部代位者も，その「権利（原債権，原抵当権）」上の「帰属主体者」

である。その帰属主体者としての両者は実体上どのような競合関係（優劣関係）に立つのか，がこの問題である。

両者がその「権利」を準共有する（定説。但し，私見はこれに与しない）とすれば，準共有者間の「実体上の競合関係（優劣関係）」如何，の問題でもある。しかも，この実体上の競合関係（優劣関係）は，抵当不動産の競売売却代金の配当手続上の優劣関係（配当順位）如何，として現出する。

なお，この「第一の小問題」は一部代位の法効果としての立法政策（原債権者優先主義↔両者平等主義）如何の問題であり，後述の如く我が国の立法審議過程でも激しく議論されたところである。

㋺　「第二の小問題」

これは，権利の「行使権限者」としての原債権者と一部代位者の「手続上の抵当権の実行申立権限の行使態様」如何，の問題である。より具体的に説明すれば，原債権者も一部代位者も，その「権利（原債権，原抵当権）」上の帰属主体者であり，したがってその「行使権限者」である。その行使権限者としての両者は，手続上どのような形態で抵当権の実行申立てをなし得るのか，がこの問題である。

両者がその「権利」を準共有する（定説。但し，私見はこれに与しない）とすれば，準共有者間の「手続上の実行申立権の行使態様」如何，の問題でもある。

なお，この「第二の小問題」は，後述の大審院昭和6年決定以降，意識上明確に論じられるようになったものである。

⑶　「第一の問題」における想定可能な三見解

㋑　三見解の概要

権利の「帰属主体者」としての原債権者と一部代位者の「実体上の優劣関係如何」の問題（⑵㋑）につき，形式論理的には，次の3見解（⒜-⒞）が想定可能となるであろう。

⒜　原債権者優先説（原債権者優先配当説）

これは，たとえば，"「権利（原債権・原抵当権）」上の帰属主体者として，実体上，原債権者は一部代位者に優先し，競売売却代金の配当手続上，原債権者は一部代位者に優先して配当を受け得る"，と理論構成する見解である。

(b)　両者平等説（両者平等的配当説）

　これは，たとえば，"「権利」上の帰属主体者として，実体上，両者は平等・対等であり，競売売却代金の配当手続上，両者はその各債権額に按分比例して配当を受け得る"，と理論構成する見解である。

(c)　一部代位者優先説（一部代位者優先配当説）

　これは，たとえば，"「権利」上の帰属主体者として，実体上，一部代位者は原債権者に優先し，競売売却代金の配当手続上，一部代位者は原債権者に優先して配当を受け得る"，と理論構成する見解である。

(ロ)　各見解の相互関係

　「権利」上の帰属主体者としての両者の競合関係において，原債権者の法的地位（その残額債権「担保」の利益）をもっとも尊重せんとする「原債権者優先説」（(イ)(a)）を〈右極〉として，一部代位者の法的地位（その求償債権「確保」の利益）をもっとも尊重せんとする「一部代位者優先説」（(イ)(c)）を〈左極〉として，その〈中間〉に「両者平等説」（(イ)(b)）が位置する，のである。

(ハ)　学説・判例中に現存する見解

　上記の3見解中，学説中に現存し，主張されている見解は「原債権者優先説」（(イ)(a)）と「両者平等説」（(イ)(b)）の2見解であり，「一部代位者優先説」（(イ)(c)）は学説・判例中には現存せず，主張されていない。

(4)　「第二の問題」における想定可能な六見解

(イ)　6見解の概要

　権利の「行使権限者」としての原債権者と一部代位者の「手続上の実行申立権の行使態様如何」の問題（(2)(ロ)）につき，形式論理的には，次の6見解（(a)～(f)）が想定可能となるであろう。

(a)　原債権者独立的実行申立権説

　これは，たとえば，"「権利（原債権・原抵当権）」上の行使権限者として，原債権者のみが独立して抵当権の実行申立てをなし得，一部代位者は如何なる形でも――独立しても，必要的に共同しても，附随しても――実行申立てをなし得ない。換言すれば，原債権者のみが独立の実行申立権を有する"，と理論構成する見解である。

(b)　原債権者独立的実行申立権＝一部代位者附随的実行申立権説

これは，たとえば，"「権利」上の行使権限者として，原債権者は独立して抵当権の実行申立てをなし得るが，一部代位者は独立しては実行申立てをなし得ず，原債権者と必要的に共同して，あるいはこの者に附随してのみ実行申立てをなし得る。換言すれば，原債権者のみが独立の実行申立権を有し，一部代位者は必要的共同実行申立権，あるいは附随的実行申立権をもつにすぎない"，と理論構成する見解である。

(c)　両者相互独立的実行申立権説

これは，たとえば，"「権利」上の行使権限者として，両者は相互に独立して抵当権の実行申立てをなし得る。換言すれば，両者はおのおの独立の実行申立権を有する"，と理論構成する見解である。

なお，この見解のいわば発展的修正としての「条件附両者相互独立的実行申立権説」も想定され得る。後者の見解は，その実行申立てが他方の利益を著しく侵害しない限りでのみ，両者相互独立的実行申立権の行使を許容せん，とするものである。

(d)　両者必要的共同実行申立権説

これは，たとえば，"「権利」上の行使権限者として，両者は必要的に共同してのみ抵当権の実行申立てをなし得る。換言すれば，両者はおのおの独立の実行申立権を有せず，必要的共同実行申立権のみを有する"，と理論構成する見解である。

(e)　一部代位者独立的実行申立権＝原債権者附随的実行申立権説

これは，たとえば，"「権利」上の行使権限者として，一部代位者は独立して抵当権の実行申立てをなし得るが，原債権者は独立しては実行申立てをなし得ず，一部代位者と必要的に共同して，あるいはこの者に附随してのみ実行申立てをなし得る。換言すれば，一部代位者のみが独立の実行申立権を有し，原債権者は必要的共同実行申立権，あるいは附随的実行申立権をもつにすぎない"，と理論構成する見解である。

(f)　一部代位者独立的実行申立権説

これは，たとえば，"「権利」上の行使権限者として，一部代位者のみが独立して抵当権の実行申立てをなし得，原債権者は如何なる形でも——独立しても，必要的に共同しても，附随しても——実行申立てをなし得ない。換言すれば，一部代位者のみが独立の実行申立権を有する"，と理論構成する見解で

ある。

(ロ) 各見解の相互関係

「権利」上の行使権限者としての両者の競合関係において，原債権者の法的地位（その残額債権「担保」の利益）をもっとも尊重せんとする「原債権者独立的実行申立権説」((イ)(a)) を〈右極〉として，一部代位者の法的地位（その求償債権「確保」の利益）をもっとも尊重せんとする「一部代位者独立的実行申立権説」((イ)(f)) を〈左極〉として，その〈中間〉に 4 見解 ((イ)(b)–(e)) が位置する，のである。

(ハ) 学説・判例中に現存する見解

上記の 6 見解中，学説中に現存し，主張されている見解は，「原債権者独立的実行申立権＝一部代位者附随的実行申立権説」((イ)(b)) と「両者相互独立的実行申立権説」((イ)(c)) の 2 見解のみであり，その他の 4 見解 ((イ)(a)(b)(c)(d)(e)(f)) は学説・判例中には現存せず，主張されていない。

(5) 両「問題」の相互関係

(イ) 論理必然的接合関係の不存在

「第一の問題」につき 3 見解が，「第二の問題」につき 6 見解が，形式論理的には，想定可能であった ((3)(4))。

しかし，この両「問題」相互間においては，論理必然的接合関係は存在していない。したがって，形式論理的には上記の「3 見解」と「6 見解」との極めて多様な「組み合わせ」が，想定可能となるであろう。

(ロ) 「組み合わせ」における利益較量の視点

私見によれば，仮に原債権者の法的地位（その残額債権「担保」の利益）をより尊重せんとするのであれば，両「問題」のそれぞれにおいてより〈右極〉の見解を採用し，その組み合わせにおいてある一つの立場を主張し得よう。

これに対して，仮に一部代位者の法的地位（その求償債権「確保」の利益）をより尊重せんとするのであれば，両「問題」のそれぞれにおいてより〈左極〉の見解を採用し，その組み合わせにおいてある一つの立場を主張し得よう。

したがって，両者の諸利益対立状況の中でどこに調和のバランスを見い出すべきなのか，という「利益較量的分析」が重視されなければならない。

(6) その「組み合わせ」における現存の学説状況

学説・判例中の現存の「組み合わせ」として，次の5説（(イ)–(ホ)）が存在する。換言すれば，「第一の問題」における現存の2見解（原債権者優先説，両者平等説）((3)(ハ)）と「第二の問題」における現存の2見解（原債権者独立的実行申立権＝一部代位者附随的実行申立権説，両者相互独立的実行申立権説）((4)(ハ)）との「組み合わせ」において，学説・判例中には次の5説が現存し，主張されている。年代順に示してみよう。

(イ) 「(i)両者平等説，(ii)両者相互独立的実行申立権説」（大審院昭和6年決定説＝旧通説）

立法段階以降の初期の学説は「第一の問題」((2)(イ)）についてのみ論じており，そこでは「(i)両者平等説」がほぼ定説とされていた。

この「(i)両者平等説」の延長線上において，大審院昭和6年決定は「第二の問題」((2)(ロ)）についても論及し，そこでは結論として「(i)両者平等説，(ii)両者相互独立的実行申立権説」の立場が主張された。

この見解は，現実の立法者の意思（両者平等主義の採用）に準拠しつつ，代位制度の実効性を確保すべく，一部代位者の法的地位をより尊重せんとするものであり，これはいわばかつての通説である（第2項(4)(イ)）。

(ロ) 「(i)原債権者優先説，(ii)原債権者独立的実行申立権＝一部代位者附随的実行申立権説」（我妻説＝現通説）

(イ)説（大審院昭和6年決定説＝旧通説）に対しては，一部代位者の法的地位を尊重するあまり原債権者の法的地位を侵害する，との批判が存在した。この批判をふまえて，原債権者の法的地位をより尊重すべく，「(i)原債権者優先説，(ii)原債権者独立的実行申立権＝一部代位者附随的実行申立権説」（我妻説）が登場した。

これは新たな通説となり，現通説でもある（第2項(4)(ハ)）。

(ハ) 「(i)両者平等説，(ii)原債権者独立的実行申立権＝一部代位者附随的実行申立権説」（貞家説）（傍点は(ロ)説との相違点）

(ロ)説（我妻説）は通説として定着したかにみえたが，立法審議過程において現実の立法者が仏民法の「原債権者優先主義」を明確に否定したことをふまえて，(ロ)説の部分的修正（「第一の問題」につき(ロ)説を両者平等説に修正し，「第二の問題」については(ロ)説を継受する）の上に，「(i)両者平等説，(ii)原債権者独

立的実行申立権＝一部代位者附随的実行申立権説」（貞家説）が主張されている。

　この見解については，学説中において，二，三の賛同がみられる（第2項(4)(ホ)(a)）。

　(ニ)　「(i)両者平等説，(ii)両者相互独立的実行申立権説」（伊藤進説＝(イ)説・旧通説への復帰）（傍点は(ロ)説との相違点）

　通説としての(ロ)説（我妻説）が価値判断的にも理論的にも決め手をもち得ないとすれば，現実の立法者の意思（両者平等主義の採用）に準拠し，初期の学説（(i)両者平等説）に立ち返るべきであり，大審院昭和6年決定（(ii)両者相互独立的実行申立権説）の今日的意義を評価すべし，との見解も主張されている。

　この見解は既述の(イ)説（大審院昭和6年決定説＝旧通説）に他ならない（第2項(4)(ホ)(b)）。

　(ホ)　「(i)原債権者優先説，(ii)条件附両者相互独立的実行申立権説」（石田（喜）新説）（傍点は(ロ)説との相違点）

　「第一の問題」については通説たる(ロ)説（我妻説）の価値判断を正当とする（(i)原債権者優先説の採用）も，原債権者の法的地位はその優先的配当で十分に尊重されているとして，「第二の問題」については一部代位者にも独立の実行申立権を認めるべし（(ii)両者相互独立的実行申立権説の採用）として，(ロ)説を部分的に（第二の問題において）修正する見解である。

　しかも，この見解は，一部代位者による独立の実行申立てにより原債権者の法的地位が侵害される虞あることを主として考慮し，"一方の独立した実行申立てが他方の法的地位を侵害するときには，その独立の実行申立ては認められない"という相互条件を附加している。

　この見解については，学説中において，2，3の賛同がみられる（第2項(4)(ホ)(c)）。

第2項　我が国における学説史的展開，並びにその前史的状況

　仏民法1252条は，一部額代位弁済による一部代位の法効果につき，立法政策として「原債権者優先主義」の原則を採用していた（(1)）。

しかし，我が国の旧民法財産編486条は，立法政策として「両者平等主義」の原則を採用した。その起草にあたったボアソナードの説明によれば，原債権者優先主義の下では一部代位者の法的地位が弱体化されてしまうこと，両者平等主義の下でも原債権者の法的地位は決して侵害されてはいないこと，旧民法財産編486条はその当時の伊民法1254条を法継受するものであること，が指摘されている((2))。

旧民法の修正の審議過程において，同486条の両者平等主義の原則の採否につき，激しい論議が応酬された。しかし，起草委員富井，とりわけ梅の擁護により，両者平等主義の原則が堅持された((3))。

立法段階以降，学説は変遷し，旧通説から新通説（現通説）へと展開するも，新通説（現通説）それ自体は磐石のものたり得ず，その部分的修正を試みるいくつかの諸見解が登場するに至っている。学説の現代的状況は未だ極めて流動的ではある((4))。

したがって，新たな視角（一部代位者が任意代位者と法定代位者のいずれであるのかに注目し，それぞれその妥当すべき「主義」を相違させる）からの，トータルな再構成が必然である，ように思われる((5))。

以下，個別的に順次検討する。

(1) 仏民法における「原債権者優先主義」の採用(1)

(イ) 伝統に基づく決断

仏民法は明文規定により「原債権者優先主義」の原則を採用する。すなわち，仏民法1252条によれば，第三者により一部額代位弁済がなされたときには，一部代位が成立するが，その一部代位は原債権者を害することを得ず，原債権者は残額債権部分につき一部代位者に優先する旨，定められている。同条は旧来の法諺（Nemo contra se subrogasse censetur. 何人モ自己ノ不利益ニオイテ，代位ヲナサシメタルモノト，ミナサレズ）を具体化したものとされており，この意味では原債権者優先主義はフランスの伝統に基づくものであった(2)。

---

(1) なお，貞家・「代位」39頁以下，船越・「代位」355 - 358頁。

(2) その内容につき，杉山直次郎訳・仏蘭西法諺41頁・昭和26年。なお，なお，梅・「要義」318頁，貞家・「代位」39 - 40頁。

なお，仏法上の学説によれば，(α)原債権者は自己の債権につき完全な満足を受けるまではその担保を保持すべきであり，代位の成立によりこの法的地位が侵害されるべきではないこと，(β)原債権が残額債権として残存している以上，原債権者の原債権はなお全体として原抵当権によって担保されていること，を原債権者優先主義の根拠として，指摘している[3]。

このような原債権者優先主義の思想は，18世紀の判例を契機にポティエ(Pothier)によって不動のものとなった[4]，といわれている。

(ロ)　立法論としての「両者平等主義」の主張

しかし，他方，仏民法の採用するこの原債権者優先主義に対しては，古くから立法論としての批判がなされており，そこでは両者平等主義の採用が立法論として主張されていた。それによれば，一般的には「代位は原債権者を害し得ない」との原則は正当性を有するが，そこから直ちに「原債権者は一部代位者に優先して弁済を受け得る」との原債権者優先の結論を導出するのは正当ではない。両者を平等の地位に置くことが衡平に合するのであり，立法論として両者平等主義を採用すべし，と主張されたのである[5]。

また同様の発想より，法解釈論上，原債権者優先主義を採用する仏民法1252条の適用範囲を可能な限り制限化すべし，とする学説も存在していた[6]。

(ハ)　特約による「両者平等主義」の妥当

仏民法1252条は強行規定ではない。したがって，フランスの実務上，その特約により原債権者が一部代位者に対して自己の優先権を放棄すること，あるいは一部代位者に対して自己と対等の権利を附与すること，が稀ではないといわれている[7]。同条の原債権者優先主義の原則を両当事者（原債権者・一部代位者）がその特約により破り，両者平等主義の下に服することを約するのである。債務者が債務を弁済し得ない状況にあるときには，たとえそれが一部額の弁済であるとしても，債務者に代わり債務の代位弁済をしてくれる者が登場してくれることは，いずれにせよ債権の一部額でも確実に回収せんとする原債権者にとって利益となる，からである。

---

(3)　貞家・「代位」40頁。

(4)　寺田・「序説(1)」59頁。

(5)　貞家・「代位」41頁。

(6)　同上。寺田・「序説(1)」59頁。

(7)　貞家・「代位」41頁。

かくして，代位弁済者が「保証人の如く自ら弁済義務を負担する者等」（法定代位者・仏民 1251 条 2 号 3 号）以外の者であるときには，原債権の一部額でも確実に回収せんとする原債権者は，特約によりその一部額代位弁済者に対して自己の優先権を放棄し，あるいは自己と対等の権利を附与すること，さらには一部額代位弁済者に優先権を附与すること，を約するのである[8]。

——なお我が国では，保証人等の間で「一部代位者の代位権放棄，あるいは代位権不行使」の特約を予め付するのが，銀行取引上一般的である。特約それ自体の内容を比較すれば，フランスにおけるそれとは，顕著に「相違」する[9]。しかし，私見によれば，この彼我の「相違」は次の如く理解されるべきであろう。すなわち，

(a) 我が国の実務状況

我が国では，一部代位の法効果として「(i)両者平等説，(ii)両者相互独立的実行申立権説」（旧通説＝大審院昭和 6 年決定説）が主張されていた。実務上この見解を前提とすれば，一部代位者は原債権者と平等にその債権額に按分比例して配当を受け得ることとなり，原債権者がその実行要件を具備すると否とにかかわらず，一部代位者は自ら独立して抵当権の実行申立てをなし得る，ことになる。

しかし，原債権者（銀行）の立場よりすれば，それでは様々な不都合が生ずることになる。原債権者は一部代位者よりも勿論優先して配当を受けることを欲するであろうし，また自らの意思によらずして担保不動産の処分を強いられることを望まない，からである。

そこで，民法 502 条 1 項の任意規定性に鑑み，原債権者（銀行）としては保証人等の間で「一部代位者の代位権放棄，あるいは代位権不行使」の特約を実務上予め付するのである。

(b) フランスの実務状況

これに対して，フランスでは，一部代位の法効果として原債権者優先主義の原則が採用されており，したがって我が国における如き内容の特約は無用である。原債権者は一部代位者に優先して配当を受け得る，との原則が採用

---

(8) 寺田・「序説(1)」59 頁，貞家・「代位」41・43 頁。

(9) 貞家・「代位」43 頁，寺田・「序説(1)」59 頁。

されているからである。

しかし，原債権者優先主義の下では，それが故に代位弁済をなさんとする者＝任意代位者の登場が阻止される懸念が生じ得る。一部額代位弁済した場合に，一部代位者が原債権者に劣後するのであるとすれば，第三者としては一部額であるにせよ，その代位弁済をなすことを躊躇する，からである。原債権者が原債権の一部額でも確実に回収せんと意図するときには，上記の現象は不都合となろう。

そこで，仏民法1252条の任意規定性に鑑み，原債権者は「一部代位者に対する自己の優先権の放棄」等の特約を実務上付するのであろう。――

⑵　旧民法における「両者平等主義」の採用[10]

㈠　旧民法財産編486条

旧民法財産編486条は両者平等主義を採用していた。すなわち，同条によれば，「代位弁済ガ債務ノ一分ノミニ係ルトキハ，代位者ハ自己ノ弁済ノ割合ニ応ジテ原債権者ト共ニ其権利ヲ行フ。然レドモ原債権者ハ全部ノ弁済ヲ受ケザルトキハ，独リ契約ノ解除ヲ行フ。但代位者ニ賠償スルコトヲ要ス」，とされていた。

同条は現行民法502条とほぼ同趣旨であり，両者平等主義の採用が明瞭である。

㈡　ボアソナードの趣旨説明

旧民法（明治23年）の起草にあたったボアソナードによれば，同条における両者平等主義の採用は，敷衍すれば，次の如く説明されている[11]。すなわち，

(a)原債権者は1万円の原債権を有し，その担保のために時価5000円の不動産上に抵当権を取得した。第三者（tiers）により5000円の一部額代位弁済がなされた場合，原債権者優先主義の下では，原債権者は残額債権5000円につきその原抵当権上において一部代位者に優先し何等失うところはないのに対し，5000円の一部額代位弁済をなした一部代位者は債務者無資力のときに

⑽　なお，貞家・「代位」40頁以下。

⑾　Boissonade, Projet de Code Civil pour l'Empire du Japon, tome 2, p. 667-668（明治24年）。同・一版（明治16年）609－610頁も同様。

は求償し得ないことになろう。原債権者の地位に対して，一部代位者の地位が弱められてしまうであろう。

(b)他方，両者平等主義の下では，上記の場合においても原債権者の地位は決して侵害されてはいない。5000円の残額債権を有する原債権者と5000円の求償債権を有する一部代位者とは原抵当権上において平等的地位に在り，抵当不動産の競売売却代金5000円より相互に平等に2500円ずつ配当を受けることなるが，ここでは原債権者は計7500円（配当としての2500円と代位弁済を受けた5000円との合算額）の満足を受け得ることになる，からである。

仮に第三者による一部額代位弁済がなかったとすれば，原債権者は抵当不動産の競売売却代金5000円の配当を受け得るにすぎなかったのであり，このことを考慮すれば7500円の満足を得た原債権者の地位は決して不利なものとはなっていない。

(c)原債権者優先主義の根拠として，抵当権の不可分性の原則が挙げられている。そこでは，一部額代位弁済により原債権それ自体は残額債権として減少するが，原債権を被担保債権とする抵当権はなお抵当不動産の全体を把握し，一部額代位弁済後においてもこのような原債権者の地位が尊重されなければならない，とされている。

しかし，このような主張も不当である。両者平等主義の下でも，一部額代位弁済による一部代位の成立の前後を問わず，原債権についても抵当権による不動産の負担についても何等の変化も生じていない。従前と同様の原債権・原抵当権上に，原債権者と一部代位者が平等的に存在しているだけなのである。これは別に抵当権の不可分性の原則に反することではない。債権の一部が譲渡された場合，当該債権を被担保債権とする抵当権上において，譲渡人と譲受人が共に権利を行使しても，抵当権の不可分性の原則を害するとは何人も主張しない，のと同様である。

(ハ)　イタリア民法の法継受

ボアソナードの説明によれば，旧民法財産編486条は当時のイタリア民法1254条に準拠したものである[12]。なお，イタリア現行民法1205条（1942年施行）も「弁済が一部である場合には，代位する第三者および債権者は彼らに負担されているところに比例して債務者に競合する[13]」として，両者平等主

---

(12)　Boissonade, op. cit., p. 668.

義（両者平等配当主義）を堅持している。

(3) 旧民法修正の審議過程での議論[14]

旧民法の修正の審議過程において，旧民法財産編 486 条の両者平等主義の原則は，最終的には堅持された。しかし，そこでは立法政策としての両者平等主義の採否をめぐりかなりの論議が展開された。

(イ) 磯部・修正提案（原債権者優先主義の採用の提案），その否決

第 65 回・法典調査会（明治 28 年 2 月 22 日）では，磯部四郎が旧民法財産編486 条（＝「500 条」）の修正提案を提起している[15]。

すなわち，仏民法と同様に原債権者優先主義を採用すべきであり，伊民法のような「杜撰ナ法律」に準拠すべきではなく，同条は「債権ノ一部ニ付キ代位弁済アリタルトキハ，代位者ハ原債権者ニ対シテ代位ノ権利ヲ行フコトヲ得ズ」（債権ノ一部ニ付キ代位弁済アリタルトキハ，代位者ハ債権者ヲ害シテ其権利ヲ行フコトヲ得ズ）と修正されるべし，とするのである。

しかし，この磯部・修正提案は最終的には，起立者（賛成者）少数なるが故に，否決されている[16]。

(ロ) 起草委員・富井政章の擁護論

起草委員・富井政章は，磯部・修正提案に対して，「500 条」の両者平等主義の採用を，次の如く擁護している[17]。その論旨を筆者の理解を踏まえて敷衍しておこう。

(α)原債権者優先主義は仏民法のみならず多くの国の民法において採用されており，その意味では磯部・修正提案も無理とは思われない。

(β)しかし，「理窟ノ上カラ言フト」両者平等主義が正しい。一部額代位弁済により原債権者の原債権が「其範囲内ニ於テ」移転する，からである。

(γ)他方，「便宜ノ問題トシテハ」私自身多いに迷いがある（両者平等主義の下では，法定代位（当然代位）の場合には弁済を奨励する結果となり，この原則は利便である。しかし，任意代位（債権者承諾代位）の場合には，両者平等であると

---

(13) 風間鶴寿訳・全訳イタリア民法典（追補版）194 頁・昭和 52 年。
(14) なお，貞家・「代位」41 － 42 頁。
(15) 法典調査会・「民法議事速記録(三)（商事法務研究会版）」321 － 318 頁。
(16) 同・318 頁。
(17) 同・321 － 314 頁。

ころから原債権者が弁済者の代位に承諾を与えない（弁済者の代位を拒否する），ということも考えられる。原債権者が代位に承諾を与えないのだとすれば，代位弁済をしようとする者（弁済者）が登場しにくいことになり，そのことは債務者にとって不利益となろう。とすれば，任意代位の場合にはこの原則は不便となるであろう）。

（δ）しかし，便宜の問題として迷いがあり，五分五分で決することができないのだとすれば，ここは理窟の方にしたがい両者平等主義を採用すべきである，という趣旨を発言する。

──なお，富井校閲＝岡松著・「民法理由（下）」によれば，両者平等主義の根拠につき，次の如く説明する[18]。

すなわち，一部額代位弁済を受けることにより，原債権者にとって「其担保ノ幾分ハ不用ニ帰ス」ことになる。したがって，代位弁済者をして「共ニ其権利ヲ行ハシムルモ」，そのことにより原債権者は「決シテ損害ヲ受ケルコトナカルベシ」。しかるに，ここでなお原債権者に優先権を認めるとすれば，それは不当に原債権者を保護することになる，という趣旨を説明する。──

㈡　起草委員・梅謙次郎の擁護論

起草委員・梅謙次郎は，磯部・修正提案に対して，「500条」の両者平等主義の採用を，次の如く強力に擁護している[19]。その論旨を筆者の理解を踏まえて敷衍しておこう。

（α）ボアソナードは仏法その他の諸国法によらずに伊民法に準拠し，両者平等主義の原則を採用したが，そのことは私が「兼テ感服シテ居ル所デア」り，逆に仏民法1252条の規定は「実ニ奇妙ナ規定」と思われる。

（β）代位弁済による代位の制度はローマ法以来おこなわれてきたものであり，それは「立法者ノ与ヘタ恩恵」であり，「少シデモ債権者ノ為メニ迷惑サウナ場合ハ除」かれ，「公平ニ叶ツテ居ルモノ」と考えられた。それ故にこそ，各国法においてこの制度が行われるようなり，そして遂には「一種ノ権利」となった。したがって，"「債権者ガ弁済ヲ受ケテ，其弁済ニ依テ利益ヲ受」

⒅　富井＝岡松・「理由（下）」313－314頁。
⒆　「民法議事速記録㈢」312・313・314－315頁・316頁・317－318頁。

け，しかも債権者は「特別ノ損害ヲ受ケナケレバ宜イ」，というのが，代位制度の「理窟」なのである。

（γ）「500条」の両者平等主義の下でも，「債権者ガ決シテ権利ヲ害サレルト云フコトハ言ヘナイ」。その理由を述べれば，一部額代位弁済による一部代位の場合には，①「法律上一部シカ請求が出来ヌノデ一部弁済ヲ為シタ場合」（保証人が分別の利益を有し，原債権者は保証人に対して一部分しか請求できない場合）と②「債権者ガ任意ノ弁済ヲ受ケタ場合」との，二つがある。前者の場合には一部代位がなされても「債権者ハ決シテ迷惑ヲ蒙ムル訳ハナ」く，後者の場合には一部代位の成立がいやならばその一部額代位弁済を拒否すればよいのだから「債権者ヲ全ク保護スルニハ及バヌ」のである。

（δ）なお，保証人は，厚意で保証人になった者であり，気の毒な者である。だから，この者が一部代位者となった場合には保護してやらなければならない（原債権者は主債務者の抵当不動産よりまず弁済を受けるべきであり，先に保証人に請求するのは間違っている），という趣旨を発言する。

――なお，梅・「要義」は，一部代位による両者平等主義の正当性につき，積極的正当理由というより，「消極的」正当理由（任意代位のときには様々の手段で一部代位成立を阻止できるから，一部代位において両者平等主義を採っても原債権者にさ程不利益を与えるものではない）を，述べている[20]。――

⑷　学説史的展開

⑷　旧通説

――初期の学説，その延長線上での大審院昭和6年決定，通説としての定着――

立法段階以降，初期の学説は現実の立法者の意思に準拠し，「(i)両者平等説」を主張した[21]。しかも，大審院昭和6年決定は，この「(i)両者平等説」の延長線上において，その手続上の実行申立権限の行使態様につき，「(ii)両者相互独立的実行申立権説」を主張し，一部代位者の独立の抵当権実行申立権を認め

----

[20]　梅・「要義」319－320頁。

[21]　梅・「要義」318－320頁，石坂・「債総(中)」1296頁，富井＝岡松・「理由(下)」313－315頁，等。

た[22]。

かくして，「(i)両者平等説，(ii)両者相互独立的実行申立権説」が形成される
に至り，これは一部の学説（末川説・昭和 6 年）により全面的賛同を受け[23]，学
説中において通説として定着化したかのようであった（末弘説・債総 158 頁・
昭和 9 年）。

　㈣　旧通説に対する異論
　　　──両者平等主義に対する立法論としての疑念の表明，大審院昭和 6
　　　　年決定に対する疑念の表明，来たるべき原債権者優先説登場の萌
　　　　芽──

　しかし，他方，民法 502 条 1 項の両者平等主義に対する批判的見解（鳩山
説・大正 5 年）も，かなり初期から存在していた[24]。この見解に接続しつつ。
既述の大審院昭和 6 年決定に対して，強い疑念を表明する判批（吾妻説・保証
人たる一部代位者につき，「(ii)原債権者独立的実行申立権＝一部代位者付随的実行
申立権説」を主張する。・昭和 6 年）も存在した[25]。

　加えて，上記の批判的見解の延長線上において，同条同項の両者平等主義
は立法論として賛同し得ない，と明言する見解（近藤＝柚木他説・昭和 11 年）
も登場するに至った[26]。

　かくして，両者平等主義に対する立法論的批判が学説中に支持者を増やし
はじめ，それは来たるべき「(i)原債権者優先説」登場の序曲となった。

　㈥　新通説の登場
　　　──立法者意思（両者平等主義の採用）からの乖離，法解釈論としての
　　　　原債権者優先説の主張，大審院昭和 6 年決定に対する批判──

　次いで，両者平等主義に対する立法論的批判に留まらず，同条同項の法解
釈論として「(i)原債権者優先説」を採用すべし，とする注目すべき見解（我妻
説・昭和 15 年）が登場する[27]。

---

[22]　大審院昭和 6 年 4 月 7 日第二民事部決定・民集 10 巻 9 号 535 頁以下。

[23]　末川・「判批」判例民法研究（昭和 12 年）66 頁以下。

[24]　鳩山・「債総」358 頁・大正 5 年（第 1 版）。なお，同書第 2 版（大正 14 年）421 –
　　422 頁も，同様。

[25]　吾妻・判民昭和 6 年度 56 事件・227 頁以下。

[26]　近藤＝柚木他・「注釈債総（下）」245 頁・昭和 11 年。

[27]　我妻・「債総」136 – 137 頁・昭和 15 年。なお。同書新訂版（昭和 39 年）254 – 255

この見解は，同条同項の法解釈論としての「(i)原債権者優先説」の主張という点に顕著な特徴がみられ，現実の立法者の意思（同条同項における両者平等主義の採用）から截然と乖離するのである。しかも，大審院昭和 6 年決定((i)両者平等説の延長線上において，(ii)両者相互独立的実行申立権説を主張する）を批判しつつ，その手続上の実行申立権の行使態様として「(ii)原債権者独立的実行申立権＝一部代位者付随的実行申立権説」を併せて主張するのである。

したがって，この見解は「(i)原債権者優先説，(ii)原債権者独立的実行申立権＝一部代位者付随的実行申立権説」といえよう。これは新通説の登場に他ならない。

㈡　新通説としての定着
　　——有力諸学説による全面的賛同，下級審諸判決の全面的準拠——

新通説（我妻説，(ハ)）は，有力な諸学説（柚木説・昭和 26 年，於保説・昭和 34 年，等）による賛同を得て，次第次第に，通説化していった[28]。加えて，この見解に準拠する四つの下級審判決（東高昭和 42 年判決，名高昭和 51 年決定，東高昭和 55 年決定，東地昭和 59 年判決）も登場した[29]。

かくして，我妻説の提唱するこの「(i)原債権者優先説，(ii)原債権者独立的実行申立権＝一部代位者付随的実行申立権説」は，我が国において通説的地位を占めた，といってよいであろう。

㈥　学説の現代的状況
　　——新通説に対する批判，その部分的修正を主張する見解，あるいは
　　　初期の学説（立法者意思）・大審院昭和 6 年決定への回帰を主張す
　　　る見解，の分岐——

しかし，新通説((ハ)(ニ))の通説としての地位は，学説状況の中において決して磐石のものたり得なかった。その価値判断（利益較量）・理論構成の側面か

頁も。同様。

[28]　柚木・「判例債総(下)」269 - 271 頁・昭和 26 年，於保・「債総」353 頁・昭和 34 年。なお。同書新版（昭和 47 年）388 - 389 頁も，同様。斎藤（宏）・「権利行使について」54 頁。

[29]　東高判昭和 42 年 12 月 21 日については，判タ 219 号 157 頁，名高決昭和 51 年 5 月 24 日については，判時 825 号 60 頁，東高決昭和 55 年 10 月 20 日については金法 950 号 56 頁，東地判昭和 59 年 3 月 30 日については金商判 710 号 22 頁。なお，その分析につき，岩城・「諸問題(3)」32 頁以下。

ら，新通説に対する批判，あるいは新通説に対する部分的修正の主張が，諸学説によってなされてきている。これが学説の現代的状況といってよいであろう（既述第1項(6)）。

より具体的には（以下，傍点部分は新通説との相違点を示している），

(a)「(i)両者平等説，(ii)原債権者独立的実行申立権＝一部代位者付随的実行申立権説」を主張する貞家説[30]（昭和43年。これに同調する見解として，石田(喜)旧説[31]，石川説[32]，平井説[33]），

(b)「(i)両者平等説，(ii)両者相互独立的実行申立権説」を主張する伊藤（進）説[34]（昭和50年。これは，初期の学説・大審院昭和6年決定説((イ))の立場に復帰すべし，とする見解である。これを部分的に採り入れる見解として，佐上説[35]），

(c)「(i)原債権者優先説，(ii)条件付両者相互独立的実行申立権説」を主張する石田（喜）新説[36]（昭和53年。これに結論的に同調する見解として，野田説[37]，岩城説[38]），が存在する。

(5) 小括——私見の提示——

(イ) 実体上の競合関係（優劣関係）

(a) 第三者の代位弁済を奨励する（立法者意思）

立法者の意思によれば，弁済者代位制度の趣旨は広く「第三者」の弁済を奨励することに在った。代位弁済をなした「第三者」（この概念には，法定代位者と任意代位者の両者が包含されている）の利益において，この者に原債権者の「権利（原債権・原抵当権）」上への代位の成立を承認することによって，第

---

(30) 貞家・「代位」・43頁・昭和43年。

(31) 石田・「注民(12)債権(3)」353－354頁・昭和45年。

(32) 石川・「要件」77－82頁・昭和60年7月。

(33) 平井宜雄・「債総」152－153頁・昭和60年10月。

(34) 伊藤（進）・「代位」94－95頁・昭和50年。なお，同書新版（昭和57年）90－91頁も，同様。

(35) 佐上・「競売」・84－87頁・昭和56年。

(36) 石田（喜）・「債総」266－267頁・昭和53年。なお，同書改訂版（昭和57年）266－267頁も，同様。なお山下・「代位請求」187頁も，ほぼ同様（山下説は，一部代位者に対してのみ，条件をつける）。

(37) 野田・「代位」103－106頁・昭和59年。

(38) 岩城・「諸問題(3)」30－37頁・昭和60年。

三者による代位弁済を奨励しよう，としたのである。

(b) 「両者平等主義」の採用（立法者意思）

他方，民法502条1項における立法者の意思はたしかに「(i)両者平等主義」の採用にあった。全額代位弁済ではなく，単に一部額代位弁済をなしたにすぎない第三者の利益においても，原債権者の「権利」上への代位（＝一部代位）の成立を承認し，しかもこの第三者＝一部額代位弁済者＝一部代位者を原債権者と平等・対等の法的地位に存置させよう，としたのである。

この意味では，両者の実体上の競合関係において，法解釈論として「(i)両者平等説」の主張は必然である，かのようではある。

(c) 私見主張

しかし，(α)ボアソナードの趣旨説明にあっては，原債権者と平等・対等の法的地位に在る一部代位者としては，その利益較量上，主として「任意代位者」（民499条）が想定されている，と判断されること，

(β)立法者たる梅博士の「民法要義」にあっても，「(i)両者平等主義」の擁護理由を述べるに際し，一部代位者として「任意代位者」の例を想定されていること（両者平等主義の下でも，原債権者は自己に不利益が生ずるときには，一部額代位弁済の受領拒否あるいは代位拒絶をして一部代位の成立を阻止し得るのだから，決して一部代位者＝任意代位者を厚遇したことにはならない，と主張される），

(γ)法典調査会での梅発言（保証人は気の毒な者であり，なるべくこの者を原債権者に対して保護してやらなければならないとして，「(i)両者平等主義」の採用を強力に擁護された）は必ずしも現代的状況に対応し得ない（たとえば現代的状況の下での保証人は単なる「厚意保証人」（法典調査会での梅発言）ではなく，いわば業としての機関保証人・連帯保証人であることが多い），と考えられること[39]，

(δ)一部代位者たる「任意代位者」と「法定代位者」（民500条）の両者は同じく求償債権者であるけれども，原債権者に対する関係において各々異なった法的地位に在る（任意代位者は主として債務者の利益のために代位弁済をなした者であり，しかもこの者はそもそも原債権者に対して何等の「劣後的地位」に立つものでもないのに対して，法定代位者は自己の共同義務ないし正当利益において代位弁済をなした者であり，しかもこの者はそもそも原債権者に対して「劣後的地

---

[39] なお。同・「諸問題(3)」36頁参照。

位」に立つものである）、と考えられること，等の理由より，

　私見は「任意代位者」については立法者の意思どおり「(i)両者平等説」の妥当を承認するが，「法定代位者」については「(i)原債権者優先説」を主張するものである[40]。

(ロ)　手続上の実行申立権の行使態様

　民法502条1項の立法審議過程では，両者の実体上の競合関係につき論議がなされているも，両者の手続上の実行申立権の行使態様如何についてはほとんど何も論議がなされていない。したがって，同条同項は単に両者の実体上の競合関係についてのみ定めている（按分比例配当）のであり，両者の手続上の実行申立権の行使態様につき何等定めるものではない（「(一部)代位者ハ其弁済シタル価額ニ応シテ債権者ト共ニ其権利ヲ行フ」との同条同項の文章をそのまま読めば，一部代位者は原債権者と共に実行申立権を行使するという形で，両者の手続上の実行申立権の行使態様が規定されているかのようである），と考える。そして，同条同項は，一部代位者の実体上の権利の主張の範囲（その弁済額の割合に応じた請求の限度）につき，定めているにすぎない（この点で，私見理解は，従来の学説の一般的見解と顕著に相違する），と考える。

　以上を前提として，私見は，一部代位者（任意代位者・法定代位者）の求償債権「確保」の利益において，両者の手続上の実行申立権の行使態様につき「(ii)条件附両者相互独立的実行申立権説」を主張するものである。

(ハ)　私見の結論

　(α)　一部代位者が「法定代位者」である場合には，「(i)原債権者優先説，(ii)条件付両者相互独立的実行申立説」を主張する。

　(β)これに対して，一部代位者が「任意代位者」である場合には，「(i)両者平等説，(ii)条件付両者相互独立的実行申立権説」を主張する。

第3項　「原債権者と一部代位者」の競合関係
——その利益較量的分析——

　一部代位者が「法定代位者」（民500条）である場合を想定し，原債権者と一部代位者の競合関係において「(i)原債権者優先説，(ii)条件附両者相互独立

---

[40]　なお，岡村・「債総」315頁参照・昭和16年。

的実行申立権説」を，両者の法的地位についての利益較量的分析[41]により結論づける。

　なお，民法500条の「法定代位者」には，(α)共同義務者（債務者と共に債務を負担する者であり，保証人・連帯債務者・不可分債務者・連帯保証人がこれである），(β)物上保証人・担保目的物の第三取得者，(γ)後順位担保権者・一般債権者，が包含されるが，ここでは一部代位者たる「法定代位者」として保証人を採り上げ，原債権者A・主債務者（設定債務者）B・保証人Cの三者の法律関係を想定する。

　論述の進行として，

　(1)まず，一部額代位弁済「前」の両者の優劣関係を明らかにする。すなわち，原債権者Aに対する関係において，主債務者Bは第一次債務者であり，保証債務者Cは第二次債務者であり，したがってAは債権者として（自己の有する原債権を理由として），論理上当然に保証債務者Cに対して「優越的地位」に在る（A→C）。

　(2)次いで，一部額代位弁済「後」の優劣関係を明らかにする。すなわち，一部額代位弁済による一部代位の成立の結果，原債権者Aは残額債権者となり，主債務者Bは残額主債務者となり，保証債務者Cは残額保証債務者となり，しかもCは同時に求償債権者ともなる（Cの法的地位の二重性格性）。

　(イ)そして，残額債権者Aに対する関係において，残額主債務者Bは第一次債務者であり，残額保証債務者Cは第二次債務者であり，したがってAは債権者として（自己の有する残額債権を理由として），論理上当然に残額保証債務者Cに対して「優越的地位」に在る（A→C）。

　(ロ)他方，残額主債務者Bに対する関係において，残額債権者Aは第一次債権者であり，求償債権者Cは第二次債権者である。換言すれば，原債権が残額債権として存続する限りにおいて，Cの保証債務は残存し，Cは自らのAに対する残額保証債務を負う限りにおいて，その求償債権者としても残額債権者Aに劣後せざるを得ない，のである（A→C）。

　(3)最後に，小括として，「(i)実体上AはCに優先し，(ii)AもCも共に条件

――――――――――――
(41)　利益較量的・機能的分析を重視すべきことを既に指摘していたのは，貞家・「代位」43頁である。さらに，諸判例における具体的な事案に即して，近時，詳細に利益較量的分析をおこなうものとして，岩城・「諸問題(3)」30頁以下が重要である。

附相互独立的実行申立権を有する」ことを明らかにする。

⑴ 一部額代位弁済「前」の両者の競合関係 （A → C）

㈠ Aの法的地位

⒜ Aの利益

Aは，次の四つの利益，すなわち，

(α)原債権「回収」の利益，

(β)原債権「物的・人的担保」の利益，

(γ)両担保の「選択的併合」としての徴求の利益（ここで二種類の担保方法の「選択的併合」としての徴求とは，一つの担保方法のみの徴求により全債権額は十分に担保されているが，より大きな安全確実性（危険分散性）の目的のために二種類の担保方法を徴求したものであり，債権回収が最終的にはいずれの担保方法によってなされてもよく，ある一つの担保方法の実行・発動により全債権額が回収されたときには，他方の担保方法もその目的を喪失し消滅するに至る，ということを意味する），

(δ)両担保「実行」の利益，等を有している。

このような諸利益を前提として，Aは債権者として保証人（保証債務者）Cに対して「優越的地位」に在る，といわなければならない。

⒝ 保証債務の「付従性・補充性」による論証

すなわち，Aは原債権担保のため人的担保（保証人C）を徴求した。原債権が存続する限りにおいてこの人的担保も存続し（換言すれば，主債務が存続する限りにおいて保証債務も存続し），原債権がBの弁済等により消滅するときにはこの人的担保も目的を失い消滅し（換言すれば，主債務がBの弁済等により消滅すれば，保証債務も消滅し），原債権につき弁済がなされ得ない場合のみ人的担保が実行され（主債務につき弁済がなされ得ない場合のみ保証債務が履行され），原債権担保の目的のためにのみ人的担保が存在し（主債務履行の目的のためにのみ保証債務が存在し），ここにいわゆる「保証債務の付従性，補充性」が明らかである。

このような「保証債務の付従性，補充性」を前提とすれば，主債務者BはAに対する「第一次債務者」であり，保証人CはAに対する「第二次債務者」である，といえよう。

(c) 結論確認

したがって，Aは債権者として第一次債務者B，第二次債務者Cに対して
そもそも優越的地位にある（A→B・C）。しかも，その優越的地位は，原債権
が存続する限り（換言すれば，主債務（したがって，保証債務）が存続する限り），
堅持される。

㈠　Cの法的地位

(a)　Cの利益

Cは，次の三つの利益，すなわち，

(α)保証債務の「附従性」の利益（主債務の履行により保証債務は消滅し，主
債務履行の担保目的のみにおいて保証債務は存在する），

(β)保証債務の「補充性」の利益（主債務が履行され得ない場合のみ，第二次的
に保証債務が履行されるべきものである。したがって，Cは，Aに対する第二次債
務者として，保証債務の「補充性」の利益を有している），

(γ)催告・検索の「抗弁権」の利益（民452条本文，453条），を有している。

――なお，Cの検索の抗弁権の利益にもかかわらず，Aは物的担保（原抵当
権）の先行的実行を強いられるものではない[42]。主債務者B所有の不動産上
に抵当権が設定されていても，不動産上の抵当権の実行は一般的にいって「容
易」（民453条参照）ではなく，Cは検索の抗弁権の行使のための証明要件を
具備し得ないことになり，Aは直ちにCに対して請求し得ることになる，か
らである。なお，これと反する梅発言につき，既述第2項(3)(ハ)参照。――

(b)　結論確認

以上の諸利益を前提として，Cは第二次債務者としてAに対する「劣後的
地位」に在る，といわなければならない。すなわち，主債務者BはAに対す
る「第一次債務者」であり，保証人（保証債務者）CはAに対する「第二次債
務者」である。したがって，CはAに対して「劣後的地位」に在る（A→C）。

(2)　一部額代位弁済「後」の両者の競合関係（A→C）

㈠　Aの法的地位

[42]　なお，我妻・債総480頁，於保・債総273頁。

（a） Ａの利益

Ａは，次の四つの利益，すなわち，

（α）残額債権「回収」の利益，

（β）残額債権「物的・人的担保」の利益，

（γ）両担保の「選択的併合」としての徴求の利益，

（δ）両担保「実行」の利益（その実行要件の具備を前提とする），を有している。

（b） 結論確認

上記の諸利益を前提として，ＡはＣに対して「優越的地位」に在る。すなわち，残額主債務者ＢはＡに対する「第一次債務者」であり，残額保証債務者ＣはＡに対する「第二次債務者」である。したがって，Ａは残額債権者として，第二次債務者Ｃに対して「優越的地位」に在る（Ａ→Ｃ）。

㋺　Ｃの法的地位──その二重性格性（第二次債務者・第二次債権者）──

一部額代位弁済による一部代位の成立の結果，Ｃの法的地位は二重性格性を帯びるに至る。

すなわち，一部額代位弁済前にあっては，ＢをＡに対する「第一次債務者（主債務者）」とすれば，ＣはＡに対する「第二次債務者（保証債務者）」であった（⑴㋑）。しかも，一部額代位弁済による一部代位の成立後にあっては，ＡをＢに対する「第一次債権者（残額債権者＝原債権者）」とすれば，ＣはＢに対する「第二次債権者（求償債権者）」となる。

かくして，Ｃは，（α）Ａに対する「第二次債務者（残額保証債務者）」であり，（β）Ｂに対する「第二次債権者（求償債権者）」であり，二重性格性を有するに至る。

（a） 「第二次債務者（残額保証債務者）」としてのＣの利益

その一部額代位弁済により，保証債務も主債務もその限りで消滅する。しかし，主債務が残額主債務として存続する以上，保証債務も残額保証債務としてなお存続する。したがって，Ｃはなお保証人たり続けており，残額主債務者ＢをＡに対する第一次債務者とすれば，残額保証債務者，ＣはＡに対する第二次債務者である。

かくして，Ｃは，第二次債務者（残額保証債務者）として，

（α）保証債務の「附従性」の利益，

（β）保証債務の「補充性」の利益，

(γ)催告・検索の「抗弁権」の利益，を有している。

(b)「第二次債権者（求償債権者）」としてのCの利益

その一部額代位弁済により，CはBに対する求償債権を取得する。CはBに対する求償債権者となる。仮に原債権者AをBに対する第一次債権者とすれば，求償債権壜CはBに対する第二次債権者である。なぜなら，原債権が残額債権として存続する限りは（主債務が残額主債務として存続する限りは）Cの保証債務も残存し，Cは自らのAに対する残額保証債務を負う限りにおいて，その求償債権者として残額債権者Aに劣後せざるを得ない，からである（A→C）。

──換言すれば，保証人という人的担保は，原債権債務関係が（残額債権債務関係として）存続している限りでは，主債務者の主債務全体を担保する。したがって，一部額代位弁済は本来債務の本旨に従った提供ではなく，本来的には全部額代位弁済がなされてはじめて，原債権者の地位に代替して，保証人が自らその求償債権を主張し得るものであろう。この意味で，一部額代位弁済をなしたにすぎない保証人は，Bに対する求償債権者として，同じくBに対する残額債権者Aに劣後した，「第二次債権者」といわなければならない。──

そして，この第二次債権者としての法的地位においても，求償債権者たるCは，

(α)求償債権「回収」の利益，

(β)一部代位による求償債権「確保」の利益，

(γ)一部代位による物的担保「実行」の利益，を有している。

(3) 小括──私見の提示──

(イ) 実体上の優劣関係（配当手続上の優劣関係）

AはBに対する第一次債権者であり，CはBに対する第二次債権者であり，同じくBに対する債権者としてAはBに対して「優越的地位」にある。したがって，AとCの競合関係において実体上AはCに優先し，配当手続上AはCに優先して配当を受け得る，と解する。

㈹　手続上の実行申立権の行使態様

　ＡもＣも他方の利益を著しく侵害しない限りでは相互に独立の実行申立権を有し，共同の実行申立ての制約は付され得ない。と解する。

　(a)　Ａの独立的実行申立権の許容

　ＡはＢに対する第一次債権者であり，ＣはＢに対する第二次債権者であり，同じくＢに対する債権者としてＡはＣに対して「優越的地位」に在る。しかも，一部代位者としてのＣの登場前において，Ａは原債権者として原抵当権の唯一の権利主体者であり，自らの主体的なイニシィアティブの下でその実行申立てをなし得るものであった。

　したがって，一部代位によるＡとＣの競合関係において，ＡＣ両者を同列に論ずることはできず，尠くともＡの立場よりすればＡの独立的実行申立権が従前どおり認められるべきであり，Ａに対してＡＣ共同申立ての制約を付することは不合理といえよう。この意味で，Ａ自身のイニシィアティブに基づく，Ａの独立的実行申立権が許容されるべきである。

　なお，付言すれば，ＡＢ間の原債権債務関係が分割払債権であり，その分割払債権の一つにつきＣが代位弁済したとする（分割払債権においては，保証人は各弁済期にその個別の債権額につき弁済義務を有する[43]）。ここでは，Ａは相対的に多額の残額債権を有し，Ｃは相対的に少額の求償債権を有する，というのが一般であろう。Ａの多額の残額債権の回収の利益を尊重しなければならない，という点において，Ｃとの共同申立ての制約を付することなく，Ａの独立的実行申立権が許容されて然るべきである。

　(b)　Ｃの独立的実行申立権の許容

　ＣがＢに対する第二次債権者であり，同じくＢに対する債権者としてＣがＡに対して「劣後的地位」に在るとすれば，Ｃに独立的実行申立権を許容することは過ぎたることである，とも一応いえよう。しかも，単に分割払債権の一つを代位弁済したにすぎない，相対的に少額の求償債権者たるＣを想定すれば，なお一層そのようにいえよう。

　この意味では，Ｃは独立の実行申立権を有せず，Ａの実行申立てに附随して，あるいはこれと共同してのみ実行申立てをなし得る，とする現通説（(ⅰ)原債権者優先説，(ⅱ)原債権者独立実行申立権＝一部代位者附随的実行申立権説）の

---

[43]　星野・「法律的性格」260頁・227頁。

立場も，一応是認できるかのようである。

しかし，Cは一部代位者として，求償債権「確保」のために「物的担保」実行の利益を有している。しかも，Cが既に相対的に多額の代位弁済をなし，相対的に少額の残額債権者Aと相対的に多額の求償債権者Cを想定すれば，Cにも独立的実行申立権を認めるべき必要性が生じよう。少額の残額債権者Aが残額主債務者Bと結託してその実行申立てを意図的に遷延するときには，多額の求償債権者Cは自己の求償債権を「確保」し得ず，一部代位は実効性を欠く結果となる[44]，からである。

したがって，そのことによりAにさしたる不利益が生じない場合には，Cに独立的実行申立権を認めて然るべきである。そして，AはCに対する優先的配当順位を確保し得た以上，既に十分にAの利益は確保されている[45]，ともいえるのであろう。Cの独立的実行申立権を許容すべきである。

なお，この私見の立場につき次の2点を付言しておく。

——(α)担保不動産の処分を強制される，との批判に対して，どう答えるべきか

Cに独立の実行申立権を認めたとすれば，Aは自己の意思によらずして担保不動産の処分を強制され，将来にわたる担保のもつ作用（たとえば，より有利な投資先の確保，その投資の継続，等）を喪失するであろう，との批判（我妻・債総新訂版254頁参照）が想定可能である。

しかし，抵当不動産上にさらに他の債権者の債権のために後順位抵当権を設定することは，抵当不動産の所有者の自由に委ねられている。その自由意思により後順位抵当権が設定され，その後において実行要件を具備するに至った後順位抵当権者が抵当権実行申立てをなしたときには，先順位抵当権者といえども自己の意思によらずして抵当不動産の処分を強制され，消除主義の妥当の下で自己の先順位抵当権を消除されてしまうのである。その順位に無関係に，そもそもある抵当権者は，他の抵当権者の実行申立てにより否応なく競売手続にまきこまれ，自己の抵当権を消除される，という法的地位に在るものである[46]。

---

[44] 伊藤（進）・「代位」95頁，同・「代位」（新版）91頁。

[45] 石田（喜）・「債総（初版）」268頁注(12)，同・「債総（改訂版）」268頁注(12)。

第1節　弁済者「一部代位」の法構造　　193

　しかも，保証人により一部額代位弁済がなされたという事態は，債務者の
資力の悪化の一徴憑でもあり，そのまま債務者との金銭消費貸借関係を継続
することは抵当債権者にとって必ずしも得策ではない[47]，ということも多々
あり得る。この場合には，債務者は先順位抵当債権者にとってもはや有利な
投資先とは到底いえない。したがって，上記の先順位抵当債権者にとっても，
この時期における担保不動産の競売は有利である，ともいえる。
　以上を前提とすれば，Ｃの独立的実行申立権を許容したとしても，そのこ
とは必ずしもＡに不利益を与えるものではない，と考える。

　　──(β)抵当権の不可分性の原則に反する，との批判に対して，どう答え
るべきか
　Ｃに独立の実行申立権を認めたとすれば，そのことは抵当権の不可分性の
原則（より具体的には，原債権が残額債権として存続する以上，原抵当権もそのま
ま存続し，それは目的不動産の全体を支配し，Ａは上記の原抵当権を有するもので
ある）に反し，Ａ以外の者には独立の実行申立権を認めるべきではない，と
の批判（我妻・債総新訂版254頁参照）が想定可能である。
　しかし，一部額代位弁済の受領により，原債権は一部的に消滅し，それは
残額債権となる。それに対応して，原抵当権も価値権的には一部減縮し，残
額債権額を担保するにすぎない，いわば残額抵当権となる。Ａはこの残額抵
当権の権利主体者にすぎないのである。他方，Ｃは一部的に消滅した「権利
部分」上の，権利主体者であり，いわば「代位債権・代位抵当権」上の，権
利主体者である。したがって，上記「代位債権・代位抵当権」の権利主体者
として，Ｃには独立の実行申立権が認められて然るべきであろう。
　以上を前提とすれば，Ｃの独立的実行申立権を許容したとしても，そのこ
とは抵当権の不可分性の原則に何等反するものではない[48]，と考える。

───────────
(46)　伊藤（進）・「代位」95頁，同・「代位」（新版）91頁，岩城・「諸問題(3)」35頁。
(47)　岩城・「諸問題(3)」35頁。
(48)　石田（喜）・「注民(12)」355頁，伊藤（進）・「代位」95頁，同・「代位」（新版）91頁
　　は，現通説の「抵当権の不可分性」よりする理由付けも，絶対ではない，とされる。

第4項　弁済者「一部代位」の法構造
——その理論構成についての一試論——

　その利益較量的分析より，「(i)原債権者の一部代位者に対する優先，(ii)両者の条件附相互独立的実行申立権の許容」，を結論づけた（第3項）。この結論は次の如き理論構成により論証され得よう。私見の一試論を開陳する。

(1)　法構造——二つの抵当権の準共有的併存——

　一部額代位弁済により，弁済者一部代位が成立する（民502条1項）。したがって，一部額代位弁済者は法定存続を擬制された「原債権・原抵当権」の「権利部分」上に，一部代位する。この場合，一部代位者（一部額代位弁済者）は，「其弁済シタル価額ニ応ジテ，債権者ト共ニ其権利ヲ行フ」（同条同項）。このような一部代位は，次のようなプロセス（①–⑨）より成り立っている。
　①　内部関係での「原債権・原抵当権」の現存
　内部関係（原抵当債権者・設定債務者間関係，内部的な対設定債務者関係）では，原抵当債権者の「原債権・原抵当権」が現存する。
　②　内部関係での「原債権・原抵当権」の一部的消滅・減縮
　一部額代位弁済により，内部関係では原債権が一部的に消滅し，附従性により原抵当権も目的物価値支配権としていわば一部的に消滅・減縮する。

　——このような法構成は，「抵当権の不可分性の原則」に反せず，抵当権の被担保債権額に相応した価値支配権性に注目し，「抵当権の附従性の原則」の一反映に他ならない。
　すなわち，(α)一部額代位弁済により原債権は一部的に消滅する。しかし，「抵当権の不可分性」の原則よりすれば，原債権の一部的消滅にもかかわらず，原抵当権は目的物全体を担保的に支配し，その目的物全体に対する実行申立権をも具有している。この意味では，原抵当権は決して消滅してはいない。
　(β)他面，実質的にみれば，抵当権はその被担保債権額に相応した価値支配権である。仮に被担保債権額を1000万円とすれば，その抵当権は目的不動産の1000万円分に対応した「価値部分」のみを価値支配している（それ故にこそ，目的不動産の競売売却代金の配当に際しては，抵当権者は自己の1000万

円の債権額についてのみ配当を受け得るのであり，残余は設定債務者に返還されるのである）。したがって，その被担保債権が一部的に消滅したとすれば，上述の意味における価値支配権としての抵当権もまた，実質的にみて一部的に消滅・減縮し，残存債権額に相応した「（目的不動産の）価値部分」のみを価値支配するものとなる。債権の一部的消滅により抵当権も一部的に消滅・減縮する，という意味において，それは「抵当権の附従性」の原則の一反映に他ならない。──

③　内部関係での「残額債権・残額抵当権」（現実的存続体）としての存続
　内部関係での「原債権・原抵当権」の一部的消滅・減縮の裏面的対応として，内部関係では「原債権・原抵当権」は「残額債権・残額抵当権」として存続する。これは現実的存続体である。
④　内部関係での一部的に消滅・減縮した「権利部分」の，外部関係での法定存続の擬制（その擬制的存続体）
　しかし，内部関係での「原債権・原抵当権」の一部的に消滅した「権利部分」につき，外部関係（代位弁済者・設定債務者間関係，外部的な対代位弁済者関係）では，当該「権利部分」の法定存続が擬制される。これは擬制的存続体である。
⑤　一部代位の成立
　外部関係での擬制的存続体たる「権利部分」上に，一部額代位弁済者の一部代位が成立する。当該「権利部分」は「原債権・原抵当権」の一部的消滅部分＝一部的法定存続部分であり，したがってその上に成立する代位は一部代位に他ならない。
⑥　「一部代位債権・一部代位抵当権」への転化，その擬制的存続体
　上述の②④⑤のプロセスを前提とすれば，当該「権利部分」は一部代位の対象体であり，これを「一部代位債権・一部代位抵当権」と称し得よう。かくして，当初の「原債権・原抵当権」は一部額代位弁済を契機として二つに分化し，その一つは外部関係での「一部代位債権・一部代位抵当権」である。
　なお，一部代位の対象体たる「権利部分」は擬制的存続体であり，したがって「一部代位債権・一部代位抵当権」も擬制的存続体である。
⑦　一部額代位弁済者の取得（一部額代位弁済者への移転）

既述のプロセスは，一部額代位弁済者が「一部代位債権・一部代位抵当権」を取得すること，換言すれば原債権・原抵当権の消滅「権利部分」が「一部代位債権・一部代位抵当権」として原債権者から一部額代位弁済者に擬制的に法定移転すること，に他ならない。

⑧　二分化による両「債権・抵当権」の準共有的併存

一部代位の成立の結果，内部関係では原抵当債権者の「残額債権・残額抵当権」が，外部関係では代位弁済者の「一部代位債権・一部代位抵当権」が，存立する。元来それぞれ単一の統一体であった「原債権・原抵当権」が，一部代位の成立の法効果として二つに分化し，両「債権・抵当権」が不即不離に接合するという，いわば「準共有的併存」の法状態が現出する。

これは，一つの「原債権・原抵当権」が原抵当債権者と代位弁済者とにより準共有されている（定説的見解[49]），と理解するのではない。一つの「原債権・原抵当権」が二つに分化し，両「債権・抵当権」が準共有的に併存する，と私見は理解するのである（既に，拙稿・「共同抵当権における代位(1)(2)(3)」・昭和59年（⇒斎藤①論文・第1章第1節）にて，その理論構成を提示している）。

——その理由を列挙すれば，

(α)第一に，「原債権・原抵当権」は一部額代位弁済により「存続部分（残存部分）」と「消滅部分（擬制された法定存続部分）」とに分化し，この両「部分」は質的に相違する。前者（「残額債権・残額抵当権」）は現実的存続体であり，後者（「一部代位債権・一部代位抵当権」）は虚構的存続体である，からである

---

(49)　なお，付言すれば，(α)学説の定説的見解（ほぼ異論をみない）によれば，一部代位の成立の結果，原債権者と一部代位者は原抵当権を準共有する，と理解されている。

　　(β)他方，学説の通説的見解によれば，抵当権が準共有されている場合には，その抵当権の実行は他の共有者全員の同意の上で各共有者の単独の，あるいは準共有者全員の申立てにより，おこなわれる，と理解されている。

　　(γ)上記の(α)(β)を前提とすれば，一部代位の成立の場合，原抵当権の実行は，①一部代位者の同意の上で原債権者の単独の申立てにより，②又は原債権者の同意の上で一部代位者の単独の申立てにより，③あるいは両者共同の申立てにより，おこなわれる，との結論が導出されることになろう。

　　(δ)しかし，現通説（「(ii)原債権者独立的実行申立権＝一部代位者附随的実行申立権説」）は上記の(γ)の如き理解をしていない。

　　したがって，原抵当権の両者による準共有を前提としつつ，原債権者の独立の実行申立権を認める現通説の立場は，本来論理矛盾である，といえよう。

（分化に伴う両「部分」の質的粗違性）。

　（β）第二に，前者は内部関係において存立し，後者は外部関係において存立し，両者はその存立場面を異にする，からである（在立場面の相違性）。

　（γ）第三に，前者の帰属主体者・行使権限者は従前どおり原債権者であり，後者の帰属主体者・行使権限者は代位弁済者であり，両者はその帰属主体者・行使権限者を異にする，からである（帰属主体者・行使権限者の相違性）。

　（δ）第四に，前者は残額債権（＝原債権の未回収額）「担保」の目的の下に存立し，後者は求償債権（＝代位債権額と対応した額）「確保」の目的の下に存立し，両者はその存立目的を異にする，からである（存立目的の相違性）。──

　⑨　一部額代位弁済者の利益における求償債権「確保」のための法技術

　以上①－⑧の法構成は，一部額代位弁済者の利益における求償債権「確保」のための法技術，である。

（2）　小括──私見の理論構成──

（イ）　実体上の優劣関係（配当手続上の優劣関係）
　　　──同一順位内における原債権者の残額抵当権の優先，一部代位者の
　　　　一部代位抵当権の劣後──

　同一順位内において不即不離に接合する準共有的併存の法状態に在る両「債権・抵当権」は，"原抵当権者の「残額債権・残額抵当権」が優先し，一部額代位弁済者の「一部代位債権・一部代位抵当権」が劣後する"という，実体上の優劣関係（配当手続上の優劣関係）に在る。

（a）　原抵当権と残額抵当権

　一部額代位弁済により「原債権・原抵当権」は「残額債権・残額抵当権」と「一部代位債権・一部代位抵当権」とに分化し，この両者は不即不離に接合した準共有的併存の法状態に在る。

　しかも，上記の両抵当権は，原抵当権がそもそも位置していたのと，同一順位内に位置する，と解される。その理由を示せば，一方において，原抵当権が残部的に残額抵当権として存続している以上，その順位は変更していない。他方において，原抵当権が一部的に消滅しつつ，その「権利部分」が一部代位抵当権として法定存続している以上，その順位は変更していない，と

いえるからである。

(b) 内部関係と外部関係

内部関係では「残額債権・残額抵当権」が，外部関係では「一部代位債権・一部代位抵当権」が，存在する。前者は残存する「原債権債務関係」の場面であり，後者は新たに発生した「求償債権債務関係」の場面である。

このような両債権債務関係の相互関連性に注目すれば，

(α)原債権債務関係がまず先行的に成立し，その一部的又は全部的な法的決済がなされてはじめて，その事後的事項として求償債権債務関係が成立する（成立における先後関係）。

(β)原債権債務関係が一部的に法的決済された場合，原債権債務関係は残額債権債務関係として残存し，しかもそれは新たに成立した求償債権債務関係と競合する（競合関係）。

(γ)競合する両債権債務関坏において「原債権債務関係は求償債権債務関係に優越し，後者は前者に劣後する」という命題が，承認される。その意味するところは，原債権債務関係が残額債権債務関係として存続する限りは，その原債権債務関係の法的決済は新たに成立した求償債権債務関係のそれに優先してなされなければならない，ということである。そしてそれは，原債権が残額債権として残存する限りでは，原債権者は求償債権者（代位弁済者）に優先して自己の債権の回収をなし得る，ということに帰着する（法的決済としての先決性）。

(c) 上記命題の根拠を述べれば，

原債権者はそもそも代位弁済により法定代位をなし得る者（たとえば，保証人・物上保証人）に対して優越的地位に在る（A→Cの関係については，第3項(2)）。このような優劣関係を前提とすれば，求償債権「確保」のための一部額代位弁済者の一部代位抵当権は，残額債権「担保」のための原債権者の残額抵当権に，実体法上劣後する，といわざるを得ない。

かくして，抵当不動産の競売売却代金の配当手続に際しては，まず原抵当債権者が残額債権につき配当を受け，次いで一部額代位弁済者が一部代位債権（但し，その求償債権額を上限とする）につき配当を受ける，ことになる。

㋺ 手続上の実行申立権の行使態様

(a) 原債権者の独立的実行申立権

一部代位の成立の結果，原債権者は内部関係での「残額債権・残額抵当権」の唯一の帰属主体者・行使権限者である。したがって，その残額債権の回収のために，原債権者は内部関係での「残額抵当権」につき，一部代位者の利益を著しく侵害しない限りで，独立して実行申立てをなし得る。

（b）一部代位者の独立的実行申立権

一部代位の成立の結果，一部代位者は外部関係での「一部代位債権・一部代位抵当権」の唯一の帰属主体者・行使権限者である。したがって，その求償債権の回収のために，一部代位者は外部関係での一部代位債権を被担保債権とする「一部代位抵当権」につき，原債権者の利益を著しく侵害しない限りで，独立して実行申立てをなし得る。

（c）実行手続

その実行申立てが原債権者によるものであれ，あるいは一部代位者によるものであれ，当該実行手続においては他方の抵当権は消除主義により消除されるに至る。競売不動産の売却代金は，まず原債権者に配当され，次いで一部代位者に配当されること，既述の如くである。

なお，一部代位者への配当は一部代位債権への配当であり，その配当額は求償債権額を上限とし，受領した配当額は実質的には求償債権の満足のために充当される。

第5項　結論総括

一部代位による原債権者と一部代位者の競合関係において，本節では，

㋑　一部代位者が「法定代位者」（民500条）である場合には，「(i)原債権者優先説，(ii)条件附両者相互独立的実行申立権説」を結論づけた。法定代位者として直接的には「共同義務者」（保証人・連帯債務者・不可分債務者・連帯保証人）を採り上げ，その論証を試みた。

また，私見は，(a)一部代位者が同条の法定代位者たる「物上保証人・第三取得者」である場合には，この者が上記の共同義務者に準ずるものである（物上保証人・第三取得者は原債権者に対する「物的責任者」としてそもそも劣後的な法的地位に在る）が故に，同じく「(i)原債権者優先説，(ii)条件附両者相互独立的実行申立権説」を，主張した（拙稿・「共同抵当権における代位(2)」77頁等）

（⇒斎藤①論文・第1章第1節）。

(b)一部代位者が同条の法定代位者たる「後順位抵当権者・一般債権者」である場合には，この者が後順位抵当権者・一般債権者として先順位抵当権者たる原債権者に対してそもそも劣後的地位に在る（先順位抵当権者が完全な満足を得た上で，はじめて自らの債権の満足を得られる）が故に，同じく「(i)原債権者優先説，(ii)条件附両者相互独立的実行申立権説」を，主張した[50]。

(ロ)　これに対して，一部代位者が民法499条の「任意代位者」である場合には，次の諸理由から，「(i)両者平等説，(ii)条件附両者相互独立的実行申立権説」を主張した。

　その理由としては，①広く第三者の弁済を奨励すべく弁済者代位の制度が存置されたこと（立法者の意思），②厚意弁済者たる第三者の法的地位を保護すべきであること，③原債権者は自己に不利益が生ずると思われるときには一部額代位弁済の受領拒否あるいは代位拒絶をして一部代位を成立させなければよいこと，④任意代位者は法定代位者とは異なり原債権者に対してそもそも何等の「劣後的地位」にも位置していないこと，⑤両者平等主義の採用は立法者の利益較量においてそもそも主として任意代位者を念頭に置いて考

[50]　ドイツ民法は，仏民法並びにその系譜をひく我が国の民法とは異なり，いわゆる弁済者「代位（Surrogation）」の一般原則の観念を認めておらず，個々的に「弁済者」が原債権者に満足を与えた範囲において，原債権者の債権（したがって，附従性により原抵当権も）が弁済者に「法定移転（gesetzlicher Forderungsübergang）」する，という法律構成を採っている。しかも，この場合，「債権移転ガ原債権者ノ不利益ニ於イテ主張スルコトヲ得ズ」として，債権の法定移転により「弁済者」が取得する担保権ガ原債権者に劣後する（後順位となる）ことを，定めている（BGB268 I III・426 II・774 I・1143・1225・1249等）。この意味で，一部額代位弁済による原債権者と一部額代位弁済者（この者は一部代位者ではない）の競合関係において，ドイツ民法は「(i)原債権者優先主義」の原則を明文規定により採用するものである。
　　他方，ここでは「弁済者」として，保証人や連帯債務者等の共同義務者，あるいは物上保証人等（我が民法上の用語法によれば，民法500条の「法定代位者」）が想定されており，その他の第三者（我が民法上の用語法によれば，民法499条の「任意代位者」）は想定されていない。任意代位に相当するものは，制度上，存在していないのである。
　　以上を前提とすれば，ドイツ民法の下では，原債権者と一部額代位弁済者の競合関係において，「弁済者」として想定される一部額代位弁済者がそもそも原債権者に対して「劣後的地位」に在る者であるが故に，その「(i)原債権者優先主義」の原則の正当性が裏付けられ得るのだ，といえよう。

慮されたものであること，等であった。

〈**基本文献リスト**〉
(a)　**立法後の初期の文献として，**
　①富井政章校閲・岡松参太郎著・民法理由(中)債権編 313 – 315 頁（民 502 条）・
「(i)両者平等説」・明治 30 年，②梅謙次郎・民法要義巻三債権編 318 – 320 頁・「(i)
両者平等説」・明治 43 年，③鳩山秀夫・日本債権法総論 358 頁・「立法論として批判
しつつ，(i)両者平等説」・大正 5 年（同様の立場は，同書第二版 421 – 423 頁・大正
14 年でも，採られている），④石坂音四郎・日本民法第 3 編債権総論(中)1296 頁・
「(i)両者平等説」・大正 13 年（初版大正 2 年）。

(b)　**大審院昭和 6 年決定に関する文献として，**
　①大審院昭和 6 年 4 月 7 日第二民事部決定・民集 10 巻 9 号 535 頁以下・「(i)両者
平等説，(ii)両者相互独立的実行申立権説」，②吾妻光俊・判民昭和 6 年度 56 事件（大
審院昭和 6 年決定に疑念）・「旧通説（(i)両者平等説，(ii)両者相互独立的実行申立権
説）に対して，原債権者の立場を害してまで，一部代位者の独立的実行申立権を認
めることに，強い疑念を表明される」，③末川博・判例研究（大審院昭和 6 年決定に
賛成）・法学論叢 27 巻 2 号 324 頁（判例民法研究 66 頁以下）・「(i)両者平等説，(ii)両
者相互独立的実行申立権説」。

(c)　**その端境期における文献として，**
　①岡村玄治・全訂債権法総論 2 版 315 頁・「(i)原債権者優先説（保証人や連帯債務
者の如く自己の債務を負う者が一部弁済した場合），(ii)両者相互独立的実行申立権
説（当時の段階では異説ではあったが，正当な方向性を示している）」・昭和 16 年，
②近藤英吉＝柚木馨他・注釈日本民法債権編総則(下)245 頁・「立法論として批判し
つつ，(i)両者平等説，(ii)両者相互独立的実行申立権説」・昭和 11 年。

(d)　**新通説（我妻説・現通説）の登場以降の文献として，**
　①我妻栄・民法講義債権総論 136 – 137 頁・「(i)原債権者優先説，(ii)原債権者独立
的実行申立権＝一部代位者付随的実行申立権説」・昭和 15 年（同様の立場は，同書
新訂版 254 – 255 頁・昭和 39 年でも，採られている），②我妻栄＝有泉亨・法律学
体系コンメンタール篇 3・債権法 203 – 204 頁（民 502 条）・「(i)原債権者優先説，(ii)
原債権者独立的実行申立権＝一部代位者付随的実行申立権説」・昭和 26 年，③柚木
馨・判例債権法総論(下)269 – 271 頁・「(i)原債権者優先説，(ii)原債権者独立的実行

申立権＝一部代位者付随的実行申立権説」・昭和 26 年，④小池隆一・債権法総論 290 − 291 頁・昭和 29 年，⑤星野英一「中小漁業信用保証の法律的性格」・民法論集 2 巻（昭和 45 年）260 − 261 頁・「(i)原債権者優先説，(ii)原債権者独立的実行申立権 ＝一部代位者付随的実行申立権説」・昭和 31 年，

　⑥於保不二雄・法律学全集 20 債権総論 353 頁・「(i)原債権者優先説，(ii)原債権者 独立的実行申立権＝一部代位者付随的実行申立権説」・昭和 34 年（同様の立場は， 同書新版 388 − 389 頁・昭和 47 年でも，採られている），⑦斎藤秀夫・競売法 78 頁・「(i)については論及がなされていないが，(ii)原債権者独立的実行申立権＝一部 代位者付随的実行申立権説」・昭和 35 年，⑧斎藤宏・「債権の一部について代位弁済 をなした者の権利行使について」・判タ 147 号 49 − 54 頁・「(i)原債権者優先説，(ii) 原債権者独立的実行申立権＝一部代位者付随的実行申立権説」・昭和 38 年，⑨水本 浩・判例コンメンタール 3・担物法 354 − 355 頁（502 条）・昭和 40 年．⑩貞家克 己・「弁済による代位」・金法 500 号 35 − 43 頁・「必ずしも明示的ではないが，(i)両 者平等説，(ii)原債権者独立的実行申立権＝一部代位者付随的実行申立権説」・昭和 43 年，

　⑪石田喜久夫・注釈民法⑫債権(3) 352 − 356 頁（民 502 条）・「現通説に対して疑 問を提示され，必ずしも明示的ではないが，(i)両者平等説，(ii)原債権者独立的実行 申立権＝一部代位権者付随的実行申立権説」・昭和 45 年（石田（喜）旧説），⑫山下 孝之・「保証人の代位請求」・法時 45 巻 9 号（昭和 48 年 8 月号）193 − 187 頁・「(i) 原債権者優先説，(ii)条件付両者相互独立的実行申立権説」・昭和 48 年，⑬寺田正春・ 「弁済者代位制度論序説(1)(2)(3)」（本格的な制度論的・沿革史的な研究である）・大阪 市大法学雑誌 20 巻 1 − 3 号・昭和 48 − 49 年，⑭伊藤進・「一部弁済と代位」・民法 判例百選Ⅱ債権法 94 − 95 頁（大審院昭和 6 年決定・「(i)両者平等説，(ii)両者相互独 立的実行申立権説」・昭和 50 年（同様の立場は，同書第 2 版 90 − 91 頁・昭和 57 年 でも，採られている），⑮味村治・「一部弁済による代位」・銀行取引法講座(中)（加 藤＝林＝河本編）225 − 241 頁・「(i)原債権者優先説，(ii)原債権者独立的実行申立権 ＝一部代位者付随的実行申立権説」・昭和 52 年，

　⑯石田喜久夫・現代法律学全集 8 債権総論（林＝石田＝高木著 266 − 267 頁・「(i) 原債権者優先説，(ii)条件付両者相互独立的実行申立権説」・昭和 53 年（同様の立場 は，同書改訂版 266 − 267 頁・昭和 57 年，でも採られている），⑰奈良次郎・「一部 代位弁済の効力」・判例先例金融取引法（堀内監修）192 − 193 頁・昭和 54 年，⑱山 崎寛・基本法コンメンタール新版債権法（改訂版）（中川＝遠藤編）166 − 167 頁（民 502 条）・昭和 56 年，⑲佐上善和・「一部代位弁済により移転した担保権の実行によ る競売」・手研 307 号 84 − 87 頁・「現通説（(i)原債権者優先説，(ii)原債権者独立的 実行申立権＝一部代位者付随的実行申立権説）を一応正当とされつつ，場合によっ

ては，「(i)両者平等説，(ii)両者相互独立的実行申立権説」も妥当する余地があるとされる」・昭和56年，⑳柚木馨＝高木多喜男・法律学全集担物法（第3版）322頁・「(i)原債権者優先説，(ii)原債権者独立的実行申立権＝一部代位者付随的実行申立権説」・昭和57年，

⑳斎藤和夫・「共同抵当権における代位─後順位抵当権者と物上保証人の優劣関係，その類型的検討─(1)(2)(3)」・慶應法研57巻9－11号・「一部代位者が法定代位者たる物上保証人である場合につき，(i)原債権者優先説，(ii)条件付両者相互独立的実行申立権説」・昭和59年9－11月（⇒斎藤①論文・第1章第1節），⑳野田宏・「保証と法定代位」・現代契約法大系6巻＝「担保・保証・保険契約」（遠藤＝林＝水本編）95－112頁・「(i)原債権者優先説，(ii)条件付両者相互独立的実行申立権説」・昭和59年12月，⑳岩城謙二・「弁済による代位の諸問題(3)」・NBL325号30－37頁・「(i)原債権者優先説，(ii)条件付両者相互独立的実行申立権説」・昭和59－60年，⑳石川明・「抵当権・根抵当権の実行としての競売の申立の要件」・担保法大系2巻（加藤＝林編集代表）76－102頁・「(i)両者平等説，(ii)原債権者独立的実行申立権＝一部代位者付随的実行申立権説」・昭和60年，⑳船越隆司・「弁済者の代位」・民法講座4債権総論（星野編集代表）337－370頁・昭和60年（弁済者代位についての詳細な学説史的研究である），

⑳平井宜雄・債権総論152－153頁・「(i)両者平等説，(ii)原債権者独立的実行申立権＝一部代位者付随的実行申立権説」・昭和60年，⑳浦野雄幸・条解民執法828頁（民執181条）・「(i)両者平等説，(ii)両者相互独立的実行申立権説」・昭和60年，⑳柚木＝高木・補訂版457－458頁・昭和46年でも，「文献③」と同様の立場が踏襲されている，⑳「文献⑳」は，柚木・一版285頁・昭和33年，柚木＝高木・二版336－337頁・昭和48年，の立場を踏襲するものである，⑳最判昭和60・5・23民集39・4・940頁・「一部代位者が法定代位者たる物上保証人である場合につき，(i)原債権者優先説を明示する。(ii)については，明示的な態度決定をしていない」。

──初出・斎藤④論文・1987年/S62年2月──

第2節 抵当権の複数の被担保債権中の一個債権の保証人による代位弁済と抵当不動産売却代金の配当
——平成17年1月27日最高裁判決の「事案分析（利益状況分析）」——

第1項 はじめに

〔一〕 問題提起

(1) 民法502条1項論 (→「理論的命題」の定立)

（i） 「弁済者一部代位」に関しては，既に拙稿・「弁済者一部代位の法構造——原債権者と一部代位者の優劣関係，その利益較量的検討——」（慶應法研60/2/159以下・S 62/2（1987/2））（⇒斎藤④論文・第1節）と題する論稿において，「弁済者一部代位」の法構造につき，その理論的解明を試みていた。

そこでは，「民法502条1項論」として，「利益衡量的分析」を基軸とした統一的・体系的・全体的な考察を踏まえて，私見の立場からの「理論的命題（理論構成）」を定立していた。

（ii） 上記の拙稿は，関係当事者間の諸利益対立状況の「利益調整」の視点から，私見の「民法502条1項論」を理論的・体系的・統一的に展開したものであり，これは，学説・判例状況の分析を含めて，拙稿以前の，我が国の学説並びに判例にあっては，自覚的には論じられてはこなかったところであった。

(2) 最高裁判決 (平 17/1/27)

（i） 近時，「弁済者代位」に関して，理論上且つ実務上，極めて注目すべき最高裁判決（平17/1/27）（民集59/1/200）がなされている。

（ii） 判示事項

これは，不動産を目的とする一個の抵当権が数個の債権を担保し，そのうちの一個の債権のみについての保証人が当該債権に係る残債務全額について代位弁済した場合，当該抵当不動産の換価による売却代金が被担保債権のすべてを消滅させるに足りないときの，上記売却代金からの弁済受領額如何，について判示したものである。

(iii) 判示結論

本平 17 年判決は，債権者と保証人との間に特段の合意がない限り，上記売却代金について，「債権者の残債権額」と「保証人の代位取得の債権額」とに応じた按分弁済を受ける，との結論を判示している。

(iv) 判決理由

その「判決理由」中判断の『原文』（以下，これを二重鍵括弧で括る）を引用すれば，本平 17 年判決は次の如く論じている。

(α) 判旨1：『不動産を目的とする一個の抵当権が数個の債権を担保し，そのうちの一個の債権のみについての保証人が当該債権に係る残債務全額につき代位弁済した場合は，当該抵当権は債権者と保証人の準共有となり，当該抵当不動産の換価による売却代金が被担保債権のすべてを消滅させるに足りないときには，債権者と保証人は，両者間に上記売却代金からの弁済の受領についての特段の合意がない限り，上記売却代金につき，債権者が有する残債権額と保証人が代位によって取得した債権額に応じて按分して弁済を受けるものと解すべきである。』

(β) 判旨2：『なぜなら，この場合は，民法 502 条 1 項所定の債権の一部につき代位弁済がされた場合（前掲最高裁昭 60/5/23 一小判参照）とは異なり，債権者は，上記保証人が代位によって取得した債権について，抵当権の設定を受け，かつ，保証人を徴した目的を達して完全な満足を得ており，保証人が当該債権について債権者に代位して上記売却代金から弁済を受けることによって不利益を被るものとはいえず，また，保証人が自己の保証していない債権についてまで債権者の優先的な満足を受忍しなければならない理由はないからである。』

(γ) 判旨3：『原判決引用の判例（最高裁昭和 60 年（オ）第 872 号同 62/4/23 一小判・金法 1169/29）は，第一順位の根抵当権を有する債権者が，その元本確定後に，複数の被担保債権のうちの一個の債権に係る残債務全額につき代位弁済を受けた場合，残債権額及び根抵当権の極度額の限度内において，後順位抵当権者に優先して売却代金から弁済を受けることができる旨を判示したものであり，本件とは事案を異にする。』

(δ) 結論：『（改行）以上によれば，本件抵当権の数個の被担保債権（本件各債権）のうちの一個の債権（本件債権（う）のみについての保証人である上告

人は，当該債権（本件債権（う））に係る残債務全額につき代位弁済したが，本件管財人によって販売された本件不動産の売却代金が被担保債権（本件各債権）のすべてを消滅させるに足りないのであるから，上告人と被上告人は，両者間によ記売却代金からの弁済の受領についての特段の合意がない限り，上記売却代金につき，被上告人が有する残債権額と上告人が代位によって取得した債権額に応じて按分して弁済を受けるものというべきである。これと異なる原審の判断には，判決に影響を及ぼすことが明らかな法令の違反がある。そして，被上告人が上告人に優先して弁済を受ける旨の合意の有無等について更に審理を尽くさせぬため，本件を原審に差し戻すこととする。』

(3)　問題点

（i）「原債権者と保証人の優劣関係」如何

（α）　保証人が代位弁済をした場合，債権者（→以下，私見はこれを「原償権者」と表記する）の「権利」上に法律上当然に代位（＝法定代位）するが，その結果，「原債権者と保証人（代位者）の優劣関係」如何が問題となる。

——＊民法502条1項が，

「原債権者と一部代位者の優劣関係」如何についての，利益調整ルールであることは，既に従前の拙稿論文（慶應法研60/2/159以下・S 62/2（1987/2））（⇒斎藤④論文・第1節）（⇒斎藤①論文・第1章第1節）が明確に指摘していたところである。

——＊＊「原債権者」という私見表記

なお，それ以前の学説・判例が「債権者」と表記するのが一般であったところ，従前の上記拙稿はこれを「原債権者」と表記した。これは，求償権確保のために登場した一部代位者もまた「債権者」であるところから，両者（もともとの債権者，弁済により代位した求償権者，この両者である）の概念上の識別を，論旨展開上，明確化しようとした，からである。

したがって，「一部代位における優劣関係」の問題において，私見のいう「原債権者」とは，一般の学説・判例にいう「債権者」に他ならないことを，ここであらためて確認しておきたい。なお，拙稿公表後，近時の学説中には，同様に「原債権者」と表記するものも，みられる。

（β）　たとえば，本件ケースのように，抵当不動産の換価による売却代金が被担保債権のすべてを消滅させるに足りないときには，当該売却代金から原債権者と保証人（代位者）はどのような順位で弁済受領し得るのか，が問題

となる。

(ii) 一審判決・原審判決介⇔本最高裁判決

(α) 本件の一審判決・原審判決は「原債権者優先」を判示していた。

(β) しかし，平17年の本最高裁判決は「按分弁済」（→これを両者「平等弁済」と表記すべし，と私見は考える）を判示している。

(γ) 最高裁での逆転判決（原判決破棄・差戻し）であり，その結論において一審判決・原審判決とは真っ向から対立している。

　　──＊執行法上の債権者競合の場面では，

　　その立法政策として，「優先主義」と「平等主義」の，二大立法主義が対立している。（各立法主義の対比・検討については，拙稿・「1931年・ドイツ民訴法参事官中の強制抵当権制度──修正「平等主義」への転回と強制抵当権制度──」・慶應法学政治学論究18/1-51参照・1993年/H5年9月）（⇒斎藤和夫・『ドイツ強制抵当権とBGB編纂』・2011年/H23年9月）。したがって，執行法上との概念的対応を考慮すれば，両者「按分弁済」なる概念は，むしろここでは，両者「平等弁済」と表記するのがより妥当である，と私見は考える。

　　なお，「按分弁済」の表記は，本平17年判決のみならず，諸学説・判例も一般に利用する表記であるところから，本平17年判決・諸学説・判例の検討に際しては，本稿は「按分弁済」／「平等弁済」の両概念を場合に応じて併用することとする。

(iii) その「理由」如何（→最判昭60年ルールの射程範囲如何）

では，下級審を含めた本件各判決の，その理由とするところは何か。

(α) まず，ここでは，「原債権者と保証人の優劣関係」如何につき，その判例法上のルール（原債権者優先）を判示していた最判昭60/5/23（民集39/4/940，判時1158/192）に，注目しなければならない。最判昭60年は，民法502条1項の法解釈論として，明示的に「原債権者優先」の立場を採用していた。

(β) 一審判決・原審判決は，この最判昭60年ルール（原資権者優先）が本件事案にも妥当する（射程範囲「内」である）として，「原債権者優先」を判示していた。

(γ) これに対して，本最高裁判決は，最判昭60年ルール（原債権者優先）は本件事案には妥当しない（射程範囲「外」である）として，「按分弁済」（「両者平等」）を判示している。

　　──＊最判昭60/5/23の判示事項は次の3点であった。

「1　共同抵当の目的である債務者所有の甲不動産及び物上保証人所有の乙不動産に債権者を異にする後順位抵当権が設定され，乙不動産が先に競売された場合に，甲不動産から弁済を受けるときにおける甲不動産の後順位抵当権者と乙不動産の後順位抵当権者の優劣」，

「2　物上保証人がその所有の乙不動産及び債務者所有の甲不動産につき共同抵当権を有する債権者との間で代位権不行使の特約をした場合と物上保証人所有の乙不動産の後順位抵当権者の優先弁済を受ける権利」，

「3　債権の一部につき代位弁済がされた場合の競落代金の配当についての債権者と代位弁済者の優劣」

―――＊＊最判昭 60/5/23 については，

いくつかの判例評釈が公表されている（そのリストは別稿に譲る）が，ここでは本稿叙述の進行対比上，拙稿「判例研究」を引用しておきたい。斎藤・判例評論 370/36 以下（判時 1324/198 以下の判例研究）昭 64/平元/12（1989/12）（⇒斎藤③論文・第 1 章第 3 節）。

(iv)　最判昭 60 年事案と本最高裁判決事案

(α)　最判昭 60 年事案は，「一個の債権の一部につき代位弁済（一部代位弁済）」がなされた，ケースであった。ここでは，『債権の一部につき代位弁済がされた場合』における「原債権者優先」が，明示的に判示されていたのである。

(β)　他方，本最高裁判決事案は，「数個の債権中，その一個に係る残債務全額について，代位弁済」がなされた，ケースであった。最判昭 60 年事案（一個の債権があり，その一部につき代位弁済）と比較すれば，本最高裁判決事案は，類似してはいるが，差異（数個の債権があり，その内の一個債権の残額全部につき代位弁済）もあることも，確かであった。

(γ)　一審判決・原審判決は，明示的に最判昭 60 年ルール（原債権者優先）を援用・引用し，同ルールにいう『債権の一部につき代位弁済がされた場合』には「数個の債権中，その一個に係る残債務全額について，代位弁済」がなされたケース（本最高裁判決事象）も含まれるとして，同ルールの妥当の下，「原債権者優先」を判示結論とした。

(δ)　これに対して，本最高裁判決は，最判昭 60 年事案は本件とは事案を異にするとして，最判昭 60 年ルール（原債権者優先）を妥当させず，「按分弁済」（「一両者平等」）を判示結論としている。『民法 502 条 1 項所定の債権の一

部につき代位弁済がされた場合（前掲最高裁昭 60/5/23 一小判参照）とは異な（る）』として，民法 502 条 1 項に関する最判昭 60 年ルール（原債権者優先）を妥当させなかった，のである。

──＊最判昭 60 年ルールに関する私見の立場

（ⅰ） 最判昭 60 年ルール（原債権者優先）については，既に上記拙稿・「判例研究」において，私見分析をおこない，そのルールの正当性を指摘し，判旨賛成の立場を明確化している（斎藤・最判昭 60/5/23 の判例評釈・判例評論 370/36 以下判時 1324/198 以下・昭 61/平元/12（1989/12）（⇒斎藤③論文・第 1 章第 3 節）。

（ⅱ） また，この「判例研究」に時期的に先行して公表していた，上記拙稿・「弁済者一部代位の法構造」・昭 62/2（1987/2）（⇒斎藤④論文・第 1 節）でも，同様に最判昭 60 年ルールの正当性を独自的に検証し，なお発展的に，私見の立場からの，その「理論的命題」を定立している。

（ⅲ） 上記の二拙稿がいずれも最判昭 60/5/23 以降のものであった。これに対して，この最判昭 60/5/23 に時期的に先行して，既に拙稿（斎藤・「共同抵当権における代位（1）（2）（3 完）──後順位抵当権者と物上保証人の優劣関係，その類型的検討──」・慶應法研 57/9・10・11/・（昭 59/9・10・11）（1984/9・10・11）（⇒斎藤①論文・第 1 章第 1 節）において，私見は，最判昭 60/5/23 と同様のケース類型を予め想定の上，「原債権者優先」の結論を，論証・指摘していた。

この点からすれば，最判昭 60/5/23 は，上記の拙稿・「共同抵当権における代位（1）（2）（3 完）」論で予め想定した昭 60 年ケース類型結論を，判例法として初めて確認したものであった，といえよう。

（ⅴ） 二つの判決事案の相違

（α） では，その事案の違いとは具体的に何か。本最高裁判決によれば，本件事案は最判昭 60 年事案と比較して，次の 3 点で違っている，と判示している。すなわち，本件事案では，

① 『債権者は，上記保証人が代位によって取得した債権について，抵当権の設定を受け，かつ，保証人を徴した目的を達して完全な満足を得て』いること，

② 『債権者は，保証人が当該債権について債権者に代位して上記売却代金から弁済を受けることによって，不利益を被るものとはいえ（ない）』こと，

③ 『保証人が，自己の保証していない債権についてまで，債権者の優先的な満足を受忍しなければならない理由はない』こと，

以上の３点で違っている，と判示している。

(β)　他方，本最高裁判決の「調査官解説」(中村・105頁) によれば，最判昭60年事案は，本最高裁判決事案と比較して，その差異につき次のように整理されている。すなわち，昭60年事案では，

①　債権者は，当該債権につき債務者から完全な弁済を受けられない場合に備えて，抵当権の設定を受け，且つ保証人を徴しているところ，保証人が債権一部の代位弁済をしても，債権者は，当該債権について完全な満足を得ていないので，抵当権の設定を受け且つ保証人を徴した目的を達していないこと，

②　債権者は，保証人が当該債権について債権者に代位して当該抵当不動産の換価による売却代金から弁済を受けることによって，不利益を被る，といえること，

③　したがって，上記売却代金からの弁済については，保証人が債権者に劣後する，と解すべきこと，

以上３点で差異がある，と整理されている。

　　──＊なお，私見から補足的に指摘しておけば，

　　　最判昭60年事案では，共同抵当権ケースであり，「物上保証人」提供の不動産の先行競売により，その競売売却代金から代位弁済された事案である。したがって，「保証人の代位弁済」がなされていた本最高裁判決事案とは，この点で異なっており，本文中の「調査官解説」(中村・105頁) の「保証人」文言は，正確には「物上保証人」と置き換える必要がある。

(vi)　「按分弁済」(「両者平等」) の根拠如何

(α)　以上のように，事案を異にするところから，本件には最判昭60年ルール (原債権者優先) は妥当しない。との本最高裁判決の論理展開は明らかとなった。では，何故「按分弁済」(「両者平等」) となるのか，その根拠如何。

(β)　本最高裁判決は，債権者と保証人の両名により「抵当権の準共有」が成立するところから，「按分弁済」(「両者平等」) を帰結している。その判決理由『原文』を引用すれば，次の如くである。

『不動産を目的とする一個の抵当権が数個の債権を担保し，そのうちの一個の債権のみについての保証人が当該債権に係る残債務全額につき代位弁済した場合は，当該抵当権は債権者と保証人の準共有となり，……債権者と保

証人は，両者間に上記売却代金からの弁済の受領についての特段の合意がない限り，上記売却代金につき，債権者が有する残債権額と保証人が代位によって取得した債権額に応じて按分して弁済を受けるものと解すべきである。』

（γ）　本件事案で「抵当権の準共有」が成立すること自体（←問題はその「内容・実態」をどう理解・法理論的構成するかにある，と私見は考える）には，異論なきところであろうから，その限りでは，本最高裁判決の判示結論は極めて単純明快な論旨展開である。「抵当権の準共有」の成立を起点として，そこからそのままダイレクトに「按分弁済」（「両者平等」）の結論が導出されている，からである。

　　　　──＊しかも，「抵当権の準共有」の法律関係おいては，
　　　　抵当不動産売却代金から準共有者間で「按分弁済」（「両者平等」）を受ける，という法解釈に関しては，すべての学説・判例が一致して認めてきていることであり，異論はないであろう。
　　　　──＊＊本節末尾の文献リストからも明らかなように，
　　　　「本平17年最高裁判決」については多くの判例研究が公表されているが，潮見・評釈をはじめとして，そのほとんどが「判旨賛成」の立場であり，疑問を提起するのは，僅かに塚原・評釈（原審）と佐久間・評釈の二つのみである。「按分弁済受領」が多数により主張されているのが，現状である。
　　　　しかし，私見は「判旨反対」であり，上記多数説に与せず，「原債権者優先／代位者劣後」を正当と考える。

〔二〕　私見疑念

⑴　理論的不当性

（ⅰ）　本最高裁判決は「弁済者代位の法構造」を理論的に適確に認識・理解しているものなのか，その理解は理論的に果たして正当といえるのか，という疑念がある。

（ⅱ）　本最高裁判決の，その形式論理それ自体に，看過し得ない重大な問題性が包蔵されている，と私見は考えている。

　　　　──＊但し，
　　　　本最高裁判決に対する「論理構造分析」については，本節の課題とするところではない。これについては，次なる別稿（慶應法研82/1）（⇒斎藤⑥論文・第3節）に譲る。

⑵　具体的妥当性の欠如（事案不適合性）

（ⅰ）　本件事案の「利益状況分析」（実質的利益衡量）からすれば，本高裁判決

の判示結論（「按分弁済」／「両者平等」）は，関係当事者間の，とりわけ利害対立する両当事者間（XY 間）の，実質的「衡平」に，果たして合致・適合するものなのか，という疑念がある。

（ⅱ）端的に，本最高裁判決の判示結論（「按分弁済」／「両者平等」）は，実質的「衡平」を欠き，事案に即した，具体的妥当性ある解決がなされてはいない，と私見は考えている。

——＊**本節の課題は**，

まさしくこの本件事案の「利益状況分析（実質的利益衡量）」にあり，これにより本最高裁判決の判示結論の具体的妥当性の欠如（事案不適合性）を指摘することにある。

——＊＊**さらに，上記拙稿**（「弁済者一部代位の法構造」）（⇒斎藤④論文・第 1 節）**は**，

「民法 502 条 1 項論」として，「原債権者と一部代位者の利益対立状況」を踏まえて，これを「立法者の利益裁断」解明の視点から，その「合理的な利益調整」如何を法解釈論として追求するものであった。とすれば，具体的事案における，その「合理的な利益調整」如何が，上記拙稿の「次なる課題」とされよう。

かくして，本節は，本平 17 年最高裁判決の事案を素材として，「事案分析」の重要性に鑑み，事案の「利益状況分析」を試み，その「課題」に応えようとするものでもある。

——＊＊＊**なお，本件判決が「弁済者代位」の問題である以上**，

本件判決の検討にあっては，事案の「利益状況分析」が極めて重要な必須の作業であるにもかかわらず，多くの本件評釈はこれをおこなってはいない（但し，最高裁調査官を歴任された塚原判事の評釈は，実務家の視点から事実関係にも注目する）。むしろ，本判決の「論理構成（論旨）」に注目し，これついての議論に終始している。しかも，本件は会社更生手続進行中の「弁済（配当）問題」事案である以上，会更手続実務を視野に入れての検討が必要とされよう。

〔三〕　方法
——**具体的な本件「事案分析（利益状況分析)」**——

（ⅰ）本最高裁判決の判示によれば，本件事業は最判昭 60 年事案と異なり，本件事案に最判昭 60 年ルールは妥当しない，とされている。とすれば，本件事案は最判昭 60 年事案とどのように違うのか。

（ⅱ）上記のように，本最高裁判決は，最判昭 60 年事案と比較しての，本件事案の「違い」3 点を，判示している。しかし，この「違い」3 点は，本件事

案の具体的内容にまで踏み込んだ指摘ではなく，一般的・抽象的・シンプルな内容表現に留まっているにすぎない。とすれば，この判示された「違い」3点を含めて，その本件事案の「違い」の実態解明のためには，具体的な本件「事案分析」が必然的に必要となるであろう。

──＊かくして，具体的な本件「事案分析（利益状況分析）」，

それによる本件事案の「違い」の実態解明，これが本稿の論述進行となる。この作業進行の結果，仮に本件事案の「違い」が明らかになったとすれば，本件事案に最判昭60年ルールは妥当しない，という本最高裁判決結論は，是認されることになろう。

しかし，その作業遂行にもかかわらず，本件事案の実態的「違い」はない，むしろ最判昭60年事案と同様の「利益状況」がある，したがって本最高裁判決の結論（平等弁済）は「原債権者と保証人」間での実質的「衡平」を欠き，事案に即した具体的妥当性・適合性ある解決ではまったくない，というのが，私見分析結論であることを，予め指摘しておかなければならない。

第2項 「事実関係」の経緯

本件事実関係の「経緯」を時系列的に整理すれば，次のとおり（(1)−(13)）である（前掲民集59/1/200以下を整理・分析したものである）。

⑴ 平3/8/29：XA間の「貸付基本約定」の締結（→ XのA会社への融資）

（ⅰ） 原告X（住宅金融金庫）は，訴外A会社（不動産開発・販売等の事業を営むエルカクエイ）と，貸付基本約定（平3/8/29）を締結し，その後，本件基本約定に基づき，A会社と個別に貸付契約を締結し，平7年9月までに，随時，個別に貸付金を交付している。

（ⅱ） 個別の三個債権「（あ）（い）（う）」の細目は，次のとおりである。

〈債権（あ）〉

・契約日（平4/3/13）

・交付日（同年3/30：4/30）：3/30に6億1440万円，4/30に9億0580万円

・元金 15億2020万円

・利率 年5.9%（年365日の日割計算）

・損害金の割合 年14.5%（年365日の日割計算）

・最終返済期限 平11/3/12（期間7年）

〈債権（い）〉

・契約日（平 5/2/22）

・交付日（同年/3/30）

・元金　17 億 7000 万円

・利率　年 5.1％（年 365 日の日割計算）

・損害金の割合　年 14.5％（年 365 日の日割計算）

・最終返済期限　平 12/2/21

〈債権（う）〉

・契約日（平 6/5/23）

・交付日（同年 8/30：平 7/9/28）：8/30 に 22 億 8350 万円，平 7/9/28 に 22 億 8350 万円

・元金　45 億 6700 万円

・利率　年 3.75％（年 365 日の日割計算）

・損害金の割合　年 14.5％（年 365 日の日割計算）

・最終返済期限　平 13/5/22

　　　——＊債権（あ）（い）（う）の返済期間は，
　　　　いずれも「期間 7 年」である。

(2)　平 4/3/30〜平 7/9/28：XY 間の個別の「連帯保証契約」

(i)　債権者 X は，被告 Y（日本長期信用銀行→平 12 年より「新生銀行」に改称）（連帯保証人）と，「（あ）（い）（う）」の各「債務」につき，その各「資金交付日」頃に，各「連帯保証契約」をしている。ここでは，Y は，現実の具体的な各「資金交付日」に，保証書を差入れる，という形をとっている。

(ii)　但し，本件連帯保証契約には「代位権行使制限条項（不行使条項）」は定められていない。

　　　——＊保証書は，
　　　　貸付基本約定日（平 3/8/29）でも，その後の個別の各貸付契約日でもなく，現実の個別の各資金交付日に差入れている。

(3)　平 10/12/8 頃：XA 間での債務の「最終返済期限の延長」（債務繰り延べ）の合意

X と A 社は，「（あ）（い）（う）」の各債務につき，その「最終返済期限の延

長」（債務返済の期限繰り延べ）を合意している。当初返済計画の「見直し」である。

・〈債権（あ）〉

：平11/3/12（当初期限）→平14/3/10（繰延べ新期限）・繰延べ3年（元金15億2020万円）

・〈債権（い）〉

頃か平12/2/21（当初期限）→平14/12/10（繰延べ新期限）繰延べ2年10ヶ月（元金17億7000万円）

・〈債権（う）〉

：平13/5/22（当初期限）→平16/3/10（繰延べ新期限）・繰延べ2年10ヶ月（元金45億6700万円）

　　　　——＊ここでの当初返済計画の「見直し」合意（A社の各主債務返済の繰り延べ，Y銀行の保証期間の短縮）を，
　　　　以下本件「リスケジューリング」と表記する。

(4)　同じく平10/12/8頃：XY間での「保証期間」の合意

XY間で上記連帯保証契約における「保証期間」の定めを合意している。

・〈債権（あ）〉についての保証期間：→平11/3/10まで（新保証期間）
・〈債権（い）〉についての保証期間：→平11/12/10まで（新保証期間）
・〈債権（う）〉についての保証期間：→平13/3/10まで（新保証期間）

(5)　同じく平10/12/8頃：XA間で第一順位抵当権設定の合意（→同年同月/25：登記完了）

(i)　XとA社は，本件各債権を被担保債権として，A社所有の第一審判決別紙目録記載の不動産（→「本件不動産」）につき，第一順位の抵当権（→「本件抵当権」）を設定する旨の合意をしている。

(ii)　同月25日，上記合意に基づき，本件不動産につき，抵当権設定登記を完了している。

(6)　平12/2/15：A社の会社更生手続開始の申立て（→同年5/12：開始決定）

(i)　平12/2/15，A社は，東京地方裁判所に対して，会社更生法（→「会更

法」）に基づく会社更生手続開始の申立てをしている。

(ii) この申立てに基づき，同年/5/12，東京地裁は更生手続開始決定をしている。

(7) 平12/2/18：債権（う）につきYからXへの全額代位弁済（→同年4/5：代位弁済を原因とする本件抵当権の一部移転登記の経由）

(i) 平12/2/18，YからXに対して本件債権（う）に係る残債務全額が代位弁済されている。

──＊時系列的には，
この代位弁済は，A社の「更生手続開始申立て後」であり，その「手続開始決定前」の，その間でなされている。

(ii) その残債務全額（＝代位弁済額）は，「16億1796万0924円」（内訳は，残元金16億0500万円，利息1104万8116円，遅延損害金191万2808円），である。

(iii) さらに，代位弁済に時間的に近接して，同年/4/5，Yは上記代位弁済を原因とする本件抵当権の一部移転登記を受けている。

(iv) なお，本件債権（う）に係る残債務全額の代位弁済「時」点には，これ以外の本件債権（あ）（い）については，既に保証期間が経過・終了している。

(8) 平12/5/12：東京地裁のA社に対する会社更生手続開始決定（→平13/7/30：更生計画の認可決定）（→平13/9/1：更生計画の確定）

(i) A社の申立てに基づき，平12/5/12，東京地裁はA社に対して会社更生手続開始決定をしている。

──＊以後，
平13/7/30・同裁判所のA社に対する更生計画（→本件更生計画）の認可決定，平13/9/1・本件更生計画の確定，と手続が進行している。

(ii) なお，上記の会社更生手続開始の申立てにより，A社は各債権につき「期限の利益」を喪失している。

(iii) 本件更生計画の「更生担保権の権利の変更と弁済方法」の項には，「Y及びXが有する本件抵当権に係る更生担保権について，本件不動産を売却

処分し，その売却代金につき，「登記簿上の順位に従い一番から順次当該不動産上に担保権を有する更生担保権者に弁済する」との定めがなされている。この趣旨は，売却代金から，実体法上の「担保権ないし弁済を受ける権利」の順序に従って，弁済する，というものである。

───＊平 13/7/30・更生計画認可決定，
（本件更生計画（XY の更生担保権，本件不動産を売却処分，販売代金を「登記簿上の順位に従い」弁済する，の定めあり）），→平 13/9/1・更生計画の確定，となっている。

(9)　平 13/4/25：A 社管財人と X との「弁済に関する合意（覚書）」

(i)　平 13/4/25，XY 間で弁済受領権の優劣関係につき争いがあるので，A 社管財人（→本件管財人）は X との間で覚書を締結（合意）している。

(ii)　但し，これには Y は関与していない。

───＊会社更生手続が進行中であり，
その進行段階での「覚書」締結である。

(iii)　その合意内容のポイントは，次の 2 点である。

①　X は，その「届出債権額・3 億 8000 万円余ではなく」，XY の残債権の額の割合（X・3 億 6730 万円対 Y・16 億 500 万円）（ほぼ 1 対 5）による「按分額をもって弁済する方法とすることに同意する」，旨の条項である（条項イ）。

②　弁済受領権の優劣関係をめぐる争いが，XY 間で和解成立・判決確定により解決した後には，その解決内容に従った弁済をおこなう，旨の条項である（条項ウ）。

(10)　平 13/7/30：更生計画認可決定

(11)　平 13/9/1：更生計画の確定（本件確定更生計画には，XY の更生担保権については，本件不動産を売却処分し，販売代金を「登記簿上の順位に従い」弁済する，の定めあり）

(12)　平 13/10〜平 15/4：本件不動産の売却，A 社管財人による売却代金からの弁済

平 13/10 月～平 15/4 月にかけて，S 社管財人により本件不動産が売却され，当該売却代金から上記合意（覚書）に基づき，X に「計 9243 万 3513 円」が，Y に「計 4 億 0390 万 9025 円」が，それぞれ弁済されている。

⑴ 本件請求（X → Y）

X の更生担保権額が 3 億 8342 万 5880 円であるところ，管財人からの弁済受領額が 9243 万 3513 円であり，その差額 2 億 9099 万 2349 円について，X が Y に優先して弁済を受ける権利を有しているとして，これに遅延損害金（法定利息）の支払請求を併せて，X は Y に対して不当利得返還請求をしている。

──＊請求内容確認メモ

・X の更生担保権額　3 億 8342 万 5880 円
・X の弁済受領額　9243 万 2513 円
・その差額　2 億 9099 万 2349 円」（プラス遅延損害金（法定利息））
・X → Y 不当利得返還請求

第 3 項　事案分析

〔一〕　分析進行

⑴　「事案分析」における配慮

（i）　上記のように，事案はかなり複雑である。したがって，「事案分析」に際して，その明確化・機能化・効率化のために，本節は次の配慮をおこなった。

（ii）　ポイント整理

事案分析に先立ち，まず，事案の「ポイント整理」をおこなった。

（iii）　判決時以降の会更手続進行

さらに，本件事案に，会社更生手続の「開始」（スタート）から「終結」（ゴール）までの手続進行全体を，組込み補充した。本最高裁判決時にあっても，会社更生手続は未だ「終結」に至っておらず，判決「後」の事実状況（これについては，判決事案からは読み取れない）をも捕捉する必要がある，からである。

（iv）　時系列的分析

事案分析は，時系列的に進めた。その際，本件事案解明のキーとなる「事

実」に注目し，それがなされた「時的段階の状況」をトータルに把握・分析した。

(2) 五つの「基幹事実」への注目

（ⅰ） 本件事案解明のキーとなる「事実」（その「時的段階の状況」）とは，具体的には何か。

私見は，ミクロ的な視点から，次の五つの「事実」に注目し，これを分析のための「基幹事実」として位置付ける。

すなわち，①「貸付」時状況（→〔三〕），②「リスケジューリング」時状況（→〔四〕），③会社更生手続の「申立て」時状況（→〔五〕），④「代位弁済」時状況（→〔六〕），⑥「覚書締結」時状況（→〔七〕），の五つである。

（ⅱ） 基幹事実の「時的段階の状況」分析に際しては，マクロ的な視点から，基幹事実をとりまく「一般的・外部的・社会経済的な事象」にも，注目し，これらを考察・分析の範囲内とする。民集登載の事実関係についての，「社会経済的」分析である。

(3) 利益状況分析

本件「事案分析」は，事案の「利益状況分析」であり，その実態的「利益対立状況の解明」である。これにより，本判決結論の「事案適合性」（具体的妥当性）如何を検証・考察し，私見疑念を提示する。

〔二〕 事案のポイント整理

① Ｘ公庫（抵当債権者），Ａ社（債務者・不動産所有者），この両者間に「3個の貸付債権」が存在し，Ｙ銀行（連帯保証人）は上記貸付債権に係る債務を連帯保証していた。

② 後日，Ｘ公庫との債務返済期限の延長等の交渉時に，Ａ社はこれらの貸付債権（貸付債務）を被担保債権として所有本件不動産上に抵当権を設定し，Ｘ公庫はその登記を了した。

③ Ａ社は会更法による会社更生申立てをなした（→貸付債権の期限利益の喪失）。

④ Ｙ銀行は，貸付債権中二個については保証期間が経過していたので，

未経過の一個債権につき残債務全額の「代位弁済」をなし，近接して代位弁済を原因とする抵当権の一部移転登記を受けた。

⑤　その後，東京地裁の会社更生開始決定がなされている。

⑥　A社管財人は，本件不動産の売却代金からの弁済につき，「X公庫とY銀行」の間に弁済受領権の優劣関係についての争いがあるため，X公庫と弁済受領についての「覚書」（両者の各債権額に応じた按分額を弁済する，後日和解・判決が確定すればそれに従った弁済をする）を締結（弁済合意）している。

⑦　その後，会社更生計画認可決定・その確定，という手続が進行している。

⑧　A社の更生計画には，X公庫及びY銀行の抵当権に係る更生担保権に乙いては，本件不動産を売却処分し，その売却代金から実体法上の「担保権ないし弁済を受ける権利」の順位（登記簿上の順位）に従って弁済する旨，定めが置かれている。

⑨　その後，上記「覚書」に基づき，A社管財人は，いわば暫定的に，Xの「残債権元本額」とYの「代位による取得債権の元本額」に応じて，本件不動産の売却代金から，X公庫とY銀行にそれぞれ按分弁済した。

⑩　X公庫は，Y銀行が受領した弁済金（（約）4億円）中，（約）3億円については自己に優先弁済受領権があるとして，Xが弁済を受けられなかった金員の返還を求めて，Y銀行に対して不当利得返還請求の本件訴訟を提起した。

⑪　平15/8/1・東地判

⑫　平16/2/24・東高判

⑬　平17/1/27・最判

⑭　平17/6/30：会社更生手続上，更生債権165億円の早期弁済の許可（東京地裁）

⑮　平17/7/22：会社更生手続上，債権者への早期弁済終了

⑯　平17/7/29：会社更生手続終結決定

〔三〕　本件「貸付」時状況（平3/8/29・貸付基本約定の締結）

平3/8/29・XA間で「貸付基本約定」が締結されている（→XのA会社への融資）。ここでの貸付時状況はどのようなものだったのか。

(1) 債務者 A 会社・「エルカクエイ」とは

(i) 債権者 X は「住宅金融公庫」であり，債務者 A 会社は不動産開発・販売等の事業を営む「エルカクエイ」である。

(ii) では，この「エルカクエイ」とは，どのような不動産業者なのか。

(α) その前身は，昭 33 年 10 月・設立の旧「角栄建設」であり，昭 38 年 6 月・株式店頭公開，昭 43 年 6 月・東証一部上場，と順調に発展し，団地開発のデベロッパーとして業務を展開してきた。

(β) しかし，過重な借入金負担から経営難に陥り，昭 62 年・日本長期信用銀行（→以下，「長銀」／ Y 銀行）の傘下に入った。この段階以降，その業務内容を戸建住宅分譲中心にシフトし，昭 64 年 9 月・「エルカクエイ」に社名変更をし，Y 銀行をメインバンクとして，資金面・人事面で Y 銀行と密接な関係を構築するに至った。

(γ) 端的に，「エルカクエイ」は，Y 銀行傘下の不動産業者であり，その系列関連子会社であり，Y 銀行グループからの出資や人的出向を受け入れる形での，その従属的支配関係の下にあった，といえよう。

(iii) しかも，Y 銀行サイドからしても，「エルカクエイ」は，Y 銀行自らの資金運用のための，いわば必須の「別働隊」であった。有利な資金運用のための，継続的な融資先確保は，貸し手サイドにとっても，極めて肝要のことだった，からである。

かくして，Y 銀行からの安定的且つ継続的な資金融資に基づいて，「エルカクエイ」は不動産業務（開発・投資・運用）を展開し，これにより企業収益（利潤）を上げ，それは Y 銀行への融資金元利返済という形で，終局的には融資元 Y 銀行に還流していったのである。「エルカクエイ」は Y 銀行の「大口融資先」の一つであった。

(iv) 小 括

「エルカクエイ」は，Y 銀行の人的・資本的な従属支配下にある実質子会社であり，Y 銀行自らの資金運用のための不動産業務「別働隊」であり，その「大口融資先」の一つであった。したがって，主債務者 A 会社と連帯保証人 Y 銀行は，経済的には同一の「利益共同体」（経済的一体性）を形成し，その利害（利益／負担）を共通にする，といえよう。

⑵　本件貸付（貸付条件や貸付状況等）（X公庫→A社）の特徴

（ⅰ）　平3年に，X公庫とA社との間で，「貸付基本約定」が締結されている。この基本貸付契約を前提として，以後，具体的に個別貸付契約が締結され，貸付が実行されていっている。

（ⅱ）　〈（あ）（い）（う）〉の各債権については，それぞれ連続して平4・5・6の各年に，計3回，個別の各貸付契約が締結され，各資金交付がなされている。A社の継続的な資金需要に応じての，随時の貸付・資金交付であった，と判断できる。

───＊個別の貸付契約は，

　　　実際には計4回にわたって行われているが，本件抵当権設定時には1回目貸付の債権は消滅し，本件抵当権の被担保債権とはなっていないので，この貸付については本稿考察の範囲外とする。

（ⅲ）　現実の貸金交付は，個別契約日以降，1ヶ月から最長4ヶ月位の間に，随時に何回かに分けて，なされている。ここでは，借り手サイドの具体的なその都度の資金必要時に合わせて，余分の利息支払を回避すべく，貸し手としては，それぞれ貸付金を分割して交付する，という通常よく見られる融資実行形態が，採られている。

───＊融資実行形態確認メモ

・〈債権（あ）〉：貸金元金15億余を，2回に分割して，6億と9億を交付
・〈債権（い）〉：貸金元金17億余を，1回で，全額交付
・〈債権（う）〉：貸金元金45億余を，2回に分割して，半分ずつ交付

（ⅳ）　貸付条件を見ると，各年契約・交付の（あ）（い）（う）の各債権は，いずれも同様に，「最終返済期限・7年間」である。「利率」については，貸付契約時の金利情勢に対応して，若干の違いも見られるが，その他「損害金割合等」を含めて，（あ）（い）（う）の各債権は，ほぼ同様の条件で，貸付・交付されている，と判断できる。

（ⅴ）　小　括

本件貸付の特徴として，計3回の個別の貸付契約は，その時期こそ違え，ほぼ同様の貸付であり，しかも同一の「貸付基本契約」に基づくものである。本件貸付の基本構造は，①基本契約の存在，②これに基づく各個別契約，③

具体的な資金交付，というものである。

　これは，まず融資につき「基本的枠組み」を構築し，次いでこれに基づいてその時々の時期状況に合わせて「機動的に融資を実行」する，という仕組みである。したがって，本件各貸付（(あ)(い)(う)の各債権）は，その実態は，融資基本契約により「枠組み」された，A社の「同一の使途目的」（たとえば，範囲限定された「特定の不動産開発・販売」事業計画）に向けられた，その事業進行の各段瘤で必要とされる個別の資金需要に応じた，全体として見れば，経済的・有機的な相互関連性ある一体的貸付（一体的債権）である，と判断できる。

> ──＊塚原 42 によれば，
>
> 　前後3回の個別の貸付契約は同じような貸付であり，A社の同一の使途目的に向けられたものであり，全体としての相互関連性ある有機的に結合した一体性ある貸付ではないか（但し，このような事情は，一・二審では，認定判示されていない），と指摘している。仮に本件3債権が実質上一体化した債権であれば，本件債権（う）の代位弁済は一個債権の「一部額弁済」となり，502条1項ルールが妥当し，「原債権者優先」の結論が導出されよう。

> ──＊＊本件訴訟での X 公庫の主張によれば，
>
> 　①形式的には3個の債権ではあるが，これらは同一の貸付基本契約に基づく融資であること，A社の一件の宅地造成事業のための融資であること，これらを考慮すれば実質的には一個の債権であり，②したがって，債権（う）の弁済は実質的にみれば債権の一部につき代位弁済がされたものと見るべし（→代位弁済者は債権者に劣後する），としている（前掲民集 59/1/200 以下）。

(3)　Y 銀行の連帯保証

（ⅰ）　平4/3/30〜平7/9/28 にかけて，X 公庫と Y 銀行との腎で，各債権（A社の主債務）につき，個別の「連帯保証契約」が締結されている。

（ⅱ）　上述のように，X 公庫は A 社にその貸付金を数回に分けて随時交付していたが，Y 銀行は，当該各［資金交付日］に個別に保証書を差入れる，という形で，随時，連帯保証をしている。

（ⅲ）　これは，本件関連の A 社諸債務については，貸付成立した「すべての諸債務」について Y 銀行は連帯保証する，というのが，A 社への融資に際しての，X 公庫と Y 銀行の取引上の了解（親会社保証をとる形で，子会社融資を

おこなう）であった，と判断される。子会社融資に際しての「親会社債務保証」は，金融実務上，しばしばみられる通常事である，からである。

　　　──＊上記のように，

　　　　保証書差入れは，貸付基本約定日（平3/8/29）でも，個別貸付契約日（平4/3/13・平5/2/22・平6/5/23）でもなく，現実の具体的な各「資金交付日」に，なされている。

　(iv)　しかも，Y銀行は，単なる保証人ではなく，「連帯保証人」であることにも，注目される。対「債権者」関係としては，Y銀行は，債務者とほぼ同格・同位置にあり，債務者A社と「連帯性」という，いわば「しばり」をかけられた，「連帯」保証人である。連帯保証人としてのY銀行の，主債務者A社との，緊密な両者「一体的連携性（利益共同体化)」が，看取できる。

　(v)　小　括

　「貸付契約・貸付金交付がなされる都度，それにつき連帯保証する」ということは，「本件貸付基本契約に基づく個別貸付については，すべてに連帯保証する」（全権の連帯保証）ということである，しかも，その「連帯」保証性により，Y銀行とA社は緊密な「一体的連携性（利益共同体化)」を構築している，と判断できる。

⑷　「代位権行使制限条項（不行使条項)」の不存在

　(i)　本件連帯保証契約には，「代位権行使制限条項（不行使条項)」は定められていない。

　(ii)　金融機関の融資の実務上，取引開始時に貸付の基本契約書の取り交わし，これには融資サイドからのリスク回避条項を入れる，のが通常である。債権管理上，必要にして十分な利益条項である。

　たとえば，「債権者の同意がない限り，保証人は代位弁済により代位取得する権利を行使しない」（代位権不行使条項）という特約が一般であるが，本件では，この特約が入っていない。

　(iii)　では，本件では，何故入っていなかったのか。次の二つの理由がある，と私見は考える。

　(α)　「公庫優先性」の前提

　第一に，一般の民間金融機関に対する「公庫優先性（公的金融機関優先性)」

が前提とされている，と考えられるからである。

すなわち，債権者が「住宅金融公庫」（→ 07 年 4 月 1 日より独立行政法人・住宅金融支援機構）という，国家のいわば政策的金融機関（国土交通省・財務省所管の特殊法人・07 年 3 月 31 日廃止）であり，純然たる民間金融機関とは異なっている。本件での特約不存在は，公庫が「制約なき代位権行使」の可能性を許容したのではなく，保証人 Y 銀行の代位権不行使はむしろ当然である，という暗黙の意識を意味するものである，と考える。

たとえば，一般私人である住宅購入者に対しての住宅融資一般では，住宅金融公庫の融資は常に第一順位の抵当権によるのに対して，民間金融機関の融資はこれに劣後した第二順位以下の抵当権によらざるを得ない，という融資形態が採られていた。一般の民間金融機関に対する「公庫優先性（公的金融機関優先性）」が，そもそもの大前提とされていた，のである。

とすれば，本件の保証人（Y 銀行／長銀）は，民間金融機関の一つにすぎず，本件融資債権者である X 公庫に対しては，特約が存在し，保証人として仮に代位権行使が可能である場面に遭遇した場合であっても，現実問題としては，その行使はかなり困難である。それが故に，特約があえてはなされなかった，のであろう。

(β)　そもそも特約の必要性なし

第二に，本件事案では，債権者 X 公庫が連帯保証人を徴求した時点では，この連帯保証人という人的担保一本であり，代位対象たるべき「抵当権」は不存在であった（「掲当権」の設定・登記はなされていなかった），からである。

すなわち，「債権者 X 公庫・債務者 A 会社」間の当初の関係では，当該貸付については，連帯保証人（Y 銀行／長銀）の徴求のみであり，抵当権設定はなされていなかった。仮に「物的担保」と「人的担保」の二本立てであったとすれば，保証人の代位弁済を契機として，「抵当権」上への代位の可能性が生じ得るから，抵当債権者としては予め代位権行使制限条項を特約化しておく必要がでてくる。しかし，本件では，代位対象たるべき「抵当権」が不存在だったのだから，その限りでは特約条項の必要性もそもそも存在していなかった，といえよう。

(iv)　上記のように，本件では，債権者 X 公庫は，「人的担保」のみで，「物的担保」を徴求していなかった。債権管理上，そのリスクヘッジのために，

債権者が「物的担保」と「人的担保」の両担保を同時的に徴求する，というのは，実務上しばしばみられることであるにもかかわらず，「物的担保」を徴求していなかったのである。

（α）　では，本件では，何故 X 公庫は「物的担保」を徴求していなかったのか。しかも，債務者 A 会社の業務内容や資金使途目的（宅地開発事業）からすれば，A 会社からの「物的担保」徴求は，一般的な場合よりも，相対的にはより容易であることは，確かであり，なお一層この疑問が生じざるを得ない。

（β）　これは，実質親会社たる Y 銀行／長銀自体が保証人となっているのであれば，その金融機関としての「信用力」，さらには一般的な「金融システム」の中での X 公庫と Y 銀行の従来からの金融業務取引上の関係からすれば，X 公庫としては，債務者 A 会社から物的担保を徴求しなくても，これで十分である，と判断したもの，と考える。Y 銀行／長銀自体の「債務保証」が，「物的担保」徴求を不要とした，のである。

（γ）　貸付当時の一般経済状況，Y 銀行／長銀の経営状況からすれば，X 公庫の判断（Y 銀行／長銀自体の「信肘力」を前提とすれば，銀行の債務保証があれば，それで十分であり，あらためて物的担保徴求の必要はない，という判制）は必ずしも不当ではなく，一般的に妥当なものであった，と考える。

　　　　──＊「機関保証」の場合にも，
　　　　「物的担保」徴求は一般的である。

　　　　──＊＊代位権不行使条項の意味については，
　　　　拙稿・「弁済者一部代位の法構造」170 頁以下（⇒斎藤④論文・第 1 節）参照

⑸　**小括（子会社 A への融資に際しての親会社 Y 債務保証，YA「連帯性」）**

　Y 銀行の連帯保証は，子会社 A への融資に関しての，親会社 Y 銀行の債務保証であり，ここでは YA「連帯性」が明瞭である。

〔四〕　本件「リスケジューリング」時状況（平 10/12/8 頃）

（ⅰ）　本件リスケ（債務返済計画の見直し）は平 10/12/8 頃なされている。『X 公庫（住宅金融公衆）・Y 銀行（長銀）・A 社（エルカクエイ）』の 3 当事者間関係において，どのような「見直し」がなされたのか。この「見直し」により，

新たに作出された3当事者間関係は，それ以前の状態・状況と，どう違ったものとなったのか。

　(ⅱ)　このような視点から，本件「リスケ」時状況が「利益分析」されなければならない。その際，3関係当事者をとりまく当時の時代背景的状況も，マクロ的に視野に入れるものでなければならない。

　　　──＊個別的な問題提起としては，

　①　何故，本件リスケはこの時期になされたのか，その理由如何
　②　本件リスケの「具体的内容」如何
　③　この「具体的内容」が実質的に意味することは何か

　　　──＊＊分析のキーワードとしては，

　本件リスケには，「三合意」が含まれ，この「三合意」はトリアーデの構造にあり，これを全体として「一体化した合意」(3当事者間合意) として把握すべきである，ということである。これが私見の基本的立場である。

　　　──＊＊＊「債務者A社／連帯保証人Y銀行」の要請

　平10/12/8頃，本件リスケ (当初返済計画の「見直し」の合意) がなされている。「債務者A社／連帯保証人Y銀行) サイドの要請を契機として，債権者X公庫との間で，その合意 (主債務返済期限の延長・保証期間短縮・抵当権設定) が合意された，と私見は判断する。リスケは，債務者側の事情 (返済等困難の事情) により，合意されるのが一般であり，当時の時代背景的状況からは，「連帯保証人Y銀行の破綻」による「債務者A社の信用不安」が看取される，からである。

⑴　A社「主債務返済期限の繰延べ」のリスケ合意 (第一の合意)

(ⅰ)　「Y銀行とA社」の破綻連鎖の相互因果関係

　A社は，X公庫の貸付時には，Y銀行大口融資先の一つであった。しかし，その後，平10/10月・メインバンクY銀行が経営破綻し，「特別公的管理」下に服した。それを起因として，借入金総額の80％を長銀に依存していたA社の「信用不安」が表面化し，債務者A社の返済困難等の事情により，平10/12/8の本件リスケが合意された，と判断される。本件リスケは，「Y銀行とA社」の相互因果関係 (破綻連鎖) を契機とするものであった，といえよう。

(ⅱ)　X公庫の対応

　X公庫としても，親銀行Yが特別公的管理化におかれ，もはや子会社A社の信用危機・経営危機は自明であり，債権回収のリスク回避のために，A

社の「主債務返済期限の繰延べ」の要請に迅速に対応せざるを得なかった，と判断できる。

(iii) X 公庫の「利益付与」(債務返済の猶予)

主債務返済期間「延長」は，利益衡量上，どのような意味をもつのか。私見によれば，主債務返済期限の「延長」は，債権者 X 公庫からなされた，主債務者 A 社に対する「利益付与」(債務返済の猶予)である，と法的に評価するものである。

――＊本件リスケに至るまでの「A 会社・Y 銀行」関係来歴 (◎印・要注目事項)

① 昭 33/10 月：設立 (旧角栄建設)，

② 昭 38/6 月：株式店頭公開，

③ 昭 43/6 月：東証一部上場，団地開発のデベロッパーとして業務展開，

④ しかし借入金負担から経営難に陥り昭 62 年・「Y 銀行」傘下に，業務内容を戸建住宅分譲中心にシフト，

⑤ 昭 64/9 月：「エルカクエイ」に社名変更，「Y 銀行」をメインバンクとして資金面・人事面で「Y 銀行」と密接な関係を築く，

⑥ 平 9/3 月期：「A 社」売上高 482 億円とピークを迎える，

⑦ 平 10/3 月期：しかし前期反動・景気不透明感から，「A 社」売上高 320 億円 (前年比 33.7％減)，借入金が年商の 3 倍超で債務過多状態，

◎⑧ 平 10/10 月・経営破綻により「Y 銀行」が特別公的管理下に服する，借入金総額の 80％を長銀に依存していた「A 社」の信用不安が表面化，

◎⑨ 平 11/3 月期・「A 社」売上高 278 億円 (前年から 42 億円減少)・最終損失 18 億 3000 万円の赤字，という状態となっている。

以上，このような状況の下で，平 10/12/8 の本件リスケがおこなわれている。

(2) Y 銀行「保証期間の短縮」のリスケ合意 (第二の合意)

(i) Y 銀行破綻

上記のように，平 10/10 月・Y 銀行が経営破綻し，「特別公的管理」下に服した。A 社／Y 銀行サイドからの要請に基づいて，平 10/12/8 の本件リスケが合意された。

(ii) Y 銀行「保証期間短縮」の合意の意味

(α) 本件リスケでは，X 公庫は，A 社の「主債務返済期限の繰延べ」と同時に，Y 銀行の「債務保証 (連帯保証) 期間の短縮」も，合意されている。

(β) では，この Y 銀行との「期間短縮」合意はどのような意味をもつのか。本来，主債務期間と連動して保証債務期間も同期間とされ，「主債務期間

の延長（繰延べ）」に伴い，「保証債務期間も延長」されることになる。主債務期間の延長を認めたのだから，それに伴い保証債務期間も延長されて然るべし，というのが，一般的に債権者の立場とされよう。

（γ）　たしかに，A社の信用危機・経営危機に対応して，X公庫はA社に対して「主債務期間の延長」は認めた。しかし，A社の信用不安は親銀行Yの特別公的管理（国有化）を起因とした以上，Y銀行の「保証期間」を主債務期間延長に連動させて同時「延長」したとしても，それは現実的にはもはや無意味に近い。Y銀行の債務保証能力それ自体が危殆化している，からである。そこで，債権者X公庫としては，むしろ主債務各旧返済期限に即応する（若干前倒しする）形で，「期間短縮」の決断をした，と私見は考える。

　　　　——＊実務上一般には，
　　　主債務者の事情により，主債務返済期限が繰り延べられたとしても，それに伴い保証債務期間も繰延べされるわけではなく，むしろ繰延べは原則的にはない（勿論，個別事情如何により，ケースバイケースではある），のが普通である（仮に繰延べたとしても，MAX2年位である），といわれている。保証引受に際しての，保証人には保証人の事情・条件がある，からである。

　　　　——＊＊本件での保証期間短縮は，
　　　ほぼ主債務の，繰延べ以前の，元の返済期限に近い時点に，合意されている。より正確には，新保証期間は，主債務旧と同時期（正確には，2日前）か，その約2ヶ月位前にもっていっている。そもそも保証債務期間は主債務期間と連動していたが，主債務期間が「延長」されても保証債務期間は連動せず，むしろ当初連動期間（主債務旧期限）よりも若干「短縮」されている。
　　　（あ）：新保証期間平11/3/10（←主債務旧返済期限平11/3/12，→繰延べ平14/3/10），
　　　（い）：新保証期間平11/12/10（←主債務旧返済期限平12/2/21，→繰延べ平14/12/10），
　　　（う）：新保証期間平13/3/10（←主債務旧返済期限平13/5/22，→繰延べ平16/3/10）

（iii）　X公庫の「利益付与」（保証責任の期間的軽減）

　保証債務期間「短縮」は，利益衡量上，どのような意味をもつのか。私見によれば，債権者X公庫からなされた「利益付与」である，と法的評価できる。上記のように，主債務返済期限の「延長」が主債務者A社に対する「利益付与」（債務返済期限の猶予）であるとすれば，同様に保証債務期間の「短縮」は保証債務者Y銀行に対する「利益付与」（保証責任の期間的軽減）である。

(ⅳ) 小括（「XとYA」間の対立当事者間関係）

（α） X公庫からすれば，Y銀行の債務保証（連帯保証）は，Y銀行自体が経営破綻から特別公的管理化に服し，従前とは異なり，大きく信用力を失い，もはやこれによっては債権回収リスクをヘッジすることはできない。そこで，X公庫は，「主債務期間延長」（対A社合意）にもかかわらず，「保証期間短縮」（対Y銀行合意）とした，と私見は考える。

（β） このリスケ合意は，「利益分析」上，債権者X公庫からの，「主債務者A社と保証債務者Y銀行」に対する，「利益付与」である，と考える。両社は，共に経済的な「親子従属支配的関係」にあり，「一体的な利益共同体」に属し，Y銀行の破綻を起因としてA社の信用不安は表面化し，その「相互連鎖関係」にあり，この「Y銀行とA社」に対する「利益付与」として，債権者たるX公庫は，本件リスケを合意した，と私見は理解するのである。

（γ） ここでは，「X公庫」⇔「Y銀行とA社」との，相対向する当事者間関係が明瞭である。

(3) X公庫への抵当権設定・登記のリスケ合意（第三の合意）

（ⅰ） 抵当権設定合意（平10/12/8）と登記経由（同年同月/25）

本件リスケ合意時（平10/12/8）には，X公庫とA会社との間で，本件各債権を被担保債権としてA会社所有不動産上への「抵当権設定合意」（平10/12/8）が，なされている。同年同月/25には，合意時から3週間足らずに，X公庫は迅速にその登記を経由している。

（ⅱ） その意味如何

ここでの「抵当権設定の合意・登記経由」（第三の合意）は，どのような意味をもつのか。

私見によれば，「抵当権設定の合意・登記経由」（第三の合意）は，上記の「主債務返済期限の繰延べ」（第一の合意）・「保証期間の短縮」（第二の合意）と合せて，本件リスケ合意の「全体」を構成し，この「三合意」は，「X公庫・A会社・Y銀行」の三当事者間関係の「新たなスタート」を意味するものであった，と考える。

（ⅲ） 新たなスタート

では，「新たなスタート」とは，具体的には何か。

貸付債権の保全・管理のためには,「保証（人的担保）」は期間的に責任軽減とする,その見返りとして「抵当権（物的担保）」をメイン担保とする（「保証」から「抵当権」への傾斜）,という X 公庫の決断・方向性であり,これが「X 公庫・A 会社・Y 銀行」の関係三当事者間での「トータルな合意」（明示・黙示）であった,と私見は考える。

　　——＊上記のように,

　　　①「主債務期間の延長（繰延べ）」は「X 公庫・A 会社」の合意である。②「債務保証（連帯保証）期間の短縮」は「X 公庫・Y 銀行」の合意である。③「抵当権設定・登記」は「X 公庫・A 会社」の合意である。以上,この三つの合意の「トリアーデ構造」は,それぞれに関与する関係三当事者間の「トータルな合意」（明示・黙示）を,形成している,と私見は考える。

(iv)　「利益と負担」の相互交換取引

(α)　関係三当事者間の「トータルな合意」とは,具体的には何か。

　私見によれば,一方当事者としての「X 公庫」,他方当事者としての「A 会社・Y 銀行」,この相対向する両当事者間で,相互に,いわば「利益と負担」の相互交換取引がなされた,と考える。

(β)　何が具体的に取引されたのか。

「X 公庫」からすれば,「A 会社・Y 銀行」に対する「負担提供」（主債務繰り延べ・保証期間短縮）の見返りとして,他方当事者から「新たな抵当権設定・登記」の「利益付与」を受けている。

　他方,「A 会社・Y 銀行」からすれば,「X 公庫」に対する「負担提供」（抵当権設定負担）の見返りとして,他方当事者から「主債務繰り延べ・保証期間短縮」の「利益付与」を受けている,という構図である。

　　——＊Y 銀行が経営破綻・国有化,それに連鎖しての A 社の信用不安,

　　　その状況下の「リスケ」である。各債権の返済期限の延長・繰り延べ（主債務者 A 社への利益付与）,保証期間短縮（Y 銀行への利益付与）,がなされた。

　　　しかし,X 公庫は他方当事者に利益付与をしてやっただけなのではない。その見返りとして,他方当事者 A 社からその所有不動産上への「抵当権設定（平 10/12/25・登記完了）」の利益を受けている。12/8 頃合意し,迅速に抵当権設定・登記完了であり,年末繁忙期に急いでいるのは,A 社の信用不安（資金繰りの苦境）がそれだけ大きかったのだろう。

　　　Y 銀行保証は不確実である（平 10/10 月・Y 銀行破綻・国有化,そこで保証責任を期間的に軽減する）,むしろ人的担保から「物的担保」に傾斜的にギア・チェンジし,

この方向性により債権回収リスクをヘッジする，これが X 公庫の意図・方向性だった，と私見は判断する。

⑷　小括（AY 一体性）

(i)　Y 銀行は連帯保証人として保証債務を履行した。本件リスケでは，保証責任が期間的に軽減されたのであり，責任免除されたわけではない。債権（う）については，保証期間内であったが故に，Y 銀行としては保証債務履行をせざるを得なかったのである。責任義務者としての履行である。

(ii)　保証債務履行が代位弁済であるところから，Y 銀行は主債務者 A 会社に求償権を取得する。自らの責任義務履行により主債務者に利益を与えたから，それを主債務者から回収する，これが求償の基礎であり，この求償権確保のために，原債権者の「権利」上に代位するのである。これは，あくまで「対主債務者 A 会社との関係」で，保証債務履行者 Y 銀行に認められるのである。「対主債務者 A 会社との関係」が，まさしく Y 銀行の「求償関係」に他ならない。

(iii)　とすれば，「対主債務者 A 会社との関係」において認められるにすぎない Y 銀行の「求償権」があるところ，この「求償権」確保のためにすぎない「代位」がなされたからといって，Y 銀行が原債権者 X 公庫と対等・同格で抵当目的物換価代金から弁済を受けるということは，合理性を欠いている。

Y 銀行が原債権者 X 公庫と対等・同格で弁済を受けたとすれば，未だ債権の完全満足を受けてはおらず，未回収債権をもつ原債権者 X 公庫からすれば，一体何のための Y 銀行の保証債務履行だったのか，ある意味では「保証債務履行済み部分」から一部的に Y 銀行に再び回収されてしまった，ということになる，からである。まさしく，私見はこの点に注目する。

(iv)　本件リスケでは，X 公庫は，債権回収のリスク・ヘッジのために，新たに「物的担保（抵当権）」を徴求し，これにその「狙い」を絞っている。X 公庫のメイン担保として，新たに登場したのである。

しかし，それにもかかわらず，補助的なサブ担保として残し（責任の期間的軽減），これをも徴求していた連帯保証人 Y が，自らの責任義務履行として保証債務履行をし，その結果代位したからといって，次なる場面（抵当目的物換価代金から弁済受領）では，X のメイン担保を利用して，X 公庫と対等・同

格で権利行使できるのでは, X 公庫としては,「物的担保 (抵当権)」と「人的担保 (保証)」の二つを,「主」債権者として, いわば「二刀流」として徴求していた意味を, 大きく減殺されてしまうであろう。

(v) 本件「リスケ」時状況の利益分析からも明らかなように, Y 銀行は X 公庫と同格・同置される立場にはない。むしろ, 端的に A 会社と「同置・一体化」される, そのような連帯保証債務者であり, 債権者 X 公庫に劣後する位置にある。

また, それだからこそ, 本件リスケでも,「A・Y 一体」で X 公庫と交渉にあたり, 共にそれぞれ「主債務期限延長」と「保証期間短縮」の利益付与を, X 公庫から受けたのである。「A・Y」は一体として「同一の利益共同体」にある。

しかも, 本件「リスケ」時状況からは,「Y 破綻→その連鎖としての A 信用危機→リスケ」という, 連鎖の「因果関係」も, 見られた。この連鎖因果関係は, 本件会社更生「申立て」時状況においても, 見られたものである。X 公庫に対してのみならず, 一般的・対外的にも,「A・Y 一体」なのである。

(vi) 以上, ここでもまた, 本判決結論 (按分弁済) が事案適合性 (具体的妥当性) を欠くことが, 明らかである。

〔五〕 本件会社更生手続「申立」時状況 (平 12/2/15)

(1) A 社の会社更生手続申立てとその背後状況

(i) 本件リスケ時以降, A 社経営は改善したのか。否, である。A 社は平 12/3 月・自力再建を断念し, 会社更生手続申立て (平 12/2/15) をしている。リスケ (平 10/12/8 頃) にもかかわらず, A 社はその後 14 ヶ月しかもたなかった, のである。

(ii) A 社状況 (本件更生申立て) は, Y 銀行状況に, 大きく影響を受けている。では, それはどのような影響なのか。

(α) 上記のように, 平 10/10 月・経営破綻 (元長銀エコノミストの竹内宏・金融敗戦・99 年 1 月が参考となる) により Y 銀行が特別公的管理下に服した。その連鎖として, 借入金総額の 80% を長銀に依存していた A 社の信用不安が表面化し, 平 10/12/8 の本件リスケがおこなわれている。

(β) さらに, A 社を巡る事態は悪化・進行している。平 11/4 月・A 社筆

頭株主の長ビル（Y銀行系列）が特別清算を申請し，A社の経営基盤が動揺している。し，平H/6月・A社諸取引先が特別清算を申請し，これによりA社は105億円の不良債権を抱えこむに至っている。

（γ）しかも，平12/2/9・Y銀行譲渡の最終契約書が締結されている。これにより，Y銀行は，「長銀と同行株主の預金保険機構」から「リップルウッド・ホールディングスを中心とする投資組合」（外資）に，いわば身売りされた。親銀行の存立も，大きく動揺・変化していたのである。

（δ）親銀行Yの外資譲渡により，A社への支援体制は極めて不確実となった。支援基盤は何もなし，ということである。かくして，A社は自力再建を断念し，リスケから14ヶ月後，Y銀行の外資譲渡合意から僅か6日後，平12/2/15・会社更生申立てを行っている。その負債総額は1351億円にも上り，帝国データバンクによれば，平12年上半期の大型倒産ランキング（負債総額順）第7位にあった。

(iii) 小括（連鎖の因果関係）

親銀行Yの破綻を起因として，子会社Aの会社更生申立てがなされている。Y銀行とA会社は「連鎖の因果関係」にあり，経済的には「一体的連結性」・「利益共同体性」にある。

(2) **A社「手続」開始・進行とY銀行状況**

(i) 上記のように，A社の会社更生手続申立てがなされたのは，平12/2/15であり，会社更生手続開始決定は，平12/5/12である。この「申立て・開始」時点以降，A社倒産処理手続の「進行・終結」は，Y銀行状況と，どのように相関・因果しているのか（Y銀行状況として，①服部泰彦「長銀の経営破綻とコーポレート・ガバナンス」・立命館経営学40巻4号31頁以下・01年11月，②(旧)長銀破綻からリップルウッド＝新生銀行誕生に至る経緯等については，浜田和幸「ハゲタカが嗤った日――新生銀行の「隠された真実」――04年9月が興味深い）。

(ii) この問題の解答のためには，『A社状況（＋印），Y銀行状況（＊印），X公庫状況（△印）』，そのそれぞれについて，注目すべき事象を調査・探求・補充し，本件関連諸事象をトータルに時系列的に整理し，そこから「一定の因果関係（連鎖関係）」を読み取り，推論しなければならない。

本件関連諸事象のトータルな時系列的整理から，Y 銀行と A 会社の「信用不安・破綻連鎖の因果関係」，両者の経済的な「一体連結性」（同一の利益共同体性），Y 銀行対応の「巧妙性・迅速性・熟慮機動性」等，明瞭に看取できよう。

(ⅲ)　なお，「→印」は会社更生手続の開始・進行・終結の「手続的連鎖」を，

「⇒印」は Y 銀行を起因とする「A 社結果」を，

「◎印」は事案分析における注目すべき「基幹事実」を，

「●印」は本件一審・原審・最高裁の各「判決時点」を，それぞれ意味するものである。

(ⅳ)　時系列的整理

＊平 10/6 ─：Y 銀行の経営危機表面化により，それまで 200 円前後で推移していた株価が急落，経営迷走中の Y 銀行は当事者能力を失う，7 月には 49 円の額面割れ，8 月には最安値 39 円をつける

＊平 10/10/23：Y 銀行の経営破綻申請に基づく金融再生法による特別公的管理（国有化／全株式の国による強制買上げ）

＋⇒平 10/12：A 社の信用不安（借入金総額の 80％を Y 銀行に依存）が表面化し，→◎本件リスケ（平 10/12/8 頃）

＋平 11/4：A 社筆頭株主の長ビル（Y 銀行系列）の特別清算申請

＋平 11/6：A 社諸取引先の特別清算申請，A 社は 105 億円の不良債権を抱えこむ

＊平 12/2/9：Y 銀行譲渡の最終契約書の締結（「Y 銀行と同行株主の預金保険機構」と「リップルウッド・ホールディングス中心とする投資組合（ニューLTCB パートナーズ CV）」の合意），A 社親銀行 Y は上記外資ファンドに 10 億円で譲渡（平 12/6：「新生銀行」に改称）

◎＋⇒①平 12/2/15：A 会社の会社更生申立て（負債総額 1351 億円）

◎＊②平 12/2/18：Y 銀行の代位弁済（保証債務履行）

◎△③平 12/4/5：X 公庫は Y 銀行代位弁済を原因とする本件抵当権の一部移転登記経由

→＋④平 12/5/12：A 社に対する会社更生手続開始決定（東京地裁）（更生管財人にジョイント・コーポレーション代表取締役社長 H 氏が就任）

◎△⑤平 13/4/25：「弁済に関する合意（覚書）」（A 社管財人と X 公庫）締結

→＋⑥平 13/7/30：A 社更生計画の認可決定（裁判所での関係人集会，更生計画案についての債権者の同意）（→エルカクエイは，不動産分譲事業の展開，販売に努力傾注，積極的な用地仕入れ，事業拡大へ）（代表取締役社長にそれまでも管財人代理であった M 氏が就任，管財人代理は継続，元ジョイント・コーポレーション代表取締役副社長）

→＋⑦平 13/9/1：A 社更生計画の確定

◎⑧平 13/10/31〜平 15/4/30（6ヶ月間で売却決済）：覚書に基づく按分弁済の実施：覚書に基づき，本件不動産の売却，S 社管財人による売却代金からの按分弁済実施（代金計 5 億円）（X9243 万 3513 円—Y4 億 0390 万 9025 円）

●⑨平 15/8/1：東京地裁判決（本件一審（原々審））

●⑩平 16/2/24：東京高裁第 21 部民事部判決（本件原審）

＊⑪平 16/4：Y 銀行は長期信用銀行から普通銀行に転換

＊⑫平 16/2/20：「投資組合（ニュー LTCB パートナーズ CV）」による新生銀行の再上場（東証一部），2300 億の売却益，出資金等の諸費用 1210 億円を控除した純益は 1000 億円を超える

●⑬平 17/1/27：本件最高裁判決（この時点以降の A 社状況については，主としてジョイント・グループ HP の IR ニュース等を典拠とする）

→＋⑭平 17/6/30：A 社更生手続での更生債権 165 億円の早期弁済の許可（東京地裁）

→＋⑮平 17/7/22：A 社更生手続での債権者への早期弁済終了

→＋⑯平 17/7/29：A 社会社更生手続終結決定（←平 13/7/30 の A 社更生計画の認可決定後，A 社業績は予想を上回り順調に推移し，終結に至る），（→ A 社は，今後もジョイント・コーポレーション・グループの一つとして，業務推進）

＊⑰平 18/11：Y 銀行は「投資組合（ニュー LTCB パートナーズ CV）」とのパートナーシップ解消

＊⑱平 19/2：Y 銀行動向・パートナーシップ解消に伴い，旧リップルウッド・ホールディングス CED（現 RH インターナショナル）コリンズ氏が「新生銀行」取締役辞任

＋⑲平 20/2/13：A 社動向・ジョイント・クループ（ジョイント・コーポレーション，エルカクエイ，ジョイント・ランド）の不動産分譲事業統合の決定（A 社を存続会社として，ジョイント・ランドを消滅会社とする，吸収両合併方式によ

る両社合併。ジョイント・コーポレーションの分譲マンション業務を合併会社に業務委託）

(3) 小括（破綻連鎖の因果関係）

上記のトータルな時系列的整理から，Y 銀行と A 会社の「破綻連鎖の因果関係」が明らかであり，両社は「経済的・一体的な利益共同体」に位置している。

〔六〕 本件「代位弁済」時状況 （平 12/2/18）

A 社の会社更生手続申立て（平 12/2/15）後，Y 銀行は，迅速に代位弁済をおこなっている（平 12/2/18）。申立てがなされ，僅かその「3 日後」のことである。この本件「代位弁済」時状況はどのように利益分析されるべきか。

(1) Y 銀行の「保証債務の履行」（その意図・状況）

（i） 会社更生申立てにより，A 社の主債務は期限利益を喪失している（既に本件リスケで各主債務期限は繰延べられており，債権（あ）：平 14/3/10，債権（い）：平 14/12/10，債権（う）：平 16/3/10，であった）。そこで，Y 銀行は保証債務の履行（代位弁済）に踏み切った，と判断される。

（ii） しかし，債権（あ）（い）については，保証期間が会社更生「申立時」には既にきれている（既に本件リスケで各保証債務期限は短縮されており，債権（あ）平 11/3/10 まで，債権（う）：平 11/12/10 まで，であった）ので，保証債務の履行義務はないとして，保証期限がまだ到来していない債権（う）についてのみ（既に本件リスケで，平 13/3/10 まで，であった），Y 銀行は保証債務の履行（平 12/2/18・代位弁済）をした，と判断できる。

　　——＊ Y 銀行としては，開始決定「前」の保証債務履行だから，確実に「更生債権」とはなると考え，しかも「更生担保権」を狙って抵当権の一部移転登記もしたのだろう，と判断される。

(2) その法律上の意味（更生手続申立てに続く Y 銀行としての「実体法上の次なる対応」）

（i） Y 銀行の代位弁済は，A 社の会社更生手続申立ての 3 日後に，なされ

ている。

　(ⅱ)　この事実からも明らかなように，Ｙ銀行の代位弁済は，Ａ社の「会社
更生手続申立て」という手続法上の行動を十分に熟知した上での，その「実
体法上の次なる対応」であった，と判断できる。

⑶　Ｙ銀行による迅速な抵当権一部移転登記の取得

　(ⅰ)　代位弁済後，Ｙ銀行は迅速に代位弁済を原因とする本件抵当権の一部
移転登記を受けている（平 12/4/5）。代位抵当権の登記であり，対抗力具備の
ための「不動産登記法上の手段」を採っている。

　(ⅱ)　Ｘ公庫のスムースな登記協力

　しかも，その代位弁済日（平 12/2/18）から，移転登記日まで，僅か「40 数
日」間しか要していない。実務上の通例からすれば，この所要日数はかなり
の「短期間」であり，最短に近い。実務上の通例からすれば，代位弁済をし
ても，その登記協力義務の存在にもかかわらず，原抵当権者からの登記協力
については，弁済者サイドとしてもかなり難渋する。したがって，本件では
Ｘ公庫の登記協力はかなりスムースに得られたのであろう（塚原 42 も同旨），
と判断できる。

　(ⅲ)　その理由如何

　何故，Ｘ公庫からスムースに登記協力を得られたのか。その理由は，次の
二つにある，と私見は考える。

　(α)　代位弁済時，既に連帯保証人・Ｙ銀行は国有化されており，この点か
らすれば，同じく国の政策的金融機関であるＸ公庫は，国有Ｙ銀行の要請（抵
当権の一部移転登記の協力）に対して，前向きに対処したのであろう，と判断
できる。

　(β)　さらに，代位弁済実施「前」に，原債権者Ｘ公庫と調整・交渉（登記
協力の約束を予めとりつけておく）の上，Ｙ銀行は代位弁済を実施したのであ
ろう，と判断できる。

⑷　更生手続開始決定「前」でのＹ銀行の代位弁済「実施・登記取得」

　(ⅰ)　Ａ社の会社更生手続申立て（平 2/2/15）をふまえて，Ｙ銀行の代位弁
済（平 12/2/18）並びにそれを原因とする一部移転登記（平 12/4/5）は，会社

更生手続開始決定（平 12/5/12）前になされている，という事実に注目しなければならない。この事実は何を意味するのか。

　(ii)　更生手続開始決定「前」の決着，その理由如何

　(α)　具体的には，なぜ Y 銀行は更生手続開始決定「前」の決着を意図したのか，その理由如何。

　(β)　すなわち，Y 銀行の保証履行（主債務（う））が更生手続開始決定［前］になされているのであれば，Y 銀行は通常の債権届出により権利主張をすることができる。しかし，仮にこの Y 銀行の代位弁済（保証履行）が更生手続開始決定「後」になされたものであるときには，いわゆる「宣告時現存額主義」に従う手続処理がなされ，Y 銀行は会社更生法の手続上の権利主張をなし得ないことになってしまう。これが会社更生法上の手続的処理である。

　(γ)　それ故に，である。まさしくここに，会社更生手続開始決定「前」に，代位弁済も，一部移転登記も，それ自体最終決着をつけておきたい，という，Y 銀行の明確な意図（更生手続開始決定「前」の結着）を，明瞭に看取できる。（Y 銀行の意図については，浜田 5・森田 144 も論及）。

(5)　Y 銀行の準備・対応の計画性・用意周到性

　(i)　Y 銀行の対応

　以上，Y 銀行は，① A 社の会社更生手続申立てを予測し，②その申立て後には実体法上の次なる対応として直ちに代位弁済を実施し，③ X 公庫の登記協力を得て，代位弁済を原因とする本件抵当権の一部移転登記を迅速に受け，④しかも，代位弁済も，その一部移転登記も，会社更生手続開始決定「前」に，それ自体最終決着をつけている。

　(ii)　私見評価

　Y 銀行の行動・対応は極めて迅速・機敏・用意周到であり，実務処理遂行上の視点よりすれば，ある意味では模範的であり，極めて計画性あるものであった，といえよう。Y 銀行に対しての，国有化後の，万全の全面的バック・アップが，経済的・経営的側面のみならず，リーガル・サポート的側面においても，看取される。

⑹　X 公庫の意図（なぜ，保証債務履行を受けたのか）

　⒤　Y 銀行の代位弁済の相手方は，X 公庫である。この X 公庫は，どのような立場にあったのか。代位弁済を受けた X 公庫の意図は，どのようなものであったのか。

　⒦　X 公庫からすれば，Y 銀行の保証債務履行は，自らの抵当権実行の手段よりも，遥かに簡易迅速な債権回収となる。主債務（う）（返済期限は平 16/3/10 まであった）については，既に A 会社更生申立てがされ，主債務期限到来となっているのだから，保証期間内である（う）（保証期間は，平 13/3/10 まであった）については，保証債務を履行してもらう，ということだろう。しかも，この場合，保証債務履行は義務者履行なのだから，X 公庫としても，その履行拒否はできない。

　㈽　主債務（あ）（い）（返済期限は平 14/3/10・平 14/12/10 まであった）についてはどうか。既に更生「申立時」（平 12/2/15）に主債務期限利益を失ってしまったが，当該保証期間（平 11/3/10・平 11/12/10 まであった）は既に経過済みであった（主債務期限よりも保証債務期限が短いのはなぜか，上述のように，これは本件リスケが，抵当権設定・抵当権実行でいくという趣旨であった。金額も相対的に少額だし，X はあまり重視していなかった，といえよう）。保証期間切れとなれば，Y 銀行も保証債務履行をする筈は，無論ない。

⑺　小括（親銀行 Y と子会社 A は同一利益共同体を構成する）

　⒤　X 公庫としては，Y 銀行に保証債務を履行させ，それを受け入れた。しかし，その後 Y 銀行が，新たに求償権者として対等に「原抵当権関係」に入場・登場し，X 公庫と同等・平等に，抵当不動産換価代金から按分弁済を受ける，ということは，XY 間の衡平を欠く，と判断できる。何故か。

　⒦　X 公庫からすれば，連帯保証人親銀行 Y の，その「子会社 A」に，融資したのである。しかも，その融資は，Y 銀行が債務保証をするからこそ，A 社になされたのである。

　このような融資関係のスタートから，その後のあらゆる事実経緯に至るまで，X 公庫からみても，外部的・一般的にみても，連帯保証人親銀行 Y と子会社 A は同一サイドの「同一利益共同体」（信用危機・破綻の連鎖性ないし因果性）を構成していた，と判断できる。

(iii) 「同一利益共同体」にあるからこそ，子会社 A の債務保証も引受けたし，A 社更生手続の非常事態時に，Y 銀行は保証債務履行をしたのである。換言すれば，親銀行 Y の資金運用のための「子会社・別働隊・不動産投機・投資会社」であったからこそ，Y 銀行自ら「保証債務履行・代位弁済」をしている。とすれば，Y 銀行の代位弁済は，その「自己責任の範囲内」での，自らの「自己責任処理の一つ」であった，といえよう。

(iv) 結 論

したがって，Y 銀行には，主債務者子会社 A に対する債権回収の場面において，原債権者 X 公庫と対等・同格のいわれはまったくなく，自己責任処理をしたにすぎない Y 銀行は，求償利益があるからといって，それは X 公庫の債権と比較すれば，二次的利益にすぎず，もともとの債権者である X 公庫の債権回収の利益に，劣後せざるを得ない，と私見は考える。

〔七〕 本件「覚書締結」時状況 (平 13/4/25)

——*様々な問題点があり，それらを予め列挙すれば，

・1 本件「覚書締結」時 (平 13/4/25) には，既に A 社更生手続開始決定 (平 12/5/12) がなされている。更生手続進行中である。しかし，更生計画の認可決定 (平 13/7/30)，更生計画確定 (平 13/9/1) には，未だ至っていない。では，何故この時期での，「覚書」合意なのか。

・2 「覚書」合意は，その内容上，利害当事者たる X 公庫と Y 銀行のいずれにどのような利益／負担を与えているのか。

・3 「覚書」合意は A 社管財人と X 公庫と間でなされているが，なぜ利害当事者である Y 銀行は関与していなかったのか。合意の「第三者効力」如何の問題も生じる。

・4 本件「覚書締結」は果たして妥当なものであったのか，その是非如何。

(1) 弁済に関する「覚書」合意 (A 社更生管財人と X 公庫)

(i) 本件確定更生計画では，不動産売却代金につき「登記簿上の順位に従い順次に不動産上の担保権を有する更生担保権者に弁済する」旨の定めがなされている。この定めに従って，更生管財人は各更生担保権者に弁済することになる。

(ii) しかし，それ以前の，更生計画策定段階で，X 公庫と Y 銀行の間で不動産売却代金の弁済受領権の優劣関係につき争いがあったため，A 社更生管財人は X 公庫との間で弁済に関する「覚書」(①各債権額に応じて X 公庫・Y

銀行に按分弁済する，②Ｘ公庫・Ｙ銀行間で将来その争いが和解・判決等により解決した場合には，その解決内容に従って弁済をおこなう，という合意）を締結（平13/4/25）している。

──＊①条項イ

：Ｘは，その「届出債権額・3億8000万円余ではなく」，ＸＹの残債権の額の割合（Ｘ・3億6730万円対Ｙ・16億0500万円）（ほぼ1対5）による「按分額をもって弁済する方法とすることに同意する」

──＊＊②条項ウ

：弁済受領権の優劣関係をめぐる争いが，ＸＹ間で和解成立・判決確定により解決した後には，その解決内容に従った弁済をおこなう。

⑵　「覚書」合意締結「時」のもつ意味如何

(ⅰ)　なぜこの時期に，この内容の弁済「覚書」を，Ａ社更生管財人とＸ公庫は合意したのか。既に会社更生手続開始決定がなされているのだから，通例どおり，この会社更生手続中で，Ａ社更生管財人は，弁済受領優劣関係を含めて「更生計画」を策定し，確定した「更生計画」の定めに従い，更生担保権者に弁済を実施すればよい，からである。この疑問は，会社更生手続の進行状況と関連させながら，考察されなければならない。

(ⅱ)　「覚書」合意（平13/4/25）は，会社更生手続開始決定時（平12/5/12）からすると，時的段階的には，「更生計画案策定の最終段階」でなされている。これは，ＸＹ間で弁済に関する争いがあり，このために更生計画案が円満且つ早期にまとまらない畏れがあり，Ａ社管財人はとりあえず両者間争いを更生計画案策定のプロセスから外し，暫定的処理として「覚書」合意をＸと取り交わしたのではないか，と判断できる。

(ⅲ)　その後に引き続く更生計画の認可決定のためには，裁判所での関係人集会，更生計画案についての債権者の同意，というプロセスが手続上必要とされるので，Ａ社管財人の立場からすると，ＸＹ間での弁済に関する争いは，手続の円滑な進行上，障碍となり，そのなんらかの決着は必須事項だ，からである。Ａ社管財人の意図どおりとなったのであろうか，本件「覚書」合意後，3ヶ月して，更生計画の認可決定（平13/7/30）が，得られている。

(3) A社更生管財人「対応」に関する評価

(i) A社管財人のこのような対応は、どのように評価されるべきか。

(ii) 更生担保権の存否・範囲、その優先劣後関係、これらを巡る関係当事者間の紛争や疑義については、既に法的手続である会社更生手続が開始・進行しているのだから、本来、A社管財人は、その権限と責任において、当該会社更生手続中で総体的・全体的に解決・確定すべきものである（浜田5も論及）。

端的に、「更生担保権の調査・確定手続」が手続上予定されているのだから、「更生担保権の存否や範囲、優先劣後関係」等については、この手続進行に乗せて解決すべし、というごく当然の事理である。これは、根拠法である会社更生手続法自らが、想定・前提とするものであるし、実務上の感覚からしても、通例のことにすぎない。

(iii) とすれば、本件「覚書」合意は、更生計画案の「早期策定」を急ぐあまり、それが自己目的化して、A社管財人主導によりなされたものではないか、と判断できる。

また、この「覚書」合意は、後日の訴訟追行の可能性を包摂・承認するような内容（条項ロ）となっており、XY間の重要紛争につき、いわば「問題先送り」をしているのではないか（条項イの按分弁済合意を前提とすれば、X公庫が原告としての訴訟が想定されるから、X公庫サイドに訴訟負担がしわ寄せされている）、ともいえよう。

しかも、「覚書」合意（平13/4/25）時点では、「原債権者優先」の最判昭60年ルールが判例理論として厳然と存在していたのだから、X優先／Y劣後の「更生計画案」策定の手続進行がむしろ自然であり、それにもかかわらず「按分弁済の合意条項（各項イ）」がなされたのは、奇異な印象を与える。

いずれにしても、本件「覚書」合意は、A社管財人とX公庫の間でなされたが、合意当事者の一方であるX公庫に極めて不利益な内容であった、といえよう。

(iv) 小 括

暫定的処理としての「確定」更生計画案に従う弁済実施（按分弁済）、さらにはこの段階以降の、合意内容（按分弁済）に対するX反論に基づく訴訟提起・進行、このような本件の手続連鎖は、会社更生手続の実務的視点よりす

244 第2章 弁済者「代位」

れば，異例の展開であり，私見の大きな疑問とするところである。

⑷ 「覚書」合意に基づく A 社更生管財人の弁済

(i)　上記覚書の締結（平 3/4/25）後，約 3 ヶ月して本件更生計画は認可決定（平 13/7/30）を受け，それが確定（平 13/9/1）している。

(ii)　その後，上記覚書合意に従い，A 社更生管財人は，本件不動産を売却し，その売却代金から，X 公庫・Y 銀行に按分弁済（X に 9243 万 3531 円，Y に 4 億 0390 万 9025 円）している。それは，平 13/10/31〜平 15/4/30（約 18 ヶ月間で決済）にかけての，ことである。その弁済時段階では，和解・判決等により，その争いは未だ何も解決されてはいない。

⑸ X 公庫の訴訟手段行使

(i)　上記のように，本件での更生管財人による X 公庫・Y 銀行への按分弁済は，近い将来に予測される和解・判決等による解決に至るまでの，あくまでも「仮の，暫定的な」ものであった。

(ii)　そこで，X 公庫は訴訟手段に依っている。X 公庫の立場からすれば，「仮の，暫定的な」管財人弁済（按分弁済）を，「確定的な」やり直し弁済（X 優先／Y 劣後）にする，という目的である。

(iii)　本件請求（X → Y）の内容は，次のとおりである。

X の更生担保権額は「3 億 8342 万 5880 円」である，管財人からの弁済受領額が「9243 万 3531 円」なので，その差額は「2 億 9099 万 2349 円」であり，この金額につき X が Y に優先して弁済を受ける権利を有している（按分の 1 対 5 ではない，全額自分が優先である）として，これに遅延損害金（安定利息）の支払請求をプラスして，X は Y に対して不当利得返還請求をしている。

――＊本件請求の内容確認メモ
・X の更生担保権額・3 億 8342 万 5880 円
・X の弁済受領額・9243 万 3531 円
・その差額・2 億 9099 万 2349 円（プラス遅延損害金（法定利息））
・X → Y　不当利得返還請求

(iv)　裁判経緯は，次のとおりである。

なお，XY 間の争いは相互に根深く，最高裁までいっている。だからこそ，

なお一層，会社更生手続中での根本解決という，法的整理手続上の本来の実務スタイルを志向すべきであった，と私見は考える。

- 1　一審（原々審）:（平13年（ワ）第20149号　平15/8/1 東京地裁判決　金法1709/49）
- 2　原審:（平15年（ネ）第4554号　更生担保権優先関係確認請求控訴事件東京高裁平16/2/24 第21部民事部判決　控訴棄却　金法1718/69）
- 3　本件最高裁判決（平17/1/27）

(v)　しかも，前出の時系列メモからも明らかなように，本件最高裁判決（平17/1/27）時には，未だA社更生手続は終結には至ってはおらず，更生手続終結決定は，最高裁判決時から6ヶ月後の，平17/7/29 である。これは，「確定更生計画の履行」という手続最終段階になっても，XY当事者間紛争がなお決着しておらず，「紛争継続中」という，更生手続上，異例の事態が看取できる（浜田評釈5も論及）

(vi)　また，Y銀行譲渡（譲渡代金は僅か10億円である）の受け皿となった外資ファンドは，本件最高裁判決の前年（11ヶ月前）に，株式再上場により，巨額の純益を挙げており，課税も免れている。8兆円近い公的資金が投入され，最終的な国民負担（損失確定額）も数兆円にも達することが予想される段階での，巨額利益に対しては，様々な社会的批判が浴びせられたことは，未だ記憶に新しい。いずれにせよ，外資ファンドの，債権回収を含めた特異な投資モデルが，世間の耳目を惹いた一つの象徴であった。

⑹　Y銀行の不関与

(i)　本件「覚書」合意は，X公庫とA社管財人との合意締結であり，Y銀行は関与していない。しかし，Y銀行もまた，この弁済に関する合意事項には，その利害に大きく関わっている。というより，むしろ端的に，XY間の優劣関係如何の問題なのだから，Y銀行はまさしく利害当事者の一方である。とすれば，このY銀行不関与は，何を意味するものなのか，が必然的に問われざるを得ない。

(ii)　この疑問については，私見は次のように考えている。

(a)　すなわち，A社は事実上Y銀行の支配下にあり，したがってY銀行の意思は「A社並びにA社更生管財人」をとおして十分に反映・実現可能で

ある。そこで，A社更生管財人は，Y銀行不関与のままで，X公庫とのみ，この覚書を締結した，と判断できる。

（β）　なお，Y銀行不関与である以上，この合意の拘束力はY銀行には及ばず，一審・原審ともこれを前提として判断を進めている。

⑺　小括（Y銀行とA社の一体的利益共同体）

（ⅰ）　Y銀行はこの合意に不関与である。X公庫と「A社管財人」の合意である。Y銀行不関与という事実それ自体が，Y銀行とA社の「一体性・利益共同体」を体現している，と私見は考える。

（ⅱ）　本来，Y銀行からすれば，XY間弁済順序は，自分自身の利害にからむ，極めて肝要事（対X関係）である。しかし，一体であるA社（A社管財人）に任せ，これをXと交渉させている。この覚書合意内容（按分弁済）は，暫定的弁済ではあるが，Y自身にとって「有利条項」である。だから，Y銀行不関与なのであろう。不関与でも，Y銀行の利益は十分に擁護されているのである。

（ⅲ）　しかも，「A社管財人」はJC関係者である。この不動産業務会社は，A社更生後の，後日のA社引き取り手（平20/2/13・系列会社JRとの合併）となっている。「A社管財人」は更生手続中のA社の利害に十分に且つ敏感に配慮し得る立場にある，といわねばならない。

第4項　本節結論

（ⅰ）　原債権者Xに対するY銀行のそもそもの劣後的地位

本件事案の「利益状況分析」よりすれば，連帯保証債務者Y銀行と主債務者A会社は，時系列的事実のスタートからゴールに至るまで，終始一貫して，「同一の利益共同体」に属し，A会社に対する抵当権に基づく債権回収の場面では，連帯保証債務者Y銀行はそもそも原抵当権者X公庫とは同格ではあり得ず，求償権確保のための代位抵当権者としてもまた，Y銀行は原抵当債権者X公庫に劣後せざるを得ない，と考える。A会社に対する関係では，主債務者A会社と「連帯性」の「縛り」をかけられたY銀行は，主債権者であるX公庫に，劣後せざるを得ない，のである。

したがって，「両者按分弁済」とする本最高裁判決は，「形式的論理」の展開に終始し，本件事案の実態に迫り得ず，具体的妥当性・適合性ある結論を導出できなかった，と私見は判断している。

（ii）次なる課題

しかも，本最高裁判決における，その「形式的論理の展開」それ自体（本件を「全部代位」として，単純明快に「抵当権の準共有」から「按分弁済／平等弁済」を帰結する）にも，理論的な問題状況を包蔵している（私見はこのように考えている）。

とすれば，私見の立場からの，判旨の「論理構造」分析が自ずと必然化せざるを得ない。これについては，次なる別稿（慶應法研 82/1）（⇒斎藤⑥論文・第3節）に委ねたい。

【基本文献リスト】
一　平17最判
① 判決コメント・判時 1887/39・調査官解説（中村）
② 中村也寸志・解説（時の判例）・ジュリ 133・調査官解説
③ 佐藤岩昭・判例研究・判評 564/22（判時 1912/184）・賛成
④ 生熊長幸・判例研究・NBL805/10・05/3・賛成
⑤ 潮見佳男・判例研究・銀行法務 21/645/54・05/4・賛成
⑥ 浜田芳貴・判例研究・金商判 1215/2・05/5・（会更実務に精通する弁護士としての立場から，更生担保権の調査確定に関して疑問）（判旨結論には賛否明らかにせず）
⑦ 佐久間弘道・判決コメント・金法 1742/1・05/6・疑問（原審賛成）
⑧ 村田利喜弥・判例研究・金法 1748/41・05/9・賛成
⑨ 高橋眞・判例研究・民商 133/1/166・05/10・賛成
⑩ 佐久間弘道・判例研究・金法 1759/40・06/1・疑問
⑪ 森田修・判例研究・法協 123/6/123・06/6・賛成
⑫ 古積健三郎・判例研究・銀行法務 21/663/71・06/8・賛成

二　平16東高判（原審判決）
① 潮見佳男・原審判例研究・金法 1725/8・04/12・疑問反対
② 塚原朋一・原審判例研究・金法 1734/40・05/3・原審判決賛成

三　関連拙稿

① 斎藤和夫・「共同抵当権における代位（1）（2）（3完）——後順位抵当権者と物上保証人の優劣関係，その類型的検討——」・慶應法研 57/9・10・11・昭 59/9・10・11）（1984/9・10・11）（⇒斎藤①論文・第 1 章第 1 節）

② 同・「確定前根抵当権の被担保債権群中の個別債権上の質権設定・差押えの「処分行為」の効力に民法 398 条ノ 7 の立法趣旨の解明——」・慶應法研 59/12/247 以下・昭 61/12（1986/12）（⇒斎藤⑯論文・第 4 章第 1 節）

③ 同・「弁済者一部代位の法構造——原債権者と一部代位者の競合関係，その利益較量的分析——」・慶應法研/60/2/159 以下・昭 62/2（1987/2）（⇒斎藤④論文・第 2 章第 1 節）

④ 同・判例研究：「1 共同抵当の目的である債務者所有の甲不動産及び物上保証人所有の乙不動産に債権者を異にする後順位抵当権が設定され，乙不動産が先に競売された場合に，甲不動産から弁済を受けるときにおける甲不動産の後順位抵当権者と乙不動産の後順位抵当権者の優劣，2 物上保証人がその所有の乙不動産及び債務者所有の甲不動産につき共同抵当権を有する債権者との間で代位権不使の特約をした場合と物上保証人所有の乙不動産の後順位抵当権者の優先弁済を受ける権利，3 債権の一部につき代位弁済がされた場合の競落代金の配当についての債権者と代位弁済者の優劣」（最判昭 60/5/23・民集 39/4/940・判時 1158/192）・判例評論 370/36 以下（判時 1324/198 以下）の判例研究・昭 64/平元/12（1989/12）（⇒斎藤③論文・第 1 章第 3 節）

——初出・斎藤⑤論文・2008 年/H20 年 12 月——

第3節 続・抵当権の複数の被担保債権中の一個債権の保証人
による代位弁済と抵当不動産売却代金の配当
──平成17年1月27日最高裁判決の「論理構造分析」──

第1項 はじめに

(i) 「事案分析（利益状況分析）」

H17/1/27 最高裁判決については，既に前稿（法研81巻12号）（⇒斎藤⑤論文・第2節）で，その「事案分析（利益状況分析）」をおこない，原債権者X公庫と代位連帯保証人Y銀行との間で抵当不動産売却代金が「按分弁済」される，と判示する本判決が，「事案適合性」を欠くものであることを，明らかにした。

「按分弁済」とすれば，その結論は，「原債権者X公庫・連帯保証人Y銀行・主債務者A社」の関係3当事者間関係の利益対立状況における，「衡平」の視点からの，その「合理的利益調整」に，反する結果となる，からである。

(ii) 「論理構造分析」

引き続いて，本節では，本最高裁判決の「論理構造分析」を試み（本節サブタイトル参照），本件では「全部代位」が成立し，502条1項準則の射程外であり，「抵当権の準共有」によりXY間で「按分弁済」される，と判示する本判決が，「弁済者代位の法構造」（法理論／法概念）からすれば，「理論的正当性」を欠くものであることを，明らかにする。

　　──＊本節の意図
　　(i) 私見の批判の骨子は，本件では果たして「全部代位」が成立しているのか，という疑念にある。否，まさに「一部代位」の成立とみるべきではないのか，そして502条1項準則がまさしく妥当すべき場面ではないのか，というのが私見の基本的立場である。
　　(ii) 本最高裁判決が，いわば単純明快に「抵当権の準共有」により本件問題解決の結論を導出しているのに接するとき，そもそもこの「抵当権の準共有」に対する修正法理である502条1項準則について，これを本最高裁判決は一体どのように理解しているのか，その実体を果たして適確に把握するものなのか，という根源的疑念が生じざるを得ない。しかも，本最高裁判決についての判例評釈中，潮見評釈をはじめとして，その多数が全面的賛同の意を表し，あたかもそれが多数説化していくかの如き学

説状況を眼前にするとき，上記の疑念はなお一層強まるのである。

　(ⅲ)　『弁済者一部代位の法構造』については，既に従前の拙稿（「弁済者一部代位の法構造」・1987 年 2 月）（⇒斎藤④論文・第 1 節）において，私見の立場の一端を示している。しかし，それにもかかわらず，上記拙稿の公表後 20 年経過の今，あえて本稿を執筆したのは，上記の疑念をあらためてここで検証し，「弁済者代位の法構造」の実体解明に向けて，本件「事案」と本件「判旨」に即して，なお一層の論証がなされなければならないという，喫緊の内なる動機が存在した，からである。

第 2 項　「裁判」経緯

〔一〕　原々審（H13 年（ワ）第 20149 号・H15/8/1 東京地裁判決・金法 1709/49）
　　　　（→原債権者・優先配当・X 勝訴）

　一審は，「原債権者優先配当」を根拠として，原告 X（原債権者）の不当利得返還請求を認めた。判旨の「論理展開」は次の如くである。

　論旨 1：『債権の一部につき代位弁済がされた場合，上記債権を被担保債権とする抵当権の実行による競落代金の配当については，代位弁済者は債権者に劣後するものと解するのが相当であるが（最高裁昭和 56 年（オ）第 1175 号同 60 年 5 月 23 日第一小法廷判決・民集 39 巻 4 号 940 頁），ここにいう「債権の一部につき代位弁済がされた場合」とは，一個の債権の一部につき代位弁済がされた場合に限られず，当該抵当権が数個の債権を被担保債権としている場合に，その被担保債権のうちの一部の債権全部につき代位弁済がされた場合をも含むものと解するのが相当である。』

　論旨 2：『すなわち，弁済による代位は代位弁済者が債務者に対して取得する求償権を確保するための制度であり，そのために債権者が不利益を被ることを予定するものではなく，この担保権が実行された場合における競落代金の配当について債権者の利益を害するいわれはないのであって（上記判決の判示理由参照），この理は，一個の被担保債権の一部につき代位弁済がされた場合のみならず，数個の被担保債権のうちの一部の債権全部につき代位弁済がされた場合においても同じく妥当するものであるからである（なお，最高裁昭和 60 年（オ）第 872 号同 62 年 4 月 23 日第一小法廷判決も，元本確定後の根抵当権についてではあるが，2 個被担保債権のうち 1 個の債権全部につき代位弁済がさ

れた事案において，上記判例が妥当することを前提としている）』

〔二〕 **原審（H15 年（ネ）第 4554 号　更生担保権優先関係確認請求控訴事件**
東京高裁 H16/2/24 第 21 部民事部判決　控訴棄却　金法 1718/69）（→
原債権優先配当・X 勝訴）

　Y 控訴。控訴審は，一審判決をほぼ全面的に是認（引用あり）し，Y（代位弁済者）の控訴理由に答えるべく，これに以下の判断を付加し，控訴棄却している（→「原債権者優先配当」）判旨の「論理展開」は次の如くである。

　論旨 1：『Y は，最高裁昭和 60 年 5 月 23 日第一小法廷判決・民集 39 巻 4 号 940 頁（以下「昭和 60 年判決」という）は，物上保証人が一個の被担保債権の一部につき代位弁済をした場合における競落代金の配当について代位弁済者が債権者に劣後する旨を判示しているに留まり，本件のように保証人が一個の抵当権によって担保される数個の被担保債権のうちの一個の債権を全部弁済した場合は，昭和 60 年判決の場合と事案を異にしているから，本件に昭和 60 年判決を類推適用するべきではない旨，主張する。』

　論旨 2：『しかし，弁済による代位は代位弁済者が債務者に対して取得する求償権を確保するための制度であり，そのために債権者が不利益を被ることを予定するものではないとの昭和 60 年判決の説示は，本件についても当然に妥当するものであり，担保権の不可分的性質をも考慮すれば，代位弁済者が保証人である場合と物上保証人である場合とにおいて差異を設けるべき理由はなく，また，代位弁済が一個の被担保債権の一部の代位弁済の場合と一個の抵当権によって担保される数個の被担保債権のうちの一個の債権全部の代位弁済の場合とで区別すべき理由もない。』

　論旨 3（結論）：『したがって，本件における抵当権の実行による売却代金の配当について，債権者は代位弁済者に優先して弁済を受ける権利を有するものと解するのが相当である（最高裁昭和 62 年 4 月 23 日第一小法廷判決・金融法務事情 1169 号 29 頁参照）』

〔三〕 **最判平成 17 年**（H16 年（受）第 1019 号　H17/1/27 最一小判　破棄差
戻し　民集 59/1/200）（→両者按分弁済・Ｙ勝訴）

　Ｙの上告及び上告受理申立て。上告は単なる法令違反をいうものとして
棄却されたが，上告受理申立ては受理された。但し，上告受理申立ての理由
のうち，民法 500・502 Ⅰ・398 ノ 14・489（改正前）等の解釈の誤りをいう部
分以外は，排除された。

　最高裁は，特段の合意なき限りＸ／Ｙの「按分弁済受領」（原資権者/代位
弁済者「平等配当」）であるとして，原判決を破棄し，ＸがＹに優先して弁済
を受ける旨の合意の有無等（Ａ社管財人は，本件不動産の売却代金につき，暫定
的にＸの残債権元本額とＹの代位取得債権の元本額に応じて按分弁済したにすぎ
ないのであり，正確な按分額の算出の必要性もある）について，さらに審理を尽
くさせるため，原審に差し戻した。判旨は次のとおりである。

　論旨 1：『不動産を目的とする一個の抵当権が数個の債権を担保し，そのう
ちの一個の債権のみについての保証人が当該債権に係る残債務全額につき代
位弁済した場合は，当該抵当権は債権者と保証人の準共有となり，当該抵当
不動産の換価による売却代金が被担保債権のすべてを消滅させるに足りない
ときには，債権者と保証人は，両者間に上記売却代金からの弁済の受領につ
いての特段の合意がない限り，上記売却代金につき，債権者が有する残債権
額と保証人が代位によって取得した債権額に応じて按分して弁済を受けるも
のと解すべきである。』

　論旨 2：『なぜなら，この場合は，民法 502 条 1 項所定の債権の一部につき
代位弁済がされた場合（前掲最高裁 S60/5/23 一小判参照）とは異なり，債権者
は，上記保証人が代位によって取得した債権について，抵当権の設定を受け，
かつ，保証人を徴した目的を達して完全な満足を得ており，保証人が当該債
権について債権者に代位して上記売却代金から弁済を受けることによって不
利益を被るものとはいえず，また，保証人が自己の保証していない債権につ
いてまで債権者の優先的な満足を受忍しなければならない理由はないからで
ある。』

　論旨 3：『原判決引用の判例（最高裁昭和 60 年（オ）第 872 号同 62/4/23 一小
判・金法 1169/29）は，第一順位の根抵当権を有する債権者が，その元本確定

後に，複数の被担保債権のうちの一個の債権に係る残債務全額につき代位弁済を受けた場合，残債権額及び根抵当権の極度額の限度内において，後順位抵当権者に優先して売却代金から弁済を受けることができる旨を判示したものであり，本件とは事案を異にする。』

論旨4（結論）：『（改行）以上によれば，本件抵当権の数個の被担保債権（本件各債権）のうちの一個の債権（本件債権（う））のみについての保証人である上告人は，当該債権（本件債権（う））に係る残債務全額につき代位弁済したが，本件管財人によって販売された本件不動産の売却代金が被担保債権（本件各債）のすべてを消滅させるに足りないのであるから，上告人と被上告人は，両者間に上記売却代金からの弁済の受領についての特段の合意がない限り，上記売却代金につき，被上告人が有する残債権額と上告人が代位によって取得した債権額に応じて按分して弁済を受けるものというべきである。これと異なる原審の判断には，判決に影響を及ぼすことが明らかな法令の違反がある。そして，被上告人が上告人に優先して弁済を受ける旨の合意の有無等について更に審理を尽くさせるため，本件を原審に差し戻すこととする。』

第3項　三判決「論理構造」の分析

〔一〕　一審判決（原債権者優先／代位者劣後）

　一審判決の「論理構造」は，どのようなものなのか。その「論旨展開」に注目すれば，次の如くである。

⑴　「最判S60年ルール」の提示とその内容（原債権者優先配当）

　(ⅰ)　まず，一審判決は，「最判S60年ルール」を，提示している。

　(ⅱ)　この判示文によれば，この「最判S60年ルール」は，「債権の一部につき代位弁済がされた場合，上記債権を被担保債権とする抵当権の実行による競落代金の配当については，代位弁済者は債権者に劣後するものと解するのが相当である』，とされている。

　(ⅲ)　これは，一部代位における弁済優劣関係（配当優劣関係）如何について，「原債権者優先配当」を判示している，と理解できる。

(2) その適用範囲 (射程距離) 如何 (→本件事案ケースにも及ぶ)

(i) 次いで,一審判決は,同ルールの適用範囲 (射程距離) として,最判S60年ルールが本件事案ケースにも及ぶ旨,判示している。

(ii) すなわち,一審判決は,最判S60年ルールにいう『債権の一部につき代位弁済がされた場合』とは,①『一個の債権の一部につき代位弁済がされた場合』(S60年判決事案) に限られず,②当該抵当権が数個の債権を被担保債権としている場合に,「その被担保債権のうちの一部の債権全部につき代位弁済がされた場合」(本件事案) をも含む,と解するのが相当である,としている。

(iii) これは,『債権の一部につき代位弁済がされた場合』(S60年判決ルールにいう) としては,上記①②の「二つの場合」が包摂されるとして,その概念内容上の定義付けを明らかにし,併せて本件事案ケース (②) にも最判S60年ルールが適用され得ることを判示したものである,と理解できる。

(3) その「根拠」如何

(i) では,何故『債権の一部につき代位弁済がされた場合』(最判S60年ルール) に,上記②の場合 (『その被担保権のうちの一部の債権全部につき代位弁済がされた場合』) も,含まれるのか。

(ii) 一審判決は,その根拠として,まず「弁済者代位の制度趣旨」についての最判S60年の判示理由を明示的に引用しながら,次のように説示している。

すなわち,一審判決は,「弁済による代位」は,①『代位弁済者が債務者に対して取得する求償権を確保するための制度』であり,②『そのために債権者が不利益を被ることを予定するものではなく』,③この担保権実行の場合における『競落代金の配当について債権者の利益を害するいわれはない』(最判S60年の判示理由参照),と説示している。

(iii) これは,「弁済による代位」制度の法趣旨としては,代位弁済者の求償権確保のための制度にあり,弁済者の代位により債権者が不利益を被ることを予定していないのだから,競落代金配当については債権者の利益を害してはならない,とするのである。「最判S60年ルール」(→原債権者優先配当) 趣旨の,再確認である,と理解できる。

第3節　続・抵当権の複数の被担保債権中の一個債権の保証人による代位弁済と抵当不動産売却代金の配当　　255

⑷　判示結論

（ⅰ）　結論として，一審判決は，「最判 S60 年ルール」に示された，「弁済による代位」制度の法趣旨が，本件事案にも，同様に妥当する旨，判示している。

（ⅱ）　すなわち，この理（「最判 S60 年ルール」にいう「弁済による代位」制度の法趣旨）は，①『一個の被担保債権の一部につき代位弁済がされた場合』（最判 S60 年事案）のみならず，②『数個の被担保債権のうちの一部の債権全部につき代位弁済がされた場合』（本件事案）においても，同じく妥当する，と判示結論するのである。

⑸　補強論拠の付加（「最判 S62 年」の明示的援用）

（ⅰ）　その立論（「最判 S60 年ルール」の正当性・妥当性）の，いわば補強論拠として，一審判決は，「なお書き」の形で，直近の関連最高裁判決として付加的に言及したものと思われるが，「最判 S62 年」を明示的に援用している。

（ⅱ）　すなわち，一審判決は，「最判 S62 年」もまた，この「最判 S60 年ルール」の妥当性を前提として，その判断をしている旨，付加的に指摘している。

（ⅲ）　なお，この最判 S62 年は，元本確定後の根抵当権について，二個の被担保債権のうち一個の債権全部につき代位弁済がされた事案，である。これは，数個債権中の一個債権につきその全額が弁済されている点で，本件事案と共通している。しかし，最判 S62 年事案では「根抵当権」が設定・登記されており，「普通抵当権」が設定・登記されている本件事案とは，相違もある，という点に注意される。

⑹　一審判決「論旨展開」小括

（ⅰ）　「最判 S60 年ルール」は『代位弁済者は債権者に劣後する』とするものであるが，同ルールにいう『債権の一部につき代位弁済がされた場合』には，①『一個の債権の一部につき代位弁済がされた場合』（最判 S60 年事案）のみならず，②抵当権が数個債権を被担保債権とし『その被担保債権のうちの一部の債権全部につき代位弁済がされた場合』（本件事案）もまた，含まれる，とした。

（ⅱ）　その理由として，「弁済による代位」制度の法趣旨からは，代位弁済者

の求償権確保のための制度である，弁済者の代位により債権者が不利益を被ることを予定していない，競落代金配当については債権者の利益を害してはならない，とした。

(iii) 結論として，本件事案には「最判 S60 年ルール」が適用され，抵当不動産の売却代金からの弁済につき，代位弁済者は債権者に劣後し，したがって XY 間で按分弁済がなされた本件では，債権者 X の代位弁済者 Y に対する不当利得返還請求は認められる，とした。

〔二〕 原審判決（原債権者優先／代位者劣後）

原審判決の「論理構造」は，どのようなものなのか。その「論旨展開」に注目すれば，次の如くである。

(1) 「一審判断」全面的是認

まず，原審判決は，「一審判断」を全面的に是認し，これを引用している。

(2) Y「控訴理由」要約

(i) 次いで，原審判決は，Y の「控訴理由」を採り上げ，これを次のように要約している。

(ii) すなわち，原審判決は，Y の控訴理由によれば，「最判 S60 年ルール」は，『物上保証人が一個の被担保債権の一部につき代位弁済をした場合における競落代金の配当について，代位弁済者が債権者に劣後する旨を判示している』に留まり，本件事案（〔保証人が一個の抵当権によって担保される数個の被担保債権のうちの一個の債権を全部弁済した場合〕）はこれとは異なるから，『本件に昭和 60 年判決を類推適用するべきではない旨』，主張している，と要約している。

(3) Y 控訴理由についての判示

(i) さらに，原審判決は，Y の控訴理由（本件には最判 S60 年ルールを妥当すべきではない）に対して，次のように判示（反論）している。その判示は，次の３点である（但し，いずれも簡潔な表現に留まり，その理由付けを欠いている）。すなわち，

（ⅱ）「最判 S60 年ルール」趣旨の再提示（反論 l）

（α）　原審判決は，「最判 S60 年ルール」趣旨を再説示し，Y 控訴理由に反論している。

（β）　すなわち，『昭和 60 年判決の説示』（弁済者代位は代位弁済者が債務者に対して取得する求償権の確保のための制度であり，そのために債権者が不利益を被ることを予定しない）は，『本件についても当然に妥当する』，としている。

（ⅲ）「担保権の不可分性」原則の援用（反論 2）

（α）　原審判決は，『担保権の不可分的性質をも考慮すれば，代位弁済者が保証人である場合と物上保証人である場合とにおいて差異を設けるべき理由はな（い）』，としている。

（β）　この判示は，どのような趣旨なのか。

私見によれば，「代位弁済者が誰か」に注目すれば，S60 年判決事案は「物上保証人」の代位弁済ケース（抵当権者による「物上保証人」所有不勁産に対する抵当権の実行）であった。しかし，本件事案は「連帯保証人」の代位弁済ケース（「連帯保証人」の保証債務履行）であった。この両ケースの相違に注目すれば，「最判 S60 年ルール」が本件には妥当しない旨の主張可能性もあり得るところ，その反駁として，原審判決は，「担保権の不可分的性質」原則を，援用したものである，と判断できる。

──＊抵当権の不可分性

　（ⅰ）では，原審判決が『担保権の不可分的性質』原則を援用した，その意味内容は何か。単に上記引用の一文のみがすべてであり，原審判決はそれ以上の言及は何もない，からである。

　（ⅱ）私見はこの趣旨を次のように理解している。

　まず，「抵当権」への代位者が，保証人であろうと，物上保証人であろうと，当該「抵当権」上に「原債権者と代位者の競合」関係が生じ，その「優劣関係如何」がここでは問われている。さらに，代位されるべき，その代位対象たる「抵当権」自体に注目すれば，それには「抵当権の不可分性」原則が存在・妥当している。

　したがって，「抵当権の不可分性」原則をその根拠の一つとする「原債権者優先配当」の妥当は，いささかの変更もない。これが原審判決の考えるところであろう（拙稿（「弁済者一部代位の法構造」）188 頁（⇒斎藤④論文・第 1 節）は，抵当権の不可分性の原則」がここではどのような意味をもつのかについて，私見の考えを明らかにしている）。

（ⅳ）　区別すべき理由なし（反論 3）

原審判決は,『代位弁済が一個の被担保債権の一部の代位弁済の場合』と『一個の抵当権によって担保される数個の被担保債権のうちの一個の債権全部の代位弁済の場合』とで,『区別すべき理由もない』,と判示している。

——＊原審判決は,

この表現以上の根拠については,まったく示していない。したがって,私見推論ではあるが,原審判決は,①『一個の被担保債権の一部の代位弁済の場合』（最判 S60 年事案）,②『一個の抵当権によって担保される数個の被担保債権のうちの一個の債権全部の代位弁済の場合」（本件事案）,この二つの代位弁済の「態様」に注目し,この両者を識別しながらも,二つの場合で「最判 S60 年ルール」妥当の可否を区別すべき,いわば「積極的理由」はない（→本件事案にも「最判 S60 年ルール」妥当する）,とするのであろう。

(4) 判示結論 (原債権者優先弁済／代位者劣後)

(i) 結論として,原審判決は,『本件における抵当権の実行による売却代金の配当について,債権者は代位弁済者に優先して弁済を受ける権利を有するものと解するのが相当である（最高裁昭和 62 年 4 月 23 日第一小法廷判決・金融法務事情 1169 号 29 頁参照)』として,原債権者優先弁済の立場を明示している。

——＊原審判決は

『本件における抵当権の実行による売却代金の配当』と表現しているが,本件では「抵当権の実行」がなされたのではない。更生管財人により抵当不動産の「任意売却」がなされ,その売却代金の弁済受領につき債権者 X・代位者 Y 間で紛争が生じていたのである。とすると,これは原審判決の誤解を生じやすい「表現ミス（？)」ではないか,と考える。

(ii) しかも,ここでは,一審判決と同様に,その近時の先例として,「S62 年判決」を明示的に援用していることに,注目される。

(5) 原審判決「論旨展開」小括

(i) 原審判決は,「一審判断」を全面的に是認し,加えて Y の控訴理由（「最判 S60 年事案は本件事案とは異なるから,本件事案には「最判 S60 年判決ルール」を類推適用すべきではない」）に対して,反駁した。

(ii) その理由として,

①最判 S60 年が説示した「弁済による代位」の制度趣旨は本件についても

当然に妥当する，②担保権の不可分的性質をも考慮すれば，代位弁済者が保証人か物上保証人かで差異を設けるべき理由はない，③代位弁済が一個の被担保債権の一部の代位弁済の場合，一個の抵当権によって担保される数個の被担保債権のうちの一個の債権全部の代位弁済の場合，この両者を区別すべき理由もない，とした。

(ⅲ)　本件結論として，

「最判 S60 年ルール」により，債権者は代位弁済者に優先して弁済を受ける権利を有すると解し，Y 控訴を棄却した。X 不当利得請求訴訟勝訴。

〔三〕　**本最高裁判決** (両者按分弁済) (H16 年 (受) 第 1019 号　同 17/1/27 一小判　破棄差戻し　民集 59/1/200，判時 1887/39)

本最高裁判決の「論理構造」は，どのようなものなのか。その「論旨展開」に注目すれば，次の如くである。

――＊**最高裁判示では**，

　　原審判断によれば，本件抵当権の数個の被担保債権（本件各債権）のうちの一個の債権（本件債権（う））に係る残債務全額につき代位弁済したにすぎない上告人 Y は，不動産売却代金からの弁済受領につき，原債権者である被上告人 X に劣後する，とした。しかし，これは是認できない。その理由は次の如し，としている。

(1)　抵当権の「準共有」

(ⅰ)　H17 年判決は，本件事案（『不動産を目的とする一個の抵当権が数個の債権を担保し，そのうちの一個の債権のみについての保証人が当該債権に係る残債務全額につき代位弁済した場合』）では，債権者と保証人の両者による当該抵当権の「準共有」が成立する旨，判示している。

(ⅱ)　抵当権の「準共有」の成立については，これまでの学説・判例上，ほぼ一致して認められていることであり，この指摘自体は，特に目新しいものではない，と考える。

――＊抵当権の「準共有的併存」（私見）

　　一部代位では，より正確には，「抵当権の準共有」が成立しているのではなく，いわば「抵当権の準共有的併存」という特別の法現象がみられ，その限りでは，502 条 1 項は「抵当権の準共有」準則（→按分弁済）を修正するルール（→原債権者優先配当）である，と私見は理解している（拙稿「弁済者一部代位の法構造」189 頁以下参照）（⇒斎藤④論文・第 1 節）。

(2) 「債権者と保証人」の両者按分弁済

(i) 本件での抵当権の「準共有」の成立を前提として，H17年判決は，『当該抵当不動産の換価による売却代金が被担保債権のすべてを消滅させるに足りないときには……特段の合意がない限り』，債権者と保証人の両者は抵当不動産の換価売却代金より按分配当されるべし，と判示している。

(ii) 一審・二審判決が「原債権者優先弁済／代位保証人劣後弁済」を判示していたのに対して，一転して，H17年判決は「両者按分弁済」を判示しており，その顕著なコントラストに注目される。

(3) 事案が異なるから「最判 S60 年ルール」は妥当しない

(i) なぜ「両者平等配当」なのか。

その理由として，H17年判決は，本件事案が最判S60年事案（『民法502条1項所定の債権の一部につき代位弁済がされた場合（前掲最高裁S60/5/23一小判参照)』）とは異なっていることを，指摘している。事案が異なるから「最判S60年ルール」（原債権者優先配当）は本件には妥当しない，とするのである。

(ii) では，その事案の「違い」とは，具体的に何か。

H17年判決は，最判S60年事案と比較して，本件事案は次の3点で違っている，と指摘する。

① 『債権者は，上記保証人が代位によって取得した債権について，抵当権の設定を受け，かつ，保証人を徴した目的を達して完全な満足を得て』いること，

② 『債権者は，保証人が当該債権について債権者に代位して上記売却代金から弁済を受けることによって，不利益を被るものとはいえ（ない)』こと，

③ 『保証人が，自己の保証していない債権についてまで，債権者の優先的な満足を受忍しなければならない理由はない』こと，
の3点である。

(4) 最判 S62 年への言及（本件とは事案を異にする）

(i) 一審・二審判決は，「原債権者優先／代位保証人劣後」を判示するに際

し，同趣旨判決として「最判 S62 年」を援用していた。

　(ii)　すなわち，H17 年判決は，「最判 S62 年」は，『第一順位の根抵当権を有する債権者が，その元本確定後に，複数の被担保債権のうちの一個の債権に係る残債務全額につき代位弁済を受けた場合，残債権額及び根抵当権の極度額の限度内において，後順位抵当権者に優先して売却代金から弁済を受けることができる旨を判示した』ものであり，『本件とは事案を異にする』，と判示している。

　(iii)　これは，「最判 S62 年」を自らの立論（「原債権者優先配当／代位弁済者劣後」）の補強論拠として援用した一審・二審判決の立論と，真っ向から対立する指摘である。

　(iv)　H17 年判決は何を言おうとしたのか，その趣旨如何。

　「最判 S62 年」（「原債権者優先配当／代位機関保証人劣後」）は本件とは事案を異にする，したがって，本件判決（H17 年判決・「両者按分弁済」）は「S62 年判決」に準拠するものではないし，またこれと矛盾・背反するものでもない，という趣旨を言わんとしたのであろう，と私見は考える。

　これは，「最判 S62 年」に背反するのではないか，最高裁判決同士で矛盾・不一致があるのではないか，という批判が加えられることを，予め考慮し，その論理的ディフェンスをした，と思われる。

(5)　判示結論

　結論として，本最高裁判決は，上告人 Y は『本件抵当権の数個の被担保債権（本件各債権）のうちの一個の債権（う）のみについての保証人』であり，その Y が『当該債権（う）に係る残債務全額につき代位弁済した』場合に，本件管財人販売の『本件不動産の売却代金が被担保債権（本件各債権）のすべてを消滅させるに足りない』ときには，XY 間に上記売却代金からの弁済受領につき『特段の合意がない限り』，上記売却代金から XY 間でそれぞれの『債権額に応じて按分して弁済を受ける』べし（→「両者按分弁済」），と判示している。

　　──＊**本最高裁判決では，**
　　　①最判 S60 年ルール（原債権者優先／代位物上保証人劣後）は本件には妥当しない（本件とは事案を異にする），②最判 S62 年（原債権者優先）と本件は矛盾しない（本

件とは事案を異にするか），この2点が指摘された。

　しかし，本稿は本最高裁判決事案を検討対象とするものであり，最判S60年と最判S62年は検討対象から除外している。両判決についての検討は，最判S60年・拙稿評釈（判例評論370号36頁以下）（⇒斎藤③論文・第1章第3節）に加えて，さらなる別稿に譲る。

第4項　私見──分析と考察──

〈分析1〉　本件三判決経緯──整理と小括──

⑴　論　点

　本件ケースでは，抵当不動産の換価売却代金が被担保債権のすべてを消滅させるに足りないときに，当該換価売却代金から「原債権者Xと代位保証人Y」はどのような順位で弁済受領し得るのか，が問われた。

⑵　最判S60年ルール

　「原債権者と保証人の優劣関係」如何については，既に最判S60/5/23（民集39/4/940，判時1158/192）が，その判例法上のルール（原債権者優先）を判示しており，民法502条1項の法解釈／法適用として，「原債権者優先」の立場を明示していた。

⑶　本件判示「結論」と「理由」

　(ⅰ)　一審判決・原審判決は，最判S60年ルール（原債権者優先）が本件事案にも妥当する（射程範囲「内」である）として，「原債権者優先」を判示した。

　(ⅱ)　これに対して，本最高裁判決は，最判S60年ルール（原債権者優先）は本件事案には妥当しない（射程範囲「外」である）として，「按分弁済」（「両者按分弁済」）を判示した。

⑷　最判S60年事案との「相違」

　(ⅰ)　最判S60年事案は，「一個債権の一部の代位弁済」ケースであった。

　(ⅱ)　本最高裁判決事案は，「数個債権中，一個債権の残債務全額の代位弁済」ケースであった。

(5) 一審・原審・最高裁の「論旨展開」

（ⅰ）一審判決・原審判決は，最判 S60 年ルール（原債権者優先）を援用し，同ルールにいう「債権の一部につき代位弁済がされた場合」には「数個債権中，一個債権の残債務全額の代位弁済」ケース（本件事案）も含まれるとして，同ルールを妥当させ，「原債権者優先」の判示結論を導出した。

（ⅱ）これに対して，本最高裁判決は，最判 S60 年事案と本件とは事案を異にする（『民法 502 条 1 項所定の債権の一部につき代位弁済がされた場合（前掲最高裁 S60/5/23 一小判参照）とは異な（る）』）として，最判 S60 年ルール（原債権者優先）を妥当させず，「抵当権の準共有」により「按分弁済」（「両者平等」）の判示結論を導出した。

（ⅲ）しかし，この本最高裁判決では，「按分弁済」の，その根拠として「抵当権の準共有」が指摘されたのみであり，それ以上の積極的根拠も説明も，何も示されてはいなかった（但し，最判 S60 年事案並びに最判 S62 年事案との，本件事案との差異は，示されてはいた）。

（ⅳ）なぜ，本件事案では「抵当権の準共有」により解決されなければならなかったのか，その積極的根拠が明らかではない。本件事案に即せば，いわば「単純に」，「抵当権の準共有」により問題処理をしてよいのかが，まさしく根幹問題として問われていたにもかかわらず，そうなのである。私見は，ここに本最高裁判決の最大の問題性がある，と考えている。かくして，本件では，「抵当権の準共有」の修正ルールである 502 条の理解如何（「一部代位」の理解如何，より広くは「一部代位／全部代位」如何）が，解明対象として浮上せざるを得ない。

> ──＊ 502 条論（一部代位論）については，
> 既に従前の拙稿（「弁済者一部代位の法構造」・1987 年）（⇒斎藤④論文・第 1 節）において，私見の立場を明らかにしている。そこでの基本的立場は，現在でも，些かも変わりはない。

〈分析 2〉 学説の反応
──賛成評釈と反対評釈──

学説はどう反応したのか。

⑴　原審「高裁判決」(「一部代位」の成立・原債権者優先) への反応

(ⅰ)　本件原審である「高裁判決」(原債権者優先) については，その公表後，二つの判例評釈 (潮見評釈・塚原評釈) が公にされたが，賛否両論に分かれた。

(ⅱ)　判旨「反対論」／潮見原審評釈 (「全部代位」の成立・按分弁済)

潮見原審評釈 (04/12) は，判旨「反対論」を主張し，「高裁判決」が「数個債権中，一個債権の残債務全額の代位弁済」ケース (本件事案) を502条の「一部代位」の法理によって処理したのは誤りである (同11・13頁)，と論じた。その趣旨を要約すれば，

　　①　502条の規律はそもそもこのような場合を守備範囲にいれたものではない (同11頁)，

　　②　この場合は「全部代位」の典型事例であり502条の「一部代位」ではない (同12・14頁)，

　　③　ここでの利益調整は「抵当権の準共有」の法理により合理的にでき (同12・14─15頁)，したがって按分弁済とすべきである (同15頁)，とした。

(ⅲ)　判旨「賛成論」／塚原原審評釈 (「一部代位」と同様の状況・原債権者優先弁済)

(α)　これに対して，塚原原審評釈 (05/3) は，判旨「賛成論」を主張して，次のように論じた。

　　①　「数個債権中，一個債権の残償務全額の代位弁済」ケース (本件事案) における利害調整の内容は「一部代位」の場合と実質上ほとんど異ならない (同46頁)，

　　②　したがって，「一部代位」の場合に準じて，代位者は債権者に劣後すべきである (同46頁)，とした。

(β)　併せて，潮見評釈にも論及し (同45頁)，

　　①　事案は「全部代位」だ，と言い切る「根拠」が，潮見評釈には示されてはいない (同46頁)，

　　②　潮見評釈における推論は，それ自体根拠とはなり得ず，「論証すべき命題」に他ならない (同46頁)，と批判した。

　　　　──＊この塚原原審評釈46頁は，
　　　　　鋭い的確な実務感覚に基づいた思考・論理を展開しており，「筆者 (塚原) の前記考
　　　　察によれば，(本件事案の) 内容は，一部代位の場合と異なるものを実質上ほとんど見

出すことはでき」ず，したがって「一部代位の場合に準じて，弁済代位者は債権者に劣後するものというのが妥当である」，としている。

最判 S62 年に論及するに際し，塚原原審評釈 47 頁は「筆者（塚原）は，最高裁調査官として，当時弁済による代位の問題について，複数の案件を手懸けていた」と自ら述べられているが，弁済者代位の実務プロフェッショナルとして，まさしく本件問題の実体・実態を正鵠に指摘したものである，と私見は考える。

(2) 本最高裁判決（「全部代位」の成立・按分弁済）への反応

（i）本最高裁判決（按分弁済）の公表後，多くの判例評釈（文献リスト参照）が公にされた。評釈中，そのほとんどが判旨「賛成論」であり，疑問を提示したのは，僅か二つであった。

（ii）判旨「反対論」／塚原原審評釈（「一部代位」と同様の状況・原債権者優先弁済）

（α）上記引用の塚原原審評釈（05/3）は，原審「高裁判決」評釈ではあったが，評釈者によれば，その脱稿時以降に最高裁 HP に公表された本最高裁判決（05/1/27）の判決文に接したところから（同 46 頁），補充的に本最高裁判決に対して次のような疑問を提示・付加している（同 46 — 47 頁）。

（β）その趣旨を要約すれば，

① 本最高裁判決が，代位弁済された債権の「一個性」の観点のみを重視して，高裁判決と正反対の結論を採用したことは，驚きである（「一個の債権」の認定判断基準を提示すべきであるのに，提示がない，からである）（同 46 頁），

② 本件は「全部代位」より「一部代位」にはるかに近い事案である（同 46 頁），本最高裁判決は債権者からみれば「一部代位」となる場合に「一個性」即「全部代位」の理論により債権者に不利益を生ずる結論を是認している（同 46 — 47 頁），

③ 「一個性」即「全部代位」の理論に実質的な理由付けをして具体的な内容を重点して債権の「一個性」の判断基準を設定するのは今後の一つの課題である（本最高裁判決は債権の「一個性」は明白であるとして，事案の個別的検討の必要性を否定したようである）（同 47 頁），という指摘であった。

──＊反対・疑問評釈として，

その他に佐久間評釈がある。

(iii) 判旨「賛成論」／潮見最判評釈（「全部代位」の成立・按分弁済）

(α) 本最高裁判決（05/1/27）に時間的に極めて近接して，潮見最判評釈（05/6）は，判旨「賛成論」を，いち早く主張した。本最高裁での「逆転判決」を動機付けたものとして，上記の潮見原審評釈（04/12）の延長線上で，「按分弁済」論を再び主張したのである。

(β) その趣旨を要約すれば

① 「数個債権中，一個債権の残債務全額の代位弁済」ケース（本最高裁判決事案）と「一個債権の一部の代位弁済」ケース（最判 S60 年事案）とは異質であり，後者に妥当する法理を前者に妥当できない（同 55 頁），

② 本件では代位対象となった当該債権につき全額弁済がなされており，当該債権につき債権者が完全な満足を得た以上，もはや当該債権を維持しておく利益は原債権者には存在せず，もっぱら全部代位弁済をした弁済者がもつ代位の利益のみを考慮してやれば足りる（同 55 頁），

③ したがって，抵当不動産の売却代金の配当については，抵当権の準共有の法理により処理されるべきである（按分弁済）（同 55 頁），

④ 最高裁判決が「一部代位に関する判例法理を正しく理解すると共に，本件のような事例に同法理が妥当しないことを明らかにした点で，高く評価されるべきである」（同 56 頁），と主張した。

──＊**本件最判評釈中，**

　そのほとんどが賛成評釈であり，潮見評釈（原審・最判）に賛同し，本最高裁判決が潮見原審評釈に影響されたものとして，これを肯定的に評価し，むしろ塚原原審評釈（原債権者優先）に対する批判的検討に注力している（たとえば，高橋眞民商評釈や佐藤岩昭判批評釈等）ところから，以下での論旨引用を原則として潮見評釈に代表させる。

〈分析3〉 本件ではいずれの代位が成立しているのか
──「一部代位／全部代位」論(1)──

(1) **本最高裁判決の立場（「全部代位」の成立・按分弁済）**

(i)本最高裁判決は，本件事案は最判 S60 年事案とは異なるから，最判 S60 年ルールは妥当しない，とした。

(ii) 換言すれば，最判 S60 年ルールは，502 条 1 項の法解釈／適用として，「一部代位」における原債権者優先を判示したものであるところ，本最高裁判

決は，本件事案は「一部代位」の問題ではなく，「全部代位」の問題であると
理解し，最判 S60 年ルールを適用しなかった。

(2) 潮見原審／最判評釈の立場（「全部代位」の成立・按分弁済）

（ⅰ）　同様に，潮見原審／最判評釈もまた，本件事案は「全部代位」の典型
例の一つである，と理解した。

（ⅱ）　たとえば，

（α）　潮見原審評釈 11 頁は，「一部代位」とは，債権の「一部」につき第三
者・保証人等が債務者に代わって弁済をした場合における，弁済者による原
債権への代位のことをいう，としている。そして，その具体例として，立法
者・梅の提示例（G が S に対する債権額の一部を保証人 B が弁済した場合，G が S
に対する債権額の一部保証人 B がこの保証額を弁済した場合）を，挙げている。

（β）　したがって，ここから，本件では，一個債権（う）の「全部」につき
弁済がなされており（一部弁済の梅・具体例には該当していない），この全部代
位により「全部代位」が成立している，という理解がなされている。

(3) その「論理構造」如何──「一部代位／全部代位」の識別基準如何──

（ⅰ）　潮見原審評釈での，本件では「全部代位」が成立しているとする，そ
の「論理構造」はどのようなものなのか。

（ⅱ）　潮見評釈の論旨を整理すれば，

（α）　一個債権の「全部」の弁済→「全部弁済」→これは代位を生じる弁済
だから「全部代位弁済」→これにより「全部代位」が成立→「一部代位」で
はないから最判 S60 年ルールは適用されない→本件では XY 間で「抵当権の
準共有」が成立しているので「按分弁済」とすべし，というものである。

（β）　したがって，本件は「全部代位」の本来ケースであり，「按分弁済」
となり，これは当然の結論だ，としたのである。

（ⅲ）　債権「一部」の弁済か，債権「全部」の弁済か

　上記の潮見論旨は，債権「一部」の弁済なのか，それとも債権「全部」の
弁済なのか，これ如何により，「一部代位／全部代位」を識別している。

　　──＊1　「一部代位」の成立（潮見）
　　　たとえば，同評釈では，債権の一部についての弁済（＝「一部弁済」）がなされた場

合，その弁済が代位を生じる弁済（保証人による弁済）だから，それは「一部代位弁済」であり，「一部代位」が成立する，と理解している。

——＊2 「全部代位」の成立（潮見）
また，同評釈では，債権の全部についての弁済（＝「全部弁済」）がなされた場合，その弁済が代位を生じる弁済（保証人による弁済）だからそれは「全部代位弁済」であり「全部代位」が成立する，と理解している。

(iv)　本件は「一個債権」の「全部」弁済（「全部代位弁済」）

本件は，最判 S60 年事案（「一個債権の一部の代位弁済」）とは異なり，「数個債権中，一個債権の残債務全額の代位弁済」事案である。そこで，潮見評釈は，その「一個債権」に注目して，当該債権の「全部」につき弁済（＝「全部弁済」）がなされ，さらにその弁済が保証人による弁済であり，代位を生じるものであるところから，これは「全部代位弁済」であり，したがって「全部代位」が成立する（「部代位」に関する最判 S60 年ルールは妥当しない，502 条 1 項の射程「外」である，按分弁済される），と理解したのである。

(4)　その他の本件各評釈の立場如何

（ⅰ）　「一部代位」か，「全部代位」か。これをその他の本件各評釈はどのように識別しているのか。

（ⅱ）　債権「一部」の弁済か，債権「全部」の弁済か，これ如何により，両「代位」を識別する立場は，潮見評釈（「全部代位」の成立・按分弁済）のみならず，本件判決結論への賛否を問わず，その他の本件各評釈にも，同様に見られる。

（α）　塚原反対評釈も同様の識別基準である

相対立する評釈である塚原評釈（原債権者優先）（同 45 頁以下）にも，同様にその基本観として見られる。

——＊1　塚原評釈の論旨展開
塚原評釈 42・44・46 頁では，本件では数個債権（あ）（い）（う）が全体として一個債権と見てもおかしくない，そうだとすれば債権（う）の債務全部の弁済といっても，それは全体としての一個債権の一部の弁済である，しかし本最高裁判決は債権（う）を一個債権とみて，その弁済を債権全部の弁済とした，では「債権の一個性」の基準を提示するべきである，しかしこの基準を本最高裁判決は一切提示していない，代位

弁済された債権の「一個性」という観点だけを重視して高裁判決と正反対の結論を導出したのは驚きである，という論旨展開がなされている。

──＊2 「場合わけ」をすべし

また，塚原評釈46頁は，特定ケース（「数個債権中の一個債権の保証人が当該一個債権につき全部弁済」という本件ケース）については全部代位になると最高裁で判断されることはあっても，「場合わけ」を一切なくして一律に全部弁済になると判断されるとは，正直なところ予想できなかった，としている。このように，最高裁で「全部代位になる」と判断されたとしても，その際には「なる場合・ならない場合」として「場合わけ」をするであろう，と塚原原審評釈は予想していたが，実際には最高裁は一律に全部代位の成立を認めたのである。

──＊3 本件数個債権を実質一個とすれば「一部弁済」となり「一部代位」となる

さらに，塚原評釈45頁以下は，「数個債権中の一個債権につき全部弁済」の本件事案につき，これを一部代位の問題というか全部代位の問題というかは，一定の価値判断をもって観察するのでなければ，解答は得られないとして，本件事案に関しては，数個債権を実質一個とすれば「一部弁済」となり，「一部代位」となる，という構成可能性を指摘している。

(β)　森田賛成評釈も同様の識別基準である

同様の識別基準は，森田評釈にも，同様に見られる。

──＊1 同135頁は，

従来からの判例では「代位弁済が一個の債権全部の弁済であるかどうかという抽象的事実が重視されて」おり，「一部弁済と代位」の問題に関しては，「原債権者優先説と按分配当説を切り分ける基準としては，本判決が提示した〈債権の一個性〉という基準が採用されざるを得ないようにも思われる」，としている。

──＊2 同135頁以下は，

上記の識別基準を踏まえて，さらに「債権の一個性」の基準・メルクマールを追求している。

(γ)　その他の本件各評釈も同様

その他の本件各評釈中（前稿・文献リスト参照）でも，両「代位」の上記の如き識別基準は，共通して見られる。

(5) 学説一般の立場

(i) 学説はどのような立場を採っているのか。

──＊1　学説上一般に,

「一部代位／全部代位」を正面から採り上げ,これを対比的に定義付ける,という記述・説明はみられない。両「代位」の識別基準如何という,明瞭な問題意識はほとんど何もみられない,というのが学説現状であろう。

しかも,単に「代位」というときには,通例「全部代位」を意味し,あえては逐一「全部代位」として表記するわけではないし,「一部代位」を語るときに,その対比・対称として,「全部代位」の概念表記が利用されることがあるにすぎない,というのが通例である。

──＊2　学説が「一部代位」を語るのは,

502条1項の解説において,である。しかし,諸体系書等にあっては,従前の拙稿②論文以前にあっては,ごく簡略に（数行から1頁弱程度）論及するにすぎなかったし,「利益裁断」の結果として同条の正当性を根拠付ける見解も存在していなかった。

(ii) 学説上一般に,同様の基準により,両「代位」が識別されている,と判断できる。

すなわち,債権「一部」の代位弁済がなされた場合には「一部代位」が生じ,債権「全部」の代位弁済がなされた場合には「全部代位」が生じる,という理解が当然の前提としてなされてきた。

(iii) 我妻・債総254頁以下の立場で代表させる

(α) 我妻・債総254頁以下の立場で,これを代表させてみよう。たとえば,「一部代位」に関する民502条1項の解説に際し,そこでは,

「この規定は弁済者が「償権額の一部を弁済」した場合──例えば,100万円の抵当債権につき,保証人が10万円弁済した場合──を定めるものである」(二重括弧・斎藤),としている。さらに,債権「一部」の代位弁済により「一部代位」が成立する,という理解が示されている。

しかも,債権「一部」の代位弁済により「一部代位」が成立する,という理解は,我妻・債総254頁の記述からすると,一部代位について規定する502条の条文文言(「債権ノ一部ニ付キ代位弁済アリタルトキ」・旧規定)(新規定も同様)それ自体に,いわば形式的に準拠した解釈結果である,と判断できる。

(β) なお,債権「一部」の代位弁済により「一部代位」が成立する,とい

う我妻・債総の上記理解からすれば，その旨の明確な記述はないが，債権「全部」の代位弁済により「全部代位」が成立する，という理解も，暗黙にして当然の前提として存在している，と判断してよいであろう。

〈分析4〉　私見はどう考えるのか（私見疑念と私見）
──「一部代位／全部代位」論(2)──

(1)　私見疑念

（i）　債権「一部」の弁済か，債権「全部」の弁済か，これにより両「代位」成立を識別する，このような学説の一般的思考は，筆者の理解（推測）よりすれば，次の二つの理由に基づいている，と考える。

（α）　第一に，502条1項（旧規定。但し新規定も同様）の条文文言に形式的に準拠した，からであろう。①同条同項が「一部代位」規定（一部代位における原債権者と代位者の競合関係処理規定）であるところ，同規定には明治的に「債権ノ一部ニ付キ代位弁済アリタルトキ」の文言があり，ここから，債権「一部」の代位弁済⇒「一部代位」成立，としたのであろう。②その対応上，債権「全部」の代位弁済⇒「全部代位」成立，としたのであろう。

（β）　第二に，論理上の「言い換え」がなされていた，からであろう。①「代位弁済」の概念は「弁済による代位」の概念と同義である（我妻・債総247頁の概念用法参照）ところ，債権「一部」の弁済を「一部代位弁済」と「言い換え」表記し，これを「弁済による一部代位」と同義とし，ここから，債権「一部」の代位弁済⇒「一部代位」成立，としたのであろう。②同様の論理上の「言い換え」により，債権「全部」の代位弁済⇒「全部代位」成立，としたのであろう。

（ii）　しかし，債権「一部」の代位弁済というときの「一部」と，「一部代位」成立というときの「一部」とは，厳格に異なった意味内容である，と私見は考える。前者の「一部」は債権金額としての「一部額」を意味するのに対して，後者の「一部」は代位対象たる原「権利（債権・抵当権）」の「一部分」を意味し，両「一部」概念は截然と区別される，と理解しなければならない，からである。

（iii）　ここに，すなわち，①債権「一部」の弁済→「一部」代位弁済→「一部」代位成立，②債権「全部」の弁済→「全部」代位弁済→↓「全部」代位

成立，という形式的論理構造（債権「一部」を代位対象「一部」にそのまま「概念スライド」させる，債権「全部」を代位対象「全部」にそのまま「概念スライド」させる）それ自体に，まさしく学説の識別基準の不当性がある，と私見は考える。

──＊上記「概念スライド」論の実質的・具体的不当性

(i) 一個債権」の存在する場合を前提とすれば，

(α) まず，

① 債権「一部」の代位弁済（「一部」代位弁済）により，「一部」代位が成立し，

② 債権「全部」の代位弁済（「全部」代位弁済）より，「全部」代位が成立する，

ということは確かである。

(β) この限りでは，

① 債権「一部」弁済（「一部」代位弁済）→「一部」代位成立，

② 債権「全部」弁済（「全部」代位弁済）→「全部」代位成立，

という識別基準は，その形式的論理構造（「概念スライド」論）それ自体の不当性を別にすれば，結果は不当ではない，と私見も考えている。

(ii) しかし，「数個債権」の存在する場合を前提とすれば，上記の識別基準は，その「形式論理」も「結果」も，妥当ではない，と私見は考える。

その理由としては，「弁済者代位の法構造」（本質・実体）を踏まえるならば，数個債権中の一個債権の「全部」につき代位弁済（＝全部代位弁済）がなされたときにも，「全部代位」ではなく，「一部代位」が成立しうることを，正面から承認しなければならない，からである。まさしく本件事案の場合がこれに該当する。

(2) 私見──そもそも「一部代位／全部代位」とは何か──

(i) 私見の概念識別（原「権利（債権・担保権）」上への一部的・部分的な代位なのか，全部的・全面的な代位なのか）

私見によれば，「弁済者代位制度」の基本構造を起点とすれば，「一部代位／全部代位」は，

① 原「権利（債権・担保権）」上への一部的・部分的な代位なのか（→一部代位である），

② 全部的・全面的な代位なのか（→全部代位である），により概念識別されなければならない，と考える。

(ii) 「一部代位）とは

「一部代位」とは，原「権利（債権・担保権）」上に，弁済者が一部的・部分的に代位する場合である。したがって，「一部代位」では，原「権利（償権・

担保権)」上に，原「権利者」に加えて（原「権利者」が従前と同様に存立しながら，原「権利者」は離脱・退場していない），弁済者が一部的・部分的に代位者として登場し，両者競合問題が生じる。ここでは，競合の場面であり，原債権者は未だ債権の完全満足をしておらず，原「権利（債権・担保権）」上に残留している。

(iii)　「全部代位」とは

「全部代位」とは，原「権利（債権・担保権）」上に，弁済者が全部的・全面的に代位する場合である。したがって，「全部代位」では，原「権利（債権・担保権）」上に，弁済者のみが全部的・全面的に代位者として登場し，両者競合問題は生じない。ここでは，非競合の場面であり，原債権者は債権の完全満足により原「権利（債権・担保権）」上から完全離脱する（原債権者の完全満足・完全離脱・退場）。

(iv)　私見の識別基準

(α)　そのポイントは，

①　弁済者は原「権利（債権・担保権）」上に一部的に代位するのか，全部的に代位するのか，

②　債権者は債権の不完全満足により原「権利（債権・担保権）」上に残留しているのか，債権の完全満足により原「権利（債権・担保権）」上から完全離脱するのか，

③　両者競合問題が生じるのか，生じないのか，

以上3点に集約される。

(β)　前者であれば，「一部代位」であり，後者であれば，「全部代位」である。これが両代位の概念識別基準である，と私見は考える。

(3)　**本件における「一部代位」成立**

(i)　上記のように，債権「一部」の代位弁済がなされたのか，それとも債権「全部」の代位弁済がなされたのか（換言すれば，弁済が債権の「一部」か），これにより，「一部代位／全部代位」が区別されるのではない。

　　　──＊この限りでは，502条1項文言は，

　　　単に一般的場合（一個債権存在の場合）を想定して，『債権ノ一部ニ付キ代位弁済アリタルトキ』と規定したにすぎない，と理解されなければならない。

(ⅱ)　私見は，「弁済者代位制度」の基本構造の起点にかえり，「『弁済』が一部か，全部か」によってではなく，原「権利（債権・担保権）」上への「『代位』が一部的か，全部的か」により，両代位が識別されるべきである，と考えている。

　たとえば，債権「全部」の代位弁済がなされた場合であっても，その弁済結果として，原「権利（債権・担保権）」上に，なお原「権利者」が従前と同様に存立・残留しながら，弁済者が一部的・部分的に新たに代位者として登場している場面では，まさしく「一部代位」が成立している，と理解しなければならない。

　(ⅲ)　本件では，数個債権中の一個債権につき全部弁済がなされたが，その弁済結果として，原「権利（債権（あ）（い）・抵当権）」上に，なお原「債権者」が従前と同様に存立・残留しながら，原「権利（債権（う）・抵当権）」に一上に，弁済者が一部的・部分的に代位者として登場しており，ここでは両者競合が生じ，まさしく「一部代位」成立の場面である。端的に，競合あるところ「一部代位」の成立あり，と私見は理解するものである。

　(ⅳ)　本最高裁判決は，本件事案では，「弁済者一部代位」は成立しておらず，「弁済者全部代位」が成立している，と判断している。

　しかし，私見によれば，「弁済者一部代位」が成立している，とみるべきである。したがって，本件事案では，民法502条1項の適用（最判S60年ルール）が問題となり，まさしくその適用場面の一つである，と私見は考えるのである。

　　　──＊「一部額」代位弁済という表記
　(ⅰ)　既に従前の拙稿（「共同抵当権における代位」⇒斎藤①論文・第1章第1節，「弁済者一部代位の法構造」⇒斎藤④論文・第1節）では，債権の「一部」についての代位弁済を「一部額」代位弁済，債権の「全部」についての代位弁済を「全部額」代位弁済（「全額」代位弁済），という概念表記を利用している。

　(ⅱ)　このような概念表記は，当時の学説上も（現時の学説上も），まったく一般的なものではなかったが，私見としては，502条の存在を前提として，「代位弁済」のもつ特殊な概念意味内容を考慮すれば，同条解釈論において「一部代位／全部代位」の概念用法の誤用（形式的論理による「概念スライド」）を予め回避する必要がある，と考えていたからである（しかし，それにもかかわらず，上記拙稿の公表後（1984年／S59年〜）にあっても，我が国の学説上，「概念スライド」論による識別基準が，当然の前提とされてきたことについては，既述(1)参照）。

〈分析5〉 主たる代位対象は何か

──「原債権」か,「原抵当権」か──

(1) 「原債権」重視の立場（潮見原審評釈）

(i) 潮見原審評釈 11 頁以下は,「一部代位」とは, 債権の一部につき第三者・保証人等が債務者に代わって弁済をした場合における, 弁済者による『原債権』への代位のことをいう（二重鍵括弧・斎藤）, としている。ここでは, 代位対象として,「原債権」を指摘している。

(ii) 代位対象としては, 学説上一般に,「原債権」のみならず,「担保（人的担保・物的担保）」もまた, 挙げられているのが通例であるが, この点に関して, 潮見原審評釈は次のように述べている。

(α) 潮見原審評釈 11 頁は, 梅・具体例（債御者が債務者に対する債権額の一部を保証人が弁済した場合, 債権者が債務者に対する債権額の一部保証人がこの保証額を弁済した場合）にあっては, 弁済された債権が『抵当権その他の物的・人的担保のついた債権』であることは,「一部代位」成立の要件でも前提でもない（二重鍵括弧・斎藤）, としている。

(β) さらに, 同 11 頁は, 仮に当該債権が抵当権により担保されたものであったときには, 一部代位により抵当権の一部移転（これにより抵当権の準共有）が生じるが, これは,『原債権』への一部代位の結果として, 抵当権もまた随伴性によりその一部が代位弁済者に移転する, ということを意味するにすぎない, としている。

(iii) 以上の趣旨を前提として, 502 条準則につき, 潮見原審評釈 11 頁は次のようにまとめている。

一部代位弁済の場合には, 一部代位弁済者が『原債権』を取得する場面の特殊性を考慮に入れて, 代位弁済者側の代位の利益（求償確保の利益）と原債権者の完全満足の利益とを調整すべく,「原債権」の帰属・支配・行使面で,「全部代位」の場合と異なる特別の準則を設ける必要があり, これが 502 条準則である（二重鍵括弧・斎藤）, としている。

──＊立法者の「利益裁断」の結果としての 502 条

(i) 502 条論（一部代位論）として, 原債権者・債務者・弁済者／代位者」の 3 関係当事者間の「利益衡量的分析」の視点から, その「利益調整」の結果として 502 条ルールの正当性を根拠付けるべきである, という私見の試み（ヘックの「利益法学の方

法論」に触発されたものであり，502 条についての立法者の「利益裁断」の結果探求は，単に 502 条に限らず，あらゆる基幹条文について，その探求が必要とされなければならない）については，既に前掲拙稿・「弁済者一部代位の法構造」（⇒斎藤④論文・第 1 節）において提示している。

(ⅱ)　なお，潮見原審評釈では，502 条の利益調整の具体的内容については，上記本文に引用した趣旨以上には，具体的には何も示されてはいない。

(2)　私見（「原抵当権」重視の立場）

(ⅰ)　上記のように，潮見原審評釈 11 頁以下では，弁済者代位を「弁済者による「原債権」への代位」と定義付け，その代位対象として「原債権」を指摘し，「抵当権その他の物的・人的担保（のついた債権）」は「一部代位」成立の要件でも前提でもない（二重鍵括弧・斎藤），とした。

端的に，代位対象としては『原債権』のみが肝要であり，「抵当権その他の物的・人的担保（のついた債権）』は副次的なものにすぎず，代位にあっては担保があってもなくともよく，その「成立」に関係はない，という趣旨が述べられている。

(ⅱ)　しかし，学説上一般に説かれているように，弁済者代位の代位対象は，より広く捉えられるべきであり，原債権者の「原権利（債権・担保）」であり，したがって，弁済者代位は「弁済者による『原権利（債権・担保）』への代位」である，と私見は把握している。

──＊代位の効果（501 条本文）

(ⅰ)　我妻・債総 253 頁は，弁済者／代位者は，履行請求権・損害賠償請求権・債権者代位権・債権者取消権などのように，その債権について債権者の有する権能のすべてを行使できる，としている。さらに，これを捉えて，これは要するに弁済者／代位者に「債権自体が移転することに他ならない」，としている。加えて，したがってまた，担保（物的担保・人的担保）が移転することも当然である，としている。

(ⅱ)　以上，我妻・債総 253 頁にあっても，代位対象は原債権に付着する広範囲な権能を包摂したものとされ，当然に担保（物的担保・人的担保）もまた代位対象としてこれに包摂されており，このような認識は，学説上一般の理解と，同様である。

(ⅲ)　しかも，代位対象として重視されなければならないものは，原債権ではなく，原抵当権である，と私見は考える。では，その理由は何か。これは，弁済者代位制度の真の「狙い（目的）」は何か，を明らかにすることにより答えられよう。

(α)　弁済者代位制度の真の「狙い（目的）」は，弁済者の「求償権確保」にあり，その実効性を確実化するために，弁済者に原債権者の「原権利」上に代位を認めたものであり，その際，原債権者の「原権利」の，端的に「担保（物的担保・人的担保）」の転用にある，と私見は理解している。これが，メインの主目的である。

(β)　換言すれば，弁済者代位の「制度趣旨」は，原債権者の「担保（物的担保・人的担保）」を弁済者に転用させ，それにより弁済者の「求償権確保」を実効性あるものとする，ことにある，のである。

　　──＊1　たとえば，椿・8頁は，
　　「弁済者代位は求償権を担保権でもって武装強化できる点に効用が存する」と，いみじくも指摘されている。これは，独仏の諸立法例にあっても，共通の認識である。

　　──＊2　石田（喜）・6頁も，
　　「債権への代位（債権移転）を認めねばならないのは，これに付従する人的・物的担保によって，弁済者の求償権の満足を確保する必要があるからであろう。それならば，端的に担保権などへの代位を認めるほうが，簡明であろう」，としているし，さらに，「求償権確保のために，旧債権者の債権に付属していた権利に弁済社が代位する，とみるほうが，むしろ適当であろう」，としている。

　　──＊3　外国法に関する邦語文献として，寺田・14頁も，
　　仏法上の弁済者代位では，「債権者の債権に付されている諸利益，とくに債務者などの財産上に設定された先取特権・抵当権・保証などの担保を利用できる点に，代位の実益がある」，とし，同・17頁は，ドイツ法やその法律構成を同じくするスイス法にあっても，「弁済者代位の実益は，債権者の債権に付された担保を弁済者自身の求償のために転用できることにある」として，これは「各国共通である」としている。

(ⅳ)　では，「原債権」の転用は，制度の真の「狙い（目的）」から外れるのか。
(α)　私見は，「原債権」の転用は，真の（狙い目的）」から外れ，二次的・副次的意味しかもたない，と考えている。その理由としては，弁済により弁済者は既に「求償権」（弁済者如何により民法上の求償権根拠規定が存在しており，根拠規定を欠くときには，「衡平」の観点から広く不当利得返還請求権が求償権を根拠付ける，と私見は考える）を取得しており，「求償権」がある以上，これに加えて，さらに「原債権」の転用は，弁済者にとってもはや不要といえる，からである。

(β) 端的に，弁済者にとって二つの債権（「求償権」と「代位対象債権たる原債権」）は不要であり，弁済対象の「原債権」は代位対象として二次的・副次的意味しかもたない，ということである。

──＊1　求償権成立についての明文根拠規定

（i）　求償権の成立・内容は，原則として「弁済者と債務者の関係」如何により，決定される。但し，日本民法上，弁済による求償権成立については，個別的に明文根拠規定が置かれている。

（ii）　たとえば，保証人・物上保証人・連帯債務者についての，459以下351・442以下の条文が，その例である。また，その他の弁済者についても，「当該弁済者と債務者の関係」により，あるいは委任事務処理の償還請求権（委託による弁済・650参照）や事務管理の償還請求権（委託によらない弁済・702参照）として，求償権成立が根拠付けられる（我妻・債総249頁）。

──＊2　弁済者代位の「要件」としての求償権取得

（i）　弁済者代位の「要件」と一つとして，「第三者または共同債務者の一人が弁済をなし，求償権を取得すること」（我妻・債総249頁）が，学説上，指摘されている。

（ii）　上記のように，保証人・物上保証人・連帯債務者では，求償権取得の個別の明文根拠規定があるし，その他の弁済済者であっても，受任者や事務管理者の費用償還請求求権規定により，求償権取得　根拠付けられるので，「弁済による求償権取得」の要件具備は弁済者にとって比較的に容易である。

──＊3　弁済者代位制度の「求償権」とは何か

（i）　「求償権と弁済者代位権の関係」につき分析する椿・8頁以下では，「いわゆる求償権が何を意味するか明確ではない」という，まさしく鋭いというべき問題意識から，次のように指摘する。

（ii）　ここでは，「法定代位権者の範囲拡大」の学説・判例の傾向に注目しながら，「弁済による求償権取得」の代位要件化を考察すれば，ここで「求償権」とは，個別の明文根拠規定による求償権というよりも，むしろ「かなり一般的な『償還請求の権利』を意味するといわねばならない」，という的確な指摘（椿・9頁）がなされている。さらに，とすれば受任者・事務管理者の費用償還請求権のみならず，「不当利得の返還請求権（703条）」まで包摂してもおかしくない（椿・13頁），という指摘がなされている。

（iii）　私見もこの指摘に共感し，弁済者代位制度の「求償権」は弁済者債務者間の「衡平」の観点から広く「不当利得の返還請求権（703条）」をその基盤たる根拠規定とし，この意味で不当利得法理の妥当する一場面である，と考えるものである。換言すれば，弁済者代位制度の「求償権」要件は，弁済者如何によって個別の様々な根拠規定により裏付けられているが，その基盤は「不当利得の返還請求権（703条）」にある，と端

的に理解するのである。

──＊4 「求償権」と「原債権」の請求権競合

（i） 両者は一つの目的に向けられた二個の債権であり，請求権競合となる，という点で，学説は一致している（旧くは，柚木・保証人の求償権をめぐる諸問題・下）・金法263/13，さらには星野・論集2/252等）。

（ii） この請求権競合の場面で，後述〈分析6〉でも論及するように，私見は，「原債権」は存続擬制の擬制的存在であるのに対して，「求償権」は明文根拠規定による実在的存在であるところから，その競合の実体は「求償権」という債権一本である，と理解するものである。

〈分析6〉 「原債権」論
──「原債権」と「原抵当権」はどのような関係にあるのか──

⑴ 「原債権と原抵当権」の関係如何

「原債権」と「現抵当権」はどのような関係にあるのか。弁済者代位制度の狙いが，求償権確保のための「原抵当権」転用にあるとすれば，同じく代位対象としての「原債権」は代位制度においてどのように位置付けられるのか。

──＊代位では，

一般的に「原債権」は存続擬制とされている。代位対象としての真の狙いが「抵当権」転用にあるすれば，「原債権」はなぜ存続擬制とされるのか，という問題でもある。

⑵ 「原債権」存続（非消滅）の必要性と理論構成

（i） 一般原則からすれば，債権は弁済（債権者の満足）により消滅する。しかし，債権消滅とすれば，それにより抵当権も消滅する（抵当権の付従性）結果となり，弁済者にとって「担保（物的担保・人的担保）」利活用（流用）が不可能となってしまう。

（ii） とすれば「担保（物的担保・人的担保）」を生かし，それを利活用（転用）（→その存続（非消滅））させるためには，論理必然的に「原債権」を存続（非消滅）させなければならない。

（iii） かくして，「原債権」存続（非消滅）のための「理論構成」の必要性が浮上してくる。

(3) その「理論構成」如何

(i) では，弁済（債権者の満足）による債権消滅（一般原則）にもかかわらず，それを存続（非消滅）とするためには，どのような「理論構成」が必要となってくるのか。

(ii) 独仏学説史上，既に克服された諸見解を度外視すれば，現段階では，二つの「理論構成」の可能性（債権存続の擬制論⇔非擬制論）がある，と私見は考えている。

(iii) 以下では，私見による理解・再構成を踏まえて，これを説明しておく。

──＊「弁済者代位制度」の理論構成

(i) 永い歴史的経緯

上記の一般原則（債権者の満足による債権消滅）に抵触することのないように，特別の「理論構成」の必要性が必然化し，古くはローマ法からフランス法やドイツ法に至るまで，諸学説により様々な「理論構成」の試みがなされてきた。それは，極めて精緻であり，かなり技術的要素が強い。

(ii) わが国の一般的学説

わが国の一般的学説もまた，その延長線上に位置しながら（上記の独仏の諸学説に準拠しながら）も，その「理論構成」にそれ程立ち入ることをせず，「弁済者代位」をさりげなく簡潔に構成・説明しているか，あるいはこれにほとんど何も論及することなく，日本民法上の各論的検討に入っているのが，通例である。本件各判批も，同様である。

(iii) 我妻・債総254頁での理論構成

(α) たとえば，我妻・債総254頁は，代位の性質として，「弁済によって消滅すべきはずの権利が，法律上当然に，弁済者に移転するのであって，譲渡ではない（したがって，対抗要件を必要としない）（通説・判例）」，としている。また，501条本文の説明に際し，代位の効果として，同253頁は，「要するに，その債権自体が移転することに他ならない。……。したがってまた，担保が移転することも当然である」，としている。

(β) さらに，同247頁は，弁済により消滅すべき債権及びこれに伴う担保権は悉く弁済者に移転するが，これは「理論的に正確にいえば，第三者の弁済は，弁済者の代位を生ずる限度では，債権の相対的消滅を生ずる，というべきであ」る，としている。

(γ) 以上，いずれの記述も，極めて簡潔である。

(iv) 邦語文献

なお，外国法に関する邦語文献として，岡松参太郎・「代位の性質」・法学志林10/3/1以下，寺田・「外国の代位弁済制度の概略」・手形研究307/14以下・S56が，その法律構成に論及する。

(v) 判　例

判例では,「債権者の債権は,弁済によって債権者・債務者間では消滅するが,弁済者のためにはなお存続し,この弁済者が旧債権者に代って債権者となる」(最判S53/7/4・民集32/7)とするものがある。旧債権者に代って弁済者が登場する,という限りで,「人の代位」としての法構成がみられる。

(4) 存続擬制論

(ⅰ) 原債権は本来消滅するが,これを存続擬制し,これに弁済者を代位させる,という理論構成である。

> ──＊「弁済者代位」を「法的主体(人)の交代」とする点で,
> いわば仏型構成に接近する(⇔独型・法定移転)。

(ⅱ) これは,代位主体たる「権利主体(代理者)」に注目し,原「権利」上における「人の交『代』」(権利主体の交『代』)を法構成するものである。すなわち,「弁済者代位」の構造は,原「権利」上に存立していた原債権者Gが退場し,彼に『代』り,弁済者Bが代位者として登場し,その地『位』に就く,というものである。

(ⅲ) 原「権利」上における「G退場／B登場」であり,G地『位』にBが『代』わって就くという,「人の交『代』」(権利主体の交『代』)が,ここでの理論構成の核となっている。

> ──＊キーワードは,
> 『人』の交代・移動,代位対象たる原「権利」は移動・移転しない,その原「権利」上に人が移動する,原「権利」上で「G退場／B登場」,Bは代位者となる,というものである。

(5) 非擬制論(相対的消滅論)

(ⅰ) 原債権は,対原債権者G関係では消滅するが,それは相対的消滅であり,絶対的には消滅しておらず,対債務者S関係では弁済者のために存続し,弁済者Bに法定移転する,という理論構成である。

> ──＊「弁済者代位」を「債権の法定移転」とする点で,
> いわば独型構成に接近する(⇔仏型・人の交代)。

(ⅱ) 対G関係と対S関係,この二つの場面で原債権の帰趨を区別している。償権目的論(債権は債権者の満足を目的とする)からすれば,弁済(債権者の満

足）により，債権は目的を達成し消滅する（債権者の満足→目的達成→目的範囲内で債権消滅）。したがって，対Ｇ関係では，債権は消滅（相対的消滅）する。しかし，求償のために利用すべき範囲内では，債権は目的を達していない。そこで，対Ｓ関係では，法律はその範囲内で債権を存続させ，当該債権を「弁済者／代位者」のためにこの者に移転させた，とするのである。

(iii) これは，代位対象たる原「権利」に注目し，原「権利」の法定移転を法構成し，これを「弁済者代位」の構造と理解するものである。

──＊キーワードは，

代位対象たる原「権利」の移動・移転（「人（法的権利主体）」は動かない）（ＳからＢに移転），対Ｇ関係では債権消滅（相対的消滅），しかし対Ｓ関係では債権存続，この債権が法の規定により弁済者Ｂに移転（法定移転），当該債権をＢは特定承継，Ｂは代位者となる，というものである。

(6) 私 見

(i) 代位の「結果」（代位の「効果」）如何についてみれば，「Ｇ」Ｓ間の原「債権・抵当権」関係が「Ｂ」Ｓ間関係にスライドしている，という限りでは，両説（存続擬制説・法定移転説）は共に同様である。

(ii) とすれば，問題は，①原債権の存続擬制を前提として，代位を代位対象上の「権利主体の交代」と構成（仏型）するか，②原債権の対Ｇ関係での相対的消滅（対Ｓ関係では消滅していない）を前提として，「代位対象の法定移転」と構成（独型）するか，そのいずれか日本民法上の法解釈論として適合的か，にある。

(iii) いわば，①代位対象上で「人が動く（人の代位）」のか，②それとも人は動かず「代位対象それ自体が動く（権利の法定移転）」のか。日本民法上の法解釈論として，そのいずれが理論構成として適合的なのか，の問題である。

(iv) 従前の拙稿（⇒斎藤④論文・第１節）では，「弁済者代位制度」に関する日本民法の独特の立法系譜・法規定・独学説継受等をトータルに考慮して，上記のいずれの構成にも準拠せず，「第三の道」を歩んでいる。

(α) すなわち，原債権は存続擬制される（この点で①型構成に接近する），さらに続いて原債権は当然移転する（この点で②型構成に接近する），以上を法解釈論として承認する，というものである。端的に，弁済により本来消滅すべき原債権は「存続擬制」され，原債権者から弁済者に「当然移転（法定移転）

する，これが「弁済者代位の法構造」である，と理解したのである。

（β）　日本民法上，原債権の「法定」存続擬制についても，その「法定」移転についても，その明確な明文根拠規定を欠いているところから，私見は，以上の理論構成を，法解釈論上，主張している。

（γ）　なお，以下，拙稿（⇒斎藤④論文・第1節）で論じられたこの基本的趣旨（キーポイント）につき，なおその論旨の「補充説明」のために，本稿にて新たに「＊注」で補足しておきたい。

──＊1　乖離点

　私見は，原債権は存続擬制としながら，「人の代位」構成は採らない。この点で，①型構成から乖離する。さらに，原債権は当然移転としながら，「原債権の相対的消滅」構成は採らない。この点で，②型構成から乖離する。

──＊2　仏民法への接近

　弁済者代位制度に関する立法経緯よりすれば，日本民法は，仏民法並びにその系譜をひく伊民法を，その母法としている。そして，仏民法上，代位一般規定が存在し，代位は「人の交代（交替）」と構成され，旧くはポティエに代表されるように，原債権の「存続擬制論」が有力であった。したがって，以上の限りで，日本民法（学）は，仏民法並びにその法解釈論に，自ずと接近せざるを得ない。

──＊3　独民法学からの影響

　明治期以降の日本民法学の発展経緯よりすれば，日本民法学は，独民法学からの影響を，その学説継受・理論継受という形で，極めて濃厚に受けている。たとえば，代位の性質についても，「弁済によって消滅すべきはずの債権が，法律上当然に，弁済者に移転する」（我妻・債総254頁）という学説の指摘に接するとき，「債権移転」を統一的なキー概念として，代位を「法定の債権移転」と構成する独民法学からの影響を，看取せざるを得ない。

──＊4　独型・「債権移転」基軸の法典構成

　独体系は，債権が「ある法的主体から他の法的主体に移転」（人から人に移動）するという法的現象（「債権移転」）に注目して，これを三つの類型に識別している。①債権の任意譲渡（両当事者の意思による譲渡），②法定譲渡（法律の規定による法律上当然の譲渡），③執行処分としての譲渡（執行裁判所による強制譲渡），の三つである。そして，代位は，②の「法定譲渡」の一場合，すなわち債権の「法定移転」として，位置付けられている。

──＊5　独型・弁済者「代位（Surrogation）」の一般原則の不存在

（i）　独民法は，弁済者「代位（Surrogation）」の一般原則（弁済により弁済者は原債権者の原権利上に代位する）を認めておらず，そもそもその「代位一般規定」を欠いている。しかし，その弁済が実質的には他人の債務の弁済であり，広く第三者弁済であるとすれば，債務者との関係では，弁済者の立場は保護・カヴァーされなければならない。では，独民法はどのような方策を採ったのか。

（ii）　独民法は，第三者弁済により，当該債権は原債権者より弁済者に法定移転する，と法規定している。弁済者に「弁済者代位」を認めるのではなく弁済者への「債権の法定移転」を認めることにより弁済者の利益において，その立場を保護・カヴァーしたのである。しかも，「弁済者」如何（誰が弁済者か）によって，その規定上，個別的にその「債権の法定移転」が定められている。

——＊6　「弁済による代位」や「代位弁済」の概念用法（→独民法上は適合しない）

独民法上の法律構成を前提とすれば，弁済により「代位」は生じないのだから，日本民法の法解釈論上において一般的に利用される，「弁済による代位」や「代位弁済」の概念用法は，独民法上の制度説明には，必ずしも適合しないことになる。独民法上の制度設計の下では，弁済の法的効果論として，「代位」を論ずることは，できない，ということである。独民法上，あくまで，弁済による「債権の法定移転」として，論じられなければならない。

——＊7　独民法上の債権「デュアルの構造」

（i）　上記のように，独民法上，弁済者「代位一般規定」を欠いているところから，弁済者への「債権の法定移転」により，弁済者の立場を保護・カヴァーした。いわば，ダイレクトな形での，「原債権」転用が，弁済者の利益のために，企図されたのである。

（ii）　原債権を法定移転させ，これをダイレクトに弁済者のための「求償債権」として使う，という構造からすれば，債権は元来，いわば「デュアルの構造」をもっている，といえよう。原債権には，その構造上，原債権者の「本来債権性」と弁済者の「求償債権性」という，二つの機能・性質があり，第三者弁済により，原債権者の本来債権が弁済者の求償債権に転換する，と理解できる，からである。

——＊8　日本民法上の債権存続擬制・法定移転の「手段」性

（i）　しかし，日本民法上にあっては，弁済者代位の根拠「一般規定」（499条以下）が存在し，弁済者如何によって，規定上，個別的にその「求償権根拠規定」（459条以下・351条・442条以下）も存在している。したがって，日本民法上，「原債権の移転」を法構成したとしても，その債権移転のもつ意味は，独民法上におけるとは，自ずと異なるものとならざるを得ない。

（ii）　ここでは，弁済者には求償権（→その根拠規定により個別具体的な「求償債権」となる）が許与され，この求償債権確保のために，代位の根拠「一般規定」（501条等）により，弁済者代位が成立する，からである。とすれば，日本民法上，「原債権移転」

は，それに付随する「担保権移転」を招来するためにとって，まさしく主としてこれのみのために，必要とされるのである。

(iii) 私見は，日本民法では「求償権根拠規定」がある，弁済者はこの「求償債権」を行使すればよい，この限りでは「原債権」を使う必要はない，しかし求償債権確保のためには「抵当権」転用は必要である，そこで「原債権」存続擬制し「抵当権」を存続させ共に移転させる，とすれば債権存続擬制・法定移転はそれ自体「目前」ではなく「手段」（担保権転用のための手段）にすぎない，という論理展開に基づくものである。

──＊9 原「権利義務関係」のスライド

(i) 理論構成の結果としての原権利義務関係「スライド」

上記の擬制論・非擬制論，このいずれも「全部代位」を念頭においての理論構成である。しかも，両説は，「G」S間の原「債権・抵当権」関係が「B」S間関係にスライドしている（以下，原権利義務関係「スライド」論と称する），という限りでは，共に同様であった。

(ii) 原債権者G「退場」と弁済者B「登場」

これを，私見は，

① 「全部代位」では，原「債権・抵当権」上における，原債権者Gの「完全・全部的・全面的退場」，弁済者Bの「完全・全部的・全面的登場」，という法現象として，理解した。

② また，同様に，「一部代位」では，原債権者Gの「不完全・一部的・一面的退場」（換言すれば，原債権者Gの「不完全・一部的・一面的残留」），弁済者Bの「不完全・一部的・一面的登場」，という法現象（競合現象）として，理解した。ここでは，原「債権・抵当権」上における「原債権者Gと弁済者Bの競合」が，生じている。

(iii) 原債権者「不要」→弁済者「転用」

(α) 「弁済者代位制度」では，弁済による原債権者の満足の結果，原「債権・抵当権」が消滅すべきところ，弁済者の利益のために，これが存続させられる。これは，原債権者にとってもはや「不要」となったものを，弁済者の利益のために，「転用」させる，ということ意味している。

(β) このような観点からは，

① 「全部代位」では，原「債権・抵当権」がGにとって全面的不要となり，これをBが全面的転用し，

② 「一部代位」では，Gが一部的不要となったものを，Bが一部の転用する，といえよう。

──＊10 GB間利害調整

(i) Gにとってもはや不要となった担保権，これを求償権確保の実効性確保のためにBに転用させる。これが弁済者代位の構造である。

（ii）　①全部代位では，G 全面的不要，B 全面的転用，そっくり B が G に「成り代わる」，というものである。したがって，「GB 間利害調整」は必要なし，といえる。

（iii）　②しかし，「一部代位」では，事情が異なり，G 一部的不要，B 一部的転用，代位対象たる原「権利」上で「GB 両者競合」，というものである。したがって，「競合問題」の解決が必要となり，この調整ルールが 502 条 1 項である，と私見は理解している。

───＊11　本件事案では（う）債権存続擬制の必要性はない

（i）　（う）債権は完全弁済により消滅すべきであるが，これを存続擬制する，これが弁済者代位であった。

（ii）　しかし，厳密にいえば，本件事案では。この場合であっても，（う）債権存続擬制の必要はない。なぜなら，（う）債権が消滅しても，他の（あ・い）債権は従来どおり存在しているのだから，当該原抵当権も従来どおり存続し続けており，（う）債権存続擬制の必要はない，のである。

（iii）　弁済により（う）債権がそのまま滅したとしても，なお B は当該原抵当権上に代できる。ここでは「GB 両者競合」が現出し，その「競合解決ルール」としての 502 条 1 項適用の場面となる。

第 5 項　本節結論（私見）

〔一〕　論　点

一個抵当権の数個被担保債権中の一個債権，その一個債権についての連帯保証人 Y 銀行による債権全額の弁済，これにより生じる「代位」とは，「全部代位」なのか，「一部代位」なのか。さらに，抵当不動産の売却代金は原債権者 X 公庫と連帯保証人 Y 銀行（代位者）との間でどのように配分されるのか。

〔二〕　私　見

まさしく「一部代位」成立の場面であり，502 条 1 項により抵当不動産の売却代金は「原債権者 X 公庫優先／連帯保証人 Y 銀行（代位者）劣後」で配分され，502 条 1 項の法解釈／適用に関する「最判 S60 年ルール」が妥当する，と私見は考える。この点で，本件最判（全部代位の成立，S60 年ルールを適用せず）の理論的不当性がある。

〔三〕 論証，その1

(1) 利益分析

(ⅰ) X公庫の「残余地債権の回収」の利益

(α) X公庫には，どのような利益が認められるのか。

(β) 原債権者X公庫の立場からすれば，数個被担保債権中の一個債権（う）につき，連帯保証人Y銀行より当該債権全額の弁済を受けても，なお残余の他債権（あ）（い）を有しており，X公庫には「残余他債権の回収」の利益が認められる。

(γ) そして，その弁済受領後にあっても，原債権者X公庫は，従前からと同様に，当該「抵当権」の権利主体者であり，「残余他債権」の権利主体者であり続けている。

(ⅱ) Y銀行の「求償権確保」の利益

(α) Y銀行には，どのような利益が認められるのか。

(β) 弁済者たる連帯保証人Y銀行の立場からすれば，当該弁済は「代位を生じる弁済」であり，弁済者Y銀行は求償権確保のために原権利者Xの「原権利」上に代位しており，Y銀行には「求償権確保」の利益が認められる。

(γ) そして，その弁済後にあっては，連帯保証人Y銀行は，新たに，民法規定による法定代位権者として，「債権（う）・原抵当権」上に代位し，新たに「債権（う）・原抵当権」の権利主体者となっている。

──＊1 「代位対象」如何

(ⅰ) この場合，その代位対象は具体的に何か。一般的にいえば，代位対象は原権利者の「原権利」であり，本件では具体的には原「債権抵当権」である。

(ⅱ) より正確には，ここでの弁済が数個被担保債権中の一個債権（う）についての全額弁済であるから，弁済された当該「債権（う）」上に，代位がなされている。しかも，当該「債権（う）」は一個抵当権の複数被担保債権中の一個債権であるから，「債権（う）」上への代位の結果として，「抵当権の付従性」により「原抵当権」上にも，代位がなされることになる。したがって，本件における代位対象は「債権（う）」，原抵当権」である。

──＊2 真の狙い如何

(ⅰ) 原抵当権の転用にある。

(ⅱ) 債権（う）と求償請求権は「請求権競合」の関係にあるが，求償請求権がその根拠規定に基づく実在債権であるのに対して，債権（う）は擬制された虚構の存在で

あり，競合の実体は求償請求権にある。債権（う）はダミーであり，原抵当権を生か
し，これを転用するためにあるのみ，債権（う）が存在擬制された。Y銀行は，債権
（う）をとおして，原抵当権に乗り入れ，自己の求償請求権確保のために原抵当権を転
用する。これは，原抵当権への，いわば間接的な関与である。

　　(iii)　なお，Y銀行としては，直接的な形での抵当権利用のために，当初より求償請
求権を被担保債権として抵当権設定・取得の手段も，可能である（求償抵当権）。

(2)　「一部代位」成立の場面（「弁済後」の法律関係如何）

　弁済後，両者の法律関係はどのようなものとなったのか。

　（i）　上記のように，本件弁済後，原債権者X公庫は，「残余他債権（あ）
（い）・原抵当権」の権利主体者たり続けている。他方，連帯保証人Y銀行は，
「債権（う）・原抵当権」上に代位し，新たにその権利主体者となっている。

　（ii）　Y銀行の代位対象となった「原抵当権」に注目すれば，この「原抵当
権」上には，一方には残余他債権（あ）（い）の抵当債権者X公庫が存在し，
他方には債権（う）の抵当債権者Y銀行が存在し，この両者が「競合」して
いる。これは，Y銀行の弁済を契機として，同一「原抵当権」上に，抵当債
権者X公庫が「残留」しながら，そこに弁済の結果としての抵当債権者Y銀
行が新たに「登場」している，という法律関係である。

　（iii）　上記の新たに現出した法律関係は，「一部代位」か，それとも「全部代
位」か。

　私見は，「原抵当権」上の一部分に新たに代位者としてのY銀行が登場し，
従来からの抵当債権者X公庫と「競合」するに至り，これは両者競合，まさ
しく「一部代位」成立の場面に他ならない（「全部代位」成立の場面ではまった
くない），と考える。

〔四〕　論証，その2
───配当問題，X優先／Y劣後，その簡潔論証───

(1)　結　論

　（i）　抵当不動産の換価売却代金はどのように配分されるべきか。

　（ii）　502条1項により，抵当不動産の換価売却代金は「X優先／Y劣後」
で配分されるべきである，と私見は考える。

(2) 「利益」調整・検証

(i) 上記のように，同一「原抵当権」上においてX公庫とY銀行が競合し，X公庫には「残余他債権の回収」の利益が認められ，Y銀行には「求償権確保」の利益が認められる。

(ii) では，両「利益」は，両者間の「衡平」確保の視点から，どのように調整されるべきか。その「利益」内容が検証されなければならない。

(3) X公庫の「残余他債権」

X公庫の「残余他債権」は，「原抵当権」設定時の当初から存在し，そもそも「原抵当権」の被担保債権とされていたものである。端的に，当初より「原抵当権」の被担保債権性を有し，「原抵当権」による担保の保全を享受し得る，「実在の」被担保債権である。このことは，Y銀行弁済／X公庫弁済受領「後」にあっても，些かも変化していない。

(4) Y銀行の「求償権」

(i) Y銀行の「求償権」は，より具体的には459条の明文規定による債権（委任事務処理費用償還請求権）であり，広く「求償請求権」のことである。これは，「原抵当権」設定時段階には存在しておらず，そもそもは「原抵当権」の被担保債権ではなかったところ，Y銀行の弁済により初めて生じた債権である。

この債権は，そもそも当初より「原抵当権」の被担保債権性を有しておらず，「原抵当権」による「担保」的保全も享受していなかったものである。

(ii) では，Y銀行の弁済／代位により，この「求償権」は新たに「原抵当権」の被担保債権となるのか。

「原抵当権」の被担保債権とはなり得ず，Y銀行は，単に求償権「確保」のためにのみ，「原抵当権」を転用できるにすぎない，と私見は考える。端的に，Y銀行の代位した「原抵当権」は，求償権「担保」の原抵当権ではなく，求償権「確保」の原抵当権にすぎない。

(α) Y銀行の「求償権」が「原抵当権」の被担保債権性をもち得ないとすれば，Y銀行が代位した「原抵当権」の被担保債権は何か。

勿論，ここでの「原抵当権」の被担保債権性を有しているのは，弁済対象

であった債権（う）である。「原抵当権」設定時段階に存在し，そもそもの当初より「原抵当権」の被担保債権であった，債権である。弁済を契機として，この「債権（う）・原抵当権」上に，Y銀行は代位したのである。

（β）　債権（う）は完全弁済されたのだから，本来消滅する筈である。しかし，その完全弁済にもかかわらず，債権（う）は法律の擬制により存続させられている。債権（う）の消滅，付従性による原抵当権の消滅，この連鎖を断ち切ることが，必要だったからである。したがって，この意味では，債権（う）はもはや擬制的・虚構的存在にすぎない。

　　──＊上述の如く，

　　　弁済により債権消滅となれば，付従性により原抵当権も消滅することとなり，求償権者は原抵当権を転用できなくなってしまうところから，弁済者代位制度では弁済対象たる債権の存続擬制が法構成されている，からである。

（γ）　弁済対象たる債権（う）は，原抵当権転用の目的のために存続擬制された，いわばバーチャルなものであり，そのようなものに弁済者Y銀行は代位したにすぎない。Y銀行の求償のための債権は，あくまでその根拠規定たる459条債権（委任事務処理費用償還請求権）であり，これが実在債権としてある。

　したがって，バーチャルな債権（う），実在債権としての459条債権，この両債権はいわゆる「請求権競合の関係」にあるが，Y銀行の債権者としての実体は「459条債権」にある，と考えられる。

（δ）　虚構的な「債権（う）」，これを被担保債権とする「原抵当権」，これらの両者（虚構的な債権（う）・原抵当権）に代位した弁済者Y銀行，このY銀行はその求償権（459条債権）「確保」のために原抵当権を転用する，これが「弁済者代位制度の構造」である。

　換言すれば，Y銀行は，その求償権（459条債権）「担保」のために原抵当権による担保的保全を享受し得るのではなく，単に求償権（459条債権）「確保」のために（求償権回収を実効性あるものとすべく），いわば間接的に原抵当権を転用できるにすぎない。

　(ⅲ)　弁済者と債務者との「事後的・内部的調整措置」としての「求償権」

（α）　上記のように，Y銀行の「求償権」は，459条債権（委任事務処理費用

償還請求権）であり，広く求償請求権である。とすれば，これは弁済者と債務者との，もっぱら「内部関係」によって決せられるものである（我妻・債総249頁・求償関係は「弁済者と債務者との内部関係」である）。

（β）　求償関係が「衡平」の視点からの弁済者と債務者との「事後的・内部的調整関係」だとすれば，「求償権」はその内部的調整の措置にすぎず，その結果は「外部関係」に些かも影響を与えるものであってはならない。求償の方法・額・範囲の内部的調整の措置が，原債権者の「残余他債権の回収」の利益（これは抵当権利用による担保的保全がなされた回収である），これにいかなる不利益・干渉・影響をも与えるべきでない，と私見は考える。

（γ）　換言すれば，まず先行して債権者・債務者間の「原債権債務関係」が「決済」されなければならず，その「決済後」にあってはじめて，「求償債権債務関係」が「決済」されるべし，ということである。後者はそもそも前者の処理決済後の事項である，からである。この限りでは，両債権（原債権と求償債権）には，「決済」の時的関係として，時間的先後関係（優劣関係）がある。

⒤　Y銀行の法的地位それ自体に劣後性あり

（α）　Y銀行は原債権者X公庫に劣後されざるを得ない。これは，原債権者X優先の積極的理由があるから，なのではない。そもそもY銀行の法的地位それ自体に劣後せざるを得ない理由がある，からである（この点で，H17年判決が原債権者Xの優先的弁済を受ける根拠を探索し，これが不存在であるとして，その結論（両者按分弁済）を導出しているのは，不適当である。第3項〔三〕⑶）。

（β）　虚構的な債権（う）に代位したにすぎないY銀行，当該銀行の真の実在債権は求償権であり，459条債権であり，その求償権「確保」のために原抵当権を転用できるにすぎない。原抵当権の「転用」権限者にすぎない代位者Y銀行は，自ずと原抵当権の本来的の「利用」権限者たる原債権者X公庫に，劣後せざるを得ない。

（γ）　さらに，上記のように，求償関係に注目すれば，それは「弁済者と債務者との内部的調整関係」にすぎないのだから，原債権者に元来認められていた「残余他債権の回収」の利益（抵当権利用・担保的保全がなされた回収）に，いかなる不利益・干渉・影響をも与えるべきものではない。

　換言すれば，主債務者A（系列子会社）の主債務を「保証」すべく，主債務

者とほぼ同格レベルの「連帯」保証人となった Y 銀行（親会社）は，その「保証債務」履行に伴う「事後的・内部的調整措置」としての求償債権行使にあっても，なお「保証人」たる地位の延長線上に位置する「求償債権者」として，原債権者 X 公庫に劣後せざるを得ない（保証人の「そもそもの劣後的地位」については，拙稿参照）（⇒斎藤④論文・第 1 節）。

（δ）　なお，付言すれば，債権の一部額弁済者に「一部代位」が認められるべきかについては，そもそも歴史的・理論的・立法的に議論のあった（代位否定論あり）ところであり，ここからも「代位者劣後」の本来的構造が看取されよう。

　　　──＊その他の「重要論点」については，

　　拙稿（⇒斎藤④論文・第 1 節）において，ほぼ網羅的に論及しているので，基本的にはそれに譲りたい。また，本稿引用文献は拙稿公表「後の」もの，とりわけ本件判例評釈を中心とし，本文叙述に必要な限りでその引用を簡易化している。したがって，拙稿公表「以前の」文献については，拙稿中の「文献リスト」がほぼ網羅的にリスト・アップしているので，これを参照されたい。

　　なお，本件最判以外のいくつかの「重要最判」についての，さらなる検討は，既に紙数も尽きているところから，他日に委ねたい。

【基本文献リスト】

　前稿（法研 81/12 号）（⇒斎藤⑤論文・第 2 節）の「文献リスト」を参照されたい。ここでは，基本的にはその重複を避け，提示する。

　一　**解説として，**
①　椿寿夫・「求償権と弁済者代位権の関係」・手形研究 25/2/8 以下・S56/1
②　石田喜久夫・「代位弁済制度の意義および機能」・手形研究 25/2/4 以下・S56/1
③　寺田正春・「外国の代位弁済制度の概略」・手形研究 25/2/14 以下・S56/1

　二　**判例研究として，**
①　塚原朋一・原審判例研究・金法 1734/40・05/3・原審判決に賛成
②　潮見佳男・原審判例研究・金法 1725/8・04/12・原審判決に疑問反対
③　同・本件最高裁判例研究・銀行法務 21/645/54・05/4・最判に賛成

　三　**関連拙稿として**（執筆時以前の諸文献については，拙稿中の各「文献リスト」として，ほぼ網羅的に記載してあるので，それに委ねる），

① 斎藤和夫・「共同抵当権における代位（1）（2）（3 完）——後順位抵当権者と物上保証人の優劣関係，その類型的検討——」・慶應法研 57/9・10・11/・（S59/9・10・11）（1984/9・10・11）（⇒斎藤①論文・第 1 章第 1 節）

② 同・「弁済者一部代位の法構造——原債権者と一部代位者の競合関係，その利益較量的分析——」・慶應法研 60/2/159 以下・S62/2（1987/2）（⇒斎藤④論文・第 1 節）

——初出・斎藤⑥論文・2009 年/H21 年 1 月——

第4節　弁済者「一部代位」論・再論
――平成17年1月27日最高裁判決を機縁として――

第1項　はじめに

(i)　弁済者代位（民法501条）に関して，近時，金融実務上，大きな注目を惹いた判例として，H17年・最高裁判決（H17/1/27・民集59/1/200）（住宅金融公庫対株式会社新生銀行，更生担保権優先関係確認請求事件）がある。多くの金融法務誌が同判決を採り上げ，紹介したし，研究者や実務家による判例研究や論評も多数なされたのは，周知のとおりである。

(ii)　筆者もまた，H17年判決に注目し，その問題点につき，既に法研拙稿(*)により私見の立場を明らかにしている。その骨子は，圧倒的多数の論者が同判決の結論（「『原債権者/代位弁済保証人』平等」配当論，以下「G/B平等」配当論と表記する）に賛同するのに対して，私見は「原債権者優先/代位弁済保証人劣後」配当論（以下，「G優先/B劣後」配当論と表記する）を主張したところに，ある。

>　　――＊法研拙稿リスト
>　　①　斎藤和夫・「抵当権の複数の被担保債権中の一個債権の保証人による代位弁済と抵当不動産売却代金の配当――H17/1/27最高裁判決の「事案分析（利益状況分析）」――」・慶應法研81/12/141-197・H20/12月（08/12）（⇒斎藤⑤論文・第2節）
>　　②　同・「続・抵当権の複数の被担保債権中の一個債権の保証人による代位弁済と抵当不動産売却代金の配当――H17/1/27最高裁判決の「理論的分析」――」・慶應法研82/1/49-106・H21/1月（09/1）（⇒斎藤⑥論文・第3節）

(iii)　同判決については，多数の判例研究や論評が見られたものの，それらは比較的に簡潔な論述に留まり，しかも判旨賛成論（「G/B平等」配当論）がほとんどであった。しかし，上記の法研拙稿の私見分析は，判旨（「G/B平等」配当論）に疑念を呈し，従前の既発表拙稿の理論的・利益衡量的・立法史的分析(*)に接続して，①事案の「利益状況的」分析。②判旨の「理論的」（論理構造）分析，この二つの視点から，「G優先/B劣後」配当論をトータルに論証す

ることを意図していた。

　　——＊従前の法研拙稿リスト

　①　斎藤和夫・「弁済者一部代位の法構造——原債権者と一部代位者の競合関係，その利益較量的分析——」・慶應法研 60/2/159 以下・S62/2 月（1987/2）（その内容目次は，1 立法史的状況の解明　2 利益衡量的分析　3502 条法解釈論（理論的命題の定立），である）（⇒斎藤④論文・第 1 節）

　②　同・「確定前根抵当権の被担保債権群中の個別債権上の質権設定・差押えの『処分行為』の効力——民法 398 条ノ 7 の立法趣旨の解明——」・慶應法研 59/12/247 以下・S61/12 月（1986/12）（⇒斎藤⑯論文・第 4 章第 1 節）

　③　同・「共同抵当権における代位 (1)(2)(3)——後順位抵当権者と物上保証人の優劣関係，その理論的・類型的検討——」・慶應法研 57/9・10/9・10・11）（1984/9・10・11）（⇒斎藤①論文・第 1 章第 1 節）

　(ⅳ)　加えて，本テーマについては，近時，筆者は，研究者・実務家を構成メンバーとする「現代担保法研究会（椿寿夫教授研究代表）」にて，口頭研究報告の機会が得られた（＊）。本節は，そこでのレフェラートと議論を踏まえて，私見趣旨（「G 優先/B 劣後」配当論）を簡潔にポイント化・明確化し，加えて「新分析」を付加した再構成に基づき，あらためて本判決判旨（「G/B 平等」配当論）の再検証・再批判を試みる。「弁済者一部代位論・再論」と題する所以である（＊＊）。

　　——＊ 09/5/23 日土曜・第 51 回「現代担保法研究会」・於明治大学

　　——＊＊**本節の目的（小括）**

　本判決（「判旨賛成」論/「G/B 平等」配当論）には，①「事案の利益状況」，②「判旨の理論構成」，この二つの側面において，「疑念」がある。

　しかし，上記の法研拙稿が総計 100 頁を超え，その論旨が包括的に多岐に亘るところから，私見趣旨（「G 優先/B 劣後」配当論）は必ずしも理解しやすいとは言えず，これを「読み手」や「聞き手」の立場から簡潔に明確化する必要を実感せざるを得なかった。私見論旨の「ポイント化」（【四】の各項目参照），そして「再構成」が必要である，ということである。

　したがって，本節は，本件事案分析（利益状況分析）をメイン基軸として，前記拙稿の論旨をトータルに再構成する，という視点から，本判決論（「G/B 平等」配当論）の再検証（その不当性論証）を試みる。これが本節の目的である。

　　——＊＊＊本節目的が私見論旨の「ポイント化（明確化）」と「再構成」にあるところから，本節では文献の注記引用は既発表の拙稿に譲る。

第2項　平成17年・最高裁判決の判示事項（判旨）

（i）　H17年・最高裁判決は，一個の抵当権につき複数の被担保債権が存在し，その内の一個債権についての保証人が代位弁済をした場合，その後の「抵当不動産売却代金の配当」に際して，「原債権者Ｇと保証人Ｂ（代位弁済者）はどのような形で配当をうけるのか」という問題につき，「原債権者Ｇと保証人Ｂ（代位弁済者）の平等配当」を判示したものである(*)(**)。

　　　——＊**最高裁判決**（H17/1/27。民集59/1/200）（住宅金融公庫対株式会社新生銀行，更生担保権優先関係確認請求事件）（抵当権の複数の被担保債権中の一個の債権の保証人による代位弁済と抵当不動産売却代金の配当）

　　・判示事項

　　：不動産を目的とする一個の抵当権が「数個の債権」を担保し，そのうちの「一個の債権」のみについての保証人が当該債権に係る「残債務全額」について代位弁済した場合，当該抵当不動産の換価による売却代金が被担保債権のすべてを消滅させるに足りないときの，上記売却代金からの弁済受領額如何

　　・判示結論

　　：債権者と保証人との間に特段の合意がない限り，上記売却代金について，「債権者が有する残債権額」と「保証人が代位によって取得した債権額」とに応じた「按分弁済」を受ける

　　・判決理由

　　〈**判旨1**〉（⇒抵当権は債権者と保証人の「準共有」となり，両者按分弁済すべし）

　　：『不動産を目的とする一個の抵当権が数個の債権を担保し，そのうちの一個の債権のみについての保証人が当該債権に係る残債務全額につき代位弁済した場合は，当該抵当権は債権者と保証人の準共有となり，当該抵当不動産の換価による売却代金が被担保債権のすべてを消滅させるに足りないときには，債権者と保証人は，両者間に上記売却代金からの弁済の受領についての特段の合意がない限り，上記売却代金につき，債権者が有する残債権額と保証人が代位によって取得した債権額に応じて按分して弁済を受けるものと解すべきである。』

　　〈**判旨2**〉（⇒本件は「債権の一部についての代位弁済」の場合ではない（「民法502条1項ルール適用」の場合ではない＝「最判S60/5/23ケース」とは異なる）

　　：『なぜなら，この場合は，民法502条1項所定の債権の一部につき代位弁済がされた場合（前掲最高裁S60/5/23一小判参照）とは異なり，債権者は，上記保証人が代位によって取得した債権について，抵当権の設定を受け，かつ，保証人を徴した目的を達して完全な満足を得ており，保証人が当該債権について債権者に代位して上記売却

代金から弁済を受けることによって不利益を被るものとはいえず，また，保証人が自己の保証していない債権についてまで債権者の優先的な満足を受忍しなければならない理由はないからである。』

〈判旨3〉（⇒最判 S62/4/23 ケースとは異なる）

：『原判決引用の判例（最高裁昭和 60 年（オ）第 872 号同 62/4/23 一小判・金法1169/29）は，第一順位の根抵当権を有する債権者が，その元本確定後に，複数の被担保債権のうちの一個の債権に係る残債務全額につき代位弁済を受けた場合，残債権額及び根抵当権の極度額の限度内において，後順位抵当権者に優先して売却代金から弁済を受けることができる旨を判示したものであり，本件とは事案を異にする。』

〈結論〉（⇒特段の合意がない限り，上記売却代金につき，両者按分弁済）

：『(改行) 以上によれば，本件抵当権の数個の被担保債権（本件各債権）のうちの一個の債権（本件債権（う））のみについての保証人である上告人は，当該債権（本件債権（う））に係る残債務全額につき代位弁済したが，本件管財人によって販売された本件不動産の売却代金が被担保債権（本件各債権）のすべてを消滅させるに足りないのであるから，上告人と被上告人は，両者間に上記売却代金からの弁済の受領についての特段の合意がない限り，上記売却代金につき，被上告人が有する残債権額と上告人が代位によって取得した債権額に応じて按分して弁済を受けるものというべきである。これと異なる原審の判断には，判決に影響を及ぼすことが明らかな法令の違反がある。そして，被上告人が上告人に優先して弁済を受ける旨の合意の有無等について更に審理を尽くさせるため，本件を原審に差し戻すこととする。』

──＊＊判旨キーワード

一個の抵当権，複数の被担保債権，その内の一個債権についての保証人の代位弁済，その後の「抵当不動産売却代金の配当」，原債権者 G と保証人 B（代位弁済者）の平等配当，である

(ⅱ) 既述のように，本判決についての多数の判例評釈やコメントでは，そのほとんどが「判旨賛成」（「G/B 平等」配当論）であり，疑念（「G 侵先/B 劣後」配当論）を述べるものは，極めて僅かであった。拙稿公表段階では，本判決に関する議論はもはや終息し，学説ではほぼ「判旨賛成論」（「G/B 平等」配当論）で固まった感すらあった。

(ⅲ) しかし，果たして「判旨賛成」（「G/B 平等」配当論）で良いのか，既に議論は出尽くし，「判旨反対論」（「G 優先/B 劣後」配当論）は単なる少数論で終わってしまうのか。否，端的に，「判旨賛成」論（「G/B 平等」配当論）は，問題の本質と構造についての，その根本的理解に，大きな誤謬があるのではないか。私見拙稿（⇒斎藤⑤論文・第 2 節；⇒斎藤⑥論文・第 3 節）は，このよう

な疑念から,「判旨反対論」(「G優先/B劣後」配当論)(法研拙稿)をトータルに
展開していた。

第3項　私見疑念

　私見は,本判決(「判旨賛成」論/「G/B平等」配当論)に対する次のような二
つの「疑念」を,起点とした。

①　「利益状況的」疑念──第一の疑念──

　(ⅰ)　本判決(「判旨賛成」論/「G/B平等」配当論)は,

　(α)　本件ケースは『民法502条1項所定の債権の一部につき代位弁済が
された場合(前掲最高裁S60/5/23一小判参照)とは異な(る)』,と判示してい
る。その理由として,本判決は次のような「実質的利益衡量」を述べている。
すなわち,

　(β)　本件では,『民法502条1項所定の債権の一部につき代位弁済がされ
た場合(前掲最高裁S60/5/23一小判参照)とは異なり,債権者は,上記保証人
が代位によって取得した債権について,抵当権の設定を受け,かつ,保証人
を徴した目的を達して完全な満足を得ており,保証人が当該債権について債
権者に代位して上記売却代金から弁済を受けることによって不利益を被るも
のとはいえず,また,保証人が自己の保証していない債権についてまで債権
者の優先的な満足を受忍しなければならない理由はないからである』,と判
示している(＊)。

　　　──＊本判決(「判旨賛成」論/「G/B平等」配当論)のキーワード
　　・1　民法502条1項所定(債権の一部につき代位弁済)の場合(最高裁S60/5/23
　一小判参照)とは異なる
　　・2　債権者は,保証人の代位取得した債権につき,抵当権の設定を受け,かつ,保
　証人を徴した目的を達して完全な満足を得ている
　　・3　債権者は,保証人が当該債権について債権者に代位して上記売却代金から弁
　済を受けることによって不利益を被らない
　　・4　保証人が自己の保証していない債権についてまで債権者の優先的な満足を受
　忍しなければならない理由はない

（ii）　しかし，私見によれば，本件事実関係の「利益状況的」視点からすると，

　（α）　本件ケースでは，『民法502条1項所定の債権の一部につき代位弁済がされた場合（前掲最高裁 S60/5/23 一小判参照）と』同様の「利益状況」があり，

　（β）　『債権者は，上記保証人が代位によって取得した債権について，抵当権の設定を受け』てはいるものの，債権者は『保証人を徴した目的を達して完全な満足を得て』はおらず，『保証人が当該債権について債権者に代位して上記売却代金から弁済を受けることによって不利益を被』るので，『保証人』には『自己の保証していない債権についてまで債権者の優先的な満足を受忍しなければならない理由』がある，というべきである（＊）。

　　　──＊私見（「G 優先/B 劣後」配当論）のキーワード
　　　・1　民法502条1項所定（債権の一部につき代位弁済）の場合（最高裁 S60/5/23 一小判参照）と同様の「利益状況」がある
　　　・2　債権者は，保証人の代位取得した債権につき，抵当権の設定を受けてはいるが，保証人を徴した目的を達して完全な満足を得てはいない
　　　・3　債権者は，保証人が当該債権について債権者に代位して上記売却代金から弁済を受けることによって不利益を被る
　　　・4　保証人には，自己の保証していない債権についてまで債権者の優先的な満足を受忍しなければならない理由が，ある

（iii）　このような私見認識は，「利益状況」衡量において，本判決とは，真っ向から対立する。これが，第一の私見疑念（「利益状況」的疑念）である。

②　「法理論的」（論理構造的）疑念──第二の疑念──

（i）　本判決（「判旨賛成」論/「G/B 平等」配当論）は，

　（α）　本件ケースは，「一部代位」の場合ではなく，「全部代位」（債権の「全部」につき代位弁済がされた場合⇒「最判 S60/5/23 ケース」とは異なる⇒「民法502条1項ルール/「G 優先/B 劣後」配当は適用されない）の場合である，という基本認識に基づいている。

　（β）　このような基本認識に基づいて，その判旨結論（「G/B 平等」配当論）を，導出している（＊）。

——＊本判決論（「判旨賛成」論/「G/B平等」配当論）のキーワード

　　　・1　「全部代位」の場合である

　　　・2　債権の「全部」につき代位弁済がされた場合であり，「最判S60/5/23ケース」
とは異なり，「民法502条1項ルール/「G優先/B劣後」配当は適用されない

　(ii)　しかし，私見によれば，「法理論的」（論理構造的）視点からすると，

　(α)　本件ケースは，端的に「一部代位」成立とみるべき場合である。

　(β)　したがって，本件ケースでは，「一部代位」に関する「最高裁S60年
判決ルール」（実質上，債権の「一部」につき代位弁済がされた場合⇒「最判
S60/5/23ケース」と同様である⇒「民法502条1項ルール/「G優先/B劣後」配当
が適用される）に基づいて，「G優先/B劣後」配当の結論が導出されるべきで
ある（＊）（＊＊）。

　　　——＊私見（「G優先/B劣後」配当論）のキーワード

　　　・1　「一部代位」成立の場合である

　　　・2　実質上，債権の「一部」につき代位弁済がされた場合であり，「最判S60/5/23
ケース」と同様であり，「民法502条1項ルール」（「G優先/B劣後」配当）が適用さ
れる。

　　　・3　一個債権（う）の「全部（全額）」弁済であるが，弁済者代位（法定代位）の
結果，原「権利」（債権・抵当権）上に原「債権者」と代位者（求償債権者）の両方が
競合し，それはまさしく「一部代位」成立の場面（同一利益状況）である。

　　　——＊＊最高裁S60年判決ルールについて　（拙稿）

　　　①　最判S60/5/23の判例評釈「斎藤和夫・「判例研究」・判例評論370/36以下（判
時1324/198以下）・S64/H元/12（1989/12））・判旨賛成（⇒斎藤③論文・第1章第3
節）

　　　②　既に斎藤和夫・「共同抵当権における代位(1)(2)(3完)——後順位抵当権者
と物上保証人の優劣関係，その理論的・類型的検討——」・慶應法研57/9・10・11/・
(S59/9・10・11)（1984/9・10・11）（⇒斎藤①論文・第1章第1節）において，最判
S60/5/23と「同様のケース類型」を想定の上，「原債権者優先」の結論を論証・指摘
済みである。

　(iii)　このような私見認識（「一部代位」成立の場合と見る）は，「法理論的」把
握において，本判決（「全部代位」成立の場合と見る）とは，真っ向から対立す
る。これが，第二の私見疑念（「法理論的」《論理構造的》疑念）である。

第4節　弁済者「一部代位」論・再論　　301

第4項　私見論証——本件事案の「利益状況」分析——

(1)　本件事案の「利益状況」分析を試みる

——＊1　考察手法

（ⅰ）　フィリップ・ヘックの「利益法学」の方法論（裁判方法論→法解釈学方法論）に触発され，これに準拠するものである。民法502条1項の「利益状況」分析（立法者の「利益裁断」の探求）については，拙稿・「弁済者一部代位の法構造」（⇒斎藤④論文・第1節）で検討済みである。

（ⅱ）　なお，ヘックの「利益法学」については，拙稿・「民法解釈学の方法——20C・ドイツ民法学における「利益法学」の方法論的確立——（1）（2）（3）」・民事研修（法務省）474号99頁以下・476号79頁以下・478号81頁以下（96/10・96/12・97/02）参照（⇒斎藤⑨論文・第5節第2項）

——＊2　私見結論を予め小括する

・1　本判決は事案不適合（具体的妥当性の欠如）である。

・2　「利益状況」分析からすれば，判示結論（両者「按分弁済」）は，関係当事者間（とりわけ利害対立する両当事者XY間）の実質的「衡平」に合致・適合しない。

・3　以下，X公庫（G），Y銀行（B），A不動産会社（S），と略記する。

——＊3　事案の「利益状況」的分析における留意点

（ⅰ）　本判決についての判例研究や論評にあっては，本件の事案分析については，ほとんど注目しておらず，その論及は極めて簡潔である。

（ⅱ）　しかし，当該判決において事案に即した具体的妥当性ある解決がなされているか否かの判断に際しては，詳細な事案分析（利益状況分析）は必須である。その際，本件事案における「原債権者G/債務者S/代位弁済保証人B」の利益状況を，単に「実体法」的関係において把握するだけでは，不十分である。債務者Sに対して会社更生手続が開始されている以上，三者間の利益状況を「会社更生手続の開始・進行・終結」という一連の手続全体の中に位置付け，「実体法と手続法の交錯」場面において，総合的・統合的・全体的に分析する必要がある，からである。私見分析の狙いと特徴も，ここにある。

（ⅲ）　事案の時系列的分析は，本判決宣告時以降の会社更生手続の進行，そしてその背景たる社会経済的状況をも，視野にいれなければならない。

（ⅳ）　本判決の「事案不適合性」の決め手ポイントは，以下本文中の2－6の項目それ自体に，ある。私見分析（本稿）のポイントでもある。

——＊4　「事実関係」の経緯小括

（1）　H3/8/29：XA間の「貸付基本約定」の締結（→X公庫のA社への融資）

(2) H4/3/30～H7/9/28：XY 間の個別の「連帯保証契約」

(3) H10/12/8 頃：XA 間での債務の「最終返済期限の延長」（債務繰り延べ）の合意

(4) 同じく H10/12/8 頃：XY 間での「保証期間」の合意

(5) 同じく H10/12/8 頃：XA 間で第一順位抵当権設定の合意（→同年/同月/25：登記完了）

(6) H12/2/15：A 社の会社更生手続開始の申立て（→同年/5/12：開始決定）

(7) H12/2/18：債権（う）につき Y 銀行から X 公庫への全額代位弁済（→同年/4/5：代位弁済を原因とする本件抵当権の一部移転登記の経由）

(8) H12/5/12：東京地裁の A 社に対する会社更生手続開始決定（→ H13/7/30：更生計画の認可決定）（H13/9/：更生計画の確定）

(9) H13/4/25：A 社管財人と X 公庫との「弁済に関する合意（覚書）」

(10) H13/7/30：更生計画認可決定

(11) H13/9/1：更生計画の確定（本件確定更生計画には，XY の更生担保権については，本件不動産を売却処分し，販売代金を「登記簿上の順位に従い」弁済する，の定めあり）

(12) H13/10 月～H15/4 月：本件不動産の売却，A 社管財人による売却代金からの弁済

(13) 本件請求（X → Y）

──＊5　事案の「利益状況」分析としてのポイント整理

→① X 公庫（抵当債権者），A 社（債務者・不動産所有者），この両者間に「三個の貸付債権」が存在し，Y 銀行（連帯保証人）は上記の貸付債権に係る債務を連帯保証している

→②後日，X 公庫との債務返済期限の延長等の交渉時に，A 社はこれらの貸付債権（貸付債務）を被担保債権として所有本件不動産上に抵当権設定し，X 公庫はその登記を了している

→③ A 社は会更法による会社更生手続開始の申立てをおこなう（→貸付債権の期限利益の喪失）

→④ Y 銀行が，貸付債権中二個については保証期間を経過していたので，未経過の一個債権につき残債務全額の「代位弁済」をなし，近接して代位弁済を原因とする抵当権の一部移転登記を受ける

→⑤その後，東京地裁による A 社への会社更生手続開始決定がなされている

→⑥ A 社管財人は，本件不動産の売却代金からの弁済につき，「X 公庫と Y 銀行」の間に弁済受領権の優劣関係についての争いがあるため，X 公庫と弁済受領についての「覚書」（両者の各債権額に応じた按分額を弁済する，後日和解・判決が確定すればそれに従った弁済をする）を締結（弁済合意）している

→⑦その後，会社更生計画認可決定・その確定，という手続が進行している

→⑧ A 社の更生計画には，X 公庫及び Y 銀行の抵当権に係る更生担保権について

は，本件不動産を売却処分し，その売却代金から実体法上の「担保権ないし弁済を受ける権利」の順位（登記簿上の順位）に従って弁済する旨，定めが置かれている

→⑦その後，上記「覚書」に基づき，A社管財人は，いわば暫定的に，Xの「残債権元本額」とYの「代位による取得債権の元本額」に応じて，本件不動産の売却代金から，X公庫とY銀行にそれぞれ按分弁済する

→⑧X公庫は，Y銀行が受領した弁済金（（約）4億円）中，（約）3億円については自己に優先弁済受領権があるとして，Xが弁済を受けられなかった金員の返還を求めて，Y銀行に対して不当利得返還請求の本件訴訟を提起する

→⑨ H15/8/1・東地判

→⑩ H16/2/24・東高判

→⑪ H17/1/27・最判

→⑫ H17/6/30：会社更生手続上，更生債権165億円の早期弁済の許可（東京地裁）

→⑬ H17/7/22：会社更生手続上，債権者への早期弁済終了

→⑭ H17/7/29：会社更生手続終結決定

──＊6　時系列的に注目すべき五つの「基幹事実」析出

(1) 本件「貸付」時状況（H3/8/29・貸付基本約定の締結）

(2) 本件「リスケジューリング」時状況（H10/12/8頃）◎（最重要の基幹事実）

(3) 本件会社更生手続開始「申立」時状況（H12/2/15）

(4) 本件「代位弁済」時状況（H12/2/18）

(5) 本件「覚書締結」時状況（H13/4/25）

(2)　「三者間合意」（債権者G・保証人B・債務者S）の形成を読み取る（債権者＝X公庫）（連帯保証人＝Y銀行）（主債務者＝A社）

──＊1　第二の時系列的基幹事実の本件「リスケジューリング」時状況（H10/12/8頃）に注目する

その「利益状況分析」（→「意思表示の解釈」の問題）からすれば，「保証」を外し軽減化し，その代わりに「抵当権」担保でいく，という方向転換（ギアチェンジ）の「三者間合意」（債権者G・保証人B・債務者S）である。この合意の拘束力に基づけば，「G/B間平等」配当はあり得ず，「G優先/B劣後」配当が帰結される。

──＊2　第一の合意として，

A社「主債務返済期限の繰延べ」のリスケ合意（「X公庫とA社」間の合意）が存在する

(1)　「Y銀行とA社」の破綻連鎖の相互因果関係

A社は，X公庫の貸付時には，Y銀行大口融資先の一つであったが，その後，メインバンクY銀行が経営破綻し，「特別公的管理」下に服した。それを起因として，借

入金総額の80%をY銀行に依存していたA社の「信用不安」が表面化し，債務者A社の返済困難等の事情により，本件リスケが合意された。本件リスケは，「Y銀行とA社」の相互因果関係（破綻連鎖）を契機とする。

(2)　X公庫の対応

X公庫としても，親銀行Yが特別公的管理化におかれ，もはや子会社A社の信用危機・経営危機は自明であり，債権回収のリスク回避のために，A社の「主債務返済期限の繰延べ」の要請に迅速に対応した。

(3)　X公庫の「利益付与」（債務返済の猶予）

主債務返済期間「延長」は，利益衡量上，債権者X公庫からなされた，主債務者A社に対する「利益付与」（債務返済の猶予）である

——＊3　第二の合意として，

Y銀行「保証期間の短縮」のリスケ合意（「X公庫・Y銀行」間の合意）が存在する

(1)　Y銀行破綻

Y銀行が経営破綻し，「特別公的管理」下に服し，A社/Y銀行サイドからの要請に基づいて，本件リスケが合意された。

(2)　Y銀行「保証期間短縮」の合意の意味

(i)　本件リスケでは，X公庫は，A社の「主債務返済期限の繰延べ」と同時に，Y銀行の「債務保証（連帯保証）期間の短縮」も，合意されている。

(ii)　A社の信用危機・経営危機に対応して，X公庫はA社に対して「主債務期間の延長」を認めた。しかし，A社の信用不安は親銀行Yの特別公的管理（国有化）を起因とした以上，Y銀行の「保証期間」を主債務期間延長に連動させて同時「延長」しても，現実的には無意味に近い。Y銀行の債務保証能力それ自体が危殆化している，からである。債権者X公庫としては，むしろ主債務各旧返済期限に即応する（若干前倒しする）形で，「期間短縮」の決断をした。

(3)　X公庫の「利益付与」（保証責任の期間的軽減）

保証債務期間「短縮」は，利益衡量上，債権者X公庫からなされた「利益付与」である。主債務返済期限の「延長」が主債務者A社に対する「利益付与」（債務返済期限の猶予）であり，同様に保証債務期間の「短縮」は保証債務者Y銀行に対する「利益付与」（保証責任の期間的軽減）である

(4)　小　括

(i)　X公庫からすれば，Y銀行の債務保証（連帯保証）は，Y銀行自体が経営破綻から特別公的管理化に服し，従前とは異なり，大きく信用力を失い，もはや債権回収リスクをヘッジできない。X公庫は，「主債務期間延長」（対A社合意）にもかかわらず，「保証期間短縮」（対Y銀行合意）とした。

(ii)　このリスケ合意は，「利益分析」上，債権者X公庫からの，「主債務者A社と保証債務者Y銀行」に対する，「利益付与」である。両社は，共に経済的な「親子従属支配的関係」にあり，「一体的な利益共同体」に属し，Y銀行の破綻を起因としてA社の信用不安は表面化し，その「相互連鎖関係」にあり，この「Y銀行とA社」に対す

る「利益付与」として，債権者たる X 公庫は，本件リスケを合意した。

(ⅲ) 「X 公庫」⇔「Y 銀行と A 社」との，相対向する当事者間関係が明瞭である。

──＊4　第三の合意として，

「抵当権設定・登記」のリスケ合意（「X 公庫・A 社」間の合意）が存在する

(1)　抵当権設定合意（H10/12/8）と登記経由（同年同月/25）

本件リスケ合意時（H10/12/8）には，X 公庫と A 社との間で，本件各債権を被担保債権として A 社所有不動産上への「抵当権設定合意」（H10/12/8）が，なされている。この合意時から 3 週間足らずの間に，X 公庫は迅速にその登記を経由している。

(2)　その意味如何

(ⅰ) 「抵当権設定の合意・登記経由」（第三の合意）は，どのような意味か。

(ⅱ) 「抵当権設定の合意・登記経由」（第三の合意）は，上記の「主債務返済期限の繰延べ」（第一の合意）・「保証期間の短縮」（第二の合意）と合せて，本件リスケ合意の「全体」を構成し，この「三合意」は，「X 公庫・A 社・Y 銀行」の 3 当事者間関係の「新たなスタート」を意味する。

(3)　新たなスタート

(ⅰ) 貸付債権の保全・管理のためには，「保証（人的担保）」は期間的に責任軽減とする，その見返りとして「抵当権（物的担保）」をメイン担保とする（「保証」から「抵当権」への傾斜），という X 公庫の決断・方向性であり，これが「X 公庫・A 社・Y 銀行」の関係三当事者間での「トータルな合意」明示・黙示）である。

(ⅱ) ①「主債務期間の延長（繰延べ）」は「X 公庫・A 社」間の合意である。②「債務保証（連帯保証）期間の短縮」は「X 公庫・Y 銀行」間の合意である。③「抵当権設定・登記」は「X 公庫・A 社」間の合意である。以上，この三つの合意の「トリアーデ構造」は，それぞれに関与する関係 3 当事者間の「トータルな合意」（明示・黙示）を，形成している。

(4)　「利益と負担」の相互交換取引

(ⅰ)　関係三当事者間の「トータルな合意」

一方当事者としての「X 公庫」，他方当事者としての「A 社・Y 銀行」，この相対向する両当事者間での，相互の，いわば「利益と負担」の相互交換取引である。

(ⅱ)　何が具体的に取引されたのか

「X 公庫」からすれば，「A 社・Y 銀行」に対する「負担提供」「主債務繰延べ・保証期間短縮」）の見返りとして，他方当事者から「新たな抵当権設定・登記」の「利益付与」を受けている。

他方，「A 社・Y 銀行」からすれば，「X 公庫」に対する「負担提供」（抵当権設定負担）の見返りとして，他方当事者から「主債務繰延べ・保証期間短縮」の「利益付与」を受けている。

(ⅲ)　Y 銀行が経営破綻・国有化，それに連鎖しての A 社の信用不安，その状況下の「リスケ」である。各債権の返済期限の延長・繰延べ（主債務者 A 社への利益付与），保証期間短縮（Y 銀行への利益付与），がなされた。

しかし，X公庫は他方当事者に「利益付与」をし，その見返りとして，他方当事者A社からその所有不動産上への「抵当権設定（H10/12/25・登記完了）」の「利益享受」している。12/8頃合意し，迅速に抵当権設定・登記完了であり，A社の信用不安がそれだけ大きかった。

(iv) Y銀行保証はあてにならない（H10/10月・Y銀行破綻・国有化，そこで保証責任を期間的に軽減する），むしろ人的担保から「物的担保」に傾斜する，これにより債権回収リスクをヘッジする，これがX公庫の意図・方向性だった，と判断・解釈される。

──＊5　結論小括

(i) Y銀行は連帯保証人として保証債務を履行した。本件リスケでは，保証責任が期間的に軽減されたのであり，責任免除されたわけではなく，債権（う）については，保証期間内であったために，Y銀行としては保証債務履行をせざるを得なかった。責任義務者としての履行である。

(ii) 保証債務履行が代位弁済であるから，Y銀行は主債務者A社に求償権を取得する。自らの責任義務履行により主債務者に利益を与えたから，それを主債務者から回収する。これが求償の基礎であり，この求償権確保のために，原債権者の「権利」上に代位する。あくまで「対主債務者A社との関係」で，保証債務履行者Y銀行に認められる。「対主債務者A社との関係」が，まさしくY銀行の「求償関係」である。

(iii) 「対主債務者A社との関係」において認められるにすぎないY銀行の「求償権」があるところ，この「求償権」確保のためにすぎない「代位」がなされたからといって，Y銀行が原債権者X公庫と対等・同格で抵当目的物換価代金から弁済を受けることは，合理性を欠いている。Y銀行が原債権者X公庫と対等・同格で弁済を受けたとすれば，未だ債権の完全満足を受けてはおらず，未回収債権をもつ原債権者X公庫からすれば，一体何のためのY銀行の保証債務履行だったのか。「保証債務履行済み部分」から一部的にY銀行に再び回収されてしまった，からである。

(iv) 本件リスケでは，X公庫は，債権回収のリスク・ヘッジのために，新たに「物的担保（抵当権）」を徴求し，これにその「狙い」を絞っている。X公庫のメイン担保として，新たに登場した。それにもかかわらず，補助的なサブ担保として残し（責任の期間的軽減），これをもその徴求していた連帯保証人Yが，自らの責任義務履行として保証債務履行をし，その結果代位したからといって，次なる場面（抵当目的物換価代金から弁済受領）では，X公庫と対等・同格で権利行使できるのでは，X公庫としては，「物的担保（抵当権）」と「人的担保（保証）」の二つを徴求していた意味を，大きく減殺されてしまう。保証人が自己の保証していない債権についてまで債権者の優先的な満足を受忍しなければならない理由は，「まさしくある」。

(v) Y銀行はX公庫と同格・同置される立場にはない。端的に，A社と「同置・一体化」される，そのような連帯保証債務者である。

本件リスケでも，「A・Y一体」でX公庫と交渉にあたり，共にそれぞれ「主債務期限延長」と「保証期間短縮」の利益付与を，X公庫から受けた。「A・Y」は一体とし

て「同一の利益共同体」にある。

本件「リスケ」時状況からは，「Y破綻→その連鎖としてのA信用危機→リスケ」という，連鎖の「因果関係」も，見られた。この連鎖因果関係は，本件会社更生「申立て」時状況においても，見られた。X公庫に対してのみならず，一般的にも，「A・Y一体」である。

(vi) ここでもまた，本判決結論（按分弁済）が事案適合性を欠く。

(3) 連帯保証人Y銀行（保証人B）と主債務者A会社（S）は「同一の利益共同体」に属していることを読み取る

——＊1 五つの時系列的基幹事実に注目する

その「利益状況分析」よりすれば，連帯保証人Y銀行（保証人B）と主債務者A社（S）は，すべての時系列的段階で，「同一の利益共同体」に属し，A社（S）に対する抵当権に基づく債権回収の場面では，Y銀行（保証人B）はそもそも原抵当債権者X公庫とは同格ではあり得ず，求償権確保のための代位抵当権者としてのY銀行（保証人B）は原抵当債権者X公庫（G）に劣後せざるを得ない。

——＊2 第一の時系列的基幹事実の本件「貸付」時状況（H3/8/29・貸付基本約定の締結）に注目する

(i) 債務者A会社はY銀行の人的・資本的な従属支配下にある実質子会社であり，Y銀行自らの資金運用のための不動産業務「別働隊」であり，その「大口融資先」の一つであった。主債務者A社と連帯保証人Y銀行は，経済的には同一の「利益共同体」（経済的一体性）を形成し，その利害（利益/負担）を共通にする。

(ii) 本件関連のA社諸債務については，貸付成立した「すべての諸債務」についてY銀行は連帯保証する，という子会社融資に際しての「親会社債務保証」がなされている。

(iii) Y銀行は，単なる保証人ではなく，「連帯保証人」である。対「債権者」関係としては，Y銀行は，債務者とほぼ同格・同位置にあり，債務者A社と「連帯性」という，いわば「しばり」をかけられた，「連帯」保証人である。連帯保証人としてのY銀行の，主債務者A社との，緊密な両者「一体的連携性（利益共同体化)」が，看取される。

(iv) 「貸付契約・貸付金交付がなされる都度，それにつき連帯保証する」ということは，「本件貸付基本契約に基づく個別貸付については，すべてに連帯保証する」（全債権の連帯保証）ことであり，その「連帯」保証性により，Y銀行とA社は緊密な「一体的連携性（利益共同体化)」を構築している。

——＊3 第二の時系列的基幹事実については，既述(2)のとおりである

——＊4　**第三の時系列的基幹事実**の本件会社更生手続「申立」時状況（H12/2/15）に注目する

(1)　**A 社状況（本件更生申立て）は，Y 銀行状況に，大きく影響を受けている。**

(i)　H10/10 月・経営破綻により Y 銀行が特別公的管理下に服した。その連鎖として，借入金総額の 80％を Y 銀行に依存していた A 社の信用不安が表面化し，H10/12/8 の本件リスケである。

(ii)　A 社を巡る事態は悪化・進行し，H11/4 月・A 社筆頭株主の長ビル（Y 銀行系列）が特別清算を申請し，A 社の経営基盤が動揺し，H11/6 月・A 社諸取引先が特別清算を申請し，これにより A 社は 105 億円の不良債権を抱えこむ。

(iii)　H12/2/9・Y 銀行譲渡の最終契約書が締結され，Y 銀行は，「(旧) 長銀と同行株主の預金保険機構」から「リップルウッド・ホールディングスを中心とする投資組合」（外資）に，譲渡された。

(iv)　親銀行 Y の外資譲渡により，A 社への支援体制は極めて不確実となった。A 社は自力再建を断念し，リスケから 14 カ月後，Y 銀行の外資譲渡合意から僅か 6 日後，H12/2/15・会社更生手続開始の申立てを行っている。

(v)　小括（連鎖の因果関係）

親銀行 Y の破綻を起因として，子会社 A の会社更生手続開始の申立てがなされている。Y 銀行と A 社は「連鎖の因果関係」にあり，経済的には「一体的連結性」にある。

(2)　**A 社「手続」開始・進行と Y 銀行状況**

(i)　上記のように，A 社の会社更生手続開始の申立てがなされたのは，H12/2/15 であり，会社更生手続開始決定は，H12/5/12 である。この「申立て・開始」時点以降，A 社倒産処理手続の「進行・終結」は，Y 銀行状況と，どのように相関・因果しているのか。

(ii)　本件関連諸事象のトータルな時系列的整理から，Y 銀行と A 社の「信用不安・破綻連鎖の因果関係」，両者の経済的な「一体連結性」（同一の利益共同体性），Y 銀行対応の「巧妙性・迅速性・熟慮機動性」等が，明瞭に看取できる。

——＊5　**第四の時系列的基幹事実**の本件「代位弁済」時状況（H12/2/18）に注目する

(1)　**Y 銀行の準備・対応の計画性・用意周到性**

(i)　Y 銀行は，①A 社の会社更生手続開始の申立てを予測し，②その申立て後には実体法上の次なる対応として直ちに代位弁済を実施し，③X 公庫の登記協力を得て，代位弁済を原因とする本件抵当権の一部移転登記を迅速に受け，④代位弁済も，その一部移転登記も，会社更生手続開始決定「前」に，それ自体最終決着をつけている。

(ii)　Y 銀行の行動・対応は極めて迅速・機敏・用意周到である。

(2)　**X 公庫の意図（なぜ，保証債務履行を受けたのか）**

(i)　Y 銀行の代位弁済の相手方は，X 公庫である。

(ii)　X 公庫からすれば，Y 銀行の保証債務履行は，自らの抵当権実行の手段よりも，

遥かに簡易迅速な債権回収となる。主債務（う）（返済期限はH16/3/10まであった）については，既にA会社更生手続開始の申立てがされ，主債務期限到来だから，保証期間内の（う）（保証期間は，H13/3/10まであった）については，保証債務を履行してもらう。この場合，保証債務履行は義務者履行であり，X公庫としても，その履行拒否はできない。

　(iii)　主債務（あ）（い）（返済期限はH14/3/10・H14/12/10まであった）については，既に更生手続開始の「申立時」（H12/2/15）に主債務期限利益を失ったが，当該保証期間（H11/3/10・H11/12/10まであった）は既に経過済みであった（主債務期限よりも保証債務期限が短いのは，本件リスケが，抵当権設定・抵当権実行でいくという趣旨であった。金額も相対的に少額だし，Xはあまり重視していなかった）。保証期間切れであれば，Y銀行も保証債務履行をすることはない。

　(3)　**小　括**

　(i)　X公庫は，Y銀行に保証債務を履行させ，それを受け入れた。しかし，その後Y銀行が，新たに求償権者として対等に「原抵当権関係」に入場・登場し，X公庫と同等・平等に，抵当不動産換価代金から按分弁済を受けることは，XY間の衡平を欠く。

　(ii)　X公庫からすれば，連帯保証人親銀行Yの，その「子会社A」に，融資し，Y銀行が債務保証をするから，A社になされた。

　融資関係のスタートから，その後のあらゆる事実経緯に至るまで，X公庫からみても，外部的・一般的にみても，連帯保証人親銀行Yと子会社Aは同一サイドの「同一利益共同体」（信用危機・破綻の連鎖性ないし因果性）を構成していた。

　(iii)　「同一利益共同体」にあるから，子会社Aの債務保証も引受けたし，A社更生手続の非常事態時に，Y銀行は保証債務履行をした。親銀行Yの資金運用のための「子会社・別働隊・不動産投機・投資会社」であったから，Y銀行自ら「保証債務履行・代位弁済」をしている。Y銀行の代位弁済は，その「自己責任の範囲内」での，自らの「自己責任処理の一つ」である。

　(iv)　Y銀行には，主債務者子会社Aに対する債権回収の場面において，原債権者X公庫と対等・同格のいわれはまったくなく，自己責任処理をしたにすぎないY銀行は，求償利益があるからといって，それはX債権と比較すれば，二次的利益にすぎず，もともとの債権者であるX公庫の債権回収の利益に，劣後せざるを得ない。

　──＊6　**第五の時系列的基幹事実**の本件「覚書締結」時状況（H13/4/25）に注目する

　(i)　本件「覚書」合意は，X公庫とA社管財人との合意締結であり，Y銀行は関与していない（Y銀行の不関与）。しかし，Y銀行もまた，この弁済に関する合意事項には，その利害に大きく関わっている。XY間の優劣関係如何の問題だから，Y銀行はまさしく利害当事者の一方である。

　(ii)　A社は事実上Y銀行の支配下にあり，Y銀行の意思は「A社並びにA社更生管財人」をとおして十分に反映・実現可能である。A社更生管財人は，Y銀行不関与

のままで，X公庫とのみ，この覚書を締結した。Y銀行不関与である以上，この合意の拘束力はY銀行には及ばず，一審・原審ともこれを前提としている。

　㈲　Y銀行はこの合意に不関与である。X公庫と「A社管財人」の合意である。Y銀行不関与という事実それ自体が，Y銀行とA社の「一体性・利益共同体」を表している。

　本来，Y銀行からすれば，XY間弁済順序は，自分自身の利害にからむ。しかし，一体であるA社（A社管財人）に任せ，これをXと交渉させている。この覚書合意内容（按分弁済）は，暫定的弁済ではあるが，Y自身に「有利条項」である。Y銀行不関与でも，Yの利益は十分に擁護されている。

　「A社管財人」はJC関係者である。この不動産業務会社は，A社更生後の，後日のA社引き取り手（H20/2/13・系列会社JRとの合併）であり，「A社管財人」は更生手続中のA社の利害に十分に且つ敏感に配慮し得る立場にある。

⑷　「一部代位」の成立場面におけると同様の利益状況（→競合）が存在することを読み取る

　──＊1　Y銀行（B）の代位弁済後の「利益状況」分析
⑴　X公庫の「残余他債権の回収」の利益
　㈠　X公庫には「残余佶債権（あ）（い）の回収」の利益がある。
　㈡　原債権者X公庫の立場に注目すれば，Xは，数個被担保債権中の「一個債権（う）」につき，連帯保証人Y銀行より当該債権全額の弁済を受けても，なお「残余の他債権（あ）（い）」を有しており，X公庫には「残余他債権の回収」の利益がある。
　㈢　その弁済受領「後」にあっても，原債権者X公庫は，従前と同様に，当該「抵当権」の権利主体者であり，「残余他債権（あ）（い）」の権利主体者であり続けている。
⑵　Y銀行の「求償権確保」の利益
　㈠　Y銀行には「求償権確保」の利益がある。
　㈡　弁済者たる連帯保証人Y銀行の立場に注目すれば，当該弁済は「代位を生じる弁済」であり，弁済者Y銀行は「求償権確保」のために原権利者Xの「原権利」上に代位し，Y銀行には「求償権確保」の利益がある。
　㈢　その弁済「後」にあっては，連帯保証人Y銀行は，新たに，民法規定による法定代位権者として，「債権（う）・原抵当権」上に代位し，新たに「債権（う）・原抵当権」の権利主体者となる。
⑶　Y銀行の「代位対象」如何
　㈠　代位対象は原権利者の「原権利」（原「債権・抵当権」）である。数個の被担保債権中の「一個債権（う）」について全額弁済がなされ，弁済された当該「債権（う）」上に代位がなされる。
　㈡　「債権（う）」は一個抵当権の複数被担保債権中の一個債権であるから，「債権（う）」上への代位の結果として，「抵当権の付従性」により「原抵当権」上にも，代位がなされる。

(4) Y銀行代位の「真の狙い」(本来目的)

(i) 原抵当権の「転用」にある。「債権(う)」と「求償請求権」は「請求権競合」の関係にあり,「求償請求権」はその根拠規定に基づく実在債権であるのに対して,「債権(う)」は擬制された虚構の存在(「債権(う)」はダミー,原抵当権を生かし,これを転用するためにあるのみ,「債権(う)」が存在擬制)である。競合の実体は「求償請求権」にある。

(ii) Y銀行は,「債権(う)」をとおして,原抵当権に乗り入れ,自己の「求償請求権」確保のために原抵当権を「転用」する(原抵当権への,いわば間接的な関与)にすぎない。

(5) 小 括

① 原債権者X公庫は,「残余他債権の回収」の利益を有し,当該「抵当権」と「残余他債権(あ)(い)」の権利主体者であり続けている。

② 連帯保証人Y銀行は,「求償権確保」の利益を有し,民法規定による法定代位権者として,「債権「う・原抵当権」上に代位し,新たに「債権(う)・原抵当権」の権利主体者となる。

③ Y銀行の「代位対象」は,まず「債権(う)」であるところ,「債権(う)」上への代位の結果として,「抵当権の付従性」により「原抵当権」上にも,代位する。

④ Y銀行代位の「真の狙い」(本来目的)は,原抵当権の「転用」にあり,「債権(う)」(虚構のダミー債権)をとおして,原抵当権に乗り入れ,自己の「求償請求権」確保のために原抵当権を「転用」する(原抵当権への間接的な関与)。

──＊2 「代位弁済後」の法律関係・競合関係・利益対立状況は,「一部代位」成立におけると同一の場面である

(1) 代位弁済後の「法律関係」

(i) 連帯保証人Y銀行の代位弁済後の「法律関係」如何。

(ii) 一方において,「残余他債権(あ)(い)・原抵当権」の権利主体者である原債権者X公庫が存在し,他方において,「債権(う)・原抵当権」上に代位し,新たにその権利主体者となった連帯保証人Y銀行が存在する。

(2) 代位弁済後の「利益状況」

(i) Y銀行の代位対象となった「原抵当権」に注目し,この「原抵当権」を基軸としたX公庫とY銀行の利益状況はどのようなものか。

(ii) 「原抵当権」上には,一方には「残余他債権(あ)(い)」を被担保債権とする抵当債権者X公庫が存在し,他方には「債権(う)」(その実体たる「求償債権」)を被担保債権とする抵当債権者Y銀行が存在する。「残余他債権(あ)(い)」の担保保全的回収を狙う抵当債権者X公庫,「債権(う)」(その実体たる「求償債権」)の担保保全的回収を狙う抵当債権者Y銀行,この両抵当権者の「競合」関係が,みられる。

(iii) この両抵当権者の「競合」関係は,Y銀行の弁済を契機として,同一「原抵当権」上に,抵当債権者X公庫が「残留」し,そこに弁済の結果として債権者Y銀行が新たに「登場」し,「残余他債権(あ)(い)」の回収を狙うX公庫,「債権(う)」(そ

の実体たる「求償債権」）の回収を狙う Y 銀行，その両者間の「利益対立状況」に，他ならない。ここに，私見は，「求償債権」劣後の構造を読み取る。

　⑶　上記の新たに現出した法律関係（両者競合関係）は，「一部代位」か，「全部代位」か

　「原抵当権」上の一部分に新たに代位者としての Y 銀行が登場し，従来からの抵当債権者 X 公庫と「競合」する（両者競合）という，上記の新たに現出した法律関係（両者競合関係）は，その利益対立状況から，まさしく「一部代位」成立の場面である（「全部代位」成立の場面ではまったくない）。X 公庫と Y 銀行の利益対立状況は，民法 502 条 1 項の「一部代位」における利益対立状況と，実質的に同様である。

⑸　この「利益対立状況」をどのように調整・裁断すべきか

――＊1　結論

　抵当不動産の換価売却代金はどのように配分されるべきか。上記の利益対立状況における「利益」内容を検証し，その調整・裁断すれば，「X 優先/Y 劣後」で配分されるべし，との結論が導出される。

――＊2　「利益」内容の検証・調整

　・1　同一「原抵当権」上で X 公庫と Y 銀行が競合し，X 公庫には「残余他債権（あ）（い）の回収」の利益があり，Y 銀行には「求償権確保」の利益がある。
　・2　両「利益」は，両者間の「衡平」確保の視点から，どのように調整・裁断されるべきか。まず，「利益」内容の検証が必要である。

――＊3　X 公庫の「利益」内容の検証（「残余他債権（あ）（い）」回収の利益）

　・1　X 公庫の「残余他債権（あ）（い）」は，「原抵当権」設定時の当初から存在し，そもそも「原抵当権」の被担保債袍とされていた。
　・2　この X 公庫の「残余他債権（あ）（い）」は，当初より「原抵当権」の被担保債権性を有し，「原抵当権」による担保的保全を享受し得る，「実在の」被担保債権である。
　・3　このような債権性格は，Y 銀行弁済/X 公庫弁済受領「後」にあっても，些かも変化していない。
　・4　小括：X 公庫の「残余他債権（あ）（い）」は，当初より「実在の」債権であり，「原抵当権」の被担保債権性を有し，このことは Y 銀行弁済/X 公庫弁済受領「後」にあっても同様である。

――＊4　Y 銀行の「利益」内容の検証（「求償権」確保の利益），その一（Y 銀行の「求償権」とは何か）

　・1　Y 銀行の「求償権」に注目して，Y 銀行の「利益」内容を検証（「求償権」確

保の利益）する。

・2　Y銀行の「求償権」とは，より具体的には459条の明文規定による債権（委任事務処理費用償還請求権）であり，広く「求償請求権（求償債権）」である。

・3　この「求償請求権（求償債権）」は，「原抵当権」設定時段階には存在してはいなかった，そもそもは「原抵当権」の被担保債権ではなかったところの，Y銀行の弁済により初めて生じた「債権」である。

・4　そもそも当初より「原抵当権」の被担保債権性を有していなかった，「原抵当権」による「担保」的保全も享受していなかった，そのような「債権」である。

・5　小括：Y銀行の「求償債権」（→当初は存在せず，弁済後に初めて生じた「債権」であり，そもそもは「原抵当権」の被担保債権性を有していなかったものである）

──＊5　Y銀行の「利益」内容の検証（「求償権」確保の利益），その二（Y銀行が代位した「原抵当権」・その「被担保債権」は何か）

・1　Y銀行が代位した「原抵当権」・その「被担保債権」は何か，に注目して，Y銀行の「利益」内容を検証（「求償権」確保の利益）する。

・2　Y銀行が代位した「原抵当権」は，「債権（あ）（い）（う）」の3個の債権を被担保債権とした，抵当権である。但し，「債権（う）」は弁済対象であり，弁済によりその性格を変容している。

・3　弁済を契機として，Y銀行は，この「債権（う）・原抵当権」上に，代位する。

・4　弁済対象であった「債権（う）」は，「原抵当権」設定時段階に存在し，そもそもの当初より「原抵当権」の被担保債権であった債権である。しかし，「債権（う）」は，もはや「擬制的・虚構的存在」にすぎない。

・5　弁済者代位の構造は，「債権（う）」は完全弁済され，本来消滅する筈のところ，その完全弁済にもかかわらず，「債権（う）」は法律の擬制により存続させられている。「債権（う）」の消滅→付従性による「原抵当権」の消滅，この連鎖を断ち切ることが，必要だった，からである。弁済により債権消滅となれば，付従性により原抵当権も消滅し，求償権者は原抵当権を転用できなくなってしまうところから，弁済者代位制度では弁済対象たる「債権（う）」の存続擬制が法構成されている。

・6　小括：弁済対象たる「債権（う）」は，原抵当権「転用」の目的のために存続擬制された，いわばバーチャルなものであり，そのようなものに弁済者Y銀行は代位したにすぎない。

──＊6　Y銀行の「利益」内容の検証（「求償権」確保の利益），その三（「債権（う）」と「459条債権」はどのような関係にあるのか）

・1　Y銀行が代位した「債権（う）」，Y銀行が弁済により取得した「459条債権」（求償債権），この両債権はどのような関係にあるのか，に注目して，Y銀行の「利益」内容を検証（「求償権」確保の利益）する。

・2　Y銀行の求償のための債権は，あくまでその根拠規定たる「459条債権」（委任

事務処理費用償還請求権）であり，これが「実在債権」としてある。

・3　虚構的な「債権（う）」，これを被担保債権とする「原抵当権」，これらの「両者（虚構的な債権（う）・原抵当権）」に弁済者Y銀行は代位している。

・4　バーチャルな「債権（う）」，実在債権としての「459条債権」，この両債権が併存し，両債権は「請求権競合の関係」にある。その競合の実態は，「459条債権」一本にある。

・5　小括：Y銀行の債権者としての実体は，「459条債権」にある。

──＊7　Y銀行の「利益」内容の検証（「求償権」確保の利益），その四（「求償権」の構造をどのように理解すべきか）

・1　「求償権」の構造をどのように理解すべきかに注目して，Y銀行の「利益」内容を検証（「求償権」確保の利益）する。

・2　Y銀行の「求償権」は「459条債権」（委任事務処理費用償還請求権）であり，より広くは「求償請求権」である。これは，弁済者と債務者との，もっぱら「内部関係」によってのみで決せられる（我妻・債総249・求償関係は「弁済者と債務者との内部関係」である）。

・3　「求償関係」とは，「衡平」の視点に基づいての，弁済者と債務者との「内部的調整関係」であり，そこでの「求償権」はその内部的調整の具体的措置・手段にすぎない。その調整結果は，「弁済者と債務者の内部関係」を離れて，「外部関係」に些かも影響を与えるものであってはならない。

・4　「求償の方法・額・範囲」等の内部的調整の措置如何が，原債権者の「残余他債権（あ）（い）の回収」の利益（抵当権を利用し，担保的保全に基づく回収）にいかなる「不利益・干渉・影響」をも与えるべきではないし，与えることもできない。

・5　小括：「求償権」は弁済者Y銀行と主債務者A社との「内部的調整措置」にすぎず，「求償の方法・額・範囲」等の内部的調整の措置如何は外部関係（対G関係＝対X公庫関係）にいかなる「不利益・干渉・影響」をも与えない。

──＊8　総括：Y銀行の「利益」内容の検証（「求償権」確保の利益），その五（その理論構造はどのようなものか）

・1　Y銀行は，単に求償権「確保」のためにのみ，「原抵当権」を転用できるにすぎない地位にある。Y銀行の代位した「原抵当権」は，求償債権「担保」の原抵当権ではなく，求償権「確保」の原抵当権にすぎない。求償債権それ自体は原抵当権の被担保債権性を有していない，からである。

・2　Y銀行の地位に注目すれば，Y銀行は，その求償債権（459条債権）「担保」のために，直接的に原抵当権による担保的保全を享受し得るのではない。そうではなく，Y銀行は，単に求償権「確保」のために（459条の求償債権回収を実効性あるものとすべく），いわば間接的に，原抵当権を転用できるにすぎない。

・3　「虚構的な債権（う）・原抵当権」に代位した弁済者Y銀行，このY銀行はそ

の求償権（459条債権）「確保」のために原抵当権を転用する。これが「弁済者代位制度の構造」である。

---＊9　結論：Ｙ銀行の法的地位それ自体に「劣後性」がある

・1　Ｙ銀行の法的地位それ自体に注目して，Ｙ銀行の「利益」内容の検証（「求償権」確保の利益）を総括する。

・2　Ｙ銀行は原債権者Ｘ公庫に劣後せざるを得ない。それは，原債権者Ｘ優先の積極的理由がある，からではない。そもそもＹ銀行の法的地位それ自体に，劣後せざるを得ない理由がある（Ｙ銀行の法的地位それ自体の「劣後性」）。

・3　バーチャル（虚構的）な「債権（う）」に代位したにすぎないＹ銀行，そのＹ銀行の真の「実在債権」は「求償債権」（＝459条債権）であり，その求償権「確保」のために，Ｙ銀行は原抵当権を転用できるにすぎない。

・4　「求償関係」とは，「弁済者と債務者との内部的調整関係」にすぎない。その「弁済者と債務者との内部的調整関係」は，そもそも原債権者に元来認められていた「残余他債権（あ）（い）の回収」の利益（抵当権を利用し，担保的保全に基づいて回収できる，という利益）に，いかなる「不利益・干渉・影響」をも与えることはできないし，また与えるべきではない。

・5　債権の一部額弁済者に「一部代位」がそもそも認められるべきか，という問題については，「一部代位」を認めなくてもいい，という議論が歴史的・理論的・立法史的に存在し，この議論それ自体が「一部代位者劣後」の本来的構造を象徴している。

⑹　『一部代位』と『全部代位』，どのように概念定義（概念画定）すべきか

本件の利益状況分析からすれば，502条1項における「立法者の利益裁断」（競合関係処理の基準定立）（拙稿・「弁済者一部代位の法構造」にて，分析・解明済みである）から，帰納的に「概念識別基準」が明らかになる。

---＊1　私見の「概念識別基準」

(i)　学説一般は，

債権「一部」の弁済か，債権「全部」の弁済か，これにより両「代位」成立を識別する。

(ii)　しかし，私見によれば，

502条1項における「立法者の利益裁断」（競合関係処理の基準定立）からすれば，「一部代位/全部代位」は，原「権利（債権・担保権）」上への一部的・部分的な代位なのか，全部的・全面的な代位なのか，により概念識別されなければならない。

(iii)　「一部代位」とは，

原「権利（債権・担保権）」上に，弁済者が一部的・部分的に代位する場合である。「一部代位」では，原「権利（債権・担保権）」上に，原「権利者」に加えて（原「権利者」が従前と同様に存立しながら，原「権利者」は離脱・退場していない），弁済者

が一部的・部分的に代位者として登場し，両者競合問題が生じる。競合の場面であり，原債権者は未だ債権の完全満足しておらず，原「権利（債権・担保権）」上に残留している。

(iv) 「全部代位」とは，

原「権利（債権・担保権）」上に，弁済者が全部的・全面的に代位する場合である。「全部代位」では，原「権利（債権・担保権）」上に，弁済者のみが全部的・全面的に代位者として登場し，両者競合問題は生じない。非競合の場面であり，原債権者は債権の完全満足により原「権利（債権・担保権）」上から完全離脱する（原債権者の完全満足・完全離脱・退場）。

(v) 「立法者の利益裁断」における実質的利益衡量に基づく，私見の識別基準の，そのポイントは，

① 弁済者は，原「権利（債権・担保権）」上に一部的鉱代位するのか，全部的に代位するのか，

② 原債権者は，債権の不完全満足により原「権利（債権・担保権）」上に残留しているのか，債権の完全満足により原「権利（債権・担保権）」上から完全離脱するのか，

③ 原債権者と代位弁済者の「両者競合関係」が，生じるのか，生じないのか，以上3点に集約される。

(vi) 前者であれば，「一部代位」成立であり，後者であれば，「全部代位」成立である。これが両代位の概念識別基準である。

──＊2　**本件では「一部代位」成立におけると「同様の利益状況」がある**

(i) 債権「一部」の代位弁済がなされたのか，それとも債権「全部」の代位弁済がなされたのか（換言すれば，弁済が債権の「一部」か「全部」か），これにより，「一部代位/全部代位」が区別されるのではない。

──この限りでは，502条文言は，単に一般的場合（一個債権存在の場合）を想定して，『債権ノ一部ニ付キ代位弁済アリタルトキ』（現代語化前の旧条文表記）と規定したにすぎない，と理解されなければならない。──

(ii) 私見は，

502条1項における「立法者の利益裁断」（競合関係処理の基準定立）の起点（実質的利益衡量）にかえり，「『弁済』が一部か，全部か」ではなく，原「権利（債権・担保権）」上への「『代位』が一部的か，全部的か」で，両代位が識別されるべきである，と考える。

たとえば，ある債権「全部」の代位弁済がなされた場合であっても，その弁済結果として，原「権利（債権・担保権）」上に，なお原「権利者」が従前と同様に存立・残留しながら，弁済者が一部的・部分的に新たに代位者として登場している場面では，まさしく「一部代位」が成立している，と理解しなければならない。

(iii) 本件では，

数個債権中の「一個債権（う）」につき全部弁済がなされたが，その弁済結果として，原「権利（債権（あ）（い）・抵当権）」上に，なお原「債権者」が従前と同様に存立・

残留しながら，原「権利（債権（う）・抵当権）」上に，弁済者が一部的・部分的に代位者として登場しており，ここでは原「権利（債権・抵当権）」上に両者競合が生じ，まさしく「一部代位」成立の場面である。端的に，原「債権者」と代位者（弁済者）との両者競合あるところ「一部代位」の成立あり，と私見は理解する。

　⒤　本最高裁判決は，

　　本件事案では，「弁済者一部代位」は成立しておらず，「弁済者全部代位」が成立している，と判断している。

　　しかし，私見によれば，「弁済者一部代位」が成立している，とみるべきである。本件事案では，民法502条1項の適用（最判S60年ルール）が問題となり，まさしくその適用場面の一つである。

　⒱　「抵当権の準共有」の法理（→準共有者間の対等同格的地位→按分平等弁済）が存在するところ，民法502条1項ルールは，準共有者が原「債権者」Gと代位者B（求償債権者）である場合における，その修正法理（G優先/B劣後）である。

第5項　結論総括

本件事案の「利益状況的」分析の結論を総括する。

・1：本件事案の「利益状況分析」からすれば，

「保証」を外し軽減化し，その代わりに「抵当権」担保でいく，という方向転換（ギアチェンジ）の「三者間合意」（債権者G・連帯保証人B・主債務者S）（債権者X公庫・連帯保証人Y銀行・主債務者A社）の形成が看取され，この合意の拘束力に基づけば，「G/B間平等」配当はあり得ず，「G優先/B劣後」配当が帰結される。

・2：本件事案の「利益状況分析」からすれば，

　連帯保証人Y銀行（B）と主債務者A社（S）は，本件の時系列的基幹事実の各段階をとおして，終始一貫して「同一の利益共同体」に属している。したがって，A社(S)に対する抵当権に基づく債権回収の場面では，Y銀行（保証人B）はそもそも原抵当債権者X公庫とは同格ではあり得ず，求償権確保のための代位抵当権者としてのY銀行（保証人B）は原抵当債権者X公庫（G）に劣後せざるを得ない。

・3：本件事案の「利益状況分析」からすれば，

「一部代位」の成立場面（502条1項）における利益状況と「同様の利益状況」（→競合）が存在する。502条1項における「立法者の利益裁断」は，本件と同様の利益状況（→「競合」）を想定して，その「競合」関係処理のために，決断された。

・4：本件事案の「利益状況分析」からすれば，

この「利益対立状況」の調整・裁断は，連帯保証人Y銀行の法的地位それ自体に「劣後性」（原債権者X公庫に対する「劣後性」）があることをキー認識として，「X優先/Y劣後」配当が帰結される。

・5：本件事案の「利益状況分析」，そして502条1項における「立法者の利益裁断」（競合関係処理の基準定立）からの帰納的考察からすれば，

『一部代位』と『全部代位』の識別概念の定義として，「代位対象（原債権・原抵当権）」に注目し，「代位対象（原債権・原抵当権）」上に弁済者（保証人）Bが一部的・部分的に代位し，その結果原債権者Gと「競合」するのか（→「一部代位」の成立），それとも「代位対象（原債権・原抵当権）」上に弁済者（保証人）Bが全部的・全面的に代位し，その結果原債権者Gとの「競合」は生じないのか（→「全部代位」の成立），にある。

「債権の一部弁済による代位」が一部代位なのではないし，また「債権の全部弁済による代位」が全部代位なのでもない。換言すれば，「債権の一個性」を識別基準として，その一部の弁済か（→「一部代位」の成立），全部の弁済か（→「全部代位」の成立），これに注目してなされる（判旨・判旨賛成学説の立場）べきものではない。

・6：H17年本件事案はまさしく「一部代位」ケースであり，民法502条1項ルール（G優先）が妥当する。H17年本件判旨は妥当ではない。判旨の「論理構造」分析（3節）より明らかとなったように，本最高裁判決は，「形式的論理」の展開に終始し，本件事案の実態に迫り得ず，具体的妥当性ある結論を導出できなかった，と考える。

　　　——＊最後に「論点と私見結論」を整理しておけば，
　　・1　一個抵当権の数個被担保債権中の「一個債権」，その一個債権についての連帯

保証人Y銀行による「債権全額の代位弁済」，これにより生じる「代位」は，「全部代位」か，「一部代位」か。→本件での「一部代位」の成立である。

・2 抵当不動産の売却代金は，原債権者X公庫（G）と連帯保証人Y銀行（代位弁済者B）との間で，どのように配分されるのか。→「502条1項ルール」が妥当し，「原債権者G優先/一部代位者B劣後」配当となる。

・3 「一部代位」成立の場面（その利益状況が存在する）であり，502条1項により抵当不動産の売却代金は「原債権者X公庫優先/連帯保証人Y銀行（代位者）劣後」で配分され，502条1項の法解釈/適用に関する「最判S60年ルール」が妥当する（G優先/B劣後）。

——初出・斎藤⑦論文・2009年/H21年12月——

第5節　弁済者「一部代位」と「全部代位」（民法502条1項論）
——どのように概念画定されるべきか（総括）——

＊「配布資料」（抜刷）

　　配布第1論文・斎藤和夫・「抵当権の複数の被担保債権中の一個債権の保証人による代位弁済と抵当不動産売却代金の配当——H 17/1/27の最高裁判決の『利益状況分析（事実分析）』——」・慶應法学研究81巻12号141頁以下・2008（H 20）年12月（⇒斎藤⑤論文・第2節）

　　配布第2論文・斎藤和夫・「続・抵当権の複数の被担保債権中の一個債権の保証人による代位弁済と抵当不動産売却代金の配当——H 17/1/27の最高裁判決の『理論的分析』——」・慶應法学研究82巻1号49頁以下・2009（H 21）年1月（⇒斎藤⑥論文・第3節）

＊＊弁済者「代位」の実務（東京第一弁護士会研修講座・「講演レジメ」に即して）
　　——法実務家として，①事案の「利益状況」分析に，②そして判旨の「論理構造」分析に，傾注すべし（平成17・1・27判決を素材として）——

はじめに

・1　研究者としての「自由な」立場から

　本日の講演は，研究者としての「自由な」立場から，弁済者代位に関する近時の「最高裁重要判例」に対して，「批判的」アプローチを試みるものであることを，予め御諒承をいただきたく存じます。

　御出席の実務家の先生方におかれましては，日々の激務に的確且つ迅速に対処すべく，「最高裁判所判決」等を自らの立脚点の一つとして，実務実践に従事されておられますことは，重々承知しておりますが故に，予め本日の「批判的」アプローチへの御理解をお願い申し上げます。

・2　「三つの自由」を

　ドイツの著名な法学者（民事法）の言葉ですが，研究者たるもの，「通説からの自由，恩師の学説からの自由，過去の自分（その見解）からの自由」という「三つの自由」を，持たねばならない，と指摘しています。これは，既に

第5節　弁済者「一部代位」と「全部代位」（民法502条1項論）　　321

40年以上も前になりますが，私が慶應義塾大学法学部助手に就任した当時（1972年/S47年）から，心に留めてきた言葉でもあります。

　この「三つの自由」をより具体的に説明しますと，「第1の自由」とは，
　研究者たる者，仮にそれが「支配的見解」であるとしても，これに徒に盲従することなく，自ら敢然と疑念を提起し，「新たな見解」を樹立する努力と勇気を持つべし，という趣旨と理解されます。
　「支配的見解」をテーゼとすれば，これに対する「疑念」（ジンテーゼ），あるいは正面からの「反論」や「反対意見」（アンチテーゼ）が，登場し，その「止揚」（アウフヘーベン）が試みられる，というのが，「法律学」の歴史であります。これは，何も「法律学」に限らず，その他の「諸科学」（社会科学や人文科学等）においても，同様ですから，「学問一般」の歴史でもあり，ごく当然の「摂理」とも言えます。この「自由」は，研究者に課せられた使命からすれば，当然のことと思われます。

　さらに，「第2の自由」とは，
　研究者たる者，学問的シューレの「伝統的・歴史的」系譜の中に自らが研究者として存立していることは事実ではあるが，にもかかわらず，自らはその「伝統的・系譜的」学説から自由でなければならない，という趣旨と理解されます。
　これは，必ずしも「法律学」に限らず，「経済学」や「社会史」，そして「歴史学」や「哲学」等においても，同様に妥当すべきものです。しかし，とりわけ永い歴史と伝統を誇る「ドイツ法律学」に注目すれば，学説史上，傑出した「超人的・天才的学者」の存在を起点として，その強固な「学風」（○○学派等）や「学問」シューレが厳然と存在してきていますから，この自由はかなり思い切った自由とも思われます。自由であることは，学問上，自らの「研究者としての生存」如何を左右することにも，なりかねない，そのような「リスク」を負うからです。

　「第3の自由」とは，
　嘗て自己が主張した見解であったとしても，それに徒に固執することなく，

研究状況（自己・他者）の進展により，それが今や妥当ではないとの考えに至った暁には，自らの旧見解を是正すべきである，という趣旨と理解されます。

「ドイツ法律学」に限らず，「我が国の法律学」にあっても，著名な学者による，その「基本観」（たとえば，民訴判決手続法における「訴訟物理論」）の重大な「改説」（旧訴訟物理論から新訴訟物理論への転向）も，しばしば眼にするところですから，研究者にとってごく当然の基本姿勢の一つと思われます。しかも，このような「改説」は，論者が自らの「誤謬」を是正した，という点に注目すべきではなく，むしろ「論者ないし学説の新たな展開」（学問の進歩・発展）として，評価されるべきものと思われます。

・3　さらに，「もう一つの自由」を

本日の講壇者として，実務プロフェッショナルとしての弁護士である諸先生方を前に，あえて，私は，さらに「もう一つの自由」を，強調したいと思います。それは，研究者たる者，「最高裁判決」から自由でなければならない，ということです。

これは，大学院法学研究科の院生時代（昭和40年代）からの，私の「基本観」であり，当時の指導教授等の先生方からも，スタッフセミナーを兼ねる「共同研究会」（実務家も参加）にて，ごく当然の「認識」（判例研究における基本姿勢・大前提）として，御指導を受けてきたことでもあります。

より具体的に説明してみます。大学院での「共同研究会」では，最高裁判決を中心とする「近時民訴重要判例の研究」というテーマで，週1回，2時間を目安として，「判例研究」報告（→逐次，慶應「法学研究」誌上に掲載・公表）が実施されていました。報告者として，教授等のスタッフを始めとして，実務家やDC院生等もまた，研究報告が求められました。その際，報告者（とりわけDC院生等）に対しては，報告対象たる「最高裁判決」への批判的検討（その基本姿勢）が，求められました。

たとえば，ⅰ）「判旨結論」には何か問題はないのか，ⅱ）結論賛成だとしても，その「理由付け」に何か問題はないのか，異なった別の「理由付け」が必要ではないのか，ⅲ）判旨結論が，仮に本ケースの「個別具体論」として妥当だとしても，「一般論」として問題はないのか，その「一般論」がこれ

までの「最高裁判決」や「判例法」と調和するものなのか，iv）根拠とされた条文の「法解釈」や「適用」において，従来の「学説理解」や「実務慣行」に照らして，何か問題はないのか，といった諸点を検討することが，求められていたのです。「判旨結論」やその「理由付け」をそのまま卒然と受容するのではなく，まず「疑ってかかれ」，ということです。

最近，ある著名な民法学者（一橋大学名誉教授・弁護士・好美清光氏）の，その御経験（裁判官→大学研究者→弁護士）に即した，次のような興味深い御指摘（鳥飼総合法律事務所紀要）に接しました。その要旨を紹介してみましょう。
　──「研究者」（30数年間）から「弁護士」（20数年間）に転身してから，一番戸惑ったことは，両者の「思考方法」の違いである。「最高裁判決」は，①「研究者」にとっては，「通説」や「他の学説」と同様に，自らの自由な立場から，これを評価し，自らの「克服すべき出発点」であるのにすぎないのに対して，②「弁護士」にとっては，まったく違っている。弁護士にとって，最高裁判決は「最高の権威」であり，これを所与の前提として，自らの思考を停止し，自己の案件を「当該最高裁判決事案に適合するか否か」を検証する（あてはめ）ことに傾注しているだけである。また，③「裁判官」（判事補時代の数年間）も，基本的には，弁護士におけると同様の「思考方法」を，とっている。両者（①⇔②③）の「思考方法」における「大きな壁」を取り除くためには，研究者と実務家との共同研究を，一層推進するしかないのではないか。──

以上，弁護士でもある講演者の研究者としての基本的立場（思考方法）を小括すれば，「疑う自分」がいる，それこそが，ここに「自己が存在する」ことの，紛れもない「証明」であり，これが，「研究者たる者」の，生き方であり，基本的バックボーンであり，「最高裁判決」であれども，「疑うべき対象」であり，例外ではあり得ないことを，あらためて強調しておきたいと思います。

〔一〕　最判平成 17 年 1 月 27 日（→「原債権者／代位者」平等弁済（按分弁済））とはどのような判決なのか

・1 「Ｘ公庫対Ｙ銀行・更生担保権優先関係確認請求事件」に注目する

──＊　判示事項

：不動産を目的とする一部の抵当権が「数個の債権」を担保し，そのうちの「一個の債権」のみについての保証人が当該債権に係る「残債務全額」について代位弁済した場合，当該抵当不動産の換価による売却代金が被担保債権のすべてを消滅させるに足りないときの，上記売却代金からの弁済受領額如何

──＊＊　判示結論

：債権者と保証人との間に特段の合意がない限り，上記売却代金について，「債権者が有する残債権額」と「保証人が代位によって取得した債権額」とに応じた「按分弁済」を受ける

──＊＊＊　判旨キーワード

：一個の抵当権，複数の被担保債権，その内の一個債権についての保証人の代位弁済，その後の「抵当不動産売却代金の配当」，原債権者Ｇと保証人Ｂ（代位弁済者）の「平等配当」

・2 「実務・学説」が大きく注目した

──＊　最判Ｈ 17・判例研究

：判旨「賛成論」がほとんどすべてである。
：⇔「疑問・反対論」については，「◎印」を表記記入
：研⇒研究者
：実⇒実務家（弁護士・金融実務家）
：裁⇒裁判官
：銀⇒金融機関
：保⇒保証会社

◎⑭斎藤和夫・後掲論文「続」・反対（配布第２論文）（⇒斎藤⑥論文・第３節）
◎⑬斎藤和夫・後掲論文「正」・反対（配布第１論文）（⇒斎藤⑤論文・第２節）
　⑫古積健三郎（研）判例研究・銀行法務 21/663/71・06/8・賛成
　⑪森田修（研）・判例研究・法協 123/6/123・06/6・賛成
◎⑩佐久間弘道（実←銀）・判例研究・金法 1759/40・06/1・疑問（原債権者優先論）
　⑨高橋眞（研）・判例研究・民商 133/1/166・05/10・賛成
　⑧村田利喜弥（実←保証）・判例研究・金法 1748/41・05/9・賛成
◎⑦佐久間弘道（実←銀）・判決コメント・金法 1742/1・05/06・疑問（原債権者優先論）
　⑥浜田芳貴（実）・判例研究・金商判 1215/2・05/5・（更生担保権の調査確定に関して疑問）・賛成

第 5 節　弁済者「一部代位」と「全部代位」（民法 502 条 1 項論）　　325

⑤潮見佳男（研）・判例研究・銀行法務 21/645/54・05/4・賛成

④生熊長幸（研）・判例研究・NBL805/10・05/3・賛成

③佐藤岩昭（研）・判例研究・批評 564/22（判時 1912/184）・賛成

②中村也寸志（裁）・解説（時の判例）・ジュ 133・調査官解説

①判決コメント・判時 1887/39・調査官解説（中村）

────＊＊　H 16 東高判（本件原審判決）（→「原債権者優先/代位者劣後」弁済）・
判例研究

◎②塚原朋一（裁）・原審判例研究・金法 1734/40・05/3・原審判決賛成（原債権者
優先論）

：（→最 H 17 判決（05 年 1 月 27 日判決）（判例集未登載の時点段階）（最高裁 HP の
検索）に言及，平等弁済（按分弁済）とは「驚きである」，最 17 判に疑問提起）

①潮見佳男（研）・原審判例研究・金法 1725/8・04/12・原審判決反対（「原債権者/
代位者」平等弁済（按分弁済）論）

────＊＊＊　「原債権者優先/代位者劣後」論者，最 H 17 判旨に対する疑問論の 2
人の論者（塚原裁判官・佐久間教授），そして今回報告者（斎藤），この三者を結
ぶ時系列的「キーワード」（→「代位」研究の専門家）

・①塚原朋一裁判官（知財高裁長官）・1980 年代〜

「弁済者代位」の法曹実務プロフェショナル，御自身が自ら指摘（前掲判例研究参
照）なされるように，1980 年代に至るまで多くの「代位弁済」事例にタッチされ，そ
の調査官解説も多い。

・②講演者（斎藤和夫）・慶應義塾大学教授・弁護士・1984 年〜

拙稿「392 条」代位論（「共同抵当権における代位(1)(2)(3)」⇒斎藤①論文・1984 年 9
月―・第 1 章第 1 節）を嚆矢として，「弁済者代位」に関して既に詳細に分析を試みて
きている（後掲拙稿リスト〔二〕・3 参照）。

・③佐久間弘道教授（駒沢大学法科大学院・弁護士）・1985 年〜

実践的金融法務（金融機関）の実務家，「代位」に関する金融法誌論文（1985 年）
や著作（1995 年）もある。

〔二〕　講演者はなぜ最判平成 17 年判決を採り上げたのか

・1　果たして「平等弁済」でいいのか（疑念）

────＊従前の拙稿分析（⇒斎藤④論文・「弁済者一部代位の法構造」・第 1 節）を踏
まえて，

「原債権者優先/代位者劣後」論の私見論証を試みた（→今回配布第 1 論文・第 2 論

文（抜刷）/「二部」構成）

　⇒　a）事案の「利益状況分析」

　拙稿・「抵当権の複数の被担保債権中の一個債権の保証人による代位弁済と抵当不動産の売却代金の配当——最判 H 17/1/27 の『事案分析（利益状況分析）』——」・慶應法学研究 81 巻 12 号・08 年 12 月（⇒斎藤⑤論文・第 2 節）

　⇒　b）判旨の「理論的分析」

　拙稿・「続・抵当権の複数の被担保債権中の一個債権の保証人による代位弁済と抵当不動産の売却代金の配当——最判 H 17/1/27 の『理論的分析』——」・慶應法学研究 82 巻 1 号・09 年 1 月（⇒斎藤⑥論文・第 3 節）

　——＊＊さらに，

　c）掲載予定論文（→慶應法学研究 82 巻 12 号・09 年 12 月刊行予定）（⇒斎藤⑦論文・第 4 節）

　拙稿：「弁済者一部代位論・再論——最判 H 17/1/27 を機縁として——」（←09/5/23 土：「現代担保法研究会（椿寿夫教授代表）」（研究者・法曹実務家・金融法務実務家が会員メンバー）・斎藤和夫口頭報告に基づく・単なる「少数説」ではまったくない）（第 4 節）

・2　私見疑念（→後述〔五〕）と私見結論

　——＊本判決論（→「判旨賛成」論/「G/B 平等」配当論）のキーワード

　・1　「全部代位」の場合である（債権の「一個性」を基準，その全部の代位弁済）

　・2　債権の「全部」につき代位弁済がされた場合で，「最判 S 60/5/23 ケース」とは異なり，「民法 502 Ⅰルール（「G 優先/B 劣後」配当）は適用されない

　——＊＊私見結論（G 優先/B 劣後」配当論）のキーワード

　・1　「一部代位」の場合である（代位弁済の結果，代位対象「原債権・原抵当権」上に「原債権者と代位者の競合関係」が成立・存在する，からである）

　・2　実質上，債権の「一部」につき代位弁済がされた場合であり，「最判 S 60/5/23 ケース」と同様であり，「民法 502 Ⅰルール」（「G 優先/B 劣後」配当）が適用される

　——＊＊＊「二つの観点」からの私見疑念

　・1　「利益状況分析」の視点から

　・2　そして「法理論的」（論理構造的）視点から

・3　「弁済者代位」の法構造をそもそもどのように理解すべきなのか（→最 H 17 判決は「形式的論理」に終始してしまったのではないか）

　——＊私見の「弁済者代位」論に関する既発表の拙稿リスト（公表年代順）

第5節　弁済者「一部代位」と「全部代位」（民法502条1項論）　　327

⇒　①「392条」代位論

拙稿・「共同抵当権における代位(1)(2)（3完）——後順位抵当権者と物上保証人の優
劣関係，その類型的検討——」・慶應法学研究57巻9号・10号・11号（連載）・1984
年9月・10月・11月（⇒斎藤①論文・第1章第1節）

——二部構成，1理論的考察（総論），2類型的考察（各論）——

⇒　②「民法398条ノ7」代位論

拙稿・「確定前根抵当権の被担保債権群中の個別債権上の質権設定・差押えの『処分
行為』の効力——民法398条ノ7の立法趣旨の解明——」・慶應法学研究59巻12号
247頁以下・1986年12月（⇒斎藤⑯論文・第4章第1節）

⇒③「502条」代位論

拙稿・「弁済者一部代位の法構造——原債権者と一部代位者の競合関係，その利益
較量的分析——」・慶應法学研究60巻2号159頁以下・1987年2月（⇒斎藤④論文・
第1節）

——1立法史的状況（編纂過程の論議）の解明，2利益衡量的分析，3　502条法解
釈論（理論的命題の定立）——

⇒④「最判S 60/5/23」判例研究（「392条」代位論・「502条」代位論）

拙稿・「判例研究」（最判S 60/5/23），判例評論370号36頁以下（判例時報1324号
198頁以下・1989年12月・判旨賛成論（⇒斎藤③論文・第1章第3節）

：最判S 60/5/23（民集39/4/940）ルール

債権の一部につき代位弁済がされた場合の競落代金の配当における「原債権者と保
証人（代位弁済者）の優劣関係」如何につき，判例法上のルールとして「原債権者優
先」（民法502条1項の法解釈・適用論）を判示（明示）

〔三〕　考察手法

・1　法規の「利益状況分析」（⇒「502条」代位論・前掲「斎藤④論文」・第1節）

——＊フィリップ・ヘックの「利益法学」（法解釈学方法論・裁判方法論）とは

・1　502条の起草において，立法者は如何なる「利益状況」を想定し，「利益裁断」
をおこなったのか

・2　立法者意思の探求，→利害関係当事者，→利益対立状況，→利益分析，→利益
裁断

・3　「裁判官」もまた，立法者の「利益裁断」を探求し，これに基づいて，裁判（事
件裁断）しなければならない

──＊＊フィリップ・ヘックの「利益法学」（法解釈学方法論）については，

①慶應義塾大学名誉教授　津田利治先生訳・「フィリップ・ヘック著　利益法学」・慶應義塾大学法学研究会叢書

②拙稿・民法学(4)(5)(6)──根本問題の解明をとおして──：第三講「民法解釈学の方法── 20 Ｃ・ドイツ民法学における「利益法学」の方法論的確立──(1)(2)(3)」（連載）（⇒斎藤⑨論文・第 5 節第 2 項）

：民事研究；法務総合研究所（法務省）；No.474/P.99 以下；1996 年 10 月

：民事研究；法務総合研究所（法務省）；No.476/P.79 以下；1996 年 12 月

：民事研究；法務総合研究所（法務省）；No.478/P.81 以下；1997 年 02 月

・2　「自由な」立場からの，事案の「利益状況分析」（→配布第 1 論文）（⇒斎藤⑤論文・第 2 節）

・3　判旨（判決理由）の「論理構造分析」（→配布第 2 論文）（⇒斎藤⑥論文・第 3 節）

〔四〕　問題点の整理

──＊Ｈ 17/1/27 最高裁判決【判決理由】

⇒判旨 1　⇒抵当権は債権者と保証人の「準共有」となり，両者按分弁済すべし

：『不動産を目的とする一個の抵当権が数個の債権を担保し，そのうちの一個の債権のみについての保証人が当該債権に係る残債務全額につき代位弁済した場合は，当該抵当権は債権者と保証人の準共有となり，当該抵当不動産の換価による売却代金が被担保債権のすべてを消滅させるに足りないときには，債権者と保証人は，両者間に上記売却代金からの弁済の受領についての特段の合意がない限り，上記売却代金につき，債権者が有する残債権額と保証人が代位によって取得した債権額に応じて按分して弁済を受けるものと解すべきである。』

⇒判旨 2　⇒本件は「債権の一部についての代位弁済」の場合ではない（「民法 502 Ⅰルール適用」の場合ではない＝「最判 S 60/5/23 ケース」とは異なる）

：『なぜなら，この場合は，民法 502 条 1 項所定の債権の一部につき代位弁済がされた場合（前掲最高裁 S 60/5/23 一小判参照）とは異なり，債権者は，上記保証人が代位によって取得した債権について，抵当権の設定を受け，かつ，保証人を徴した目的を達して完全な満足を得ており，保証人が当該債権について債権者に代位して上記売却代金から弁済を受けることによって不利益を被るものとはいえず，また，保証人が自己の保証していない債権についてまで債権者の優先的な満足を受忍しなければな

第5節　弁済者「一部代位」と「全部代位」（民法502条1項論）　　329

らない理由はないからである。』

　　⇒**判旨3**　⇒最判 S 62/4/23 ケースとは異なる
　　：『原判決引用の判例（最高裁昭和60年（オ）第872号同62/4/23一小判・金法1169/29）は，第1順位の根抵当権を有する債権者が，その元本確定後に，複数の被担保債権のうちの一個の債権に係る残債権全額につき代位弁済を受けた場合，残債権額及び根抵当権の極度額の限度内において，後順位抵当権者に優先して売却代金から弁済を受けることができる旨を判示したものであり，本件とは事案を異にする。』

　　⇒**結論**　⇒特段の合意がない限り，上記売却代金につき，両者按分弁済
　　：『（改行）以上によれば，本件抵当権の数個の被担保債権（本件各債権）のうちの一個の債権（本件債権（う））のみについての保証人である上告人は，当該債権（本件債権（う））に係る残債務全額につき代位弁済したが，本件管財人によって販売された本件不動産の売却代金が被担保債権（本件各債権）のすべてを消滅させるに足りないのであるから，上告人と被上告人は，両者間に上記売却代金からの弁済の受領についての特段の合意がない限り，上記売却代金につき，被上告人が有する残債権額と上告人が代位によって取得した債権額に応じて按分して弁済を受けるものというべきである。これと異なる原審の判断には，判決に影響を及ぼすことが明らかな法令の違反がある。そして，被上告人が上告人に優先して弁済を受ける旨の合意の有無等について更に審理を尽くさせるため，本件を原審に差し戻すこととする。』

・**1　論点（「原債権者と保証人の優劣関係」如何）**
　　──＊一般論
　　：保証人が一部額代位弁済をした場合，原債権者の「権利」上に法律上当然に代位（＝法定代位）するが，その結果，「原債権者と保証人（代位者）の優劣関係」如何（民法502条1項ルール）

　　──＊＊本件ケース
　　：抵当不動産の換価売却代金が被担保債権のすべてを消滅させるに足りないときには，当該売却代金から原債権者と保証人（一個債権の全部の代位弁済者）はどのような順位で弁済受領し得るのか

・**2　「1審判決・原審判決」⇔「本最高裁判決」（逆転判決）**
　　──＊1審判決・原審判決
　　⇒「原債権者優先」：「最判 S 60年ルール（原債権者優先）」が本件事案にも妥当する（射程範囲「内」である）

── ＊＊H 17 年の最判

⇒両者「按分弁済」（原判決破棄・差戻し）：「最判 S 60 年ルール（原債権者優先）」
は本件事案には妥当しない（射程範囲「外」である）

・3 「最判 S 60/5/23（民集 39/4/940）ルール」（「原債権者優先」の判例法上の
　　ルール（民法 502 条 1 項の法解釈・適用論））

　　── ＊最判 S 60/5/23 の判例評釈
　　「斎藤③論文」（判例研究）・判旨賛成（第 1 章第 3 節）

　　── ＊＊既に「斎藤①論文」（「共同抵当権における代位」・S 59 年）（第 1 章第 1
　　節）で，最判 S 60/5/23 と「同様のケース類型」を想定の上，「原債権者優先」の結論
　　を論証済み

・4 「最判 S 60 年事案」と「本件 H 17 年事案」はどう違うのか

　　── ＊「本件 H 17 年判決」（「判決理由」中の判断）によれば，
　　⇒最判 S 60 年事案と比較して，◎「本件 H 17 年事案」は，次の 3 点で違う。
　　「本件 H 17 年事案」では，
　　・①『債権者は，上記保証人が代位によって取得した債権について，抵当権の設定
　　を受け，かつ，保証人を徴した目的を達した完全な満足を得て』いる
　　・②『債権者は，保証人が当該債権について債権者に代位して上記売却代金から弁
　　済を受けることによって，不利益を被るものとはいえ（ない）』
　　・③『保証人が，自己の保証していない債権についてまで，債権者の優先的な満足
　　を受忍しなければならない理由はない』

〔五〕 私見疑念

・1 「利益状況的」疑念──第 1 の疑念──

　　── ＊本判決（「判旨賛成」論/「GB 平等」配当論）のキーワード

　　── ＊私見（「G 優先/B 劣後」配当論）のキーワード

・2 「法理論的・論理構造的」疑念──第 2 の疑念──

　　── ＊本判決論（「判旨賛成」論/「G/B 平等」配当論）のキーワード
　　・1 本件は「全部代位」の場合である
　　・2 債権の「全部」につき代位弁済がされた場合であり，「最判 S 60/5/23 ケース」

とは異なり，「民法502Ⅰルール/「G優先/B劣後」配当は適用されない
　　・3　「抵当権の準共有」から「按分弁済」（そのダイレクトな帰結）

　　──＊＊私見（「G優先/B劣後」配当論）のキーワード
　　・1　本件は，「一部代位」の場合である
　　・2　債権の「一部」につき代位弁済がされた場合であり，「最判S 60/5/23ケース」
と同様であり，「民法502Ⅰルール」（「G優先/B劣後」配当）が適用される

・3　【債権の「一部」弁済→「一部」代位の成立】（最H 17判決や潮見判例研究
　　の前提思考）といえるのか
　　・その形式的論理に対する私見疑問

・4　事実認定に関する疑問
　　・「一個債権」性の基準如何

〔六〕　考察，その1（→配布第1論文）（⇒斎藤⑤論文・第2節）
　　──事案の「利益状況」の分析（三者間の「合意構造」を解明する）──

・1　「事実関係」経緯の小括
　1)　H 3/8/29；XA間の「貸付基本約定」の締結（→XのA会社への融資）
　2)　H 4/3/30〜H 7/9/28；XY間の個別の「連帯保証契約」
　3)　H10/12/8頃；XA間での債務の「最終返済期限の延長」（債務繰り延べ）
の合意
　4)　同じくH 10/12/8頃；XY間での「保証期間」の合意
　5)　同じくH 10/12/8頃；XA間で第1順位抵当権設定の合意（同年/同月
/25；登記完了）
　6)　H 12/2/15；A社の会社更生手続開始の申立て（→同年/5/12；開始決定）
　7)　H 12/2/18；債権（う）につきYからXへの全額代位弁済（→同年/4/5；
代位弁済を原因とする本件抵当権の一部移転登記の経由）
　8)　H 12/5/12；東京地裁のA社に対する会社更生手続開始決定（→H
13/7/30；更生計画の認可決定）（→H 13/9/1；更生計画の確定）
　9)　H 13/4/25；A社管財人とXとの「弁済に関する合意（覚書）」

10）H 13/7/30；更生計画認可決定

11）H 13/9/1；更生計画の確定（本件確定更生計画には，XY の更生担保権については，本件不動産を売却処分し，販売代金を「登記簿上の順位に従い」弁済する，の定めあり）

12）H 13/10 月～H 15/4 月；本件不動産の売却，A 社管財人による売却代金からの弁済

13）本件請求（X→Y）

・2　そのポイント解説

・3　五つの時系列的「基幹事実」を析出する

1）本件「貸付」時状況（H 3/8/29・貸付基本約定の締結）

2）本件「リスケジューリング」時状況（H 10/12/8 頃）◎

3）本件会社更生手続「申立」時状況（H 12/2/15）

4）本件「代位弁済」時状況（H 12/2/18）

5）本件「覚書締結」時状況（H 13/4/25）

・4　「三者間合意」（債権者 G・保証人 B・債務者 S）の形成（「利益と負担」の相互交換取引）を読み取る

——＊1　第2の時系列的基幹事実の本件「リスケジューリング」時状況（H 10/12/8 頃）に注目すれば，

その「利益状況分析」からすれば，「保証」を外し軽減化し，その代わりに「抵当権」担保でいく，という方向転換（ギアチェンジ）の「三者間合意」（債権者 G・保証人 B・債務者 S）が看取される。したがって，この合意の拘束力に基づけば，「GB 間平等」配当はあり得ず，「G 優先/B 劣後」配当が帰結される。

——＊2　第1の合意として，

A 社「主債務返済期限の繰延べ」のリスケ合意（「X 公庫と A 会社」間の合意）が存在する

——＊3　第2の合意として，

Y 銀行「保証期間の短縮」のリスケ合意（「X 公庫・Y 銀行」間の合意）が存在する

第5節　弁済者「一部代位」と「全部代位」（民法502条1項論）　　333

　　──＊4　第3の合意として，
「抵当権設定・登記」のリスケ合意（「X公庫・A会社」間の合意）が存在する

　　──＊5　結論小括　「利益と負担」の相互交換取引
　　・1　関係三当事者間の「トータルな合意」とは
　一方当事者としての「X公庫」，他方当事者としての「A会社・Y銀行」，この相対
向する両当事者間での，相互の，いわば「利益と負担」相互交換取引
　　・2　何が具体的に取引されたのか
　「X公庫」からすれば，と「A会社・Y銀行」に対する「負担提供」（主債務繰延べ・
保証期間短縮」）の見返りとして，他方当事者から「新たな抵当権設定・登記」の「利
益付与」を受けている
　　他方，「A会社・Y銀行」からすれば，「X公庫」に対する「負担提供」（抵当権設定
負担）の見返りとして，他方当事者から「主債務繰延べ・保証期間短縮」の「利益付
与」を受けている

・5　連帯保証人Y銀行（保証人B）と主債務者A会社（S）は「同一の利益共同
　　体」に属していることを読み取る

・6　「一部代位の成立場面におけると同様の利益状況（→競合）が存在すること
　　を読み取る

・7　この「利益対立状況」をどのように調整・裁断すべきかを考察する
・「斎藤④論文」（「弁済者一部代位の法構造」・1985年）（第1節）で検証済み

〔七〕　考察，その2（→配布第2論文）（⇒斎藤⑥論文・第3節）
　　　　──判旨の「論理構造」分析（『一部代位』と『全部代位』，どのように概
　　　　　念理解すべきか）──

・1　「概念識別」のメルクマールは何か
　　──＊学説一般：→債権「一部」の弁済か，債権「全部」の弁済か，これにより両
　「代位」成立を識別

　　──＊＊私見
　：→502条1項における立法者の利益裁断（競合関係処理の基準定立），→「一部代

位/全部代位」は，原「権利（債権・担保権）」上への一部的・部分的な代位なのか，全部的・全面的な代位なのか，により概念識別される

——＊＊＊概念理解：「一部代位」

→「一部代位」とは，原「権利（債権・担保権）」上に，弁済者が一部的・部分的に代位する場合である

「一部代位」では，原「権利（債権・担保権）」上に，原「権利者」に加えて（原「権利者」が従前と同様に存立しながら，原「権利者」は離脱・退場していない），弁済者が一部的・部分的に代位者として登場し，両者競合問題が生じる。競合の場面であり，原債権者は未だ債権の完全満足しておらず，原「権利（債権・担保権）」上に残留

——＊＊＊＊概念理解：「全部代位」

→「全部代位」とは，原「権利（債権・担保権）」上に，弁済者が全部的・全面的に代位する場合である

「全部代位」では，原「権利（債権・担保権）」上に，弁済者のみが全部的・全面的に代位者として登場し，両者競合問題は生じない。非競合の場面であり，原債権者は債権の完全満足により原「権利（債権・担保権）」上から完全離脱する（原債権者の完全満足・完全離脱・退場）

——＊＊＊＊＊「二つの代位」の識別基準（メルクマール）

①弁済者は，原「権利（債権・担保権）」上に一部的に代位するのか，全部的に代位するのか

②原債権者は，債権の不完全満足により原「権利（債権・担保権）」上に残留しているのか，債権の完全満足により原「権利（債権・担保権）」上から完全離脱するのか

③原債権者と代位弁済者の「両者競合関係」が，生じるのか，生じないのか

以上３点に集約される

・2 本件では「一部代位」成立におけると「同様の利益状況」がみられる

——＊ 502条１項における立法者の利益裁断（競合関係処理の基準定立）

起点にかえり，「『弁済』が一部か，全部か」ではなく，原「権利（債権・担保権）」上への「『代位』が一部的か，全部的か」で，両代位が識別される

——＊＊本件では，

数個債権中の１個債権につき全部弁済がなされたが，その弁済結果として，原「権利（債権アイ・担保権）」上に，なお原「権利者」が従前と同様に存立・残留しながら，原「権利（債権ウ・担保権）」上に，弁済者が一部的・部分的に代位者として登場しており，ここでは両者競合が生じ，まさしく「一部代位」成立の場面である（競合ある

ところ「一部代位」の成立あり）

――＊＊＊＊本最高裁判決：
→本件では，「弁済者一部代位」が成立しておらず，「弁済者全部代位」が成立している，と判断している

――＊＊＊＊＊私見結論：
→本件では，「弁済者一部代位」が成立している，
民法502条1項の適用（最判S 60年ルール）が問題となり，まさしくその適用場面の一つである

〔八〕　結論総括

・1　一個抵当権の数個被担保債権中の「一個債権」，その一個債権についての連帯保証人Y銀行による「債権全額の代位弁済」，これにより生じる「代位」は，「全部代位」か，「一部代位」か
→本件での「一部代位」の成立である

・2　抵当不動産の売却代金は，原債権者X公庫（原G）と連帯保証人Y銀行（代位弁済者B）との間で，どのように配分されるのか
→「502条1項ルール」が妥当し，「原G優先／一部代位者B劣後」配当となる

・3　「一部代位」成立の場面（その利益状況が存在する）であり，502条1項により抵当不動産の売却代金は「原債権者X公庫優先／連帯保証人Y銀行（代位者）劣後」で配分され，5021の法解釈/適用に関する「最判S 60年ルール」が妥当する（G優先/B劣後）

――初出・斎藤⑧論文・2009年/H21年5月23日・同年11月24日――

第6節　民法解釈学の方法
——20世紀・ドイツ民法学における「利益法学」の方法論的確立——
——事案の「利益状況」分析のために——

はじめに——趣旨・目的——

(i)　「民法解釈学」はどのような方法でなされるべきか

民法学，それを代表するのは，いうまでもなく，「民法解釈学」と呼ばれるものですが*，民法解釈学はどのような方法でなされるべきものなのでしょうか。いわゆる「民法解釈の方法」如何（いかん），という問題が存在しています。

* 法を研究対象とする学問を「法学」と定義づけるとしますと，
「法学」は，一般には，次のような諸領域を包摂するものとして理解されます（五十嵐・私法入門172頁以下）。

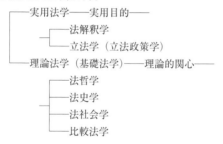

(ii)　より広く「学問方法論」の一つである

民法解釈学に限らず，およそそれが「学問」であるという限りでは，その学問がどのような方法でなされるべきなのか，という問題は，学問それ自体に必然的に付随して問われざるを得ないものとして，一般的に存在しています。たとえば，経済学にあっては，やはり「経済学方法論」という問題が存在している，というが如きです。したがって，学問方法論とは，およそ学問に近づこうとする者すべてにとって，避けては通ることのできない，必然的な先行的問題である，といえると思います。

かくして，以上を前提として，具体的な民法解釈論の問題の検討に先立っ

て，本講は，民法学入門における一つの根本的な重要テーマとして，「民法解釈学の方法」如何の問題について，考察を加えてみたい，と考えます。

〔一〕 「法解釈」とは何か
──法解釈学の任務内容如何──

（ⅰ） 問題提起

民法解釈学を含めて，いわゆる「法解釈学」という学問は，「法の解釈」をその任務とするものです。それでは，「法の解釈」とは，より具体的には，どんなことを意味するものなのでしょうか。

（ⅱ） 制定法の意味内容を解明する

たとえば，国家の立法機関（立法権）により作出された「制定法」*を例にとれば，その制定法規範中の「個々の文言や文章それ自体」について，それらの「意味内容を明らかにする」こと，それが「法の解釈」に他なりません。

その限りでは，詩や小説といった古今東西の文学作品について，さらにはドイツ語や英米語といった外国語について，その「意味内容を明らかにする」ことと，同様である，といわなければなりません。法解釈学に従事する法律学研究者もまた，文学者や外国語学研究者と同様に，自らの研究対象について，その「意味内容の解明」に努めているのです。

（ⅲ） 「民法709条」を例にとれば

「法の解釈」のわかりやすい例として，「不法行為」の要件・効果について定める「民法709条」を採り上げてみましょう。そこでは，「故意又ハ過失ニ因リテ他人ノ権利ヲ侵害シタル者ハ，之ニ因リテ生シタル損害ヲ，賠償スル責ニ任ス」（句点筆者），と定められています。

同条の法解釈にあっては，「故意」とは何を意味するのか，さらに「過失」とは何を意味するのか，また「権利ヲ侵害シタル」とはどのような侵害態様を意味するものなのか，「損害」とはどのような損害を意味するのか，「之ニ因リテ生シタル」とは侵害行為と損害とのどのような関係を想定するものなのか，そしてさらには本条全体はどのような意味内容のものとして理解されるべきなのか，等が明らかにされるべく，検討や分析がなされることとなります。

　　＊　法解釈学が対象とする「法」としては，

本文中に挙げました「制定法」の他に，「判例法」や「慣習法」といったものも，含まれます。詳細については，「法源論」という個別テーマで，後日あらためて説明することとします。

(iv) 「法の解釈」は「法の適用」の一つの予備前提である

他方，「法の解釈」は，単にその法解釈それ自体のレヴェルに留まるものではなく，次なるレヴェル，すなわち「法の適用」の場面で，問題とされるものです。言い換えれば，「法の解釈」は，「法の適用」のための一つの予備前提として，なされるものに他ならない，からです。

したがって，ある具体的な交通事故が生じ，加害者（自動車運転者）がおり，被害者（歩行者）がおり，現実の被害（損害）が生じている，という事実状況が存在すれば，現実にその場面で「法の適用」が必要とされてくるわけですから，「法の解釈」は，単に抽象的レヴェルにおいてのみ，なされるものではなく，具体的レヴェルにまで高められて，なされるものでなければならないのです。ここに，法解釈学のもつ「実践的」側面がひじょうにはっきりとみられます。

〔二〕　ドイツ民法解釈学ではどのような「方法論」が採られているのか
　　　──支配的方法論としてのドイツ「利益法学」，その方法論としての論理構造如何──

(1)　ドイツ利益法学の方法論へのアプローチはなぜ必要とされるのか
　　──研究の必要性とその方法──

(i) 「利益法学」の方法論的確立

1900年を相前後して，ドイツ私法学，より正確には主としてドイツ民法学では，いわゆる「方法論」論争の口火が切られ，激しい論戦がなされました。そして，20Ｃの最初の四半世紀にあっては，実用法学の方法論として，いわゆる「利益法学」が，方法論的に確立されるに至りました。

(ii)　有力支配的な方法論である

今日のドイツ民法学，より広くはドイツ私法学一般においては，この「利益法学」の方法論が確固たる地歩を占めるものになっています。ドイツ民法

解釈学は，そのベースとしては，「利益法学」の方法論に準拠して行われており，「価値判断法学」と並んで，それが有力支配的な方法論となっている，ということができます。しかも，なお，このドイツ利益法学の方法論は，我が国の民法解釈学にも大きな影響を与えており，我が国でもまた，一部碩学による提唱を契機に，極めて有力な方法論としての位置を占めつつある，という点に注目されます。

　(iii)　二つのアプローチが必要である

　以上を前提とすれば，ドイツ利益法学の方法論如何を検討することは，我が国の民法解釈学にとっても，必要不可欠の先行的作業である，といわなければなりません。そして，それへのアプローチとしては，①その方法論的な論理構造を解明すること，②さらにはその生成ないし確立の理論史的展開をフォローすること，の二つが必要と考えられます。

　⑵　ドイツ利益法学の方法論とはどのようなものなのか
　　　──その方法論的な論理構造如何──

　ドイツ民法解釈学における，その支配的方法論としての利益法学とは，一体どのような方法論なのでしょうか（あるいは，その方法論の下では，どのような方法で民法制定法が解釈されることとなるでしょうか）。その方法論としての論理構造如何が，問われる必要があります。以下の４点（(イ)(ロ)(ハ)(ニ)）において，その方法論的論理構造を解明してみましょう。

　(イ)　「利益」とは何を意味するのか
　　　──利益法学の指導原理としての「利益」概念──

　利益法学の方法論は「利益」概念を，その出発点として，自らの方法論的立場を定立しています。「利益」概念は利益法学の方法論における指導原理である，といわれる所以（ゆえん）です。

　「目的こそ法のすべての創造者である」というイエーリングの「目的法学」に触発されて，ヘックにより「利益法学」が構想されましたが，その「利益」概念とは一体どのような意味をもつものなのでしょうか。また，それは「目的」概念とどのような関連にあるものなのでしょうか。

(a) 一般的・日常的な用法

(i) 利益法学は，その名称よりも明らかなように，まず「利益」という概念を，その出発点とするものです。

(ii) そこでは，「利益」とは，単に物質的利益のみを，意味するものではなく，理念的な諸利益，すなわち文化的・倫理的な諸利益，さらには宗教国・国家的な諸利益をも，意味するものである，とされています。したがって，「利益」概念は，決して特殊なものとして用いられているのではなく，一般的あるいは日常的に使われているのと同義で，しかも非常に幅広い意味において，用いられている，ということができます。

(iii) かくして，利益法学にあっては，「利益」概念は，「実生活の用語法」に準拠したものであり，そのような形で学問作業上においても利用されている，と小括することができるでしょう。

(b) 私的利益，そして法共同体の利益

(i) 「利益」概念は，単に「私的利益」のみならず，「法共同体の利益」をも意味するものである，として理解されています。

(ii) まず，法共同体の利益とは，

「それが作用する法領域」という視点よりみれば，私法領域以外の「法領域」において，その主たる作用を果たしているもののみならず，「私法領域」においてもその作用を果たしているものでもあります。

(iii) また，法共同体の利益とは，

「それを私的利益との関係において」みれば，「強行規定」にあっては，より強力に関与しているものである（法共同体の利益＞私的利益）のに対して，「任意規定」にあっては，より微弱に関与しているものである（法共同体の利益＜私的利益），ということができます。

(c) その前提としての「目的」概念

(i) 「利益」とは，現実社会で実現されるべき物質的ないし精神的「目的」である，とされています。換言しますと，「目的」，さらには「目的定立」ということが，「利益」概念の前提として想定されている，ということができます。

第6節　民法解釈学の方法　　　　341

(ii)　すなわち，あらゆる社会にあっては，それを構成する個々人並びに諸団体は，物質的あるいは精神的な特定の「目的」を立て，その実現を求めています。現実社会の中で実現されるべき「目的」が設定され，これらの「目的」が個々人並びに諸団体の行為を自ずと拘束するものとなっています。これらの「目的」，さらにはそれらの「傾向」といったもの，——これらは「要求（Begehren）」・「要求傾向（Begehrungstendenz）」・「実生活の必要（Lebensbedürfnisse）」・「生活の必要性（Lebensbedürfnisse）」とも表記されます——，結局のところ，それらが「利益」なるものに他なりません。

　しかも，上記の「目的」ないし「目的定立」が同一のものではあり得ず，多様なものであるが故に，あらゆる社会では諸利益の対立ないし衝突状況が存在している，といわざるを得ないこととなります。

(d)　立法者の考慮すべき諸利益

(i)　立法者が制定法規範の定立の際に考慮しなければならない「利益」としては，次の三つが指摘されています。

(ii)　すなわち，①　第1に，現実生活において妥当している「生活利益（Lebensinteresse）」です。それを考慮することは実質的正義に適（かなう）ことでもあり，制定法がその保護のために介入すべきところの，且つ事件の裁判がそれに奉仕すべきところの，「利益」に他なりません。

②　第2に，それが現実の事件の裁判に適用可能なものでなければならない，という「実用的利益（Praktikabiltätsinteresse）」です。立法者は，法規定立に際し，法規は適用可能なものであるべし，という実用的利益を考慮するものでなければなりません。

③　第3に，それが容易に適用可能なものでなければならない，という「表現利益（Darstellurgsinteresse）」です。立法者は，現実の事件の裁判にとって法規が容易に適用可能なものであるように，法規の定立の際に「表現利益」を考慮するものでなければなりません。

(iii)　なお，後二者（②③）は，「法技術的利益（rechtstechnische Interessen）」という上位概念でもって，小括することができます。

(ロ)　「制定法規範の基礎」は何に求められるのか

──諸利益衝突状況における立法者による利益裁断

「制定法規範の基礎」として，利益法学によれば，それは「立法者による利益裁断」に求められています。

すなわち，すべての制定法規範は現実社会の諸利益衝突状況の下における立法者による利益裁断の結果である。法共同体にあっては，法の承認を求めて相抗争する諸利益が対立しており，そのような諸利益衝突状況の中で立法者は諸利益を「衡量・調整・妥協」を試み，最終的な「利益裁断」を行い，その結果がまさしく制定法規範に他ならない，と理解されています。

㈈　裁判官は制定法規範とどのような関係に立っているのか
──制定法規範への裁判官の「思慮ある服従」──

⑴　裁判官が制定法規範に対してどのように位置するか，については，利益法学は次のように理解しています。

⑵　すなわち，裁判官は「制定法規範の下僕」であり，それに拘束されるものである。それは，制定法規範への「盲目的・機械的・画一的・絶対的な服従」ではなく，「思慮ある服従 (der denkende Gehorsam)」でなければならない。まず，裁判官は，当該制定法規範の基礎として，立法者が，いかなる諸利益衝突状況の下で，いかなる利益裁断をなしたのか，を調査ないし究明するものでなければならない。さらに，制定法規範の基礎としての諸利益衝突状況が現実の審理事件におけるそれと同様のものであることが確認されたときには，裁判官は立法者の利益裁断の結果に従って自らの裁判をなさなければならない。したがって，その限りでは，裁判官は現実の事件に立法者の利益裁断の結果を包摂するものでなければならず，その任務にあるものである，とされています。

⑶　なお，「制定法規範が欠缺する」場合には，裁判官はどのようにして裁判すべきか，という問題については，次のように理解されています。

すなわち，①「法規が欠缺する」場合には，裁判官により補充されなければならないが，その補充は「類似ないし近接の利益衝突状況」についての利益裁断をなしている法規を基準としてなされなければならない，とされています。

なお，②「類似ないし近接の利益衝突状況」についての利益裁断としての

法規もまた存在しない場合には,「法秩序ないし法規秩序の全体」よりその判断基準を求めなければならないし,③それが得られない場合には,「法共同体における支配的な基準」により裁判すべきであり,④それもまた不可能である場合には,裁判官自らにおいて「具体的事件でのより高次にある価値」と判断される基準で自ら裁判すべし,とされています。

㈡ 「歴史的解釈」とは何か
——制定法規範における立法者意思（利益裁断）についての因果律的探求——

⒤ すべての制定法規範は諸利益衝突状況の下での立法者による利益裁断の結果である,との前提の下で,利益法学は,法解釈学の方法として,具体的に「歴史的解釈」というものを主張しています。

⑴ ここで「歴史的解釈」とは,

制定法規範にこめられた立法者意思,すなわち利益裁断の結果を,「歴史的に探求する」こと,を意味するものとされています。このような歴史的な「利益探求（Interessenforschung）」とは,制定法規範を成立させた因果的な諸利益に遡ってまでの,現実的な認識の作業である,とされています。

また,「歴史的に探求する」とは,たとえば法案審議にあたった立法機関（国会）での議事録,また草案の起草にあたった立法委員会での審議録や立法理由書等,を手がかりとすべし,ということを意味するものとされています。歴史的に現実に存在する各種の諸立法資料等を手がかりとして,立法者の利益裁断の結果を現実的作業として認識すべし,とするのです。

⑶ さらに,その「実用法学」性について,

利益法学は実用法学としての方法論であり,法適用の実際上の方法であり,法規中の立法者意思（利益裁断）を歴史的に探求し,裁判官の裁判の職務のために準備すべし,としています。裁判官の現実の裁判のために,法律学は制定法規範中の立法者による利益裁断を,常々そして予め,確定すべく努めていかなければならない,とするのです。

⑷ 「普遍的利益」に関する探求

なお,歴史的解釈と併行して,利益法学の方法論によれば,「普遍的・一般的に妥当している諸利益」というものを整理し,これを類型化すべし,としています。ある現存する社会において普遍的ないし典型的に存在していると

判断される諸利益を括り出し，これらを列挙し，類型化ないし体系化する，という，「普遍的利益」に関する探求が強調されています。

〔三〕 19～20世紀・ドイツ私法学における「法解釈方法論」論争とはどのようなものであったのか
——ドイツ利益法学の方法論的確立の前理論史的状況——

(i) 「前理論史的」状況を解明すべし

ドイツ民法解釈学における支配的方法論としての利益法学，それは，勿論，突如として登場したものではなく，「法解釈方法論」論争という永い歴史的・理論的状況の中で，産まれ育（はぐ）くまれてきたものに他なりません。としますと，ドイツ利益法学の方法論的確立の，その前提ないし基盤となった前理論史的状況如何が，まずもって，問われる必要がある，と考えられます。したがって，ドイツ利益法学の誕生についての，そのいわば露払いでもあった「前史的・前理論史的」状況を，時系列的に以下に解明しておきたいと思います。

(ii) 「方法論」論争の経緯をスケッチする

なお，19 C～20 C におけるドイツ私法学における「方法論」論争の経緯を，予め，簡潔に且つ要約的に素描してみますと，

(α) 19 C のドイツ私法学にあっては，法実証主義法学としてのパンデクテン法学が隆盛を誇っていました。サヴィニーの歴史法学を嚆矢として，その流れをひくプフタの概念系統学，そしてヴィントシャイトのパンデクテン法学において，ドイツ私法学は法実証主義に基づく近代法学として輝かしい確立の時代を迎えたのです。

(β) しかし，19 C の半ば頃から，法実証主義法学としての伝統的法律学に対して，それを概念や体系のみに偏重する「概念法学」であるとして，その方法論的アンチテーゼも主張されていました。いわゆる「自由法運動」と呼ばれる，従来の既成の法律学に存する，一連の方法論的批判の動きの端緒でありました。

それは，①ドイツにあっては，キルヒマンの激情的講演を嚆矢として，イエーリングの目的法学，そしてカントロヴィツの闘争論文において，②オーストリアにあっては，エールリッヒの法社会学において，③フランスにあっ

ては，ジェニィなどの科学学派による注釈学派批判の諸論文において，それぞれにあって激しく主張されたものでした。

（γ）　法実証主義法学としての伝統的な法律学，それを概念法学として方法論的に激しく批判した自由法論，という方法論的相克の中から，その止揚を求めて，20 C の前期以降には，新しい法解釈方法論が主張されました。ヘックの「利益法学」がこれであり，既に述べましたように，現在の法律学において方法論として支配的地位を確実にしているものでもあります。

(iii)　小括（私見評価）

以上を小括しますと，

①19 C における法実証主義法学としてのパンデクテン法学の隆盛（概念法学）をテーゼとすれば，

②20 C にかけての，それへの方法論的アンチテーゼとしての自由法論の主張，

③両者をアウフヘーベンするものとしての利益法学の生成・展開・確立，という形で総括・評価されるべきものである，と考えられます。

⑴　**1847 年：キルヒマンのセンセーショナルな「批判講演」**
　　──**実定法偏重の既成の法律学に対する批判**──

(i)　「伝統的」法律学に対する強烈な「批判講演」の登場

1847 年，ベルリン法曹会において，〈学問としての法律学の無価値性（über die Wertlosigkeit der Jurisprudenz als Wissenschaft)〉と題する，極めてセンセーショナルな講演がなされました。

この講演は，当時，ベルリン刑事裁判所の主席検察官の職にあった「キルヒマン（Kirchmann, Julius Hermann von, 1802-84)」によってなされたものであり，既成の伝統的な法律学（その法解釈の方法）に対して，激しい批判を加えたものでした。キルヒマンは，自らの実務家としての体験や知見より，実定法に偏重するあまり，当時の法律学がどれだけ腐敗し，実務的にも役立たずのものであるのかを，鋭く指摘し，伝統的な法律学に対して，その学問としての無価値性を激しく糾弾したのです。

これは，翌 48 年，その講演録が刊行されたことに伴い，既成の伝統的な法律学に対して，広範囲に大きな衝撃を与えることになりました。

(ii)　その主張論旨

キルヒマンによる批判の論旨を簡潔にみてみましょう。すなわち，キルヒマンによれば，

(α)　第1に，法律学は本来，民衆の中に生きている「自然法（das natürliche Recht）」を対象すべきものであるにもかかわらず，国家権力と刑罰によって強制され且つ必ずしも自然法を具体化していない「実定法（das positive Gesets）」に執着し続けている，としています。

(β)　第2に，実定法規は立法者により硬直的・形式的・恣意的に作られたものにすぎず，したがってそのような実定法規を対象とし且つそれにとらわれている法律学というものは，立法者の無知，不知，軽率さ，恣意・感情・誤謬の侍女になってしまっており，現実の民衆生活には何らの役にも立っていない，としています。

(γ)　第3に，そのような法律学に従事する法律学者というものは，あたかも腐敗し朽ちはてた樹木（実定法規）に巣くう蛆虫の如き存在に他ならない，としています。

(δ)　第4に，現時の法律学が立法者による実定法規にそれ程までに執着するものであるが故に，「仮に立法者が僅か三言の法訂正の言葉を発したとすれば，これまでの法律書を集架するすべての全書庫は瓦礫（がれき）の山となってしまうであろう」，としています。これは，キルヒマンの名文句として，後世にも広く知られているものでもあります。

(iii)　私見評価（光と影）

このようなキルヒマンの講演は，どのように評価されるべきものなのでしょうか。その「光と影」という観点より，私は次のように評価しています。

(α)　まず，「光」の部分としては，

次のことがいえると思われます。キルヒマンは，ベルリン刑事裁判所検事長やラティホール高等法院副長を歴任することになった，法実務家でした。まさしく40代半ばの壮年期において，法実務家としての自らの実務体験から，当時の既成の法律学に対してなされた痛烈な批判，それはキルヒマンの鋭い実務感覚のなせる業（わざ）であった，といえるでしょう。そうであるが故に，当時の既成の法律学における問題点，より具体的には，立法者によってつくられた実定法規への偏重，自然法の軽視ないし無視，実務上の機能性喪失，

といったことを鋭く抉(えぐ)るものであったのでしょう。そこには，立法者，さらにはその手に成る実定法に対しての，強い不信感が読みとれます。

　当時の既成の法律学は，自らの法解釈の方法についてなんらの疑問をもつものではなかったし，むしろ方法論的正当性について確固とした信念を有するものであったが故に，キルヒマンの批判はかなりの程度にラディカルなものであった，といえるでしょう。自らの研究方法に何らの疑問をももたなかった当時の法律学，そして法律学者，彼らにとって大きな衝撃であったことは，十分にうなづけることです。

　(β)　しかし，他方，いわば「影」の部分として，

　キルヒマンの批判は，確固とした学問的な方法論的自覚の下に，なされたものではなかった，といわなければなりません。鋭い実務感覚に裏付けられたものであるとはいえ，それは，端的に，感覚的ないし感情的な批判の域に留まるものにすぎませんでした。

　それは，キルヒマンが純然たる法律学専攻研究者ではなかったということを理由とするのではなく，むしろ法学「方法論」それ自体が未だ自覚的に採り上げられる時的段階にはなかったという，当時の学問的未成熟性に，その理由が求められるでしょう。

　(γ)　なお，キルヒマンのこのような激情的な講演録よりも明らかなように，キルヒマン自身，法実務家としてかなりラディカルな人物であったようです。それは，後日，共産主義に関するキルヒマン自身の講演をきっかけとして，その職を罷免されるに至っている，ということよりも，容易に，推測できることです。

　(iv)　小　括

　以上，キルヒマンの批判は既成の法律学に対する極めてプリミティブな疑問の提起にすぎず，新たな方法論的基礎を自ら提示するものでは無論なく，方法論的自覚の下での建設的批判は，後日の自由法論や法社会学の登場を待たねばなりませんでした。

⑵ 1861 — 66 年：後期・イエーリングの「目的法学」
——「概念法学」としての伝統的法律学に対する批判，新たなる「目的法学」
　　の提立——

(i)　匿名者論文の連載スタート

　1860 年代初頭，〈プロイセン裁判所時報の発行者へ宛てられた匿名者から
の親展の手紙（Vertrauliche Briefe eines Unbekannten an den Herausgeber der
Preu β ischen Gerichtszeitung）〉（1861 — 66 年）と題した。奇矯（ききょう）に
して極めて諷刺的（ふうしてき）な論文が連載されはじめ，学界や実務界の注
目を惹きました。

　当時の法律学にあっては，サヴィニーの流れをくむ「歴史法学」派が一世
を風びしていましたが，この匿名者による論文は，「歴史法学」の方法論を痛
烈に，しかも皮肉をこめて揶揄（やゆ）的に，批判するものでした。

(ii)　その批判の内容を具体的にみてみましょう。

　(α)　第 1 に，当時の伝統的な法律学が論理にのみ偏重する，いわば論理
至上主義に走り，それへの盲信にとりつかれている，とされています。

　(β)　第 2 に，概念分析や論理展開にのみすべての精力を使い果たし，徒(い
たずら)に抽象的な概念をもて遊ぶという，いわば「概念の遊戯」にうきみを
やつし，法律学者はこのような「法律的な概念天国（juristischer Begriffshim-
mel)」に安住している（概念天国に遊んでいる），とされています。

　(γ)　第 3 に，その結果，法律学は，生きた現実から遊離ないし逃避し，現
実社会からの要求に無関心のまま，現実社会の生活に奉仕するという，その
本来の任務や使命を忘却してしまっている，とされています。

　(δ)　そして，以上のような批判的な指摘をふまえて，そのように特徴づけ
られた当時の法律学を「概念法学（Begriffsjurisprudenz)」と名付け，これを揶
揄し，嘲笑したのです。

(iii)　なぜ匿名だったのか

　その内実としては，この匿名論文は，勿論，当時の法律学（その方法）に対
する真摯な批判であったのかもしれません。しかし，その論調が，揶揄や皮
肉たっぷりの，諷刺に満ちたものであったせいでしょうか，やはり実名で発
表することはためらわれたもののようです（あるいは，匿名論文という形を採
ったからこそ，このような諷刺的な論調が可能であった，ともいえるでしょう）。

第6節 民法解釈学の方法 349

いずれにせよ，当時の既成の伝統的な法律学に対しての，ひじょうに痛烈な批判であったが故に，この論文は，匿名という形で，それとの正面からの直接的対決を避けたもの，とも評することができるのではないか，と思われます。

(iv) 著者名明記の「著作」の刊行

しかし，それにしても，この匿名論文は，一体誰の手により，そしてどのような目的で，執筆されたものだったのでしょうか。「謎」は深まるばかりでした。

連載が終了してから約18年も経ってからのことですが，1884年，イエーリングによる〈法律学における冗談と本気 (Scherz and Ernst in der Jurisprudenz)〉（これは「法律学戯論」とも略称されています）と題する単行本が刊行されました。これは，前述の匿名論文を再録したものであり，イエーリングという実名に基づくものであったが故に，執筆者は誰か，というその「謎」は，一般にも広く明らかとなりました。

(v) 過去の己との訣別である

それでは，自らは「パンデクテン法学」を支えてきた，しかもその有力にして優れた法学者であった「イエーリング (Jhering, Rudolf von. 1818-92)」，そのようなイエーリングが一体どうして当時の「パンデクテン法学」を「概念法学」と名付けて，これを揶揄し痛烈に批判したのでしょうか。イエーリングは，いわば分裂的に，激しい自己矛盾に陥っていたのでしょうか。それとも，自らが依り立ち支えてきたその立場を，自らが激しく批判したのですから，それはまさしく自己批判そのものであった，と端的に評価すべきものだったのでしょうか。

結論的にいえば，それは，「攻撃的・批判的な気質と強い自意識の持ち主」（村上・法学者25頁）と評され，矛盾に満ちた偉大な法学者であったイエーリングの，まさしく自己批判に他ならず，過去の自分との訣別であった，ということができるでしょう。

(vi) 「後期」イエーリングのスタート

これは，匿名論文の連載がスタートした1860年代初頭以降においてみられた，イエーリングにおける法理論的・方法論的な転換ないし発展，と小括することができるものでもあります。そして，まさしくこれこそが，イエー

リングにあっては，後代の法史学者によって，「前期」イエーリング，そして「後期」イエーリング，との言葉が付記されるということの，理由でもあります*。

> * **前期・イエーリングを特徴づける代表的著作としては，**
> 〈その発展諸段階におけるローマ法の精神（Geist des römischen Rechts auf den verschiendenen Stufen seiner Entwicklung，Ⅰ．Ⅱ①②）（1852. 54. 58）〉（以下，「ローマ法の精神」と略記します）を，指摘することができます。なお，この未完の大作であった〈ローマ法の精神〉は，計3部により構成されるものでしたが，その第Ⅲ部（1864年）にあっては，既にイエーリングの方法論的転換がうかがえます。

新たな方法論（目的法学）の提示

イエーリングの方法論的転換は，前述の〈法律学戯論〉にあっては，当時の法実証主義のパンデクテン法学に対する批判という形で，提示されました。しかし，それは，積極的に自己の立場を構築したものではありませんでした。イエーリングが，自己の方法論的転換を支える「新たな方法論ないし法律学」を提示したのは，1877年・84年の〈法における目的（Der Zweck im Recht，Ⅰ．Ⅱ Bände)〉（以下「法目的論」と略記します）と題する著作において，でした。

この〈法目的論〉にあっては，法律学は現実生活の要求に無関心であってはならず，そもそも法の概念や論理は本来現実生活のために存在するのであり，したがって法律学は「生活の目的」を考慮するものでなければならない，との趣旨が論じられています。そして，そもそも法は「目的」の故に生まれ出るものであり，その「目的」とは，目的価値や目的理念といったものではなく，個人の「生活上の利益」であり，人の目的定立という経験的事実である，とも指摘されています。

このように，「無意識の衝動に代え，目的を自覚した意思が法を発展させる因子であり，目的こそ法全体の創造者である」（伊東・原典142頁）というのが，イエーリングの論旨のライトモチーフであるところから，その主張は「目的法学（Zweckjurisprudenz)」と称されました。

　⑻　「科学的実証主義」に基づいている

「目的こそ法全体の創造者である」というイエーリングのライトモチーフよりも明らかなように，彼の「目的法学」は，現実の立法者がその立法により達成しようとした「目的」や「現実生活上の利益」を重視し，それに即応

した法解釈を志向するものでした。したがって，それは，現実生活上の感覚経験を重視する，いわゆる「科学的実証主義」を背景としたものでした。

かくして，イエーリングの提唱した「目的法学」は，同じく「科学的実証主義」の立場に立つ，その後の「利益法学」や「法社会学」の誕生にとって，その先駆けとして，重要な指導理念を提示するものとなったのです。

(3) 1899 年：フランス科学学派のジェニィの「法解釈方法論」
——「後期・イエーリングの目的法学」よりの触発，「フランス自由法論」の嚆矢——

(ⅰ)「註釈学派」の支配

19 C・フランス法学を支配したのは，当時のドイツ法学（パンデクテン法学）におけると同様に，制定法を重視し，法概念や法論理を駆使して技術的論理体系を構築せんとする，いわゆるフランス「註釈学派」でした。

(ⅱ) それに対する批判（科学学派）

しかし，ドイツにおける後期・イエーリングの目的法学（1879 年・84 年）に触発され，フランスでも当時の既成の伝統的法律学（註釈学派）に対する批判の動きがみられました。

より具体的には「サレイユ（Saleiles, Sébastien Félix Raymonf, 1855-1912)」や「ジェニィ（Gény, Fran ε ois, 1861-1956）」に代表される，「科学学派」と呼ばれる学派は，イエーリングの法解釈方法論（目的法学）に触発され，新たな法解釈学を主張したのです。

(ⅲ) 法への「自由な科学的探求」

たとえば，法哲学者として著名なジェニィは，1899 年，その〈実定法学における解釈方法と法源（Méthode d'interprétation et sources en droit privé positif, 2 vols., 1899)〉と題する著作において，制定法を重視し，それを唯一の法源として理解していた当時の法律学に対して，反旗をひるがえしました。

そこでは，制定法に加えて，慣習や判例も法源として認められるべきであり，制定法が欠缺する（無欠缺性のドグマの否定）場合には，それを補充すべく，裁判官は法規より離れて法源を自由に探求し，それを社会から発見し，これにより裁判すべきである，との趣旨が論じられています。そして，裁判官によるこのような裁判活動を「法への自由な科学的探求」と呼び，それに

奉仕する法律学こそ「科学的な法律学」である，と論じました。

(iv) フランス「自由法論」の嚆矢

このようなジェニィの主張は，後日の〈実定私法学における科学と技術
(Science et technique en droit privé positif, 4 vols., 1915-1924)〉の著作によって，
より理論的に体系化されました。それは，フランス自由法論の嚆矢として，
注目されるものでした。

(4) 1903 年：エールリッヒの「自由な法発見」
—— 「ドイツ・オーストリア自由法論」の先駆の中核，「法社会学」の
誕生——

(イ) エールリッヒの「自由法論」

(i) 自由な法発見

ドイツの自由法論の先駆けをなし，その中核となったのは，オーストリア
の「エールリッヒ (Ehrlich, Engen, 1862-1922)」による〈自由な法発見並びに
自由な法律学 (Freie Rechtsfindung und freie Rechtswissenschacft)〉(1903 年)，
と題する論稿 (講演録) でした。そこでは，現実の裁判にあっては，裁判官に
よる法解釈はどのようにしておこなわれるべきなのか，という視点から，裁
判官は自己の主体的責任の下において法を創造すべきである，との趣旨が論
じられました。

(ii) 自由な法律学

裁判における裁判官の法創造的機能が承認されるべきであり，それがエー
ルリッヒの言葉によれば，「自由な裁判」，そして「自由な法発見」というこ
とに他なりませんでした。そして，法律学はこのような「自由な裁判，自由
な法発見」に奉仕すべきものであり，そのような法律学を，エールリッヒは
「自由な法律学」と呼んだのです。

(iii) 裁判官の裁判のために実用的である法技術論としての法律学

したがって，エールリッヒにあっては，従来的ないし伝統的な法律実証主
義の法律学から訣別し，法律学は，規範創造的機能を果たすべきものとして，
裁判官による現実の裁判にとって実用的である法技術論に，再構築されてい
る，といえるでしょう。端的に，実用目的を有する法技術論としての法律学，
というのが，エールリッヒの構想する法律学であったのです。

(ロ)「法社会学」への構築

――その主著〈法社会学の基礎付け〉・1912年――

(i)　新たな学問領域としての「法社会学」

エールリッヒの自由法論は,「法社会学（Soziologie des Rechts)」という新しい学問領域の誕生への，一つの契機ともなりました。エールリッヒは，自らの自由法論の立法に科学的な基礎付けを付与せんがために，新たな学問領域としての「法社会学」の構築へと，進んでいったのです。

それは，その主著とされる〈法社会学の基礎付け（Grundlegung der Soziologie des Rechts, 1912)〉において，壮大にして緻密なる学理体系として，提示されるに至りました。同書は,「法社会学」というものをはじめて方法論的に基礎付けた,「法社会学」史上の古典的な名著として，あまりにも有名です。

(ii)　法秩序の体系（三支柱）

エールリッヒによれば,「法秩序の全体的構造（法秩序の体系)」として，次の三つが峻別されています＊1＊2。

＊1

- ①「行為規範（行為準則)」
  ：社会を構成する一般人が通常の日常生活をおこなっている場面で，そこで妥当している行為規範ないし行為準則
- ②「裁判規範（裁判準則)」
  ：個々的な紛争や訴訟において裁判所により下される，具体的な規範としての裁判規範ないし裁判準則
- ③「法命題（成文法規)」
  ：正権限ある立法機関，あるいは法学者の権威ある学説，等によって示される，一般的・抽象的な規範としての法命題ないし成文法規

＊2

- 非国家法（社会の法）
  - 現実的慣習法（①）
  - 法曹法（②）
- 国家法（③）

以上，①②③の総体が「法秩序の体系」である，と理解されています。

(iii)「成文法規」偏重に対する批判

エールリッヒによれば，従前の伝統的法律学が国家の「成文法規」（③）を主たる研究対象としてきたことについて，次のように批判しています。すなわち，

"従前の伝統的法律学は，「成文法規」（規範・原理・法命題）（③）を主たる研究対象としてきた。しかし，法秩序の全体系よりすれば，「成文法規」（③）が法秩序を組成する「すべて」でもなければ，その「主要部分」ということもできない。なぜなら，歴史的にみれば，「成文法規」（③）は，「裁判準則」（②）の集積より，その成文化という形式をとって，生じたものに他ならない，からである。そして，この「裁判準則」（②）は，裁判所の判決によってはじめて形成されたものではなく，既にそれ以前に存在する「行為準則」（①）に基づいたものに他ならない，からである"，としています。

これは，「③←②←①」の連鎖の相互関係を指摘し，「③」重視・偏重の，従来の伝統的法律学に対して，鋭く批判するものに他なりませんでした。

(iv)　「行為準則」が土台・基盤である

エールリッヒによれば，法秩序体系の「三つの支柱」（①②③）の相互関係として，「行為準則」（①）をもっとも根源的な法存在形態である，としています。

――なお，ここで「行為準則」（①）とは，社会を構成する一般成員が，その日常生活の中での経験や習慣から，継続的・直接的にその妥当性を確認し且つ遵守しているところの，規範を，意味するものとされています。――

(α)　すなわち，"このレヴェルの「行為準則」（①）が，

我々の法秩序において，もっとも根源的な規範であり，それは「生ける法（das lebendes Recht）」である。人は，全体社会に直接的に帰属しているわけではなく，家族や村落等といった様々な下部集団に帰属し，その結果として間接的に全体社会に帰属しているにすぎない。このような下部集団の内部で妥当する秩序，それがここでいう「行為準則」（①）であり，柔軟で流動的な規範内容をもちつつ，一般成員へのインフォーマルな制裁によって，その実効性が支持されている"，としています。

(β)　また，"「三者の相互関係」としては，

まず法秩序の根源として「社会下部集団の内部での行為準則」（①）があり，それよりの派生として「裁判準則」（②）があり，さらにその「裁判準則」（②）

第6節　民法解釈学の方法　　355

の明確化ないし一般原則化として提立された「法命題（成文法)」（③）がある”，としています。

(ⅴ)　「生ける法」の探求

エールリッヒによれば，法社会学の任務として，その「生ける法」を探求するものでなければならない，としています。すなわち，

(α)　“法の発展を起動したものは，立法でもなければ，法学でもなければ，そして司法（裁判）でもなければ，まさしく社会自体にある。そのことは，原始社会の昔においてのみならず，今日の複雑化した社会においても，あらゆる時代において，常に変わることのない真理である”，としています。

(β)　また，“「社会的団体の内部での秩序」が「生ける法」に他ならず，従来からの既成の法学がこれを等閑視し，成文法規のみを研究対象としたが故に，それは現実生活から遊離せざるを得なかった。かくして，法社会学とは，このような「生ける法」，さらには「生ける法」自体の淵源ないし基盤としての「法の事実」（慣行・支配・占有・意思表示等）を探求し，そのことによって社会の「現実の法状態」を明らかにすること，それは学問としての第一の任務とするものである”，との趣旨が論じられています。

(ハ)　その方法論的基盤への確立
──その主著〈法的論理〉・1918 年──

(ⅰ)　自由法運動の中核的地位

エールリッヒの自由法論は，法社会学の構築により，科学的な基礎付けを得て，次いで現実の裁判における裁判官の法解釈のプロセスを実態的に分析するという視点より，伝統的法律学の論理構造ないし方法論を批判しつつ，自らの理論的な基盤の確立に努めました。それが，〈法社会学の基礎付け〉と並ぶもう一つの主著，〈法的論理（Juristische Logik, 1918)〉でした。

これにより，エールリッヒの自由法論は，「自由法運動（Freirechtsbewegung)」の先駆けとしてのみならず，その重要なる中核的位置を占めることとなりました。

(ⅱ)　伝統的な「法解釈学の方法」に対する分析と批判

まず，エールリッヒは，既成の伝統的な法解釈学の方法に対して，その実態を次のように分析し，同時に批判を加えています。すなわち，

(α) 分析　"国家の実定法体系や実定法規範には，実のところ欠缺や不備が存在するのであり，現実の裁判では裁判官によって，その「補充」がなされている。ところが，従来からの伝統的な「概念法学」的な法解釈の方法にあっては，裁判官による「補充」（それに基づく法解釈・法適用）にもかかわらず，「法律構成」によって既存の実定法体系や実定法規範より機械的に法解釈・法適用の結論が導出されている，というのが如き「外観」が示されている。

(β) 批判　裁判官が裁判をする場合の基準としての，いわゆる「法源」について，それらはすべて「国家の実定法体系や実定法規範」の中に求められるべし，とするいわゆる「国家的法律観」という法思想が存在するところ，このような伝統的な法解釈の方法は，「国家的法律観」に準拠するものである。それが仮に裁判官による恣意的な法解釈・法適用・結論であったとしても，「国家的法律観」に由来する法解釈の方法は，その「外観」の故に，裁判官の恣意的な決定をも，隠蔽してしまうものとなるであろう"，と批判しています。

(iii)　裁判官の法創造的任務

さらに，法解釈の具体的な方法として，裁判官の法創造的任務を指摘しつつ，エールリッヒは次のように提言しています。すなわち，

(α) "事件解決（問題解決）にとって基準たりうべき規範が国家の実定法体系中に存在する場合（欠缺なき場合）には，

法解釈者の裁判官の個人的な法感情とは無関係に，当該規範に基づいて決定（結論）がなされなければならない。「立法者の意思」が明らかである場合には，それに従わなければならない，ということである。但し，当該規範中の概念に必ずしも明瞭ではない周辺部分が存在するときには，歴史的に特定される「立法者意思」に準拠して，法解釈者がこれを「補充」すべきである"，としています。

(β) また，"これに対して，基準たりうべき規範が存在しない場合（欠缺ある場合）には，

法解釈者はこれを「補充」しなければならない。解決ないし問題とされなければならない事実関係について，それが立法者の考慮の範囲外にあり，立法者の意思の実定法規に示されていない場合には，法解釈者ないし裁判官は結論を法規より導出すべきではなく，自らの恣意によることなく，法を創造

すべきである。ここでの「補充」, すなわち「裁判官の法創造」は, 現実に社会において妥当している法規範 (=社会的法規範) に即して, おこなわれるものでなければならない。このような規範が発見されないときには, 決定 (結論) によりどのような社会的効果が生じてくるのかを考慮して, 自らを立法者の立場において, 決定 (結論) をなすべきである", と趣旨が論じられています。

⑸ 1906 年：カントロヴィツの「闘争論文」
——「ドイツ自由法運動」の旗手,「自由法」概念の提立——

ⅰ 「闘争論文」の登場

1906 年・「グナエウス・フラヴィウス (Gnaeus Flavius)」という, いかにも闘士を彷彿 (ほうふつ) させるような勇ましい著者名での,〈法律学を求めての闘い (Der Kampf um die Rechtwissenschaft)〉と題する, 当時の伝統的な法律学に対して極めて挑戦的な論文が, 公表されました。

これは仮名論文であり, 実のところ, 後年, フライブルク大学準教授・キール大学正教授 (刑法学) を歴任することとなった「カントロヴィツ (Kantorowicz, Hermann, 1877-1940)」の手に成る, 弱冠 30 歳という, 若き日の論文でした。そこでは,「法学が, 法条と概念構成とから, 自己を解放するために果敢に闘うべし」とし,「法は法条から自由なもの」である (伊東・原典 143 頁), と主張されています。

その批判論調の激しさから, まさしく「闘争論文 (Kampfschrift)」とも称されたものでしたが, これは, エールリッヒの前述の〈自由な法発見〉と共に, ドイツ自由法運動 (Freirechtsbewegung) の先駆をなしたものでした。この論文により, カントロヴィツは,「自由法運動の旗手」として, 後世にも名を残すことになりました。

ⅱ 「自由法」概念の創出

カントロヴィツは, いわゆる「自由法 (Freies Recht)」の概念を創出ないし提立し, これを「国家制定法」の概念と対置させています。そこでは, 国家制定法より独立した存在としての「自由法」というものがあり, それは社会の共同の確信あるいは個人の確信により支持され, 前者 (国家法) を補充し修正するものであり, いわば「20 世紀の自然法」である, とされています。人々

の正義や衡平の法感情，その社会を支配する価値，事物の本性，そのような
ものに支持されたもの，それが「自由法」に他ならない，といえるでしょう。

(iii)　裁判官の「法創造的機能」

さらに，カントロヴィツは，このような「自由法」概念を前提として，こ
れを裁判官が裁判をする場合の依るべき一つの基準である，としています。
カントロヴィツによれば，裁判官は国家制定法に絶対的に拘束されるという
わけではなく，国家制定法が欠缺する（「制定法の欠缺」の承認）場合には，伝
統的な法律学の手法（論理的・体系的な法解釈）に依るべきではなく，裁判官
は「自由法」を発見し，これに依るべきである，として，いわゆる「裁判官
の法創造的機能」を主張したのです。

——なお，「自由法」概念はカントロヴィツの「闘争論文」のスローガンと
されたものですが，その語源としては，ドグマの拘束された教会宗教が伝統
的に存立してきたところ，これに反対する自由宗教の運動が活発化してきた，
という時代状況になぞらえて，創出されたものである，と指摘されています
（石部＝笹倉・146頁以下）。また，当時の時代状況との関連として，当時の司
法改革運動，裁判官の地位向上運動（その運動モデルとしてのイギリスの国王裁
判官），といったものとリンクしていた，とも指摘されています（石部＝笹倉・
148頁）。

(iv)　社会学的研究の重視

いわゆる「無欠缺性のドグマ」を批判し，制定法の欠缺の場合には，裁判
官はその裁判に際し「自由法」を発見し，それに依拠すべし，とするのであ
れば，自ずと法律学は「自由法」発見に奉仕するものでなければならず，社
会学的研究が重視されなければなりません。これは，「社会学を欠く法解釈
学は無力であり，法解釈学を欠く社会学は盲目である」とのカントロヴィツ
の指摘によって，明らかとされています。

(v)　法解釈学の「理論科学」性

かくして，カントロヴィツは，1910年・ドイツ社会学大会において，「法学
と社会学（Rechtswissenschaft und Soziologie）」（1911年）と題する講演をおこ
ない，両者の相互関係について考察を試みています。そこでは，法学（法解
釈学）の「理論科学」性，社会学（法社会学）の「実用科学」性，が指摘され
ており，先述のエールリッヒの理論との対応がみられます。

第6節　民法解釈学の方法　　　359

⑹　1905 ─ 31 年：ヘックの「利益法学」

──「後期・イエーリングの目的法学」よりの触発，法規への思慮ある服従，

　立法者の利益裁断についての歴史的解釈──

（ⅰ）「実用法学」としての「利益法学」の主張

　伝統的な法律学に対する批判として，自由法運動と相前後して，「ヘック
(Heck, Philipp Nicolai von, 1858-1943)」により，実用法学としての「利益法学
(Interessenjurisprudenz)」が主張されました。

　これは，後期・イエーリングの目的法学により触発をうけ，権利を個人の
利益の満足として理解した上で，すべての私法規範にあっては相抗争する諸
利益が立法者によって調整ないし裁断されている，という基本的視点から，
「経験的実証主義」に基づいて新たな法解釈学を構築せん，とするものでした。

（ⅱ）　その主張は，

　①「利益法学」という呼称がはじめて使われた，1905 年の〈利益法学と法
律への忠実 (Interessenjurisprudenz und Gesetzestreue, 1905)〉の論稿を嚆矢
として，

　②〈法獲得の問題 (Das Problem der Rechtgewinnung, 1. Aufl. 1912, 2.
Aufl. 1932)〉と題する著作，

　③さらには自らの利益法学を体系化した〈法律解釈と利益法学 (Gesetze-
sauslegung und Interessenjurisprudenz, 1914)〉の壮大な論稿，

　④より円熟した形での体系化を提示した〈概念形成と利益法学 (Begriff-
sbildung und Interessenjurisprudenz, 1932)〉の著作，等において論じられまし
た。

──初出・斎藤⑨論文・1996 年/H8 年 10 月・同年 12 月・1997 年/H9 年 2 月──

第3章 抵当権の「物上代位」
——民法304条（372条による準用）論——

第1節 「抵当権の物上代位」の法構造
——ドイツ法上の「元物型」物上代位における「支払異議」の機能の解明——

第1項 はじめに

(1) 先取特権・質権・抵当権の「物上代位」の承認（民法304条・350条・372条）

(イ) 「物上代位」効

民法典中には四つの典型担保物権が定められている。留置権を除いたその中の三つの担保物権，すなわち先取特権・質権・抵当権については，その法効力として，「物上代位」が，明文規定上，承認されている。

(ロ) 具体的規定

すなわち，（i）まず，民法304条は，先取特権の「物上代位」の承認，を定めている。同条1項によれば，「先取特権ハ，其目的物ノ売却，賃貸，滅失又ハ毀損ニ因リテ債務者カ受クヘキ金銭其ノ他ノ物ニ対シテモ，之ヲ行フコトヲ得。但，先取特権者ハ其払渡又ハ引渡前ニ，差押ヲ為スコトヲ要ス」とされている。（ii）次いで，同条は，(α)民法350条により質権に，(β)民法372条により抵当権に，それぞれ準用されている。（iii）以上，先取特権・質権・抵当権には，その法効力として，「物上代位」が，明文規定上，承認されている。

(2) 「物上代位権の行使」の方法（民執法193条）

(イ) 旧「競売法」

民法304条等の諸規定による「物上代位」の承認を受けて，先取特権・質

権・抵当権の担保物権が，その被担保債権の回収を現実化すべく，代位物に対して「物上代位権の行使」（なお，私見によれば，「物上代位権の行使」とは，その本質上，新たに担保目的物となった代位物に対する「担保権の実行」そのものに他ならない，と考える）という現実的発動に至ろうとした場合に，旧「競売法」（明治 31 年，法律第 15 号）中には，その「行使手続」につき，何等の定めも置かれてはいなかった。僅かに，その行使手続についての定めと考えられていた（但し，私見はこれに与しない），実体民法典中の 304 条 1 項但書が，「債務者カ受クヘキ金銭其他ノ物」の「払渡又ハ引渡前」に，先取特権者等の担保権者は「差押ヲ為スコトヲ要ス」，と定めるのみであった。

㈡　新「民執法」

かくして，旧「競売法」に代わる新たな「民事執行法」（昭和 54 年，法律第 4 号）は，その制度的欠缺を充足すべく，その 193 条おいて，「物上代位権の行使」の要件・手続につき，定めを置くに至っている。

すなわち，(ⅰ)　同条 1 項第 2 文によれば，「担保権を有する者が，目的物の売却，賃貸，滅失若しくは損傷，又は目的物に対する物権の設定，若しくは土地収用法による収用その他の行政処分により，『債務者が受けるべき金銭その他の物』に対して，民法その他の法律の規定によってする，その権利の行使についても，同様とする」，とされている。

(ⅱ)　したがって，同条同項第 1 文の定めに準拠し，「物上代位権の行使」は，債権及びその他の財産権についての担保権の実行と同様に，「担保権存在の証明文書」が提出されたときに限り，開始され得る。その手続については，「債権及びその他の財産権」に対する強制執行に関する規定等が，準用される，ことになる。

(ⅲ)　以上，新「民執法」下では，「物上代位権の行使」は，「担保権存在の証明文書」をいわば準債務名義として，「債権及びその他の財産権」に対する担保権の実行手続に準じ，具体的には「債権及びその他の財産権」に対する強制執行の諸規定の準用により，おこなわれる，といえよう。

⑶　学説・判例の現代的状況

㈠　民執法 193 条の定め

上述の如く，実体民法上の担保権の「物上代位」の承認を定める民法 304

条の規定を受けて，その手続執行法上の対応として，民執法 193 条は「物上代位権の行使」の要件・手続を定めている。

㈡　民法 304 条の諸問題点

しかし，民法 304 条の規定には実に様々な難問が包蔵されており[1]，その理論的・体系的把握如何については，古くより学説・判例は激しく紛糾してきており，現在なお定説的見解の定着には未だ至っていない。

（i）とりわけ，同条 1 項但書の「差押」の意義・機能等については，学説・判例状況は極めて流動的であり，現在に至るまでの夥しい幾多の諸論稿がその貴重な学問的寄与をなしているも，その説くところは未だ必ずしも帰一するところがない，というのが現状である。

（ii）しかも，我が国の民法 304 条の規定については，一方においてドイツ法・スイス法との比較において，他方においてフランス法との比較において，「諸立法中，最悪の立法である，といっても過言ではない[2]」との鋭利な指摘が，金融担保法学の碩学によってなされているところでもある。

㈢　民執法 193 条の問題点

加えて，民執法 193 条の規定も，民法 304 条についての紛糾する実体民法上の法解釈論の状況を意識しつつ，「物上代位権の行使」の要件・手続につき，いわば必要最小限の規制をおこなっているにすぎない。端的に，「物上代位権の行使」の要件・手続については，従来より手続執行法上の様々な難問が存在してきているが，民執法 193 条は，結局は，その解決の多くを将来の手続執行法上の法解釈論や裁判実務の集積に委ねざるを得なかった，のである。

そして，新「民執法」の施行後，手続執行法上の法解釈論の場面においても，諸論稿により意欲的な展開が各種試みられてはいるものの，なおここでも紛糾と混迷の状況がみられる，というのが現状であろう。

⑷　本節の目的

㈠　見解の一致点

---

(1) 民法 304 条 1 項の「差押」については，(i)第一に，「差押」の意義・目的・機能如何について，(ii)第二に，「差押」の主体者如何について，(iii)第三に，「差押」には仮差押えが含まれるのか否かについて，議論がある。

(2) 鈴木・「物上代位」121 頁。

我が国の学説・判例の現代的状況の下では，民法304条1項の「差押」につき，それを手続執行法上の「差押え」又は「保全的差押え」として理解している，という点において，見解の一致がみられる。複雑多岐に錯綜する見解分岐状況が存在しているにもかかわらず，奇しくもこの点では，学説・判例は一致するのである。

㈡　私見疑念

しかし，新たに担保目的となった代位物に対して，その「払渡又ハ引渡前」に，抵当権者等の担保権者は何ゆえに手続執行法上の「差押え」又は「保全的差押え」をしなければならないのか。換言すれば，物上代位の法効力が生じたこの時点で，その「払渡又ハ引渡前」に，抵当権者等の担保権者に対して，手続執行法上の「差押え」又は「保全的差押え」を強いるべき，何か「合理的理由」は存在するのか。私見によれば，むしろ端的に，ここで手続執行法上の「差押え」又は「保全的差押え」を強いるべき「合理的理由」はまったく存在していない，と考える。その理由は次の三点にある。

（i）　第一に，学説・判例により必要とされている手続執行上の「差押え」又は「保全的差押え」に関して，それが狙いとされているところのもの（代位物たる目的債権の特権性維持，あるいは物上代位権の保存・その優先権の保全，等）は，既に担保権の物上代位効の発生により確保されている（それは代位物たる目的債権上の担保権の拘束力であり，端的に債権質権の拘束力，あるいはそれに類似する拘束力である），と判断される（したがって，その限りで，手続執行上の「差押え」又は「保全的差押え」はここでは無用である），からである。

（ii）　第二に，手続執行上の「差押え」又は「保全的差押え」が担保権としての換価手続の開始又はその予備的開始を意味するものである以上，単に目的債権の特定性維持，あるいは物上代位権の効力保存・優先権保全の目的のために，「差押え」又は「保全的差押え」をここで利用せんとすることは，「差押え」又は「保全的差押え」の執行行為としての本来の役割よりすれば，逸脱した法解釈となってしまうのではないか（換言すれば，目的債権の特定性維持，あるいは物上代位権の効力保存・優先権保全の目的のために，担保権実行としての換価手続の「開始」又は「予備的開始」をしてしまう必要はまったくない，ということでもある），と判断される，からである。

（iii）　しかも，手続執行法上の「差押え」を担保権者に強要するが故に，我

が国の物上代位の実効性は，実務上，大きく減殺されるに至っていることに，注目すべきである。

(ハ)　私見理解

　私見によれば，民法304条1項の「差押」は，我が国の学説・判例が想定する手続執行法上の「差押え」又は「保全的差押え」ではなく，第三債務者に向けてなされる実体法上の「支払異議」の通知に他ならない，と考える。

　すなわち，(i)　物上代位の法効力が発生している（「新」価値物上には担保権の効力が及び，「新」価値物は代位物として既に担保目的物となっている）以上，今その時点以降まず問題とされるべきことは，代位物たる「新」価値物（目的債権）をめぐる，「①担保債権者・②設定債務者・③第三債務者」の三者を基軸とする諸利害関係人の諸利益対立状況についての，「合理的調整」である。しかも，それはあくまでも「実体法」上の法律関係のレヴェルにおいてなされなければならないものである。

　(ii)　より具体的には，旧価値物に代わり「新」価値物が生じ，それが代位物として担保権の効力的把握を受ける結果，その「新」価値物（目的債権）をめぐる三者間の法律関係において，「担保権の効力・拘束力・公示・優先権」等といった「実体法」上の諸問題が，まず解決されなければならない。

　(iii)　加えて，民法304条1項の「差押」，すなわち実体法上の「支払異議」の通知は，目的債権をめぐる三者間の諸利益対立状況を合理的に調整すべく，定め置かれたものであり，いわば「利益調整弁」として機能するものである。したがって，その限りにおいて，それは，ドイツ法上の抵当権者の物上代位における「Widersprechen（支払異議）」に相応するものである。

　(iv)　かくして，民法304条1項の「差押」を実体法上の「支払異議」の通知と理解することによって，担保権の物上代位をめぐる我が国における錯綜する諸問題は，より截然と解決されるに至るであろう，と考える。実務上，物上代位の実効姓も大きく回復されよう。

(二)　本節の目的と方法

　以上を前提として，本節では，我が国の学説・判例の混迷する現代的状況にあえて深入りせず，比較法制度論的考察の一手法として，新たな視点より①「代位論」を「人の代位」論と「物の代位」論に峻別する，②物上代位を「元物型」物上代位と「収益型」物上代位に峻別し，その執行方法の相違に注目する，③

民法 304 条 1 項の「差押」を実体行為と把握する)，ドイツ法上の「抵当権の物上代位」の法構造を虚心に分析する。そこでは，とりわけ「元物型」物上代位における「支払異議」の機能の解明に注力する。それは，我が国の学説・判例の混迷する現代的状況を比較的相対性の中で客観的に位置付けんとする，その必須的基本作業でも，ある[3][4]。

---

(3)　我が国の民法典でも，そしてドイツ民法典でも，「代位」に関する様々な諸規定は各所に散在しておかれている。これらの諸規定上定められている各種の様々な「代位」につき，「民法上の代位」という包括的視点の下で，その統一的・体系的考察が緊要とされている，というのが我が国の現在の学問的状況であろう。その統一的・体系的考察のために，筆者も既に基本的解明作業に着手してきているが，本稿もまたその作業の一分肢を成すものである。

　なお，私見の立場よりするその基本的解明作業としては，①拙稿・「共同抵当権における代位(1)(2)(3)——後順位抵当権者と物上保証人の優劣関係，その類型的検討——」・法研 57 巻 9・10・11 号（1984 年/昭和 59 年 9・10・11 月）・斎藤①論文・本書第 1 章第 1 節，②同・「確定前根抵当権の被担保債権群中の個別債権上の質権設定・差押えの「処分行為」の効力——民法 398 条ノ 7・1 項の立法趣旨の解明——」・法研 59 巻 12 号（1986 年/昭和 61 年 12 月）・斎藤⑯論文・本書第 4 章第 1 節，③同・「弁済者一部代位の法構造——原債権者と一部代位者の競合関係，その利益較量的分析——」・法研 60 巻 2 号（1987 年/昭和 62 年 2 月）・斎藤④論文・本書第 2 章第 1 節，④同・「最高裁昭和 60 年 5 月 23 日一小判決」（判例研究）・判評 370 号（1989 年/平成元年 12 月）・斎藤③論文・本書第 1 章第 3 節，を参照されたい。

(4)　なお，ドイツ法上の抵当権の物上代位について論ずる邦語文献として，①鈴木禄弥・「抵当権法の解釈論と立法論——物上代位制度について——」・（同・抵当制度の研究 115 頁以下所収・1968 年），②新田宗吉・「物上代位に関する一考察（一）—（五完）——抵当権の物上代位を中心に——」・明治学院法学研究 25 号・26 号・28 号・30 号・31 号（1980 年～1984 年），③清原泰司・「抵当権の物上代位性をめぐる実体法上の問題点」・担保法大系 1 巻 338 頁以下（1984 年），の 3 論稿がある。また，物上代位一般につき，吉野衛判事の一連の論稿（担保法大系 1 巻 366 頁以下，等），生熊長幸研究が重要である。

　また，BGB の抵当権法や ZVG に関するドイツ文献については，さしあたり，拙稿・「ドイツ不動産強制執行法体系における強制抵当権制度——ドイツ不動産強制執行法研究の一視角——」・民事研修 321 号（1983 年）の文献リスト参照。〈追補〉・拙著・ドイツ強制抵当権制度研究第 I 巻（2003 年）・第 II 巻（2011 年）参照。

第2項 「民法上の代位」制度中における「抵当権の物上代位」の法体系的位置付け

「民法上の代位」制度中, 本節は「抵当権の物上代位」を採り上げ, その法構造を解明せんとする。その解明に先立ち, 「民法上の代位」制度中, 抵当権の物上代位が, 法体系上, どのように位置付けられているものなのか, を予め明らかにしておく。従来, その位置付けが, 我が国では, 必ずしも十分にはなされてはこなかった, からである。

ドイツ民法上, 「民法上の代位」制度は, 私見によれば, 法理論上, まず次の二つに峻別される。

第一に, 「人の代位」であり, 権利「主体者」が交替し, 「代位者」の法的地位如何が, そこでの核心的問題として問われる ((1))。

第二に, 「物の代位」であり, 権利「客体 (目的物)」が交替し, 「代位物」の法的地位如何が, そこでの核心的問題として問われる ((2))。

さらに, この「物の代位」は, 新価値物の権利目的物としての「帰属態様」如何によって, さらに二つに峻別される ((2)(ハ))。その一つは, 「債権的代位」であり, 新価値物が権利目的物として間接的・債権的に帰属する ((a))。他の一つは, 「物上代位」であり, 新価値物が権利目的物として直接的・物権的に帰属する ((b))。

本節は, この「物上代位」制度中の, 理論上も, 実務上も, もっとも重要である「抵当権の物上代位」を, 採り上げるものである[5]。

(1) 人の代位──権利「主体者」論, 「代位者」論──

(イ) 人の代位

第一に, 「人の代位」制度である。この「人の代位」論とは, 権利「主体者」論であり, そこでの「代位者」は誰か, が問われている, という意味で, 「代位者」論が核心とされるべきものである, と考える。

(ロ) その定義

---

[5] この本節第2項は, ドイツ民法学の信頼し得る「コンメタール」並びに「体系書」等の記述に準拠して, 筆者の解読に基づく「再構成」(理論的体系化) に基づくものである。

「人の代位」を定義付ければ，たとえば，ある「権利（債権・担保権等）」の権利主体者（帰属主体者）である「A者」が存在する。このA者に代わり，新たに「B者」が該当「権利（債権・担保権等）」の権利主体者（帰属主体者）となり，ここでは，同一「権利（債権・担保権等）」上において，「B者」が「A者」に代位する（B者＝代位者，A者＝被代位者。B者がA者の法的地位に代わる），という法構造がみられる。権利客体（目的物）は交替しておらず，まさしく権利主体者（帰属主体者）が交替している（A者からB者への交替），という点に注目しなければならない。

より具体的に説明してみよう。ある権利（債権・抵当権）の権利主体者である「抵当権者A」が存在する。債務者Sに代わり，「保証人B」が抵当権者Aに債務弁済（保証債務の弁済）し，これにより抵当権者Aは最終的に債権の満足を得た，とする。そこで，この「抵当権者A」に代わり，新たに「保証人B」が当該権利（債権・抵当権）の権利主体者となり，同一権利（債権・抵当権）上において，「保証人B」が「抵当権者A」の法的地位に代わる（保証人B＝代位者，抵当権者A＝被代位者），というのが「人の代位」である。

——但し，ここで次の点に注目されなければならない。ドイツ民法は，フランス民法並びにその系譜をひく我が国の民法とは異なり，いわゆる弁済者「代位（Surrogation）」の観念を認めていない。

換言すれば，ドイツ民法では，保証人（B者）が抵当権者（A者）に代わる，あるいは原抵当権・原債権上において保証人（B者）が抵当権者（A者）に代位する，という法構成が採られていない。そうではなく，明文規定により定める個々的な諸場合において，「弁済者」（B者）が「原債権者」（A者）に満足を与えた範囲において，その求償債権「確保」のために，原債権者の債権（したがって，その付従性により原抵当権も）が弁済者に「法定移転（gesetzlicher Forderungsübergang）」する，という法律構成が採られている，のである（拙稿・「弁済者一部代位」・法研60巻2号196頁・斎藤④論文・本書第2章第1節参照）。

保証人の弁済の場合についていえば，弁済により本来消滅すべき筈の権利（債権・抵当権）を，債務者Sに代わって弁済をなした保証人Bの利益において，これを存続させ（存続の擬制），その求償債権「確保」のために保証人Bに法定移転させる，というのである。したがって，厳密には，ドイツ民法上，

第1節　「抵当権の物上代位」の法構造　　　369

「弁済者代位」制度は存在せず，「弁済者への権利の法定移転」制度が存在する，といえよう。──

（ハ）　「代位者」の具体例

「人の代位」における各種「代位者」の具体例につき，以下に示しておこう。なお，日本民法におけるとは異なり，ドイツ民法上，「任意代位」は認められておらず，「法定代位」のみが認められている点に，注意しなければならない。

　　──すなわち，①債権者が債務者所有の目的物に対して強制執行をなした場合，その強制執行により「当該目的物上の権利を喪失するおそれのある者」，さらにその強制執行により「物の占有を喪失するおそれのある者」（BGB268条），②連帯債務者中の1人が債務者に満足を与え且つこれにより他の債務者に対して求償をなし得る場合，その「連帯債務者中の1人」（BGB426条），③保証人が債務者に満足を与えた場合，その「保証人」（BGB774条），④土地所有者が人的債務者ではないときに，当該土地所有者が債権者に満足を与えた場合，その「土地所有者」（たとえば非債務者たる抵当不動産の所有者）（BGB1143条），⑤質権設定者が人的債務者ではないときに，当該質権設定者が質権者に満足を与えた場合，その「質権設定者」（BGB1225条），⑥質物譲渡により質物上の権利を喪失する者が質権者に満足を与えた場合，その質物譲渡により「質物上の権利を喪失する者」（BGB1249条），⑦扶養義務なき血族が扶養した場合，その「扶養義務なき血族」（BGB1607条），⑧母又は母方の血族が父に先立って子を扶養した場合，その「母又は母方の血族」（BGB1709条），等がある。──

（2）　物の代位──権利「客体（目的物）」論，「代位物」論──

（イ）　物の代位

第二に，「物の代位」制度である。この「物の代位」論とは，権利「客体（目的物）」論であり，そこでの「代位物」は何か，が問われている，という意味で，「代位物」論が核心とされるべきものである，と考える。

（ロ）　その定義

「物の代位」を定義付ければ，たとえば，ある権利主体者（帰属主体者）の権利目的物である「甲物（動産・不動産・債権等）」が存在する。この甲物に代わり，新たに「乙物（動産・不動産・債権等）」が当該権利主体者（帰属主体者）

の権利目的物となり，ここでは，同一「権利主体者（帰属主体者）」の下において，その権利目的物としている「乙物」が「甲物」に代位する（乙物＝代位物。乙物が甲物の法的地位に代わる），という法構造がみられる。権利主体者（帰属主体者）は交替しておらず，まさしく権利目的物（客体）が交替している（甲物から乙物への交替），という点に注目しなければならない。

　より具体的に説明してみよう。権利主体者Aがおり，その権利目的物として「甲物」が存在する。何等かの原因により甲物の価値が減少又は滅失させられ，それを起因として新たな経済的価値物，すなわち「乙物」が生じた，とする。仮に甲物を旧価値物とすれば，乙物は「新」価値物である，といえる。そこで，この旧価値物たる甲物に代わり，「新」価値物たる乙物をして，権利主体者Aの利益において，その権利目的物としてこれを新たに塡補させよう，というのが「物の代位」である。

　これは，ある権利目的物（旧価値物）が存在するところ，それが滅失・毀損し，その経済的価値を代表するものとして「新」価値物が生ずるときには，当然にその「新」価値物は旧価値物の権利主体者に帰属されて然るべきである，という「代償原理（Surrogationsprinzip）」（これは，より一般的には，「公平原理」に他ならない）に基づくものである。

㈧　その二峻別──「債権的代位（代償請求権）」と「物上代位」──

　「物の代位」は，旧価値物たる甲物に代わり，権利目的として「新」価値物たる乙物が塡補する「態様」如何によって，換言すれば「新」価値物たる乙物の，権利主体者への「権利帰属の態様」如何によって，さらに二つに峻別される。

⒜　債権的代位

　第一に，「債権的代位（obligatorische Surrogation）」である。これは，「新」価値物を債権的に従来からの旧価値物の権利主体者に帰属させるものであり，従来からの旧価値物の権利主体者は「新」価値物の「移転請求権（帰属請求権）」（これは，代償請求権 Surrogationsanspruch と呼ばれる）を取得するのであり，いわば「新」価値物の間接物・債権的取得であり帰属である。

　「債権的代位」における新価値物への各「代償請求権」につき，次にその具体例の一部を示しておこう。すなわち，①債務者の責に帰すべからざる事由により債務目的たる給付が不能となり，債務者がその負担する給付目的につ

き賠償又は損害賠償債権を取得した場合，その「新」価値物としての「賠償
又は損害賠償債権」についての，債権者の「移転請求権」（BGB281条），②非
権利者が他人の物につき処分をなし，この処分が権利者に対して有効とされ
るときに，この非権利者が当該処分により取得したもの，すなわちこの「新」
価値物についての，権利者の「返還請求権」（BGB816条），等がある。

(b) 物上代位

第二に，「物上代位（dingliche Surrogation）」である。これは，「新」価値物
を物権的に従来からの旧価値物の権利主体者に帰属させるものであり，従来
からの旧価値物の権利主体者は「新」価値物それ自体を物権的に取得するの
であり，いわば「新」価値物の直接的・物権的な取得であり帰属である。「新」
価値物を，何らの移転・譲渡行為なくして，取得する，という点に，債権的
代位との相違がみられる。

「物上代位」における「新」価値物としての各「代位物」につき，次にその
具体例の一部を示しておこう。(i) まず第一に，社団財産等の「帰属目的物」
として，①権利能力なき社団の社団財産に属するものとして，社団財産に属
する権利に基づき取得したもの（たとえば，果実・利息・譲渡対価の請求権等），
さらに社団財産に属するものの滅失・毀損・侵奪に対して賠償として取得し
たもの（たとえば，損害賠償債権，保険金債権等）（BGB54条），②組合財産に属
するものとして，既述の①と同様のもの（BGB718条），がある。

(ii) 第二に，抵当権の物上代位の「権利目的物」，換言すれば抵当責任財産
の「帰属目的物」として，①抵当不動産が賃貸されたときにおける，その「賃
料債権」（BGB1123条1項），②抵当目的物が保険に付せられたときにおける，
その「保険金債権」（BGB1127条以下），③抵当権の実行としての「強制競売」
の執行方法が採られたときには，抵当権は売却許可決定により消滅する
（ZVG52条，91条）に至るが（実行による消滅），抵当権者Aはなお「競売売却
代金」上に優先弁済受領債権を取得し，抵当不動産の所有者たる執行債務者
を債務者とする，この特殊な「債権」（BGB1147条並びにZVGの立法趣旨），④
抵当目的物が国又は地方公共団体により公用収用されたときにおける，その
「収用補償金債権」（EGBGB53条），がある。

(iii) 第三に，質権の物上代位の「権利目的物」，換言すれば質権責任財産の
「帰属目的物」として，①動産質権の実行による「売却代金」（強制執行の諸規

定によりおこなわれる質物売却については BGB1233 条 2 項・1247 条，公の競売によりおこなわれる質物の私的売却については BGB1235 条・1247 条後段），②質物が国・地方公共団体により公用収用されたときには，質物所有者には収用補償金が付与されるが，その「補償金債権」（EGBGB52 条による BGB1247 条後段の準用），③質物の腐敗等により質物の価値が減少し，質権者の担保的地位が害されるときには，質権者には質物を公の競売に付することが認められるが，その競売における「売却代金」（BGB1219 条），④権利質権の簡易な実行方法として，権利質権者には「直接取立権」の行使が認められている（BGB1281・1282 条）が，その行使手続上において，「有体物の給付債権」上の質権者に対して，消滅する債権質権に代わり新たに付与される，当該有体物上の「質権又は保全抵当権」（BGB1287 条），がある。

　　——なお上記の④について付言すれば，より具体的には，質権者A・質権設定者B・質入れ債権の債務者Cの三者の法律関係において，「有体物の給付債権」（質入れ債権）上の質権者Aは質権の実行としての直接取立権を有するところ，その行使に基づき第三債務者Cにより給付目的物たる有体物が給付されたときには，質権者Aの質権は消滅する（質権目的物の消滅による質権の消滅）に至るが，その消滅する債権質権に代わり，Aには直接的に（物権的に）有体物上の「質権（動産質権）」又は「保全抵当権」が帰属させられる。(α)質入れ債権の給付目的物が「動産」であるときには，「動産質権」が，(β)その給付目的物が「不動産」であるときには，不動産上の「保全抵当権」が，それぞれAに直接的に付与される，のである。なお，設定者Bは給付された有体物上に所有権を取得する——。

　(iv)　第四に，相続法上の物上代位において，①真正相続人の相続財産の「帰属目的物」として，僭称相続人が相続財産を対価としてなした法律行為に基づき「取得したもの」（BGB2019 条），②共同相続人の共同相続財産（合有財産）の「帰属目的物」として，遺産に属する権利に基づき，さらに個別の遺産の滅失・毀損・侵奪の賠償として，加えて遺産に関する法律行為により「取得したもの」（BGB2041 条），③未成年者財産の「帰属目的物」として，親権者の両親がこの計算並びにこの資力によって動産を取得したときにおける，その「動産所有権」（BGB1646 条），がある。

(3)　小　括

　以上，本項では，ドイツ民法上，各種の多様な「代位」が認められていることを明らかにした。そして，その一例としての「物上代位」制度中において，「抵当権の物上代位」がどのように法体系的に位置付けられているのかについても，簡潔に明らかにした。

　他方，上記の「ドイツ民法上の代位」については，その統一的・体系的考察が必要とされる。しかし，これらの各「代位」の根拠規定はドイツ民法典中の各所に散在しており，その統一的・体系的考察を極めて困難なものとしている。今後の課題の一つとされよう。

　なお，ドイツ法上，抵当権の物上代位においては，その代位物として，「賃料債権」・「保険金債権」・「公用収用補償金債権」の３種が，認められている。日本民法上，以上の３種に加えて，「売却代金債権」・「損害賠償債権」の２種も，代位物として認められている，のと対比されなければならない。

第３項　抵当権の物上代位
——「元物型」物上代位と「収益型」物上代位の二峻別——

　ドイツ法上，抵当権の物上代位は，私見によれば，その新価値物たる「代位物」の法的性質上，二つのタイプ（類型）に峻別される。第一に，「元物型」物上代位である（(1)）。第二に，「収益型」物上代位である（(2)）。両者は，その法構造上，顕著に相違する。とりわけ，ここでは，担保権実行としての「権利実現方法」の相違に注目されよう[6]。

　なお，抵当権の物上代位とは，「新価値物」上への抵当権の効力的把握であり，「新価値物」上への抵当責任の拡張でもある。そして，その抵当権の効力的把握，ないしは抵当責任の拡張を受けた「新価値物」を，「代位物」と称するのである。しかも，抵当権の物上代位の法効果が法の規定により法律上当

---

[6]　担保権実行としての各「執行方法」については，拙稿・「ドイツ不動産強制執行法体系における強制抵当権制度——ドイツ不動産強制執行法研究の一視角——」・民事研修321号10頁以下・1983年を参照。また，ZVGに関しての重要・基本文献リストについては，同論文22頁参照。（→拙著・ドイツ強制抵当権制度研究II巻・2011年所収）

然に生ずる，という意味で，それは「法定代位」に他ならない。

(1) 「元物型」物上代位

(イ) 地上建物（元物・元物の一部）に代わる「新価値物」上への抵当権の効
力的把握

第一のタイプとして，いわば抵当権の「元物型」物上代位である。これは，
抵当目的物それ自体に代わり，「新価値物」上になお従来からの土地上の抵当
権の効力が及ぶ，とされるものである。抵当目的物それ自体を「元物」とす
れば，その元物を価値的に把握していた土地上の抵当権が，元物に代わり，
「新価値物」上になおその効力を及ぼしていく，のである。そして，その「新
価値物」も，ここでは元物（又は元物の一部）に他ならない。

(ロ) 具体例

(ⅰ) 抵当権の「元物型」物上代位の系列に位置付けられるものとして，①
まずその典型例として，「建物保険金債権」上への抵当権の物上代位（BGB1127
条・1128条），を指摘できよう。すなわち，ドイツ法上，土地上の抵当権の効
力は，土地のみならず「地上建物」にも及ぶが，地上建物が保険に付せられ
たときには，土地上の抵当権の効力は，地上建物に加えて，新価値物たる「将
来の建物保険金債権」上に及ぶ。さらに，地上建物の滅失という保険事故が
発生したときには，土地上の抵当権の効力は，地上建物に代わり，新価値物
たる「現在の建物保険金債権」上に及ぶ，とされているのである。

(ⅱ) この「元物型」物上代位の系列に属するその他のものとしては，②「公
用収用の補償金債権」上への抵当権の物上代位（EGBGB53条1項前段による
BGB1128条の準用），がある。抵当目的物たる土地が国又は地方公共団体によ
り公用収用されたときには，土地所有者は「補償金債権」を取得するが，土
地上の抵当権の効力は，収用土地に代わり，新価値物たる「補償金債権」上
に及ぶ，とされるのである。

(ハ) 法律構成

その法律構成としては，「建物保険金債権」上への「法定の債権質権」の成
立，が構想されている。なぜなら，「建物保険金債権」上への抵当権の物上代
位においては，その明文規定上，債権質諸規定が準用されている（BGB1128
条3項），からである。したがって，土地上の抵当権者は，その法的地位上，

同時に「法定の債権質権者」でもある，といえよう。

(二)　権利実現方法

（i）　その権利実現方法（我が国における，いわゆる「物上代位権の行使」）としては，それが新価値物たる「代位物」への抵当責任の実現である以上，「代位物」に対する抵当権の実行手続に依る，こととなる。したがって，「元物型」物上代位の場合には，それが新価値物としての「元物（又はその一部）」に対する抵当権の効力的把握を承認するものであるが故に，その権利実現方法は，「元物」に対する抵当権実行手続[7]，すなわち土地に対する「強制競売」の執行方法（ZVG20条以下）に依る，といえよう。これが，「本則的な」権利実現方法である，と考える。そして，土地に対する強制競売の執行方法は，その「土地差押え（Beschlagnahme）」により実質的にスタートする。その差押えは元物の一部たる「建物保険金債権」にも一定の拘束力を与える（詳しくは，後述第4項参照）。

（ii）　なお，「建物保険金債権」上への抵当権の物上代位の場合には，土地上の抵当権者は同時に債権質権者と法構成される結果，自ら債権質権者として「直接取立権」を有する（BGB1282条の準用）。すなわち，保険事故が発生し，抵当権の被担保債権の弁済期も到来しているときには，土地上の抵当権者は，自ら債権質権者として，保険者に対して直接に「建物保険金債権」を取り立てることができ，保険者は抵当権者に対してのみその支払いをなし得る。被保険者（建物所有者・抵当権設定者）は，抵当権者の同意を得たときのみ，自己への給付を求め得るにすぎず，保険者はそのときのみ被保険者に給付し得るのである。それは，抵当権者にとって，債務名義不要の，極めて簡易迅速な，私的実行方法である，といえよう。これが，「特則的な」権利実現方法である，と考える。

――これに対して，我が国では，民法367条の「直接取立権の行使」が質権実行の本則的形態であり，民執法上の質権実行方法はその特則的形態である，と理解するのが，むしろ一般的な見解である。しかし，私見によれば，質権の実行も執行権という国家公権力を背景としてなされるべきものであり，その換価は強制的換価である以上，民法367条の「直接取立権の行使」はあくまで特則的形態とみるべきであろう――。

(7)　前注(6)の拙稿・「強制抵当権制度」12頁参照。

(2) 「収益型」物上代位

(イ) 天然果実等（収益）に代わる「新価値物」上への抵当権の効力的把握

第二のタイプとして，いわば抵当権の「収益型」物上代位である。これは，抵当目的物より生ずる天然果実等に代わり，「新価値物」上になお従来からの土地上の抵当権の効力が及ぶ，とされるものである。抵当目的物それ自体を元物とし，それより生ずる天然果実等を「収益」とすれば，その収益をも価値的に把握していた土地上の抵当権（日本法におけるとは異なり，ドイツ法上，抵当権は土地より生ずる収益をも把握する，いわゆる「収益把握抵当権」として法構成されている）が，収益に代わり，「新価値物」上になおその効力を及ぼしていく，のである。そして，その「新価値物」も，ここでは「収益」に他ならない。

(ロ) 具体例

（i）抵当権の「収益型」物上代位の系列に位置付けられるものとして，①まずその典型例として，「賃料債権」上への抵当権の物上代位（BGB1123条1項）を指摘できよう。

すなわち，ドイツ法上，土地上の抵当権の効力は，未分離の天然果実等のみならず，「分離された天然果実等」にも，及ぶ。しかし，抵当目的物たる土地が用益賃貸されたときには，用益賃借人保護の見地より，分離された天然果実等は用益賃借人の果実収取権の下に服するものとされ，結果としてそれらは抵当責任より解放されるに至る。かくして，土地上の抵当権の効力は，分離された天然果実等に代わり，新価値物たる「賃料債権」上に及ぶ，とされているのである。

（ii）この「収益型」物上代位の系列に属するその他のものとしては，②建物以外の物（より具体的には，抵当権の効力が及んでいる天然果実や従物）の「保険金債権」上への抵当権の物上代位（BGB1129条），③公共の利益のために抵当目的物の利用が制限された場合，さらには抵当権の効力の及ぶ天然果実や従物が公用収用されたり毀損された場合における，「補償金債権」上への抵当権の物上代位（EGBGB53条2項第2文によるBGB1123条2項等の準用），がある。

(ハ) 法律構成

その法律構成としては，「賃料債権」上への「法定の債権抵当権」の成立，

が構想されている。なぜなら、「賃料債権」上への抵当権の物上代位において
は、賃料債権という金銭債権にも法律上当然に抵当権の効力が及ぶとされ、
しかもここでは、「建物保険金債権」上への物上代位におけるとは異なり、債
権質諸規定は準用されていない以上、それは「法定の債権上の抵当権」と把
握されざるを得ない、からである。したがって、土地上の抵当権者は、土地
という不動産のみならず、「賃料債権」という金銭債権をも、価値的且つ同時
的に把握する者である、といえよう。

㈡ 権利実現方法

（i）その権利実現方法としては、それが新価値物たる「代位物」への抵当
責任の実現である以上、「代位物」に対する抵当権の実行手続に依る、ことと
なる。したがって、「収益型」物上代位の場合には、それが新価値物たる「収
益」に対する抵当権の効力的把握を承認するものであるが故に、その権利実
現方法は、「収益」に対する抵当権実行手続[8]、すなわち土地に対する「強制
管理」の執行方法（ZVG146条以下）に依る、といえよう。

（ii）なお、土地に対する強制管理の執行方法は、その「土地差押え（Bes-
chlagnahme)」により実質的にスタートする。その差押えは土地の収益たる
「賃料債権」にも一定の拘束力を与える。最終的には、強制管理人によって賃
料債権の取立て・配当がなされる（ZVG155条）、ことになる。

(3) 小 括

抵当権の物上代位は、「新旧両価値物が抵当土地と如何なる関係に在るの
か」という視点から、「元物型」物上代位と「収益型」物上代位との二つのタ
イプ（類型）に峻別された。

まず、「元物型」物上代位では、その典型例として「建物保険金債権」上へ
の物上代位が挙げられ、その法律構成は「法定の債権質権」の成立であり、
その権利実現方法は土地に対する「強制競売」の執行方法に依り、強制競売
の「差押え」によりスタートする（(1)）。

次いで、「収益型」物上代位では、その典型例として「賃料債権」上への物
上代位が挙げられ、その法律構成は「法定の債権抵当権」の成立であり、そ
の権利実現方法は土地に対する「強制管理」の執行方法に依り、強制管理の

---

(8)　同前注(7)。

「差押え」によりスタートする（(2)）。

　以上，両物上代位にあっては，共にその権利実現方法は「抵当権実行」手続に依り，いずれも「土地」に対する「差押え」によってスタートする，という点に注目されよう。

第4項　「建物保険金債権」上への抵当権の物上代位
——「元物型」物上代位の法構造（「実体法」上の利益裁断）と
「手続執行法」上の「権利実現方法」の解明——

　まず，BGB1127条以下の諸規定は「保険金債権」の「代位物」適格性を承認するが，その立法趣旨を解明する（(1)）。

　次いで，「建物保険金債権」をめぐる抵当権者G・被保険者S・保険者DSの法律関係を，各関係当事者の法的地位を基軸として，解明する（(2)）。

　加えて，「建物保険金債権」に対する抵当権者Gの権利実現方法につき，「四つの類型化」（Ⅰ－Ⅳ）に基づき，解明する（(3)）。

⑴　「保険金債権」の「代位物」適格性の法政策的承認——BGB1127条1項の立法趣旨の解明——

　BGB1127条以下の諸規定は，「保険金債権」につき，その「代位物」適格性を承認する。それは，「法理論上且つ法体系上の原則」に対して，一つの「例外」を承認するものである。土地上の抵当権者の法的地位を強化し，それにより不動産金融のなお一層の促進を図ろう，とするのが，その立法趣旨であった。

㋑　BGB1127条以下の諸規定

　(i)　まず，BGB1127条1項によれば，抵当目的物が土地の所有者又は自主占有者のために保険に付せられたときには，土地上の抵当権の効力は保険契約より生ずる「保険金債権」上に及ぶ，とされている。これは，「保険金債権」上への土地上の抵当権の物上代位を承認した，「一般的承認規定」である。

　(ii)　次いで，その一般的承認規定を承けて，BGB1128条は，「建物保険金債権」上への土地上の抵当権の物上代位（「元物型」物上代位）を承認し，建物保険金債権をめぐる「抵当権者・被保険者（債務者）・保険者（第三債務者）の

三者」の法律関係について，詳細な定めを置いている。

　(iii)　加えて，BGB1129条は，建物以外の物，すなわち抵当権の効力の及んでいる天然果実・従物等につき，「天然果実・従物等保険金債権」上への土地上の抵当権の物上代位（「収益型」物上代位）を承認し，天然果実・従物保険金債権をめぐる「抵当権者・被保険者（債務者）・保険者（第三債務者）の三者」の法律関係について，定めを置いている。

　(ロ)　その立法趣旨——土地上の抵当権者の法的地位の強化——

　このように BGB1127条以下の諸規定は，「保険金債権」上への土地上の抵当権の物上代位を承認するものであるが，これらの諸規定の趣旨は，私見によれば，次の如く把握されるべきであろう[9]。

　すなわち，(i)「原則」の定立　土地等（土地・地上建物・天然果実・従物等を包括して，以下，土地等と称する）上の抵当権は，その目的土地等が滅失するときには，その限りで，それと共に消滅する（抵当権の消滅原因としての，目的土地等の滅失）。仮に「消滅土地」等に代わり「代償請求権（Surrogationsanspruch）」（たとえば，損害賠償債権）が生じたときでも，その「代償請求権」上には抵当権は存続し得るものではない，とするのが，法体系上の「原則」であった。

　(ii)「例外」の許容　しかし，土地等上の抵当権者の法的地位を確実化すべく，上記「原則」に対する「例外」が許容され，それを定めたのが BGB1127条以下の諸規定である。換言すれば，同条によれば，土地等の「滅失」により，その限りにおいて土地等上の抵当権も消滅すべきところ，「例外」的に，土地等上の抵当権の効力が「保険金債権」上にも及ぶ，とされている。

　これは，「保険金債権」上への土地等上の抵当権の効力的把握であり，効力的拡張である。また，それは，「保険金債権」上への抵当責任の拡張である。

　(iii)その「根拠」　原則に対する「例外」が許容された，その理由としては，"「保険金債権」上への抵当責任の拡張"というテーゼが「現実上の要請」とし

---

(9)　Vgl, Motive zum Entwurf eines BGB, Band III, 1896, S. 659 ff.

　　なお，竹下守夫・「不動産執行と動産執行との限界——ドイツ法の場合——」（初出・1967年/S42年）（同・不動産執行法の研究・1977年/S52年・所収）が，BGB1127条以下の諸規定につき，貴重な資料と示唆を提供する。これは，「執行法上の動産のうち，いかなる範囲のものに不動産執行の効力が及ぶか」という，専ら執行上の「問題意識」に，基づくものである。

て存在し、「不動産金融の促進」のためには土地等上の抵当権者の法的地位を
なお一層確実化させる必要があった、からである。

加えて、保険金債権をめぐる三者（抵当権者・被保険者・保険者）の法律関係
において、「抵当責任の拡張」を認めることが公平（衡平）に適うものであっ
た、からである。

(iv)小　括　　以上、「原則」が「法理論的合理性」に基づくものであったのに
対して、「例外」は「現実上の要請」から許容されたものであった、ことに注
目しなければならない。

(iv) 「地上建物」の「代償（みかえり）」としての「建物保険金債権」（小括）
土地上の抵当権の効力は「土地」のみならず、その「土地上の建物」にも
及ぶが、当該「地上建物」が滅失すれば、その限りで「土地上の抵当権」も
消滅する。

しかし、BGB1128条は、土地上の抵当権者の法的地位を確実化すべく、「地
上建物の滅失」（保険事故・損害の発生）に伴なって生じた「建物保険金債権」
上に、土地上の抵当権の効力が拡張的に及ぶ、とした。「地上建物の滅失」と
いう保険事故の発生により、「地上建物」が抵当権の効力的把握より解放され
たことの、いわば「代償（みかえり）」として、「建物保険金債権」は抵当権の
効力的把握の中に編入されたのである。

⑵ 「建物保険金債権」をめぐる三者の法律関係──「実体法」上の利益裁断 （BGB1128条）（利益構造論）──

「建物保険金債権」をめぐる「抵当権者（債権者）G・被保険者（抵当債務者）
S・保険者（第三債務者）DS」の三者の法律関係につき、BGB1128条（キーフ
ォアシュリフト）は次の如く定めている。

──すなわち、"建物が保険に付せられた場合には、保険者が被保険者に対
してなした保険金の支払いは、保険者又は被保険者が抵当権者に損害の発生
を告知し且つその告知の受領の時より1ケ月を経過したときにおいてのみ、
抵当権者に対してその効力を有する。抵当権者は、この期間内は保険者に対
して保険金の支払いにつき、「支払異議」を述べることができる。告知をなす
ことができないときには、これを為すことを必要としない。この場合には、

１ケ月の期間は，保険金が弁済期となった時より，算定する（1項）。

抵当権者が保険者に対してその抵当権を届出ているときには，保険者の被保険者に対する保険金の支払いは，抵当権者が書面により同意したときに限り，抵当権者に対してもその効力を有する（2項）。

その他の点については，質入債権に関する諸規定を準用する。但し，保険者は，土地登記簿より知り得る抵当権については，その不知を主張し得ない（3項）"，とされている。――

この BGB1128 条の規定は，三当事者間の「諸利益対立状況」において，「支払異議（Widersprechen）」を利益調整のキーワードとした，極めて合理的な「実体法上の利益裁断」をなしているものである，と判断できる。以下，「建物保険金債権」をめぐる三者の法律関係（利益関係）について，(ⅰ)抵当権者 G（債権者），(ⅱ)被保険者 S（債務者），(ⅲ)保険者 DS（第三債務者），の各法的地位を基軸として，私見分析を分説する[10]。

(イ) 抵当権者 G（債権者）の法的地位（→ S や DS の「処分」を否定する「利益」）

(a) 「建物保険金債権」上への抵当権者 G の効力的把握

抵当権の効力の及ぶ「建物」につき土地所有者を被保険者として「損害保険契約」が締結されているときには，抵当権の効力は当該損害保険契約より生ずる「建物保険金債権」上にも及ぶ（BGB1127 条 1 項，同 1128 条）。このように，抵当権者 G は，将来の「建物保険金債権」をも，価値的に把握する者である。

なお，保険者 DS（第三債務者）の利益において，一定の場合には，「建物保険金債権」上への抵当権の効力的把握は消滅するに至る（後述(ハ)(c)），点に注目される。

(b) 効力的把握の時点

⑽ 以下の叙述については，主として，① Soergel — Siebert — Baur, Kommentar zum BGB, Band IV, 1968, § 1127; ② Staudinger — Scherübl, Kommentar zum BGB, Band III, Teil 2, § 1127. を参照しながら，それを私見の立場より，総括的に再構成・敷衍したものである。

「建物保険金債権」上への抵当権者Gの効力的把握は，「建物保険契約の締結」時点と「抵当権設定」時点との，いずれかの後になされた時点において，生ずる。

より具体的には，

(i)「保険契約締結」時→「抵当権設定」時　「建物保険契約の締結」が「抵当権設定」時に先行していた場合には，「建物保険金債権」上への抵当権の効力的把握は，「抵当権設定」時より，生ずる。「抵当権設定」時以前にあっては，抵当権はいかなる意味においても成立してはおらず，その効力も「建物保険金債権」上には及びようがない，からである。

(ii)「抵当権設定」時→「保険契約締結」時　「建物保険契約の締結」が「抵当権設定」時に後行していた場合には，「建物保険金債権」上への抵当権の効力的把握は，「建物保険契約の締結」時より，生ずる。「建物保険契約の締結」以前にあっては，保険契約それ自体がいかなる意味においても成立してはおらず，「将来の且つ現在の建物保険金債権」も成立していない以上，抵当権の効力もこれに及びようがない，からである。

(iii)小　括　以上，いずれの場合にあっても，抵当権の効力的把握が，「保険事故の発生」により建物保険金債権が現実に発生した時点より，生ずるものではない，換言すれば，それが「保険事故の発生」時点前より既に生じている，という点に注目される。

(c)　「債権質権者」としての法的地位が認められる

抵当権の効力の及ぶ「建物」を保険目的物として土地所有者が自らを被保険者として「損害保険契約」を締結したときには，抵当権者Gは，自らの「手続執行法」上の「土地差押え（Beschlagnahme）」（強制競売の執行方法の差押え。既述第3項(1)(二)）の手段を履践することなく，当然に「建物保険金債権」上の「債権質権者」と同一の法的地位に立つに至る。

ここでは，「債権質」規定が準用されている（BGB1128条3項による準用），からである。「建物保険金債権」上への法定の「債権質権」の成立，という点に注目される。

(d)　「支払異議」申出権の行使

(i)Gに対する「告知」　保険事故（損害）が発生したときには，被保険者S又は保険者DSは，抵当権者Gに対して，その旨を「告知」しなければならな

い。

(ⅱ)Gによる「支払異議」申出　この場合，その告知受領時より1ヶ月の期間内においては，抵当権者Gは，保険者DSに対して，被保険者Sへの「建物保険金」支払いにつき，「支払異議」の申出をなすことができる（BGB1128条1項）。

(ⅲ)G利益における機能　この適式な「支払異議」申出権の行使により，抵当権者Gは，(α)第一に，「自らの同意」なくしてなされた保険者DSの被保険者Sへの建物保険金「支払い」の効力を，(β)第二に，「自らの同意」なくしてなされた被保険者Sの現在の建物保険金債権の「処分」の効力を，自己の利益において，否定し得る，こととなる。以上の2点が，抵当権者Gの利益における，「支払異議」申出権行使の機能に他ならない。

(e)　保険契約法による法的地位の強化

抵当権者Gの法的地位は，保険契約法102条以下の諸規定によって，より確実化されている。

⑴　被保険者S（債務者）の法的地位（→不利益処分禁止の「負担」）

(a)　建物所有者，土地上の抵当権設定者，建物を保険目的物とする被保険者

債務者Sは，(ⅰ)建物所有者であり，(ⅱ)自己の抵当権者Gに対する抵当債務のために自己所有の「土地」上に抵当権を設定した者（抵当権設定者）であり，その土地上の抵当権の効力は当該「地上建物」にも及んでおり，(ⅲ)当該「建物」を保険目的物として保険者DSと保険契約を締結した被保険者である。

(b)　建物保険金債権の不利益処分禁止効

「債権質」規定の準用により，被保険者Sは，「将来の且つ現在の建物保険金債権」につき，「抵当権者Gに対して不利益な形での処分」を禁止されるに至る（BGB1128条3項による同1276条の準用）。抵当権者Gは，自らの「手続執行法」上の「土地差押え（Beschlagnahme）」を何等必要とすることなく，当然に「建物保険金債権」上に「債権質権」を取得し，あたかも「債権質権者」と同等の法的地位に在る，と法律構成されている，からである。

なお，被保険者Sの「建物保険金債権に対する不利益処分禁止効」は，抵当権者Gの手続執行法上の「土地差押え」がなされる以前にあって，Sに対

して既に生じている，という点に注目される。

(c) 「現在の建物保険金債権」の不利益処分禁止効の消滅

保険事故が発生したときには，被保険者S又は保険者DSは，抵当権者G
に対して，その旨を「告知」しなければならない。

この場合，当該告知後「1ヶ月の期間」が抵当権者Gの「支払異議」申出な
くして経過したときには，被保険者Sは，抵当権者Gの承諾を必要とするこ
となく，自ら単独にて「現在の建物保険金債権」を「処分」し得る。Sに負
課されていた「建物保険金債権の不利益処分禁止効」が，Gによる「支払異
議」申出なくしての「1ヶ月の期間徒過」ということでもって，消滅するに至
る，のである。

(ハ) 保険者DS（第三債務者）の法的地位（→G「拘束」からのDSの解放の「利益」と「免責」要件緩和の「利益」）

(a) 保険金支払義務者

保険事故が発生したときには，保険者DSは「建物保険金」を支払わなけ
ればならない。この意味で，保険者DSは「建物保険金」支払義務者である。

(b) 保険金支払いの相手方，その一（「原則」的枠組み）（→Gの「拘束」の下
にある）

「債権質」規定の準用（BGB1128条3項本文による準用）により，「原則」的
枠組みとして，

(i)抵当債権弁済期「未到来」の場合　第一に，抵当権者Gの抵当債権の弁
済期が「未到来」のときには，保険者DSは，抵当権者Gと被保険者Sの双方
の共同の利益のためにのみ，「建物保険金」の支払いをなし得る（BGB1281条
の準用）。

この場合には，抵当権者Gの同意あるときのみ，保険者DSは「被保険者
S」のみに「建物保険金」の支払いをなし得，これは抵当権者Gに対しても
「有効な弁済」となる。

(ii)抵当債権弁済期「到来」の場合　第二に，抵当権者Gの抵当権の弁済期
が「到来」しているときには，保険者DSは抵当権者Gに対してのみ「建物保
険金」の支払いをなし得る（BGB1282条の準用）。

この場合には，抵当権者Gの同意あるときのみ，保険者DSは「被保険者

第1節 「抵当権の物上代位」の法構造 385

S」に建物保険金の支払いをなし得，これは抵当権者Gに対しても「有効な弁済」となる。

(iii)小　括　以上，「債権質」規定の準用により，抵当権者Gは「債権質権者」として保護され，その裏面的対応として，保険者DSは，「債権質権の拘束力」を受け，「建物保険金」の支払いにつき，抵当権者Gの「拘束」の下に，ある，といえよう。

(c)　保険金支払いの相手方，その二（「修正」的枠組み）（→DS「免責」要件が緩和されている）

「債権質」規定の準用という「原則」的枠組みの下で，抵当権者G・被保険者S・保険者DSの三者の「諸利益対立状況」の中で，保険者DSの利益の視点において，BGB1128条1項・2項はいわば「修正」的枠組みを提示している（換言すれば，「債権質」規定の準用を定める同条3項本文によれば，同条1項・2項が適用されない限りで，「債権質」規定の準用を承認するものだ，からである）。

(i)DS「利益」のために　それによれば，保険者DSの利益において，「建物保険金」支払いの「有効性の要件」が緩和され，一定の場合には「被保険者S」単独への支払いが「有効」とされ，それは抵当権者Gに対しても「有効」であり，これにより「建物保険金債権」も消滅（弁済による消滅）し，それに伴ない「建物保険金債権」上の抵当責任も消滅し，保険者DSも「免責」される，とされている。

(ii)対Sへの支払いによりDS「免責」となる「3場合」　より具体的には，次の「3場合」には，保険者DSは，抵当権者Gの同意を必要とすることなく，「被保険者S」のみに「保険金」支払いをなし得，これは抵当権者Gに対しても「有効な弁済」となり，保険者DSは「免責」されることとなる。

すなわち，(α)第一に，保険事故が発生したときには，保険者DS又は被保険者Sは土地登記簿上覚知可能な抵当権者にその旨を「告知」しなければならないが，この告知受領後「1ケ月の期間」が抵当権者Gの「支払異議」申出なくして徒過した場合（なお，告知不能のときには，保険事故発生後1ケ月の期間が徒過した場合）（BGB1128条1項前段），である。

なお，抵当権者Gが保険者DSに対して自己の抵当権の存在を届け出ていた場合には，BGB1128条1項前段は適用され得ず，この場合には単なる「期間徒過」では足りず，抵当権者Gの「書面による同意」あるときのみ，保険

者 DS は「被保険者 S」のみに保険金支払いをなし得，これは抵当権者 G に対しても「有効な弁済」となる（BGB1128 条 2 項）。

(β)第二に，保険者 DS が抵当権者 G の抵当権の存在を知らなかった場合（BGB1275 条・407 条），である。

但し，保険者 DS が，土地登記簿上，その抵当権の存在を知り得べきときには，保険者 DS は，抵当権者 G に対して，その「不知」を主張し得ず（BGB1128 条 3 項但書），この場合には「被保険者 S」のみへの「保険金」支払いは，抵当権者 G に，対抗し得ない。

(γ)第三に，保険契約上，保険者 DS が保険目的物の再生のためにのみ「保険金」支払義務を負う旨，定められている場合（BGB1130 条），である。

(d)　「支払異議」申出あるときは供託による「免責」があるのみ

1 ケ月の期間内に抵当権者 G により適式に「支払異議」申出がなされたときには，保険者 DS はもはや「被保険者 S」に対して「保険金支払い」をなし得ず，この場合には保険者 DS は，保険金を「供託」することによってのみ，自らの債務を免れ得る。

(3)　**抵当権者 G の「権利実現方法」――「元物型」物上代位における「手続執行法」上の権利実現方法としての「強制競売」の執行方法（手続構造論）――**

物上代位による抵当権者 G の「保険金債権」上への効力的把握を前提として，次に，「保険金債権」上への抵当権者 G の「権利実現方法」如何が問われなければならない。その考察に際し，私見によれば，抵当権者 G の法的地位は次の如き「四つの類型」（Ⅰ～Ⅳ）に予め位置づけられなければならない，と考える[11]。

――なお，ここでは，(i)第一に，保険事故発生時を「基準時」として，抵当権者 G はその前後のいずれの時的段階に位置するのか，(ii)第二に，抵当権者 G は抵当権実行要件を具備しているのか否か，の二つを「類型化基準」とするものである――。

すなわち，「類型化の具体的進行」として，まず，保険事故発生時「前」において，(i)抵当権者 G が未だ抵当権実行要件を具備していない場合（第Ⅰ類

---

[11]　ドイツ法上の諸文献にあっては，本節におけるが如き体系的類型化並びにその整序は，明示的にはなされていない。

型），⑾抵当権者Gが既に抵当権実行要件を具備している場合（第Ⅱ類型），の
2類型が，識別されなければならない。

次いで，保険事故発生時「以降」において，㈢抵当権者Gが未だ抵当権実
行要件を具備していない場合（第Ⅲ類型），㈣抵当権者Gが既に抵当権実行要
件を具備している場合（第Ⅳ類型），の2類型が，識別されなければならない。

㈜　第Ⅰ類型：⑴保険事故発生時「前」，⑵抵当権実行要件の「未具備」

第Ⅰ類型として，保険事故発生時「前」において，抵当債権の弁済期未到
来等の理由により，抵当権者Gが未だ「抵当権実行」要件を具備していない
場合，である。抵当権者Gの「権利実現の方法」としては，次の如く考える。

すなわち，⑴「将来債権」上への物上代位によるGの効力的把握　保険事
故の発生という保険条件が未だ成就していない以上，「将来の建物保険金債
権」は「将来の建物保険金債権」たり続けており，この「将来の建物保険金
債権」上に物上代位による抵当権者Gの効力的把握が及んでいる。

⑵着手できない　「抵当権実行」要件が未だ具備されていないのだから，抵
当権者Gは「手続執行法」上の権利実現方法に着手し得ないが，抵当権者G
の立場よりしても，無論，着手の必要（利益）もない，といえよう。

⑶行使できない　また，「実体民法」上の権利実現方法（直接取立権の行使）
についても，同様の趣旨が妥当する。

㈡　第Ⅱ類型：⑴保険事故発生「前」，⑵抵当権実行要件の「具備」

第Ⅱ類型として，保険事故発生時「前」において，抵当債権の弁済期到来
等の理由により，抵当権者Gが既に「抵当権実行」要件を具備している場合，
である。抵当権者Gの「権利実現の方法」としては，次の如く考える。

すなわち，⑴「将来債権」上への物上代位によるGの効力的把握　保険事
故の発生という保険条件が未だ成就していない以上，「将来の建物保険金債
権」は「将来の建物保険金債権」たり続けており，この「将来の建物保険金
債権」上に物上代位による抵当権者Gの効力的把握が及んでいる。

⑵「手続執行法」上の権利実現方法を採るべし　債務名義の取得を含めて，
「抵当権実行」要件が既に具備されているのだから，抵当権者Gは「手続執行
法」上の権利実現方法を採り得るし，またその着手の必要（利益）がある，と

いうべきである。

(iii)「強制競売」の方法を採る　より具体的には，物上代位により「将来の保険金債権」上に土地上の抵当権者Gの効力的把握が及んでいることを前提として，抵当権者Gは土地に対する「不動産執行」執行方法を採ることとなろう。この場合，抵当権者Gの権利実現の方法としては，「元物」（「将来の建物保険金債権」は元物の一部である）に対する執行方法，すなわち「強制競売」の執行方法が最適である（既述第3項(1)(二)）。

——すなわち，抵当権者Gが土地に対する「強制競売」の執行方法を採ったときには，その権利実現の方法の「手続進行」（「抵当権→差押え→競売」の各効力的範囲が，順次，スライドしていく。前掲竹下研究参照）は，次の如くである。

①まず，土地に対する強制競売の執行方法の「差押え」の効力は，「土地上の抵当権の効力の及ぶ範囲」において，生ずる。したがって，土地上の抵当権の効力が「将来の建物保険金債権」上に及んでいる以上，土地に対する「差押え」の効力も「将来の建物保険金債権」上に及ぶ。

②次いで，土地に対する「強制競売」の執行方法の「競売」の効力は，その「差押えの効力の及ぶ範囲」において，生ずる。したがって，「差押え」の効力が「将来の建物保険金債権」上に及んでいる以上，「競売」の効力も「将来の建物保険金債権」上に及ぶ（ZVG55条1項，90条2項）。

③さらに，「競売」の効力が「将来の建物保険金債権」上に及ぶことの結果，「競売買受人」は売却許可決定により当該保険金債権を当然に取得する。ここでは，「将来の建物保険金債権」が，保険契約上の権利義務と共に一体として，「競売買受人」に移転する，こととなる。

④なお，売却許可決定の時点において，既に保険条件が成就（損害発生）しているときには，「将来の建物保険金債権」は「現在の建物保険金債権」に転化しており，かくして「建物保険金」は，執行裁判所の関与の下に，「競売買受人」に給付されることとなる。——。

(iv)「直接取立権の行使」の方法（BGB1282条）は採り得ない　他方，抵当責任（債権質責任）を負った建物保険金債権が未だ弁済期到来していない以上，BGB1282条の「直接取立権の行使」の方法はここでは採り得ない。

(ハ)　第Ⅲ類型：(i)保険事故発生時「以降」，(ii)抵当権実行要件の「未具備」

　第Ⅲ類型として，保険事故発生時「以降」において，抵当権者の弁済期未到来等の理由により，抵当権者Gが未だ「抵当権実行」要件を具備していない場合，である。抵当権者Gの「権利実現の方法」としては，次の如く考える。

　すなわち，(i)「支払異議」申出をなすべし　保険事故の発生という保険条件が成就している以上，「将来の建物保険金債権」は「現在の建物保険金債権」に転化しており，この「現在の建物保険金債権」上に物上代位による抵当権者Gの効力的把握が及んでいる。保険者DS又は被保険者Sより損害の発生が「告知」されたときには，物上代位による抵当権の効力的把握を固定化すべく，抵当権者Gは適式に「支払異議」申出をなすべきである。

　(ii)Sと一体化しての「共同給付請求」(BGB1281条)をおこなう　債務名義の取得を含めて，「抵当権実行」要件が未だ具備されていない以上，抵当権者Gは「手続執行法」上の権利実現方法を採り得ず，専ら「実体法」上の権利実現方法，すなわちBGB1281条の「被保険者Sとの一体としての共同給付請求」の方法に依ることとなる。

　(iii)より具体的には　抵当権者Gは，被保険者Sとの共同のためにのみ，保険者DSに対して，「建物保険金」給付を「実体法」上請求し得る。ここでは，抵当権者Gは「自己単独への給付」を請求し得ない，という点に注目すべきである。

　——換言すれば，給付義務者たる保険者DSの立場よりいえば，保険者DSは，抵当権者Gと被保険者Sの共同のためにのみ，「建物保険金」給付をなさなければならない，という法的地位に在る（BGB1281条の準用）——。

　(iv)「受領権者」としてのSの法的地位　なお，この場合，被保険者Sもまた，抵当権者Gと同様に，抵当権者Gとの共同のためにのみ，保険者DSに対して「建物保険金」給付を「実体法」上請求し得るのにとどまり，「自己単独への給付」を請求し得ない。但し，抵当権者Gの同意あるときには，被保険者Sは自己単独への給付を保険者DSに対して実体法上請求し得る。

　(v)「受領権者」としての「GとS」の差違　したがって，ここでは，「建物保険金」給付につき，(α)「共同」受領権者としての抵当権者Gと被保険者S，(β)抵当権者Gの同意を一要件とする，「単独」受領権者としての被保険者S，

の各法的地位に注目される。

㈡　第Ⅳ類型：(i)保険事故発生時「以降」，(ii)抵当権実行要件の「具備」

　第Ⅳ類型として，保険事故発生時「以降」において，抵当債権の弁済期到来等の理由により，抵当権者Gが既に「抵当権実行」要件を具備している場合，である。抵当権者Gの「権利実現の方法」としては，次の如く考える。

　すなわち，(i)「支払異議」申出をなすべし　保険事故が発生し，保険条件が成就している以上，「将来の保険金債権」は「現在の保険金債権」に転化しており，この「現在の保険金債権」上に物上代位による抵当権者Gの効力的把握が及んでいる。保険者DS又は被保険者Sより損害の発生が「告知」されたときには，物上代位による抵当権の効力的把握を「固定化」すべく，抵当権者Gは適式に「支払異議」申出をなすべきである。

　(ii)「強制競売」の方法をとる　債務名義の取得を含めて，抵当権実行要件が既に具備されているのであれば，抵当権者Gは「手続執行法」上の権利実現方法，すなわち土地に対する「強制競売」の執行方法を採り得ることとなる。その手続構造は，既述(ロ)(iii)（Ⅱ類型）と基本的に同様である。

　(iii)「直接取立権の行使」も可能である（BGB1282条準用）　しかし，他方，抵当債権の弁済期も到来し，しかも建物保険金債権も現在化（弁済期到来）しているとすれば，あえて債務名義を取得せずとも，抵当権者Gは，「債権質権」者と同様の法的地位において，建物保険金債権に対して「直接取立権の行使」（BGB1282条の準用）をなし得る。

　これは，極めて簡易迅速な権利実現方法である。より具体的には，抵当権者Gは保険者DSに対して「直接取立権」を行使し，保険者DSから保険金を直接に取り立て，これを自らの抵当債権の弁済に充てることができる。

　——換言すれば，給付義務者たる保険者DSの立場よりいえば，保険者DSは，抵当権者Gのみに対して，保険金給付をなさなければならない，という法的地位に在る（BGB1282条の準用）——。

　(iv)「受領権者」としてのSの法的地位　なお，この場合，被保険者Sは，抵当権者Gの同意あるときのみ，自己への建物保険金給付を，保険者DSに対して，「実体法」上，請求し得る。

　(v)「受領権者」としての「GとS」の差違　したがって，ここでは，建物

第1節 「抵当権の物上代位」の法構造 391

保険金給付につき，(α)「第一次」受領権者としての抵当権者G，(β)「第二次的・副次的」受領権者としての被保険者S，の各法的地位に注目される。

第5項 結論的考察
——諸利益対立状況における「利益調整」の鍵語（キーワード）としての「支払異議」——

既述の第1項〜第4項の分析をふまえて，「抵当権者G・被保険者S・保険者DSの三当事者関係」の諸利益対立状況の下で，BGB1128条1項の「支払異議(Widersprechen)」がいかなる「利益調整的機能」を果しているのかにつき，「各当事者の法的地位」を基軸として解明し，私見の「利益分析」を以て，本節の結語とする[12]。

(1) 抵当権者Gにおける「支払異議」の機能
(イ) 抵当権者Gの「利益」

抵当権者Gは，(i)第一に，「建物保険金債権」上への自己の抵当権の効力的把握につき，それを「維持・固定化」しよう，とする「利益」を有していた（抵当権の効力的把握の「維持・固定化の利益」）。

(ii)第二に，代位物たる「建物保険金債権」に対して担保権の実行（土地に対する「強制競売」の執行方法の追行）をなし，それにより「抵当債権を回収」しよう，とする「利益」を有していた（「抵当債権回収」の利益）。

(ロ) 「支払異議」の機能

(i)保険事故発生「前」（Sには「不利益処分禁止効」が働き，G利益が護られている）　まず，抵当権者Gは，「将来の建物保険金債権」上への抵当権の効力的把握，を具備している。その法律構成は，「将来の建物保険金債権」上への法定の「債権質権」の成立，である。

したがって，「将来の建物保険金債権」は債権質権の「拘束力」を受け，被保険者S（債務者）は「将来の建物保険金債権」を任意に（抵当権者Gに不利益

---

[12] なお，本節では，「賃料債権」上への物上代位（「収益型」物上代位）の法構造の問題については，割愛した。別稿（⇒斎藤⑪論文・第2節）にて論ずる。

な形で）処分することはできない（BGB1276条の準用）。

(ⅱ)保険事故発生「後」（「支払異議」申出なきときは，「抵当権の効力的把握」消滅の危険を負う）

他方，「保険事故」が発生し，保険条件が「成就」した以降，抵当権者Ｇは，「現在の建物保険金債権」上への抵当権の効力的把握，を具備するものとなる。

しかし，被保険者Ｓ又は保険者DSは抵当権者Ｇに対して「損害の発生」を「告知」しなければならないが，その告知受領より１ケ月以内に抵当権者Ｇは保険者DSに対して「支払異議」申出をなさなければならず，それをなさないときには「現在の建物保険金債権」上への抵当権の効力的把握は消滅する「危険」を有するに至る。適式に「支払異議」申出がなされなかったことにより，保険者DSは被保険者Ｓに「支払い」をなし得ることになり，その「現実の支払い」により「抵当責任が消滅する」（被担保債権が消滅すれば，「付従性」により抵当責任も消滅する）に至る，からである。

(ⅲ)小　括　したがって，「支払異議」申出は，抵当権者Ｇにとって，「現在の建物保険金債権」上への抵当権の効力的把握を「維持（固定化）」し続け，将来あり得べき「抵当権の実行」の追行に備えるためのものである，といえよう。

⑵　被保険者Ｓにおける「支払異議」の機能

(イ)　被保険者Ｓの「利益」

被保険者Ｓは，(ⅰ)第一に，「建物保険金債権」の債権者として，そもそも自ら単独に弁済受領し得る，という「利益」を有していた。

(ⅱ)第二に，「建物保険金債権」の帰属主体者として，そもそも自らその意思に基づき（抵当権者Ｇの同意を得ることなく）当該債権の処分をなし得る，という「利益」を有していた（「任意処分」利益）。

(ロ)　「支払異議」の機能

(ⅰ)「任意処分」の制限　まず，被保険者Ｓは，「将来の建物保険金債権」の帰属主体者である。その「将来の建物保険金債権」は，抵当権者Ｇの抵当権の効力的把握を受け，「債権質権の拘束力」を受けている。したがって，被保険者Ｓは，「将来の建物保険金債権」につき，その「任意の処分」を「制限」されている。

第1節　「抵当権の物上代位」の法構造　　　393

(ii)「支払異議」申出（G）による抵当権の効力的把握の「維持（固定化）」

　他方，保険事故が発生し，保険条件が成就した以降，被保険者Bは，「現在の建物保険金債権」上への抵当権の効力的把握，を受けている者となる。しかも，抵当権者Gにより適式に「支払異議」申出がなされたときには，「現在の建物保険金債権」上への抵当権の効力的把握が「維持（固定化）」されることになる。

(iii)「支払異議」申出なきときの「任意の単独処分権・単独弁済受領権」の回復　　しかし，その適式な「支払異議」申出がなされなかったときには，「現在の建物保険金債権」上への抵当権の効力的把握は，消滅する一契機を有するに至る。被保険者Sは，「現在の建物保険金債権」につき，自ら単独にてその意思に基づき処分し得るし，自ら単独にて弁済受領し得る。

(iii)小　括　　したがって，「支払異議」申出は，それが適式になされなかったという限りでは，被保険者Sにとって，「現在の建物保険金債権」につき，「任意の単独処分権・単独弁済受領権」を「回復」させるものである，といえよう。

(3)　保険者DSにおける「支払異議」の機能
(イ)　保険者DSの「利益」

　保険者DSは，(i)「Sへの保険金支払い」による免責（「二重弁済」危険からの回避）の利益　　第一に，そもそも保険金債務者として「二重弁済を強いられることの危険」から回避されるべし，という「利益」を有していた。換言すれば，「建物保険金債権」の支払義務者たる保険者DSは，当該債権の債権者である被保険者Sに対して，その「保険金」を支払えば，それで「免責」される，という「利益」を有していた。

　ここで「二重弁済」とは，その被保険者Sに対して保険金支払いをなしたにもかかわらず，その支払いの効力が相対的に無効とされ（抵当権者Gに対して無効とされ），あらためて保険者DSは被保険者S以外の他者（抵当権者G）に対して「保険金」支払いをなさなければ，「免責」され得ない，ということを意味するものである。

　(ii)「拘束」（G）からの回避の利益　　第二に，より一般的には，保険者DSは，「建物保険金債権」の法律関係における相手方当事者たる被保険者Sとの関

係以外に，抵当権者Gとの関係からまで，介入ないし介在されたくない，という「利益」を有していた。換言すれば，保険者DSは，自己がその支払義務者である「建物保険金債権」につき，保険契約当事者以外の第三者たる抵当権者Gによる「拘束」を回避したい，という「利益」を有していた。

㈿ 「支払異議」の機能

(ⅰ)支払義務の未現在化　まず，保険者DSは，「将来の建物保険金債権」の支払義務者である。それが「将来の債権」である以上，その支払義務は未だ現在化していない。

(ⅱ)支払義務の現在化　次いで，保険事故が発生し，保険条件が成就した以降，保険者DSは，「現在の建物保険金債権」の支払義務者であり，その支払義務が現在化するに至る。

(ⅲ)一般ルール　この場合，仮に債権質権の「一般原則」に準拠したとすれば，(α)第一に，抵当債権の弁済期が「未到来」のときには，保険者DSは，抵当権者Gと被保険者Sの「双方の共同の利益」においてのみ，支払いをなし得る。(β)第二に，抵当債権の弁済期が「到来」しているときには，保険者DSは，抵当権者Gのみに対して，支払いをなし得る。(γ)したがって，いずれのときにあっても，保険者DSは被保険者S単独には支払いをなし得ず，抵当権者Gの同意あるときのみ被保険者Sへの単独支払いをなし得る，といえる。

(ⅳ)修正ルール　しかし，「建物保険金債権」上への物上代位にあっては，債権質権の「一般原則」はそのままの形では妥当させられず，BGB1128条はその「修正」的枠組みを提示している。

すなわち，(α)抵当権者Gにより適式に「支払異議」がなされたときには，保険者DSは「供託による免責」を受け得るのみとなる。(β)これに対して，抵当権者Gにより適式に「支払異議」がなされなかったときには，保険者DSは，抵当権者Gの同意なくして，被保険者S単独に支払いをなし得る。

(ⅴ)結論小括　したがって，「支払異議」は，それが適式になされなかったという限りにおいては，保険DSにとって，「建物保険金債権」の本来の弁済受領権者である被保険者Sに対して，その保険金支払いをなせば，自己は「免責」される，という「利益」を確保するものである。ここでは，保険者DSの利益において，被保険者S単独への支払いについての有効性要件が，「緩和」

されている（免責要件の緩和），といえよう。

(4) 総 括

「建物保険金債権」をめぐる三者の法律関係において，その諸利益調整の鍵語として，「支払異議」は次の如く機能していた。

すなわち，保険条件成就（保険事故発生）後において，「将来の建物保険金債権」は「現在の建物保険金債権」に転化するが，「抵当権者Ｇの法的地位」においては，それが適式になされたという限りで，「支払異議」は「建物保険金債権」上への抵当権の効力的把握を「固定化・確実化」する，という機能をもっていた（(1)）。

次いで，「被保険者Ｓの法的地位」においては，それが適式になされなかったという限りで，「支払異議」は「建物保険金債権」の「任意の単独処分権」，さらには「単独弁済受領権」を回復させる，という機能をもっていた（(2)）。

さらに，「保険者ＤＳの法的地位」においては，それが適式になされなかったという限りで，「支払異議」は「建物保険金債権」の元来からの債務者（弁済受領権者）Ｓのみに支払えば「免責」される（免責要件の緩和），という機能をもっていた（(3)）。

以上，保険事故の発生時以降，「将来の建物保険金債権」は「現在の建物保険金債権」に転化し，抵当権者Ｇの抵当権の効力は「現在の建物保険金債権」を把握するものとなるが，ここでは，抵当権の物上代位効の「手続執行法」上の権利実現方法としての「土地差押え」とは全く無縁の，「実体法」上の諸利益対立状態の調整としての，「支払異議」の機能が，解明された。

なお，付言すれば，我が国の現行民法の法解釈論として，

(i)民法304条1項但書にいう「差押」はその権利実現方法としての「手続執行法」（「民事執行法」）上の「差押え」又は「保全的差押え」とは異質・無縁のものであり，

(ii)それは執行行為ではなく「実体行為」（実体法上の通知）であり，

(iii)それは，BGB1128条1項の「支払異議」と，ほぼ同質・同機能のものとして理解されるべきである，と私見は把握している。

この点については，ドイツ法上の法規制とは切離された，ボアソナードによる「イタリア民法からの法継受」，という民法304条（その「差押え」をめぐ

る，錯綜し混迷するかの如き日本法解釈論は，明治期の法継受史上の比較法的混乱に起因する，と私見は把握している）の立法史的状況の解明を含めて，他日に譲りたい。

――初出・斎藤⑩論文・1990年/H2年9月――

第2節 「賃料債権」上への抵当権の物上代位
——日本民法上の「収益型」物上代位（民法372条・304条）の特異な「問題性」——

第1項　はじめに

⑴　抵当権の物上代位（民法372条による同304条の準用）

我が国の現行民法典第2編「物権」・第十章「抵当権」中に存置されている民法372条は，他の担保権に関する諸規定を，抵当権に準用する。そこでは，明示的に民法304条もまた，準用されている。民法304条は「先取特権の物上代位」を承認するが，この規定が抵当権にも準用される結果，抵当権についても，その法効力として，「物上代位」が承認されることとなる。

⑵　民法304条準用の問題点

他方，民法304条は，本来，あくまで「先取特権の物上代位」を承認した規定であるから，当該規定内容をそのまま抵当権の場合にも妥当させ得るのかは，なお，検討を必要とする。

たとえば，民法304条は目的不動産の「売却代金債権」上への物上代位を承認するが，これは，担保権としての追及力を欠く先取特権（売主の動産売買先取特権や追及力を欠くときの売主の不動産売買先取特権など）では，その意義を有し得るが，担保権としての追及力を有する抵当権では，その実務的意義を大きく減殺されるのは，確かであろう。くわえて，追及力ある抵当権では，「売却代金債権」上への物上代位を承認すべき理由も必要もない，とする法解釈論も，主張されているのが，現状である。

同様の問題は，後述する如く，本節テーマである「賃料債権」上への物上代位においても，生じてくることに，注目しなければならない。

⑶　「賃料債権」上への抵当権の物上代位——「収益型」物上代位の典型例——

民法372条による同304条の準用により，「賃料債権」上への抵当権の物上代位が，明文規定上，承認されている。これは，いわゆる「収益型」物上代

位の一典型例である。

すなわち，既に第1節でも論述したように[13]，抵当権の物上代位は，「元物型」物上代位と「収益型」物上代位の二つに峻別され，「賃料債権」上への物上代位は，「収益型」物上代位の一典型例として，位置付けられる。これは，抵当目的物より生じた「収益（賃料債権）」上に抵当権の効力がなお及んでいく，というものである。

(4) 学説・判例における対立状況
(イ) 見解分岐状況の存在

「賃料債権」上への抵当権の物上代位が，その明文規定（民法372条による同304条の準用）により，承認されているにもかかわらず，我が国の学説・判例では，その物上代位が肯定されるべきか否かにつき，見解の分岐状況が存在する[14]。

物上代位「肯定説」が，従前から有力に主張せられ，通説化したかの如くであったが，近時にあってはむしろ「否定説」が有力に主張されている。

——なお，民法304条の「先取特権の物上代位」にあっては，「賃料債権」上への先取特権の物上代位につき，それを肯定すべき点において，それ程問題は生じない。既に旧民法債権担保論133条並びにボアソナード草案1138条が，「賃料債権」上への先取特権の物上代位を，明示的に承認していた，からである——。

(ロ) 各見解の内容

(i) まず，第1に，物上代位を肯定する見解である。それによれば，賃料は目的不動産の交換価値のなし崩し的実現であり，「賃料債権」上への抵当権の物上代位が承認される，としている。

(ii) 第2に，物上代位を否定する見解である。この見解によれば，抵当権

---

(13) 拙稿・「『抵当権の物上代位』の法構造——ドイツ法上の『元物型』物上代位における『支払異議』の機能の解明——」・慶應法律学科開設百年記念論文集（1990年9月），斎藤⑩論文・本書第1節参照。

(14) この問題については，貴重にして有益なるいくつかの論稿が存在するが，さしあたりもっとも近時のものとして，伊藤眞・「賃料債権に対する抵当権者の物上代位（上）（下）」・全法1251号6頁以下・同1252号12頁以下（1990年4月），並びに同法文中引用の文献（含・判例），を指摘しておく。

には追及力が存在するし，また抵当権は非占有担保権であり，抵当目的物の使用・収益の権能を設定者の下に委ねるものであるから，「賃料債権」上への抵当権の物上代位は認められない，としている。

(iii) 第3に，いわば無条件的な肯定説と否定説の対立を止揚すべく，一定の条件的枠組みの中でその肯否を態度決定せんとする，いわば折衷的見解も主張されるに至っている。

(iv) なお，判例においても，同様に見解の分岐状況が存在している。

(ハ) 最高裁判決（肯定説）の登場

(i) このように錯綜する見解分岐状況の下で，「賃料債権」上への抵当権の物上代位をいわば無制約的に承認する，極めて注目すべき最高裁判決（最二小判平元・10・27民集43巻9号1070頁・金法1247号24頁）が，近時登場するに至っている。これは，「賃料債権」上への抵当権の物上代位の肯否に関しての，最高裁としてのはじめての判例であり，それだけになお一層注目を惹くものである。

(ii) 事案は，直接には「賃料債権」についてではなく，賃料が供託された場合における「供託賃料の還付請求権」（これは賃料債権の準ずるものである）についてではあるが，そこでは次の如く判示されている。「抵当権の目的不動産が賃貸された場合においては，抵当権者は，民法372条，304条の規定の趣旨に従い，目的不動産の賃借人が供託した賃料の還付請求権についても抵当権を行使することができるものと解するのが相当である」，と判示されている。

(iii) しかし，そこでの理由付けは，必ずしも十分に説得的なものとは言えず，あくまで簡潔に留っている。問題解決は未だなお流動的であり未確定的である，といえよう。

(5) 本節の目的

(イ) ドイツ法状況との相違点

他方，ドイツ民法上の状況に眼を転ずれば，それは日本民法上の状況とは顕著に相違している。

(i) 第1に，ドイツ民法上，「賃料債権」上への抵当権の物上代位は，抵当権につきそれを正面から認める明文規定の存在により，承認されている

(BGB1123条1項の存在)。これに対して、日本民法上においては、先取特権に関する民法304条が抵当権にも準用(民法372条による準用)され、その結果、「賃料債権」上への抵当権の物上代位が承認されている、のである。

(ⅱ) 第2に、ドイツ民法上、「賃料債権」上への抵当権の物上代位を、法解釈論上、肯定すべきことにつき、ドイツ学説・判例において格別の異論はみられない。日本民法上、この点については激しい見解分岐状況が存在しているのに対して、ドイツ民法上にあっては、このような見解分岐状況はまったくみられず、いわば見解一致の平穏な状況が存在している、のである。そして、ここでは特に後者((ⅱ))の相違に注目されなければならない。

㈡ 「その理由」如何

それでは、此彼両法上の学説・判例状況における顕著な相違は、一体如何なる理由に基づくからなのか。日本民法上の紛糾する見解分岐の現状は、一体なぜなのか。

私見によれば、それは端的に、「賃料債権」上への抵当権の物上代位の基本的法構造それ自体が、我が国では未だ十分には解明されていない、からである、と思われる。その基本的法構造の解明なくしてなされてきた法解釈論であるとすれば、ともすれば表面的にならざるを得ないのではないか、とも評し得よう。かくして、母法の一つであるドイツ民法上の、この基本的法構造の理論的解明が、緊近に必要とされよう。

㈢ 論述の進行

以上を前提として、本節の論述の進行について一言すれば、まず、ドイツ民法上の「賃料債権」上への抵当権の物上代位につき、その法構造を解明する(第2項)。次いで、それをふまえて、日本民法上のそれにつき、その法構造を解明する。ここでは、その特異な「問題性」を析出する(第3項)。最後に、結論的考察として、私見の結論を総括する(第4項)。

第2項　ドイツ民法上の「賃料債権」上への抵当権の物上代位
――BGB1123 条 1 項の法構造の理論的解明――

論述の進行

BGB1123 条 1 項の「賃料債権」上への抵当権の物上代位を考察するに際して，まず，土地上の抵当権の効力がいかなる客体をその傘下におさめているのか，に注目する（(1)(2)）。そして，土地上の抵当権の効力は「分離した天然果実」に拡張される（(3)）。しかし，例外的に，その効力的拡張が否定されている場合が，認められている（(4)）。これに対応して，「賃料債権」上への抵当権の物上代位が承認されており，この物上代位効は抵当権の拡張的効力の一つに他ならない（(5)）。

(1)　「抵当目的物」への抵当権の効力
――その肯定（本来的効力。BGB1113 条・1114 条）――
(イ)　根拠条文

抵当権の効力は，その目的物適格性を有する「抵当目的物」，すなわち「土地」並びに「共有者の持分としての土地部分」に及ぶ（BGB1113 条・1114 条），とされている。

(ロ)　法解釈

ドイツ民法上，抵当権の目的物としては，「土地」（BGB1113 条）並びに「共有者の持分としての土地部分」（BGB1114 条）のみが，その目的物「適格性」を有する，とされている。換言すれば，その両者を目的物としてのみ，抵当権は設定され得る，のである。したがって，抵当権の効力は，抵当目的物たる「土地」並びに「共有者の持分としての土地部分」に及ぶ，こととなる。

(2)　「未分離の天然果実等」への抵当権の効力
――その肯定（本来的効力。BGB94 条・93 条）――
(イ)　根拠条文

土地上の抵当権の効力は，目的土地より生じた「天然果実」及び「その他の本質的な構成部分」に及ぶ，と解される。BGB94 条・93 条の規定の趣旨から，法論理上，当然に導出される帰結である。

(ロ) 法解釈

(i) ドイツ民法上，建物等の土地の定着物，さらには土地より生じた未分離の天然果実は，土地の本質的構成部分とされ（BGB94条），それ自体特別の権利の目的物たり得ない（BGB93条），とされている。したがって，建物や未分離の天然果実等は，土地と同一の法律的運命，あるいは同一の法的処理の下に委ねられる，のである。かくして，土地上の抵当権の効力は建物や「未分離の天然果実等」に及ぶこと，BGB93条・94条の規定の趣旨からいって，法理論上，当然の帰結なのである。

(ii) なお，「未分離の天然果実等」の土地構成部分が，抵当権設定時点以降，生じたものであっても，土地上の抵当権の効力はこれらに及ぶ，とされている。抵当権設定時点の前後を問わず，それが未分離の土地構成部分として生じ，そして存在する限りにおいて，土地上の抵当権の効力がこれらに及ぶ，のである。

(iii) また，付言すれば，土地所有権と結合する権利，たとえば地役権や物権的先買権は土地の構成部分とみなされている（BGB96条）。したがって，土地上の抵当権の効力は，同様に，これらの地役権等にも及ぶ，と解されている。

(3) 「分離した天然果実等」への抵当権の効力，その1
——原則：その肯定（拡張的効力。BGB1120条本文）——

(イ) 根拠条文

土地上の抵当権の効力は，目的土地より「分離した天然果実」及び「その他の土地構成部分」にも，拡張的に及ぶ（原則：BGB1120条本文），とされている。これは，BGB1120条本文が明規するところである。

(ロ) 法解釈

(i) ドイツ民法上，土地上の抵当権の効力は，土地より「分離した天然果実」及び「その他の土地構成部分」にも，それが依然として土地所有者の所有に帰する限りにおいて，拡張的に及ぶ，とされている（BGB1120条）。この規定の趣旨としては，次の如く理解することができる。

(ii) (a)天然果実及びその他の土地構成部分は，それが土地より未分離の状態におかれている限りでは，土地の本質的構成部分として，理論上当然に，

土地上の抵当権の効力の下に服するものとされていた。それが土地と一体化した一部分として，土地上の抵当権の効力の下に，服するものとされていた，のである（既述(2)）。

（β）このことを前提とすれば，天然果実及びその他の土地構成部分が，土地より分離し，独立の物となったときにおいても，それが依然として土地所有者の所有に帰する限りでは（BGB1120条但書の制約），それらをやはり土地上の抵当権の効力の下に服させるべきものであること，「抵当権者と土地所有者間の利益調整」，ひいては「土地上の抵当権の効力の確実化」，という視点よりすれば，合理的裁断といえる，からである。

(iii)　なお，「分離した天然果実等」上への抵当権の効力の拡張は，抵当目的物たる土地よりの分離時において，既にそれらが抵当権の効力の下にあったことを，一つの要件とするものである。

⑷　「分離した天然果実等」への抵当権の効力，その2
　　　──例外：その否定（BGB1120条但書）──

⑷　根拠条文

　例外的に，土地上の抵当権の効力は，法律の定める一定の場合には，目的土地より「分離した天然果実等」には，及ばない（BGB1120条但書），とされている。

㈹　法解釈

（i）　ドイツ民法上，土地上の抵当権の効力は「分離した天然果実等」に拡張的に及ぶ，とされている。これが原則である（既述(3)）。

（ii）　しかし，その例外として，その分離時において，「分離した天然果実等」がBGB954条―957条により土地所有者あるいは自主占有者以外の「第三者」の所有に帰するものであるときには，土地上の抵当権の効力は「分離した天然果実等」には及ばない，とされている（BGB1120条但書）。

　より具体的には，抵当土地上に債権的・物権的な果実収取権を有する「第三者（果実収取権者）」が存在するときには，土地より「分離した天然果実等」は，その分離と同時に，この「第三者（果実収取権者）」の所有に帰せられ，そのようなときには土地上の抵当権の効力は「分離した天然果実等」には及ばない，とされているのである。

——ここで，債権的あるいは物権的な果実収取権を有する「第三者」とは，たとえば①「包括収益権者 (Nießbraucher)」(BGB §§ 1530f.)，②「用益賃借人 (Pächter)」(BGB §§ 581f.)，③所有者やこれらの者より特に果実収取権を与えられた者，等を意味している——。

したがって，抵当土地上に「果実収取権者」が存在するときには，「分離した天然果実等」はこの者の所有に帰せられ，しかも「分離した天然果実等」は，抵当権の効力（抵当責任）より，免除される結果となっている，といえよう。

(iii)　なお，第三者の債権的な果実収取権が，抵当権設定時点以降，生じているときにも，土地上の抵当権の効力は「分離した天然果実等」には及ばない，とされている。同様に，第三者の物権的な果実収取権が，抵当権設定時点，以降生じているときにも，土地上の抵当権の効力は「分離した天然果実等」には及ばない，とされている。

(5)　「賃料債権」（法定果実）への抵当権の効力
——「物上代位主義」の妥当（拡張的効力。BGB1123 条）——

(イ)　根拠条文

土地上の抵当権の効力は，目的土地より生じた「賃料債権」（法定果実）に拡張的に及ぶ（BGB1123 条 1 項），とされている。これは，「物上代位主義」の妥当に基づくものであり，「賃料債権」上への抵当権の物上代位を承認したものである。

(ロ)　法解釈

(i)　ドイツ民法上，(α)土地上の抵当権の効力は，「未分離の天然果実等」並びに「分離した天然果実等」に及ぶ（抵当権者保護の視点），とされている（既述(2)(3)）。(β)しかし，「分離した天病果実等」が目的土地上の用益賃借人等の果実収取権に委ねられてしまうときには，土地上の抵当権の効力は「分離した天然果実等」には及ばない（用益賃借人保護の視点），とされている（既述(4)）。(γ)かくして，ここで，「分離した天然果実等」が土地上の抵当権の効力から解放されたことの，いわば「代償（みかえり）」として，抵当権者の利益保護の視点より，「賃料債権」への抵当権の効力的拡張が承認された，のである。これは，「物上代位主義」の妥当に基づくものである。

(ⅱ) BGB1123 条 1 項の「賃料債権」上への抵当権の物上代位については，その基本的法構造は次の如く考えられる。

すなわち，(α)BGB1123 条 1 項は，「土地カ使用賃貸借又ハ用益賃貸借ノ目的ナルトキハ，抵当権ハ其ノ賃料債権ニ及フ」，と定めている。より具体的に説明すれば，抵当土地が使用賃貸借（Miet）又は用益賃貸借（Pacht）に付せられているときには，土地上の抵当権の効力はそれより生ずる「賃料債権」にも拡張的に及ぶ，とされているのである。

(β)この「賃料債権」上への抵当権の効力的拡張は，「物上代位主義」の妥当に基づくものであり，ここではいわゆる「代償関係」が存在している。

——ここで「代償関係」とは，①そもそも抵当責任財産中に存立していた「未分離・分離の天然果実」があるところ，②「分離した天然果実」が，用益賃借人等の果実収取権に委ねられ，その結果として，抵当責任財産中から解放され，③その代償として，「賃料債権」が抵当責任財産中に新たに編入され，④旧価値物たる「分離した天然果実」に対応して，その価値的代償物として，新価値物たる「賃料債権」が位置付けられる，という連鎖を，意味するものである。——

(ⅲ) BGB1123 条 1 項の物上代位規定は，土地上の「抵当権者と用益賃借人の利益調整」という視点より，次のように理解されるべきである。

すなわち，法は，(α)土地上の抵当権者の法的地位を強化すべく，「未分離の天然果実」のみならず，「分離した天然果実」をも，抵当責任化した。

(β)しかし，土地上の用益賃借人の法的地位を強化すべく，彼の手中に委ねられた「分離した天然果実」を抵当責任から免除した。

(γ)その限りで土地上の抵当権者の法的地位は弱化したが，その代償として土地上の抵当権者のために「賃料債権」を抵当責任化したのである。

(δ)以上，「賃料債権」上への抵当権の物上代位の承認とは，「土地上の抵当権者と用益権者の利益」対立状況の下で，立法者の一つの利益調整的裁断としてなされたものである，とえよう。

(ⅳ) なお，ドイツ民法上，賃貸借は使用賃貸借（Miet）又は用益賃貸借（Pacht）の二つに区分される。前者にあっては，賃借人は目的物の使用のみをなすものであり（BGB535 条），後者にあっては，賃借人は目的物の使用のみならず，目的物よりの果実の収取をもなすものである（BGB581 条 1 項）。

前者に関する諸規定の多くは，後者にも準用されており（BGB581条2項の準用規定），両者間にはそれ程の差違は存在していない。そして，「賃料債権」上への抵当権の物上代位，という本節のテーマにとっては，とりわけ「用益賃借人の果実収取権」との関連が有意味的なものとなっていることに，注目しなければならない。

(v) なお，ここで次のことを付言しておこう。

すなわち，(α)ドイツ民法上，土地上の抵当権の効力は「目的土地」や「その本質的構成部分」に及ぶが，それを本来的効力とすれば，その拡張的効力として，目的土地等以外の，法律の定める一定の動産や債権にも，土地上の抵当権の効力が及ぶものとされている。

(β)それを具体的に指摘すれば，土地上の抵当権の効力は，①土地より分離した天然果実及びその他の土地構成部分（BGB1120条—1122条），②土地を主物とする従物（同上），③賃料債権（BGB1123条—1125条），④土地所有権と結合する回帰的給付請求権（BGB1126条），⑤保険金債権（BGB1127条—1130条），⑥BGB890条2項の規定により加筆された土地（BGB1131条）にも，拡張的に及ぶ，とされている。ここでは，「目的土地」や「その本質的構成部分」に加えて，それらと経済的一体性を有する動産や債権，あるいはそれの価値的代償性を有する債権等にも，土地上の抵当権の効力が拡張されている。

(γ)以上の七種の客体中，その拡張的効力の立法趣旨はそれぞれ個別に異なっているが，「賃料債権」（③）並びに「保険金債権」（⑤）の2種については，「物上代位主義」の妥当に基づくものなのである。したがって，物上代位効とは，抵当権の拡張的効力の一つとして位置付けられている，という点に注目されよう。

──本項の論述については，さしあたり，① Staudinger, BGB § 1123, 12. Aufl., (1981), ② Baur, Sachenrecht, 等を参照。

なお，邦語文献において，私見におけるとは分析視角が異なるも，ドイツ法上の「賃料債権」上への抵当権の物上代位につき論及するものとして，①鈴木禄弥・「物上代位」（同・抵当制度の研究115頁以下所収）(1968年)，②新田宗吉・「物上代位（二）」・明学法研26号151頁以下（1980年12月），の二つがある。──

第2節 「賃料債権」上への抵当権の物上代位　407

第3項　日本民法上の「賃料債権」上への抵当権の物上代位
（民法 372 条・304 条）
──その物上代位規定における特異な「問題性」──

論述の進行

「賃料債権」上への抵当権の物上代位を考察するに際して，賃料債権が法定果実の一つであることから，まず「果実」に対する抵当権の効力が，日本民法上，どのように規制されているのか，につき検討する（(1)）。

その際，「天然果実」と賃料等の「法定果実」につき，それぞれの異なった法的処理がなされている，という点に注目する（(2)-(4)）。

次いで，「天然果実」と賃料等の「法定果実」の民法上の法的処理について，その「論拠」不備，さらには「合理性」欠缺といった観点より，私見の疑念を提示する（(5)(6)）。

最後に，私見結論の小括として，日本民法上の「賃料債権」上への抵当権の物上代位においては，いわゆる「代償関係」がまったく存在していない，という法規制上の特異な「問題性」を指摘する（(7)）。

(1)　「果実」に対する抵当権の効力──その否定（民法 371 条 1 項本文）──

(イ)　第 1 命題

不動産上の抵当権の効力は，目的不動産より生ずる「果実」には，及ばない，と解すべきである。

(ロ)　法解釈

(α)抵当権の効力の及ぶ範囲として，民法 370 条 1 項本文は，「抵当権ハ抵当地ノ上ニ存スル建物ヲ除ク外，其目的タル不動産ニ附加シテ之ト一体ヲ成シタル物ニ及フ」，と定めている。「付加一体物」への効力把握あり（○），の定めである。

(β)この規定を承けて，果実に対する抵当権の効力として，民法 371 条 1 項本文は，「前条ノ規定ハ果実ニハ之ヲ適用セス」，と定めている。「果実」への効力把握なし（×），の定めである。

(γ)したがって，以上，抵当権の効力は「果実」には及ばない，との結論が明瞭であり，この点については，何の疑問もない（定説）。

(2) 民法371条1項本文の「果実」の概念
——「天然果実」のみへの同条の適用——

(イ) 第2命題

民法371条1項本文の「果実」とは，何か。立法者意思によれば，「天然果実」のみを意味し，賃料等の「法定果実」を意味しない，とされている。したがって，不動産上の抵当権の効力は，目的不動産より生ずる「天然果実」には，及ばない，と解すべきこととなる。

(ロ) 法解釈

(i) 民法371条1項本文は単に「果実」としてのみ表記しているにすぎず，この「果実」が具体的に天然果実と法定果実のいずれを意味するのか，あるいはその両者をも同時に意味するのか，については，文言上は，まったく不明である。

(ii) この点につき，立法担当者の一人である梅博士によれば[15]，同条同項本文の「果実」は天然果実のみを意味する，としている。「天然果実」への効力把握なし（×），の定めなのである。

(iii) したがって，以上，不動産上の抵当権の効力は，目的不動産より生ずる「天然果実」には，及ばない，と帰結される。民法371条1項本文は「天然果実」のみを意味する，のである。

(3) 賃料等の「法定果実」についての法的処理
——「法定果実」への民法304条の準用——

(イ) 第3命題

民法371条1項本文は賃料等の「法定果実」を意味せず，これには適用されないところ，立法者意思によれば，賃料等の「法定果実」には，民法304条の物上代位規定が，準用（民法372条による準用）される，とされている。したがって，不動産上の抵当権の効力は，民法304条の物上代位規定の準用により，すなわち「物上代位」により，目的不動産より生ずる賃料等の「法定果実」にも，及ぶ，と解すべきこととなる。

(ロ) 法解釈

(i) 民法371条1項本文の「果実」が天然果実のみを意味するものなのだ

---

(15) 法典調査会・民法議事速記録16巻57。

から，これを裏面からいえば，同条は賃料等の「法定果実」には適用されない（但し，鈴木154頁，高木121頁等，通説は反対），ということである。したがって，この限りで（換言すれば，同条の非適用の結果，あるいは同条の反対解釈として），不動産上の抵当権の効力は，目的不動産より生ずる賃料等の「法定果実」には，及ぶ，と解すべきことになろう。

（ⅱ）　しかし，他方，立法担当者の一人である梅博士によれば[16]，賃料等の「法定果実」については，民法372条により同304条が準用されるべきである，としている。したがって，不動産上の抵当権の効力は，「物上代位」により，目的不動産より生ずる賃料等の「法定果実」にも，及ぶ（民法372条による同304条の準用），との帰結が導出されることとなる。

（ⅲ）　以上，不動産上の抵当権の効力が賃料等の「法定果実」に及ぶとされるのは，民法371条1項本文の反対解釈によることも，法解釈論上，可能ではあるが，むしろ直截的には民法304条の物上代位規定の準用に基づくものである，というべきであろう。

⑷　中間的小括

以上の⑴－⑶をここで中間的に小括しておこう。すなわち，立法者意思に準拠すれば，①「第2命題」として，不動産上の抵当権の効力は，「天然果実」には，及ばない（民法371条1項本文）。②これに対して，「第3命題」として，不動産上の抵当権の効力は，「物上代位」により，賃料等の「法定果実」には，及ぶ（民法372条による304条の準用）。この二つの帰結が明らかとなった。

ここでは，不動産上の抵当権の効力の及ぶ範囲として，「天然果実」（→及ばない）と「決定果実」（→及ぶ）につき，日本民法上，それぞれ異なった法的処理がなされている，という点に注目しなければならない。

⑸　「天然果実」の法的処理（民法371条1項本文）に対する疑問
　　──その「論拠」の不備，その「合理性」の欠缺──

㈠　私見疑念

民法371条1項本文の法解釈からは，不動産上の抵当権の効力は「天然果実」には及ばない。しかし，「天然果実」についてのそのような法的処理には，

⒃　同上。

十分な「論拠」も，その「合理性」も，欠缺しているように思われる。

㈡　私見論証

(ⅰ)　「天然果実」には抵当権の効力が及ばない，とした理由については，立法資料等からは，立法者の意思は，必ずしも明瞭ではなく，判然としない。しかし，推論するに，抵当権は非占有担保権の一つであり，それが担保目的物の利用・収益の権能を「設定者」の下に委ねるものであるが故に，抵当権の効力は「天然果実」には及ばない，と考えて立法したのであろう。学説でも[17]，その「論拠」をこのように説明するのが，一般的である。

(ⅱ)　しかし，私見によれば，担保目的物の利用・収益の権能を「設定者」の下に委ねる，という非占有担保権としての抵当権の性質から，直ちに「抵当権の効力が天然果実には及ばない」との帰結が導出されるわけではない，と考える。

ちなみに，ドイツ民法上，抵当権は非占有担保権の一つとされ，抵当目的物の利用・収益の権能はやはり「設定者」の下に委ねられている（以上の点で，日本民法上におけると同様である）が，それにもかかわらず，「天然果実」は土地の本質的構成部分であるという理由から，土地上の抵当権の効力は「天然果実」に及ぶ（BGB1120条），とされている（既述第2項(3)）。とすれば，占有並びに利用・収益の権能が「設定者」の下に委ねられている，という一事でもって，「天然果実」を抵当責任財産中から除外すべきことの，十分な「論拠」たり得ないこと，自明であろう。

そして，私見によれば，抵当権にあっては，占有並びに利用・収益の権能が「設定者」の下に委ねられていること，換言すればその権能の「帰属主体者」が「設定者」であること，そのことのみが，抵当権の本質上，肝要なのであり，「設定者」の権能に基づき生じた「天然果実」等の価値物（その価値物の「帰属主体者」も「設定者」自身である）に対して，不動産上の抵当権の効力がなんらかの形で及んでいくとすること，理論上（とりわけ，目的不動産との本質的・構造的・経済的一体性を論拠として），十分に想定され得るのである。端的に，むしろ，ドイツ民法上におけるが如き，このような法決断がまさしく「合理性」を有するといえよう。

(ⅲ)　他方，仮に，占有並びに利用・収益の権能が「設定者」の下に委ねら

---

[17]　たとえば，高木・担物法120頁（1984年）。

れる，ということを，民法371条1項本文の規定趣旨（「天然果実」には及ばない）の決定的な理由とするのであるならば，抵当権の効力は「天然果実」のみならず，賃料等の「法定果実」にも及ばない，として，「天然果実」と「法定果実」との両者につき，統一的に定めるのが，筋であったろう（既述の如く，民法371条1項本文は，「法定果実」を除外し，抵当権の効力は「天然果実」のみに及ばない，としている）。

なぜなら，抵当権においては，占有並びに利用・収益の権能が「設定者」の下に委ねられてはいるものの，「設定者」自身がその権能を第三者（たとえば，賃借人）に委ね，その対価として第三者より賃料（法定果実）を収受し得るのであり，このような賃料は，「天然果実」と同様に，抵当目的物より生じた「収益」に他ならない，からである。

そして，一方において，「天然果実」に対しては抵当権の効力が及ばぬとし（民法371条1項本文），他方において，賃料等の「法定果実」に対しては抵当権の効力が及ぶとし（民法372条による同304条の準用），抵当権の効力論として，「天然果実」と「法定果実」についての法的処理を異別にしていること，それはそもそも論理的整合性を欠くものといわなければならないであろう。

したがって，以上を小括すれば，日本民法上の法決断それ自体に，「論理的整合性」が欠缺している，といえよう。

(iv)　以上の(i)–(iii)を前提とすれば，抵当権の効力は「天然果実」には及ばない，とした民法371条1項本文の規定は，その「論拠」において，必ずしも十分なものではなく，ひいてはその規定内容それ自体に十分な「合理性」を欠缺するものである，と考える。

⑹　賃料等の「法定果実」の法的処理（民法372条・304条）に対する疑問 ——その「理由付け」の不当性——

㈶　「理由付け」は不当である

民法372条による同304条の準用（物上代位規定の準用）により，不動産上の抵当権の効力は「物上代位」により賃料等の「法定果実」にも及ぶ，とされている。そのような「法決断」それ自体については，私見によれば，これを是とすべきであるが，その「理由付け」は不当である，と思われる。

㈷　私見論証

（ⅰ）　賃料等の「法定果実」に対しては，「物上代位」により抵当権の効力が及ぶ，としたことの理由については，立法資料等からは，立法者の意思は，必ずしも明瞭ではない。

他方，学説（物上代位肯定説）によれば[18]，抵当権は目的物の交換価値を把握するものであり，民法304条の物上代位も目的物の交換価値の価値代替物について認められるものであり，目的不動産より生ずる賃料が「目的不動産の交換価値のなし崩し的実現」であるが故に，賃料への抵当権の物上代位が承認される，としている。

（ⅱ）　しかし，私見によれば，「賃料債権」上への抵当権の物上代位を承認する，という法政策的決断それ自体を是とするも，「目的不動産の交換価値のなし崩し的実現」という理由付けには賛し得ない。

（α）なる程，その理由付けは極めて巧妙ではある。たとえば，抵当不動産が「建物」である場合には，建物は賃借人の「使用」によりその交換価値を減じ，そのみかえりとして賃料が建物所有者たる賃貸人に対して支払われる，とも考えられる，からである。

（β）しかし，建物は，建物としての用法にしたがった，いわばその本来的な「使用」により，自らの経済的価値（交換価値）を維持・確保し得るものでもある。換言すれば，それが堅固建物であれ非堅固建物であれ，仮に建物が建物としての本来的「使用」に供せられることなく，永年月が経過していったときには，建物の経済的効用の価値は事実上急速に減価されていく，というのが，建物実態であり，不動産の実情であろう。この意味では，「使用」は，むしろ交換価値の維持のためには，必須不可欠のものなのである。とすれば，賃借人の支払うべき賃料は，必ずしも「目的不動産の交換価値のなし崩し的実現」とは，決して，言い得ない，であろう。

（γ）加えて，抵当不動産が「土地」である場合であっても，土地が賃借人の「使用」によりその経済的効用的価値（交換価値）を減じていく，とは，なお一層，言い得ないであろう。

（δ）したがって，以上を前提とすれば，「目的不動産の交換価値のなし崩し的実現」を理由として，「賃料債権」上への抵当権の物上代位を承認することは，大きく説得力を欠くものと評し得よう。

（18）　たとえば，我妻・講義Ⅲ 281頁（1968年）。

第2節　「賃料債権」上への抵当権の物上代位　　413

(ハ)　「否定説」も不当である

（ⅰ）　既に一言したように，立法者の明示的な態度決定（「物上代位」の成立・肯定）にもかかわらず，「賃料債権」上への抵当権の物上代位については，その肯否をめぐり見解が分岐している。物上代位肯定説の理由付けが不十分であるとするならば，それでは否定説を正当とすべきなのか。

ちなみに，物上代位否定説によれば，目的不動産より生ずる賃料は，その果実に他ならず，目的不動産の交換価値の代替物ではない。また，抵当不動産が賃貸されても抵当権の追及力は失われないし，目的不動産の使用・収益の権能を「設定者」の下に委ねる非占有担保権たる抵当権の性質よりすれば，賃料への抵当権の物上代位は否定される，とするのである。

（ⅱ）　しかし，私見によれば，この否定説の理由付けもまた不十分であるように思われる。なぜなら，既述の如く（(5)），占有並びに利用・収益の権能を「設定者」の下に委ねる，という非占有担保権としての抵当権，そのような抵当権の性質からは，直ちに「賃料には抵当権の効力は及ばない」との帰結が，導出され得るわけではない，からである。「賃料債権」上への抵当権の物上代位を否定せんとする否定説には，やはり与し得ない，のである。

(7)　私見の結論
——物上代位規定（民法372条・304条）における特異な「問題性」——

(イ)　「代償関係」存在の必須性（基幹原理）

担保権の物上代位が成立するときには，法論理上当然に，そこには「代償関係」が存在していなければならない。①そもそも担保責任財産中に存立していた甲物，②担保責任財産中から甲物が逸失され，③その「代償」として乙物が担保責任財産中に新たに編入される，という「代償関係」である。旧価値物としての甲物，その代償としての新価値物としての乙物，そして乙物は甲物の価値的「代償物」に他ならない，という「関係性」である。

(ロ)　「代償関係」の不存在（日本民法上）

（ⅰ）　しかし，民法372条による同304条の準用に基づいた，日本民法上の「賃料債権」上への抵当権の物上代位の場合にあっては，そこに法論理上当然に存在していなければならない上述の如き「代償関係」が，まったく欠落しているのである。

(ⅱ) より具体的に説明すれば、「賃料債権」上への抵当権の物上代位の場合にあっては、逸失された「旧価値物」の代償として、新価値物としての「賃料債権」が抵当責任財産中に新たに編入されてくる、という「代償関係」が存在していなければならない。とすれば、抵当責任財産中にそもそも存在し、そしてその後に抵当責任財産中より逸失されるに至った「旧価値物」なるもの、それが何かが問われなければならないが、日本民法上では、その「旧価値物」たるものが見受けられないのである。

新価値物としての「賃料債権」は、一体如何なるものの代償として、抵当責任財産中に編入されるに至ったのか。それがまったく不明なのである。ここでは、担保権の物上代位の場合に、法論理上、当然に存在していなければならない「代償関係」が、まったく欠落している、といえよう。

(ⅲ) したがって、以上、我が国の「賃料債権」上への抵当権の物上代位にあっては、「物上代位」の、そもそもの法理論的基礎たる「代償関係」が存在していない、という特異な「問題性」を包蔵するものといえよう。

(ハ) 「旧価値物」は本来何か

(ⅰ) 「賃料債権」を価値的代償物としての新価値物と位置付けたとすれば、その対応上、「旧価値物」として、本来、位置付けられるべきものは、目的不動産より生じた「天然果実」において、他にない。

(ⅱ) 既に述べたように（第2項(4)(5)）、ドイツ民法上、「賃料債権」上への抵当権の物上代位の場合には、①そもそも抵当責任財産中に存立していた「天然果実」、②抵当責任財産中からの「天然果実」の逸失（それは、用益賃借人等の果実収取権に委ねられたが故に、である）、③その代償としての、「賃料債権」の抵当責任財産中への新たな編入、という「代償関係」が存在していた、のである。

(ⅲ) しかし、日本民法上、目的不動産より生じた「天然果実」は、ドイツ民法上におけるとは異なり、そもそも抵当責任財産中には存立していない。不動産上の抵当権の効力は「天然果実」には及ばず、「天然果実」はそもそも抵当責任を負っていない、という「法規制」となっていたのである。

第4項　結論的考察
——日本民法上の「収益型」物上代位の特異な「問題性」——

(1)　ドイツ民法上の法構造
(イ)　「天然果実」は抵当責任財産中にある

　ドイツ民法上，(i)土地上の抵当権の効力は，目的土地より生ずる「天然果実」にも，及ぶ。それが目的土地の本質的構成部分とされている，からである。したがって，「天然果実」はそもそも抵当責任財産中において存立するものである。

　(ii)他方，「天然果実」が用益賃借人等の果実収取権の下に委ねられたときには，「天然果実」は抵当責任財産中より逸失することになる。

　(iii)その「代償」として，抵当権者には「法定果実」の一つたる「賃料債権」への抵当権的摑取が認められ，「賃料債権」は抵当責任財産中に新たに編入されるに至る。

(ロ)　「代償関係」の存在（→物上代位の成立）

　以上が，ドイツ民法上の「賃料債権」上への抵当権の物上代位，すなわち「収益型」物上代位の，基本的法構造である。ここでは，①抵当責任財産中に存立していた「天然果実」，②抵当責任財産中からの「天然果実」の逸失，③その代償としての，「賃料債権」の抵当責任財産中への新たな編入，④「天然果実」の価値的代償物としての「賃料債権」，という「代償関係」が，存在している。

(2)　日本民法上の法構造
(イ)　「天然果実」は抵当責任財産中にはない

　日本民法上，(i)不動産（土地・建物）上の抵当権の効力は，目的不動産より生ずる「天然果実」には，及ばない。したがって，「天然果実」はそもそも抵当責任財産中において存立しているものではない。

　(ii)他方，明文の物上代位規定（民法372条・304条）により，抵当権者には「賃料債権」への抵当権的摑取が認められ，「賃料債権」は抵当責任財産中に編入させられている。「代償関係」なくして（「代償関係」が存在していないにもかかわらず），「賃料債権」上への抵当権の物上代位が成立する，という「法

規制」がなされている。

(ロ) 「代償関係」の不存在（→本来，物上代位は成立しない）

以上が，日本民法上の「賃料債権」上への抵当権の物上代位，すなわち「収益型」物上代位の，基本的法構造である。ここでは，「物上代位」成立のためには，必須不可欠のものである「代償関係」，その「代償関係」なくしての物上代位の成立，という特異な「問題性」が，看取される。

(3) 総 括

抵当権の物上代位は，「元物型」物上代位と「収益型」物上代位の二つに，峻別される。本節は，「収益型」物上代位の一つの典型例として，「賃料債権」上への抵当権の物上代位を採り上げ，その基本的法構造の理論的解明を試みた。

まずドイツ民法上のそれを検討をし，次いでそれとの対比において日本民法上のそれを検討した。そして，日本民法上の「収益型」物上代位の基本構造が包蔵する，その特異な「問題性」が析出され，立法上の不備ないし過誤が明らかとされたとすれば，本節の目的は達せられたといわなければならない。叙上の「問題性」を踏まえてのさらなる構想（抵当権の効力論《本質論》として，「収益価値を把握する抵当権」を正面から承認する）については，次節に譲りたい。

――初出・斎藤⑪論文・1990 年/H2 年 12 月――

第3節　抵当権の「収益型」物上代位

第1項　「収益」価値を把握する抵当権

(1)　問題提起

抵当権の目的不動産上に賃借権が設定されている場合，抵当債権者Gは抵当債務者Sの有する「賃料債権」上への物上代位を主張し得るか，という問題が存在する。

近時，これを無条件に肯定する最高裁判決（最二小判平元・10・27民集42巻9号1070頁）が登場し，学界や実務において注目を浴びている。

(2)　民法304条の問題性

民法典中の物上代位規定として，民法304条は，次の問題点を包蔵する。

(イ)　3種の担保権の差違を考慮すべし

第一に，同条は直接的には先取特権についての規定であるが，民法350条・372条により質権・抵当権にも準用されている。しかし，この3種の担保権は，その要件・効果・機能を大きく異にし，その法効力上，強弱の度合いもかなり相違している。

(ロ)　物上代位物は「金銭債権」と明規すべし

第二に，同条は物上代位の「目的物」（以下，物上代位物と略記する）として，「其目的物ノ売却，賃貸，滅失又ハ毀損ニ因リテ債務者カ受クヘキ金銭其他ノ物」を，明規している。しかし，物上代位物は「金銭債権」と端的に把握・法解釈されるべきである。

(ハ)　物上代位物は二つに峻別すべし

第三に，同条は物上代位物を単に羅列的に列挙している。しかし，物上代位は「元物型」と「収益型」との二つに峻別され，両者は，その法構造上，顕著に相違しており，この意味で物上代位物も二つに明確に峻別されるものでなければならない。

(ニ)　不十分な規定である

第四に，同条は物上代位の要件・効果・行使方法等につき，極めて不十分

にしか定めておらず，しかも「差押」の文言（同条１項但書）を不用意かつ不適切に用いている。

(3) その法構造

「収益型」物上代位の典型例の一つとして，「賃料債権」上への抵当権の物上代位の法構造は次の如くである。

抵当権の物上代位が成立する場面では，「代償関係」が存在するものでなければならない。「収益型」物上代位についていえば，①そもそも，抵当責任財産中に存立していた「天然果実」があるところ，②「天然果実」が抵当責任財産中から逸失され（それは賃借人の手中に委ねられたが故に，である），③逸失された代償として「賃料債権」が抵当責任財産中に新編入される，という「代償関係」である。そして，この「代償関係」を抵当権について定めたものが，民法 304 条・372 条の規定である。

なお，「天然果実」は，そもそも不動産上の抵当権の責任財産中に存立しているが，それは目的不動産との経済的・価値的一体性なるが故に，そうなのである。その限りで，民法 371 条 1 項は，その法決断として，立法上の過誤である，と考える。

(4) 結論（肯定）

「賃料債権」上への抵当権の物上代位は，結論として，承認されるべきである。

(イ) 「賃料債権」は「天然果実」の価値的代償物である

抵当権は，「元物」（目的不動産）のみならず，それより生ずる「天然果実」をも，価値的に把握する。物上代位により，抵当権の効力が「賃料債権」上に及ぶのは，「賃料債権」が「天然果実」の価値的代償物である，からである。

(ロ) 「収益」価値を把握する抵当権を重視すべし

従来，抵当権は，基本的に「元物」価値のみを把握するものとして理解されてきた。今後，抵当金融が賃料債権を中心とした「収益」価値によりウエイトをかけていくことによって，現代の土地問題を含めて，その健全化の途が開けていこう。

なお，抵当権の「物上代位」の詳細については，慶応法律学科開設百年記

念論文集 277 頁以下（1990 年）・斎藤⑩論文・本書第 1 節，慶応法研 63 巻 12
号 203 頁以下（1990 年）・斎藤⑪論文・本書第 2 節を参照していただきたい。

──初出・斎藤⑫論文・1991 年/H3 年 10 月──

第 2 項　抵当権者による「抵当不動産の所有者の不法占有者に対する妨害排除請求権」の代位行使（判例研究）
──最大判平成 11 年 11 月 24 日──

最高裁大法廷平成 11 年 11 月 24 日判決──上告棄却
（平 8 ㈠ 1697 号，建物明渡請求事件）
民集 53 巻 8 号 1899 頁，裁判所時報 1256 号 1 頁，判時 1695 号 40 頁，判タ 1019
号 78 頁，金判 1081 号 4 頁，金法 1568 号 26 頁，金法 1564 号 60 頁

〔一〕　判決のポイント
1　抵当権者による「抵当不動産の所有者の不法占有者に対する妨害排除請求権」の代位行使

判示第一点は，第三者が抵当不動産を不法占有することにより，抵当不動
産の交換価値の実現が妨げられ抵当権者の優先弁済請求権の行使が困難とな
るような状態があるときには，抵当権者は「所有者の不法占有者に対する妨
害排除請求権」を代位行使することができる，とした。これは，判例上，民
法 423 条の債権者代位制度について，新たな転用類型を認めたもの，と理解
できる。

2　抵当権者による妨害排除請求権の代位行使における「直接の明渡請求」

判示第二点は，この妨害排除請求権の代位行使にあっては，第三者の権原
なき占有により，入札がなく，競売手続が進行せず，抵当建物の交換価値の
実現が妨げられ，抵当権者の優先弁済請求権の行使が困難となる状態が生じ
ているようなときには，抵当権者は不法占有者に対して直接自己への建物明
渡しを求めることができる，とした。これは，これまでの判例の傾向に即し
て，新たな転用類型にあっては，代位債権者（抵当権者）に「直接の明渡請求」

420 第3章 抵当権の「物上代位」

を認めたもの, と理解できる。

〔二〕 事 案

① 平成元年11月10日, Xは, Aとの間で, A所有の土地・建物（以下,
本件不動産という）について, 債務者をA, 極度額を3500万円, 被担保債権の
範囲を金銭消費貸借取引等, とする根抵当権の設定契約を締結した。

② 同年同月17日, Xは, Aに対して, 2800万円を貸し付けた。

③ 平成5年5月頃から, Yらは本件建物を権原なく占有している。

④ 平成5年9月8日（本件貸金債権の残額について, 期限の利益が失われた
後のことである）, Xは本件不動産につき, 本件根抵当権の実行としての競売
を申し立て, 同日に競売開始決定がなされた。

　同事件の開札期日は平成7年5月17日と指定されたが, Yらが本件建物
を占有していることにより, 買受けを希望する者が買受け申出を躊躇（ちゅ
うちょ）したため, 入札がなく, その後競売手続は進行していない。

⑤ そこで, Yらが本件建物を権原なく占有しているところから, それが
競売手続の進行を阻害し, そのために本件貸付債権の満足を受けることがで
きないとして, Xは, Yらに対して, 本件根抵当権の被担保債権である本件
貸付債権を保全するため, Aの本件建物の所有権に基づく妨害排除請求権を
代位行使して, 本件建物の明渡しを求めた。

⑥ 第一審（名古屋地判平7・10・17金判1061号6頁）, 第二審（名古屋高判
平8・5・29金判1061号3頁）は, 共にXの請求を認容した。

⑦ 原審（第二審）の判決理由は, 次のとおりである（本件最高裁判決におけ
る, その要約に従って, 引用する）。

「1　本件不動産についての不動産競売手続が進行しないのは, Yらが本件
建物を占有していることにより買受けを希望する者が買受け申出を躊躇（ち
ゅうちょ）したためであり, この結果, Xは, 本件貸金債権の満足を受けるこ
とができなくなっている。したがって, Xには, 本件貸金債権を保全するた
め, Aの本件建物の所有権に基づく妨害排除請求権を代位行使する必要があ
る, と認められる。

　2　Xが請求することができるのは, 本件建物の所有者であるAへの明渡
しに限定されるものではなく, Xは, 保全のために必要な行為として, Yら

に対し，本件建物をＸに明け渡すことを求めることができる。」

⑧　Ｙらが上告した。

⑨　上告事件は，当初，第一小法廷に係属したが，平成 11 年 1 月，同小法廷は同事件を大法廷に回付し，同年 11 月 24 日，本件大法廷判決が言い渡された。

本件大法廷判決は，原審判断を結論的に是認し，Ｙらの上告を棄却した。また，本件判決の「なお書き」によれば，一定の要件の下で，抵当不動産の不法占有にあっては，抵当権者は抵当権に基づく妨害排除請求をなし得る旨，説示している（この点は，本件訴訟物には入らないものである）。さらに，本件判決は，本件判決と抵触する限度で，最二小判平 3・3・22（後述〔四〕）を，明示的に変更するものである。

〔三〕　判　旨

「一　第三者が抵当不動産を不法占有することにより，競売手続の進行が害され適正な価額よりも売却価額が下落するおそれがあるなど，抵当不動産の交換価値の実現が妨げられ抵当権者の優先弁済請求権の行使が困難となるような状態があるときは，抵当権者は，抵当不動産の所有者に対して有する右状態を是正し抵当不動産を適切に維持又は保存するよう求める請求権を保全するため，所有者の不法占有者に対する妨害排除請求権を代位行使することができる。

二　建物を目的とする抵当権を有する者がその実行としての競売を申し立てたが，第三者が建物を権原なく占有していたことにより，買受けを希望する者が買受け申出を躊躇（ちゅうちょ）したために入札がなく，その後競売手続は進行しなくなって，建物の交換価値の実現が妨げられ抵当権者の優先弁済請求権の行使が困難となる状態が生じているなど判示の事情の下においては，抵当権者は，建物の所有者に対して有する右状態を是正するよう求める請求権を保全するため，所有者の不法占有者に対する妨害排除請求権を代位行使し，所有者のために建物を管理することを目的として，不法占有者に対し，直接抵当権者に建物を明け渡すよう求めることができる。

（一，二につき補足意見がある。）」

〔四〕 先例・学説

本件判決は，従前の最高裁判決（平成３年判決）を明示的に変更するものである。まず，判示事項のポイントを整理し，平成３年判決と対比しながら，先例・学説状況を概観しておきたい。

⑴ 本件判決の内容

㈤ 第一点

判示事項第一点は，抵当不動産の所有者が不法占有者に対して妨害排除請求権を有するところ，その妨害排除請求権について，抵当不動産の適切維持・保全請求権を被保全債権として，抵当権者はこれを代位行使できる，とするものである。妨害排除請求権の代位行使を抵当権者に認めた，ということが，ここでのポイントである。

㈥ 第二点

判示事項第二点は，その妨害排除請求権の代位行使に際して，抵当権者は，所有者のために建物を管理することを目的として，不法占有者に対し，直接に自己への建物明渡しを求めることができる，とするものである。代位行使において直接的な明渡請求を抵当権者に認めた，ということが，ここでのポイントである。

⑵ 従前の平成３年判決の内容

平成３年判決（最二小判平３・３・22民集45巻３号268頁）の事案では，抵当権者がその実行としての競売を申し立てたところ，短期賃貸借が設定されていたため，競売手続での評価額がその負担の存在部分ほど低くなったとして，抵当権者が，抵当不動産の所有者等に対して，民法395条但書に基づき短期賃貸借の解除を請求し，加えて転借人に対して明渡し等を求めた，というものであった。この明渡請求にあっては，抵当権者は抵当権に基づく妨害排除請求権を主張しており，また所有者の占有者に対する妨害排除請求権についての代位行使も主張されていた。

短期賃貸借の解除請求については，それを認容する第一審判決が確定したところから，平成３年判決は，明渡請求について審理し，これを棄却し自判した。そのポイントは，第一に，抵当権は目的不動産の占有権原を包含する

ものではなく，その占有は所有者に委ねられていること，第二に，第三者の無権限占有のある場合であっても，抵当権が侵害されるわけではないこと，第三に，したがって，短期賃貸借の解除後において賃借人等の占有が継続している場合にも，抵当権に基づく妨害排除請求はなし得ないし，所有者の所有権に基づく返還請求権を代位行使することも，その前提を欠くこと，の三点である。

しかも，平成3年判決は，賃借人等の占有排除については，これを競売買受人に委ね，民執法83条（同188条による準用）の引渡命令または訴えによる判決により占有排除をなし得るのだから，これによって結局のところは抵当権者の保護が図られている，とした。

(3) 先例・学説の動向

(イ) 昭和40年～60年代（否定説から肯定説への転換）

昭和40年代にあっては，それ以前を含めて，不法占有により抵当権は侵害されるものではないこと，したがって抵当権に基づく妨害排除請求も代位請求も認められる余地はないこと，このように解する（否定説）のが，先例・学説の一般的傾向であった。

しかし，昭和50年代以降，不法占有者に対する抵当権者の明渡請求を肯定する裁判例が登場するに至り，昭和60年代には，肯定する裁判例が増加傾向となった。しかも，これと軌を一にして，学説でも，肯定説が有力化していった（たとえば，小杉茂雄「抵当権に基づく物権的請求権の再構成(一)(二)」西南学院大学法学論集14巻1号1頁以下，2号41頁以下（1981年）が克明な分析を試みた）。

かくして，肯定説の確立のための最高裁判決が期待されるところとなった（実体民法学の立場から，椿寿夫「抵当権に基づく妨害排除請求への道」ジュリ963号93頁以下（1990年），手続民執法学の立場から，中野貞一郎「抵当権者の併用賃借権に基づく明渡請求」金法1252号10頁以下（1990年），がそれぞれ碩学ならではの貴重な分析を行っており，極めて示唆的であった）。

(ロ) 平成3年判決（否定説の説示と定着）

しかし，平成3年判決は，従来からの伝統的な「価値権論」に立脚し，占有減価を否定し，抵当権に基づく妨害排除請求も代位請求も，共にこれを否定するものであった。これは，実体民法上の抵当権論（その本質，要件，効果

論）のレヴェルから，手続民執法上の抵当権論（手続的抵当権論）のレヴェル
へと，問題が移行（中野貞一郎「民事執行における実務と学説——競売不動産上
の妨害賃貸借への対応をめぐって」判タ 1000 号 30 頁）したことに伴ない，競売
買受人に許与された引渡命令の手段によって占有排除がなされるものなのだ
から，これによって抵当権の保護が図られればよい，と判断したからであろ
う（なお，その方向線上において，平成 8 年・民執法改正がなされている）。

(ハ)　本件判決（肯定説への判例変更）

　一転して，本件判決は，大法廷にて平成 3 年判決を変更し，不法占有によ
り抵当権侵害が生じ得ること，抵当権者は所有者の妨害排除請求権を代位行
使し得ること，抵当権に基づく妨害排除請求も許されるものであること，を
判示したのである。

　　　＊　なお，本件判決に関する文献としては，必ずしも網羅的ではないが，以下
　　　が存在する。
　　　　評釈・判例紹介として，椿寿夫・金法 1581 号 118 — 119 頁，伊藤進・判評
　　　496 号（判時 1706 号）185 — 189 頁，平井一雄・ジュリ 1189 号 100 頁，滝沢孝
　　　臣・金法 1569 号 6 頁，山野目章夫・金法 1569 号 46 頁，山本和彦・金法 1569
　　　号 58 頁，道垣内弘人・ジュリ 1174 号 28 頁，八木一洋・ジュリ 1174 号 35 頁，
　　　松岡久和・NBL681 号 6 頁，682 号 36 頁，683 号 37 頁，角紀代恵・法教 234 号
　　　44 頁，川嶋四郎・法セ 544 号 52 頁，牧山市治・法の支配 177 号 65 — 76 頁，
　　　渡辺達徳・法セ 543 号 111 頁，岩城謙二・法令ニュース 35 巻 1 号 16 — 21 頁，
　　　加藤昭・研修 620 号 99 — 100 頁，梶山玉香・法時 72 巻 7 号 75 — 78 頁。
　　　　その他（座談会，資料等）として，鈴木禄弥＝升田純「〈新春特別対談〉最大
　　　判平 11・11・24 をめぐる諸問題」登記情報 458 号 10 — 39 頁，小笠原浄二＝鎌
　　　田薫＝塩崎勤＝志賀剛一＝滝沢孝臣＝升田純「〈座談会〉最大判平 11・11・24
　　　と抵当権制度の将来」金法 1569 号 24 — 45 頁，「資料〈特集・抵当権に基づく
　　　占有排除効〉」ジュリ 1174 号 44 — 46 頁，田中嗣久「濫用的短期賃貸借に対す
　　　る抵当権者保護の問題」大阪経済法科大学法学論集 46 号 111 — 133 頁。また，
　　　椿寿夫ほか「〈座談会〉抵当権者による明渡請求（最大判平成 11・11・24 をめ
　　　ぐって）」銀行法務 21571 号は，極めて有益且つ示唆的である。

〔五〕　評　釈

(1)　「法原則」と「例外」

本件判決は，抵当権者の地位について，一つの「法原則」（これは平成 3 年判

第3節 抵当権の「収益型」物上代位　　425

決もまた堅持する）を再確認し，その上で，この法原則に対する「例外」を論
ずるものである（八木・前掲37—38頁を参照）。ここで「法原則」とは，抵当
権者は所有者の抵当不動産の使用・収益には干渉し得ない，ということであ
り，また「例外」とは，抵当不動産の第三者の不法占有が抵当権侵害となり
得る場合があること，である。なお，その「例外」としては，民法395条但
書に基づく抵当権者による短期賃貸借の解除請求制度が挙げられる（八木・
前掲38頁）。

　しかし，私見は，上記の「法原則」に対して，疑念を有するものである。
果たして本当に，抵当権者は所有者の抵当不動産の使用・収益には干渉し得
ないのか。否，むしろ，何らかの形で，抵当権者はその使用・収益に関与し
得る，とみることが，抵当権者と設定債務者（所有者）との間での合理的利益
調整として妥当ではないのか，との疑念である。

　本件判決にはいくつかの論点が存在するが，本節では，上記「法原則」に
対する私見の疑念に焦点を絞って，論ずることとする（なお，平井・前掲103
頁では，「価値権説に替るべき提言」の必要性が指摘されている）。

(2) 「価値権論」に基づく判旨立論

　本件判決によれば，「抵当権は，競売手続において実現される抵当不動産の
交換価値から他の債権者に優先して被担保債権の弁済を受けることを内容と
する物権であり，不動産の占有を抵当権者に移すことなく設定され，抵当権
者は，原則として，抵当不動産の所有者が行う抵当不動産の使用又は収益に
ついて干渉することはできない。」と判示している。

　ここでは，抵当権に関する，いわゆる我が国での伝統的な「価値権論」に
基づいて，その立論がなされている。その骨子としては，抵当権は，①競売
手続において実現される抵当不動産の「交換価値」を把握するものであるこ
と，②その交換価値からの優先弁済請求権を内容とするものであること，③
非占有移転担保権であること，④所有者の行う抵当不動産の使用・収益には
干渉し得ないものであること，の諸点が列挙されよう。

(3) 判旨立論の個別的検討（私見構想の立論）

　本件判決の立論の骨子を個別的に検討する。

(イ) 「交換価値」を把握するとは

まず，抵当権は「競売手続において実現される抵当不動産の交換価値」を把握するものである，との点については，私見は次のように考えている。

すなわち，(i)第一に，抵当権の把握する「交換価値」とは，不動産という実物価値が存在し，それが価値的に金銭に転化し得るものであるところから，最終的にはその「金銭価値」を抵当権は効力的に把握する，ということを意味するものである。

(ii) 第二に，抵当権の把握する「交換価値」は，さらに二つのタイプの価値に峻別される。まず，抵当不動産の「元物 (Substanz)」価値であり，さらに抵当不動産の「収益 (Ertrag)」価値であり，抵当権はこの二つの価値を効力的に把握するものである，と考えられる。

ドイツの ZVG の理解をふまえるならば，前者の「元物」価値は「強制競売」手続により，後者の「収益」価値は「強制管理」手続により，それぞれ金銭価値として実現され，抵当債権の満足に充てられる。

(iii) 「収益価値を把握する抵当権」とは，私見によれば，次のように法構成されるものである。すなわち，抵当権は抵当不動産の元物価値を把握するものであり，この価値は具体的には債務不履行等を契機とする担保競売手続において競売 (売却) により現実化 (売却代金という金銭) される。また，抵当権は抵当不動産の収益価値を把握するものでもあり，この価値も具体的にはいわば担保管理手続において逐次現実化 (収益代金という金銭) されるべきものである。但し，我が国の手続法制 (民執法) にあっては，抵当権に基づく管理手続 (ZVG 上の強制管理手続) は存置されていないものである (私見によれば，立法論として，手続民執法中にこの管理手続を存置すべきである)。

(ロ) 「優先弁済請求権」を本質的内容とする

抵当権が，その把握する交換価値からの「優先弁済請求権」を，その本質的内容とするものであること，については，民法 369 条も明言するところであり，異論の存する余地はないであろう。

(ハ) 「非占有移転」型担保権であることの意味

抵当権が「非占有移転」型担保権である，ということについては，私見は次のように考えている。

(i) 民法 369 条は，「……債務者又ハ第三者カ占有ヲ移サスシテ債務ノ担

保ニ供シタル……」とする（後述のように，その文言上，これは必ずしも抵当権者による抵当不動産の使用・収益への関与を否定することに結びつくものではない）。同条のこの文言にあっては，債務者または第三者から担保権者への占有非移転，それが抵当権という担保権の設定におけるメルクマールの一つである，ということのみが示されているにすぎない。

(ii) より具体的には，質権との対比においていえば，民法342条は「質権者ハ其債権ノ担保トシテ債務者又ハ第三者ヨリ受取リタル物ヲ占有シ……」とするが，これは質権という担保権の設定にあっては，債務者または第三者からの担保権者への占有移転，それがメルクマールの一つとされている，ということを示すものである。質権の設定にあっては担保権者への占有移転が，抵当権の設定にあっては担保権者への占有非移転が，それぞれそのメルクマールの一つとして示されているにすぎない，と考える。

以上，担保権の設定形態として，担保権者に占有移転がなされているのか否か，という点において抵当権と質権は相違する，ということが定められているにすぎない，と理解すべきである。

㈡ 「使用・収益」に関与し得る

結論的考察として，抵当権者は所有者の抵当不動産の使用・収益に果たして関与し得ないものなのか。

(i) 抵当権にあっては，抵当不動産の占有は，その設定後にあっても，従前と同様に，設定債務者の下に留められている（占有非移転）。質権における場合（占有移転）と，顕著に対比される。しかし，このことは，抵当権者が抵当不動産の使用・収益に関与し得ない，との命題に繋がるものでもないし，直結しない，と考える。

(ii) より具体的には，(α)同じく不動産を担保目的物とする不動産質権にあっては，質権者は自ら占有を取得し，「質権ノ目的タル不動産ノ用法ニ従ヒ其使用及ヒ収益ヲ為スコトヲ得」る（民法356条）。ここでは，不動産質権者自身に使用収益権が許与されている。占有取得，そしてさらに使用収益権の許与，ということである。占有も使用収益権能もともに担保権者に委ねられ，担保権者自らがその使用収益権能に基づく収益より被担保債権の満足のために充当していくことが，できるのである。

(β)これに対して，不動産を担保目的物とする不動産抵当権にあっては，

抵当権者は占有を取得するわけではなく（民法 369 条の文言より明らかである），使用収益権も有するわけではない（不動産質権における民法 356 条のごとき規定が，抵当権には存在していない）。占有も，そして使用収益権能も，設定後にあってもなお従前どおり，設定債務者の下に留められている。

　(γ)しかし，不動産抵当権にあっては，占有も使用収益権能もともに設定債務者の下に留められるけれども，担保権者は設定債務者の使用収益より被担保債権の逐次弁済を受けており，これが現実的状況であるといってよいであろう。抵当不動産の占有は設定債務者の下に委ねられ，設定債務者自身はその占有を生活基盤ないし生計基盤，あるいは経営基盤として自らの金銭収入を得て，これを被担保債務の逐次返済の原資に充てている，といえるからである。このような意味にあっては，不動産を担保とする抵当融資にあっては，その占有を委ねられた設定債務者の，占有を基盤とする生活生計上の「収益」（俸給や経営上の収益）を担保的に捕捉せん，とするものでもある，といえよう。

　(iii)　いわばゴーイング・コンサーンとしての設定債務者としての「人（法人）」，そしてその「人（法人）」が稼働していくことにより作出するキャッシュ・フロー（収益），それを抵当権は効力的に把握しながら被担保債権の逐次満足に充てていく，という構造をもつものではなかろうか。不動産抵当融資もまた，「不動産」に融資するのではなく，所有者たる設定債務者という「人」に融資するのに他ならない，からである。

　(iv)　以上，抵当権法にあっては，ボアソナードや梅の抵当権法とは明確な一線を画しつつ，理論的にも体系的にも，いわば現代的抵当権法が将来的に構想されていくべきではないのか，と考えるものである（私見の発想については，①慶應法律学科百年記念 277 頁以下（1990 年）・斎藤⑩論文・本書第 1 節，②慶應法研 63 巻 12 号 203 頁以下（1990 年）・斎藤⑪論文・本書第 2 節，③債権管理 49 号 2 頁（1991 年）・斎藤⑫論文・本書第 3 節，④椿先生古稀記念『現代取引法の基礎的課題』433 頁以下（1999 年）・斎藤⑰論文・本書第 4 章第 2 節，の拙稿を参照）。

(4)　「収益価値」を把握する抵当権（原則化）

　抵当権者と設定債務者との間の合理的な利益調整よりすれば，本件判決の立脚する「法原則」は必ずしも確固としたものではなく，むしろ抵当権者は設定債務者の使用・収益に対して関与し得る地位にあり，それは「収益価値

を把握する抵当権」に他ならず，これを，法理論上，「一つの原則」として認めるべし，と考える。とすれば，この「法原則」に対する「例外」を論じた本件判決の射程は，より広範囲かつ包括的に理解しなければならない。

なお，本件判決のその他の諸論点としては，①いかなる不法占有が抵当権侵害となり得るのか，②抵当権実行手続の場面以外でも（実行手続が開始される以前にあっても），不法占有による抵当権侵害はあり得るのか，③所有者の妨害排除請求権についての代位行使に際し，抵当権者の有するとされる抵当不動産の「適切維持・保存請求権」の内容如何，さらには抵当権者自身への明渡請求の可否如何，④抵当権に基づく妨害排除請求権（物権的請求権）の要件・効果如何，等が指摘されよう（八木・前掲が詳細である）。

——初出・斎藤⑬論文・2001 年/H13 年 2 月——

第4節 「二重に弁済をなした第三債務者」の不当利得返還請求権（民法481条2項の類推適用）（「買戻代金債権」上への抵当権の物上代位ケース・民304条）（判例研究）
──最三小判平成9年2月25日──

最高裁第三小法廷平成9年2月25日判決──上告棄却

（平5(オ)1612号，求償金請求事件）

判時1606号44頁，判タ942号105頁）

〔一〕 判例のポイント

　本判決は，同一の債権に対して，甲の強制執行（債権執行）による差押えと丁の根抵当権に基づく物上代位権の行使による差押えとが競合した場合に，甲・丁両名の差押債権者に二重に弁済をなした第三債務者丙は，差押債権者甲（劣後者）に対して不当利得として当該弁済金の返還を請求することができる，としたものである。

〔二〕 事　案

　本件の事実関係を時系列的に整理すれば，次の如くである（なお，従来の学説や判例との対比上，さらには説明の明確化のために，甲・乙・丙・丁の表記を付加的に利用している）。

　①X（原告・被控訴人・被上告人・丙）は，自己所有の不動産について，A（訴外人・乙）との間で，買戻特約付・売買契約を締結した。

　②昭和61年8月27日，Y（被告・控訴人・上告人・甲）は，A（乙）に対して売掛代金債権を有するものであったが，この債権を請求債権として，A（乙）のX（丙）に対する売買契約に基づく買戻代金債権（本件債権）について，差押命令及び転付命令を得た。各命令は，第三債務者であるX（丙）に（同月28日），本件債務者であるA（乙）に（同月29日），それぞれ送達された。

　③同年11月6日，X（丙）はA（乙）に対して買戻権を行使した。その本件債権額は，3865万5330円であった。

　④他方，既に同年3月20日，B信用金庫（訴外人・丁）は，本件債務者A（乙）との間で，本件不動産について，根抵当権設定契約を締結しており，そ

の登記も経由していた。昭和62年4月10日，B（丁）は，根抵当権に基づく物上代位権の行使として，本件債権について，差押命令を取得し，同月11日，同命令は第三債務者X（丙）に送達された。

⑤同年5月19日，第三債務者X（丙）は，第一の差押債権者Y（甲）に対して，本件債権額3865万5330円を支払った。

⑥第二の差押債権者B信用金庫（丁）は，差押命令に基づいて，第三債務者X（丙）に対して，取立訴訟を提起し，これに勝訴した。これに伴い，平成3年5月9日，X（丙）は，B（丁）に対して，本件債権3865万5330円及び遅延損害金を支払った。

⑦そこで，X（丙）は，Y（甲）に対して，Y（甲）が転付命令を得た当時（既述②），X（丙）は買戻権を行使していなかった（既述③）から，本件債権は存在しておらず，本転付命令は無効である，と主張して，前記支払額（既述⑤）相当の金員について，不当利得の返還の請求をおこなった，というのが本件である。

⑧一審二審とも，X（丙）の請求が認容された。その理由とするところは，Y（甲）の転付命令が第三債務者X（丙）及び本件債務者A（乙）に送達された当時，X（丙）は買戻権を行使していなかったから，その転付命令は未発生・未確定の債権に対するものであり，無効である。したがって，無効な転付命令に基づいて弁済をなした（既述⑤）X（丙）は，Y（甲）に対して，不当利得の返還を求めることができる，というものであった。

⑨Y（甲）上告。その理由とするところは，転付命令が無効であっても，差押命令（既述②）は有効であり，X（丙）の弁済（既述⑤）は有効な差押命令に基づく取立権によるものであり，自己Y（甲）には不当利得は存在していない，とするものであった。

〔三〕 判 旨

「本件において，Y（甲）の申立てによる差押命令及び転付命令がX（丙）及び本件債務者A（乙）に送達された当時，X（丙）は買戻権を行使しておらず，右転付命令に係る本件債権はまだ存していなかったから，右転付命令は，無効であったといわざるを得ない。もっとも，転付命令が無効であっても，差押命令が有効であれば，差押債権者は取立権を有するので（民事執行法155

条1項），本件においても，Y（甲）が取得した差押命令が有効であれば，Y（甲）は，右取立権に基づきX（丙）から弁済を受けることができるものと解することができる。」

「しかしながら，本件においては，前記のとおり，Y（甲）がX（丙）から支払を受ける前に，B（丁）が根抵当権に基づく物上代位権の行使として本件債権について差押命令を得，右命令はX（丙）に送達されていたのであるから，X（丙）は，本件債権の全額に相当する金銭を供託する（同法156条）か，優先権を有するB（丁）に対して弁済をすべきであった。したがって，Y（甲）が差押命令に基づく取立権を根拠にX（丙）から直接弁済を受けることはできなかったのであって，X（丙）のY（甲）に対する本件債権額3865万5330円の支払が有効な弁済であると解する余地はない。そして，X（丙）は，送達を受けた差押命令及び転付命令において債権者とされていたY（甲）に対して支払をした後に，B（丁）から提起された取立訴訟において敗訴したため，B（丁）に対し，二重に弁済をしたのであるから，Y（甲）に対し，不当利得として右支払金員の返還を求めることができるものと解すべきである。」

〔四〕　先例・学説

本件判決の分析にあたって，予め次の3点を指摘しておきたい。

①まず第一に，本判決にあっては，判旨結論が導出されるに至ったその前提として，いくつかの論点が存在している。したがって，これらの論点を析出すること，それがまず極めて肝要である，と考える。

②しかも第二に，これらの論点にあっては，本件の利害関係人たる甲・乙・丙・丁の各関係当事者の「法的地位」如何，という場面において現出してくるものである（但し，本件では，債務者乙の「法的地位」の場面では格別の論点は生じていない），という点に注目する。本件判決にあっては，「差押えの効力」それ自体がキーポイントとして問われてくるが，差押えの効力は差押えをめぐる各関係当事者ごとに異なって生じてくるものだ，からである。

③そして第三に，論述の進行としては，各関係当事者の「法的地位」を基軸として位置づけられた各論点につき，学説・判例をみていくこととしよう。

(1) 「第一の差押債権者甲」の法的地位——「将来債権たる買戻代金債権」の被差押適格ないし被転付適格——その「肯否」如何——

(イ) 甲の「差押命令ないし転付命令の効力」如何（→「将来債権たる買戻代金債権」は「被差押適格」ないし「被転付適格」を有するのか）

第一の差押債権者甲, その「法的地位」如何という場面にあっては, 甲の取得した「差押命令ないし転付命令の効力」如何, という問題が存在している。

より具体的には, 甲の差押命令ないし転付命令は,「未発生・未成立の, 将来債権たる買戻代金債権」をその対象債権として, 発令されている。買戻権者である第三債務者丙による買戻権行使がなされる以前に, 甲のために差押命令ないし転付命令が発令され且つ債務者乙・第三債務者丙にそれぞれ送達されている, からである。とすれば,「未発生の将来債権たる買戻代金債権」を対象とする差押命令ないし転付命令の効力如何, 換言すれば「将来債権たる買戻代金債権の被差押適格ないし被転付適格」如何, が問われる必要があろう。

(ロ) **本件判決の立場**

a)「被転付適格」なし（転付命令は無効）　本件判決にあっては, 転付命令が債務者乙並びに第三債務者丙に送達された当時, 買戻権は行使されておらず, 本件買戻代金債権はまだ存在していなかったから,「転付命令は無効であった」, と明言されている。「将来債権たる買戻代金債権」は被転付適格を欠き, それを対象とする転付命令は無効である, との立場が判示されている。

b)「被差押適格」あり（差押命令は有効）　他方, 本件判決にあっては, 被差押適格の如何については, 必ずしも明示的ではないが, これを肯定している, と判断される。「転付命令が無効であっても, 差押命令が有効であれば, 差押債権者は取立権を有する（民執法155条1項）」との一般論を述べつつ,「本件においても, 甲が取得した差押命令が有効であれば, 甲は, 右取立権に基づき丙から弁済を受けることができる」, と明言している, からである（但し, 優先権ある第二の差押債権者丁が存在するが故に, 差押債権者甲は取立権を根拠に第三債務者丙より直接弁済を受けることができなかった, と判示している）。「将来債権たる買戻代金債権」にも被差押適格はあり, それを対象とする差押命令も有効である, との立場が採られている, といえよう。

㈣　「将来債権一般の被差押適格の肯否」如何

判例・学説にあっては，「将来の買戻代金債権」それ自体について，その被差押適格ないし被転付適格如何を正面から論じたものはない。しかし，一般的にいえば，「将来債権一般の被差押適格」如何については，判例も，学説も，概ねこれを肯定している。

a)判例分岐（肯定説と否定説）　まず，「判例」についてみれば，

肯定説として，①継続的給付の債権（民執法151条）に属する将来の給料債権（大判昭9・4・26民集13巻622頁），②将来の賃料債権（大判大14・7・10民集4巻629頁），③将来の退職金債権（東京高決昭54・9・19下民集30巻9＝12合併号415頁，福岡高決昭53・11・13金判579号33頁），がある。

他方，否定説として，退職時期が不確定である等の理由により，将来の退職金債権の被差押適格を否定した判例（高松高決昭39・9・15判時418号44頁）がある。

b)学説（肯定説）　次いで，「学説」についてみれば，ほぼ肯定説（鈴木＝三ケ月編・注解民執法⑷368頁［稲葉威雄］，兼子・強執191頁，菊井・民訴Ⅱ106頁，宮脇・強執各論11頁等）の立場で統一されている。将来債権であっても，現在その権利を特定でき，近い将来においてその発生が相当程度に期待できるものであれば，被差押適格あり，とするのである。

㈤　「将来債権一般の被転付適格の肯否」如何

これに対して，「将来債権の被転付適格」如何については，被差押適格如何の場合とは対照的に，判例も，学説も，一致してこれを否定している。

a)判例（否定説）　まず，「判例」についてみれば，①将来の給料債権（大判昭9・4・26民集13巻622頁，大判昭9・7・9民集13巻1293頁，大判昭12・10・18民集16巻1525頁），②将来の賃料債権（大判大14・7・10民集4巻629頁），③賃借物の返還前における敷金返還請求権（最判昭48・2・2民集27巻1号80頁。その他に，同旨の下級審判決も複数存在している）等について，被差押適格を肯定しながらも，これらの将来債権にあっては，その存否が未確定であるとして，被転付適格を否定している。

b)学説（否定説）　次いで，「学説」（稲葉・前掲注解民執法⑷606頁，等）にあっても，その被転付適格については，一致してこれを否定している。転付命令の要件の一つとして，その対象たる債権が券面額（一定の金額）をもつもの

であることが必要とされているが, 将来債権はこの要件を欠いている, とするのである。

(ホ) 「対象債権の現在債権化」により転付命令は事後的に有効となるのか

なお, 本件では, 転付命令の発令・送達の後にあって, 買戻権者である第三債務者丙によって買戻権行使がなされ, 買戻代金債権が成立し, 事後的に現存の現在債権となっている。この場合, 被転付適格を欠く債権を対象とする転付命令は, 対象債権の現在債権化によって, 事後的に有効となるのか, という問題が存在する。

a) 本件判決 (否定) 「本件判決」にあっては, 買戻代金債権が現在債権化したことをふまえながらも, やはり「転付命令の無効」ということを前提として, その立論が進められている。とりたてて明言されているわけではないが, 将来債権が現在債権化しても, そのことによっては無効な転付命令が有効となることはない, という立論が採られている, といえよう。なお, このような理解は, これまでの「判例」にあっても, ごく当然のこととして前提とされているようである。

b) 学説 (否定) また, 「学説」(稲葉・前掲注解民執法(4)610頁等) にあっても, ほぼ異論はなく, 事後的に被転付適格が備わったとしても, 要件を欠いていたが故に無効であった転付命令が有効となるものではない, とされている。

(2) 「第二の差押債権者丁」の法的地位——「買戻代金債権」上への買戻権登記後の抵当権者の物上代位——その「可否」如何——

(イ) 買戻権登記後の抵当権者丁は物上代位権を行使し得るのか (→消滅した抵当権に基づいて物上代位権を行使し得るか)

第二の差押債権者丁, その「法的地位」如何という場面にあっては, 買戻権登記後の抵当権者丁は自らの抵当権に基づいて買戻代金債権上に物上代位権を行使できるのか, 換言すれば買戻代金債権は買戻権登記後の抵当権の物上代位の代位物たり得るのか (代位物適格性を有するのか), という問題が存在する。

より具体的には, 本件にあっては, 買戻特約付売買契約の目的不動産について, その買戻権の登記が経由され, その後に当該不動産上に丁の抵当権が

設定・登記されており、そのような状況の下で買戻権者たる第三債務者丙により買戻権行使がなされている。とすれば、丙の買戻権行使によって、それに登記上後れる丁の抵当権は遡及的に消滅するものであり、このような消滅した抵当権に基づいて丁は物上代位権を果たして行使できるのか、という問題が問われる必要があろう。

(ロ) **本件判決の立場**（肯定説）

本件判決にあっては、買戻代金債権上への抵当権の物上代位の可否それ自体については、とりたてて明示的には何の言及もなされてはいない。しかし、第三債務者丙の買戻権行使後において、抵当権者丁の抵当権に基づく物上代位権の行使を前提として論旨が展開されているのだから、買戻代金債権上への抵当権の物上代位を暗黙のうちに承認しているものだ、といえよう。

(ハ) **判例の立場**

判例にあっては、肯定説と否定説とに二分されている。その論旨についてみてみよう。

a）肯定判例　まず、肯定説（千葉地判昭53・9・21判時918号102頁）にあっては、その理由として、①買戻代金債権は原状回復義務として生ずるが、これは有償双務契約における給付と反対給付を等価交換的に復帰させるものであるところ、民法304条の売買代金等の代位物もまた担保不動産と対価的に交換されるものであること、②抵当権が目的物の交換価値を把握する権利であることよりすれば、特定性を有し且つ経済的に目的物に代わる物であるとすれば、それに物上代位を認めることが立法者の意図・当事者の意思・当事者間の公平に適うものであること、③仮に買戻代金に物上代位を認めないときには、担保権者の地位は著しく不安定になるし、債務者（担保設定所有者）にあっても一旦買戻の登記がなされると不動産の担保価値はゼロとなり、当該不動産を担保に供して融資を受ける途が遮断されてしまうこと、等の諸点を指摘している。

b）否定判例　これに対して、否定説（東京高判昭54・8・8判時943号61頁、仙台高決昭55・4・18判時966号58頁）にあっては、その理由として、①解除権としての買戻権の行使により先の売買契約は遡及的に消滅し、買戻特約の登記の後になされた処分はすべて効力を失うものであり、したがって抵当権もまたはじめからなかったものになること、②抵当権の物上代位は抵当権の

存在を前提として認められるものであるところ，買戻の場合には買戻権行使により抵当権は消滅するものであるので，抵当権の存在を前提とする物上代位はもはや生ずる余地はないこと，の諸点を指摘している。

　　(二)　学説の立場

　学説にあっても，一般的には僅かにのみ論じられているにすぎないが，やはり肯定説と否定説とに，二分される。

　a) 肯定学説　肯定説としては，本件判決（肯定説）の評釈である栗田評釈（判評470号204頁以下）がある。その理由としては，①買戻権行使による劣後権利の消滅（民法579条）という法構成には，賃借権の例外（民法581条2項）が認められていること，②買戻権行使前には有効に存在した抵当権に物上代位の効力を認めることは，買主（乙）の債権者間（甲・丁）の利害の調整として妥当なこと，②仮に物上代位を否定すると，買戻権付不動産の担保としての利用が阻害されること，の諸点を指摘している。

　b) 否定学説　否定説としては，前記の仙台高決（昭和55年決定・否定説）の評釈である三宅正男評釈（判評262号23頁），この問題について詳しく論及する新田宗吉論文（「物上代位に関する一考察(4)」明学法研31号68頁）がある。その理由としては，新田論文によれば，理論的には否定説の論理（前記仙台高決）が妥当であり，しかも将来の買戻代金債権については，その担保化の途としては，質権や譲渡担保が認められることになるので，「物上代位を認める事情は存在しない」（同論文68頁），としている。

　⑶　「第三債務者丙」の法的地位，その1──第三債務者は誰に対して弁済すべきなのか，それとも供託すべきなのか──その「免責要件」如何──

　㋑　丙は優先権者丁に弁済すべきか，それとも供託すべきか（「免責要件」如何）

　第三債務者丙の「法的地位」如何という場面にあっては，丙は一体誰に弁済すれば免責されるのか，あるいは誰にも弁済できず供託しなければならないのか，という「弁済受領権者」如何（免責の「手段」如何）の問題が，まず問われなければならない。

　より具体的には，本件にあっては，第一の差押債権者甲と第二の差押債権者丁とが競合し（本件判決では，甲の差押命令は有効であり，したがって甲は有効

な取立権をもつこと，丁の物上代位権行使としての差押命令も有効であること，が前提として承認されている），しかも甲・丁間では「優劣関係」が存在し（優先権者としての抵当権者丁），したがって第三債務者丙としては甲・丁のいずれの者に弁済すれば免責されるのか，あるいは弁済ではなく供託すべきなのか，という問題である。

㈡　本件判決の立場

本件判決にあっては，甲が丙から弁済を受ける以前に，既に丁が根抵当権に基づく物上代位権の行使として差押命令を得ており，これは丙にも送達されていたのだから，丙は，供託する（民執法156条）か，または優先権ある丁に弁済するか，いずれかをしなければならなかった，と判示している。供託か，それとも優先権者丁への弁済か，そのいずれかの手段をとるべし，というのである。このいずれかにより，丙は免責されることとなろう。

㈢　私見（折衷説）

差押債権者が競合した場合には，第三債務者は供託義務を負う旨，民執法上，明文規定（同法156条2項）が存在する。この点については，何の疑問もない。

しかし，他方，競合する差押債権者間に「優劣関係」があるときには，どうなのか。やはり第三債務者には供託義務が課せられるのか，それとも優先権者に弁済すればそれでよいのか，という問題が生じてくる。学説では，①この場合にも第三債務者には供託義務が課せられる，とする肯定説（稲葉「民執法における供託(3)」金法934号5頁），②課せられない，とする否定説（注釈民執法(8)236頁［三村＝大沢］），③義務供託のみならず権利供託もできる，とする折衷説（稲葉＝佐藤「民事執行法等の施行に伴う供託事務の取扱いに関する民事局長通達（昭和55年9月6日付け民四第5333号）の解説」民月35巻11号127頁，秋吉「先取特権に基づく差押えとその優先関係」『債権執行の諸問題』376頁），という見解分岐がみられる。第三債務者にとって，フレキシブルな対処を可能とする点で，折衷説が，妥当であろう。

(4) 「第三債務者丙」の法的地位，その2——競合する差押債権者甲・丁に二重弁済をなした第三債務者丙の「不当利得返還請求権」——その「可否」（民法481条2項の類推適用）如何——

(イ) 「丙の救済手段」如何

第三債務者丙の法的地位の場面では，競合する差押債権者甲・丁に二重弁済した第三債務者丙の救済如何が，問題とされる。「不当利得返還請求の可否」如何，ということである。

(ロ) 本件判決の立場

本件判決にあっては，丙は劣後者である甲に対して不当利得返還請求できる，と判示されている。甲・丁の競合するところでは，丙は，供託をするか，それとも優先権者丁に弁済するか，そのいずれかをなすべきであり，甲はそもそも丙より直接に弁済を受け得る者ではなかった，からである，というのがその理由とされている。

(ハ) 民法481条2項の類推適用

本件事例についての直接の先例は存在していないし，学説もまたとりたてて論じていないが，不当利得の一般法理（民法703条以下）に照らして，本件判決の総論を是認できよう。あえて根拠条文ということであれば，民法481条2項の類推適用（本判決の判時コメント参照）ということになろう。

〔五〕 評　釈

(1) 第一の論点（判旨賛成）

将来債権である買戻代金債権にあっても，被差押適格は認められる（甲の差押命令は有効）が，被転付適格は認められない（甲の転付命令は無効）こと，また事後的に買戻債権が現実化し，被転付適格が事後的に具備されたとしても，そのことによって無効な転付命令が有効になるものではないこと，評者もまた，以上の諸点において判旨に異論はない（前記〔四〕(1)）。

(2) 第二の論点（判旨賛成）

買戻代金債権上への抵当権者丁の物上代位を認めるべきこと，評者もまた，判旨（の暗黙の前提）に賛成である（前記〔四〕(2)）。その理由として，肯定説

を判示する前述の千葉地裁判決における理由づけに加えて，評者は次の点を指摘しておきたい。

すなわち，民法規定上，買戻権が解除権として構成され，その行使により買戻権登記に後れる第三者の権利関係が覆滅させられる，という法構成は，その利益裁断として「買戻権者の利益」（目的不動産の所有権の完全復帰）を確保せん，としたからである。とすれば，買戻権登記に後れる丁の抵当権が丙の買戻権行使により遡及的に消滅し，その結果丙は無負担の不動産所有権を回復できる，という限りにおいて，丙の上記の如き利益は十分に確保されている。換言すれば，買戻代金債権上に抵当権者丁の物上代位を認めても，そのことは丙の利益をなんら侵害するものではない，ということに注目されるべきであろう。

そして，買戻権登記ある不動産上に抵当権を設定するということ，それは買戻権行使に伴う買戻代金債権をも価値的に捕捉せんとしたことであり，この場合の物上代位はいわゆる「元物型」物上代位（拙稿「『抵当権の物上代位』の法構造」慶應法律学科開設百年記念論文集 277 頁以下（1990 年）・斎藤⑩論文・本書第 1 節，同「『賃料債権』上への抵当権の物上代位」法研 63 巻 12 号 203 頁以下（1990 年）・斎藤⑪論文・本書第 2 節）の一タイプに他ならない。

なお，付言すれば，「買戻代金債権上への抵当権の物上代位の可否」については，最高裁はなんらかの形でこれに明示的に論究すべきではなかったか，と考えるものである。既述の如く，この問題については，下級審判決に対立がみられるし，学説にあっても同様に見解の対立がみられ，最高裁としての明示的な態度決定——それが本件では付随的なものであるにせよ——が必要とされたものだった，からである。

(3) 私見疑念

第三債務者丙が第一の差押債権者甲に対して不当利得返還請求できる，という限りで，判旨結論に評者も賛成する。但し，本件事案全体を個別的に分析ないし考察すれば，評者にはいくつかの疑念が生じてくることも，確かである。以下の二点を指摘しておきたい。

(イ) 疑念 1（丙の甲への弁済は民法 478 条適用により免責されるべし）

第一に，丙の甲に対する弁済（前記〔二〕事案⑤）については，「債権の準占

有者への弁済」として第三債務者丙は免責される（民法 478 条の適用），としてそもそも法構成されるべきではなかったのか，という疑念である。その限りでは，第二の差押債権者丁に対しては，もなや丙はなんらの弁済をする必要はなく，本来の優先権者丁は第一の差押債権者甲に対して不当利得返還請求をする，という形で決着がつけられるべきものとなろう。

　その理由としては，①まず，第一の差押債権者甲についてみれば，その差押命令は有効であり，これをふまえて甲は取立権をも有することとなっていること，しかも，その取立権は，第二の差押債権者丁の優先権によって，序列的にのみ制限されているものにすぎないものであること，②また，第三債務者丙についてみれば，差押債権者が競合する場合には，丙には供託義務が課せられているものとしても，有効な差押命令・取立権を有する上記の如き甲に対してなされた弁済は一律的に無効とされるべきものではない（むしろ有効とする余地もある）こと，しかもとりわけ第二の差押債権者丁の抵当権による物上代位権の行使にあっては，下級審判決も学説も分岐しており，丙が丁の差押命令の効力をネガティブに把え（したがって，差押債権者の競合はない，として），甲に弁済してしまった，という場合も十分に想定されるであろうこと（したがって，丙の善意・無過失という民法 478 条の要件は具備されること），等の諸点を指摘しておこう。

　㈣　疑念 2（第三債務者丙にはその利益衡量として格別の配慮がなされるべし）

　第二に，本件におけるように，債権差押え（の効力）をめぐっての「各関係当事者（差押債権者・債務者・第三債務者・第三者等）の利益衡量」にあっては，その基本的視点として，あくまで「第三債務者の法的地位」に配慮されなければならないのではないか，という疑念である。

　その理由として，第三債務者（丙）にとっては，本来その自己の債権者（乙）に対して弁済すれば，それで免責されるものであったところ，自己の関与ないし自己責任のテリトリーから離れて，それとは無関係に，債権者（乙）側の事情において，差押債権者（甲や丁）が登場し，その結果，差押えの効力としての一定の拘束力を受けるに至っている，からである。差押えやその競合に否応なく巻きこまれざるを得なくなった第三債務者（丙），その者の法的地位には格別な配慮がなされなければならないのである（拙稿「確定前根抵当権の被担保債権群中の個別債権上の質権設定・差押えの『処分行為』の効力」法研 59 巻

12 号 247 頁以下（1986 年）・斎藤⑯論文・本書第 4 章第 1 節）。

——初出・斎藤⑭論文・1998 年/H10 年 7 月——

443

第5節　債権差押命令に対する「物上代位権の不存在」を理由とする不服申立方法（民執法193条2項）（判例研究）

──大阪高決昭和56年7月7日──

（債権差押命令に対する執行抗告事件，大阪高裁昭56(ラ)22号，昭56・7・7民4部決定，原決定取消，申立却下，判例時報1031号130頁）

〔一〕　事　実

　X（債権者・本件執行抗告事件の相手方）はA（債務者）に対して動産の売掛代金債権を有し，同時にそれを被担保債権として目的動産上に動産売買の先取特権（民311条6号，同322条）を有していた。次いで，AはB（第三債務者）に対して目的動産を転売し，AはBに対して転売債権を有した。

　①Xの債権仮差押決定の取得　XはAを債務者としてAのBに対する転売債権（以下，本件債権という）につき債権仮差押決定を申請し，昭和55年7月3日，債権仮差押決定がなされ，それはA（同月4日）並びにB（同月3日）にそれぞれ送達された。

　⑪Aに対する破産宣告と破産管財人Yの選任　昭和55年7月8日，Aは破産宣告を受け，本件執行抗告事件の抗告人Yが破産管財人に選任された。

　⑭Xの本件債権差押命令の取得　昭和55年12月3日，Xは動産売買の先取特権による物上代位権の行使として抗告人Y（債務者A）のBに対する本件債権の差押えを申請した。同年12月10日，本件債権差押命令がなされ，それはB（同月11日）並びに債務者たる抗告人Y（同月12日）にそれぞれ送達された。

　本件では債権差押命令に対して債権仮差押決定が先行しており，したがって本件債権差押命令の時期は債権差押決定に遡る。しかし，YはXを相手方として物上代位権の不存在を主張して本件執行抗告に及んだ。すなわち，本件債権差押命令による被差押債権は債権仮差押決定に先立つ昭和55年6月26日にAから申請外Cに債権譲渡されており，譲渡の通知は同月同日にBに到達しており，したがって被差押債権が存在しないのにかかわらずなされた債権仮差押決定は効力を生じ得ない。しかも，その後，昭和55年7月8日に

Aに対して破産宣告がなされ，破産宣告後になされた本件債権差押命令は先取特権による物上代位権が存在しないのにかかわらずなされたものであり，効力を生じ得ない，と主張して，執行抗告に及んだものである。

〔二〕 判 旨

原決定取消，相手方の本件債権差押命令の申立ての却下。

「このように本件執行抗告の理由とするところは，先取特権による物上代位権の不存在という実体上の事由によるものである。そこでかかる先取特権による物上代位権の行使による債権差押命令に対する実体上の事由に基づく不服申立方法について検討するに，民事執行法はその193条1項において債権及びその他の財産権についての担保権の実行につきその要件を定めるとともに，同条2項で同法145条5項を準用することにより担保権実行による債権差押命令に対して執行抗告をすることができる旨を定めて執行処分の早期解決を図っているものと解せられる。もっとも同法193条2項が同法182条をも準用しているところから，実体上の事由による不服申立は執行異議の方法によるべきものと解されないではないが，右182条を準用している趣旨は差押命令に対する実体上の事由に基づく執行異議を認めるものではなく，執行抗告の理由として実体上の事由を主張しうる趣旨に読み替えるべきものである。これを要するに，民事執行法193条2項において同法145条5項の外同法182条を準用しているのは，執行抗告は本来手続上の瑕疵を理由とすべき不服申立方法であるが，債権その他の財産権に対する担保権の実行としての差押命令に対する執行抗告においては，その理由として実体上の事由を主張できる趣旨を明らかにしたものと解すべきである。」

〔三〕 評 釈

(1) 序

(イ) 差押命令による手続の開始

先取特権による物上代位権の行使の手続は担保権の存在を証する文書が提出されたときに限り開始され，その手続には債権及びその他の財産権に対する強制執行に関する諸規定（法第2章第2節第4款）が大幅に準用される（民執193条2項，以下，民執法の条文については「民執法」の文言を省略する）。した

第5節 債権差押命令に対する「物上代位権の不存在」を理由とする不服申立方法　445

がって，物上代位権の行使は執行裁判所の差押命令により開始される（143条）。

(ロ)　本決定の意義

　本件では，XはYを債務者，Bを第三債務者とする本件債権差押命令を取得した。この債権差押命令に対してYは物上代位権の不存在を理由として145条5項による執行抗告を申し立てた（抗告人Y，抗告の相手方X）。本決定は，本件債権差押命令に対する物上代位権の不存在を理由とする不服申立方法は145条5項の執行抗告によるべし，と判示した。

　物上代位権の行使につき定める193条2項は145条5項を準用し，その結果，債権差押命令に対する執行抗告が可能となる。しかし，他方，193条2項は同時に182条をも準用し，その結果，債権差押命令に対する実体上の事由に基づく執行異議も可能となる。したがって，193条2項による両法条の同時的準用は，債権その他の財産権に対する担保権の実行一般（物上代位権の行使を含む，以下同じ）における差押命令に対する不服申立方法如何（執行抗告か，執行異議か，それとも両者の併用か）という問題を，生じさせている（この問題については，座談会・民事執行の実務(七)・法曹時報33巻4号142頁以下の議論参照）。本決定は，執行抗告説の立場を明示し，新法下における実務上の取扱いをはじめて明確化した点で，注目される。

(2)　本決定に対する批判と私見

(イ)　同時的準用の意味

　本決定によれば，193条2項による両法条の同時的準用の意味は次の如く理解されている。すなわち，145条5項の準用は差押命令に対する執行抗告を認めることにより執行処分の早期解決を図ったものであり，他方182条の準用は差押命令に対する実体上の事由に基づく執行異議を認めるものではなく，執行抗告の理由として実体上の事由を主張し得る趣旨に読み替えるべきものである，とする。この理解を前提として，本決定は，本件債権差押命令に対する実体上の事由に基づく不服申立ては執行抗告による，としたのである。

　本決定は民執法の立法担当者の見解，学説の一般的見解と軌を一にし，その影響の下になされたといえる。たとえば，民執法の立法担当者の見解によれば，「〔債権その他の財産権に対する担保権の—筆者注〕実行は担保権に基づい

て行われますので，執行抗告の中で担保権の不存在を主張することができる……（182条の準用。不動産競売〔の開始決定―筆者注〕に対しては執行抗告をすることができませんが，債権執行においては執行抗告をすることができますから，準用の結果はこう解されます）」（田中・新民事執行法の解説＝旧版329頁），と主張されていた（但し，同新版466頁では「実体異議を主張することができるほか，執行抗告の中で担保権の不存在を主張することができる」（傍点筆者）と改説され，いわば択一的な併用説が主張されている）。

また，学説においても，「〔執行抗告は原則として手続上の瑕疵を理由とするものであるが―筆者注〕例外として，債権その他の財産権を目的とする担保権実行としての差押命令に対する執行抗告に182条が準用される限度では（193条2項），担保権の不存在・消滅も抗告理由となる。193条2項が182条を準用しているのは，担保権実行としての債権差押命令に実体上の事由による執行異議を認める趣旨ではなく，差押命令に対する執行抗告の理由として担保権の不存在・消滅を主張し得るとの趣旨である」（竹下「執行機関の処分に対する不服申立て」竹下＝鈴木編・民執法の基本構造88頁注(8)・91頁注(35)），と主張されていた（同様の見解を述べるものとして，住吉・民執法入門18頁・264頁，中野編・民執法329頁（谷口））。

(ロ)　執行抗告説への疑問

しかし，執行抗告説には次の疑問がある。すなわち，

ⅰ）第一に，担保権の不存在・消滅という実体上の事由を執行抗告により主張させるとすれば，不服申立事由の拡大により執行抗告の濫用という危険性が生じ，これは濫用的抗告を可能な限り排除せんとする民執法の基本的姿勢に背反する。

ⅱ）第二に，この実体上の事由を執行異議により主張させるという182条（並びに191条）は，決定手続において実体権の審理をおこなうという点で，合理性を欠き，解釈上の混乱を助長する〔三ケ月・民執法449頁〕，として学説により厳しい批判を受けている。仮にこの実体上の事由を執行抗告により主張させるとすれば，182条の非合理性はより顕著となり，それは，執行異議手続と比較して，より迅速に決着をつけるべき且つより限定的になされるべき執行抗告の手続の本質と，背反する。

ⅲ）第三に，執行抗告説によれば，執行抗告による実体瑕疵の主張は1週

間の不変期間の制約に服するが，手続上も又当事者にとっても重大な意味を
有する実体瑕疵の主張を短期間の不変期間の制約に服させることは，妥当で
はない。しかも，同じく担保権の実行における不動産競売開始決定，動産差
押えに対する執行異議（182条，191条）は不変期間の制約なく可能であり，こ
れらの場合と均衡を欠く。

iv）第四に，執行抗告説によれば，182条準用は執行抗告の申立事由として
実体的事由も主張できる趣旨に読み替える趣旨であるとするが，それは193
条2項の文言と必ずしも適合しない。同条同項は，その文言上，純然と両法
条を機械的に準用するのみであり，その趣旨の読み替え規定なくして執行抗
告説を主張することは，かなり無理な解釈と思われる。

(ハ) 併用説の正当性論証

執行抗告説に対する以上の批判を前提として，筆者は，執行抗告と執行異
議の二つの不服申立方法が併用的に認められるべきである（併用説），と考え
る。換言すれば，差押命令は，手続開始処分であると同時に，実質的には終
局的決定でもあり，この二面的性格に対応した形で，二つの不服申立方法の
併用を認めるべし，と考える。

差押命令に対して，i）まず第一に，早期に手続瑕疵を是正するために，
145条5項の準用により，執行抗告が認められる。差押命令は実質的には手
続の終了につながる終局的決定であり，この段階で執行抗告を認めないと関
係人に重大な不利益が生ずるおそれがある，からである。この執行抗告は手
続瑕疵を理由とするものに限定され，一週間の不変期間内に申し立てられな
ければならない。

ii）次いで，第二に，差押命令は担保権の実行における手続開始処分であ
り，182条の準用により，実体異議たる執行異議が認められる。債務名義制
度を採用していない担保権の実行の特異性から，ここでは，本来手続瑕疵を
申立事由とする執行異議において，担保権の不存在・消滅という実体瑕疵の
主張が認められる。

換言すれば，この実体瑕疵は，182条準用により，あくまでも執行異議によ
り主張されるべきものであり，執行抗告により主張されると構成すべきでは
ない（実体瑕疵は執行異議により主張されるべし，の見解は既に石川編・青林双書
民執法389頁（斎藤）・1981年10月において示されている）。民執法は執行抗告

の濫用の危険性を様々な角度から排除せんとし，その基本的姿勢は不服申立事由の範囲においても貫徹されなければならないし，そのことは純然と何等の制約なく機械的に両法条の準用を明示する193条2項の文言とも相応し，しかも併用により手続上別段の不都合が生ずることもない，からである。さらに，この実体異議としての執行異議は専ら担保権の不存在・消滅という実体瑕疵の主張のために機能し，ここでは手続瑕疵の主張は認められない。

なお，執行異議には不変期間の制約がないので，執行異議が認容されるならば，申立人には，手続上利益を受け得ると判断される限りで，その申立てが可能とされる。このことは真に保護されるべき不服当事者にとって大きなメリットとなろう（この併用説は前掲法曹時報33巻4号144頁に示された佐藤・大橋両裁判官の発言に準拠する）。

ⅲ）なお，二不服申立方法の併用を承認しつつ，「但し，適法な執行抗告が提起されたときは，訴訟経済上からも，抗告理由として担保権の不存在又は消滅を主張できると解すべきである」（竹田・民事執行の実務Ⅱ553頁）として，結果として執行抗告説に準ずる見解も存在することを付言しておく。

(二)　執行異議説に対する批判等

執行抗告説・併用説の他に，理論構成の可能性としては，執行異議説も想定される。しかし，執行抗告は認められず，実体異議としての執行異議（これは手続瑕疵をも申立事由とする手続異議でもある）のみが可能である，とする執行異議説は，193条2項の文言に背反し，立論し得ない。執行抗告は法の明文により認められたものに限定され，同条同項が145条5項を準用する以上，執行抗告の可能性を否定することはできない，からである。

(3)　併用説の私見論証

第一に，民執法の二不服申立方法を比較検討することによって濫用的抗告の阻止のための法技術を解明し，第二に，各執行態様別に手続開始処分に対する不服申立方法を統一的に考察し，結論として併用説の正当性を論証する。

(イ)　不服申立方法の併存

民執法は執行機関の執行処分に対する不服申立制度として執行抗告と執行異議の二つの救済方式を存置する（両者の比較については，竹下・前掲論文に詳細である）。

第5節　債権差押命令に対する「物上代位権の不存在」を理由とする不服申立方法　　449

(a)　共通点として，

両者は，㋑執行機関の執行処分に対する不服申立方法であり，㋺審理は任意的口頭弁論（決定手続）でおこなわれ（民訴419条の準用，4条），㋩原則として手続瑕疵を申立事由とするが，実体瑕疵も執行機関の調査事項とされている限りでは執行抗告又は執行異議の申立事由となる（例えば，執行抗告につき171条5項，執行異議につき182・191条），という点で共通する。

(b)　相違点として，

㋑執行抗告は執行裁判所の「民事執行の手続に関する裁判」（10条）を不服対象とするのに対し，執行異議は執行官の「執行処分及びその遅滞」（11条），執行裁判所の「執行処分で執行抗告をすることができないもの」（11条）を不服対象とする。

㋺執行抗告の不服対象は，執行裁判所の執行処分中，法の明文により認められたものに，限定される（限定列挙であり，拡張解釈，類推等は認められない）のに対し，執行異議の不服対象は，執行官の執行処分（並びにその遅怠）のすべてであり，さらに執行裁判所の執行処分中，執行抗告の不服対象たり得ないものすべて，である。後者の不服対象は包括的に極めて広い。

㋩執行抗告は，抗告状の提出によりおこなわれ，口頭による申立ては不可能である（10条2項，民訴416条1項の特則）のに対し，執行異議は，原則として書面の提出によりおこなわれるが，執行裁判所が実施する期日においてその場で異議申立てをするときには，口頭でもよい（規8条1項）。

㋥執行抗告では，申立人は抗告状に抗告理由を記載するか，又は抗告状提出の日から1週間以内に執行抗告理由書を提出しなければならない（10条3項，規8条）。抗告審による調査の範囲は抗告理由として主張された事由に限定される。これに対し，執行異議では，申立人は異議理由を明らかにすべきである（規8条2項）が，執行抗告の場合の如き細かな摘示を必要としない。

㋭執行抗告には1週間の不変期間の制約（10条2項）が付せられるのに対し，執行異議には不変期間の制約は存在しない。

㋬執行抗告はまず原裁判所に申し立てられ（抗告状の原裁判所への提出・10条2項），原裁判所は形式審査により執行抗告を決定で却下できる（10条5項）。形式審査により明らかとなる不適式な執行抗告は原裁判所限りで排斥（却下）されるわけである。さらに，原裁判所は，形式審査による却下又は再度の考

案による原裁判の更正の場合を除き，事件記録を抗告裁判所に送付する（抗告裁判所の性格につき，竹下・前掲論文 83 ― 84 頁は制限された続審とするのに対し，三ケ月・民執法 48 頁，中野編・民執法 41 頁（中野），田中解説新版 37 頁・38 頁，浦野・逐条 43 頁等は事後審的性格を強調する）。これに対して，執行異議は執行処分をなした執行裁判所に申し立てられ，その審理は第一審限りで，その裁判に対する上訴は許されない。

　(c)　相互関係として，

　㋑二つの不服申立方法の併存は原則的に執行機関の二元的構成に対応する（中野編・民執法 41 頁（中野））。すなわち，執行抗告は執行裁判所の執行処分に対する不服申立てであるのに対し，執行異議は原則として執行官の執行処分（又はその遅怠）に対する不服申立てである。

　㋺執行抗告は旧法下の「即時抗告」（民訴旧 558 条）に代替する新たな不服申立方法であり，執行手続に合理的に適合すべく創設された独自の上訴としての性格を有する（竹下・前掲論文 73 頁）のに対し，執行異議は旧法下の「執行方法に関する異議」（民訴旧 544 条）に接続し，いわばそれを一部的に修正した形で定められた不服申立方法である（三ケ月・民執法 51 頁）。

　㋩二つの不服申立方法は，旧法下における「執行裁判所の執行処分に対する不服申立方法如何」に関する即時抗告説・異議説・折衷説の見解分岐状況と，次の如く関連する。

　すなわち，執行官の執行処分に対する不服申立方法として民訴旧 544 条は明文により執行方法に関する異議を存置させていた。そこで，執行裁判所の執行処分もまた，同じく執行機関の執行処分であるから，それに対する不服申立ても執行方法に関する異議による，との見解（異議説）が，主張されていた。

　しかし，他方，執行裁判所の執行処分がすべて決定の形式でなされ（民訴旧 545 条 3 項），しかも民訴旧 558 条が「強制執行上ノ手続ニ於テ口頭弁論ヲ経スシテ為スコトヲ得ル裁判」に対する不服申立方法として即時抗告を存置させていたため，それに対する不服申立ては即時抗告による，との見解（抗告説）も主張されていた。

　加えて，執行処分前に執行裁判所が不服申立人を審尋しているときには即時抗告，そうでない場合には執行方法に関する異議による，との見解（折衷

第5節　債権差押命令に対する「物上代位権の不存在」を理由とする不服申立方法　451

説）も主張され，学説・判例は，軌を一にせず，錯綜を極めていた（この問題
については，三ケ月・民執法 44 頁以下，竹下・前掲論文 70 頁以下，菊井・執行総
論 201 頁以下，石川・執行法における救済体系・強制執行法研究 74 頁以下，中野・
執行裁判所の執行処分に対する不服申立・判例問題研究強制執行法 17 頁以下，戸
根・執行方法の異議と即時抗告・実務民訴講座 10 巻 87 頁以下，等参照）。

　旧法下の即時抗告説を前提とすれば，執行裁判所の執行処分はすべて即時
抗告による不服申立ての対象たり得たが，民執法は，従来の即時抗告とは異
質な，執行裁判所の執行処分に対する新たな不服申立制度として，執行抗告
制度を新設し（竹下・前掲論文 73 頁），「濫抗告の排除・執行手段の迅速性確
保」という観点から，執行抗告による不服申立ての対象たり得る執行処分を，
制限的に許容している（10 条）。しかも，その対応として，執行裁判所の執行
処分中，執行抗告による不服申立ての対象たり得ないものについては，執行
異議による不服申立てを可能とし（11 条），執行異議による不服申立ての対象
を拡大した（三ケ月・民執法 46 項）。

　換言すれば，執行機関の二元的構成に画一的・形式的に対応した形で，旧
民訴 558 条は，執行裁判所のすべての執行処分に対する不服申立てとして，
即時抗告を用意した（即時抗告説）が，民執法は，折衷説の実務上のメリット
を考慮しつつ（三ケ月・民執法 45 頁），執行裁判所の執行処分につき，個々的
に執行抗告と執行異議とに配分した。執行裁判所の執行処分には多様なもの
が存在し，その執行手続上の効果・役割・機能に差違がみられるところ，そ
れに着目し，民執法はいわゆる個別配分方式（個別振分方式。竹下・前掲論文
72 頁）を採用したのである。

　しかも，旧法下では執行裁判所の執行処分たる不動産強制競売開始決定に
対する即時抗告が濫用され，民執法はその対策として抗告審への不服申立て
は終局的処分に限定するという原則が導入された（竹下・前掲論文 73 頁注⒁）。

　㈢執行抗告による不服申立てが許されるのは，次の三つの要件のいずれか
に，該当するものでなければならない（個別配分方式における配分基準）。第一
に，民事執行の救済ないし執行救済を途絶させる裁判，第二に，その段階で
執行抗告を認めておかないと関係人に重大な不利益を与えるおそれがある裁
判，第三に，実体関係の変動ないし確定を生ずる裁判，の 3 要件である（中野
編・民執法 41 ― 42 頁（中野）竹下・前掲論文 96 ― 98 頁等）。

（d）　以上の(a)(b)(c)の分析より，

次の結論が明らかとなろう。すなわち，第一に不服対象の限定列挙（(b)(ロ)・(c)(ハ)(ニ)），第二に抗告状の提出による申立（(b)(ハ)），第三に抗告理由書の提出強制（(b)(ニ)），第四に不変期間の制約（(b)(ホ)），第五に審査の原裁判所経由（(b)(ヘ)），第六に上告審裁判所に類似し且つ制限された続審としての性格を有する抗告裁判所（(b)(ヘ)），第七に執行停止効の不存在，という執行異議との相違を示す諸点において，「濫抗告阻止・執行手続の迅速性の確保」という執行抗告の基本的姿勢がみられる。この基本的姿勢は申立事由においても貫徹されるべきであり，それは原則として手続瑕疵に限定され（(a)(ハ)），担保権の不存在・消滅という実体瑕疵は執行抗告の申立事由たり得ない，と解すべきであろう。

　(ロ)　**手続開始処分に対する不服申立方法に関する総合的考察**

差押命令は債権等に対する担保権の実行における手続開始処分である。手続開始処分は各執行態様別に個別的に存在するが，それらに対していかなる理由からいかなる不服申立方法が認められているか，を総合的に考察し，併せて本件債権差押命令に対する二不服申立方法の併用を理論的に論証しておきたい。

　──まず，①債務名義に基づく執行における手続開始処分に対する不服申立方法としては，ⓐ不動産強制競売開始決定に対する執行異議（手続異議・10条1項，11条），ⓑ不動産強制管理決定に対する執行抗告（93条4項），ⓒ動産執行における執行官の目的動産の差押えに対する執行異議（手続異議・11条），ⓓ債権等に対する執行における差押命令に対する執行抗告（145条5項），がある。──

　──さらに，②担保権の実行における手続開始処分に対する不服申立方法としては，ⓐ不動産競売開始決定に対する執行異議（手続異議プラス実体異議・182条），ⓑ動産競売における執行官の目的動産の差押え（＝執行処分）に対する執行異議（手続異議プラス実体異議・191条），ⓒ債権等に対する担保権実行における差押命令に対する「手続異議としての執行抗告並びに実体異議としての執行異議」（193条2項による145条5項と182条の同時的準用），がある。──

（i）　第一に，動産執行・動産競売における目的動産の差押えは執行官の執行処分である。これに対する不服申立てとしては，執行異議による。但し，動産執行における執行異議は，手続瑕疵を申立事由とする手続異議であるのに対し，動産競売における執行異議は，手続瑕疵のみならず，担保権の不存在・消滅という実体瑕疵をも，申立事由とする実体異議でもある（①ⓒ・②ⓑ）。

（ii）　第二に，不動産強制競売開始決定・不動産競売開始決定は執行裁判所の執行処分である。しかも，それは純然たる手続開始処分にすぎず，手続の次なる続行を当然に予定する。たとえば，手続上，その後の売却許否決定に対する執行抗告が認められ（74条），この手続開始処分の段階で執行抗告を認める必要性はない（竹下・前掲論文99頁）。したがって，これに対しては執行異議で足りる（①ⓐ，②ⓐ）。但し，不動産強制競売開始決定に対する執行異議は，手続瑕疵を申立事由とする手続異議であるのに対し，不動産競売開始決定に対する執行異議は，手続瑕疵のみならず，担保権の不存在・消滅という実体瑕疵をも，申立事由とする実体異議でもある。

（iii）　第三に，不動産強制管理決定である。これは，執行裁判所の手続開始処分であると同時に，実質的には手続の終了につながる終局的決定でもある。この決定以降には，少なくとも執行抗告の不服対象たり得る裁判は手続上存在せず，この段階で執行抗告を認めないと，関係人に重大な不利益が生ずるおそれがある。したがって，これに対しては，執行抗告が認められるべきである（①ⓑ）。

（iv）　第四に，債務名義に基づく債権等に対する執行の差押命令である。これは，執行裁判所の手続開始処分であると同時に，実質的には手続の終了につながる終局的決定でもある。したがって，転付命令・譲渡命令に対すると同様に（159条4項，161条3項），この差押命令に対しては，執行抗告が認められるべきである（①ⓓ）。

（v）　第五に，問題は，債権等に対する担保権の実行の差押命令に対する不服申立方法如何，である。担保権実行手続の基本構造は債務名義に基づく執行のそれと同様であり，この差押命令も手続開始処分と終局的決定という二面的性格を有する。終局的決定性に着目すれば，この段階で執行抗告を認めないと，その後において手続上是正の機会がなく，関係人に重大な不利益が

生ずるおそれがある。したがって，譲渡命令・転付命令に対すると同様に（193条2項による159条4項，161条3項の準用），この差押命令に対しては，執行抗告が認められるべきである（193条2項による145条5項の準用）。

　他方，担保権の実行では担保権・被担保債権の存在自体が執行要件の一つであるから，その限りで実体権の不存在を主張する債務者又は所有者には，手続開始処分に対する執行異議が許される（②ⓐ・182条，②ⓑ・191条）。この理は債権等に対する担保権の実行においても同様に妥当すべきであり，手続開始処分たる差押命令に対しては，純然と実体異議たる執行異議が認められる（193条2項による182条準用）。しかも，執行抗告とは異なり，執行異議は不変期間の制約なくして申立てが可能であり，これは実体瑕疵を主張する真に救済を受けるべき不服当事者に大きな便宜を与えるものとなろう。なお，この差押命令に対する執行異議は，純然と実体瑕疵のみを申立事由とする実体異議であり，その点で182条・191条の執行異議（手続異議プラス実体異議）と，相違する。

(4) 実体異議としての「執行異議」の問題点

　担保権の実行の手続開始処分に対する執行異議（②ⓐⓑⓒ）（(3)ⓛ総合的考察における表記。以下同様）は実体瑕疵を申立事由とする実体異議である（債務名義に基づく執行の手続開始処分に対する執行異議——①ⓐⓒ——は手続異議であり，この点で両者は相違する）。すなわち，担保権の実行では債務名義制度が採用されず，担保権・被担保債権の存在が執行要件とされており，その限りにおいて債務者・所有者はこの実体権の不存在を「執行異議」（簡易な請求異議の訴えとしての性格を有する。竹下・前掲論文91頁）により主張し，執行を排除できる。

　旧法下の実務では，担保権・被担保債権の存在が競売手続の要件とされ，執行機関は執行開始の際にこの実体権の存否を自ら判断・調査しなければならず，その不存在・消滅は任意競売開始決定に対する異議（民訴旧544条）又は動産の競売処分に対する異議（旧競17条）の理由になる，と理解されてきた（竹下・前掲論文93頁）。182条，191条はこの旧法下の実務を明文により承認した。

　しかし，旧法下の実務に対しては学説による厳しい批判がなされていたの

であり（三ケ月・民執法448頁，449頁），この意味で両法条は極めて疑問のあるところである。すなわち，三ケ月教授によれば，第一に実体権の存否を執行異議により決定手続で審理・判断することはあくまでも異例であること，第二に判決と異なり決定手続の手続は既判力を有せず，既判力による確定を求める場合には担保権不存在確認の訴えを提起することとなるが，これは結果として救済方式の濫立につながること等を指摘され，請求異議の訴えの可能性を積極的に肯定すべし（三ケ月・民執法446—450頁），と主張されている。基本的にこれを正当とすべきであろう。

　上記の批判を前提として，実体瑕疵は執行異議により主張される，との本評釈の結論の下でも，やはり執行異議の濫用という危険性が生じる以上（但し，執行抗告の濫用よりもその弊害は小さい），この実体瑕疵を判決手続による審理に委ねるために，「請求異議」の方法の可能性を正面から肯定すべきである，と考える。

——初出・斎藤⑮論文・1982年/S57年10月——

第4章　根抵当権の「代位」
—— 民法 398 条ノ7論（代位対象論）——

第1節　確定前抵当権の被担保債権群中の個別債権上の質権設定・差押えの「処分行為」の効力
—— 民法 398 条ノ7 I の立法趣旨の解明——

はじめに——問題の所在——

元本確定前の根抵当権（以下，確定前根抵当権と略称する）において，（ i ）確定前抵当権者により，その被担保債権群中の個別債権上に質権設定の「処分行為」がなされた場合，当該処分行為の効力は確定前根抵当権に及ぶか否か（及ぶとする「肯定説」，及ばないとする「否定説」，との両説が対立する），(ii)その被担保債権群中にある個別債権上に差押え（差押命令発布）の処分行為がなされた場合，当該処分行為の効力は確定前根抵当権に及ぶか否か（及ぶとする「肯定説」，及ばないとする「否定説」，との両説が対立する），の問題が存在する[1]。

---

[1]　本問題に類似する，いわば周辺問題が存在するが，これらの周辺問題については，以下の限りで見解の一致がみられる。

　(イ)　普通抵当権の場合　(α)普通抵当権の被担保債権上の質権設定・差押えの処分行為の効力は，当該普通抵当権にも及ぶ。担保権の随伴性，民法 87 条 2 項が，その理由である。(β)普通抵当権の被担保債権の一部の上の質権設定・差押えの処分行為の効力は，当該普通抵当権の全部に及ぶ。担保権の不可分性が，その理由である。(γ)普通抵当権のみを対象とする質権設定・差押えの処分行為は，許されない。

　(ロ)　確定根抵当権の場合　確定前根抵当権の被担保債権群中の個別債権上の質権設定・差押えの処分行為の効力は，当該確定根抵当権にも及ぶ。元本確定により確定前根抵当権は確定根抵当権に転化し，普通抵当権と同様に随伴性を有することになる。というのがその理由である。

　(ハ)　確定前根抵当権が処分行為後に確定根抵当権に転化した場合　確定前根抵当権の被担保債権群中の個別債権上において，質権設定・差押えの処分行為がなされたが，

第1項 解決基準の条文上の不存在

(1) 民法典中の新根抵当法

新根抵当法の立法以前にあっても，本問題につき，学説上議論が存在した。しかし，民法典中の新根抵当法（昭和46年）はこの点につき明確な解決基準を提示していない。それは，新根抵当法の立法者が本問題の解決を将来の学説・判例に委ねた，からに他ならない[2]。

(2) 民執法

新たな民執法（昭和54年）にあっても，この問題についての明確な解決基準は，提示されていない[3]。但し，その「第二次試案」（昭和48年）は，確定前根抵当権の被担保債権群中の個別債権上の差押えの処分行為の効力が確定前根抵当権に及ぶ，との肯定説に立脚した上で，その個別債権につき差押えがなされた旨の登記の嘱託に関し規定を置いていた[4]。しかし，最終的には，

その後確定前根抵当権が確定根抵当権に転化した場合，処分行為の効力は当然にこの確定根抵当権に及ぶ。確定根抵当権は随伴性を有する，というのがその理由である。

　（二）　確定前根抵当権の被担保債権群中の個別債権上の差押転付債権者の場合　確定前根抵当権の被担保債権群中の個別債権上の差押債権者が転付命令を取得した場合，この差押転付債権者は債権譲受人と同様の法的地位にあり，民法398条ノ7（債権譲渡の処分行為の場合における随伴性の否認）により確定前根抵当権を一部取得（及びその行使）し得ない（否定説）。

(2)　但し，同法の立法担当官による解説（清水・第一論文（上）46—47頁，貞家＝清水・第二論文118頁・120頁）によれば，個人的見解としては肯定説を主張され，しかも民法398条ノ7の文言は本問題につき肯定説が採られるべきことを期待した上で表現された，とされている。

(3)　民執法150条は，「登記又は登録のされた先取特権，質権又は抵当権によって担保される債権に対する差押命令が効力を生じたときは，裁判所書記官は，申立てにより，その債権について差押えがされた旨の登記等を嘱託しなければならない」，と定める。この規定は，先取特権・質権・抵当権の被担保債権上の差押えの処分行為の効力が，当該担保権にも及ぶ，との肯定説に立脚する。しかし，確定前根抵当権の場合については，本条は沈黙する。

(4)　第二次試案第222条によれば，「先取特権・質権又は抵当権（根抵当権を含む）によって担保される債権で当該担保権の移転につき登記等を要するものについて差押命令が発せられたときは，執行裁判所の裁判所書記官は，申立てにより，管轄登記所その他の関係機関に当該担保権の被担保債権につき，差押えがされた旨の登記等を嘱託しなければならないものとすること」（傍点筆者），とされていた。

同規定は削除されるに至っている。本問題の解決は学説・判例上未だ十分には決着がつけられておらず，したがってこの民執法の立法段階でこれにつき統一的・確定的な態度決定を立法上明示するのは時期尚早である，と民執法の立法者は判断したのであろう[5]。

以上の意味で，本問題は現在なお未解決たり続けている。新たな視角からの解明が必要とされる所以である。

第2項　法務省公式見解の動揺

新根抵当法の施行後，本問題についての法務省の公式見解それ自体が，大きな動揺を示している。

⑴　昭和47年・回答

従前の法務省昭和47年12月19日・民三発第943号・民事局第三課長回答（以下，「昭和47年・回答」と略称する）によれば[6]，確定前根抵当権の被担保債権群中の個別債権の質入れの登記につき，これを受理すべきではない，とされていた。換言すれば，これは，"個別債権上の質権設・差押えの処分行為の効力は確定前根抵当権には及ばない"，との「否定説」に立脚して，その個別債権の質入れの登記の申請を拒否すべしとした，と判断できる。しかし，この昭和47年・回答は，後日180度の転回をするに至る。

⑵　昭和55年・通達

新たな法務省昭和55年12月24日・民三第7176号・民事局長通達（以下，「昭和55年・通達」と省略する）によれば[7]，確定前根抵当権の被担保債権群中の個別債権上の質権設定・差押えの登記につき，いずれもこれを受理してさし支えない，とされている。換言すれば，これは"個別債権上の質権設定・差押えの処分行為の効力は確定前根抵当権にも及ぶ"，との「肯定説」に立脚し

⑸　なお，同法の立法担当官による解説によれば，個人的見解として肯定説が主張されている。浦野・条解647頁（法150条），田中・解説312頁。

⑹　その解説として，武部・「研究」30頁。

⑺　その解説として，藤谷・「研究」25頁。

て，その個別債権の質入れ・差押えの登記の申請を受理すべきとした，と判断できる。しかも，この昭和55年・通達は，従前の昭和47年・回答を本通達が変更する旨，確認的に明言している。

以上の如く，法務省公式見解は「否定説」から「肯定説」へと大きく転回し，その動揺が明瞭である。

第3項　学説状況の整理・再構成・概観，その分析，私見の基本的方向性

本問題をめぐる学説状況の根幹は，肯定説と否定説との両説対立に在る。本項では，まずその両説対立状況を整理・再構成・概観し ((1)(2))，次いでそれを分析し，併せて私見の基本的方向性を明示する ((3))。

(1)　「質権設定」の処分行為の場合
(イ)　肯定説
(a)　貞家=清水・肯定説

貞家=清水・肯定説によれば，その論旨を敷衍すれば，次の如く主張されている[8]。

——すなわち，"(i)元本確定前の根抵当権にあっても，個々の債権は被担保債権そのものであり，このことを当然の前提として民法典中の根抵当権の条文が組み立てられている。

(ii)この被担保債権性を前提として，民法398条ノ7Ⅰは，債権の移転を伴う場合のみにおいて，確定前根抵当権の随伴性を否定した。

(iii)民法398条ノ2以下の諸規定中，根抵当権の随伴性を否定する旨の特段の定めがない限り，根抵当権にも普通抵当権の一般原則（随伴性の承認）が適用される。しかるに，被担保債権上の質権設定（差押え）の処分行為については，上記の如き特段の規定が存在していない。

(iv)両説の対立は既に根抵当の新立法以前から存在していた。立法者は，法解釈論上，肯定説の立場が導出されるべきことを期待し，民法398条ノ7Ⅰ

---

(8) 清水・第一論文46—47頁，貞家=清水・第二論文118—120頁，清水・第三論文 69—71頁・75頁。

第1節　確定前抵当権の被担保債権群中の個別債権上の質権設定・差押えの「処分行為」の効力　461

の条文化をおこなった。

　(v)かくして，被担保債権上の質権設定（差押え）の処分行為の効力は，確定
前根抵当権にも及ぶ"——

　(b)　我妻・肯定説

　我妻・肯定説では，その論旨を敷衍すれば，次の如く主張されている[9]。

　——すなわち，"(i)確定前根抵当権の被担保債権上の質権者（差押取立債権
者）は，被担保債権の帰属主体とはならない。したがって，上記質権者（差押
取立債権者）は債権譲受人と同視し得ない。

　(ii)とすれば，民法398条ノ7 I（債権譲受人につき，確定前根抵当権の随伴性
を否認する）は，ここでは適用されず，上記質権者（差押取立債権者）について
は確定前根抵当権の随伴性を肯認すべきことになる（肯定説）。

　(iii)しかし，上記質権者（差押取立債権者）がその自己の債権（質権の被担保債
権・執行債権）を行使するに際し，彼に根抵当権に基づく競売申立権までをも
認めるとすれば，それは民法398条ノ7 Iの趣旨に反する。

　(iv)したがって，上記質権者（差押取立債権者）は根抵当権の目的不動産の競
売売却代金の配当際に優先弁済権を主張し得るのみで，それ以上根抵当権の
主体なる力をもち得ない（質権者（差押取立債権者）の根抵当実行申立権の否定，
根抵当権に基づく優先弁済受領権の肯定）"。——

　(c)　林・肯定説

　林・肯定説は簡潔に結論のみを述べるにすぎないが，次の如く主張されて
いる[10]。

　——"確定前根抵当権の質入れを禁ずることは担保財産の剥奪となる。し
かも，その質入れは確定前根抵当権者本人の任意の希望によるがゆえに，確
定前根抵当権者はその質権による拘束を甘受すべきである"——。

　(d)　浦野・肯定説

　なお，その他に民執法のサイドから，浦野・肯定説（条解646—647頁）が，
主張されている。

　(ロ)　否定説

　(a)　民法学・否定説

---

(9)　我妻・講義502頁。

(10)　林・論文23—24頁。

民法学・否定説は，簡潔に結論のみを述べるにすぎない。

——すなわち，"(i)肯定説に準拠したとすれば，根抵当権の確定前において，質権者（差押取立債権者）は根抵当権の実行をなし得，それにより根抵当取引を終結させてしまうであろう。それは妥当ではない（柚木＝高木・否定説[11]）。

(ii)確定前根抵当権の被担保債権からの「独立性」を本問題でも貫徹すべきであり，そのことは確定前根抵当権の随伴性を否定した民法の政策的態度と一致する（高木・否定説[12]）。

(iii)確定前根抵当権については付従性の欠如を徹底し，否定説を採るべきである（槇・否定説[13]）。

(iv)肯定説に準拠したとすれば，質権者（差押取立債権者）が根抵当権に基づいて競売をし得ることとなり，そのことは民法398条ノ7 Ⅰの趣旨に反する。また，根抵当権者の権利行使につき，質権者（差押取立債権者）の同意を要することも，枠支配権としての根抵当権の性質と調和しない。否定説を正当とする（川井・否定説[14]）。

(v)民法398条ノ7 Ⅰの趣旨から，質入れ・差押えの効力は根抵当権に及ばない，と解すべきである（松坂・否定説[15]）。"——

　(b)　鈴木・竹下・否定説（識別論・斎藤表記）

鈴木・竹下・否定説（識別論——差押えの場合には，肯定説を主張されている。後述(2)(イ)(e)）では，その論旨を敷衍すれば次の如く主張されている[16]。

——すなわち，"(i)民法398条ノ7の実質的立法趣旨は，一種の共有根抵当権の瀕発という異常事態を防止せん，とすることに在る。より具体的には，確定前根抵当権の被担保債権の一つが譲渡され，その譲渡に伴って確定前根抵当権も随伴して部分的譲渡されるものとすれば（確定前根抵当権の随伴性の承認），一種の共有根抵当権の状態が瀕発し，そこでは半身不随の根抵当権が現出し，法的関係を極めて錯雑化する。したがって，確定前根抵当権者によ

---

[11]　柚木＝高木・担物法447頁。

[12]　高木・双書担物法248—249頁。

[13]　槇・担物法280—281頁。

[14]　川井・担物法162—163頁。

[15]　松坂・物権法383頁。

[16]　鈴木・第一論文138頁，同・第二論文300頁，同・第三論文8頁3段目。この鈴木説に接続するものとして，竹下・第二論文297—298頁。

る被担保債権の任意処分一般において，かかる異常事態の発生を阻止せん，とするのが同条の実質的な立法趣旨である。

(ⅱ)同条の実質的立法趣旨を，上記の如く理解したとすれば，それは単に「譲渡」においてのみならず，「質権設定」においても妥当させ得る。より具体的には，確定前根抵当権の被担保債権上への質権設定によって，仮に確定前根抵当権の随伴性を承認したとすれば，やはり同様の異常事態（一種の共有根抵当権の瀕発）が現出する。かかる異常事態の発生を阻止せん，とするのも，やはり同条の立法趣旨とするところである。

(ⅲ)かくして，被担保債権上の質権設定の処分行為の効力は，確定前根抵当権には及ばない。"

(2)　「差押え」の処分行為の場合
(イ)　肯定説
(a)　貞家＝清水・肯定説

貞家＝清水・肯定説では[17]，質権設定の処分行為の場合におけると同様の理由で，肯定説を主張されている（既述(1)(イ)(a)）。

(b)　我妻・肯定説

我妻・肯定説では[18]，質権設定の処分行為の場合におけると同様の理由で，肯定説を主張されている（既述(1)(イ)(b)）。

(c)　林・肯定説

林・肯定説によれば[19]，"確定前根抵当権に対する差押えを禁ずるとすれば，そのことは執行免脱財産を創出する結果となる。しかも，確定前根抵当権に対する差押えは執行法上の責任財産確保の公的手段であり，それが故に確定前根抵当権者はその差押えによる拘束を甘受すべきである"，とされている（既述(1)(イ)(c)）。

(d)　民訴法学・肯定説

民訴法学・肯定説によれば，次の如く主張されている。

――すなわち，"(ⅰ)根抵当権の担保価値をおよそ強制執行によって確保・実

---

(17)　前注(8)参照。
(18)　前注(9)参照。
(19)　林・論文23―24頁。

現し得ないとすることは，不当である。また，民法398条ノ7Ⅰは債権移転の場合につき「随伴性の否認」を定めるのであり，債権者に変更のない質権設定・差押えの場合につきその「否認」を定めるものではない。肯定説を正当とする（稲葉・肯定説[20]）。

(ⅱ)根抵当権者が被担保債権上に差押えを受けたときには，差押命令のみならず取立命令に基づく根抵当権の実行によって，その根抵当権が攫取されることも認めるべきである（宮脇・肯定説[21]）。

なお，その他に，(ⅲ)田中・肯定説（解説312頁），(ⅳ)浦野・肯定説（条解646-647頁），が存在する。——

(e)　鈴木・竹下・肯定説（識別論・斎藤表記）

鈴木・竹下・肯定説（識別論——質権設定の場合には，否定説を主張されている。既述(1)(ロ)(b)）では，次の如く主張されている[22]。

——すなわち，"(ⅰ)確定前根抵当権の把握する不動産担保価値は確定前根抵当権者（執行債務者）に帰属し，その負担する債務のための責任財産を構成する。他方，上記の如き確定前根抵当権を独立の対象とする強制執行の方法は認められてはいない。以上の2点を前提とすれば，その被担保債権に対する強制執行を介して，何等かの形で確定前根抵当権の担保価値を執行債務者（差押債権者）に把握させ得べき必要性がある。これは，執行法上の基本的要請でもある。

(ⅱ)この執行法上の基本的要請をふまえるならば，法的関係の錯雑化（一種の共有根抵当権・半身不随の根抵当権の現出）の難点にもかかわらず，肯定説が採用されざるを得ない。その難点は，上記の執行法上の要請を充足するためには，止むを得ない副作用として目をつぶるべきものである。

(ⅲ)差押えの場合に肯定説を採用しても，そのことは民法398条ノ7の趣旨

---

(20)　稲葉・第一論文574頁，同・第二論文319—320頁（民訴旧599条），同・第三論文475—476頁（民執150条）。

(21)　宮脇・強執法各論133頁。なお，同頁では竹下・第一論文，鈴木・第二論文，貞家＝清水・第二論文，稲葉・第二論文等を引用されるところから，その理由はこれらの諸論文におけると同様のものと思われる。

(22)　竹下・第一論文5—6頁，同・第二論文289頁以下。この竹下説に接続するものとして，鈴木・第二論文302頁（同・第一論文135頁以下の否定説を改説される），同・第三論文8頁1段目以下。

に反するものではない,

(iv)かくして, 被担保債権上の差押えの処分行為の効力は, 確定前根抵当権にも及ぶ."――

(ロ)　否定説＝民法学・否定説

差押えの場合に否定説を採るのは, 一括論（斎藤表記）（後述(3)イ）の下での,「民法学・否定説」（(i)柚木＝否定説, (ii)高木・否定説, (iii)槇・否定説, (iv)川井・否定説, (v)松坂・否定説）のみである[23]。その論旨は, 質権設定の場合におけると, 同様である（既述(1)(ロ)(a)）。

(3)　その分析, 私見の基本的方向性

上記でその要旨を整理し, その論旨を敷衍し, 再構成・概観した学説状況は, 以下の四つの視点（(イ)−(ニ)）において, さらなる分析をなし得よう。これは私見の独自分析であり, 私見結論を導出するに際しての, いわば「核心」（肝）となる分析でもある。

(イ)　一括論と識別論の対立

第一の視点として, 一括論と識別論の対立, である。

すなわち, (i)既述の如く, 本問題は, (α)被担保債権群中の個別債権上の質権設定の処分行為の効力の問題, (β)その個別債権上の差押えの処分行為の効力の問題, の二つである（既述序）。

(ii)そして, (α)この二つの問題はパラレルな考察・解決が可能であるとして, 両者を一括して論じ, 同一の結論（肯定説又は否定説）を導出する見解（以下, 斎藤表記として, 「一括論」と称する）, (β)二つの問題は意識的に区別して考察・解決すべきであるとして, 両者を識別して論じ, それぞれ相異なる結論（質権設定の処分行為における否定説, 差押えの処分行為における肯定説）を導出する見解（以下, 斎藤表記として, 「識別論」と称する）, の両見解が対立する。

(iii)学説状況の下では, (α)一括論が圧倒的多数説であり, 既述の法務省公式見解のいずれも（回答・通達）この立場に立つ（既述第2項）。(β)これに対して, 識別論は有力少数説であり, 現在のところ鈴木説, 竹下説の2説のみである（既述(1)(ロ)(b), (2)(イ)(e)）。

(iv)たしかに, 質権設定と差押えの両処分行為における法律関係（とりわけ,

――――――――――――

[23]　前注(11)―(15)参照。

質権設定者たる確定前根抵当権者に対する「質権者」の法的地位，執行債務者たる
確定前根抵当権者に対する「差押債権者」の法的地位）は，いくつかの諸点にお
いて相違する[24]。しかし，私見によれば，これらの相違点は，本問題の考察・
解決につき，識別論を正当化し得ない，と考える。

なぜなら，(α)その処分行為の対象たる個別債権が，そもそも確定前根抵当
権から峻別された「単独的存在」であり，(β)質権者と差押債権者は，確定
前根抵当権者に対する関係において，同様の法的地位に在る（質権者・差押債
権者は確定前根抵当権者自身が未だなし得ない権限（根抵当権実行申立て）を自ら
もなし得ない者であり，両者はそれぞれ処分行為の利益享受者であり，仮に肯定説
を採ったとすれば，両者はそれぞれ確定前根抵当権の準共有者として「法的関係の
錯雑化」の原因者となる）と考えられる，からである。

(ⅴ)結論としては，両処分行為の場合とも「確定前根抵当権の本質」から同
一の結論（否定説）が導出されるべし，と考える。

㈠　一括論の下での，肯定説と否定説の対立

第二の視点として，一括論の下での肯定説と否定認の対立，である。

すなわち，(ⅰ)一括論の下で，(α)質権設定・差押えの処分行為の効力は確定
前根抵当権にも及ぶ，とする肯定説（既述(1)(イ)，(2)(イ)），(β)質権設定・差押え
の処分行為の効力は確定前根抵当権には及ばない，とする否定説（既述(1)(ロ)，
(2)(ロ)），の両説対立が存在する。

(ⅱ)まず，(α)肯定説は，主張された学説中の半数以上を占めるという意味
で，多数説である。(β)これに対して，否定説は，主張された学説中の半数以
下であるという意味において，少数説である。

---

[24]　鈴木・第三論文8頁以下はこれらの相違点を詳細に論述されている。

　なお，私見によれば，両者の対比は次の如く総括される。すなわち，(ⅰ)個別債権上
の質権設定の処分行為は確定前根抵当権者の任意処分（確定前根抵当権者＝処分権限
者の自由意思に基づく処分）であり，個別債権上の差押えは執行債権者の強制処分（確
定前根抵当権者＝処分権限者の自由意思を強行的に抑圧してなされる処分）である。
(ⅱ)質権者と差押債権者は共に処分行為の「利益享受者」であるが，その利益内容に相
違がある。端的に，質権の効力としての拘束効と差押えの効力としての拘束効との相
違である。(ⅲ)最大の相違は，質権者は単に実体法上の担保権者・実行未着手者である
のに対し，差押債権者は執行法上の実行着手者である，ということである。しかし，
質権者がその実行要件を具備し，その実行に着手した段階以降，両者は共に実行着手
者として同様の法的地位に在る。

(iii)他面，(α)肯定説＝多数説は，差押えの処分行為の効力の問題を中心として，主として民訴法学説によって主張されている（既述(2)(イ)(d)）。この点よりすれば，肯定説＝多数説は，民訴法学説中の圧倒的多数説といえる。(β)これに対して，否定説＝少数説は，質権設定の処分行為の効力の問題を中心として，主として民法学説によって主張されている（既述(1)(ロ)(a)）。この点よりすれば，否定説＝少数説は，民法学説中の圧倒的多数説といえる。(γ)このように，民訴法学・学説中の圧倒的多数説としての肯定説，民法学・学説中の圧倒的多数説としての否定説，という点に，両説対立状況の興味深い学問的特徴が存在する。

(iv)上記の如き対立状況の顕現は，両法学・学説の準拠する基本的視点の相違に，その理由が求められる，と考える。

すなわち，(α)一方において，民訴法学・学説は差押えの処分行為の効力を強化・拡大し，それを確定前根抵当権にも及ぼし，可能な限り執行手続それ自体の機能を確実化し，執行手続上の執行債権者の法的地位を強化せん，とする専ら執行手続上の要請に応えんとしているのであろう。(β)他方において，民法学・学説は，質権設定・差押えの処分行為の効力を抑制し，それを確定前根抵当権には及ばさず，可能な限り実体上の根抵当取引の法律関係を確実化・安定化し，実体上の確定前根抵当権者の法的地位を強化せん，とする専ら実体根抵当法上の要請に応えん，としているのであろう。(γ)但し，両法学・学説とも極めて簡潔に自説結論を述べるに留まっているにすぎないので，以上はあくまで私見分析に基づく理解に他ならない。

(v)私見によれば，実体民法上の確定前根抵当権の本質（民法398条ノ7はその本質よりする論理必然的帰結である）よりすれば，原則的枠組みとして，個別債権上の処分行為の効力は確定前根抵当権には及び得ず，このような実体民法上の法律関係をふまえた上で，質権設定・差押えの処分行為の効力が把握されるべきである。そして，あくまでも「この枠組み」内でのみ，執行手続上の要請が具体化されるにすぎない，と考える。

(ハ)　民法398条ノ7Ⅰの立法趣旨の把握如何

第三の視点として，上記の肯定説と否定説の対立は，民法398条ノ7Ⅰの立法趣旨の把握如何，の点に帰着する，と考える。

すなわち，(i)肯定説の論旨を筆者の理解をふまえて再構成すれば，民法

398条ノ7Iは，債権譲渡の処分行為の場合においてのみ，確定前根抵当権の随伴性を否認した。したがって，それ以外の，たとえば個別債権上の質権設定・差押えの処分行為の場合には，同条は適用されず，確定前根抵当権の随伴性は承認され，その処分行為の効力は確定前根抵当権にも及ぶ（既述(1)(イ)(a)，(2)(イ)(a)の貞家＝清水説），とするのであろう。

とすれば，この肯定説では，"同条が債権譲渡の処分行為の場合のみに妥当するいわば「例外的・特則的規定」であり，それ以外の処分行為の場合には，普通抵当権における原則どおり，確定前根抵当権にも随伴性が承認されるべし"，との基本思考が存在している，と理解することができよう。

(ii)これに対して，否定説の論旨を筆者の理解をふまえて再構成すれば，民法398条ノ7Iは一種の共有根抵当権の瀕発という異常事態を防止すべく，定められた。その基本趣旨は，単に債権譲渡の処分行為の場合のみならず，個別債権上の処分行為一般にも，妥当させるべきである。したがって，個別債権上の質権設定・差押えの処分行為の場合にも，同条の基本趣旨が妥当し，確定前根抵当権の随伴性が否認され，処分行為の効力は確定前根抵当権には及ばない（既述(1)(ロ)(a)(b)），と結論付けるのであろう。

とすれば，この否定説では，"同条が債権譲渡の処分行為の場合のみならず，債権上の処分行為一般に妥当するいわば「原則的・一般的規定」であり，たとえば質権設定・差押えの処分行為の場合においても，確定前根抵当権における原則どおり，確定前根抵当権の随伴性が否認されるべし"，との基本思考が存在している，と理解することができよう。

(iii)私見によれば，後者の基本思考を正当と考える。すなわち，同条の基本趣旨（随伴性の否認）は確定前根抵当権の本質より当然に導出された論理必然的帰結であり，その意味では確定前根抵当権における「一般的・原則的規定」に他ならず，債権譲渡の処分行為のみならず，個別債権上のその他の処分行為一般に，妥当させるべきものである，と考える。

㈡　識別論の下での，鈴木・竹下説

第四の視点として，識別論の下での鈴木・竹下説の理論構成，である。

すなわち，(i)右の識別論を前提として，有力少数説たる鈴木説・竹下説によれば，(α)個別債権上の質権設定の処分行為の効力は確定前根抵当権には及ばず（質権設定の処分行為における否定説，既述(1)(ロ)(b)），(β)個別債権上の差

押えの処分行為の効力は確定前根抵当権にも及ぶ（差押えの処分行為における肯定説，既述(2)(イ)(e)），と結論付けている。

(ii)その識別論の論旨を「二つの処分行為」につき対照すれば，(α)質権設定の処分行為の場合にも，民法398条ノ7Ⅰの基本趣旨（「法的関係の錯雑化」を阻止すべく，随伴性を否認する）が妥当すべきである，と主張している。(β)これに対して，差押えの処分行為の場合には，執行法上の基本的要請（執行債務者の責任財産を構成する確定前根抵当権につき，それに対する独立の執行方法が存在していない以上，その個別債権上の差押えの処分行為を契機としてこれを執行対象とすべし）を充足させるべきであり，「法的関係の錯雑化」の難点についてはこれを副作用として眼をつぶるべし，と主張している。

(iii)鈴木・竹下説は，いずれも極めて精密な論証をふまえて，その論旨を明確に展開されておられる。たとえば，(α)鈴木説は，その第一〜第三論文の過程で，そして(β)竹下説はその第一〜第二論文の過程で，その論証はより精密化・体系化するに至っている。このように，本問題につき真正面からのアプローチを試みる両説であるが故に，これを「有力少数説」と称せざるを得ない。

(iv)しかも，ここで注目すべきことは，この両説は，それぞれの最終的見解（鈴木・第三論文，竹下・第二論文）に到達するまでに，相互に他方に影響を行使し合いつつ，両説共に同様の見解を導出するに至っている，ということである。

たとえば，(α)鈴木・第二論文・第三論文は，竹下・第一論文の影響の下，差押えの処分行為の場合において，否定説（鈴木・第一論文）から肯定説へと転回された。(β)他方，竹下・第二論文は，鈴木・第二論文の影響の下，質権設定の処分行為の場合において，鈴木・識別論・否定説に全面的に賛同された，のである。

(v)私見によれば，民法398条ノ7Ⅰは確定前根抵当権の本質に基づくものであるが故に，その基本趣旨は質権設定の処分行為の場合のみならず（この点で，鈴木・竹下説と同様である），差押えの処分行為の場合においてもまた（この点で鈴木・竹下説と相違する），妥当させるべし，と考える。その基本趣旨の妥当により，両場合共に，否定説を採用すべきなのである。

より具体的に説明しておこう。(α)仮に差押えの処分行為の効力が，民法

398条ノ7Ⅰの存在にもかかわらず，確定前根抵当権にも及ぶ（肯定説）とすれば，同条が阻止せんとした「法的関係の錯雑化」は極めて顕著に現出することになってしまうであろう。なぜなら，確定前根抵当権には一群の被担保債権が存在し得るのであり，確定前根抵当権者の意思とは全く無関係に（差押えの処分行為は，執行債権者の自由意思に基づき，確定前根抵当権者の意思を強行的に抑圧して，おこなわれる。強制処分行為としての差押え），その個別債権に対する差押えごとに抵当権の準共有者が新たに登場してくることとなり，根抵当権行使をめぐる法律関係（その行使態様，行使要件，準共有者間の優劣関係等）を徒らに錯雑化させる，からである。

　（これに対して，質権設定の処分行為の場合には，仮にその効力が及ぶとの「肯定説」を採ったとしても，その処分行為が確定前根抵当権者の自由意思に基づきなされる——任意処分行為としての質権設定——が故に，「法的関係の錯雑化」は，確定前根抵当権者自身によって自ずとブレーキをかけることが可能である。準共有者の新たな登場を不都合とするのであれば，確定前根抵当権者は個別債権上の質権設定の処分行為を自制すればよい，からである。このことは，同条が本来的に想定する「債権譲渡」の場合も同様であり，確定前根抵当権者の債権譲渡の処分行為の自制が可能である）。

　(β)かくして，「肯定説」の下での差押えの処分行為の場合における「法的関係の錯雑化」の弊害は，債権譲渡・質権設定の処分行為の場合におけるよりも，より甚大である，といわなければならない。債権譲渡の処分行為における同条の本来的適用に加えて，質権設定の処分行為の場合に同条の基本趣旨を妥当させなければならない（鈴木・竹下説はそのように考える。私見も同様である）のだとすれば，その弊害がより甚大に生じ得る差押えの処分行為の場合には，その執行法上の基本的要請なるものにもかかわらず，なお一層，同条の基本趣旨を妥当させるべき必要性が生じてくるであろう，と考える。

　(ⅵ)なお，竹下説・鈴木説（差押え・肯定説）では，確定前根抵当権に対する独立の執行方法が存在しない以上，執行法上の基本的要請として，被担保債権群中の個別債権に対する執行（差押え）を介して同時に確定前根抵当権をも執行対象に服させるべし，とされている。

　しかし，私見によれば，民法上，被担保債権から切離された形で，独立の価値権としての確定前根抵当権の独自の処分方法が認められている（民法

第1節　確定前抵当権の被担保債権群中の個別債権上の質権設定・差押えの「処分行為」の効力　471

398条ノ11以下）のだから，むしろ端的に，独立の価値権としての確定前根抵当権に対する独立の執行方法の可能性を，本問題の解決とは一応無関係に，執行法学上立法論・解釈論の両面から構想していくべきものではないか，と考える。

第4項　民法398条ノ7Ⅰの立法趣旨の解明
──私見否定説の論拠，その1──

本項では，まず，民法398条ノ7の立法趣旨を解明する（(1)）。同条の論理構造を分析し，その立法政策的決断のポイントを抽出し（(イ)），その背後にある実質的利益裁量を説明し（(ロ)），それが「確定前根抵当権の本質」に基づく論理的必然的帰結であることを明らかにする（(ハ)）。

次いで，「確定前根抵当権の本質」なるものをより具体化する。それは確定前根抵当権とその被担保債権群中の各個別債権との「相互峻別的関係」に他ならない（(2)）。

最後に，本問題につき否定説を採用すべき論拠，その1を小括する（(3)）。

(1)　立法趣旨の解明
(イ)　本条の論理構造の解明

(i)　民法398条ノ7Ⅰによれば，「元本ノ確定前ニ根抵当権者ヨリ債権ヲ取得シタル者ハ，其債権ニ付根抵当権ヲ行フコトヲ得ズ」とされている。

(ii)　ここで「元本ノ確定前ニ根抵当権者ヨリ債権ヲ取得シタル者」とは，確定前根抵当権の被担保債権群中の個別債権の「譲受人」を意味する。

すなわち，元本確定前の根抵当権者（＝確定前根抵当権者）は自らの処分権限に基づきその被担保債権群中の個別債権につき債権「譲渡」の処分行為をなし，その処分行為の「相手方・利益享受者」が，この「債権譲受人」に他ならない。

(iii)　確定前根抵当権者の処分行為の「相手方・利益享受者」たる債権譲受人は，「其債権ニ付キ根抵当権ヲ行フコトヲ得ズ」。

すなわち，仮に確定前根抵当権に随伴性が承認されているとすれば，債権譲渡の処分行為に伴い，その処分行為の効力は確定前根抵当権にも及び，債

権譲受人は当該債権のみならず確定前根抵当権をも取得することとなり，その帰結として（それが確定した後には）この根抵当権をも行使し得る結果となる。

しかし，本条は「根抵当権ヲ行フコトヲ得ズ」との結論を明示するのであるから，結局のところ本条は「確定前根抵当権の随伴性の否認」という前提に立つものに他ならない。

(iv)　「確定前根抵当権の随伴性の否認」を前提とすれば，債権譲渡の処分行為は債権それ自体についてのみの処分行為となり，その処分行為の効力は確定前根抵当権には及び得ず，債権譲受人は当該債権のみを取得することとなり，その帰結として（それが確定した後にあっても）この根抵当権を行使し得るいわれはない。

かくして，本条は「確定前根抵当権の随伴性の否認」の前提の下で，「債権譲受人の根抵当権行使の不可能性」を明言するものである，といえよう。

(v)　「債権譲渡の処分行為に伴う確定前根抵当権の随伴性の否認，その帰結としての債権譲受人の根抵当権行使の不可能性」という，本条の論理構造を，処分対象たる「債権」のサイドから考察すれば，次の如くいえよう。

(α)確定前根抵当権の被担保債権群中の個別債権は，債権譲渡の処分行為を契機として，その被担保債権函の中から脱出する（我妻・案内Ⅵ 220 頁）。それは「被担保債権候補者」としての資格の喪失を意味する。換言すれば，当該個別債権はもはやその確定前根抵当権によって担保され得る可能性を喪失し，いわば無担保債権として決定されたのである。そして，処分行為の「相手方・利益享受者」たる債権譲受人は，無担保債権として決定された債権の譲受人に他ならない。

(β)確定前根抵当権の被担保債権群中の個別債権は，債権譲渡の処分行為を契機として，その帰属主体者が変更する。その帰属主体者は確定前根抵当権者から債権譲受人へと変更する。したがって，本条の適用要件として，処分行為の対象たる債権につきその「帰属主体者の変更」が生じた場合，と総括できよう。

(iv)　かくして，私見結論として，

(α)本条の論理構造を「確定前根抵当権」のサイドから総括すれば，"確定前根抵当権の被担保債権群中の個別債権の「譲渡」の処分行為の実施，その

処分行為に伴う「確定前根抵当権」の随伴性の否認，その帰結としての債権譲受人の根抵当権行使の不可能性"，である。

（β）また，本条の論理構造を処分対象たる「債権」のサイドから総括すれば，"債権譲渡の処分行為の実施，その処分行為に伴う「当該個別債権」の被担保債権函からの脱出，その無担保債権としての決定，無担保債権の譲受人としての債権譲受人，その帰結としての債権譲受人の根抵当権行使の不可能性"，である。

（γ）上記の論理構造の分析を前提とすれば，本条の立法政策的決断のポイントは，「債権譲渡の処分行為の場合における確定前根抵当権の随伴性の否認」，に在る。

(ロ)　その実質的利益較量——法律関係の簡明化の利益——

（ⅰ）　債権譲渡の処分行為に伴う確定前根抵当権の随伴性の否認，債権譲受人の根抵当権行使の不可能性，というのが本条の立法政策的決断である。その決断は次の実質的立法趣旨に基づく。

（ⅱ）　仮に確定前根抵当権の随伴性を承認したとすれば，債権譲受人は確定前根抵当権を一部取得し，確定前根抵当権は債権譲渡人（確定前根抵当権者）とこの債権譲受人との両者により準共有されることになる。加えて，被担保債権群中の各個別債権の各異別者に対する譲渡の毎に（確定前根抵当権者の，その各個別債権の譲渡の処分行為の利益・可能性は，無論尊重されなければならない），その都度確定前根抵当権の準共有者が新たに登場することになるから，確定前根抵当権の法律関係は極めて錯雑化する。確定前根抵当権を支配する多数の準共有者が出現し，その後における当該根抵当権の処分や実行等の場面では収拾不能の混乱状態も生じ得る。これでは，元本の確定前根抵当権者の法的地位は極めて不安定化し，継続的な根抵当取引の安定性も大きく損われてしまうであろう。

（ⅲ）　かくして，私見結論として，

本条は，多数の個別債権の帰属主体者でもあり得る確定前根抵当権に，各個別債権の任意処分（債権譲渡）の利益・権限を尊重しつつ，しかもその場合における確定前根抵当権の随伴性を否認し，そのことにより確定前根抵当権者の法的地位の安定化を意図したのである。これが，本条の立法政策的決断の背後に在る，実質的利益較量である[25]。

㈄ 「確定前根抵当権の本質」に基づく論理必然的帰結

(i) 随伴性の否認という本条の立法政策的決断は，普通抵当権との対比における「確定前根抵当権の本質」に基づく論理必然的帰結である。換言すれば，新根抵当法下での確定前根抵当権の本質を前提とすれば，債権譲渡の処分行為の場合での「確定前根抵当権の随伴性の否認」はその本質よりする論理上当然の帰結であり，この意味で本条は確定前根抵当権における「一般的・原則的立場」を明言したものにすぎない。

(ii) ここで普通抵当権との対比における「確定前根抵当権の本質」とは，その被担保債権群中の各個別債権との「相互峻別的関係」を意味している。

すなわち，(α)確定前根抵当権はその被担保債権群中の各個別債権に対して，「自主独立的地位」に在り，(β)その各個別債権は確定前根抵当権の被担保債権候補者としての「単独的存在」であり，(γ)確定前根抵当権とその各個別債権は「相互峻別的関係」に在り，(δ)したがって，各個別債権の移転とはその「単独的存在」としての移転であり，各個別債権に対して「自主独立的地位」に在る確定前根抵当権は無論それに随伴しない，との同条の結論が導出されるのである（この両者の「相互峻別的関係」の詳細は，次項目(2)にて論ずることにする）。

(iii) かくして，私見結論として，

本条の立法政策的決断を説明すれば，確定前根抵当権者（債権譲渡人）がその被担保債権群中の各個別債権を譲渡した場合，その債権譲渡の処分行為の効力は確定前根抵当権には及ばない。確定前根抵当権とその被担保債権群中の各個別債権とは，そもそも「相互峻別的関係」に在り，各個別債権上の処分行為の効力はそもそも確定前根抵当権には及び得ない，からである。

(2) 確定前根抵当権の本質
──確定前根抵当権とその各個別債権の「相互峻別的関係」──

両者の「相互峻別的関係」を，普通抵当権とその被担保債権の関係との対比において，確定前根抵当権とその各個別債権との両サイドから，以下に論証する。

㈠ 確定前根抵当権の「独立的地位」

⑵ 鈴木・第三論文9─10頁，林・論文23頁。

(a) 普通抵当権の場合

普通抵当権はその被担保債権に対して「従属的地位」に在る。すなわち，普通抵当権は，(i)その被担保債権の成立と共にそれを担保すべく約定により成立し（成立における付従性の存在。但し，その緩和的傾向がみられる），(ii)その被担保債権の存続と共に存続し（存続における付従性の存在），(iii)その被担保債権の移転と共に移転し（移転における付従性・随伴性の存在），(iv)その被担保債権の消滅と共に消滅し（消滅における付従性の存在），(v)その被担保債権の「従たる権利」として被担保債権の処分に随い（民 87 Ⅱの適用・定説），(vi) その被担保債権の存続を前提とする処分方法の下に服し（民 375），(vii) かくしてその被担保債権に対して「従属的地位」に在る，といえよう。

(b) 確定前根抵当権の場合

これに対して，確定前根抵当権はその被担保債権群中の各個別債権に対して「独立的地位」に在る。すなわち，確定前根抵当権は，(i)その被担保債権群中の各個別債権の成立とは無関係に独自に担保目的の下で約定により成立し（成立における付従性の欠如），(ii)各個別債権の存続とは無関係に独自に存続し（存続における付従性の欠如），(iii)各個別債権の移転とは無関係に独自に移転し（移転における付従性，随伴性の欠如。民 398 条ノ 7 Ⅰ），(iv)各個別債権の消滅とは無関係に独自に消滅し（消滅における付従性の欠如），(v)各個別債権に対して独立の「財産的価値権」として存立し（民 87 Ⅱの不適用），(vi) 各個別債権とは切離された形での独立的処分の方法の下に服し（民 398 条ノ 11 以下），(vii) かくしてその被担保債権群中の各個別債権に対して「自主独立的地位」に在る，といえよう。

(ロ) 各個別債権の被担保債権候補者としての「単独的存在」

(a) 普通抵当権の場合

(i)普通抵当権の被担保債権は，その普通抵当権によって確実に担保され得べき債権として，すなわち「被担保債権そのもの」として当初より特定されている。この意味で，普通抵当権は「特定の債権」を担保するものである。

(ii)以上を前提とすれば，普通抵当権の被担保債権は単なる無担保債権では無論なく，普通抵当権という担保権によってカヴァーされた債権である。債権回収をより確実化されているという意味において，それは担保権によって「強化された債権」である。ここでは，その被担保債権は普通抵当権と緊密に

結合し,「普通抵当権附債権」として,いわば両者がワンセットとなった一体化した権利が,存在している（緊密的な結合関係の下での一体的存在）。

(b) 確定前根抵当権の場合

(i)確定前根抵当権の被担保債権群中の各個別債権は,継続的取引において発生・消滅・債権額増減等の変動を前提とする流動性を有し,それぞれ利率・弁済期等を異にするという形での個別性・独立性を有する。しかも,それらの各個別債権は確定前根抵当権の被担保債権函の中に入っているだけであり（その限りでのみ,確定前根抵当権との結び付きがある）,それらが当該根抵当権によって最終的に担保され得べきものとなるのかは,根抵当権確定（元本確定）時点においてはじめて明確化する。換言すれば,それらの各個別債権は当該根抵当権によって担保され得べき債権として,すなわち「被担保債権そのもの」としては特定していないのである。この意味で,確定前根抵当権は「未特定の債権」を担保するものである。

(ii)以上を前提とすれば,確定前根抵当権の被担保債権群中の各個別債権は単なる無担保債権でないこと勿論であるが,「被担保債権そのもの」でもない。それは,あくまでも被担保債権そのものになり得る可能性をもった債権,すなわち「被担保債権候補者」であり,「被担保債権そのもの」のいわば予備的状態に在るものにすぎない。各個別債権と確定前根抵当権とは結合関係にはない（単に両者は潜在的に結合している）。端的に,相互に峻別されている。ここでは,確定前根抵当権の存在から峻別された,各個別債権の「単独的存在」が,認められよう（相互峻別的関係の下での単独的存在）。

(iii)そして,確定前根抵当権が確定するに至った時点で,その各個別債権が基準に適合する状態で存在する限りで,この「被担保債権候補者」は「被担保債権そのもの」に昇格する。ここではじめて,その個別債権は確定根抵当権と緊密に結合し,財産権たる「確定根抵当権付債権」としてワンセットで一体化する。

(3) 小括：個別債権上の「質権設定・差押え」の処分行為の効力
——否定説の論拠,その1——

(イ) 否定説の正当性

確定前根抵当権の本質を前提とすれば,確定前根抵当権とその被担保債権

群中の各個別債権とは「相互峻別的関係」に在る。したがって,「個別債権上の質権設定・差押えの処分行為の効力は確定前根抵当権には及び得ない」(否定説),と解すべきである[26]。

(ロ) 民法398条ノ7Ⅰの不適用

(ⅰ)他方,個別債権上の質権設定・差押えの処分行為後にあっても,当該債権の「帰属主体者」は変更しない。確定前根抵当権者がその帰属主体者たり続けている。したがって,同条Ⅰの適用要件(帰属主体者の変更)を欠缺し,同条Ⅰは適用され得ず,その個別債権(質入れ債権,被差押債権)は被担保債権函の中に留まり続け,被担保債権候補者としての資格を未だ保持し続けている(同条Ⅰも確定前根抵当権者の本質よりする論理必然的帰結であるが,それは専ら債権譲渡の処分行為についてのみ適用され,ここではその個別債権=譲渡債権は無担保債権として決定される)。

(ⅱ)かくして,後日,当該確定前根抵当権が確定根抵当権に転換した,とする。この場合,当該個別債権は「被担保債権そのもの」に昇格し,確定根抵当権と一体化する。確定根抵当権は個別債権の「従たる権利」としてこれに接合する。ここで,個別債権上の質権設定・差押えの処分行為の効力は「従たる権利」としての確定根抵当権をも補足するに至る(民87Ⅱ)。したがって,処分行為の利益享受者たる「質権者・差押債権者」は,根抵当権確定の反射的利益として,確定根抵当権を行使し得る。

(ⅲ)以上を前提とすれば,「個別債権上の質権設定・差押えの処分行為の効力は,潜在的に確定前根抵当権にも及ぶ」,あるいは「その処分行為の効力は,確定前根抵当権の確定化を停止条件として,確定前根抵当権にも及ぶ」ともいえよう。

(ハ) 「債権譲受人」の法的地位との対比

---

[26] 被担保債権候補者に対する質入れ・差押えであるから,その効力は確定前根抵当権には及ばない,との否定説としての理論構成の可能性は,既に鈴木・第一論文131-132頁,清水・第一論文(上)46頁,貞家=清水・第二論文119頁,清水・第三論文70頁等において,指摘されていた。しかし,鈴木・第一論文は,「被担保債権そのものか単なる候補者にすぎないのか」のサイドから本問題を考察することは,あまり生産的ではない,とされる。また,清水・第一論文は,端的に被担保債権そのものだとの理解から,肯定説を主張される。

　これに対して,私見は,被担保債権候補者にすぎないことが確定前根抵当権の本質の一つを構成すると考え,否定説をより体系的に再構築せんと試みている。

なお，ここで民法398条ノ7Ⅰの債権譲受人の法的地位につき一言しておく。すなわち，同条の債権譲渡の処分行為の場合には，当該個別債権（譲渡債権）はその被担保債権函の中から脱出し，被担保債権候補者としての資格をも喪失し，完全なる無担保債権そのものとして決定される。債権譲受人は無担保債権そのものの譲受人に他ならず，確定前根抵当権については何等の権限をも有し得ない。したがって，後日，当該確定前根抵当権が確定根抵当権に転化した場合においても，処分行為の利益享受者たる債権譲受人は根抵当権を行使し得ないこと，当然なのである。この点で，質権者・差押債権者の法的地位との相違がみられる。

第5項 「質権者・差押債権者」の法的地位の解明
——私見否定説の論拠，その2——

本項では，まず，本問題における「確定前根抵当権者」の法的地位を解明する（(1)）。

次いで，確定前根抵当権者に対する「質権者・差押債権者」の法的地位を解明する（(2)）。

さらに，「確定前根抵当権者」と「質権者・差押債権者」の各法的地位の対比から，肯定説の難点を指摘する（(3)）。

最後に本問題につき否定説を採用すべき論拠，その2を小括する（(4)）。

(1) 「確定前根抵当権者」の法的地位
質権設定・差押えの処分行為後，

(i) 確定前根抵当権者は，従前と同様，当該個別債権上の帰属主体者たり続けている。

(ii) しかし，確定前根抵当権者の当該個別債権上の処分権限は，質権の拘束力（担保「毀滅・減少」行為の禁止）又は差押えの拘束力（処分行為の禁止）により，「拘束化」されるに至る。

(iii) なお，確定前根抵当権は確定前根抵当権たり続けており（当該個別債権上の質権設定・差押えの処分行為は，根抵当権の確定事由とはされていない。民

第1節　確定前抵当権の被担保債権群中の個別債権上の質権設定・差押えの「処分行為」の効力　479

398条ノ20参照），確定前根抵当権者は未だなおその実行要件を具備する者ではない。

(2)　「質権者・差押債権者」の法的地位

上記処分行為により確定前根抵当権者の当該個別債権上の処分権限は「拘束化」されるに至るが，

(i)　質権者・差押債権者はその拘束化の「利益享受者」である。両者は，自己の債権（質権の被担保債権）の担保のため，あるいは自己の執行債権の回収の現実化のため，その拘束化の利益を享受するのである。換言すれば，質権者・差押債権者は，質権・差押えの効力として，確定前根抵当権者（質権設定者・執行債務者）の当該個別債権（質入れ債権・被差押債権）上に一定の「拘束力」を及ぼし得る者に他ならない。

(ii)　なお，上記処分行為後，質権者・差押債権者は当該個別債権の「帰属主体者」となるわけではないこと，勿論である。

(3)　肯定説の難点

(i)　被担保債権群中の個別債権上の質権設定・差押えの処分行為の効力が，確定前根抵当権にも及ぶ，とする肯定説を採用したとすれば，次の如き難点が生じよう。

(ii)　肯定説の下では，その自らの実行要件を具備した質権者・差押債権者は，自己の債権の回収の現実化のため，根抵当権の実行をもなし得る，こととなる（但し，肯定説中，我妻説のみがこの実行申立権を否定する）。しかし，質権者・差押債権者は確定前根抵当権者の当該個別債権上に一定の「拘束力」を及ぼし得る者にすぎないのであり，その取立権限が承認されるに至った手続段階でも，当該個別債権の帰属主体者たる確定前根抵当権者の有する権限以上には，何等の権限をも保有・行使し得ない筈である。換言すれば，質権者・差押債権者は，そもそも質権設定者・執行債務者たる「確定前根抵当権者」の「固有権限」の範囲内でのみ，自己の権利を主張・行使・実行し得る者にすぎない，のである。

(iii)　とすれば，確定前根抵当権者が未だなおなし得ない根抵当権実行を，この質権者・差押債権者がなし得るとすることは，あたかも「執行債務者に

帰属しない財産権に対する執行」(質権設定者・執行債務者は即時の実行申立権を未だ有していない)を認める結果となろう。これは肯定説の重大な難点である，と考える。

(4) 小括：個別債権上の「質権設定・差押え」の処分行為の効力
——否定説の論拠，その2——

(i) 質権実行要件を具備した質権者，差押命令を取得した差押債権者が，その自己の債権(質権の被担保債権，執行債権)の回収の現実化のために，当該個別債権(質入れ債権，被差押債権)上の帰属主体者たる確定前根抵当権者自身ですら未だなし得ない根抵当権実行を，なし得るとするのは，上記質権者・差押債権者のそもそもの法的地位からいって不合理である。なぜなら，上記質権者・差押債権者は，そもそも質権設定者・執行債務者たる「確定前根抵当権者」の「固有権限」の範囲内においてのみ，自己の権利を主張・行使・実行し得る者にすぎない，からである。

(ii) したがって，このような質権者・差押債権者の法的地位を前提とすれば，「個別債権上の質権設定・差押えの処分行為の効力は，確定前根抵当権には及ばない」(否定説)，と考えるのが妥当であろう。

第6項 結論総括

(i) 確定前根抵当権の被担保債権群中の個別債権上の質権設定・差押えの処分行為の効力は，確定前根抵当権には及ばない。その論拠として，(α)確定前根抵当権の本質上，確定前根抵当権と個別債権とは「相互峻別的関係」に在り，(β)その法的地位よりして，質権者・差押債権者は確定前根抵当権者の行使し得る固有権限以上のものを主張・行使・実行し得ない，からである[27]。

---

[27] なお，「否定説の論拠，その三」として，民法398条ノ7Iの「勿論解釈」を指摘し得る。紙数の制約上，本注にて簡潔に若干附言するに留める。
　すなわち，(i)民法398条ノ7Iにより，個別債権の譲受人は無担保債権として決定された債権の譲受人となり，確定前根抵当権をいかなる意味においても攫取し得ない。換言すれば，個別債権の新たな「帰属主体者」となった債権譲受人ですら，その確定前根抵当権を攫取し得ない，のである。
　(ii)他方，個別債権上の質権者・差押債権者は個別債権の新たな「帰属主体者」とな

（ii）他方，同時に，上記処分行為の効力は，確定前根抵当権の確定化を停止条件として，確定前根抵当権に及んでいる。確定前根抵当権が確定根抵当権に転化したときには，両者の「相互峻別的関係」は消滅し，確定根抵当権は個別債権に「従たる権利」として接合する，からである。この意味で，上記処分行為の効力は確定前根抵当権にも潜在的に及んでおり，確定前根抵当権の転化によりそれが顕在化する，といってもよい。しかし，それはあくまでも根抵当権確定の，反射的効果にすぎない。なお，この点で，民法398条ノ7Iの債権譲渡の処分行為の効力（この効力はいかなる意味でも確定前根抵当権者には及んでいない）との相違が，みられる。

本節における基本文献リスト

（イ）論文として，

①竹下守夫・「根抵当権の被担保債権の差押えの効力」・金法653号4頁以下（昭和47年，竹下第一論文），②同・「根抵当権の被担保債権の差押・質入とその効力」（幾代＝宮脇他編・不動産登記講座III各論(1) 288頁以下・昭和53年，竹下第二論文），③鈴木禄弥・「被担保債権の質入・差押の効力」（同・根抵当権の問題点131頁以下・昭和48年，鈴木第一論文），④同・「被担保債権の質入・差押の根抵当権への拘束力」（同・根抵当法概説296頁以下・昭和48年，鈴木第二論文），⑤同・「確定前の根抵当権の被担保債権の差押えと質入れの効力」・金法993号6頁以下（昭和57年，鈴木第三論文），⑥林良平・「根抵当権の被担保債権の差押え・質入れ」・金法1110頁以下（昭和61年）。

（ロ）法務省サイドからの解説等として，

①清水湛・「新根抵当法の逐条解説（上）（中）（下）」・金法618頁4頁以下・同619

るわけではなく，単に当該個別債権上に一定の「拘束力」を及ぼし得る者にすぎない。この者は個別債権に対する，いわば「拘束力者」にすぎない。したがって，個別債権に対する「拘束力者」たる質権者・差押債権者は，当該個別債権上の「権限者」としては，個別債権の新たな「帰属主体者」たる債権譲受人（この者は債権の，いわば「所有者」である）との比較において，より劣位化された法的地位に在る。

（iii）以上を前提とすれば，債権譲受人ですら同条同項により確定前根抵当権を掴取し得ないのだから，この者との比較においてより劣位化された法的地位に在る質権者・差押債権者が確定前根抵当権を掴取し得ないこと，同条同項の法解釈上，勿論である，といえよう。

号4頁以下・同620号4頁以下（昭和46年，清水第一論文），②貞家克己＝清水湛・新根抵当法113頁以下（昭和48年，貞家＝清水第二論文），③清水湛・「根抵当権の処分，被担保債権の差押えまたは質入れ」（米倉＝清水他編・金融担保法講座Ⅱ 53頁以下・昭和61年，清水第三論文），④松尾英夫・「根抵当権付債権の差押え，質入れの登記と諸問題⑴⑵⑶」・金法963号10頁以下・同964号22頁以下・同978号6頁以下（昭和56年，松尾第一論文），⑤同・「根抵当権付債権の差押・質入れの登記をめぐる諸問題」（加藤＝林編集代表・担保法大系2巻315頁以下・昭和60年，松尾第二論文）。

㈧　法務省公式見解（通達・回答等）の解説等として，

⒜昭和47年回答につき，①登記研究305号72頁②式部文夫・「不動産登記に関する最近の主要通達の研究」・登記先例解説集13巻3号30頁，⒝昭和55年通達につき，①登記研究401号137頁，②民事月報36巻6号142頁，

③藤谷定勝・「不動産登記に関する最近の主要通達の研究」・登記先例解説集236号25頁以下（21巻5号3頁），④青山正明・「元本確定前の根抵当権の被担保債権の差押え・質入れの登記」（別冊ジュリ・不動産登記先例百選二版134頁以下・昭和57年）。

㈡　民法学体系書等の学説として，

①我妻栄・民法講義（担物法）502頁（昭和56年），②柚木馨＝高木多喜男・担物法（三版）447頁（昭和57年），③松坂佐一・民法提要（物権法・四訂版）383頁（昭和55年），④川井健・担物法162頁以下（昭和50年），⑤槇悌次・担物法280頁以下（昭和56年），⑥高木多喜男・双書担物法248頁以下（昭和49年），⑦同・「確定前の被担保債権の譲渡・代位弁済・債務引受（民法398条ノ7）」（注民9物権⑷・増補再訂版・405頁以下，昭和57年），⑧我妻栄・民法案内Ⅵ（担物法（下））219頁以下（昭和47年）。

㈭　民執法の⒜立法担当官のサイドからのものとして，

①浦野雄幸・条解民執法645頁以下（法150条・昭和60年），②田中康久・新民執法の解説（増補改訂版）311頁以下（昭和55年）。

また，⒝その学説のサイドからのものとして，

①宮脇幸彦・強制執行法各論132頁以下（昭和53年），②稲葉威雄・「担保権付債権の差押え」（宮脇＝林屋＝稲葉編・強制執行・競売572頁以下・昭和49年，稲葉第一論文），③同・「抵当権付債権の差押（民訴旧599条）」（鈴木＝三ヶ月＝宮脇編・注解強執法310頁以下・昭和51年，稲葉第二論文），④同・「先取特権等によって担

保される債権の差押えの登記等の嘱託（民執150条）」（鈴木＝三ヶ月編・注解民執法(4)465頁以下・昭和60年，稲葉第三論文）。

──初出・斎藤⑯論文・1986年/S61年12月──

484   第4章　根抵当権の「代位」

第2節　根抵当取引と民法
──民法398条ノ7をめぐる根本問題──

はじめに──問題の所在──

(1)　「君臨する担保権」としての地位確立

　昭和46年・法99号として，民法典中に，新たに根抵当権に関する諸規定
が設けられた。金融担保取引の実務における慣行や慣習法，さらには判例理
論の発展と学説による応接，それらを基礎として，法律関係ないし法的ルー
ルのなお一層の明確化と合理化のために，制定法化がなされた，のである。
以後，20数年の時が経過（1999年/初出時）し，金融担保取引の実務にあって
は，根抵当権は確固とした市民権を確保し，物的担保制度における代表的地
位を占めるに至っている。まさしく「君臨する担保権」に他ならない，と評
し得よう。

(2)　問題の所在

　しかし，他面，根抵当権の実務上の目ざましい利用度と軌を一にして，な
お解明すべき様々な諸問題が生起してきていることも，事実である。本節テ
ーマもまた，根抵当法制定・施行の前後より論議があったところであり，し
かも昨今の経済状況の下では，単に理論上のみならず，実務上の問題として，
新たな大きな意味をもつものになってきている，と考える。
　より具体的には，民法398条ノ7の規定の解釈と関連して，元本確定前の
根抵当権において，その被担保債権函中の個別債権に対して，「質権設定[28]」
あるいは「差押え」がなされた場合，それは根抵当権にどのような影響を与
えるのか，端的に「質権設定」あるいは「差押え」の効力は根抵当権に及ぶ
（肯定説）のか，それとも及ばない（否定説）のか，という問題が存在している。

---

[28]　我が国の学説にあっては，一般的には，この問題は，確定前の根抵当権の被担保債
　権の「質入れ」・「差押え」の効力，として表記されている。しかし，本節では，第1節
　におけると同様に，その「処分行為」性に注目して，「質権設定」と表記することとす
　る。

これは，根抵当法の立法の以前から，学説上並びに実務上，論議が存在していたところであったが，根抵当法はこの点についてなんらの明確な規定をも置いていない。したがって，根抵当法の立法後にあっても，なお問題は未解決であり，それは混沌とした一種の混迷状況に陥っているかのようでもあった。

(3) 経済状況の激変が問題解決を緊要化した

しかも，昨今のバブル経済崩壊の状況（1999 年/初出時）の下では，根抵当権者が有力な商社や金融機関であったとしても，経営状況の如何によっては，自らの資金手当てのために，その被担保債権に「質権設定」する必要性も十分に生じてこようし，また自らに対する執行債権者が登場し，その被担保債権に対して「差押え」をなしてくることもまた，十分にあり得ることであろう。商社，金融機関，そしてノンバンク等の経営破綻，さらにはそれを契機とする債務不履行の状況の現出，というが如き根抵当権者サイドにおける経営状況が存在しうるが，それらのことに注目するならば，本問題の理論的解決は，なお一層，緊要・緊近のものとされるであろう。

(4) 本節の意義と目的

以上述べたことを考慮して，この問題については，筆者もまた，既に従前（1986 年），私見（否定説）を提示している[29]けれども，必ずしも十分には論旨を尽してはいなかったところもあり，そこでの論証についての新たな理論的補強として，ここであらためて私見の基本的立場をより体系的・理論的に論じて，その発展と総括を試みたい，と考えるものである[30]。

---

[29] 拙稿・「確定前根抵当権の被担保債権群中の個別債権上の質権設定・差押えの『処分行為』の効力──民法 398 条ノ 7 I の立法趣旨の解明──」法学研究 59 巻 12 号（1986年）247 頁以下（⇒斎藤⑯論文・第 1 節）。なお，本文中等における「鈴木・第一論文」や「清水・第二論文」という表記は，第 1 節における表記（拙稿における末尾の文献リスト参照）と，統一をとったものであることを，お断りしておきたい。

[30] なお，戦後 50 年における担保法制一般（根抵当法を含む）への分析・評価については，椿寿夫「担保法制」ジュリ 1073 号（1995 年）96 頁以下が示唆的である。また，根抵当権者である商社サイドから，その差押え・質入れに際し，元本確定が根抵当権設定側からのイニシアティブに基づくものであることの実務上の問題点については，堀龍兒「被担保債権の差押・質入」NBL34 号（1972 年）28 頁以下参照。

486 第4章 根抵当権の「代位」

第1項 なぜ「立法的手当て」がなされなかったのか
——解決基準としての明文規定の不存在——

(1) なぜ「規定」が置かれなかったのか

本問題については，根抵当法中には，解決基準としての明文規定が存在していない。しかし，近接の，あるいは類似の問題として，元本確定前の根抵当権の被担保債権についての「譲渡」や「代位弁済」に関しては，根抵当法は，明文規定を置いて，その明確な態度決定を示している。

とすれば，自ずと次のような疑問が生じてくる。すなわち，同じく根抵当権の「随伴性」如何に関する問題であるにもかかわらず，債権「譲渡」や「代位弁済」については明文規定により解決基準が提示されたのに，なぜ「質権設定」や「差押え」については何の規定も置かれなかったのであろうか。その理由はいったい何か，という疑問である。

(2) 「議論して意見の一致をみなかった」わけではない

明確な解決基準が明文規定上存在していない，ということであれば，一応建前としては，「新抵当法の立法者が問題の解決を将来の学説・判例に委ねた[31]」もの，と評する他はないであろう。侃侃諤諤（かんかんがくがく）の議論をし，それにもかかわらず意見の一致をみず，解決基準としての明文規定の作出を見送らざるを得なかったのであろう，とも推測されるかもしれない。

しかし，現実の立案過程にあっては，必ずしもそこまでの議論はなされなかった，というのが実情のようである。ちなみに，たとえば，その後（第1節注(2)引用の清水論文の公表後）のことではあるが，学者サイドの立法関係者の後述の発言趣旨によれば，その明文の解釈基準の不存在の理由として，議論が十分になされた上で起草者間に妥協ができなかったからではなく，「そこまで議論しなかったのでしょう。はじめに私もこの点をよく考えていませんでした。譲渡されれば被担保債権からはずれてしまうものですから，差押えも質入れも，被担保債権譲渡のミニュチュアのようなものにすぎないという考え方が強かったようです。通達もはじめはそういう取扱いをしていたのですね[32]」との発言が，後日なされている，からである。

---

(31) 第1節第1項(1)参照。

第2節　根抵当取引と民法　　487

(3)　債権「譲渡」や「代位弁済」のミニチュア問題として処理すれば足りる

以上述べたことをふまえるならば，解決基準としての明文規定の不存在ということの理由としては，立案審議過程にあっては，本問題については必ずしも十分な論議がなされなかったからである，ということが指摘されよう。しかも，議論がなされなかったことの理由としては，本問題が，確定前根抵当権の債権「譲渡」や「代位弁済」の効力如何の問題とは異なり，極めて些細な事柄にすぎず，そのミニチュア問題として処理すれば足り，とり立てて独立の明文規定を置く必要もないであろう，というのが実情であった。端的に，立法課題の一つとして，正面から立法的解決をすべき問題としては，必ずしも意識されたものではなかった，と推論できる。

(4)　「質権設定」や「差押え」がなされることは，当時，非現実的であった

なお，付言すれば，本問題についての学者サイドからの本格的論及は，竹下第一論文[33]（昭和47年）と鈴木（禄）第一論文[34]（昭和48年）との二つの論稿を嚆矢とし，法務省サイドからのそれも，その学説展開の流れの中で，松尾第一論文[35]（昭和56年）をその緒としており，これらはいずれも根抵当法制度以降のことであった，ということにもあらためて注目されるべきであろう。

そして，また，根抵当法の立案段階ないしそれ以前にあっては，根抵当取引の一方当事者である根抵当権にとって，自らの「質権設定」による資金手当ての必要性や需要，さらには自己に対する「差押え」がなされてくる切迫した事情，そのようなことは極めて非現実的でもあった，ということも，立法時に十分に論議がなされなかったことの理由の一つとして，指摘することができよう。

---

(32)　座談会・金法 1342 号（1993 年）24 ― 25 頁（鈴木禄弥教授発言）。

(33)　竹下守夫「根抵当権の被担保債権の差押えの効力」金法 653 号（1972 年）4 頁以下。

(34)　鈴木禄弥「被担保債権の質入・差押の効力」同『根抵当法の問題点』（1973 年）131 頁以下。

(35)　松尾英夫「根抵当権付債権の差押え，質入れの登記と諸問題(1)(2)(3)」金法 963 号・964 号・978 号（1981 年）。

第2項　法務省公式見解の動揺をどのように評価すべきか
──否定説（昭和 47 年）から肯定説（昭和 55 年）への転回──

(1)　法務省公式見解の変更

まず，根抵当法の制定・施行の後にあって，法務省の公式見解それ自体が，大きく変更している，という点に注目される。

(a)　昭和 47 年・回答（却下説）

当初の法務省昭和 47 年 12 月 19 日・民三発第 943 号・民事局第三課長回答では[36]，確定前の根抵当権における個別債権の質入れの登記について，これを受理すべきではない，とされていた。

(b)　昭和 55 年・通達（受理説）

しかし，後日の昭和 55 年 12 月 24 日・民三第 7176 号・民事局長通達[37]では，確定前根抵当権における個別債権の質入れ，差押えの登記について，いずれもこれを受理して差し支えない，とされるに至っている。

(c)　以上，登記申請につき，登記手続の行政的処理の問題として，「却下説」から「受理説」へと，転換している。

(2)　実体私法上の問題としての態度決定の変更である（私見評価）

それでは，これら二つの法務省公式見解における変更，これをどのように評価すべきなのか。昭和 47 年・回答や昭和 55 年・通達それ自体には，格別にその理由等は述べられていないので，論理的推論を試みる以外にないであろう。私見の結論を先に述べれば，二つの法務省公式見解にあっては，その論理的前提としての実体私法上の問題について，態度決定の大きな変更（否定説から肯定説への変更）があった，と推論できる。

すなわち，二つの法務省見解にあっては，個別債権の質入れないし差押えにおける登記受理の可否如何，という専ら登記手続上の行政的処理の問題と

---

[36]　その解説として，①登記研究 305 号 72 頁，②武部文夫「不動産登記に関する最近の主要通達の研究」登記先例解説集 13 巻 3 号 30 頁。

[37]　その解説として，①登記研究 401 号 137 頁，②民事月報 36 巻 6 号 142 頁，③藤谷定勝「不動産登記に関する最近の主要通達の研究」登記先例解説集 236 号 25 頁以下（21 巻 5 号 3 頁），④青山正明「元本確定前の根抵当権の被担保債権の差押え・質入れの登記」別冊ジュリ・不動産登記先例百選〔第二版〕(1982 年) 134 頁以下。

して，その指示がなされている。その指示として，180度の変更がなされている。しかも，このことは，実体私法上の問題として，次のような見解の変更を示したものである，と推論できる。

(a) 昭和47年・回答（否定説）

まず，前者の昭和47年・回答では，個別債権の質入れの登記を受理すべきではない，としているのだから，その論理的前提たる実体私法上の問題として，法務省は，個別債権の質入れの効力は根抵当権には及ばない（否定説），という考え方に立っていた，といえよう。そして，効力が及ばないのだから，登記も受理すべきではない，としたものであろう，と推論できる。

(b) 昭和55年・通達（肯定説）

次いで，後者の昭和55年・通達では，個別債権の質入れ・差押えの登記を受理してよい，としているのだから，その論理的前提たる実体私法上の問題として，法務省は，個別債権の質入れ・差押えの効力は根抵当権及ぶ（肯定説），という考え方に立っている，といえよう。そして，効力が及ぶのだから，登記を受理してよい，としたものであろう，と推論できる。

──なお，付言すれば，昭和55年・通達に関しては，別のもう一つの「推論」も，可能性として，あり得る，と考えられる。すなわち，個別債権の質入れ・差押えの効力が確定前根抵当権には及ばない，との否定説の立場に立ちつつ，それでもなおその登記申請を受理してよい，との趣旨を指示したものである，というが如き「推論」である。

より具体的には，論理的には，否定説に立つとすれば登記申請は却下されるべきこととなるが，確定前根抵当権が将来確定したときのことを考慮して，予め第三者対抗要件を具備すべく，いわば「予告のための登記」として受理することができる，ということである。確定前根抵当権が確定したとすれば，個別債権の質入れ・差押えの効力は確定前根抵当権に当然に及ぶこととなり，将来の確定化をにらんで予告登記として受理しておくべし，というのが本通達の趣旨である，と「推論」するのである。

しかし，本通達がこのような趣旨であるとすれば，その旨明言している筈であり，それがなされていない以上，このような「推論」はやはり無理であり，採り得ない，と考えられる──

(3) 「動揺」の理由は何か（私見推論）

さらに，それでは，このような法務省公式見解の変更，それは端的に「動揺」とも称すべきものではないか，と筆者はネガティブに評価するものである（第1節第2項参照）が，その変更の理由はいったい何か。私見の推論としては，次のように考えている。すなわち，

(a) 昭和47年・回答は「否定説」の確認的指示である

根抵当法の立法過程にあっては，確定前根抵当権について，その随伴性・付従性は一般的に否定されており，そのような考え方の下で立法化が進められた，と考える。おそらく，このような認識において，異論は生じ得ないところであろう。したがって，昭和47年・回答の否定説は，根抵当法の制定・施行の直後であり，随伴性・付従性なしという一般的思考の下で，個別債権の質入れの効力は根抵当権には及ばない旨，いわば確認的に指示したものであろう，と推論できる。

(b) 昭和55年・通達は「肯定説」への変更の確認的指示である

これに対して，昭和55年・通達にあっては，先の昭和47年・回答（否定説）を本通達が変更する旨，確認的に明言し，個別債権への質入れ・差押えの効力が根抵当権にも及ぶ，との肯定説の立場が採られている。しかも，昭和47年・回答が「質入れ」についてのみ指示するものであったのに対して，本通達にあっては「質入れ」のみならず，「差押え」にも，論及がなされている，という点に注目されよう。

(c) 昭和55年・通達の背景（私見推論）

昭和55年・通達（肯定説）がなされた背景としては，次のようなことが考えられる。次の3点を指摘しておきたい。

① 第一に，根抵当法の制定・施行（昭和46年）の直後にあって，法務省サイドの同法の立法担当官による解説（清水・第一論文（上）[38]46—47頁，貞家＝清水・第二論文[39]118頁，120頁）では，個人的見解としてではあるが，本問題について肯定説の立場が採られている。論証らしきものはほとんど何もみられず，単に結論のみの指摘ではあるが，昭和55年・通達は，このような法務

---

[38] 清水湛・「新根抵当法の逐条解説（上）（中）（下）」・金法618号4頁以下，同619号4頁以下，同620号4頁以下（1971年）。

[39] 貞家克己＝清水湛『新根抵当法』（1973年）113頁以下。

省サイドの見解を，通達という形で明言したものではないか，と推論できる。

② 第二に，同じく法務省サイドにおける民執法の立法過程における第二次試案（昭和48年）の立場（肯定説）が，昭和55年・通達に反映したものではないか，と推論できる。この昭和48年・第二次試案第222条にあっては，確定前根抵当権の個別債権への「差押え」の効力が確定前根抵当権にも及ぶ，との肯定説に立脚した上で，その差押えがなされた旨の登記の嘱託に関して，明文規定が存置されていた，からである。

——但し，同規定は，立法審議過程では，最終的には削除されるに至っている。現行の民執法150条では，確定前根抵当権については，その論及がまったくなされてはいない。しかし，民執法の立法担当官による解説，たとえば昭和55年・田中解説[40]や昭和60年・浦野条解[41]にあっては，個人的見解としてではあるが，第二次試案の立場と同様に，やはり肯定説の立場が堅持されている。——

③ 第三に，本問題に関する諸学説による論及が，昭和55年・通達がなされたことの一つの契機を与えたのではないか，と推論できる。たとえば，民法学のサイドからは鈴木教授[42]が，そして民執法学のサイドからは竹下教授[43]が，根抵当権の制定・施行の後に，それぞれ本問題につき精力的且つ本格的な研究をおこなってきており，昭和55年・通達もまた，本問題につき，肯定説という法務省公式見解を提示する必要に迫られたのであろう，といえよう。

第3項 問題解決のための「条文上の手がかり」はあるのか
——民法398条ノ7第1項の存在，そしてその位置付け如何——

(1) 私見結論の予めの提示——否定説の主張——

及ぶ（肯定説）のか，及ばないのか（否定説），という本問題の解決のために，何か条文上の手がかりはあるのであろうか。

私見によれば，条文上の手がかりはあり，しかもそれは民法398条ノ7第

---

[40] 田中康久『新民事執行法の解説〔増補改訂版〕』（1980年）311頁以下。

[41] 浦野雄幸『条解民事執行法』（1985年）645頁以下（法150条）。

[42][43] 両教授の諸論稿については，第1節基本文献リスト(イ)参照。

1項である。そして、同条同項の適用は、適用要件を欠くが故に、無理ではあるが、その類推適用により、あるいは規定趣旨の解釈論的推及により、「質権設定」ないし「差押え」の効力も確定前根抵当年には及ばない、と解すべきであり、否定説が妥当である、と考える。

(2)　**法務省サイドの立法担当官はどのように考えていたのか——債権「移転」のみに妥当する「例外的・特則的」規定としての民法398条ノ7——**

(イ)　**起草者意思は「肯定説」である**

起草者意思ということで、法務省サイドの立法担当官の解説[44]を見れば、あくまでも個人的見解としてではあるが、本問題について肯定説の立場を採っている。しかも、その根拠条文として民法398条ノ7を指摘し、同条の文言は、本問題につき「肯定説」が採られるべきことを期待した上で、表現されたものである、としている。

(ロ)　**その結論を理論構成（筆者）してみれば**

あくまでも簡潔に論及するのみにすぎないので、筆者の理解をふまえてその起草者意思を敷衍ないし理論構成するならば、次のようなものとして理解されよう。すなわち、

同条同項は「債権の移転」を伴う場合についてのみ定めたものであり、このような場合においてのみ確定前根抵当権の随伴性が否認されている。したがって、根抵当権の随伴性を否認する旨の「特段の定め」が置かれていない限りでは、根抵当権にも普通抵当権における「一般原則」（随伴性の承認）が妥当するところ、「質入れ・差押え」の場合にはかくの如き「特段の規定」は存在していない。とすれば、普通抵当権における「一般原則」（随伴性の承認）どおり、「質入れ・差押え」の場合には、その効力は確定前根抵当権に及ぶ、との「肯定説」が採られるべし、と理論構成（筆者）できるであろう。

(ハ)　**小　括**

以上述べたことを小括すれば、立法担当官は、本問題につき「肯定説」を採り、その手がかりの条文として同条を挙げた。これを理論構成（筆者）すれば、同条は「債権移転」の場合にのみ妥当する「特段の規定」であり、この

---

(44)　清水・前掲注(38)第一論文（上）46—47頁、貞家＝清水・前掲注(39)第二論文118頁・120頁。

ような場合にのみ随伴性が否認されているのであり，「特段の定め」のない質入れ・差押えの場合には，原則どおり「随伴性の承認」の下，その効力は確定前根抵当権にも及ぶ，とするのであろう。したがって，立法担当官にあっては，同条同項は債権「譲渡」についてのみ妥当する特段の規定，すなわち「例外的・特則的」規定として位置付けられている，と理解できるであろう。

(3) 同条同項はどのように位置付けられるべき規定なのか──「処分行為」一般に妥当する「原則的・一般的」規定である（私見理解）──

　既に述べたように，立法担当官にあっては，同条同項が債権「譲渡」の場合にのみ妥当する「特段の規定」であり，この場合にのみ随伴性が否認されている，との理解が，看取された。

　しかし，私見によれば，それはむしろ逆ではないのか，すなわち，同条同項は，債権「譲渡」の処分行為についてのみならず，「質権設定」や「差押え」といった，その他の処分行為一般についても妥当する，その意味では根抵当法における「原則的・一般的」規定として理解されるべきものではないのか，と考えている。すなわち，

　確定前根抵当権の付従性・随伴性が否認されるのは，何も債権が移転ないし譲渡される場合のみにおいてではなく，個別債権との関係一般において，そうなのである。被担保債権函中に包摂されている複数の個別債権，それらはあくまで将来的には被担保債権そのものとして特定され得る可能性をもった債権，すなわち被担保債権候補としての債権にすぎず，したがってこれらの個別債権とは確定前根抵当権は相互に峻別された関係において存在している，のである。このことを考慮するならば，確定前根抵当権の随伴性・付従性が否認される，というのは，まさしく一般的な場面においてそうなのであり，したがって，質権設定・差押えの場合にも，その効力は確定前根抵当権には及ばない，と考える。

　そして，このような私見の理解にとって，その条文上の根拠としては，民法398条ノ7が挙げられるべきである。当該規定は，根抵当法中において，確定前根抵当権の本質（不従性＝随伴性の否認）を前提とした，「原則的・一般的」規定であり，債権「移転」の場合についての「例示的」規定に他ならない，と解すべきである。

第4項　確定前根抵当権の本質をどのように理解すべきか
——原則的枠組みとしての「付従性の否認」——

先述のように，民法398条ノ7の理解として，私見は，「付従性（随伴性）の否認」という確定前根抵当権の本質をふまえて，債権が移転した場合における債権「譲受人」や代位弁済者が根抵当権を行使し得ない旨，いわば例示的にないし確認的に明規したものである，と理解するものである。したがって，ここであらためて，原則的枠組みとしての「付従性の否認」という，確定前根抵当権の本質について，普通抵当権との対比において，私見の論証ないし理論構成の結論に言及しておきたい。

なお，この点については，現在（1999年/初出時）もなお，その基本的立場を堅持し，その根幹となる論証であるが故に，既出の第1節第4項(2)における言及[45]を引用することとする。

＊ 「確定前根抵当権の本質——確定前根抵当権とその各個別債権の『相互峻別的関係』——」

両者の「相互峻別的関係」を，普通抵当権とその被担保債権の関係との対比において，確定前根抵当権とその各個別債権との両サイドから，以下に論証ないし理論構成する。

(1) 確定前根抵当権の「独立的地位」

(a) 普通抵当権の場合

普通抵当権はその被担保債権に対して「従属的地位」に在る。すなわち，普通抵当権は，(i)その被担保債権の成立と共にそれを担保すべく約定により成立し（成立における付従性の存在。但し，その緩和的傾向がみられる），(ii)その被担保債権の存続と共に存続し（存続における付従性の存在），(iii)その被担保債権の移転と共に移転し（移転における付従性・随伴性の存在），(iv)その被担保債権の消滅と共に消滅し（消滅における付従性の存在），(v)その被担保債権の「従たる権利」として被担保債権の処分に随い（民法87条Ⅱの適用・定説），(vi)その被担保債権の存続を前提とする処分方法の下に服し（民法375条），(vii)かくして，その被担保債権に対して「従属的地位」に在る，といえよう。

(b) 確定前根抵当権の場合

これに対して，確定前根抵当権はその被担保債権群中の各個別債権に対して

---

[45] 斎藤⑯論文・1986年/H61年12月（第1節第4項(2)）。

「独立的地位」に在る。すなわち，確定前根抵当権は，(i)その被担保債権群中の各個別債権の成立とは無関係に独自に担保目的の下で約定により成立し（成立における付従性の欠如），(ii)各個別債権の存続とは無関係に独自に存続し（存続における付従性の欠如），(iii)各個別債権の移転とは無関係に独自に移転し（移転における付従性，随伴性の欠如，民法398条ノ7 I），(iv)各個別債権の消滅とは無関係に独自に移転し（消滅における付従性の欠如），(v)各個別債権に対して独立の「財産的価値権」として存立し（民法87条 II の不適用），(vi)各個別債権とは切離された形での独立的処分の方法の下に服し（民法398条ノ11以下），(vii)かくして，その被担保債権群中の各個別債権に対して「自主独立的地位」に在る，といえよう。

(2)　各個別債権の被担保債権候補としての「単独的存在」

(a)　普通抵当権の場合

(i)普通抵当権の被担保債権は，その普通抵当権によって確実に担保され得べき債権として，すなわち「被担保債権そのもの」として当初より特定されている。この意味で，普通抵当権は「特定の債権」を担保するものである。

(ii)以上を前提とすれば，普通抵当権の被担保債権は単なる無担保債権では無論なく，普通抵当権という担保権によってカヴァーされた債権である。債権回収をより確実化されているという意味において，それは担保権によって「強化された債権」である。ここでは，その被担保債権は普通抵当権と緊密に結合し，「普通抵当権付債権」として，いわば両者がワンセットとなった一体化した権利が，存在している（緊密的な結合関係の下での一体的存在）。

(b)　確定前根抵当権の場合

(i)確定前根抵当権の被担保債権群中の各個別債権は，継続的取引において発生・消滅・債権額増減等の変動を前提とする流動性を有し，それぞれ利率・弁済期等を異にするという形での個別性・独立性を有する。しかも，それらの各個別債権は確定前根抵当権の被担保債権函の中に入っているだけであり（その限りでのみ，確定前根抵当権との結び付きがある），それらが当該根抵当権によって最終的に担保され得べきものとなるのかは，根抵当権確定（元本確定）時点においてはじめて明確化する。換言すれば，それらの各個別債権は当該根抵当権によって担保され得べき債権として，すなわち「被担保債権そのもの」としては特定していないのである。この意味で，確定前根抵当権は「未特定の債権」を担保するものである。

(ii)以上を前提とすれば，確定前根抵当権の被担保債権群中の各個別債権は単なる無担保債権でないこともちろんであるが，「被担保債権そのもの」でもない。それは，あくまでも被担保債権そのものになり得る可能をもった債権，すなわち「被担保債権候補の債権」であり，「被担保債権そのもの」のいわば予備的状態に在るものにすぎない。各個別債権と確定前根抵当権とは結合関係にはない（単に両者は潜在的に結合している）。端的に，相互に峻別されている。

ここでは，確定前根抵当権の存在から峻別された，各個別債権の「単独的存在」
が，認められよう（相互峻別的関係の下での単独的存在）。

(iii)そして，確定前根抵当権が確定するに至った時点で，その各個別債権が基
準に適合する状態で存在する限りで，この「被担保債権候補の債権」は「被担
保債権そのもの」に昇格する。ここではじめて，その個別債権は確定根抵当権
と緊密に結合し，財産権たる「確定根抵当権付債権」としてワンセットで一体
化する。

第5項　私見結論
——民法398条ノ7の規定趣旨の解釈論的推及（確定前根抵当権の本質）を理由として否定説を主張する——

(1)　個別債権への「質権設定」の処分行為の場合——否定説（私見）——

(イ)　否定説を主張する

確定前根抵当権者が，その被担保債権函中に包摂される個別債権について，
「質権設定」の処分行為をなした場合，その処分行為の効力，すなわち質権の
効力は，確定前根抵当権には及ばない，と考える。確定前根抵当権は個別債
権とは「相互峻別的関係」にあり，その原則的枠組みとして付従性が否認さ
れている，からである。

条文上の根拠としては，確定前根抵当権の付従性（随伴性）の否認という基
本的立場の下，債権「移転」の場合を例示として，債権「移転」者につき根
抵当権行使の不可能性を明規している民法398条ノ7の規定，その規定趣旨
がここにも，解釈論上，推及されるべし，と考える。

(ロ)　肯定説には実務上の難点がある

なお，及ぶとする肯定説の下では，確定前根抵当権者にとって，その保有
債権につき自らに委ねられた処分自由性が実質的には大きく制約される結果
となるであろう。個別債権への「質権設定」の処分行為により，質権者が自
らの確定前根抵当権をも質権の効力により捕捉する（拘束化する）ものとすれ
ば，金融の必要性を有するにもかかわらず，自らこの処分を断念することも
生じ得よう，からである。このことは，実務上の大きな難点である，といえ
よう。

第2節　根抵当取引と民法　　　497

(2)　**個別債権への「譲渡担保設定」の処分行為の場合——否定説（私見）——**

　また，確定前根抵当権者が，その個別債権を「譲渡担保」に供した場合にも，その処分行為の効力，すなわち譲渡担保の効力は，確定前根抵当権には及ばない，と考える。これは，確定前根抵当権の付従性の否認という，確定前根抵当権の本質より導出される一つの帰結だからである。

　そして，条文上の根拠としては，民法398条ノ7の適用ないし準用による，ということができよう。なぜなら，債権の「譲渡担保」の場合にも，債権は「移転」すると判断できる，からである。

(3)　**個別債権への「差押え」の処分行為の場合——否定説（私見）——**

(イ)　**執行裁判所による執行処分である**

　個別債権への「差押え」の処分行為の場合には，「譲渡」や「質権設定」の処分行為の場合とは，若干，異なった考慮が必要である，と考える。というのは，今まで論じてきた「譲渡」や「質権設定」の場合には，それが「確定前根抵当権者」による，その自由意思に基づく処分行為であったが，これに対して，「差押え」の場合には，そうではない，からである。

　より具体的には，「差押え」の処分行為とは，確定前根抵当権者の自由意思に依るものではなく，むしろその意思を強行的に抑圧してなされた，執行裁判所による執行処分に他ならない。それは，確定前根抵当権者に対して執行名義を取得した債権者が存在するところ，その者の執行申立てに基づいて，執行債権者の利益において「執行裁判所」によってなされたものである，ことに注目しなければならない。

(ロ)　**「執行法上の要請」もある**

　ここでの「差押え」（差押命令）が「執行裁判所」による処分行為であるとすれば，自ずと執行法上の要請，たとえば「執行手続の実効性の確保」といったことも，考慮せざるを得ない。より具体的には，執行手続の実効性をより確実にするためには，「差押え」の効力を強化ないし拡張し，個別債権への「差押え」の効力が確定前根抵当権にも及ぶものとすべし，というが如き，いわば「執行政策的な決断ないし解釈」も可能となってくる，からである。

　ちなみに，確定前根抵当権という一種の財産権が存在するところ，仮に個別債権への「差押え」の効力がこれに及ばないとするのであれば，確定前根

抵当権は一種の「執行免除財産」となってしまい，このような形の「執行免除財産」を作出ないし許容することは，極めて問題であり，とすれば「差押え」の効力はこれに及ぶと考えるべし，とする意見（肯定説）[46]も，主張されているところである。

(ハ)　実体民法上の原則的構成を貫徹すべし

しかし，このような手続執行法上の要請は，果たして実体民法上の原則的構成，すなわち確定前根抵当権と個別債権との「相互峻別的関係」をも，つき崩してしまうものであるのか，あるいはつき崩してまで貫徹され得るものであるのか，はかなり疑問である，と考える。

私見によれば，「相互峻別的関係」という実体民法上の原則的構成の前には，手続執行法上の要請はやはり後退せざるを得ず，その限りでは手続法上の要請によっては実体法上の原則はいささかも変容されることはない，と考える。したがって，やはり，ここでもまた，個別債権への「差押え」の処分行為の効力は確定前根抵当権には及ばない，というべきである。

また，差押えや質権設定の処分行為がなされ，その後に確定前根抵当権が確定根抵当権に転化したときには，その処分行為の効力は当然に確定根抵当権に及ぶ，とする点で，学説上，異論なきところであり（第1節注(1)参照），したがって確定前根抵当権にもいわば潜在的に処分行為の効力が及んでいるわけであり，「執行免除財産」とは必ずしもいえないのであろう。

(ニ)　肯定説には「矛盾・不合理性・不均衡」が生じる

なお，実質的根拠の一つとして補足すれば，仮に及ぶとする肯定説に立ったとすれば，次のような「矛盾」ないし「不合理性」が，結果として，生ずることになるであろう。すなわち，

(a)　確定前根抵当権者の処分可能性の利益を侵害する

確定前根抵当権にも「差押え」の効力が及ぶとすれば，その処分禁止効により，確定前根抵当権者は確定前根抵当権の処分を封ぜられることとなろう。

---

[46]　たとえば，第1節基本文献リスト(イ)における，①竹下・第一論文5―6頁，同・第二論文（「根抵当権の被担保債権の差押・質入とその効力」幾代＝宮脇他編『不動産登記講座Ⅲ各論(1)』（1978年）288頁以下）289頁以下，②鈴木・第二論文（「被担保債権の質入・差押の根抵当権への拘束力」同『根抵当法概説』（1973年）296頁以下）302頁，第三論文（「確定前の根抵当権の被担保債権の差押えと質入れの効力」金法993号（1982年）6頁以下）8頁1段目以下。

第2節　根抵当取引と民法　　　499

このことは，確定前根抵当権の処分自由性をかなり広範囲に許容している根抵当法の基本姿勢に反する結果となろう。確定前根抵当権者の処分可能性の利益を侵害するものとなる，からである。

(b)　「差押転付債権者」の法的地位との不均衡が生じる

差押債権者が，その差押えの効力により，確定前根抵当権をも捕捉する，とする肯定説を採ったとすれば，差押債権者が次なる段階として「差押転付債権者」となった場合には，甚だ均衡を失する結果を招来する，と考える。

すなわち，差押債権者が転付命令を取得した場合，この差押転付債権者は被差押・転付債権の新たな保有主体者となり，この限りで債権「譲受人」と同様の法的地位に立つことになる。とすれば，民法398条ノ7条第1項のそのままの適用により，この差押転付債権者は確定前根抵当権を一部取得し得ないし，またその行使もなし得ない，と解される，からである。

以上をふまえるならば，差押債権者として一旦は確定前根抵当権を捕捉した債権者が，手続進行上の次なる段階として差押転付債権者となったときには，もはや確定前根抵当権をいかなる意味においても行使し得ない，ということになろう。差押転付債権者として，単なる差押債権者であったとき以上に，確定前根抵当権の捕捉を必要とする立場に立っているにもかかわらず，それは矛盾ではないか，との疑問も生じてくる。肯定説が差押債権者に確定前根抵当権の捕捉を認めるのであれば，差押転付債権者には，なお一層，その捕捉を認める必要がでてくるであろう。

このように，肯定説にあっては，以上の如き「矛盾」ないし「不均衡」が生じてくるであろう。

第6項　結論総括

(1)　根抵当法の成立の特徴——「法の発展」のプロセス——

「根抵当法」は，いうまでもなく，金融機関や商社等の企業を一方の取引主体とした取引実務より，産まれたものである。現実の取引実務より産まれたものである，という点で，「仮担法」と同様である，といえよう。共に，取引慣行，そして慣習法や判例法，といったプロセスをふまえて，立法化される

に至った，のである。ここでは，いわゆる「法の発展」のプロセスが明瞭に
認識できよう。

このように，我が国において普遍的であった「法の継受」というプロセス
ではなく，「法の発展」のプロセスに依るものであった，という点に根抵当法
の成立の特徴がみられる，といってよいであろう。

(2) 制限物権型の「典型担保」としての根抵当権

しかし，立法化されるに至ったプロセスとして「仮担法」と同様ではある
けれども，やはり違いも存在している。「仮担法」による仮登記担保権が，譲
渡担保や所有権留保などと共に，いわゆる権利移転型の「非典型担保」とし
て位置付けられるものであるのに対して，「根抵当法」による根抵当権は，や
はり制限物権型の「典型担保」の一つとして位置付けられるものであった，
からである。

(3) 特殊抵当権としての根抵当権——普通抵当権との対比——

また，法継受史的には，広くヨーロッパ大陸法系に位置する我が国の抵当
権法，より限定的にはボアソナード抵当権法（旧民法）の系譜をひく我が国の
抵当権法，そのような法体系にあって，根抵当権は，普通抵当権との対比に
おいて，あくまでも「特殊抵当権」の一つとして位置付けられている。換言
すれば，普通抵当権を「原則・一般型」として，根抵当権は，共同抵当権と
共に，「特則型」として，法体系上，位置付けられている。法体系的・法理論
的には，根抵当権はあくまで「特殊抵当権」に他ならない。

とすれば，ヨーロッパ大陸法系型・普通抵当権を「原則・一般型」として，
日本型担保モデルとしての根抵当権は，特殊抵当権として，その「特則型」
として，法体系上ないし法理論上，位置付けられている，と理解すべきであ
ろう。

(4) 実務上の普遍的な抵当権としての根抵当権

法体系上ないし法理論上にあっては，根抵当権はあくまでも特殊抵当権で
はあるが，実務上にあっては，普通抵当権との対比において，むしろ普遍的・
一般的に利用されている。実務上，その利用度は極めて高い，のである。普

通抵当権との関係において，法実務上，法体系上ないし法理論上の位置関係
が，逆転している，といえよう。

なお，土地と地上建物とが別個の不動産とされている法制度なるが故に，
法実務上の利用度が大きい，という点では，もう一つの特殊抵当権である共
同抵当権も同様である（拙稿「共同抵当権における代位(1)(2)(3)」法研57巻9〜11
号（1984年））（⇒斎藤①論文・第1章第1節）。

(5) 制限物権型の日本型担保モデルとしての根抵当権

我が国の物的担保制度にあっては，一方において，ヨーロッパ大陸法系型・
制限物権型の担保（典型担保）が，他方において英米法系型・権利移転型の担
保が，それぞれ併存している[47]。根抵当権についてみれば，根抵当権は制限
物権型ではあるけれども，ヨーロッパ大陸法系より法継受されたものではな
く，あくまで我が国の取引実務の慣行より産まれたものである。その意味で
は，あくまでも日本型・担保モデルといえよう。

なお，日本型・担保モデルという点では，権利移転型ではある（この点で，
根抵当権と異なる）が，仮登記担保と相応するのである。

(6) 根抵当法における「法解釈方法論」一試論
──「ソフト・プログラミング」の担保法学──
(イ) ハードウェアとしての「根抵当法」典（条文）の作出

根抵当法が基本的には日本型担保モデルとしての法典（民法典）であると
すれば，ここでの法解釈方法論も，継受法典におけるそれとは，自ずと差異
をもたざるを得ないであろう。より具体的には，継受法典についての法解釈
方法論にあっては，必然的に母法たる外国法（典）の研究を，その重要な一要
素として包摂するものでなければならないが，日本型担保モデルとしての根
抵当法における法解釈方法論にあっては，外国法研究のもつ意味は，相対的
には，かなりの程度に小さい，といえよう。

---

[47] 我が国の物的担保制度の概観については，①拙稿「非典型担保権の再評価──非典
型担保論の一素描──」法研68巻1号（1995年）115頁以下，②同「仮登記担保権
の再評価──流抵当特約論との関連性において──」ジュリ1076号（1995年）22頁
以下，③同「仮登記担保法の基本構造──若干の根本問題の解明──」民事研修463
号（1996年）11頁以下，において，論及している。

取引実務の慣行より産まれた担保ルールが，慣習法や判例法に留まることなく，根抵当法という制定法にまで至ったことの，その理由としては，無論，法律関係ないしは法ルールの一般的明確化のために，であろう。この制定法化により，根抵当権についての，いわば「ハードウェア」が作出された，のである。

㈡ 「根抵当法」（ハードウェア）の解析の必要性

根抵当権についての「ハードウェア」が創出された以降にあっては，担保法学に課せられた役割としては，次の二つがある，と考える。

まず，第1に，根抵当法という「ハードウェア」の解析，すなわち個々の条文を分析し，その意味内容や位置付けを明らかにし，なお根抵当法の理論化・体系化を試みる，ということであろう。その「仕組みと構造」を明らかにする，という作業が必須となろう。

なお，「ハードウェア」の解析の作業にあっては，継受法典におけるそれとは異なって，それ程困難でも複雑でもないし，相対的にはむしろ容易である，といえよう。

㈢ 「ソフト・プログラミング」の担保法学への志向

第2に，根抵当法という「ハードウェア」を前提として，現実の金融担保実務への利用指針として，その使い方，すなわち「ソフト・プログラミング」の作業が必要とされよう。仮にいかにすぐれた「ハードウェア」が存在していたとしても，その使い方としての「ソフトウェア」が十分に開発されているのでなければ，いわば「宝のもちぐされ」ともなる，からである。このような意味よりすれば，「ソフトウェア」の開発を目的とする担保法学を「ソフト・プログラミング」の担保法学，と称することができよう。

なお，この「ソフト・プログラミング」の担保法学にあっては，その「ソフトウェア」の利用者である金融担保実務から日々産み出されてくる新たな諸問題に対して，それらを真摯に受けとめ，自らの「ソフト」を再検証し，修正ないし発展を試みていかなければならないであろう。新たな「ソフト・プログラミング」の作業に絶えず迫られている，といえよう。

第2節　根抵当取引と民法

(7)　根抵当法の「ソフトウェア」としての提言
────「セキュリティ・パッケージ」の一構成要素としての利活用────

(イ)　「セキュリティ・パッケージ」の理念を導入すべし

　根抵当法の「ソフトウェア」として，「プロジェクト・ファイナンス」における英米法系の全体的・総合的な「債権保全装置」，すなわち「セキュリティ・パッケージ」の発想・理念を導入し，根抵当権・抵当権をその一構成要素として組み込む形で，根抵当権・抵当権の利活用を図るべし，と考えるものである。

(ロ)　信用の「異常創造」に問題があった

　すなわち，従来の我が国におけるファイナンスにあっては，根抵当権・抵当権を軌軸とする不動産（土地）担保融資に著しく傾斜ないし偏重し，不動産（土地）価格の急激な下落に伴い，昨今の金融機関の融資債権等が不良債権化する，という現在的状況がみられる。そこには様々な問題点が存在していること，無論である。一般的には，①目的不動産の担保評価に際し，理論的に正当・妥当である欧米型の収益還元方式による収益評価を無視し，取引事例比較方式にのみ偏し，これはバブル期には土地バブルをますます加速させるものであったこと，②唯ひたすらの融資（額）拡大路線のひた走りの中で，融資額に合わせた形で土地担保評価がなされる，というが如き本末転倒の現象もみられたこと，③右肩上がりの経済成長の下，土地価格も永遠に上昇し続けるであろうという「土地神話」に依拠し，不動産（土地）がありさえすれば，それを担保として融資がおこなわれる，といういわば単純すぎるファイナンスがおこなわれたこと，等が指摘されよう。土地をレバレッジ（てこ）として，いわゆる「信用創造」がなされたが，それは信用の「異常創造」であり「異常増殖」であった，といえよう。

(ハ)　「プロジェクト・ファイナンス」の基本思想を導入すべし

　今後の我が国における新たなファイナンスにあっては，土地担保融資に偏することなく，貸手サイドも事業リスクをテイクし，借手企業の信用力に依存せず，事業の採算性・収益（キャシュ・フロー）のみに着目する，という英米法系型のプロジェクト・ファイナンスの基本思想を，採りいれるべし，と考える。担保法体系（物的担保）と契約法体系（人的担保）とを包摂する全体的・複合的な担保システムとしての「セキュリティ・パッケージ」，その中の

一つとして根抵当権・抵当権を組み込み，根抵当権・抵当権にのみ偏する土地担保融資を避け，その利活用がなされるべし，と考えるものである[48]。

(8) 本節テーマの再評価

確定前根抵当権の個別債権の「質権設定」や「差押え」の効力が確定前根抵当権に及ぶか否か，という本節テーマは，既に述べたところからも明らかなように，立法当時の段階にあっては，些細な問題にすぎなかった。しかし，確定前根抵当権者として一方の取引主体となっている金融機関や商社にあっては，その自らの資金取得の手立てとして，債権流動化の要請も極めて強い形で登場してきている。被担保債権函中に存在する多数の債権につき，その「譲渡」や「質権設定」，そして「譲渡担保」といった処分行為の経済的必要性が，昨今，いくつかの理由から強調されている，というのが現状となっている。さらに，加えて，大型倒産が多発している近時の経済的状況の下では，確定前根抵当権者としての大手の金融機関や商社であっても，自らの個別の債務不履行等を理由として，執行名義を取得した他の債権者が登場し，確定前根抵当権の個別債権に対して「差押え」をなす，ということも多発してくるであろう。

このようなことを考慮するならば，民法典中の根抵当法という「ハードウェア」を前提として，民法398条ノ7の規定についての「ソフト・プログラミング」の新たな構成の必要性が指摘されよう。この意味で，本節テーマについての，その意義が，あらためて再評価する必要がある，と考える。

──民法398条ノ7と関連して（前掲注㉚参照），平成10年10月16日・法127号として，「金融機関等が有する根抵当権により担保される債権の譲渡の円滑化のための臨時措置に関する法律」が公布されている。これは，特定の金融機関等が，その有する根抵当権の担保すべき債権の全部を特定の債権回収機関に売却しようとする場合において，債務者に対して，その旨および根抵当権の担保すべき

---

[48] このような研究視点からのプロジェクト・ファイナンスについては，担保法学研究者による，「法と金融経済」学の視点からのアプローチとして，その嚆矢としての，拙稿「プロジェクト・ファイナンスの沿革」・「プロジェクト・ファイナンスと担保──セキュリティ・パッケージの全体構造──」藤原淳一郎編『アジア・インフラストラクチャー──21世紀に向けて──』（1998年）所収（⇒斎藤⑱⑲論文・第4章第3節第4節）参照。

元本を新たに発生させる意思を有しない旨を書面により通知したときは，民法の定める確定事由に該当するものとみなす，とするものである。また，その場合の登記については，当該通知にかかる特定の債権回収機関に対する当該根抵当権の移転の登記と共に申請する場合に限り，根抵当権者のみで申請することができる，とするものである。――

――初出・斎藤⑰論文・1999年/H11年2月――

第3節　プロジェクト・ファイナンスと担保
──「セキュリティ・パッケージ」としての
全体構造──

第1項　総　論

　プロジェクト・ファイナンスを特徴付けることは，様々な種類の，したがって様々な機能をもった，「担保」や「保証」，そしてその他の債権保全の方法が，総合的かつ機能的に駆使され，全体としての完結したひとつの「債権保全構造体」，すなわち「セキュリティ・パッケージ」として構築されている，という点にある。

　このことを法律学（担保法）の視点よりいえば，プロジェクト・ファイナンスは，ひとつの完結した「債権担保の方法」，より広くは「債権保全の方法」であり，いわば総合的・全体的「担保」である，と考えられる。

　したがって，プロジェクト・ファイナンスについては，「経済的」アプローチによるものが一般であり，「法律的」アプローチには従来ウェイトが置かれてはこなかったことに鑑み，「法律学」，より限定的には「担保法」の視点より，プロジェクト・ファイナンスの全体構造を解明していくこととする。

〔一〕　ファイナンスと担保
──「法と経済」の交錯──

⑴　ファイナンスと担保

　ファイナンスと担保とは，前者が主として金融経済的な側面で語られるのに対して，後者が主として法律的な側面で語られる，という点において，対照的な概念である。しかし，両者は，不即不離に接合する，いわば「同一のコインの表裏」に位置する関係にある，と考えられる。それは，端的に，ファイナンスにともなって自ずと必然的に担保が接合してくる，あるいはファイナンス取引にともなって自ずと必然的に担保取引が接合してくる，という一般的な現実より，自明となることであろう。ファイナンス取引という，いわば外形的には経済的な行為に伴なって，担保取引という，いわば外形的には法律的な行為が，接合してきている，というのが現実なのである（「担保」

の概念は，さらに2つに識別され，「物的担保」と「人的担保」の2つである。前者は単に「担保」と呼ばれ，後者は単に「保証」と呼ばれている。したがって，ここでの「担保」の概念は，上位概念としての「担保」，すなわち「保証」をも含むものとして，用いられている）。

(2)　ファイナンス取引と担保取引

(a)　ファイナンス取引とは，

　一見すると，単なる経済的な取引行為の如くではある。しかし，ファイナンス取引には，もちろん，それが当事者間の「契約」であるという限りにおいて，法律的側面も存在しており，一定の法律的ルールの下に行われている，と考えられる。その法的評価は問題については，もっぱら民商法の「契約法」体系の中に位置付けられるであろう。

(b)　これに対して，担保取引とは，

　担保設定という，一見すると，単なる法律的な取引行為の如くではある。しかし，担保取引には，もちろん，それが当事者間の「リスク・マネジメント」の問題であるという限りにおいては，経済的側面も存在しており，一定の経済的ルールの下に行われている，と考えられる。その経済的評価の問題については，もっぱら経済的な「リスク・マネジメント」体系の中に位置付けられるであろう。そして，また，担保取引についての法的評価の問題は，もっぱら民商法や民事執行法等の「担保法（担保実体法と担保手続法）」体系の中に，位置付けられるであろう。

(3)　小括：「法と経済」の交錯

　上述したことよりも明らかなように，ファイナンス取引にも，そして担保取引にも，それぞれ経済的側面と法律的側面とが併存しており，そのいずれにも注目される必要がある。そして，ファイナンス取引の法律的側面に注目していくならば，その法的評価の問題は，契約法体系（融資契約）を経由して，さらに担保法体系（担保設定契約の要件と効力）へと移行し，行きつくところは担保取引の問題に還元されていくであろう。他方，担保取引の経済的側面に注目していくならば，その経済的評価の問題は，トータルなリスク・マネジメント体系の中に位置付けられ，行きつくところはファイナンス取引の問

経済学（ファイナンス）と法律学（担保）との交錯

```
〈経済学（金融経済学）〉    〈法律学（担保法学）〉
     ファイナンス  ⇌  担　保
   （ファイナンス取引）    （担保取引）
```

（著者作成）

担保法学・金融法学・金融経済学の対象領域のシェアリング

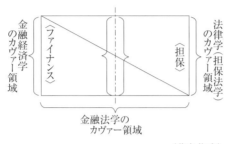

（著者作成）

題に還元されていくであろう。

　したがって，以上をふまえるならば，「ファイナンスと担保」の問題は，「法（法律学）」と「経済（経済学）」とが交錯する領域である，ということができる，と考えられる。

〔二〕　プロジェクト・ファイナンスの特徴
　　　　――在来型のコーポレート・ファイナンスとの対比において――

　プロジェクト・ファイナンスを特徴付けて理解するためには，わが国において伝統的な在来からの「コーポレート・ファイナンス（Corporate Finance, 企業金融）」との対比において，これを検討しなければならない，と考える。伝統的な在来型のコーポレート・ファイナンスとは様々な点において差異を示し，そこにプロジェクト・ファイナンスの特徴，すなわちファイナンスとしての真骨頂がある，といってもよいからである。

(1)　「オフ・バランス・シート」型のファイナンス

(a)　在来型のコーポレート・ファイナンスでは，
事業の実質的本体である企業（スポンサー）自身が借手として自ら借入れを

第3節 プロジェクト・ファイナンスと担保　　509

なすが故に，この借入金債務は貸借対照表の外部負債として計上される。このことよりすれば，事業主体たる企業（スポンサー）にとって，このファイナンスは「バランス・シート（Balance Sheet）」型である，といえよう。

(b)　これに対して，プロジェクト・ファイナンスでは，

借手はプロジェクト・カンパニーであり，スポンサーは借手とはなっていない。スポンサーにとって，このファイナンスは自らの借入債務ではないので，これを自社の貸借対照表の外部負債として計上・記載する必要がない。したがって，スポンサーのサイドよりすれば，プロジェクト・ファイナンスは「オフ・バランス・シート（Off Balance Sheet）」型のファイナンスである，といえよう。

(2)　「ノン・リコース」型のファイナンス
——理念型——

(a)　従来型のコーポレート・ファイナンスでは，

形式的にも実質的にも事業主体たるスポンサー企業が借手であるが故に，貸手は借手たるスポンサー企業に対して償還請求権を有することになる。このことすりよれば，貸手サイドよりみれば，このファイナンスは「リコース（Recourse，償還請求権あり）」型である，といえよう。

(b)　これに対して，プロジェクト・ファイナンスでは，

借手はプロジェクト・カンパニーであり，スポンサー自身はなんらの債務借入れをも行ってはいない。その限りで，スポンサーは借入金の債務者ではないので，借手たるプロジェクト・カンパニーが借入金の返済をなし得なくなった場合にも，自らはなんらの償還義務をも負っていない。このことを貸手たる金融機関のサイドよりみれば，借手の弁済がなされなかった場合にも，スポンサーに対して償還請求（リコース）をなし得ない，ということである。したがって，このような点よりすれば，プロジェクト・ファイナンスは「ノン・リコース（Non Recourse，償還請求権なし）」型である，といえよう。

(3)　「リミテッド・リコース」型のファイナンス
——現実型——

プロジェクト・ファイナンスが「ノン・リコース」型である，といっても，

それはあくまで理念型ないし純粋型として，そうである，といえるにすぎない。現実には，貸与サイドからのリスク軽減の必要性ないし要請より，スポンサーに対して様々な保証が徴求されるのが，一般であり通例である（ここで保証とは，例えば，スポンサーによる債務保証や工事完成保証・不足資金補塡保証，さらにはスポンサーがプロジェクト産出物のユーザーでもあるときには，スポンサーのテイク・オア・ペイ（Take-or-Pay）の義務（引渡義務），等を意味している）。とすれば，スポンサーは借手たるプロジェクト・カンパニーの借入金についてまったく償還義務がないわけではなく，限定的な形ではあるが，自ら保証人として保証債務の履行を義務付けられている。

したがって，この点よりすれば，プロジェクト・ファイナンスは，現実のタイプとしては，貸与サイドよりみれば，「リミテッド・リコース（Limited Recourse，限定的な償還請求権あり）」型のファイナンスである，といえよう。

⑷ 「キャッシュ・フロー返済源資」型のファイナンス

⒜ 在来型コーポレート・ファイナンスでは，

プロジェクトの事業リスクは借手企業がその主体責任において負担し，提供する担保もまた借手企業が自己の保有する，しかも融資対象事業とは必ずしも関係するものではない各種資産より，これを供するものである，しかも借入金債務の返済源資としては，必ずしも当該融資対象事業よりの収益のみを引当てとしているのではなく，むしろ一般的な資金繰りからの返済をも念頭においている。しかも同時に，借手企業の従来からの事業活動一般より生じていた収益や利潤一般よりの確実な弁済が念頭に置かれている。したがって，この点よりすれば，このファイナンスは，借手企業の「信用力」一般に着目・重視して，従来からの事業活動一般より生じていた利潤やその蓄積を念頭に置いた，いわば「ストック（Stock）」型である，といえよう。

⒝ これに対して，プロジェクト・ファイナンスでは，

融資金の返済源資として，ゴーイング・コンサーン（Going Concern，生きた活動体）たる当該プロジェクトが生み出す「キャッシュ・フロー（Cash Flow，収益）」を引当てとし，しかもこれに限定されるものである。換言すれば，当該プロジェクトよりのキャッシュ・フローが安全・確実に，しかもこれを独立して見込める場合にのみ，貸手はファイナンスを実行しうる，のである。

第3節　プロジェクト・ファイナンスと担保　　511

したがって，この点よりすれば，プロジェクト・ファイナンスは「キャッシュ・フロー返済源資」あるいは「キャッシュ・フロー・レンディング」型のファイナンスである，といえよう。そして，このファイナンスにあっては，キャッシュ・フローそれ自体が返済資源とされ，債務履行の引当てとされている，という限りで，担保はキャッシュ・フローであり，債務不履行前に現実化されているものである（一般に，担保は債務不履行後に現実化し，意味をもちうるものである），といえよう。

⑸　「プロジェクト資産限定担保」型のファイナンス

⒜　在来型のコーポレート・ファイナンスでは，

その担保としては，必ずしも当該融資対象事業に関連する資産に限られるものではなく，むしろ広く一般に借手企業の保有する資産一般の中から，個別の融資状況に対して，最適の資産が提供されている。

⒝　これに対して，プロジェクト・ファイナンスでは，

融資金の回収を保全するための「担保」として，「プロジェクト資産（Project Asset）」がその対象とされており，しかもその対象としてこれに限定されている（ここでプロジェクト資産とは，実に多種多様なものがあり得るのであり，例えば土地・建物等の不動産についての所有権・利用権・その他の物権，鉱業権や自由保有権，リース権，さらには契約上の諸権利〈代金債権や保険金債権〉，プラント設備・機械・生産物，等がありうる）。したがって，この点よりすれば，プロジェクト・ファイナンスは「プロジェクト資産限定担保」型である，といえよう。換言すれば，プロジェクト資産を直接の且つ限定の担保対象として融資がなされ，しかもその融資は借手（プロジェクト・カンパニー）やスポンサーのその他の一般財産を全く引当てとするものではない，のである。

⑹　「自己完結」型のファイナンス

⒜　在来型のコーポレート・ファイナンスでは，

それが借手企業の「信用力」に注目しこれに依存してなされ，融資対象である事業それ自体の成否とは一応無関係に借手企業の支払能力一般（収益一般）より弁済がなされ，その担保も融資対象事業関連の資産とは一応無関係に借手企業の資産一般より徴求がなされている。この点によりすれば，この

ファイナンスは，その支払源資においても担保徴求においても，借手企業の「信用力依存」型のファイナンスである，といえよう。

(b) これに対して，プロジェクト・ファイナンスでは，

その支払源資も担保徴求も，借手企業の「信用力」如何とは無関係に，むしろこれをあてにせず，まさしくプロジェクトそれ自体（の事業成否）如何に注目し，なされている。プロジェクト事業よりの収益による弁済，プロジェクト自体の全体的資産からの担保徴求，それをふまえてのものであるから，これをスポンサーの「信用力」非依存の，プロジェクト事業それ自体の成否如何に着目した「自己完結（Self Liquidating）」型，ないし「単一事業体」型のファイナンスである，といえよう。

(7) 「貸手」と「借手・スポンサー」との「リスク共同分担」型のファイナンス

(a) 在来型のコーポレート・ファイナンスでは，

事業リスクはもっぱら借手企業がそれを主体的に負担している。したがって，それを「借手企業のリスク全負担」である，といえよう。

(b) これに対して，プロジェクト・ファイナンスでは，

プロジェクトの事業リスクについて，貸手もまた，借手・スポンサーと共に，これを「共同分担」している。換言すれば，貸手もまた，リスク・テリカー（Risk Taker）として，リスクをとるのである。したがって，プロジェクト・ファイナンスは貸手と借手・スポンサーの「リスク共同分担」型のファイナンスである，といえよう。

(8) 「ハイリスク・ハイリターン」型のファイナンス

(a) 在来型のコーポレート・ファイナンスでは，

借手企業サイドの事業リスクの全面負担の下で，貸手としては安全確実な返済が見込める場合のみ，融資を実行する。他面，融資（の返済）の安全確実性ということの裏面的対応として，貸付金の金利条件等も借手企業にとってより緩和されたものとならざるを得ない。したがって，その点よりすれば，このファイナンスは「ローリスタ・ローリターン」型である，といえよう。

(b) これに対して，プロジェクト・ファイナンスでは，

貸手もまたプロジェクトの事業リスクを分担するが故に，それはハイリス

クであるといえるし，また他方，それだけ一層，より高い金利での融資が可能となる。したがって，「ハイリスク・ハイリターン」型である，といえよう。

(9) 「英米法系担保」型のファイナンス

(a) わが国の在来型・コーポレート・ファイナンスでは，

その裏面としての担保取引としては，ドイツ法やフランス法といった「大陸法系」型の担保が，これに接合されていた。わが国の民商法が，その担保関連規定を含めて，ドイツやフランスからの法典継受によって，起草・編纂されたものであった，からである。したがって，このファイナンスは，「大陸法系」型担保が裏打ちされたもの，といえよう。

(b) これに対して，プロジェクト・ファイナンスでは，

この発祥の当時の歴史的経緯より，その裏面には，「英米法系」が刻印されたものである，といえよう。

(10) 「国際取引」型のファイナンス

(a) 在来型のコーポレート・ファイナンスを「国内取引」型のファイナンスである，とすれば，プロジェクト・ファイナンスは「国際取引」型のファイナンスである，といえよう。

(b) すなわち，国内的には，従来よりプロジェクト・ファイナンスはまったく利活用されてはこなかった，というのが実情である。プロジェクト・ファイナンスは，わが国の金融機関がそれを手がけることはあっても，もっぱら国際金融取引の舞台でおいてのみ，利活用されていた，のである。したがって，プロジェクト・ファイナンスは，「国際取引」型のファイナンスであった，といえよう。

(c) なお，注意的に補足すれば，近時のマスコミ報道（98年8月8日付・読売新聞）によれば，わが国でもはじめての本格的なプロジェクト・ファイナンスが，98年9月より，実施される旨，報じられている。これは，融資総額118億円，その半分を日本開発銀行が，残りの部分を三和銀行を主幹事とする協調融資銀行団が，それぞれ分担するものであり，その対象は，中山製鋼所とトーメンとにより関西電力向けに電気を販売するという，いわゆる卸電力事業プロジェクトであり，従前，国内では例のなかったプロジェクト・ファイ

ナンスというファイナンス型態がとられている，というケースであり，注目
される。

〔三〕 主要な関係プレイヤー
──ファイナンス・スキーム──

　在来型のコーポレート・ファイナンスと対比すると，プロジェクト・ファ
イナンスでは多数の関係当事者が登場しており，それがプロジェクト・ファ
イナンスを一般には理解しにくいものとしているひとつの理由となっている。
したがって，プロジェクト・ファイナンスに登場する主要プレイヤーについ
て，そのポジションと役割を，予め簡潔に説明しておこう。

⑴　貸手サイド（Lenders）
──資金提供者──
㈠　レンダー

　プロジェクト・ファイナンスにおいてファイナンスを行う者，すなわち資
金提供者が，レンダーである。具体的には，銀行や投資銀行等の民間金融機
関，各国の政府系の輸銀等公的金融機関，世銀やアジア開発銀行等の国際開
発金融機関，がこれに該当する。

㈡　エージェント・バンク

　なお，貸手は必ずしも一主体ではなく，むしろ複数の主体であることが通
例であり，例えば国際的シンジケート団が組成されて国際協調融資が行われ
るような場合には，貸手サイドには上記の如き多数の金融機関が存在するこ
ととなる。ここでは，エージェント・バンク（Agent Bank，幹事銀行）が指名
され，ファイナンスをリードするが，その他の参加銀行間において銀行間協
定（Intercreditors Agreement）を締結し，協調融資団の利害を調整し，借手サ
イドに対して統一的行動をとれるようにしておく必要がある。

㈢　日本輸出入銀行等の公的金融機関

　日本輸出入銀行，海外経済協力基金，海外貿易開発協会，といった公的機
関によって，いわゆる海外投資金融としてプロジェクト・ファイナンス（制
度的プロジェクト・ファイナンス）が行われている。概括的にいえば，輸銀の
ファイナンスは商業ベースに準じた要件に基づいてなされているのに対して，

基金や協会のファイナンスは，発展途上国への経済協力という公的要素をふまえた形で，一般に商業スペースに乗り得ない案件や，プロモーター（スポンサー）が中小企業者である案件などを，その対象としてなされている。なお，輸銀のプロジェクト・ファイナンスにあっては，輸出保険法により，海外投資保険の付保が必要とされるケースもある。

(2) 借手サイド（Borrower）
────資金借入人────

(イ) ボロウァー
プロジェクト・ファイナンスにおいては，ファイナンスを受ける者，すなわち資金借入人がボロウァーである。具体的には，プロジェクト・カンパニー（Project Company）が，これに該当する。

(ロ) プロジェクト・カンパニー
プロジェクト・カンパニーとは，プロジェクト事業の遂行，ないしはそれに関連した金融のために設立された事業体（Borrowing Vehicle，資金調達機関）であり，それにはいくつかのタイプがある。一般的に利用される法型態として，①合弁事業会社（Incorporated Joint Venture），②パートナーシップ（Partnership），③非法人型の合弁事業体（Unincorporated Joint Venture，略称アンインコ）の3つが挙げられる。

(ハ) スポンサー，プロモーター
このような事業体としてのプロジェクト・カンパニーの法型態より明らかなように，借手としてのプロジェクト・カンパニーの背後には，その設立やそのプロジェクトの推進者（プロモーター）として複数の主体が存在している。換言すれば，これらの複数の主体，すなわち企業体が共同してプロジェクト事業にあたろう，としているのが一般である（一企業体のみではリスクが大きすぎる，からである）。この背後にいる複数の企業体がスポンサー（Sponsor）であり，プロジェクト事業の実質的な推進者である。プロジェクト・カンパニーを子とすれば，親がスポンサーである，といえよう。

(ニ) スポンサーであるユーザー
スポンサーとしては，①資源開発型のプロジェクトにあっては，開発会社やプロダクツのユーザー，②製造プラント型のプロジェクトにあっては，自

らも製造事業を手がける親会社，がその具体例として挙げられよう。③さらに，プロジェクトのプラント設備等の提供会社や工事業者からスポンサーとなるケースも存在する。④また，インフラ型のプロジェクトにあっては，ホスト・カントリーの政府や政府系機関などの公的機関がスポンサーとなるものもある。いずれにしても，ユーザーがスポンサーとなり，プロジェクトをプロモートすることもある。

（ホ）　オーナー

プロジェクト・カンパニーの所有者をオーナー（Owners）というが，ここで所有者とはプロジェクト・カンパニーの設立に際しての出資者を意味している。しかも，出資者としてはスポンサーが通例であるので，オーナーは同時にスポンサーであり，同一主体である。したがって，オーナーとスポンサーは一般には，同義の概念名称として使われている。

(3)　購入者サイド（Customers）
　　　──プロダクツ購入者──

プロジェクトよりのプロダクツの購入者，これがカストマーズであり，ユーザー（User）とも呼ばれる。資源開発型のプロジェクトでは，ユーザーは同時にスポンサーでもあることが多い。例えば，プロダクツの石炭や鉄鉱石の大口需要者である製鉄会社，あるいはLNGの大口需要者である電力会社やガス会社，の如くは，ユーザーであるが故に，プロジェクト事業にスポンサーとして参画している，ということがしばしば見受けられる。

(4)　プラントの工事業者（Contractor）や設備供給者（Suppliers）
　　　──プロジェクト建設関係者──

（イ）　コントラクター

プロジェクトのプラント工事を受注した工事業者，例えばゼネコン等の土木・建設会社をコントラクターという。そして，直接的に受注した元請をゼネラル・コントラクター，その下請けをサブ・コントラクター，と呼んでいる。また，エンジニアリング会社もまた広義のコントラクターに含まれる。

（ロ）　サプライヤー

また，プラントの設備や機械の納入業者をサプライヤーと呼ぶが，例えば

第3節　プロジェクト・ファイナンスと担保

主要な関係プレイヤーと基本スキーム

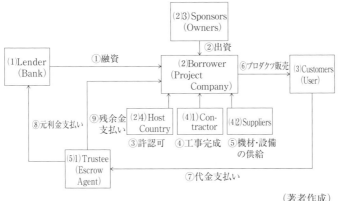

（著者作成）

プラント設備の製造メーカーや商社がこれに該当する。

(5) ファイナンスの関係者

プロジェクト・ファイナンスでは，貸手や借手といった直接当事者取引に，様々な関係者が関与している。

(イ) トラスティ

例えば，まずトラスティ（Trustee，受託者）であり，これは貸手とは別の第三者である金融機関がこの任にあたる。プロジェクト所在国以外の第三国，例えばロンドンやニューヨークにトラスティ名義の勘定（エスクロウ勘定）を開設し，これにプロジェクト購入代金を払い込ませ，トラスティが貸手に対する元利金支払い等の資金管理を行う，というものである。

(ロ) ファイナンシャル・アドヴァイザー

プロジェクト・ファイナンスでは，特殊専門的な知識と豊富な経験を必要とするものであるが故に，これらに伝統的に精通する欧米の大手投資銀行が，ファイナンシャル・アドヴァイザー（Financial Adviser）として，活躍している，というのが現状である。貸手サイドにあっても，借手サイド（スポンサー）にあっても，共にこれを利用することが多い。また，貸手サイドのエージェント・バンク等が既に豊富な体験を有するものであるときなどは，自らスポンサーへのアドヴァイザーとなることもある。

(ハ) カウンセル

貸手サイドも借手サイドも，ファイナンスに関する法と実務に詳しい専門弁護士（Counsel）を依頼し，法的な諸問題の処理にあたらせている。現地国法制や税制の調査がまず肝要であり，またファイナンスの最終局面でのローン・アグリーメントのドキュメンテーションにあっては，ヤマ場の作業において必須不可欠の関係者である。

(6) 基本的なスキーム
　　——小括——

　主要ないし関係のプレイヤーが明らかとされたところで，その小括として，これらのプレイヤー相互間の関係を筆者なりに図示（数字は本文中のそれと対応する）しておきたい。個々のプレイヤーの役割，そしてその相互間の関係，それがプロジェクト・ファイナンスの基本的スキームそのものである，といえよう。

〔四〕　トータル・リスク・マネジメントの手法
　　——リスク・アナリシス，そしてリスク・ミニマイゼーション——

(1) リスク・アナリシス；リスク析出とその評価
　　——「第1段階」の作業——

(イ) リスク析出とその分析・評価

　プロジェクト・ファイナンスでは，まず「第1段階」として，リスク・アナリシス（Risk Analysis）が必要である。これは，プロジェクトにおける様々なリスクを析出ないし洗い出し，これを個別にかつ総合的に分析ないし評価する，という作業である。

　すなわちプロジェクトには様々なリスクが存在しており，しかもそれらのリスクは必ずしも一様ではなく，プロジェクトの種類や内容如何により多種多様に変化している。プロジェクトのケース・バイ・ケースにより，そこでのリスクも変幻万化である，ということである。したがって，その限りでは，プロジェクト・リスクを一律的に論ずることはできない，といえよう。

　しかし，他方，ケース・バイ・ケースでのプロジェクト・リスクとはいってみても，それらの諸リスクを定型的に整理する（定型化する）ことは，無論，

可能である。しかも，これらリスクの定型化されたスタンダード・モデルが提立されたとすれば，現実のプロジェクト・ファイナンスの実施にあっては，極めて有用なものとなろう。そして，問題とされるべきことは，定型化の基準如何であり，「貸手サイドの視点から，融資に際して当然に考慮しなければならないすべてのリスク」という基準から，これらすべてのリスクが析出される必要があろう。

　なお，ここで強調しておかなければならないこととしては，貸手サイドからのすべてのリスクの考慮の必要性とは，換言すれば，プロジェクトそれ自体の採算性ないし成否の判断そのものであり，したがって，その判断は，トータルなリスク・マネジメントとして，プロジェクト実施の推進母体であるスポンサーやプロジェクト・カンパニーのサイドにとっても，同時に多大のメリットのある，極めて肝要な作業である，ということである。ファイナンスを行う金融機関は，もはや単なる貸手としての地位に留まるものではなく，借手サイドにおけると同様に，自らも事業主体としての一翼を担って，そのプロジェクト関連リスクをトータルにマネジメントし，プロジェクト事業のキャッシュ・フローよりファイナンス収益を確保していくものである，といえよう。

　㈣　リスクの定型化とその分類——リスク小体系——

　融資可否の判断の前提であるプロジェクト・リスクとして通例的に現出してくるものを定型化し，これらを枢要なプロジェクト・プレイヤーを基軸として分類・整序するならば，次の如くである。いわばこれは「リスク小体系」である。

「リスク小体系」リスト

1.「プロジェクト・カンパニー」サイドにおけるリスク

　　——プロジェクト・カンパニー・リスクの析出——

　①　埋蔵量リスク（Resource Risk，資源開発型のプロジェクトの場合において，確認の（Proven）かつ可採の埋蔵量が融資金の返済期間をカヴァーするに足りるものであるのか，のリスク）

　②　原材料供給リスク（Raw Material Risk，石油化学やアルミや銅の精錬等のプラント型のプロジェクトの場合において，その操業や経済性のために必要とされ

る原材料が供給されなくなる，というリスク）

③　工事完成リスク（Completion Risk，単なる建設工事の完了に留まらず，一定期日までの一定の操業能力が実現され，しかもそれが借入金や操業費をカヴァーするに十分なキャッシュ・フローを生み出すものであること，それが「工事完成」の意味するところであり，そのような「工事完成」が現実化しないことのリスク）

④　技術リスク（Technology Risk，プロジェクトで利用される技術が既に商業化された定評ある（Proven）安全確実なものであるのか，それとも新技術であり未だ商業的には実証されてはいないものなのか，ということに関するリスク）

⑤　操業リスク（Operating Performance Risk，プロジェクト工事の完成後にあって，設備や機械の稼働不能や停止，あるいは稼働しても一定の質量の製品や資源が生産ないし産出しない，というが如く，所定の生産計画に即した操業がなされない，というリスク）

⑥　プロジェクトの経済性リスク（プロジェクトより生ずるキャッシュ・フロー，融資の元利返済，その両者の関係を表す指標をカヴァレッジ・レシオ（Coverage Ratio）というが，その1つとしてデット・サービス・カヴァレッジ・レシオ（Debt Service Coverage Ratio）がある。これは，融資期間中の元利金支払総額（デット・サービス）を分母とし，その期間中のキャッシュ・フロー総額（税金並びに操業費用等を控除する）を分子とする，指標であり，一定数値以上（例えば，融資期間中各年1.25以上，累積ベースで1.5以上）であることが，融資基準となる。このようなカヴァレッジ・レシオの指標に表示されるプロジェクト経済性に関するリスク）

⑦　マーケット・リスク（Market Risk，プロダクツのマーケットが確実に安定して確保されているか，に関するリスク）あるいはマーケティング・リスク（Marketing Risk，プロダクツが一定の予定価格や数量で販売できない，というリスク）。また，LNG等の資源開発プロジェクトにあっては，パイプラインやLNGタンカーの確保等に関する輸送リスク。

⑧　金利変動リスク（プロジェクト・ファイナンスでは変動金利が通常であり，この場合における金利上昇等の金利変動のリスク）

⑨　資金調達リスク（プロジェクト建設資金や資本金のみならず，操業期間をカヴァーする長期間にわたって必要とされる資金，さらにはコスト・オーヴァーランに備えた予備資金，等の調達に関するリスク）

⑩　通貨リスクあるいは為替変動リスク（借入通貨が主として米ドルや英ポ

ンド・日本円といったハード・カレンシー（Hard Currency，国際的な取引通貨として自由な交換性を有する）であるのに対して，プロダクツの販売代金の通貨がソフト・カレンシー（Soft Currency）の現地通貨等であるときに生ずる為替変動リスク。より具体的には，借入通貨と収入通貨との交換レートの変動リスク）

2.「スポンサー」サイドにおけるリスク
——スポンサー・リスクの析出——
① 信用力リスク（スポンサーの財務上の信用力不安や変動のリスク。例えば，スポンサーの倒産やディフォルトのリスク）

② 事業遂行能力・サポート意思力リスク（事業遂行についてのスポンサーのノウハウ力・技術力・知識力・支援意思力等に関するリスク）

3.「ホスト・カントリー」サイドにおけるリスク
——ホスト・カントリー・リスクの析出——
—A—　法律的リスク

法制リスク（不動産の所有権法や登記法等の土地法制，担保設定や担保実行に関する現地担保法制，プロジェクト・カンパニーの設立根拠法としての会社法制，公害防止等の環境規制法制，税法制等が未整備ないし変更されるという，法制上のリスク）

—B—　政治的リスク

① 政策変更リスク（プロジェクト事業を支える政策や基本制度等が変更されてしまうというリスク）

② 政治動乱リスク（戦争・革命・内乱・ストライキ等の政情不安の動乱のリスク）

③ 事業国有化リスク（プロジェクト事業がホスト国により国有化されるリスク）

④ 許認可リスク（プロジェクト関連の許認可の取消しや変更のリスク。例えば，天然ガスや石油，その他の地下資源の開発プロジェクトにあっては，その所有は国や地方公共団体の下にあり，開発権がスポンサー等に許与されるケースが多いが，そのような開発権許可等に関するリスク）

—C—　経済的リスク

① トランスファー・リスク（ホスト・カントリーの国際収支悪化等にともなう対外資金取引停止のリスク。一般的リスク）

② より個別的には，外貨アヴェイラビリティ・リスク（プロジェクト・カンパニーの収益による元利金支払いに際し，外国為替管理上，外貨交換による送金に許可がおりない，というリスク）

③ インフレーション・リスクないし通貨変動リスク（インフレの急上昇のリスク，通貨切下げや下落のリスク）

④ 税務や会計の税制変更リスク（税制上や会計処理上の優遇措置に関する変更のリスク。あるいは税法や会計処理法上の変更のリスク）

―D― 社会的リスク

① 環境リスク（産業廃棄物・排ガス・炭酸ガス・煤煙等による環境汚染のリスク）

② インフラ・リスク（プロジェクト事業を支える現地インフラの未整備ないし整備作業中断停止というリスク）

―E― 不可抗力リスク（Force Majeure Risk，地震・洪水・火災などの自然災害によるリスク）

(2) リスク・ミニマイゼーション；リスク対策とその方法
　　――「第2段階」の作業――

次いで，「第2段階」の作業として，析出・評価された個々のリスクに対して，これをミニマム化する作業，すなわちリスク・ミニマイゼーションが必要とされる。その手法としては，リスク理論上ないし体系上，さらに順列的に，次の3つが接続してなされることとなろう。

(イ) リスク・ミティゲーションの手法

まず第1に，析出・評価されたリスクに対して，これをどのようにして軽減化すべきか，という視点から，リスク・ミティゲーション（Risk Mitigation，環境保全のためのリスク軽減）の手法も，併用して試みられなければならない。例えば，

① 工事完成リスクに対しては，

貸手サイドよりすれば，コントラクターの技術力や建設実績，さらには信用力等について十分に念を入れた慎重な判断をなすこと，利用される技術が

商業的に実証済みのものであるのか否かの判断，第三者であるエンジニアリング会社等による専門的評価を求めること，ホスト・カントリーの許認可やそのサポート体制を含めてトータルな近い将来の様々な状況や動向を見きわめること，等の総合的対応により，リスクをミニマイズすることができよう。

② また，埋蔵量リスクに対しては，

スポンサーの評価はもちろんのこと，貸手サイドとしても行内エンジニア・グループによるものに加えて，外部の定評と実績ある専門エンジニアリング会社や技術コンサルタント会社によるより慎重なる判断や解析を求める，という形で，リスクをミニマイズすることができよう。

③ さらに，政治・経済・法制，社会的リスクを含めたカントリー・リスク一般に対しては，

ホスト・カントリーとのコンセッション・アグリーメントにおいて，十分な予めの対策を講じておくこと，可能な限りの譲歩をホスト・カントリーより引き出しておくこと，等の総合的な対応により，リスクをミニマイズすることができよう。

㈹　リスク・シェアリングの手法

次いで第2に，第1の手法により軽減化されたリスクに対して，これをプロジェクト・プレイヤーのいずれの者に負担させるのか，換言すれば関係プレイヤー間における合理的なリスク配分のために，リスク・シェアリング（Risk Sharing）の手法が試みられなければならない。例えば，

① 工事完成リスクに対しては，

貸手サイドよりすれば，コントラクターやスポンサーより工事完成保証を徴求する，という形で，これらの者にリスクをシェアリングすることができる。

② また，資金調達リスクに対しては，

貸手サイドよりすれば，必要資金のコスト・オーヴァーランに備えて，予め一定金額のコスト・オーヴァーラン・ファシリティ（資金超過枠）を設定し，この部分についてスポンサーから保証（不足資金補填保証）を徴求する，という形で，リスクをシェアリングすることができる。

㈺　リスク・ヘッジの手法

さらに第3に，軽減化され（第1のリスク・ミティゲーションの手法）かつ各プレイヤーに合理的に配分された（第2のリスク・シェアリングの手法）リスク

に対して，プロジェクト関連プレイヤー以外の第三者にこれを「転嫁」すべく，リスク・ヘッジ（Risk Hedge）の手法が試みられなければならない。例えば，

①　工事完成リスクに対しては，

生産設備プラント等に関する工事保険や火災保険を，スポンサー，プロジェクト・カンパニー，コントラクターのいずれかが被保険者となり，付保する，という形で，そのリスクを保険者（保険会社）にヘッジする，ことができよう。

②　また，政治リスクに対しては，

貸手たる金融機関を被保険者として，通産省の輸出保険や海外貸付保険等の海外投資保険を付保し，そのリスクをヘッジする，ことができる。

③　その他に，環境リスクに対しては，

プロジェクト・カンパニーが環境公害等による損害賠償債務を有することになった場合，その損害賠償額を保険によりカヴァーする，ということもなされている。

㈡　小　括

上述したように，このような「3つの手法」（（イ）（ロ）（ハ））はいわば順列的に利用されていくものではあるが，しかしそれはあくまでもリスク理論的にはそうであるといえるのであり，現実には相互に重層ないし重複して，いわば同時的・複合的に利用されていくものである，といえよう。

〔五〕　「セキュリティ・パッケージ」としての全体構造
　　　──プロジェクト・ファイナンスにおける「契約法」と「担保法」の
　　　交錯──

⑴　セキュリティ・パッケージ

㈠　完結した複合的な「債権保全装置」体

プロジェクト・ファイナンスを全体的・総体的に眺望してみるならば，その全体構造としては，個々の極めて微細な「債権保全装置」が，複合的に，いわば網の目のように張りめぐらされた，ひとつの完結した精密機械，といった印象を受ける。

様々な仕組みをこらした，あるいは様々な機能をもった多くの債権保全装

置が，複合的に組み込まれた，ひとつの完結した「債権保全装置体」，それが
プロジェクト・ファイナンスの全体構造であり，「セキュリティ・パッケージ
（Security Package）」と称される理由である。

㈡　債権保全装置としての具体例

プロジェクト・ファイナンスにおける債権保全装置として代表的なものと
しては，

①　まず第1に，「物的担保」であり，プロジェクト資産へのモーゲージや
フローティング・チャージの設定等である。

②　さらに第2に，「人的担保」であり，例えばスポンサーからの工事完成
保証をはじめとして，各種の「保証」が利害関係人より徴求されている。

③　しかも第3に，これらの定型化された「物的担保」や「人的担保」に
加えて，「担保目的でのアサインメント（債権譲渡）」，例えばプロジェクト・
カンパニーの中長期の販売代金債権を貸手サイドが担保目的で譲渡を受けて
おく，という，非定型の債権保全の手法も採られている。販売代金債権とい
う代表的キャッシュ・フローが予め担保化されている，のである。

④　加えて第4に，キャッシュ・フローの源たる販売代金債権それ自体に
ついても，その債権としての効力を安定確実なものとするために，様々な契
約法上の手立て，例えば，テイク・オア・ペイ条項の付加が，行われている。
キャッシュ・フロー確保のために，まずその基本債権それ自体の強化・確実
化がなされ，それが結果として貸手サイドの債権保全に帰着している，ので
ある。

⑤　また第5に，返済源資としてのキャッシュ・フローが存在するところ，
それが確実に元利金支払いにあてられるように，エスクロウ・トラスト口座
が設定され，トラスティとしてのエスクロウ・エージェントが機能的に利活
用されている。

⑥　第6に，各種の「保険」が様々なところで付保され，万一の事態に備
えられている。

⑦　第7に，融資契約の最終的なドラフティングにおいて，債権保全に向
けて，微細にコヴェナンツ等の条項が取り決められている。

㈢　小括：「債権保全」に向けてのストラクチャード・ファイナンス

以上述べたことよりも明らかなように，プロジェクト・ファイナンスにあ

っては，そのすべての仕組みが「債権保全」というセキュリティに向けて構築されており，プロジェクト・ファイナンスそれ自体がセキュリティ確保の構造となっている。換言すれば，プロジェクト・ファイナンスのストラクチャー作りとは，債権保全，すなわちセキュリティ確保に向けての作業でもある，といえよう。そして，様々な型態の「担保」や「保証」を複合的に組み合わせる，それぞれの機能を複合的に組み合わせる，そして全体としての「債権保全」(セキュリティ) の仕組みを作りあげる，これがプロジェクト・ファイナンスの条件設定に他ならない，といえよう。この意味では，プロジェクト・ファイナンスはストラクチャード・ファイナンス (Structured Finance) の1例である，といえよう。

なお，セキュリティ・パッケージに向けてのストラクチャー作りの作業は，リスク・マネジメントの視点よりいえば，リスク・アナリシスとリスク・ミニマイゼーションの2段階の作業でもある。様々なリスクを洗い出し，これを分析・評価し，次いでリスク・ミティゲーション，シェアリング，ヘッジの手法を組み合わせていく作業，それがセキュリティ確保のストラクチャー作りの作業となっている。

(2) プロジェクト・ファイナンスの法律学的位置付け
——「契約法」と「担保法」の交錯——

プロジェクト・ファイナンスを法律学の視点から，いわば学理的に位置付けるならば，契約法体系にも，担保法体系にも，そのいずれにも位置付けられるものである，と考える。すなわち，

プロジェクト・ファイナンスにあっては，融資契約，担保設定契約，保証契約，中長期販売契約，等の様々な契約が存在しており，これらの諸契約の要件・効果の分析の必要性ないし重要性を考慮するまでもなく，「契約法体系」の中に位置付けられるであろう。

他方，プロジェクト・ファイナンスに限っては，債権保全に向けて様々な担保や保証が駆使されており，これらの債権保全の手法の要件・効果の分析という意味において，「担保法体系」の中に位置付けられるであろう。

以上を考慮すれば，プロジェクト・ファイナンスにあっては，「契約法」と「担保法」が交錯している，といえよう。そして，セキュリティ・パッケージ

としての全体構造よりすれば,「担保法」の視点からの分析ないしアプローチ
が極めて有用であり,まず必須的である,と考える。

第2項　各論1；どのような「担保(物的担保)」が組み込まれているのか,その法的分析
──「担保」の種類,その徴求の方法如何──

〔一〕　「物的担保」取得の意義・機能
(1)　プロジェクト「主要資産」への担保取得

　プロジェクトを組成する主要資産,例えば土地,建物,機械設備等の固定
資産について,現地法制に基づいて物的担保を取得する,という方法がある。
例えば,石油パイプライン,発電施設,石油や天然ガスの採掘施設,といっ
た各プロジェクトの主要資産については,現地の担保法制のルールに準拠し
て,それが英米法系の担保法制であれば,モーゲージ(Mortgage,譲渡抵当)
が設定される(モーゲージのような約定担保については,その成立及び効力は,物
権問題として,目的物の所在地法に依るべし,というのがわが国にあっても一般的
な理解となっている(法例10条参照)。したがって,プロジェクトの主要資産につ
いての担保取得は,もっぱらその主要資産の所在地国の法,すなわち現地担保法制
のルールに準拠して,なされることとなる)。

(2)　現地担保法制の調査の必要性

　担保取得の準拠法が現地担保法制であるとすれば,その現地担保法制が,
ある程度合理的な担保法制として,一定水準以上のものであることが,必要
とされよう。仮にそれがあまりに粗雑であり未整備のものとすれば,プロジ
ェクト・ファイナンスの実行は躊躇せざるを得ない,あるいは少なくともか
なりの程度に慎重にならざるを得ない,こととなろう。

　また,各国の担保法制によっては,土地や建物等への不動産への外国人に
よる担保取得につき,抑圧的態度を示していたり,あるいはこれを禁止して
いるところもある(不動産への外国人による所有権取得にあっても,同様のこと
が問題となる)。しかも,仮に担保取得が可能とされても,その担保等の公示

手続が不備であったり，担保実行の手続が未整備の場合もありうる。したがって，現地担保法制に関する予めの調査は，プロジェクト・ファイナンスの実行の可否にとって，極めて肝要である，といえよう。

(3) 担保取得の意味・目的

それでは，プロジェクトの主要資産に担保取得することの意味ないし目的は何か，ということである。次の3つを指摘することができる。

(イ) 「担保実行による債権回収」目的

第1に，債務者が債務不履行に陥ったとき，担保取得した主要資産を処分し，これにより債権を回収する，といういわゆる「担保の実行」が，貸手にとって担保取得することの意味ないし目的に他ならない。

換言すれば，担保取得者である貸手よりすれば，貸付債権が，元利金あわせて，順次，支払約定にしたがって，確実に回収されていけばよいわけであり，それがまず大きな利害関心事となっている。裏面からいえば，債務者側にあって債務不履行，すなわち貸付債権について弁済不能の状況が生じたときには，担保取得者たる貸手は，担保取得してあるこれらの主要資産を処分し，これにより貸付債権を回収する，ということに多大の関心をもつものなのである。

(ロ) 「優先的地位の確保」目的

第2に，担保取得により，貸手は他の一般債権者に優先する地位に立つし，また担保に付せられているが故に，それらのプロジェクト資産に対して，第三者が法律的な関与ないし利害関係を有してくるが如き事態を，予めかなりの程度に防止できる，ということが指摘されよう。

(ハ) 「債務者に代わる事業継続」目的

第3に，債務者側における万一の非常事態の如き場合には，債務者が代わり，担保取得者たる貸手がプロジェクト事業を継受することができるように，予め担保取得をしておく，という目的も指摘されよう。

例えば，債務者側の債務不履行の場合には，担保取得者たる貸手は担保処分，例えば第三者への売却処分をなす権限を有するが，それが現実的にどれだけ可能のものなのか，あるいは実際的なものなのかは，かなり問題のあるところである。換言すれば，巨額の買収資金を準備し，担保対象たる土地・

建物・設備等を購入し，その後の事業を継続していける，そのような買手が容易に登場するものであるのかは，かなり難しいことであろう。また，プロジェクト企業のこれらの固定資産を個別に分割処分しようとしても，もはや他目的のためへの転用はほとんど不可能であろう。そして，さらに，貸手が現地国金融機関や現地国企業ではないような場合——これは国際的プロジェクト・ファイナンスではむしろ一般的ではあろう——には，担保取得者としての担保処分それ自体にかなりの制約が課せられていることも，しばしばあり得ることでもある。

したがって，以上を考慮すれば，現実的問題としては，担保処分をなすという方策をとらずに，例えば，貸手が債務者に代わって当該プロジェクト事業を継続し，そこより得られるキャッシュ・フローないし収益より債権を逐次回収していく，という方法を採らざるを得ないであろう。このような点よりすれば，貸手にとって，担保取得の第1次的意義としては，他の第三者の介入を阻止しつつ，債務者に代わり事業を続行しうる，という方策・可能性にある，といえるであろう。

〔二〕 モーゲージの設定
——プロジェクトの「固定資産」への担保取得の方法——

(1) モーゲージの内容と法律関係

プロジェクトの「固定資産」，例えば土地・建物・生産ないし製造設備一式などの資産に対しては，モーゲージ（Mortgage, 譲渡抵当）の設定の方法により，担保取得をなすことができる。より具体的には，借手としてのプロジェクト・カンパニーが存在するところ，その所有に係わる土地，建物，プラント設備一式等に対して，貸手たる金融機関がこれにモーゲージを設定させ，これにより目的物件のタイトル（Title, 権限）が借手たるプロジェクト・カンパニーから貸手たる金融機関に移転する，というものである。

このようなモーゲージの法律関係としては，①貸手（金融機関）はモーゲージ権者としてのモーゲージィ（Mortgagee）であり，②借手（プロジェクト・カンパニー）はモーゲージ設定者としてのモーゲイガー（Mortgagor）であり，③モーゲージにより担保されるに至った貸付債務はモーゲージ・デット

(mortgage Debt) と呼ばれている。

モーゲージの設定により，目的物件のタイトルはモーゲージ債権（貸手）に移転する（transfer）が，これはあくまで債権担保の目的のために移転するにすぎない。したがって，モーゲージ設定者（借手）が債務の本旨にしたがい履行（債務弁済）をなした場合には，モーゲージのタイトル移転の効力は消滅し，目的物件のタイトルは再びモーゲージ設定者（借手）に復帰することになる。

(2) トラストの利用

モーゲージの設定の方法としては，プロジェクト・ファイナンスにあっては，借手たるプロジェクト・カンパニーがモーゲージを設定し，貸手金融機関がモーゲージ権者となる，という一般的な形ではなく，トラストを利用する形が採られるのが，むしろ通例である。

より具体的には，担保権設定が，ディード・オブ・トラスト（Deed of Trust）あるいはインデンチャー（Indenture）と呼ばれる要式行為に基づくべし，とされている法制の下では，借手たるプロジェクト・カンパニーはその保有資産や権利をトラスティ（具体的には，信託を業とする信託会社が，この業務にあたる）に信託し，これを信託財産としてトラスティは登記手続等を実施し，受益者としての貸手たる金融機関の利益を確保せん，とするものである。「委託者」としての借手，「受託者」としてのトラスティ，「受益者」としての貸手，というのがトラストの3当事者である。

(3) モーゲージの実行
——モーゲージ権者の救済方法——

モーゲージ設定者（借手）が債務履行（債務弁済）をなし得ない状況に至った場合，すなわち債務不履行の状況に陥った場合には，モーゲージ権者は目的物件に対してモーゲージの実行をなすことができる。その実行方法，換言すればモーゲージ権者の救済方法（Remedies）としては，次のようなものがある。

(イ) 目的物件のタイトルの取得
——フォアクロージャーの手続の遂行——

モーゲージにあっては，目的物件のタイトルは条件付きでモーゲージ権者

に移転しているにすぎず，モーゲージ設定者により債務履行がなされれば，その移転の効力は消滅する。しかも，債務履行なきまま履行期（弁済期）が経過した場合であっても，モーゲージ設定者には衡平法上の受戻権（Equity of Redemption）が認められており，なお元本・利息・手続費用等の支払いをなせば，目的物件のタイトルを受け戻す（タイトルの自らへの復帰）ことができる，ものとされている。そこで，モーゲージ権者としては，債務不履行事由が発生したことに伴ない，目的物件へのタイトルの自らへの移転を確定化するために，受戻権消滅のための手続を申し立てなければならず，これがフォアクロージャー（Foreclosure，受戻権喪失）の手続である。

より具体的には，モーゲージ権者の申立てに基づいて，それが理由あるときには，裁判所はモーゲージ設定者に対して「フォアクロージャー命令（Decree of Foreclosure，受戻権喪失命令）」を発令する。一定期間内にモーゲージ・デットを弁済しなければ，受戻権が確定的に消滅する旨，モーゲージ設定者に対して宣告されるのである。モーゲージ・デットの弁済なきまま一定期間が経過したときには，モーゲージ権者は，流抵当的に，あるいは代物弁済的に，目的物件のタイトルを確定的に取得することができる。

フォアクロージャーの手続にあっては，裁判所の厳格な関与の下に，それが遂行されなければならないことを，主たる理由として，モーゲージ権者にとって，必ずしも機動的・効率的な実行手続とはいえない。厳格手続（Strict Foreclosure）と呼ばれる所以であり，一般にはあまり利用されていない。

㋺　売却代金による債務充当，その1
　　──司法手続による目的物件の売却処分──

裁判所による「売却命令」に基づいて，目的物件の売却がなされ，その売却代金よりモーゲージ権者が債務弁済を受ける，という方法である。裁判所の命令（Court Order）により売却される，という意味において，「裁判上の売却（Judicial Sale）」と呼ばれる。

㋩　売却代金による債務充当，その2
　　──当事者間の特約による目的物件の売却処分──

当事者間の特約として，例えば債務者の債権不履行ある場合には，債権者は，司法手続によることなく，目的物件を直接に売却できる旨，モーゲージ設定証書中に定められているときには，その特約によりモーゲージ権者が目

的物件を売却処分し，債務に充当する，という方法である。特約の内容として，モーゲージ権者には「売却権（Power of Sale）」が付与されており，この売却権によって裁判所の関与なく売却がなされる，という意味において，「裁判外の売却」と呼ばれている。

(二)　収益による債務充当
──レシーバーの選任──

モーゲージ設定証書によりその選任権が認められているときには，モーゲージ権者はレシーバー（Receiver，収益管理人）を選任し，この者に目的物件よりのレント（Rent，賃料）等の収益の管理を委ね，これにより債務充当にあてる，という方法である。なお，レシーバー選任の方法としては，これ以外に，モーゲージ権者の申立てに基づいて裁判所が選任する，というものもある。

〔三〕　フローティング・チャージの設定
──プロジェクトの「総資産（全体資産）」への担保取得の方法──

(1)　フローティング・チャージとは
(イ)　その内容

プロジェクトの「総資産（全体資産）」，それには多種多様なものが包括されている（プロジェクト・カンパニーの保有する資産としては，実に多種多様なものがありうる。例えば，土地・建物・生産設備などの物的資産，在庫生産物・売掛代金・キャッシュ・フローなどの流動資産，資源開発プロジェクトにおける鉱区開発権・鉱業権・リース権・採掘権等，中長期販売契約等の契約上の諸権利，インフラ設備の利用権，BOT プロジェクトにおけるコンセッション・アグリーメント，等の経済的価値として評価可能の多くの資産が存在している）。

それらに対しては，フローティング・チャージ（Floating Charge，浮動担保）の設定の方法により，担保取得をなすことができる。これは，経済的価値ある財産には多種多様のものがあり，それらの財産の種類如何によって担保設定の方法（担保方法の種類）が異なってくるが，そのような個別担保の設定の方法に代えて，プロジェクト全体を組成する（あるいはそれに包括される）すべての資産を対象として担保を設定する，というものである。

より具体的には，借手たるプロジェクト・カンパニーが存在するところ，

その所有に係るすべての資産（All Assets）に対して，貸手たる金融機関がフローティング・チャージを設定させ，ゴーイング・コンサーン（Going Concern）としてのプロジェクト・カンパニーの全体資産をフローティング（浮動化）の状態で担保化しておく，というものである（昭和 33 年・法律 106 号として制定・公布された「企業担保法」は，イギリス法のフローティング・チャージ制度を範として，立法化されたものである。株式会社の社債を担保するために，会社の「総財産」の上に設定される物的担保権，それが企業担保権である。目的物の占有が債務者会社に留められ，用益権能も続行されるところから，いくつかの諸点において抵当権諸規定が準用されている）。

㈡　その特徴

フローティング・チャージの特徴について，そのポイントを指摘すれば，次の如くである。

①　衡平法上認められた担保権，すなわちエクィタブル・チャージ（Equitable Charge）である。

②　担保目的物としては，債務者会社のすべての資産，すなわちありとあらゆる経済的価値ある資産のすべてである。しかも，債務者会社の現在の資産はもちろんのこと，債務者会社が将来において取得するに至った資産もまた，フローティング・チャージの目的物に包摂される。ゴーイング・コンサーン（生きて継続し活動する事業体）としての債務者会社，そうであるが故に，その保有資産は絶えず変動・増減するものであるが，その活動している状態での総資産，それが担保目的物となっている。

③　フローティング・チャージがクリスタリゼーション（Crystallization，結晶化）するまでは，債務者会社には，通常の業務活動の範囲内においては，財産についての自由な処分や取得が認められている（自由処分権の許容）。この場合，担保解除等の手続は不要である。

④　被担保債権としては，会社により発行された社債（Debenture）に基づく債務が，フローティング・チャージにより担保される。担保債権者は社債権者であり，担保設定者は会社債務者に限られる，ということでもある。

⑤　フローティング・チャージは，一定の事由が生じた場合には，その活動を停止し，自らは固定担保（Fixed Charge）と化し，担保目的財産も固定化される。これは，フローティング・チャージのクリスタリゼーションと呼ば

れる。ここで一定の事由とは，換言すればフローティング・チャージの結晶
化の事由でもあるが，具体的には，債務者会社における事業停止，清算手続
開始，期限利益の喪失等を含む弁済期到来（債務不履行の発生）による担保権
実行要件の具備，等を意味している。

⑥　フローティング・チャージの担保対象に服している特定財産であって
も，債務者会社は他の債権者のためにあらためてこれにモーゲージを設定す
ることができる。この場合，フローティング・チャージはモーゲージ等の特
定担保（Specific Charge）に常に順位上劣後し，それは，特定担保がフローテ
ィング・チャージよりも後に設定されたものであったときにも，同様である。

⑦　フローティング・チャージが結晶化し固定担保化した場合には，それ
以降，固定担保として対抗力を有するに至り，後に設定された特定担保に対
して順位上優先する。結晶化以降，債務者会社は個別財産につきその処分権
を失い，フローティング・チャージの把握財産は結晶化時点での総資産とし
て確定化し，把握担保価値はもはや変動しない。

⑧　フローティング・チャージの登記は，担保権の対抗要件であるのみな
らず，その成立要件でもある。登記により成立し，同時に対抗力を具備する，
というものである。なお，フローティング・チャージは会社の総財産を担保
対象とするが，その登記は1個ですみ，個々の財産について個別に登記する
必要はない。しかも，組成財産が変動しても，その変更登記を必要としない。

⑵　実　行

債務者会社が債務不履行の状況に陥った場合には，フローティング・チャ
ージ権者は直ちにその実行に着手し，収益管理人の手によりプロジェクトの
占有を取得し，プロジェクトを自らのコントロールの下に置いて，その事業
経営の続行を試みていくこととなる。

⑶　モーゲージ等の固定担保（Fixed Charge）との併用
㈥　実務での併用

フローティング・チャージは，それのみで単独で設定・利用されることも
もちろんであるが，プロジェクト・ファイナンスでは，実務上，モーゲージ
等の固定担保の設定と併用して，設定・利用されている。より具体的には，

第3節 プロジェクト・ファイナンスと担保 535

まずプロジェクト総資産に対してフローティング・チャージにより包括的に
これを担保にとり，換言すれば包括的にこれを大きな網にかけ，次いでプロ
ジェクト総資産中，モーゲージ等の固定担保の目的物たり得る財産（現実化
している財産）に対して，モーゲージ等の固定担保により個別的にこれを担保
にとる，換言すれば個別的にこれに小さな網をかける，という形で，2つの担
保型態が併用される，のである。包括的担保と個別的担保との併用，という
実務上の利用が特徴的である。

㈑　その理由

　それでは，このような併用の，その理由は何か，ということである。2つの
担保型態にあっては，それぞれ長所・短所を有するものであるが，一方の短
所を他方の長所によって補充ないし充足しよう，とするからである。

　(a)　第1に，フローティング・チャージは包括的に現在及び将来の総資産
を担保として把握するが，その把握する効力は弱く，個別資産の散逸（債務者
会社による売却等の処分）を阻止し得ない。したがって，総資産中の個別資産
に対してはモーゲージ等の固定担保の設定の方法により，その散逸を防止せ
ん，とするのである（モーゲージの効力により債務者会社は当該個別資産を処分
し得ない）。

　(b)　第2に，フローティング・チャージの設定がなされても，総資産中の
個別資産について債務者会社はこれを他の債権者のために個別にモーゲージ
等の固定担保に供することができ，しかもフローティング・チャージに後れ
て設定されたこれらのモーゲージ等の固定担保はフローティング・チャージ
に順位上常に優先する，のである。このようにフローティング・チャージは，
その順位上の対抗力が弱いものである。したがって，貸手金融機関としては，
フローティング・チャージの設定の方法に加えて，個別資産に対しては個別
に自らモーゲージ等の固定担保の設定の方法を併用し，その順位上の対抗力
を自ら確保しておこう，とするのである。

〔四〕　アサインメントによる債権譲受け
——プロジェクトの「流動資産」への担保取得，その1：プロジェクトの
関連諸契約上の権利（販売代金債権）への担保取得の方法——

プロジェクトの遂行に際しては，プロジェクトに関連して，プロジェクト・

カンパニーを一方の取得主体とする様々な諸契約が存在してくることになる（ここで，プロジェクト関連の様々な諸契約とは，プロジェクトの事業内容如何によっても異なってはくるが，例えば中長期の販売契約，原材料供給契約，操業管理並びに運営契約，技術移転ないし提供の技術指導契約，運搬・輸送契約，等が，これに該当する）。したがって，貸手サイドとしては，自らの債権保全ないしリスク・カヴァーのため，借手たるプロジェクト・カンパニーの様々な契約上の諸債権を，あるいはより広く契約上の法的地位を，担保目的でその「譲渡」を受けておく，という形での「担保取得の方法」が存在している。

　その方法としては，さらに次の「3つのタイプ」に分けることができる。以下，プロジェクト遂行における最も枢要かつ根幹のキャッシュ・フローであるところの，プロダクツの中長期の販売契約より生ずる販売代金債権，それを例として，説明しておこう。

(1) 販売契約上の販売「代金債権」（売主としての法的地位）の譲渡の方法

　第1タイプとして，プロジェクト・カンパニーを売主とするプロダクツの中長期の販売契約が存在するところ，その販売契約上の販売「代金債権」について，貸手たる金融機関がプロジェクト・カンパニーより包括的にその譲渡（アサインメント）を受ける，という方法である。

　プロジェクト・カンパニーは，自らプロダクツの売主として，買主たるユーザーに対して販売契約上の販売「代金債権」を有するところ，それを中核としたトータルな法的地位（売主としての法的地位）について，貸手たる金融機関がその譲渡を受けておく，というものである。したがって，仮に借手たるプロジェクト・カンパニーが貸手に対してディフォルトの状況に陥ったときには，貸手はプロジェクト・カンパニーより直ちに販売契約上の販売「代金債権」を中核としたトータルな債権ないし法的地位を承継し，買主たるユーザーに対して自ら直接に販売契約上の債務履行，例えば販売代金請求をなしうる，こととなる。また，貸手が販売契約上の売主としての法的地位を承継するものである以上，自ら売主としての義務を履行している限りでは，貸手は販売代金請求のみならず，買主たるユーザーがプロダクツの引取りをしないときには，その引取りをも請求できる。

第3節　プロジェクト・ファイナンスと担保　　537

(2)　販売契約上の販売「代金受領権」の譲渡の方法

第2タイプとして，販売契約上の販売「代金受領権」について，貸手たる金融機関がプロジェクト・カンパニーよりその譲渡を受ける，という方法である。

プロジェクト・カンパニーは，自らプロダクツの売主として，買主たるユーザーに対して販売契約上の「代金受領権」を有するところ，貸手たる金融機関が担保目的としてその「代金受領権」についてその譲渡を受けておく，というものである。したがって，仮に借手たるプロジェクト・カンパニーが貸手に対してディフォルトの状況に陥ったときには，貸手たる金融機関は自ら「代金受領権」の譲受人として，買主たるユーザーに対して自ら「代金受領権」を主張することができる。

しかし，他方，販売契約上，代金受領権以外にも様々な権利（義務）が売主に存在するが，それらの権利については，貸手は販売契約上の売主たるプロジェクト・カンパニーを通じて権利行使しうるにすぎず，貸手は購入者（買主）に対してあくまで間接的にのみ位置している。

(3)　販売契約上の販売代金の「払込口座」への担保権設定の方法

第3タイプとして，販売契約に基づいて買主たるユーザーにより代金が払い込まれることとなるが，その「払込口座」上に貸手たる金融機関が担保権（チャージないし質権）を設定させる，という方法である。

プロダクツの買手たるユーザーに代金の払込口座を予め指定しておいて，その口座自体に担保権を設定させ，払い込まれた販売代金をいわば口座をとおして間接的に貸手がコントロールする，というものである。

(4)　3タイプの方法の対比
——担保的機能の強弱如何——

上記の3タイプの方法について，その担保的機能の強弱如何，換言すれば貸手サイドよりのコントロールの強弱如何，という視点より対比すれば，次の如くいえよう。

第1タイプの販売「代金債権」（買主たる法的地位）の譲渡の方法は，貸手サイドよりすれば，最も強力かつ直接的な担保的機能をもっている。仮にプロ

ジェクト・カンパニーのディフォルトのときには，貸手は自ら直ちに販売契約上の売主としての法的地位に立ち，買主たるユーザーに直接的に債務履行（代金支払請求）を求めうる，からである。

これに対して，第2タイプの販売「代金受領権」の譲渡の方法は，第1の方法と比較すれば，いわば量的に一部的な担保的機能を有するにすぎない。プロジェクト・カンパニーはプロダクツの売主として，販売契約上の様々な諸権利を包括的に有するところ，貸手としては，販売「代金受領権」といういわば一部の権利（但し，これは極めて重要な権利である）のみについて，その譲渡を受けているにすぎない，からである。したがって，仮にプロジェクト・カンパニーのディフォルトのときには，貸手は，買主たるユーザーに対しては，直接的にはこの販売「代金受領権」のみを主張（代金受領権者は自己である旨の主張）しうるにすぎず，プロジェクト・カンパニーが従前どおり販売契約上の売主たる地位に留まっている，といえよう。

さらに，第3タイプの販売代金「払込口座」上の担保権設定の方法は，3方法中，最も間接的でリモートな担保的機能を有するものにすぎない。プロジェクト・カンパニーを売主とする販売契約それ自体に対しては，貸手は何の関与をもしておらず，単に「払込口座」に追い込まれた販売代金についてのみ，これを担保として押さえているにすぎない，からである。したがって，仮にプロジェクト・カンパニーのディフォルトのときにも，貸手は販売契約上の諸権利（代金請求権）の行使をなし得ず，これは従前どおり売主たるプロジェクト・カンパニーに委ねられている，といえよう。

⑸ 担保目的での「エスクロウ・トラスト口座」の開設・利用

第4に，併用タイプとして，担保目的での「エスクロウ・トラスト口座（Escrow and Trust Account）」の開設・利用という方法も，ある。これは，第1タイプの販売「代金債権」の譲渡の方法とリンクして，なされる方法であり，第1タイプの方法をいわばより機能的・効率的なものとするために，併用されるものである，といえよう。

㈠ 「第3の当事者」の登場

より具体的には，第1タイプの販売「代金債権」の譲渡の方法にあっては，譲渡の2当事者，すなわち譲渡人としてのプロジェクト・カンパニー（借手），

譲受人としての金融機関（貸手），という2当事者間の問題として，事柄が処理されていた。これに対して，第4の併用タイプとしての「エスクロウ・トラスト口座」の利用の方法にあっては，この譲渡の2当事者に加えて，その両者を媒介するものとして「指定エージェント」が登場し，この者が貸手の利益において払込口座を受託し管理する，というものである。

(ロ)　「エスクロウ・トラスト口座」とは

エスクロウ・トラスト口座とは，文字どおり，単なるエスクロウ口座ではなく，それにトラスト口座を組み合わせたものであり，トラスト・ファンド（Trust Fund，信託基金）としての性格をも併有するものとなっている。これは，第三者からの差押え（Attachment）を回避するために，工夫されたものである。

また，より具体的にトラスト関係当事者として説明すれば，エスクロウ・トラスト口座にあっては，①「ベネフィシャリー（Beneficiary，受益者）」としての貸手（金融機関），②「トラスター（Truster，委託者）」としての借手（プロジェクト・カンパニー），③「トラスティ（Trustee，委託者）」としての「指定エージェント」（例えば，ニューヨークやロンドン等の国際金融市場における受託金融機関，Escrow Agent Bank），という3当事者が登場してくるのである。

(ハ)　そのスキーム

そのスキームを時系列的に説明すれば，①トラスター（委託者）としてのプロジェクト・カンパニーは，自ら売主としての販売契約上の「代金債権」（並びにこれに付帯する諸権利，例えば代金受領権等）を有するところ，これらをトラスティ（受託者）としての「指定エージェント」に対して信託的譲渡する。②販売契約上のユーザーたる買主による代金支払いは，トラスティとしての「指定エージェント」の受託・管理するエスクロウ・トラスト口座に，直接に入金される。③トラスティとしての「指定エージェント」は，ベネフィシャリーとしての貸手の利益において，口座（に入金された代金）を受託し，管理する，というものである。

(ニ)　「指定エージェント」の具体的役割

「指定エージェント」としては，国際金融市場における代表的プレイヤーが指定される，というのが一般である。その指定されたエスクロウ・エージェント・バンクの受託・管理の一般的内容（これはエスクロウ・トラストの契約内

容如何による）としては，口座に払い込まれた代金について，①約定弁済期日に融資元本・利益に充当し，不足する場合には借手にこれを負担させる。②一定残高を留保しながら，その他の残高部分については，これを投資適格証券等により投資運用する。③一定残高を留保しながら，借手はプロジェクト操業費用等を請求し，これを運転資金に充てることができる。④仮に借手たるプロジェクト・カンパニーのディフォルトが生じたときには，口座の金残高を凍結し，次のような優先劣後関係で，配当が行われる。まず受託者としての「指定エージェント」に受託費用が，次いで融資元本・利息・付帯費用が貸手金融機関に，さらに残額があれば借手プロジェクト・カンパニーに，それぞれ配当される。

⑹ 譲渡対象の「債権」の強化・安定化・確定化の必要性
——その方策如何——

貸手サイドよりすれば，プロジェクト・カンパニーより譲渡を受ける債権，それが，その内容上，できるだけ安全確実なものであることについて，多大の利害を有している。したがって，貸手は，譲渡を受ける債権について，その契約内容上の問題に自らタッチし，その強化・安定化・確実化を試みていかなければならない。その具体的方策としては，次のものが指摘されよう。

㈱ 「テイク・オア・ペイ」条項の付加

第1に，プロジェクト・カンパニーを売主とする中長期の販売契約について，「テイク・オア・ペイ（Take-or-Pay，支払保証）」条項を付加する，という方法である。

テイク・オア・ペイ条項とは，売主たるプロジェクト・カンパニーがプロダクツを現実に引き渡すか否かにかかわらず，あるいは買主たるユーザーが現実に引渡しを受けたか否かにかかわらず，買主たるユーザーは一定金額の代金を売主に対して支払わなければならない，というものである。換言すれば，買主たるユーザーとしては，プロダクツの引渡しの有無にかかわらず，一定金額を支払わなければならない，という義務が課せられている。しかも，その一定金額とは，実質的には，プロジェクト・カンパニーの借入金の元利支払いとプロジェクト運営費とをカヴァーするものとして，予め定められている。

第3節　プロジェクト・ファイナンスと担保　　541

したがって，このテイク・オア・ペイ条項は，プロジェクト・カンパニーの借入金について，買主たるユーザーが間接的に，あるいは事実的に「保証」をしているが如き内容をもつものである，といえよう。

(ロ) 「スルー・プット」条項の付加

第2に，石油や天然ガスについてのパイプライン輸送にあっては，プロジェクト・カンパニーを売主とする中長期販売契約を「スルー・プット（Through Put）」契約とし，契約による一定量を供給できない場合にも，買主たるユーザーは所定のタリフによる代価支払いの義務を有する，とする方法である。この条項は「プット・オア・ペイ（Put-or-Pay）」とも呼ばれる。

(ハ) 「トリング・アグリーメント」条項の付加

第3に，石油精製や石油化学プラントにあっては，設備所有者としてのプロジェクト・カンパニーは生産委託者よりの生産委託により生産を行い，その対価として生産委託者より手数料を受領することとなるが，この場合，生産委託者の手数料支払義務がプット・オア・ペイであるものとする条項を「トリング・アグリーメント（Tolling Agreement）」という。

ここでは，生産委託者の手数料支払いが確実なものとされているので，実質的には，プロジェクト・カンパニーの借入金について，生産委託者が「保証」をしているかの如くになっている。トリング・アグリーメントにあっては，スポンサーが生産委託者となっている場合もある。

(ニ) スポンサーによる「最低販売価格」の引受け

第4に，プロジェクト・カンパニーを売主とする中長期販売契約において，プロダクツの価格について，スポンサーに「最低販売価格（Specified Minimum Contract Price）」を保証してもらう，という方法である。

〔五〕　担保目的での「株式譲渡」の方法
——プロジェクトの「流動資産」の担保取得，その2——

プロジェクト・カンパニーに対するスポンサーの出資持分ないし株式について，貸手が担保目的でその譲渡を受けておく，という「株式譲渡」による担保設定の方法がある。

プロジェクト遂行のために必要とされる様々な許認可がプロジェクト・カンパニーを名義人としてとられていたような場合には，ディフォルトの発生

に備えて，プロジェクト・カンパニーのコントロールの必要上，貸手には予め担保目的での「株式譲渡」を受けておくメリットが存在していよう。また，スポンサーによる第三者への株式譲渡を予め阻止しておくためにも，上述の方法は意味があろう。なお，スポンサーが劣後ローンという形で事実上の出資をしている場合には，これを手形等の形式に代えて，貸手は担保目的でその譲渡を受けておく，という方法がある。

第3項　各論2；どのような「保証（人的担保）」が組み込まれているのか，その法的分析
——「保証」の種類，その徴求の方法如何——

〔一〕　「インベストメント・ギャランティ」徴求の方法
——スポンサーの保証，その1——

スポンサーからの保証として，第1に，プロジェクト・カンパニーへの投資保証である「インベストメント・ギャランティ（Investment Guarantee，投資保証ないし出資保証）」を徴求する，という方法がある。これは，貸手金融機関が，プロジェクト・カンパニーの資本金拠出について，スポンサーより直接的にこの拠出を約束させるものである。

プロジェクト・カンパニーの設立に際しては，プロジェクト事業の総所要資金中，約3分の1に相当する金額が，スポンサーによりエクィティ（資本金）として拠出される必要がある，とされているのが一般である。3分の1という数字に厳格かつ論理的な意味があるわけではないが，プロジェクト・カンパニーによるキャッシュ・フローからの借入金返済を軽減化するため，さらにはスポンサーに事業責任の一端を担わせるため，というのがその理由である。そして，プロジェクト・ファイナンスが実行される以前に，スポンサーによるエクィティ拠出がなされていること，これが貸手金融機関にとって肝要である。

しかし，他方，エクィティの予めの金額拠出についてスポンサーより合意が得られず，例えば何回かに分けて拠出するという形で妥協せざるを得なかったような場合には，その次なるエクィティ払込みは2回目のファイナンス実行時に併行して行われるように取り決める必要がある。しかも，同時に，

次なるエクィティ払込みにあっては，次回以降すべて，貸手はスポンサーより「インベストメント・ギャランティ」を徴求する必要がでてくる，のである。

〔二〕 「コンプリーション・ギャランティ」徴求の方法
——スポンサーの保証，その2——

スポンサーからの保証として，第2に，プロジェクト事業の工事完成については，貸手はスポンサーに対して「コンプリーション・ギャランティ（Completion Guaranty，工事完成保証）」を徴求する，という方法がある。

プロジェクト・ファイナンスでは，プロジェクトからのキャッシュ・フローが返済源資とされるから，貸手にとってもプロジェクト事業の工事完成は大きな意味をもっている，からである。このようなコンプリーション・ギャランティとしては，さらに次の「3タイプ」が存在している。

(1) ファイナンシャル・ギャランティ

第1タイプとして，ファイナンシャル・ギャランティ（Financial Guaranty）であり，スポンサーは，借手であるプロジェクト・カンパニーと共に，一定範囲の金銭債務の履行を連帯して保証する，というものである。

より具体的には，①スポンサーは，貸手に対して，工事完成の所要資金（見積額プラス・アルファ）額について，連帯保証状を差し入れる。②期日までに工事が完成しないときには，貸手は，保証人たるスポンサーに対して，所要資金額について，直接的に償還請求することができる，というものである。

(2) パフォーマンス・ギャランティ

第2タイプとして，パフォーマンス・ギャランティ（Performance Guaranty）であり，スポンサーは一定額の金銭債務の履行を保証するのではなく，単に工事完成の履行を保証するにすぎない，というものである。

したがって，例えば，プロジェクト・カンパニーが工事完成を期限までに履行できなかったときであっても，スポンサーは融資債務（工事所要資金）を弁済する必要はないが，工事完成が履行されなかったことより生ずる損害については，貸手に対して賠償しなければならない。この場合，賠償請求に際

しては，貸手は自ら損害額について立証しなければならないし，また副次的にのみ損害賠償請求できる（第1次的には，まず借手に対してなさなければならない）にすぎない。この意味よりすれば，ファイナンシャル・ギャランティと比較すれば，貸手にとって必ずしも十分なものではない。

⑶　エクィティ・コミットメント

　第3タイプとして，工事完成の保証そのものではないが，これに付加して側面より工事完成を補強する，換言すれば工事完成リスクを間接的にスポンサーが分担するものとして，エクィティ・コミットメント（Equity Commitment）の方法が存在する。スポンサーはプロジェクト・カンパニーの出資者でもあるが，工事完成に向けての出資者としてのさらなるエクィティ投入をコミットさせる，というものである。

　例えば，その保証条項の契約文言としては，「スポンサー（親会社）は，一定の予定期日までにプロジェクト工事を完成させるべく，見積予算額を超過するときには，その超過分については出資または劣後ローンをプロジェクト・カンパニー（子会社）に対して供与する」，あるいは「工事完成の所要資金の見積額については，一定のエクィティ比率に応じて，エクィティを拠出し，工事完成が不能となったときにもそれについては金銭債務を負担する」，というものである。

〔三〕　「レター・オブ・アウェアネス」徴求の方法
──スポンサーの保証，その3──

　スポンサーからの保証として，第3に，借手たるプロジェクト・カンパニー（子会社）のスポンサー（親会社）から「レター・オブ・アウェアネス（Letter of Awareness）」を徴求する，という方法が存在する。レター・オブ・アウェアネスの文言として，例えば，①スポンサー（親会社）はプロジェクト・カンパニー（子会社）の当該金銭債務の借入れについて認識していること（借入れの事実についての認識），②その借入れについて自ら同意を与えていること，というような趣旨が述べられている。したがって，これは，スポンサーが，プロジェクト・カンパニーの借入れについて，単にその事実の認識と同意の存在を貸手に対して述べたものにすぎず，法的拘束力ある保証状ではない。

〔四〕 「アンダーテイキング」の確保の方法
——関係第三者の引受け——

第4に，保証類似の機能をもつものとして，スポンサー以外の関係第三者からのアンダーテイキング（Undertaking，確約ないし引受け）がある。

その例としては，①買主たるエンド・ユーザーから，プロダクツの代金前払いという形での実質上の融資を実行してもらうこと，②運転資金等についての一時的な資金不足における補塡，③ホスト・カントリーから，インフラ整備・プロダクツ販売への助力，国家収用の際の十分なる補塡，不当干渉の回避等を確認してもらうこと，等が挙げられる。

第4項　各論3；どこの国の担保法や契約法が適用されることになるのか
——プロジェクト関連契約の「準拠法」如何——

プロジェクト・ファイナンスでは，プロジェクトに関連して，様々な多数の諸契約が締結される。これらの諸契約の締結・要件・効力については，いずれの国の法ルールによって決められるのであろうか。これが「準拠法（Governing Law）」如何の問題である。

これには，契約の種類（内容）如何によって，プロジェクトのホスト・カントリーの現地法が準拠法として必然的に決定される場合もあれば，必ずしも現地法に依る必要はなく，契約の両当事者間の協議によって米英その他の第三国の法制が準拠法として指定される場合もある。

〔一〕　契約当事者間の協議による「準拠法」の指定
⑴　「融資契約・中長期販売契約・建設契約・工事完成保証契約」の準拠法
㈠　融資契約

プロジェクト関連諸契約中，代表的かつ枢要な契約として，例えば，貸手金融機関と借手プロジェクト・カンパニーとの間の融資契約が存在する。

この融資契約がどこの国の法ルールの下で締結されるのか，そしてその要件や効力がどこの国の法ルールの下で決ってくるのか，ということについては，貸手と借手との交渉ないし協議により決めることができる。この場合，

国際的なプロジェクト・ファイナンスにあっては，貸手と借手の国籍如何に
かかわらず，一般的には，イギリス法やアメリカ法，とりわけニューヨーク
州法といった，第三国の法が準拠法として指定されることが，多い。貸手が
欧米の金融機関であれば，なおさらそうである。

　すなわち，ホスト・カントリーが発展途上国であったり，あるいは英米法
系とは異なった法系に位置する国家であったりするような場合には，必ずし
も当該現地法制が整備されているとは言い難い。そのようなことを理由とし
て，公平性確保の視点から，そして法体系が整備され，しかも判例法もかな
りの集積を示しており，国際的プロジェクト・ファイナンスに精通する有力
にして大規模なロー・ファームが存在している，例えばニューヨーク州法が
準拠法として指定されることが多い。

㊀　中長期販売契約等

　また，プロダクツの中長期販売契約やプラント設備等の建設契約について
も，融資契約におけると同様のことが妥当する。すなわち，売手たるプロジ
ェクト・カンパニーと買手たるユーザーとの間の協議により，また発注者た
るプロジェクト・カンパニーまたはスポンサーと請負人たるコントラクター
との間の協議により，準拠法が指定される。この場合，融資契約の準拠法指
定におけると同様の理由より，イギリス法やアメリカ法，とりわけニューヨ
ーク州法が指定されることが多い。

㊁　工事完成保証契約

　なお，スポンサーによる「工事完成保証契約」についても，同様のことが
妥当しよう。

(2)　中長期販売契約の「譲渡契約」の準拠法

　長期販売契約が担保目的で譲渡される場合，その担保目的での債権譲渡，
すなわちアサインメントについては，いずれの国の法ルールによってなされ
るかについても，譲受人たる貸手銀行と譲渡人たる借手プロジェクト・カン
パニーとの間で，その協議により決めることができる。これについても，融
資契約の準拠法決定について述べたところと同様であり，国際的なプロジェ
クト・ファイナンスでは，英米法系，とりわけニューヨーク州法が準拠法と
して指定されることが多い。

⑶ 「裁判管轄」の準拠法

プロジェクト関連契約をめぐり関係当事者間において紛争が生じ，それを裁判所での裁判により解決してもらわなければならない場合，いずれの国の裁判所で裁判してもらうのか，という裁判管轄（Jurisdiction）の準拠法如何の問題が存在している。これについてもまた，当該契約の両当事者間の協議により決定される。

この場合，既に述べたことと同様に，ロンドンの裁判所やニューヨーク州の裁判所が管轄裁判所として指定されることが多い。但し，これを必ずしも専属管轄裁判所とせず，他の裁判所への訴訟提起をも可能としているのが一般である。

なお，国際法上，「国家は訴追され得ない」というソブリン・インムニティ（Sovereign Immunity）の原則が存在してきており，したがって，融資契約等の条項として，その放棄（Waiver of Sovereign Immunity）が定められる必要がある。例えば，借手サイドに国家または国家機関が介在している場合には，貸手サイドよりの訴訟提起や執行に際して主権免責を主張しない，という内容の条項である。

〔二〕 現地法制の「準拠法」としての必然的な決定

⑴ 担保（物的担保）「設定契約」並びに「実行手続」の準拠法

物的担保の設定やその実行手続については，プロジェクト資産が存在する現地国の担保法制（担保実体法並びに担保手続法）に基づいて行われるが，担保法制それ自体が各国によって違いがある。いわゆる発展途上国でのプロジェクトにあっては，その現地担保法制が不備であることも多い。他方，プロジェクト資産の所在地国であるホスト・カントリーが英米法系の担保法制を採っている場合には，モーゲージの設定の方法が可能である。

⑵ コンセッション・アグリーメント等の準拠法
──担保（物的担保）設定契約並びに実行手続の準拠法──

その他，プロジェクト・カンパニーの設立に関する会社法制，発展途上国におけるBOTプロジェクトのコンセッション契約に関する契約法制，については，プロジェクトのホスト・カントリーの現地法制が準拠法として必然

的に決定される。

――初出・斎藤⑱論文・1999 年/H11 年 2 月――

第4節　プロジェクト・ファイナンスの沿革
──その生成・発展・展望──

第1項　オイル・ガス埋蔵量担保ローン
──プロジェクト・ファイナンスのプロトタイプ（1930年代アメリカ）──

(1)　概容と時代背景

　プロジェクト・ファイナンスの端緒は，1930年代，アメリカ中・西部における油田・ガス田開発にともなって新たに創出された金融方法，いわゆる「オイル・ガス埋蔵量担保ローン（Oil Gas Property Loan）」に求められる（オイル・ガス・プロパティ・ローンとは，埋蔵のかつ可採のオイル・ガスをひとつの財産権として価値的に評価し，これを担保として組まれたローンであり，その将来のキャッシュ・フローを支払源資とするものである）。これは，油田・ガス田における可採埋蔵量をひとつの財産的価値あるものとして，それを担保としてローンが供与され，返済源資としては将来のキャッシュ・フローを念頭に置くものであった。

　当時のアメリカでは，油田・ガス田の開発・探鉱にあたっていたのは，資力に乏しい多くの中小開発業者であった。いうまでもなく，油田やガス田の探鉱・開発のためには，多額の資金を必要とする。しかし，多くの中小開発業者にあっては，自らの油田・ガス田以外には，他に担保となりうるような目ぼしい資産はなかったし，また何よりも企業としての信用力を大きく欠いていた。端的に，金融機関からの資金調達力を欠く状況にあったのである。かくして，貸手としての銀行は，中小開発業者の旺盛な資金需要に応えるために，新たな金融手法を創出し，これがオイル・ガス埋蔵量担保ローンと呼ばれるものであった。

(2)　スキームの特徴

　このファイナンスにあっては，貸手としての銀行は，借手としての中小開発業者の信用力に注目していない。彼等にあっては，そもそもそれを欠いて

いたからである。その代わりに、油田・ガス田の可採埋蔵量如何に注目し、これを担保評価する。併せて、その将来の「生産計画」如何を審査し、返済源資としてのキャッシュ・フローを算出し、これを基準として融資額を決定する、というものであった。しかも、その際、貸手としての銀行にあっては、融資決定に際し、油田・ガス田の可採埋蔵量がどれ位のものなのか、さらには将来の生産計画よりすればそれはどれ位のキャッシュ・フローを生じさせるものなのか、等に関して、プロフェッショナルな鑑定人による科学的・技術的な評価や厳密な解析を求めていたし、また開発工事担当の請負会社にも工事上の技術的な保証を求めていた。

(3) 小 括

以上を小括すれば、ここでは、油田・ガス田の開発事業という資源開発プロジェクトが存在するところ、これを借手の中小開発業者の「信用力」如何という問題から切り離して、このプロジェクトそれ自体の「遂行の成否（採算性）」如何に注目し、その返済源資としての解析されたキャッシュ・フローを基準として、貸手の銀行よりファイナンス（融資並びに融資額の決定）が行われている。したがって、このオイル・ガス埋蔵量担保ローンにあっては、今日のプロジェクト・ファイナンスの基本思想が明瞭に存在していた、といえよう。

第2項　プロダクション・ペイメント・ファイナンス
——プロジェクト・ファイナンスの基本型(1950年代アメリカ)——

(1) 概容と時代背景

オイル・ガス埋蔵量担保ローンをルーツとするプロジェクト・ファイナンスは、1950年代に入り、そのスタンダード・モデルを確立するに至っている。これが、「プロダクション・ペイメント・ファイナンス（Production Payment Finance)」と呼ばれるものであり、1950年代より60年代にかけて、アメリカのメキシコ州の石油産業への新たなファイナンス手法として、確立されていったものであった（プロダクション・ペイメント・ファイナンスとは、産出物それ自体、ないしその販売代金をもって支払源資とするファイナンスであり、貸手たる

金融機関の立場からみれば，産出物それ自体を，あるいは産出物の販売より代金を，自ら受領し，これを債務支払いの引当てとする，というファイナンスである）。オイル・ガス埋蔵量担保ローンがリスキーな探鉱に賭ける弱小の開発事業者（換言すれば，一獲千金の夢を賭けるフロンティア的探鉱者）のためのものであったのに対して，このプロダクション・ペイメント・ファイナンスは，開発事業がある程度軌道に乗っていた，その意味では中小の石油事業者のための，新たな探鉱・開発に資せん，とするものであった。

　既にオイル・ガス埋蔵量担保ローンによって一定の事業成果を得ていた中小石油事業者にとって，次なる課題は新たな未開発鉱区の探査やその開発にあった。しかし，これらの中小石油事業者にあっても，既にある程度の事業利潤を挙げていたものであったとはいえ，探鉱・開発のための資金には，それが巨額であるが故に，かなり大きく不足していたのである。しかも，同時に，稼働中の油田・ガス田よりかなりの事業収益が挙げられているような場合には，このような中小石油事業者にとって，税務上の対策，端的にいえば節税対策もまた，緊要かつ切実なものとなっていた。かくして，新たな開発資金の調達，そして節税対策，という中小石油事業者の経済上の要請を受けて，それに対応すべく，銀行は新たなファイナンス手法を編み出し，これがプロダクション・ペイメント・ファイナンスであった。

(2)　スキームの特徴

　プロダクション・ペイメント・ファイナンスのスキームについて，その特徴を明らかにしておこう。すなわち，

　①　まず，稼働中の油田・ガス田が存在するところ，その保有者である中小石油事業者は，その新たな探鉱・開発の資金を得るために，これらの油田・ガス田に関する一定の権益（利権）の全部または一部を，買手たるペーパー・カンパニーに売却し，この売却代金をもって新たな探鉱・開発のための資金として利活用する。ここで，稼働中の油田・ガス田に関する一定の権益（利権）とは，例えば，これらの鉱区資産より今後産出されるであろう原油・天然ガスそれ自体の受領権ないし取得権，あるいは原油・天然ガスを販売したことより生ずる代金受領権，さらにはこれら鉱区資産のリース権やワーキング・インタレスト等を意味している。したがって，トータルな権利としての

いわば鉱区保有権（それが私的所有権や鉱区権であったり，あるいは開発権・探鉱権・採掘権であったりするであろう）という包括的な権利が存在するところ，それに包摂される「資産上の一定の権益（利権）」の全部または一部が，ペーパー・カンパニーに売却される，のである。

②　売手たる中小石油事業者よりすれば，資産上の一定権益についてのみの売却であり，したがってなお鉱区資産の保有者であり続けている（第1のメリット）。

しかも，ここで得られた資金はあくまで「売却代金」としてのものであり，「融資資金」としてのものではない以上，オフ・バランス・シート上の資金調達に他ならない（第2のメリット）。

また，鉱区上の一定権益の売却とは，例えば産出物受領権や産出物販売代金受領権の売却を意味するものであるが故に，それは自らにとっては将来的な利潤（事業収益）の圧縮であること，しかも，得られた売却代金については，それが将来産出されるであろう石油・天然ガスの前売り代金としてみなされること，といった理由から「節税効果」が生じてきた（第3のメリット）。

③　買手たるペーパー・カンパニーについてみれば，これは，中小石油事業者の資金調達のために，名目的に設立された会社である。このペーパー・カンパニーは，購入した鉱区資産上の一定権益の担保にして，銀行より融資を受けている。換言すれば，実質的には，買収資金（購入代金）の手当てのために，その購入した一定権益を担保に融資を受けており，これがそのまま購入代金として中小石油事業者に支払われている。したがって，融資の相手方（債務者）はあくまでペーパー・カンパニーであり，真の資金需要者である中小石油事業者は融資債務者とはなっておらず，中小石油事業者よりすれば，ノンリコースのファイナンスとなっている（第4のメリット）。

また，ペーパー・カンパニーについても，買収した一定権益以外には，他に資産というほどのものは何もなく，一定権益に基づいた事業収益（その事業についての実質的なオペレーターは売手たる中小石油事業者である）に関しても，有利な償却が可能であり，節税メリットが生ずる。

④　さらに，貸手となる銀行についてみれば，その融資は，鉱区資産上の一定権益の買収資金として，買手たるペーパー・カンパニーに対してなされたものであり，真の資金需要者たる中小石油事業者に対してなされたもので

プロダクション・ペイメント・ファイナンスのスキーム図

（著者作成）

はない。換言すれば，その融資は，中小石油事業者の信用力，あるいはバランス・シート上の支払能力には，まったく注目もしていなければ，依存もしていない。「信用力や支払能力」如何に注目することなく，その返済源資としては，一定権益に基づいて将来生ずるであろうキャッシュ・フローそれ自体を，念頭に置くものであった。

(3) 小 括

以上，そのスキームの特徴を小括すれば，①貸手たる銀行のサイドよりすれば，資金需要者たる企業の信用力（資金や支払能力）に注目せず，もっぱら油田・ガス田により将来生ずるであろう産出物（の販売代金）のキャッシュ・フローに依存して，それを返済源資とするファイナンスであること，②資金需要者たる中小石油事業者よりすれば，オフ・バランス・シートの取引であり，ノンリコースのファイナンスであること，が指摘できよう。したがって，1950年代から60年代にかけての，アメリカ中西部でのプロダクション・ペイメント・ファイナンスとは，まさしく現在のプロジェクト・ファイナンスの基本型であった，といえよう。

なお，このような「鉱区上の一定権益の売買」という形をとったファイナンスにおける節税工作に対して，税務当局はそれを徴税回避の目的のものと考えるようになった。かくして，1969年の税法改正により，この節税メリットが封じられるに至り，プロジェクト・ペイメント・ファイナンスは，急速に利用されなくなった。

第3項 北海・フォーティーズ油田開発におけるプロジェクト・ファイナンス
——インターナショナル・プロジェクト・ファイナンスとしての登場（1970年代における国際化）——

〔一〕 ローカル・ファイナンスからインターナショナル・ファイナンスへの発展

　プロダクション・ペイメント・ファイナンスとは，既に述べたように，あくまでアメリカのテキサス州を中心とした地域的な資源開発プロジェクトに対するファイナンスであり，まさしくローカル・ファイナンスに他ならなかった。しかし，1970年代に入り，それは，一躍，国際的なファイナンスとして，華々しい脚光を浴びることとなった。北海での大規模な油田開発プロジェクトへの国際的なファイナンスとして，プロダクション・ペイメント・ファイナンスの基本スキームが，応用・利用されるに至った，からである。ローカル・ファイナンスからインターナショナル・ファイナンスへと，大いなる飛躍がなされ，プロジェクト・ファイナンスとしての手法が国際的に確立ないし認知された，といってよいであろう。

〔二〕 北海での油田発見ラッシュの時代

　既に，1950年代には，国際的な石油メジャーであるシェル・エッソ・グループによって，オランダ沿岸部のグローニンゲンでの巨大なガス田が発見されていた。しかも，中東産油国の権益意識の高まりと共に，1960年，オペック（OPEC，石油輸出国機構）が設立され，産油国全体の利益確保のための共同歩調が採られるようになり，その対応策として，北海での石油・ガスの資源開発の気運が一層高まるに至っていた。

　1969年には，アメリカのフィリップス社によりエコフィスク油田が，そして1970年代には，イギリスのブリティッシュ・ペトロリアム社（British Petroleum，以下「BP社」と略記）によりフォーティーズ油田が，それぞれ発見された。かくして，北海はまさしく油田発見ラッシュの時代へと突入していった。

〔三〕 フォーティーズ油田開発における国際的なプロジェクト・ファイナンスの導入

　しかし，フォーティーズ油田の開発にあっては，北海という荒波の大変に自然環境の厳しい地域での開発であり，その所要資金の見込額は約3億6000万ポンド（後には8億ポンドに上方修正された）にも及ぶものであった。一般に油田開発には巨額の資金が必要とされるが，ここではあまりにもそれが巨額であった，のである。しかも，BP社自身についてみても，国際的にメインである石油メジャーと比較して，企業としての財務体力上，その一般的なスタイルでの資金調達は極めて困難であった。かくして，アメリカのローカル金融の一手法にすぎなかったプロダクション・ペイメント・ファイナンスが，この大規模な国際的な金融に応用されることとなった，のである。

　BP社の財務状況という点より，より具体的に説明してみよう。すなわち，対外的状況からのみならず，BP社の内部的状況からもまた，従来からの一般的なスキームのファイナンスとは異なった，新たなファイナンスが必要とされていた，のである。

　BP社の当時の経営財務の状況についてみれば，従来からの中東地域での石油開発事業を継続していくことのためにも，さらにはアラスカでの油田開発プロジェクトの遂行のためにも，極めて巨額の資金を必要としており，外部負債（借入れ）もまたかなりの巨額のものとなっていた。しかも，折悪しく，国際市場での石油価格は低迷し続けており，加えて，中東産油国の権益意識の向上と共に，そのロイヤリティ支払いもまた増加の一途ををたどっていた。このような状況の下，BP社の企業収益は著しく悪化しており，メジャー・オイル中，最弱の企業としてランクされるところでもあった。したがって，フォーティーズ油田の開発のために，BP社が仮に金融機関より新たな借入れをなしたとすれば，その財務諸表上，外部負債は著しく激増し，企業体力よりすれば既に危険水準を凌かに越えたものとなるであろう。

　そして，何よりもまた，既に従来よりの資金借入れや社債発行による資金調達に際して，BP社には財務制限条項による制約が課されているのであり，新たな借入れにより資金調達は，BP社にとって，事実上，不可能に近いことであった。金融機関のサイドよりしても，融資には自ずとかなり慎重な姿勢を示さざるを得なかったであろう，あるいは端的に断念せざるを得なかった

であろう，というのが実情であった。

　かくして，この英系オイル・メジャーである BP 社の資金需要に応えるべく，イギリスの「ナショナル・ウェストミンスター銀行」と「ラザーズ銀行」は，そのノウハウに精通するアメリカの「モルガン・ギャランティ・トラスト」と共に，新たな金融手法としての国際的なプロジェクト・ファイナンスの導入に踏み切った，のである。

〔四〕　その具体的なファイナンス・スキーム

　その具体的なファイナンス・スキーム（後述の図示を参照されたい）について，説明しておこう。

(1)　プロジェクトの実施推進者であるスポンサー

　まず，スポンサー（Sponsors）は BP 社であり，これが油田開発プロジェクトの実質的な実施主体者であり，実施推進者である。

(2)　貸手としての国際シンジケート銀行団

　前述の3行を幹事銀行として，計66行より成る国際シンジケート銀行団（国際協調融資銀行団）が構成されているが，これが貸手（Lenders）である。

(3)　借手としてのプロジェクト・カンパニー

　融資のために名目的に設立された会社を「プロジェクト・カンパニー（Project Company）」というが，これが「NOREX トレーディング社（NOREX Trading Ltd.）」である。BP 社が75％，国際シンジケート銀行団の幹事銀行3行が25％，それぞれ出資して，設立されている。これは，もっぱら融資の相手方としての存在であり，形式的な借手であり，融資債務者である。

　なお，幹事銀行3行よりマネージャーを派遣し，これが実質的な運営にあたる，という形で，国際シンジケート銀行団（貸手）がこの NOREX トレーディング社（借手）をコントロール下に置いている。

第4節　プロジェクト・ファイナンスの沿革　557

(4)　融資契約の締結

――国際シンジケート銀行団（貸手）とNOREXトレーディング社（借手）――

国際シンジケート銀行団（貸手）は，NOREXトレーディング社を借手として，融資契約を締結し，これに3億6000万ポンドを融資する。それでは，この融資金NOREXトレーディング社は何に使うのか。

すなわち，この融資金は，NOREXトレーディング社にそのまま留められているのではない。NOREXトレーディング社は，自ら石油先物の買主たる立場より，融資金を前払代金として，次に述べるような形で支払っている。

(5)　原油先物供給契約の締結

―― BP石油開発会社（売主）とNOREXトレーディング社（買主）――

BP社の出資によるその子会社として，BP石油開発会社（BP Oil Development Ltd.）が存在する。これが，現実にフォーティーズ油田の開発事業を担当する組織体であり，そのための開発資金を必要としている。

このBP石油開発会社は，自らを売主として，そしてNOREXトレーディング社を買手として，フォーティーズ油田より将来生産される原油について，原油先物供給契約を締結する。そこで，NOREXトレーディング社（買主）は，その前払代金として，3億6000万ポンド（借入金相当額）を，BP石油開発会社（売主）に対して支払っている。

なお，受領した代金についていえば，これは，BP石油開発会社にとって，今後のフォーティーズ油田開発事業のための所要資金として，利用されることとなる。

(6)　生産原油の長期販売契約の締結

―― NOREXトレーディング社（転売主）とBP石油販売会社（転買主）――

BP社の出資によるその子会社としてBP石油販売会社（BP Oil Trading Ltd.）が存在する。これは，BP社の石油を国際的に販売するという業務に，従事する会社である。

原油先物の購入者であったNOREXトレーディング社は，自らを売主として，そしてこのBP石油販売会社を買手として，生産原油の長期販売契約を締結する。これにより，NOREXトレーディング社（転売主）は，BP石油販

売会社（転買主）より，原油引渡しによる販売代金を，受領することができる。

　なお，この受領した販売代金についてみれば，NOREX トレーディング社は，これより得られたキャッシュ・フローを，借入金の返済に充てることとなる。

⑺　「融資金」と「返済金」の流れ

　以上のスキームを「お金の流れ」（金融）という視点より小括しておこう。

　⒜　まず，「融資金」については，

　①国際シンジケート銀行団（貸手）より NOREX トレーディング社（借手）に対して融資という形で流れ，②それは NOREX トレーディング社（買主）より原油先物購入代金（前払代金）として開発事業体たる BP 石油開発会社（売主）に流れ，③そこで「開発所要資金」として利用される，というものである。

　⒝　また，「返済金」としては，

　④BP 石油販売会社（転買主）より NOREX トレーディング社（転売主）に生産原油の購入代金として支払われた中の，⑤それを母体として得られたキャッシュ・フローが，NOREX トレーディング社（借手）より国際シンジケート銀行団（貸手）に対して融資金返済として流れていく，というものである。

⑻　BP 社（スポンサー）サイドからの「保証」

　BP 社並びに BP 関連会社より貸手たる国際シンジケート銀行団に対して各種の「保証」がなされている。これは，貸手の利益保護において，その融資返済がスムースになされるべく，銀行団に保証されるものである。その内容を個別的に示せば，次の如くである。

　①　BP 石油開発会社は，油田プロジェクトの生産設備の工事完成，並びに原油輸送，を保証する。

　②　加えて，その旨（BP 石油開発会社が保証したこと）をスポンサーたる BP 社が確約（Undertaking）する。

　③　BP 石油販売会社は，NOREX トレーディング社より購入する生産原油につき，その価格を保証する。

　④　また，BP 石油開発会社は，一定期日までの一定数量の原油生産を保証する。これが実現しなかった場合には，1 年以内に NOREX トレーディン

第4節　プロジェクト・ファイナンスの沿革　　　559

フォーティーズ油田開発におけるファイナンス・スキーム

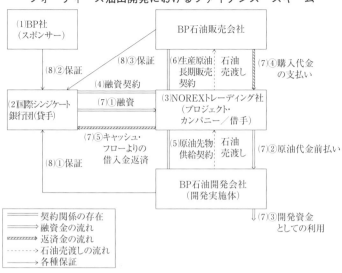

（著者作成）

グ社よりの石油前払金を返却する。

⑤　なお，BP社の債務不履行の場合には，NOREXトレーディング社が油田プロジェクトのすべての資金を自らの管理に置き，プロジェクトを実施続行するか，またはその処分を行う。

第4項　「製造プラント」型，そして「インフラ整備」型のプロジェクト・ファイナンスの登場
　　　　──プロジェクト・ファイナンスの発展（1980年代以降）──

〔一〕　「資源開発」型より「製造プラント」型や「インフラ整備」型への発展──対象プロジェクトの拡大──

　北海・フォーティーズ油田開発において登場したプロジェクト・ファイナンスは，以後，国際的な舞台で「資源開発」型のファイナンスとして，活発に利用されるようになっていった。インターナショナル・プロジェクト・ファイナンスとしての発展がみられた，のである。そして，現在にあっては，国際的なプロジェクト・ファイナンスは，北海油田開発におけるような「資源開発」型から，その対象ジャンルを拡大し，「製造プラント」型や「インフ

ラ整備」型へと，応用されるに至っている。

　なお，ここで「製造プラント」型とは，発電プラント，石油精製プラント，石油化学プラント，等の巨大プラント・プロジェクトを意味している。また，「インフラ整備」型とは，発展途上国におけるBOT電力プロジェクトや通信・道路交通網・鉄道・上水道などのインフラ・プロジェクトを意味しており，これらのプロジェクトについても，プロジェクト・ファイナンスが活発に利用されるようになっている。

〔二〕　アメリカにおける発展：「製造プラント」型の嚆矢
—— 1978年・パーパ法制定以降——

　「製造プラント」型のプロジェクト・ファイナンスの嚆矢としては，1978年，アメリカのパーパ法（Public Utility Regulatory Policies Act of 1978）制定にともなうコージェネレーション・プロジェクトを挙げることができる。このパーパ法は，電力会社に対して，コージェネレーション発電や小規模発電による電力を購入すべきことを義務付けたものであった。同法の施行により，アメリカにおける発電事業のマーケットは飛躍的に拡大することとなり，多くの発電事業プロジェクトにプロジェクト・ファイナンスが利用されることとなった。

　より具体的には，発電事業のマーケット・リスクがパーパ法施行により解消された（電力購入義務の明定）が故に，多くの独立系ディベロッパーも発電事業に参入することができるようになった。しかも，ここでは，それ自身信用力を欠く独立系事業者であっても，その発電プロジェクトが採算性をもつものであるとすれば，プロジェクト自体に融資を行う，という形で，プロジェクト・ファイナンスが使われた，のである。プロジェクト・ファイナンスの利用により，発電事業の市場規模はなお一層の拡大をみることとなった。

〔三〕　1990年代・さらなる国際的な発展（「インフラ整備」型）
——発展途上国におけるBOT発電プロジェクト，先進諸国における民活化事業プロジェクト——

　1990年代に入ると，発展途上国にあっては，BOT発電プロジェクトに対して，国際的なプロジェクト・ファイナンスが使われるようになった。ここ

で，BOT とは，「Build, Operate & Transfer」の略語であり，民間企業による「建設，運営，譲渡」を意味している。BOT 発電プロジェクトも，そしてまたこれに対するプロジェクト・ファイナンスも，いずれもアメリカでのそれをモデルとしたものであったが，これが国際的なプロジェクト・ファイナンスとして発展途上国プロジェクトに対して利用されるに至ったのである。

さらに，BOT 発電プロジェクトに引き続いて，発展途上国にあっては，各種インフラ・プロジェクトについてもまた，積極的にプロジェクト・ファイナンスが利用されるようになっている。

また，先進諸国にあっても，各種の公共事業に対して，自由化や規制緩和の動きがみられ，国際的にもそれが一連の方向性となっている。それにともなって，電力事業をはじめとする各種の民活化事業に対しても，活発にプロジェクト・ファイナンスが利用されるようになっている。

第5項　結論総括を兼ねて；プロジェクト・ファイナンス，その課題と展望

〔一〕　発展におけるいくつかの特徴

その発展の流れを特徴付ければ，次のようなことが指摘されよう。

(a)　第1に，ファイナンスの対象プロジェクトの拡大である。

すなわち，油田・ガス田の開発プロジェクトのみならず，鉄鉱・石炭・銅・金・ダイヤモンド・LNG といった，その他の多様な資源に関する開発プロジェクトにも，プロジェクト・ファイナンスが利用されるようになっていった。しかも，それは，単に「資源開発」型プロジェクトのみならず，「製造プラント」型や「インフラ整備」型のプロジェクトにもまた，利用されるようになった。

(b)　第2に，ホスト・カントリーの拡大である。

すなわち，プロジェクト・ファイナンスの法的スキーム上，当初，それは英米法系に位置する先進国に限定されていたが，次第に法系の異なる他の国々におけるプロジェクトにも，利用されるようになっていった。ホスト・カントリーの地域の拡大であり，発展途上国のプロジェクトにも積極的に利用されるようになっていった。

(c) 第3に，ファイナンス資金の巨額化である。

すなわち，プロジェクト事業が大規模化し，かつ巨大化するにともない，その所要資金もそれだけ一層巨額のものとなっていった。いわゆる大型案件が増大してきたのである。

(d) 第4に，技術的リスクの分析ないし解析のなお一層の精緻化・複雑化・高度化である。

すなわち，プロジェクト遂行のための技術が高度化し，また新規の技術も必要とされるようなプロジェクトも登場するに至り，とりわけ貸手にとってその採算性の評価のためには，技術的リスクの分析ないし解析が極めて肝要となっていった。専門家組織による分析・解析がなお一層精緻で高度のものとなっていった。

(e) 第5に，ファイナンスのなお一層の国際化である。

すなわち，様々なリスクについての安全・確実なリスク・シェアリングを狙いとして，貸手にあっては，国際シンジケート銀行団が組成され，国際的な協調融資が試みられ，参加行も国境を越えたグローバルな形で組成化されていった。また，スポンサーにあっても，国際コンソーシアムが組成されるようなケースも，増大していった。

(f) 第6に，プロジェクト・ファイナンスのポジティブな社会的機能として，プロジェクト・ファイナンスは，累積債務問題を抱える中南米諸国等の発展途上国にとって，その困窮した経済状況を再活性化するための主要な手段となった，ということにも注目されよう。

すなわち，1980年代，主として中南米諸国を中心とした発展途上国にあっては，巨大な累積債務問題が生じていた。これらの発展途上国における困窮した経済事情を前提とすれば，欧米の国際的金融機関にとって，もはや当該国家や政府に対して新規のソブリン・ローンを提供することは不可能に近いことであった。しかし，新規のソブリン・ローンが不可能である国家や政府であったとしても，彼等が事業主体であるプロジェクトの中には，十分なキャッシュ・フローが見込まれるものも存在する。かくして，事業主体(国家や政府)の信用力に着目することなく，純然とプロジェクトそれ自体の収益力や採算性に注目して，プロジェクト・ファイナンスがなされた，のである。

この点よりすれば，プロジェクト・ファイナンスは，従来のソブリン・ロ

第4節　プロジェクト・ファイナンスの沿革　　563

ーンに代わり，発展途上国にとって，とりわけ累積債務に悩む中南米諸国にとって，新たな魅力あるプロジェクトを計画・立案・遂行することにより，その経済的苦境からの脱出に大きく寄与したものといえよう。したがって，それは発展途上国に対する開発金融であり，経済支援の一方法であった，といえよう。

〔二〕　課題と展望

　以上の分析をふまえて，プロジェクト・ファイナンスの今後の課題と展望について，重要なポイントを指摘し，小括としたい。

　(a)　第1に，プロジェクト・ファイナンスの市場の国際的な拡大に伴ない，とりわけ発展途上国におけるカントリー・リスクになお一層注意を払う必要があろう。

　すなわち，電力・ガス・交通等をはじめとする各種事業が公営から民営に移行する，という世界的な流れの中で，プロジェクト・ファイナンスの市場規模は拡大化してきている。しかし，これらの巨額のファイナンスにあっては，ホスト・カントリー自身のカントリー・リスクを十分にヘッジすることが求められよう。

　(b)　第2に，プロジェクト・ファイナンスの資金が巨額化してくるに伴ない，貸手サイドの問題として，その資金調達の多様化が一層必要とされるであろう。

　すなわち，金融機関によるローンの供与という従来的な資金調達の方法に加えて，例えば公募債や私募債の発行（ボンド発行）による方法，プロジェクト・カンパニーの資本金をスポンサーに全額負担させる方法，プロジェクト・ファイナンスを唯一無二の目的とする投資ファンド（例えば，エネルギー・ファンドの如し）の作出，ファイナンスされた資金の証券化やローン・パーティシペーションの一層の利用（ファイナンス資金の流動化の一手法），さらには輸銀などの各国の公的輸出金融機関や世銀などの国際金融機関によるなお一層の協力支援の要請，などが肝要であろう。

　(c)　第3に，わが国自身の問題として，国際的に手がけてきたプロジェクト・ファイナンスの原理と思考を，国内ファイナンスにも応用ないし利活用すべきではないか，ということである。

564　　　　　　第4章　根抵当権の「代位」

従来的なコーポレート・ファイナンスとは様々に異なったプロジェクト・ファイナンス，とりわけノンリコース型，そしてオフ・バランス・シート型，そして，何よりもプロジェクト自身の信用力やそれよりの全体的収益を捕捉するファイナンス，という特徴を活かして，国内ファイナンスにも利活用されるべし，と考えるのである。

　例えば，ある特定地域における不動産総合開発事業といった大規模な不動産ディベロッパー事業，あるいは巨額の資金を必要とする各種のベンチャー事業，といったものには，プロジェクト・ファイナンスが応用可能であろう。固定的・硬直的な不動産担保融資（抵当権）に著しく偏っているかのようなわが国の従来型のコーポレート・ファイナンスに，新たな方向性と転換を指示するものとなろう。この第3点を特に強調しておきたい。

参考文献

Grover Castle, *Project Financing Guide Lines for Commercial Banks*, in The Journal of Commercial Bank Lending, 1975

Corporate and Commercial Finance Agreements, Starr L. Tomczak, Shepard's McGraw-Hill, § § 7.27-56, Project Finance Agreements by Robert S. Rendell.

Kinno Mettälä, *Governing-Law Clauses of Loan Agreements in International Project Financing*, The International Lawyer, Vol. 20. No. 1.

Nevitt/Fabozzi, *Project Financing*, sixth edition, Euromoney Publication, 1995

Philip Wood, *Law and Practice of International Finance*, Sweet & Maxwell, 1980

G. A. Penn-A. M. Shea-A. Arora, T*he Law & Practice of International Banking Law*, vol. 2. Sweet & Maxwell, 1987

Robert P. Mcdonald, *International Syndicated Loan*, Euromoney Publications, 1982

International Finance Law Review, Euromoney Publications, London. Robert S. Rendell, *International Finance Law*, Vol. 1 & 2, Euromoney Publications.

小原克馬（富士銀行）『プロジェクト・ファイナンス』1997 年（金融財政事情研究会）

東京銀行国際プロジェクト室「国際プロジェクト・ファイナンスの実務と法律問題」金融法務事情 1078 号，1985 年 1 月 5，15 日号

横井士郎（日本長期信用銀行）編『プロジェクト・ファイナンス』1985 年（有斐閣）

沢田寿夫編『新国際取引ハンドブック』1990 年（有斐閣）

高柳一男編『国際プロジェクト契約ハンドブック』1987 年（有斐閣）

西川永幹／大内勝樹（さくら銀行）『プロジェクト・ファイナンス入門』1998年（近代セールス社）

――初出・斎藤⑲論文・1999年／H11年2月――

566 第4章 根抵当権の「代位」

第5節 根抵当権の譲渡(民法398条ノ12以下)
──設例ケースに即して──

〈根抵当権の譲渡とはどのような処分形態なのか〉

問 A銀行ですが,この度,B相互銀行が,C会社を債務者とし,C会社の
社長Dが設定者である根抵当権,それによって担保されている債権,の譲
渡を受けようと思っています。どうすればよいでしょうか。また,どのよ
うな点に注意すればよいでしょうか。

〔一〕 根抵当権の処分形態

「確定前の根抵当権」も一つの財産権です。財産権である以上,根抵当権者
はこの「確定前の根抵当権」を処分することができます。

(1) 五つの処分形態が認められている

その処分形態としては,①転抵当(民法398条ノ11第1項但書),②全部譲
渡(同398条ノ12第1項)。③分割譲渡(同条2項),④一部譲渡(同398条ノ
13),⑤順位の変更(同373条2項・3項),の五つがあります。

(2) そのうちの三つは「固有」の処分形態である

この五つの処分形態中,「転抵当・順位変更」の二つは,普通抵当権の場合
と共通の処分形態です。しかし,それら以外の「全部譲渡・分割譲渡・一部
譲渡」の三つは,「根抵当権」固有の処分形態です。「根抵当権」はその被担
保債権から截然と切断された独立の存立体であり(この点で,普通抵当権との
相違点の一つがみられます),その限りにおいて,普通抵当権におけるとは異
なる「根抵当権」固有の処分形態が,認められているわけです。言いかえま
すと,民法398条ノ11以下の諸規定は,「確定前の根抵当権」のもつ独立性
に即応した形で,「根抵当権」に固有の三つの処分形態を認めているのです。

第5節　根抵当権の譲渡(民法398条ノ12以下)　　567

⑶　**普通抵当権における処分形態（376条）は禁止される（除・転抵当）**

　しかも，その対応として，376条に定める普通抵当権の処分形態は，「転抵当」の処分形態を除き，「根抵当権」につき禁止されています（同398条ノ11第1項）。

　すなわち，元本「確定前の根抵当権」につき，376条1項に定める処分（抵当権の譲渡・放棄，その順位の譲渡・放棄）が禁止されます。元本「確定前の根抵当権」は付従性を有さぬ独立的存在ですから，(α)仮に普通抵当権に関する376条1項の処分形態をそのまま許容したとすれば，それらの処分形態の法律的性質・効力の不明確性がより一層顕著となってしまうこと，(β)しかも「根抵当権の全部譲渡・一部譲渡・分割譲渡」や「被担保債権の範囲の変更」等との関係で複雑な問題が生じてくること，(γ)何よりも新たな処分形態（同398条ノ12以下）を合理的に利用することにより376条1項に定める各処分（ただし，転抵当を除きます）におけるとほぼ同様の効果を生じさせ得ること，などが，その禁止の理由とされています。

　なお，「転抵当」の処分形態は例外的に許容されていますが，これは，398条ノ11以下の新処分形態では，転抵当の処分形態におけると，同一目的が達せられない，からです。

〔二〕　**本問の場合**

⑴　**B相互銀行は「全部譲渡」処分をなすべし**

　債権者B相互銀行はC会社を債務者とし，C会社の社長Dを設定者として，第一順位の根抵当権の設定を受け，融資を行っています。しかし，その後，B相互銀行はその融資に消極的となり，B相互銀行に代わってA銀行がその融資を肩代りし，今後の新たな融資をも行うことになりました。

　このような場合，その具体的手続として，①B相互銀行からA銀行に対して「債権譲渡」をなし，②しかもそれとはまったく別個の行為として根抵当権の「全部譲渡」をなし，③根抵当権の被担保債権の変更の手続により譲受債権を特定の債権として被担保債権の範囲に追加する，ことになります。

⑵　**「全部譲渡」処分の具体的手続進行**

　より具体的に説明しましょう。

① まずB相互銀行はC会社を債務者とする債権（＝根抵当権の被担保債権）を，A銀行に「債権譲渡」します（あるいは，A銀行はC会社に「B相互銀行がそれまでにC会社に融資した相当額」を新たに融資し，C会社はその得られた融資分をもってB相互銀行に対してそれまでの自己の債務を弁済する，という形をとることもできます）。

② しかし，債権譲渡がなされても，B相互銀行の根抵当権はA銀行に移転するわけではありません。「確定前の根抵当権」においては随伴性が否定されている（民法398条ノ7第1項参照），からです。

したがって，A銀行に根抵当権を移転させるためには，B相互銀行からA銀行への根抵当権の「全部譲渡」の処分方法が，採られなければなりません。すなわち，「全部譲渡」の処分方法により，譲渡人たるB相互銀行から，譲受人たるA銀行は枠支配権としての根抵当権を全部取得し，C会社に対する新たな融資に応ずることが可能となります。

③ 他方，B相互銀行より譲り受けた債権はそのままでは根抵当権の被担保債権とはなりえませんので，被担保債権の範囲の変更の手続により（同398条ノ4参照），当該譲受債権を特定の債権として根抵当権の被担保債権に追加する必要があります。

(3) A銀行におけるもう一つの可能な方法

なお，「全部譲渡」の処分方法の他に，A銀行は次のような方法を採ることも可能です。すなわち，

① まず，A銀行はC会社の社長Dに対して，後順位で根抵当権を設定してもらいます。B相互銀行の根抵当権が仮に第一順位のものであったとしますと，A銀行の根抵当権は第二順位のものとなります。

② 次いで，B相互銀行の第一順位根抵当権を抹消してもらいます。そうしますと，A銀行の第二順位根抵当権は第一順位に上昇します。

③ かくして，A銀行はその譲り受けた債権を第一順位根抵当権によって担保させ得る可能性が生じます（ただし，B相互銀行の第一順位根抵当権について，すでに他の債権者のために後順位担保権が設定されていた場合には，A銀行は自らの根抵当権につき第一順位を確保しえません。したがって，第二順位では担保余力が不足する，というようなときには，やはり根抵当権の「全部譲渡」の方法が

採られざるを得ません）。

〔三〕 「全部譲渡」の処分形態とは

根抵当権の全部譲渡とは，確定前の根抵当権を，被担保債権とは別個独立して，全部譲渡する，という処分形態です（民法398条ノ12第1項）。根抵当権の枠支配権が全部譲渡され，譲受人は自由にその枠支配権を利用し得る，ことになります。

本問に即していいますと，根抵当権者たるB相互銀行（譲渡人）は，設定者たるC会社の社長Dの承諾を得て，根抵当権をA銀行（譲受人）に全部譲渡します。全部譲渡により，A銀行は自ら第一順位の根抵当権者として，枠支配権を全部取得します。しかも，A銀行は別に債権譲渡をも受けていますから，従前のB相互銀行と同様の立場で，第一順位の根抵当権でC会社に対する融資に応ずることが可能となります。

〔四〕 「全部譲渡」の法律要件・効果

全部譲渡の法律要件・効果について，以下に個別的に説明しておきます。

⑴ 全部譲渡契約の締結

全部譲渡は，根抵当権者（譲渡人）と譲受人との合意によりなされます。この合意を「全部譲渡契約」とよびます。本問に即していえば，根抵当権者たるB相互銀行（譲渡人）とA銀行（譲受人）との間で，全部譲渡契約が締結されなければなりません。

⑵ 設定者の承諾

この場合，設定者（第三取得者も含まれます）の承諾が必要とされます（民法398条ノ12第1項）。本問に即していえば，全部譲渡につき，設定者たる「C会社の社長D」の承諾を得なければなりません。全部譲渡契約は，設定者の承諾のない段階では，いわば未完成の契約にすぎません。設定者の承諾があってはじめて，それは契約としての効力を生じます。この意味では，全部譲渡契約は「譲渡人・譲受人・設定者」間における，一種の三面契約といえます。

570 第4章　根抵当権の「代位」

(3) 登 記

その対抗要件は，登記です（同177条）。この登記は，附記登記の形式でなされます（不動産登記法134条）。

(4) 効 力

その効力として，①全部譲渡された根抵当権は，もはや譲渡人の債権をまったく担保しないものとなります。それが譲渡時点において被担保債権であったとしても，同様にもはや担保しないものとなります。しかも，被担保債権が根抵当権の全部譲渡とともに譲渡された場合であっても，同様です。

②これに即応して，全部譲渡された根抵当権は，その債権が根抵当権の被担保債権の範囲・債務者の基準に適合するかぎりでは，譲受人の債権を担保するものとなります。譲受時点以降に発生した債権はもちろんのこと，譲受時点以前に発生した債権もまた，担保されることになります。

③なお，譲受債権はそのままでは根抵当権の被担保債権とはなりませんから，それを特定の債権として当該根抵当権の被担保債権に追加しなければなりません（民法398条ノ4による被担保債権の範囲の変更）。

――初出・斎藤⑳論文・1988年/S63年11月――

第6節 根抵当権の不足額の証明（破産法277
条後段）（判例研究）
――東京地決平成9年6月19日――

〔一〕 事実の概要

① 平成4年8月6日，破産者・A株式会社は破産宣告を受け，破産管財
人Yが選任された。

② 同年9月4日，X銀行（異議申立人）は，破産裁判所に対し元利合計5
億7503万3720円の債権届出をなした。

その後，Xは，同年9月22日付けで，別紙目録記載の不動産の設定された
別紙根抵当権目録記載の根抵当権を別除権の目的とすること及び予定不足額
を4503万3720円として先の債権届出を補充した。

③ 同年10月15日，債権調査期日において，Xの届出債権中，商業手形
買戻請求権としての1億2769万7967円に対して，Yより異議が述べられた。
その余については，異議がなく確定した。

④ 同年10月30日，XはT信用保証協会から一部代位弁済を受け，前記
根抵当権のうち，土地分及び建物分それぞれの4ないし6の根抵当権につき，
同協会に根抵当権の一部移転登記がされ，また，前記届出債権中，2億1415
万5855円について同協会に名義変更手続がなされた。

また，平成9年6月9日，Xは，届出債権中，126万7576円を取り下げた。
この結果，Xの確定破産債権額は，2億3191万2322円となった。

⑤ 同8年6月11日，Yは，破産裁判所に対して，別紙物件目録記載の不
動産を財団から放棄することの許可を求めた。同日，破産裁判所はこれを許
可し，同年10月18日付で破産の登記が抹消された。

⑥ 同9年3月24日，Xは，4ないし6の根抵当権につき，根抵当権持分
放棄をした。翌25日，当該持分につき，T信用保証協会に根抵当権持分移転
登記がされた。

⑦ 同年4月8日，Yは配当表を，同月11日，更生配当表を，作成した。
同月18日，最後配当の公告がなされた。同月22日，破産裁判所は，除斥期
間を平成9年5月16日とする決定をした。

⑧ 同年5月2日，Xは，破産裁判所に対して，根抵当権の一部放棄（前記

4ないし6の根抵当権の持分放棄）をしたことにより，残りの根抵当権（1ない
し3の根抵当権）の極度額合計1億円を差し引いて，弁済を受けられない確定
不足額が1億3167万5027円となったとする上申書を提出した。

⑨　訴外B銀行より別除権の放棄の届出があったことに伴い，同年5月12
日，Yは配当表を更正した。

なお，この配当表を含め，Yが作成した配当表には，いずれもXを配当に
加えるべき債権者として記載されていない。

⑩　同年5月22日，Xは配当表に対する異議申立てをした。これは，確定
破産債権のうち，根抵当権の極度額を超える部分は，破産法277条後段によ
る不足額の証明があったといえるとして，上記平成9年5月12日作成の更
生配当表（前述の⑨参照）に対し，Xを配当に加えるべき債権者として記載し，
かつ，配当に加えるべき債権の額を1億3167万5027円と記載することを，
求めたものである。

〔二〕　決定要旨

異議申立て却下。

「当裁判所は，根抵当権の場合であっても，別除権を行使して不足額を明確
にしない以上，破産法277条後段の不足額の証明があったといえないと考え
る。その理由は次のとおりである。」（以下，省略。その論拠については，後述の
解説〔三〕(3)参照）。

〔三〕　解　　説

(1)　はじめに

Xの主張によれば，根抵当権の場合には，実行手続に依らなくとも，極度
額を超える債権額は明らかにすれば，破産法277条後段の不足額の証明がさ
れたといえる，とした。これに対して，本決定は，根抵当権の場合にも，別
除権行使をして不足額を明確にしなければ，同条後段の不足額の証明があっ
たとはいえない，として，Xの異議申立てを却下した。これは，この問題に
ついての，はじめての裁判例である。

(2)　本件の争点

第6節　根抵当権の不足額の証明（破産法277条後段）（判例研究）　　573

(イ)　本件争点

　破産法277条後段によれば，別除権付の破産債権者が破産手続で配当を受けるには，別除権行使により弁済を受けられなかった「未弁済残額（不足額）」の証明がなされなければならない。たとえば，抵当権の場合，競売での受領配当額を示す書面が残債権額の証明として提出されなければならない（最高裁判所事務総局編・破産事件執務資料〔1991〕106〜107頁）。

　しかし，根抵当権の場合には，どうか。被担保債権額が極度額を超えている場合，その超過額については，競売代金に余剰があっても，配当はなされない（余剰は破産財団に帰属する）。極度額は優先弁済権の限度枠であるのみならず，換価権限の限度枠でもある，からである（最判昭和48・10・4判時723号42頁）。とすれば，別除権行使・終了を待つまでもなく，その超過額は未弁済額として確定しており，同条後段の証明があったといえるのではないか，との立論（Xの主張）も成立可能のようである。果たして，この立論は正当であるのか，これが本件争点である。

(ロ)　見解対立

　学説では，超過額部分の不足額の証明あり，との「積極説」（山野目章夫「別除権に関する不足額責任主義と根抵当権の実行」金法1483号10頁，多比羅誠「破産管財人の心得（4・完）」NBL589号34〜36頁）が，有力である。

　これに対して，実務では，本決定と同様に，証明なし，との「消極説」（沢野芳夫「東京地裁破産部における破産・和議事件の現状」金法1475号38頁）が，支配的である。

(3)　本決定の「消極論」

　本決定はほぼ従来からの「消極説」の論拠を踏襲する。そのポイントは，要約すれば，次の5点である。

　①　破産法277条後段の文理解釈（過去時制の文言であり，不足額の現実の確定化が必要）。

　②　現実の実行手続が終了していなければ，超過額部分といえども本来の意味での「確定不足額」ではない。

　③　抵当権とのバランス論（根抵当権の場合にのみ，証明につき有利な扱いをしていいのか）。

④　根抵当権の行使には受戻しや任意売却も含まれ，これらの場合には根
抵当権者は極度額を超える弁済を受けることもある（超過額がそのまま確定不
足額の証明とはならない）。

⑤　別除権行使が破産の最後配当時までに終了しないこともあるが，それ
は抵当権の場合にも同様である。

(4)　私見（消極論）

私見は「消極論」を正当とする。しかし，本決定も含めて，従来の両説対
立の論拠はいずれも「決め手」を欠いている（相互反論が可能だ，からである）。
かくして，私見は，担保債権者の「自己責任」論の視点をキーワードとして，
次の2点より「消極論の理論化」を試みるものである。

(イ)　理論化の試み，その1

第1に，「破産手続と担保権実行手続との峻別・機能分担」の視点よりすれ
ば，担保債権者は別除権者としてかなりの好遇を享受し，対「破産債権者」
との関係での利益調整として，確定の未弁済残額の「証明」要件は厳格に要
求されて然るべし，と考える。

すなわち，プロイセン法の沿革史よりすれば，「破産の誘引力」の法原則の
喪失に伴い，破産手続より担保権実行手続が分離し，その手続としての独立
化が達成された（拙稿「競売における『先順位』抵当権の処遇原理の『根拠』法学
研究72巻12号159頁以下・1999年12月，同「剰余主義・引受主義のドイツ的構造
と根拠」法学研究73巻2号13頁以下・2000年2月）（→斎藤『ドイツ強制抵当権制
度研究』第Ⅱ巻所収・2011年9月）。しかも，別除権行使という形で，この別建
てルートが担保債権者に明確に許容された。破産手続が「総債権者の平等的
処遇」の原則の下で按分配当がなされ，総債権者に均等に「痛み」を強いる
システムであるとすれば，別除権行使の別建てルートの許容は担保債権者へ
のかなりの好遇である，といわねばならない。債務者破産の状況下で，しか
もなお自らは優先弁済権を順位に応じて享受し得る，からである。

とすれば，この好遇に対しては，対「破産債権者」との関係での利益調整
として，一定の歯止めがなされなければならない。すなわち，別除権放棄（自
らも破産債権者の1人として破産配当に参加）の手段を採ることなく，別除権行
使の別建てルートを自ら決断したとすれば，担保債権者の「自己責任」とし

第6節　根抵当権の不足額の証明（破産法277条後段）（判例研究）　　575

て，最後配当時までの未弁済残額の「証明」要件の具備は厳格に要求されねばならない。これにより，他の破産債権者の利益（按分配当）も擁護されよう。

　また，破産の最後配当時までに別除権行使が終了せず，という本件ケースの如き状況も，しばしば生じ得る。しかし，この「遅滞リスク」も担保債権者の別建てルートの選択・決断（自己責任）において，自ら引受け・負担がなされたものである，といえよう。遅滞リスクが大きいのであれば，別建てルートを決断することなく，管財人の任意売却（別除権受戻し）の要請（実務上，多し）に応ずることも，担保債権者にとって選択肢として十分可能であったからである。

　㋺　理論化の試み，その2

　第2に，「価値枠支配権としての極度額の独占的機能」の視点よりすれば，根抵当権者はかなりの程度の優越的・強力的地位を享受し得，対「設定債務者（所有者）」との関係での利益調整として，未弁済残額という「缺額リスク」は，目的不動産の価額を超える部分については，本来的には設定債務者（所有者）ではなく根抵当権者自らが負担すべきではないのか，と私見は考える。したがって，確定の未弁済残額の「証明」要件は，それが学説・判例の一般的理解では極度額を超える部分はすべてである（不動産価額を超えるものであっても，すべて設定債務者が負担する）ということなのだとすれば（前記の私見とは異なる），なおさらのこと，いささかも緩和されるものであってはならない，と考える。

　すなわち，根抵当権の「極度額」に注目すれば，それは目的不動産の価値枠支配権として，その「枠」設定如何により，担保債権者に独占的な価値支配をも事実上可能とする。「枠」巨額化により，後順位者の登場をも事実上断念させ得る，からである。また，被担保債権「範囲」の設定如何により，多種多様の債権群を広範囲・網羅的・包括的に包摂させることも可能である。設定債務者との合意が必要ではあるが，その取引上の優越的立場よりすれば，根抵当権者の自己主張は貫徹されやすい，といえるからである。

　とすれば，この強力的地位に対しては，対「設定債務者」との関係での利益調整として，一定の歯止めがなされなければならない。すなわち，独占可能の優先的な「価値枠支配権」としての根抵当権にあっては，極度額が換価権限の限度である（前掲最高裁昭和48年判例）ということは，その極度額（価

値枠支配権）の範囲で目的不動産は「物的責任」を負うということである。しかも，本来的には，その極度額を超える部分（未弁済残額）については，「設定債務者」は，その全額についてではなく，目的不動産の価額を限度として「人的責任（人的債務）」を負うものではないか，と私見は考える。「目的不動産価額限りでの人的責任・人的債務」，このような形での歯止めが必要ではないか，ということである。

　不動産を担保にとって取引をなす者（担保取得者）は，目的不動産を査定・評価した上で，これをなす。それにより自らの取引上の被担保債権額の目安・上限も自ずと定まってくるであろう。それが，本来的な筋であり，その順番が逆であってはならない（バブル期には，不動産担保至上主義の下，融資などの取引上の債権額がまず先行し，それにあわせて担保目的不動産の評価がなされ，不動産価格の暴騰の惹起と共に，信用の異常創造・濫用がなされた）。担保取得にあっては，貸手責任の一つとして，不動産価額の評価・査定に「自己責任」が問われなければならない。この貸手の「自己責任」が意識されなかったところに，バブル期での貸手のモラル・ハザードの一因があった（拙稿「根抵当取引と民法」伊藤進ほか編・現代取引法の基礎的課題・椿寿夫先生古稀記念〔1999〕454頁・斎藤⑰論文・本書第2節参照）。

　とすれば，未弁済残額の「欠額リスク」は，不動産価額を上限として設定債務者が「人的責任」として負担するが，それは「不動産価額限り」でのものにすぎず，不動産価額を超える部分については，担保取得者の「自己責任」において，価値枠支配権者（根抵当権者）が負担する，これが本来的なものではないのか（ノン・リコース型としての法構成。その限りでは，民法394条の部分的な準用除外とするか，同条を限定的に解釈すべきであろう），と考える。

　したがって，結論として，根抵当権者は，別除権の現実的行使により不動産価額を現実化し，その価額を上限とする確定の未弁済残額を「証明」しなければならない，と私見は考える。

――初出・斎藤㉑論文・2002年/H14年9月――

終章　参考資料

内池慶四郎教授執筆・斎藤和夫君論文審査要旨（未定稿）（1987 年/S62 年 12 月）

〔一〕　業績一覧

　助教授斎藤和夫君より，教授昇進論文として提出された業績の内容は，次のとおりである。

㈠　主論文—民法上の「代位」における諸問題

（イ）　第一論文：共同抵当権における代位——後順位抵当権者と物上保証への優劣関係，その類型的検討——（法研 57 — 9，10，11）（⇒斎藤①論文・1984 年/S59 年 9 — 11 月・本書第 1 章第 1 節所収）

（ロ）　第二論文：確定前根抵当権の被担保債権群中の個別債権上の質権設定・差押えの「処分行為」の効力——民法 398 条 7 Ⅰ の立法趣旨の解明——（法研 59 — 12）（⇒斎藤⑯論文・1986 年/S61 年 12 月・本書第 4 章第 1 節所収）

（ハ）　第三論文：弁済者一部代位の法構造——原債権者と一部代位者の競合関係，その利益較量的分析——（法研 60 — 2）（⇒斎藤④論文・1987 年/S62 年 2 月・本書第 2 章第 1 節所収）

㈡　副論文

（イ）　担保権の実行としての競売等（基本法コンメンタール・浦野編・民事執行法）

（ロ）　民法諸規定の非訟事件手続上の実現（伊東・三井編・注解非訟事件手続法）

（ハ）　抵当権（水本・遠藤編・物権法）

（ニ）　非金銭債権執行（民法 414 条），担保権の実行（石川編・民事執行法）

（ホ）　判例研究三編（判評 321，284，法研 54 — 5）

㈢　参考論文

（イ）　ドイツ強制抵当権の法構造——プロイセン法における展開を中心と
して——（私法45）（⇒斎藤・『ドイツ強制抵当権の法構造——債務者保護の
プロイセン法理の確立——』所収・2003年/H15年・慶応義塾大学法学研究会
叢書71）

（ロ）　ドイツ不動産強制執行法体系における強制抵当権制度——ドイツ不
動産強制執行法研究の一視角——（民事研修・昭58・12）（⇒斎藤・『ドイツ
強制抵当権とBGB編纂——ドイツ不動産強制執行法の理論的・歴史的・体系
的構造——』所収・2011年/H23年・慶応義塾大学法学研究会叢書81）

（ハ）　ドイツ強制抵当権の法構造（第二部）——統一的民法典（BGB）編纂
史上の法構造確立過程の解明——（未刊）（⇒斎藤・上掲書『ドイツ強制抵
当権とBGB編纂』所収）

〔二〕　主論文の内容とその評価

上掲のように，提出業績は，主論文における民法典上の担保制度の実定的
研究より，副論文中の判例研究ないし逐条解説，また参考論文としての，ド
イツ法における強制抵当権制度の沿革史的研究におよぶ，多面的かつ厖大な
量にわたる。今回の審査では，同君の各研究相互の理論的連絡を考慮しつつ
も，とくに主論文三編を，審査の主たる対象とする。

㈡　第一論文—共同抵当権における代位

1　共同抵当権において「後順位抵当権者と物上保証人との代位権」が競
合・衝突する場合に，その優劣をいかに扱うか，その決定基準をどこに求め
るべきか，ということが，本論文の課題である。

民法392条は，共同抵当権における「先順位者と後順位者との配当」につ
いて一応の基準を設けてはいるが，このほかに「物上保証人，設定債務者，
第三取得者などの利害関係人」の諸利益が複雑に競合・交錯する場合に，そ
の諸関係をいかにして綜合的に調整して妥当な解決に達しうるかは，抵当権
法における至難の問題とされている。

従来の判例は，ほぼ一貫して「後順位抵当権者に対する物上保証人の優先
的地位」を肯定し，392条2項の適用を，「目的不動産の全部が債務者所有に

かかる場合」に，限定する。

　学説は多岐に分かれており，判例の結論を支持する立場が次第に有力となっているが，その論拠は区々に分かれ，判例理論に反対して後順位抵当権者の利益の優先を主張する立場（旧時通説）も存在し，学説全体の動向は，なお流動的である。

　2　斎藤第一論文は，基本的には，「物上保証人の優先性」を肯定して，判例・近時学説の傾向を正当視するものであるが，その「論拠」と「法解釈の方法」において，従来の学説とは異なる独自の立場をうち出している。

　すなわち斎藤論文は，従来の多数学説が，「392条1項による同時配当手続における各不動産按分負担の処理」を，共同抵当権実行の基本的形態として，無批判に前提とし，この按分負担・同時配当の結果とのバランスから，各種利害関係人の利益調整を考慮してきた傾向に反対し，かかる学説の理解は，元来「目的不動産上への債権の分割強制を拒否する」という共同抵当権の担保類型上の特質を無視する欠点がある，と批判する。むしろ，本論文は，共同抵当権の実行の理念的・原則的形態は，「392条2項の規定する異時競売・異時配当の方法」である，と理解し，「目的不動産の一部が物上保証人の所有にかかる場合」には，債務者所有不動産と物上保証人所有の不動産とは，抵当権責任の負担上に軽重ある故に，392条1項の按分負担の方法は，これを適用する合理性を喪う，と主張する。

　3　共同抵当の実行をめぐる「先順位抵当権者，後順位者，物上保証人，抵当権設定債務者などの関係人」の利害が，具体的諸事案において極めて錯綜した対立を呈し，各種事案の特殊性に即応した綜合的利益分析が必要であることは，学説が近時一致して説くところではある。しかし，現実の事案のあまりに多様・複雑なところから，実際の利益較量は，たまたま判例にあらわれた具体的事例の検討に止まり，ありうべき各事案の類型化を通した綜合的分析・統一的理論の定立は，未開拓の情況にあったといえる。

　4　斎藤論文は，上記各関係者の利益対立の状態を，8個の基本的類型に区分して，「その論旨に提示したみづからの理論」の合理性を検討しようとする。本論文における，「類型化による利益状態の分析」は，極めて精緻・周到なものがあり，この点に本論文の学問的特質をみいだすことができよう。本論文になお残る問題点として，評者は次の点を指摘する。

5 その一は，論者による 392 条の「合理的解釈」の方法であり，本論文の主眼とする「綜合的利益分析による解釈者側の合理的判断」が，「立法者側の合理的判断としての立法者意思」と，どのようにかかわるか，という点が，本論文の範囲では，未だ判然とせず，従って利益較量の結果が，392 条の解釈なのか，その不備を補う創造的解釈なのか，あるいは，あるべき新立法への提言なのか，なお不明確に思われる。なお，この点については，第二，第三論文を経て，論者の方法論的展開がみられることは後述する。

6 その二として，本論文が主張する「共同抵当権の基本的理念型としての異時競売・異時配当，債権分割強制の否定」という視点は，共同抵当権の目的不動産が，それぞれ独自の価値効用を持っている場合については，合理的であり，説得力がある。しかし，現実には目的不動産相互の間に多様な機能的ないし経済的つながりが認められる場合がある故に，本論で試みられた「各利害関係人間の類型的分析」に加えて，「目的不動産相互の有機的連絡に即応した類型的分析」が更に進められる余地があろう。

具体的には，土地と地上建物，あるいは分筆して細分化された複数の土地が共同抵当権の対象とされた場合（いわゆる価値集積型共同抵当権）の処理は，本論文に残された現実的課題といえよう。

㈠ 第二論文─確定前根抵当権と質権設定・差押えの効力

1 元本確定前の根抵当権により担保された個別債権上に，質権設定あるいは差押えなどの処分がされた場合に，当該処分の効果が根抵当権に及ぶか否か，という問題については，民法典に直接に規定がなく，登記実務上の取扱いも一貫せず，民法学・訴訟法学において顕著な学説の対立がみられるところである。

2 本論文は，従来の学説の基本的対立点として，主として「訴訟法学説」が差押えの効果を強化して「執行手続の機能確保」を重視する傾向にあるのに対し，「民法学の主流」は，質権設定・差押えの根抵当権に及ぶ影響を抑制して，根抵当取引における「実体的法律関係の確実・安定」を重視する傾向にある，ことを指摘する。

3 この争点についての論者の基本的主張は，実体法上の根抵当権の基礎は，確定前根抵当権と被担保個別債権との「相互峻別的関係」にあり，民法 398

条の7による「債権譲渡の処分における根抵当権の随伴性の否認」は，その必然的帰結である，とする。

4 すなわち，同条は，債権譲渡のたびに生じうる根抵当権の準共有という「異常事態」，その結果としての法律関係の錯雑さ，根抵当取引の無機能化，といった「弊害」を，防止することに，その基本的立法趣旨があり，この趣旨は，債権上の処分一般に妥当する原則と理解される。

従って，根抵当権者の意思による「債権譲渡や質権設定」の場合に比して，根抵当権者の意思を抑圧して強制される「差押え」の場合には，根抵当権者自身による抑制がない故に，生じうる法律関係の錯綜・抵当権の無機能化という「弊害」は，より甚大であるから，前記398条の7の立法趣旨は，「差押え」について当然に妥当すべきものとなる。「訴訟法学における執行法上の要請」は，このような「実体的法律関係の要請」を前提として，その限度において充たされるべきものであり，確定前根抵当権に対する独立の執行方法の可能性を，本問題解決とは切り離して，別途に構慮すべきである，とする。

このように，本論文は，398条の7を裏づける「相互峻別」論に基づき，質権設定・差押えの処分行為の効力が確定前根抵当権に及ばないことを，論証している。

5 先の第一論文が，「具体的諸ケースにおける利害関係人相互の利益対立の分析」から直接に解決基準を求める方法を採ったのに比較すると，この第二論文では，「問題に関連する現行規定の立法趣旨の解明」に主眼がおかれている。ここでは論者は，民法398条の7による「根抵当権の随伴性の切断」という立法政策を支配した利益判断を追及・検討して，これを「確定前根抵当権と被担保債権との峻別性」という根抵当権の制度的本質として理解する。

6 評者の観点よりすれば，「利益分析による法規の解釈――立法者意思の発見――」と，「法制度の理論的体系」とを，一致させる必然性の有無については，なお論議の余地があり，論者が「峻別論」の反面においてなお，根抵当権が確定する過程にみとめる処分の潜在的・条件的ないし反射的効果といった概念的構成には，検討の課題を残すと思われるが，第一論文に始まる論者独自の周到緻密な「利益分析の手法」が，より堅固確実な法解釈への志向性を示しながら，「現行法の立法趣旨の解明」に向けられている点に，第二論文における論者の研究の着実な展開を認めることができよう。

(ハ)　第三論文—弁済者一部代位の法構造

1　第三論文の主題は，民法 502 条 1 項の規定する弁済者一部代位における，「原債権者と代位者との実体面・手続面においての優劣関係の決定基準の発見」，である。この問題は，各国の立法例も分かれ，現行規定の解釈上も，「原債権者優先説と両者平等説との対立」，また「実行申立方法上の対立」として，学説の争うところである。

2　論者は，第一論文において，「物上保証人の代位」について，この課題に取組んでいるが，第三論文でこれを更に発展させ，課題の争点を，わが民法の立法史，学説史の展開に沿って検討し，「民法 502 条の立法趣旨を歴史的に確定する」ことにより，その「元来の適用範囲を定める」とともに，「原債権者と弁済者——とくに保証人——との利益状態の分析較量」に基づいて，「法の不備を補完」しよう，とする。論者の独自の主張は，「一部代位者が任意代位者と法定代位者とのいずれであるか」に着目し，「それぞれに妥当する法的処理を区別する」という形で，各自の利益状態に対応する，トータルな理論構成を提示する点にある。

3　すなわち，論者によれば，旧民法財産編 486 条を継承した現行民法 502 条 1 項の立法趣旨は，明瞭に「両者平等主義の採用による第三者弁済の保護・奨励」にあり，この意味で同条解釈論としての「平等説」には必然性がある，とする。しかしながら，「平等説」の合理性も，一部弁済の全ての場面をカバーするものではない，として，論旨は，「任意代位者と法定代位者との求償債権者としての原債権者に対する法的地位に差異がある」ことを指摘し，条文の起案者であるボアソナードも梅も，利益較量の上で同条の保護を予定していたのは，主として「任意代位者」であったことを，論証する。

4　このようにして，論者は，「任意代位者」については，本来の立法者意思に忠実な「平等説」が妥当することを肯定しながら，「法定代位者」については，立法者意思の及ばない利益状態に対応する「創造的解釈」として，「原債権者優先説」を主張する。

さらに，「手続上の実行申立の態容」については，論者は，この点が 502 条の立法審議に際して，とくに意識されていなかった事情にかんがみ，同条はもっぱら「代位者の実体的権利の範囲」を定めたものと解して，その権利主張の方法としては，各権利者相互の利益較量から，「条件付相互独立的実行申

立権説」が妥当である，と主張する。この主張を論証するために，論者は，「原債権者・主債務者・保証人相互の法的優劣関係」を，代位弁済の前後にわたって詳細に分析し，その法的状態を，一部弁済により原権利者と代位者とに分属した「原債権・抵当権」が，2個の権利ながら不即不離に接合・連絡する特殊の「準共有的併存」として存在すると捉える，独自の理論構成を提示する。

〔三〕　概　評

1　以上の主論文三編を通して認められることは，「共同抵当権，根抵当権，一部代位」という担保法学の争点を，それぞれの課題として，各制度における「実体法上の判断」と「手続法上の要請」という二重の規範構造の中に，複雑多様な形で現れる「関係当事者間の利害対立」を，緻密な「利益分析の方法」により調整して，その「解決基準を論理的に体系化」しようとする，一貫し連続した基本的研究姿勢である。

2　現実の取引の発達が次々に生みだして行く各種変型担保においては，実体・手続面の規制はおのづから不備・不明瞭とならざるをえず，この新たな事態で尖鋭に対立する各当事者の利益を裁断するために，「利益較量の方法」によらざるをえないということは，従来も広く説かれている。しかし，「利益較量による法規の補充・発見」をどのような形で実施するか，とくに既存の法規・法原則との関係において，これをいかように解釈論として定立するかは，わが法学上，いまだ定説をみず，研究者が独自の分野それぞれに，これを摸索している現状にあるといって過言ではない。

3　主論文三編に共通する詳細な「利益分析」は，論者の地道で真摯な研究努力によって，はじめて可能となったものであり，その結論を説得力あるものとしている。そして，「利益分析の方法」は，解釈論としては，「客観的利益較量による現行規定の合理化」を志向した第一論文より，次第に「規定の立法趣旨」に着目する第二論文を経て，第三論文における「立法者意思の歴史的確定」とその限界を克服すべき「利益判断による補充解釈」の試み，というように，方法論上の転回・進展がみられる。もとより個々の残された課題，未開拓の分野があることは前に指摘したところであるが，これを補充し，なお進展すべき今後の研究を期待したい。

584　　　終章　参考資料

4　ともあれ困難な「利益分析の方法」を主軸とする「本格的担保法学」樹立のための労作として，主論文三編を高く評価するものである。

付記　その他提出の参考論文について

斎藤和夫君の従前よりの外国法・法史学的研究として，プロイセン法に由来し現行ドイツ法に至る強制抵当権制度に関する大部の研究があり，その一部は要約して私法・民事研修等に公刊されている。今回提出された「ドイツ強制抵当権の法構造」（第二部）は，とくにドイツ民法典編纂の過程における強制抵当権の立法経緯を，近時はじめて公開された新資料により詳細に追及したもので，従来わが国において殆ど研究の及ばなかった強制抵当権制度の「立法史的研究」として，貴重な基礎資料を提供するものであることを付記する。

―― 1987 年/S62 年 12 月（→ 1988 年/S63 年 4 月・法学部教授昇進）――

〈著者紹介〉
斎藤　和夫（さいとう・かずお）
　慶應義塾大学名誉教授，弁護士（宗田親彦法律事務所　〒100-6017　東京都千代田区霞が関3丁目　霞が関ビル）

専攻

　担保法学，民事実体法（担保実体法，民法総則，物権法，担保物権法，債権法），民事手続法（担保手続法，民訴法，民執法，民法，倒産法），ドイツ法，金融法

略歴

　1946/S21年10月　宮城県仙台市生まれ，慶應義塾大学法学部入学（1965/S40年），同大学法学部卒業（1969/S44年），同大学大学院法学研究科修士課程修了（1971/S46年），同大学大学院法学研究科博士課程単位取得（1974/S49年），慶應義塾大学法学部助手（1972/S47年～），専任講師（1975/S50年～），助教授（1980/S55年～），教授（民法講座・1988/S63年～）を経て，慶應義塾大学名誉教授（2012/H24年～）。

　同時に，明治学院大学大学院教授（民事手続法講座・2012/H24年～2017/H29年）に就任。「担保実体法」と「担保手続法」の両法を「統合」する「担保法学（理論と実務）の樹立」と「さらなる展開」に向けて，「実務」実践も踏まえながら，現在に至る。

　弁護士登録（2004/H16年）（第一東京弁護士会）・「一弁総合研修センター」委員（2004/H16年～）

抵当権「代位」の法構造─担保法学研究，その理論と実務─

2019年（令和元年）8月25日　第1版第1刷発行

著　者　斎　藤　和　夫
発行者　今　井　　　貴
　　　　渡　辺　左　近
発行所　信山社出版株式会社
〒113-0033　東京都文京区本郷6-2-9-102
　　　　　　電　話　03（3818）1019
　　　　　　ＦＡＸ　03（3818）0344

Printed in Japan

Ⓒ斎藤和夫，2019　印刷・製本／亜細亜印刷・渋谷文泉閣
ISBN978-4-7972-2764-2 C3332

―――――― 〈斎藤和夫　主要著作〉 ――――――

- 1　『ドイツ強制抵当権の法構造――債務者保護のプロイセン法理の確立
　　　――』（慶應義塾大学法学研究会叢書 71）（慶應義塾大学出版会）・
　　　2003/H15 年；（担保法学研究Ⅰ）
- 2　『ドイツ強制抵当権と BGB 編纂――ドイツ不動産強制執行法の理論的・
　　　歴史的・体系的構造――』（慶應義塾大学法学研究会叢書 81）（慶應義塾
　　　大学出版会）・2011/H23 年；（担保法学研究Ⅱ）
- 3　『レーアブーフ民法Ⅱ　物権法』（中央経済社）・2007/H19 年
- 4　『民事保全法　民事紛争最前線』（慶應義塾大学出版会）・2014/H26 年
- 5　『民事執行法　非金銭執行編』（信山社）・2017/H29 年
- 6　本書（『抵当権「代位」の法構造』・2019/H31/R 元年）は，著者の「担
　　　保法学研究」（担保実体法と担保手続法の統合）における「担保法学研究
　　　Ⅲ」に，位置する。

　　　その他多数の著作・論文等については，主要業績リストとして，『斎藤
　　和夫教授退職記念論文集・法学研究 84 巻 12 号・2011/H23 年 12 月』（同
　　書所収），『慶應義塾大学学術情報リポジトリ（KOARA）』等，参照。